CONSEIL DE LA CONCURRENCE
AU MAROC

Logiques Juridiques

Fondée par Gérard Marcou
Dirigée par Jean-Claude Némery et Thomas Perroud

Le droit n'est pas seulement un savoir, il est d'abord un ensemble de rapports et pratiques que l'on rencontre dans presque toutes les formes de sociétés. C'est pourquoi il a toujours donné lieu à la fois à une littérature de juristes professionnels, produisant le savoir juridique, et à une littérature sur le droit, produite par des philosophes, des sociologues ou des économistes notamment.

Parce que le domaine du droit s'étend sans cesse et rend de plus en plus souvent nécessaire le recours au savoir juridique spécialisé, même dans des matières où il n'avait jadis qu'une importance secondaire, les ouvrages juridiques à caractère professionnel ou pédagogique dominent l'édition, et ils tendent à réduire la recherche en droit à sa seule dimension positive. À l'inverse de cette tendance, la collection « Logiques juridiques » des éditions L'Harmattan est ouverte à toutes les approches du droit. Tout en publiant aussi des ouvrages à vocation professionnelle ou pédagogique, elle se fixe avant tout pour but de contribuer à la publication et à la diffusion des recherches en droit, ainsi qu'au dialogue scientifique sur le droit. Comme son nom l'indique, elle se veut plurielle.

Dernières parutions

Bienvenu OKIEMY, *L'OMC, une ingénierie juridique et commerciale à reconfigurer*, 2019.
Didier JAMOT, *Annuaire des engagements internationaux ayant fait l'objet d'une loi d'autorisation sous la Ve République*, 2019.
Sotirios LYTRAS, *Le phénomène disciplinaire dans le droit public héllenique contemporain,* 2019.
Massimo VOGLIOTTI, *Pour une nouvelle éducation juridique*, 2018.
Claire AGUILON, *Justice constitutionnelle et subsidiarité. L'apport de l'expérience canadienne pour la construction européenne*, 2018.
Jackeline Patricia CESPEDES ARTEAGA, *La contribution de la CJUE dans la construction du droit de la Communauté andine*, 2018.
Michaël MARTINEZ, *Le train de vie en droit privé*, 2018.
Hafedh BOUAZIZ, *La conversion des actes juridiques,* 2018.
Gabriel ECKERT et Jean-Philippe KOVAR, *La régulation économique et financière face aux défis de l'information,* 2018.
Adil MOUSSEBBIH, *Le contentieux électoral dans la jurisprudence du Conseil constitutionnel marocain, Étude comparative*, 2018.
CLUB MARC BLOCH, *Citoyen !*, 2018.
Lamine TIRERA, *L'État stratège*, 2018.

Rachid EL BAZZIM

Conseil de la concurrence au Maroc

De la recherche de l'indépendance à la régulation du marché

L'Harmattan

5-7, rue de l'École-Polytechnique ; 75005 Paris

http://www.editions-harmattan.fr/

ISBN : 978-2-343-17121-0
EAN : 9782343171210

À mon père

REMERCIEMENTS

Je tiens à remercier :

Monsieur le Professeur Es-saïd Kinana, mon directeur de thèse, auquel je dois toute ma formation en recherche juridique.

Merci tout d'abord d'avoir accepté de diriger ma thèse. Merci aussi, de m'avoir aidé à rechercher le juste équilibre entre le droit privé et le droit public dans le cadre de cette thèse. Merci enfin de l'honneur qu'il m'a fait en lisant et corrigeant mes recherches.

J'exprime toute ma gratitude aux Professeurs Abderhmane Belgourch, Abdellatif Benmansour, Abdessadek Abounagui, Mounir Mehdi, pour avoir accepté de lire ce travail et de faire partie du jury de soutenance.

L'université Hassan 1er, en tant qu'institution, au sein de laquelle j'ai eu la chance d'effectuer l'ensemble de mon apprentissage du droit.

Tous mes professeurs, qui m'ont donné la passion du droit et l'envie de la transmettre à mon tour ; notamment madame Amal Idrissi Nachid.

Je tiens enfin à remercier toute ma famille : ma mère Hajja Fatna, mes frères Bouazza, Mohammed et El Hadi, mes sœurs Mina, Khadija et Nadia et mon épouse Meryem pour tout leur soutien et leur confiance.

Mes collègues doctorants, dont beaucoup sont devenus des proches, pour leur amitié et leurs conseils ; notamment, Youness Sellami et Yousra Hamdaoui.

Mes amis les professeurs, Hicham Belyazid, Mohammed Talbi, Mohammed Maachi, et Hicham Lakrimi pour leurs encouragements.

Résumé

Le Conseil de la concurrence en tant qu'institution de régulation, chargée de veiller au libre jeu de la concurrence, vient de faire l'objet d'une importante réforme, suite à sa constitutionnalisation. La réforme déploie ses effets dans deux directions. D'une part, le rôle et l'organisation du conseil sont clarifiés, d'autre part, ses compétences se sont élargies.

S'interroger sur la place de l'indépendance, suppose aussi de chercher les mécanismes de contrôle et les contrepoids. Cette recherche s'est attachée à examiner à quoi se référait l'indépendance du Conseil de la concurrence au Maroc, ou au moins son aspiration à cette indépendance, lui permettant de disposer d'un important pouvoir de sanction.

Par ailleurs, la complexité de la régulation impose que le Conseil soit le garant impartial des règles de l'économie de marché : il n'a pas à prendre position en faveur de tel ou tel opérateur. Réprimant les pratiques anticoncurrentielles, et contrôlant les concentrations. Il doit garantir par sa force juridique la compétition entre les entités, en s'affirmant comme le gardien veillant à la concurrence des marchés.

L'analyse juridique a pris comme point de départ la nouvelle législation de la concurrence, son statut et ses pouvoirs au regard, notamment, du droit français. Elle a conduit à recueillir des indices, qui ont mobilisé plusieurs grilles d'analyse, dans une approche pluridisciplinaire.

Abstract

The competition council as a regulatory institution, responsible for ensuring the free play of competition, has been the subject of a major reform, following its constitutionalisation. The reform has its effects in two directions. On one hand, the role and organization of the board are clarified, on the other hand, its skills have expanded.

To wonder about the place of independence, also involves looking for control mechanisms and counterweights. This research is devoted to examining what the independence of the Moroccan Competition Council referred to, or at least its aspiration to this independence, allowing it to have an important power of sanction.

Moreover, the complexity of the regulation requires that the Council be the impartial guarantor of the rules of the market economy: it does not have to take a stand in favor of this or that operator. Repressing anticompetitive practices and controlling concentrations. It must guarantee by its legal force, the competition between the entities, by asserting itself as the guardian watching over the competition of the markets.

The legal analysis took as a starting point, the new competition law, its status and its powers with regard, in particular, to French law. It led to gather clues, which mobilized several grids of analysis, in a multidisciplinary approach.

SOMMAIRE

PREFACE

L'ouvrage de M. Rachid EL BAZZIM consacré au Conseil de la Concurrence au Maroc reprend les analyses condensées et revisitées de sa brillante thèse de Doctorat en droit soutenue devant un jury scientifique à la Faculté de droit de l'Université Hassan Ier ; ce travail que j'ai le plaisir de présenter à un large public s'inscrit dans une démarche originale et constitue une étude juridique innovante. L'auteur a opté pour une analyse aussi complète que précise de l'ensemble des données disponibles, au travers de l'analyse juridique des textes et de l'apport de la doctrine, notamment, sous l'éclairage du droit français avec un esprit de clarté et de rigueur.

Le choix d'une telle étude de cas sur le Conseil de la concurrence au Maroc, en tant qu'autorité de régulation indépendante consacrée par la Constitution de 2011pour assurer les conditions de la bonne gouvernance dans les relations économiques, constitue à n'en pas douter un défi dans une discipline juridique insuffisamment appréhendée dans le contexte marocain, par les spécialistes du droit, de l'économie et de la politique de concurrence.

Le principal enjeu de cette recherche est d'appréhender le fondement juridico-institutionnel de cette instance de régulation dotée de nouveaux pouvoirs d' « auto saisine, d'instruction, de sanctions et surtout de décision », et dont l'encadrement par un personnel qualifié devrait garantir la meilleure contribution possible au bien-être des consommateurs ; d'autant plus que sa légitimité est très peu contestée dans le contexte actuel.

Dans cette perspective, les analyses pertinentes de M. Rachid EL BAZZIM contribuent à l'évaluation de l'indépendance des autorités de la concurrence, dont l'étude reste encore à l'état embryonnaire sinon inexistant dans un champ disciplinaire où la littérature consacrée à ce sujet reste, généralement, fort restreinte et diffuse. Il n'existe à ce jour aucune étude académique sur l'indépendance du Conseil de la concurrence au Maroc, pas plus qu'une méthode qui permettrait de la délimiter. De ce fait, la mise en œuvre d'une méthode juridique à partir d'indicateurs pour résoudre cette question d'indépendance justifie l'intérêt de la présente recherche. En s'appuyant sur la théorie de régulation, l'auteur met en évidence l'interférence entre le droit et l'économie.

L'analyse juridique critique lui permet de démontrer que si l'apparence d'un retrait de l'État du secteur économique au profit de la concurrence entre les divers opérateurs y compris les acteurs publics implique un redéploiement de la mainmise sur l'économie nationale à travers le Conseil de la concurrence, c'est avant tout, pour ne pas s'affaiblir, mais plutôt de déléguer ses fonctions régulatrices à une institution présumée « moderne », voire professionnelle.

Ainsi, l'auteur constate que l'instauration du Conseil de la concurrence dans un environnement économique en cours de libéralisation ne semblerait pas aussi simple que l'on pourrait envisager. En effet, au cœur de cette controverse subsistent des doutes et des questions quant à la capacité de cette instance dotée de la personnalité morale et de l'autonomie financière, d'accomplir ses missions en toute indépendance.

M. Rachid EL BAZZIM appuie sa démonstration sur une analyse détaillée et minutieuse du dispositif juridique relatif à la concurrence, notamment la loi n° 20-13, relative au Conseil de la concurrence et la loi n° 104-12 relative à la liberté des prix et de la concurrence, en prenant en considération la pratique décisionnelle, la production des avis et les autres interventions de l'ancien Conseil à caractère consultatif.

L'intérêt des résultats de sa recherche tient aussi à son caractère pluridisciplinaire. Elle nous montre que certes, si l'indépendance est relative elle n'est pas parfaite, mais l'équilibre est bien réel. La technique trouvée repose sur la présence d'un commissaire du gouvernement au sein du Conseil de la concurrence.

Suivant la grille d'analyse employée, l'indépendance du Conseil marocain de la concurrence ne saurait être appréhendée en termes de « façade maquillée » ou de « souverain indépendant », mais plutôt en termes graduels. Formulé autrement, il importerait que cette institution puisse conquérir son indépendance face aux divers acteurs. Toutefois, le souhait d'indépendance exprimé par le législateur, lors de l'élaboration des textes juridiques de la concurrence, se heurte à l'existence de nombreux facteurs de blocages d'ordre cognitif, socioculturel et administratif. Ces derniers ne risqueraient-ils pas de reproduire l'état d'inertie d'antan ?

Le propre de ce débat va surement continuer, en suscitant des apports contradictoires. Mais il me semble désormais que les travaux concernant le Conseil de la concurrence au Maroc et son indépendance comblent une lacune ouvrant ainsi les perspectives à de nouvelles recherches dans le sillage des contributions de M. Rachid EL BAZZIM.

Es-saïd KINANA

Professeur de l'enseignement supérieur à l'Université Hassan Ier de Settat
Directeur du laboratoire sur la gouvernance et le développement durable

SOMMAIRE

LISTE DES PRINCIPAUX SIGLES ET ABREVIATIONS

AAI	Autorité administrative indépendante
AJDA	Actualité juridique de droit administratif
AMF	Autorité des marchés financiers
AMMC	L'Autorité Marocaine du Marché des Capitaux
ARCEP	Autorité de régulation des communications électroniques
ANRT	Agence Nationale de Réglementation des Télécommunications
ARCEP	L'Autorité de régulation des communications électroniques et des postes
CDVM	Conseil déontologique des valeurs mobilières
CE	Conseil d'Etat
CEDH	Convention européenne des droits de l'Homme
chron.	Chronique
COB	Commission des opérations de Bourse
CNUCED	La Conférence des Nations unies sur le commerce et le développement
DGCCRF	La Direction générale de la concurrence, de la consommation et de la répression des fraudes
EDCE	Etudes et documents du Conseil d'Etat
HACA	La Haute Autorité de la Communication Audiovisuelle
Ilec	L'Institut de liaisons et d'études des industries de consommation
JCP	Juris-classeur périodique (La Semaine juridique)
LPA	Les Petites affiches

LPEE	Laboratoire Public des Essai et Études
OCDE	L'Organisation de coopération et de développement Économique
OMC	Organisation mondiale du commerce
PUF	Presses universitaires de France
RTD *com.*	Revue trimestrielle de droit commercial

INTRODUCTION GÉNÉRALE

L'orientation fondamentale de la politique économique de ces dernières années était de mettre fin à l'économie dirigée et d'instituer une liberté régulée et une réforme économique de fond. Cette orientation demeure d'actualité. Effectivement, il s'agit d'un processus de libéralisation qui implique la remise en cause de l'organisation monopolistique d'une économie et son ouverture à la concurrence. Cette libéralisation ne peut se concrétiser que par l'instauration des instances de régulation qui participent à l'ouverture du marché et à l'émergence d'un nouveau rôle de l'État. Ainsi que l'écrit Michel Rousset, l'État « *conserve par ailleurs un rôle de régulation*[1]. *Il n'est plus entrepreneur ou financier, mais il assure un rôle de garant de respect des règles qui doivent présider au bon fonctionnement du système économique* »[2].

Dans cette perspective, le Maroc s'était doté de son premier Conseil de la concurrence par la loi n° 06-99 relative à la liberté des prix et de la concurrence mise en œuvre depuis le début de l'année 2001.

Cette institution est restée sans application effective, jusqu'à sa réactivation en 2009 avec un rôle principalement et foncièrement consultatif.

L'intervention d'une telle autorité dans l'organisation institutionnelle du contrôle de la concurrence est significative de la volonté de rompre avec l'ancien modèle dirigiste de régulation du marché. Surtout dans une période où la crise économique mondiale prive le Maroc de ses moteurs principaux de sa croissance[3].

Ainsi, la constitution du 29 juillet 2011 dans son titre XII : « De la bonne gouvernance », et dans le cadre réservé aux instances de bonne gouvernance

---

[1]« L'État doit jouer le rôle d'un "régulateur", chargé d'assurer le maintien des grands équilibres économiques, en intégrant des contraintes de nature diverse. L'évolution de l'économie de marché rendrait cette intervention indispensable : la complexité croissante des circuits économiques, les mutations technologiques, la sophistication des produits financiers, la mondialisation des échanges, mais aussi la pression croissante de pouvoirs économiques dont la puissance se renforce du fait de la mondialisation, imposent la mise en place d'instances capables de fixer certaines règles du jeu, de faire prévaloir certaines disciplines, de protéger certains intérêts ». Voir CHEVALLIER Jacques, « L'État régulateur », *Revue française d'administration publique*, n° 111, 2004, pp. 473-482.

[2]ROUSSET Michel, « le nouveau concept de l'autorité et la modernisation de l'administration marocaine », in CENTRE d'Etudes internationales (dir.), *Une décennie de réformes au Maroc (1999-2009),* Paris, Karthala éditions, 2010, p. 63.

[3]ABDELMOUMNI Fouad, « Le Maroc et le Printemps arabe », *Revue Pouvoirs*, n° 145, 2013, pp. 123-140.

et de régulation, l'article 166 dispose que : « *le Conseil de la concurrence est une institution indépendante* »[4].

Cette consécration constitutionnelle des autorités de régulation contribuera ainsi à renforcer leur légitimité et à les responsabiliser davantage[5]. Dans le même sens, la déclaration gouvernementale de 2012 souligne que la consolidation de la gouvernance économique implique : « l*e renforcement des prérogatives du Conseil de la concurrence et de son rôle en matière de promotion de la transparence et de la compétition et de la mise à sa disposition des moyens nécessaires pour l'accomplissement de ses missions* »[6].

Afin de retraduire réellement et prendre en considération tous ces éléments, l'arsenal juridique marocain a été renforcé par la publication de deux textes de loi relatifs à la concurrence.

Le premier est la loi n° 104-12 relative à la liberté des prix et de la concurrence, et le second la loi n° 20-13 relative au Conseil de la concurrence[7]. Ce nouveau dispositif législatif a élevé le Conseil de la concurrence de nature consultative, au rang d'une autorité décisionnelle indépendante dotée de la personnalité morale et de l'autonomie financière. Ainsi, il possède la capacité d'organiser une concurrence libre et loyale et de garantir la transparence et l'équité en matière de relations économiques[8].

Cependant, le vaste débat quant aux instances de régulation de la concurrence et leur indépendance perdure. Et tant leur périmètre d'action que leur statut demeurent incertains et changeants. Ces imprécisions font tout l'intérêt d'une recherche sur l'indépendance, dont le contenu est très plus que jamais débattu. Cet état de fait nous a amenés à spécifier d'abord l'objet de notre recherche (I), puis les différentes méthodes d'étude en mesure d'être employées, dont les utilités dépendent de l'objet à définir (II).

I. OBJET DE LA RECHERCHE

Cette thèse a pour ambition d'apporter un certain éclairage sur l'indépendance du Conseil de la concurrence du Maroc et sa régulation de la

---

[4]Publiée au Bulletin officiel n° 5964 du 30 juillet 2011, p. 1902.

[5]DE MONTALIVET Pierre, « Constitution et autorités de régulation », *Revue du droit public et de la science politique en France et à l'Étranger,* n° 2, 01 mars 2014, p. 316.

[6]Le Chef du Gouvernement du Maroc, *Programme du Gouvernement,* janvier 2012, p. 37.

[7]Bulletin officiel n° 6280, du 10 chaoual 1435 (7 août 2014).

[8]Le Roi Mohammed VI lors de l'ouverture de la dernière année législative de la 9e législature, le 9 octobre 2015, a estimé « qu'il convient aussi de mettre en œuvre les textes juridiques relatifs au Conseil de la Concurrence et de l'Instance nationale de la Probité et de la Prévention de la Corruption ».

concurrence des marchés[9]. Notre analyse juridique comparative prendra comme point de départ la nouvelle législation de la concurrence, son statut et ses pouvoirs au regard, notamment, du droit français. Toutefois, une étude objective de ce sujet impose sa délimitation et d'en donner un aperçu historique. Cette question de la définition et la qualification des autorités administratives indépendantes et des « autorités de concurrence » est toujours d'actualité dans le contexte marocain. Notamment, puisqu'on aborde désormais une indépendance, une personnalité morale et une autonomie financière de ces instances.

D'abord, pour délimiter ces notions, nous nous efforcerons de déterminer l'historique et la définition du Conseil de la concurrence à partir de son cadre juridique (A). Puis, il conviendra de nous interroger sur le sens du terme « autorité de régulation indépendante » pour en décrire certains aspects du droit régissant la structure et le fonctionnement du Conseil de la concurrence du Maroc (B).

A. L'historique et la définition du Conseil de la concurrence

Dans un premier temps, il convient de découvrir l'historique très récent du Conseil de la concurrence du Maroc à partir du cadre juridique qui organise la concurrence au Maroc (1). Puis, nous nous intéresserons à sa définition en tant qu'autorité de la concurrence (2).

1. Éléments de l'historique du Conseil de la concurrence

Il importe donc de faire le point sur l'historique de cette institution de régulation de la concurrence, au regard des autres organismes l'ayant précédée dans le domaine de la police des pratiques anticoncurrentielles, en constatant la rupture provoquée par cette instance avec l'exercice de l'économie administrée.

D'après Mohamed EL MERGHADI : « *la prise en compte des règles de la concurrence et des modalités de sa régulation a émergé comme préoccupation à la fin des années 80. Une préoccupation consécutive à l'application du programme d'ajustement structurel que les autorités publiques ont été conduites à mettre en chantier afin de permettre à l'économie marocaine de renouer avec l'équilibre macroéconomique et de l'ouverture grandissante sur*

[9]La constitution de 2011 dans son article 166 parle des « marchés » au pluriel, et non pas du « marché ».

l'extérieur »[10]. Se situant dans le cadre des grandes réformes juridiques et institutionnelles de l'économie marocaine, la loi n° 06-99 avait consacré au Conseil de la concurrence une place distinguée parmi ses 103 articles répartis sur neuf chapitres. C'est un des textes fondateurs de l'économie marocaine « libéralisée », qui met fin à quarante années de contrôle des prix et de réglementation contraignante en restaurant la libre concurrence[11].

À ce titre, le rapport du cinquantenaire de l'Indépendance sur le développement humain avait estimé que cette loi constituait « *un maillon essentiel dans le processus de modernisation du droit économique marocain. Elle s'assigne en effet un double objectif : organiser la libre concurrence et améliorer le bien-être des consommateurs. À cet effet, les pratiques anticoncurrentielles, les opérations de concentration économique de nature à porter atteinte à la concurrence, notamment par création ou renforcement d'une position dominante, sont sanctionnées par un dispositif de droit pénal spécifique. La loi met en place un Conseil de la concurrence* »[12].

Cette loi n'a pas été un acte isolé. Elle s'est inscrite dans un programme progressif, engagé dès 1990, d'ouverture à la concurrence d'un ensemble croissant de secteurs. Celles-ci visent à l'objectif tracé, c'est-à-dire la modernisation économique et l'amélioration de la compétitivité des entreprises du tissu national. Elle en définit le cadre juridique et institutionnel et fixe les limites et les règles du jeu économique. Elle contribue au renforcement du droit et de la politique de la concurrence[13], depuis 2001, date de son entrée en vigueur.

---

[10]EL MERGHADI Mohamed, « La régulation de la concurrence au Maroc, Évolution du cadre législatif et réglementaire », in <*http://www.academia.edu* > [en ligne], 2011, consulté le 30 mai 2017.

[11]Il convient de souligner l'existence d'une institution patrimoniale, puisant de la culture arabo islamique, en matière du contrôle des prix. Il s'agit du "mouhtassib" représentant la " hisba". Il est chargé de superviser les marchés, la bonne observation des dispositions relatives à la répression des fraudes et au contrôle des prix. Son statut est encadré par la loi n° 02-82 relative aux attributions du muhtasib et des umana des corporations, promulguée par dahir n° 1-82-70 du 21 juin 1982, Bulletin officiel, n° 3636 du 7 juillet 1982, p. 352.

[12]Royaume du Maroc, *Le Maroc possible : Une offre de débat pour une ambition collective, Rapport du Cinquantenaire, Rapport thématique sur la « Gouvernance et développement participatif » / Comité directeur de "50 ans de développement humain et perspectives 2025"*, Casablanca, Editions maghrébines, 2006, p. 73.

[13]Dans ce cadre, Denord François estime que : « la politique de la concurrence présente toujours un aspect paradoxal. Justifiée le plus souvent par la défense du "consommateur", elle conduit à la mise en place de dispositifs contraignants pour les entreprises, tout en permettant l'élaboration d'un cadre réglementaire qui leur assure prévisibilité et information. Elle peut donc à la fois être pensée comme un outil de démocratie économique et comme un instrument de préservation du capitalisme moderne. Cette ambiguïté, que renforce l'expression "politique de la concurrence", favorise une forme de consensus autour d'une politique rarement perçue

La soumission au principe de la libre concurrence incarne un choix politique[14]. Celui d'une certaine organisation économique qui présuppose elle-même une législation juridique impérative pour garantir les conditions de la concurrence, c'est-à-dire particulièrement de prohiber les pratiques anticoncurrentielles[15].

Les lois de la concurrence ont pour origine les États-Unis, qui jouent un grand rôle dans la mondialisation de l'économie aujourd'hui, explique l'engagement d'aujourd'hui du Maroc dans cette direction. Toutefois, l'existence d'un contrôle relatif des prix, des planifications, des monopoles et un certain interventionnisme hérité du colbertisme français est bien présente. En fait, pendant longtemps, la police des prix, vu le contexte florissant de l'économie nationale a assuré cette mission négligeant celle de la concurrence. Progressivement, cette dernière a pris le relais.

Signalons que bien que la loi concernant la liberté des prix et la concurrence ait été mise en œuvre depuis le début de l'année 2001, le Conseil de la concurrence a occupé le titre 5 avec ses 32 articles, déployant sa structure et son fonctionnement. Mais l'activation de son rôle ne s'est faite qu'à partir du 20 août 2008. Ce n'est qu'après l'installation de ses membres par le

comme telle, parce qu'elle engage des savoirs juridiques et économiques très élaborés ». Voir DENORD François, « Néo-libéralisme et économie sociale de marché » : les origines intellectuelles de la politique européenne de la concurrence (1930-1950) », *Histoire, économie & société,* 1/2008 (27e année), pp. 23-33.

[14]L'historien et le spécialiste du Maghreb Pierre Vermereen dit à propos des années 80 et 90 qu'« économiquement, le Maroc s'engage dans une réforme de libéralisation. En effet, malgré l'option libérale choisie par le Roi, le pays vit dans une économie mixte protégée de la concurrence et soumise à la double règle du patrimonialisme et des monopoles. Le FMI presse le pays de réduire ses droits de douane (qui passent en quelques années de 400 % à 40 %), de libéraliser le commerce, de réformer le système financier et d'amorcer les privatisations (lancées en 1992). En 1987, le Maroc adhère au GATT (Accord général sur les tarifs douaniers et le commerce) ». Voir VERMEREN Pierre, *Histoire du Maroc depuis l'indépendance*, Paris, La Découverte, « Repères », 2010, pp. 71-87.

[15]D'après Marie Dominique Hagelsteen présidente du conseil français de la concurrence de 1998 à 2004 « L'activité de ces autorités n'affecte pas les prérogatives régaliennes de l'État. Ces instances font partie de l'État et agissent en son nom. De plus, leur rôle résulte d'un choix politique. Ainsi, la mission exclusive confiée au Conseil de la concurrence, réprimer les pratiques anticoncurrentielles peut être analysée comme un dessaisissement du ministre de l'Économie, et de sa capacité à agir ponctuellement sur tel ou tel dossier pour tout motif légitime. Mais précisément, le choix de confier à une autorité administrative indépendante la mission d'appliquer exclusivement le droit de la concurrence se justifie par la conviction que, à moyen terme, fonctionnement concurrentiel des marchés assure un réel progrès économique. C'est un choix politique ». Voir HAGELSTEEN Marie Dominique, « Entretien », *Le bulletin de l'ILEC,* n° 333, mars 2002, p. 5.

Premier ministre en janvier 2009[16] que le Maroc a pu disposer d'un Conseil de la Concurrence « *consultatif* », ayant pour attribution de contribuer à la régulation et la gouvernance économique.

Nonobstant son activation, en 2009, le Conseil est demeuré un organe rattaché au Premier ministre, qui gardait le dernier mot pour suivre ses recommandations ou non. La loi ne lui accordant pratiquement pas de pouvoir de décision ou de sanction.

À cet effet, l'article 14 de la loi n° 06-99 disposait que « le *Conseil de la concurrence est une institution aux attributions consultatives aux fins d'avis, de conseil ou de recommandations* ».

Par ailleurs, l'ancienne loi n'a pas permis au Conseil d'exercer ses fonctions de façon satisfaisante, en verrouillant le système de sa saisine. Ainsi, celui-ci ne peut être saisi directement par les entreprises. Par ailleurs, des restrictions de saisine au profit des associations de protection de consommateurs ont perduré. Cette instance consultative a donc été privée d'une compétence d'autosaisine, et par conséquent ne détenait pas un pouvoir discrétionnaire[17].

De ce fait, l'ancien Conseil de la concurrence était un organisme élémentaire, qui appartenait aux organes consultatifs, présenté comme une instance d'accompagnement de l'exécutif. D'après Jean-Jacques Menuret, la fonction de telles institutions ne doit pas être sous-estimée certes, *« le pouvoir de décision ne leur appartient pas. Mais leurs avis ou propositions peuvent avoir une grande autorité morale »*[18].

Après une expérience de treize ans de la mise en œuvre de la loi n° 06-99, un nouveau contexte a vu le jour, marqué par la constitutionnalisation du Conseil de la concurrence, mais aussi les changements des relations commerciales, l'évolution des lois de la concurrence au niveau mondial, et les engagements du Maroc avec les organismes internationaux et ses partenaires économiques extérieurs[19]. Toutes ces diverses observations ont poussé à

---

[16]BENAMOUR Abdelali, « le Conseil de la concurrence du Maroc : une nouvelle relance », *Bulletin Méditérranéen de Concurrence*, n° 1, 2009, p. 21.

[17]BOUAYAD Mohamed Hicham, *La politique de la concurrence et la régulation sectorielle : interfaces juridiques et architecture institutionnelle*, Fès, Publications du centre de droit, des obligations et des contrats (cdoc), Faculté de droit de Fès, 2014, p. 284.

[18]MENURET Jean-Jacques, *Le contentieux du Conseil de la concurrence*, Clermont-Ferrand, Presses universitaires de la Faculté de droit de Clermont-Ferrand, LGDJ, 2002, p. 5.

[19] « Le Maroc bénéficie également d'un programme de jumelage avec l'Allemagne intitulé « Appui au renforcement des autorités de la concurrence au Maroc » qui s'intègre dans le « Programme d'appui à l'accord d'association signé entre le Maroc et l'Union européenne ». L'objet de ce programme consiste notamment à rapprocher le système marocain de la

l'édiction d'un nouveau dispositif législatif composé de deux volets : la loi n° 20-13 relative au Conseil de la concurrence et la loi n° 104-12 relative à la liberté des prix et de la concurrence.

En application des articles 166 et 171 de la constitution, la loi n° 20-13 relative au Conseil de la concurrence en tant qu'instance indépendante lui a conféré dans le cadre de l'organisation d'une concurrence libre et loyale, comme missions : d'assurer la transparence et l'équité dans les relations économiques, notamment à travers l'analyse et la régulation de la concurrence sur les marchés, le contrôle des pratiques anticoncurrentielles, des pratiques commerciales déloyales et des opérations de concentration économique et de monopole[20].

Avec la loi n° 20-13, le Conseil de la concurrence a été doté de la personnalité morale et de l'autonomie financière. Elle a défini, essentiellement, sa composition, ses compétences, l'organisation, ses règles de fonctionnement, et les cas des incompatibilités. Le Conseil a pris la forme juridique d'une instance de régulation. Celle-ci doit s'apprécier suivant l'usage souvent formaliste du droit public, qui consacre la création de plusieurs instances et autorités indépendantes de régulation, dont le principe fondamental réside dans leur caractère « *indépendant* ».

Le Conseil de la concurrence est doté d'un pouvoir décisionnel pour lutter contre les pratiques anticoncurrentielles et contrôler les opérations de concentration économique. Outre la définition des pouvoirs d'enquête, les articles de la loi n° 20-13 précisent et articulent ses compétences avec celles de l'administration. Le Conseil de la concurrence pourra s'autosaisir de toute question de concurrence et formuler des recommandations quant aux mesures destinées à améliorer le fonctionnement concurrentiel des marchés. Le texte

---

concurrence avec le système en vigueur au sein de l'Union européenne. Dans le cadre de ce projet, l'Allemagne apporte son expertise pour aider le Maroc à renforcer les capacités de l'autorité de concurrence et à promouvoir la politique de la concurrence au Maroc (ce contrat de jumelage conclu entre le Royaume du Maroc et la République fédérale d'Allemagne en août 2007 pour une période de 30 mois prévoit un budget de 1 500 000 euros)". Voir De VABRESTRANIÉ Loraine Donnedieu, « La réforme annoncée du Conseil de la concurrence marocain », *Revue Le Lamy de la Concurrence*, n° 26, 1er janvier 2011.

[20]Dans ce cadre, Michel Rousset affirme que « les pouvoirs du Conseil de la concurrence ont été renforcés de façon à lui permettre d'exercer effectivement la mission que lui confie le législateur... À cet effet, "le conseil a un pouvoir décisionnel en matière de lutte contre les pratiques anticoncurrentielles et de contrôle des opérations de concentration économique", pouvoir dont ne disposait pas le Conseil dans la constitution initiale que lui avait donné la loi du 5 juin 2000 ». Voir ROUSSET Michel et GARAGNON Jean, *Droit administratif marocain*, Rabat, Publications de la Revue Marocaine D'Administration Locale et de Développement, série « thèmes actuels », 2017, p. 409.

législatif vise également à renforcer la séparation, au sein du Conseil, entre la phase d'enquête et d'instruction des dossiers et la décision.

Au niveau de la forme, la nouvelle loi relative au Conseil de la concurrence se compose de quatre chapitres et de 28 articles.

Par ailleurs, et d'après les rédacteurs de la nouvelle loi n° 104-12 relative à la liberté des prix et de la concurrence, l'objectif de son édiction est de « *rapprocher le régime du droit de la concurrence marocain des meilleures pratiques en matière de droit comparé et de renforcer l'immunité juridique des opérateurs économiques* »[21].

La nouvelle loi ne diffère pas fondamentalement de l'ancienne, à l'exception des pouvoirs de l'unification des compétences du Conseil de la concurrence et la création de nouvelles règles. Ainsi, elle sera appliquée à toutes les activités économiques de la production de la distribution et des services, y compris celles opérées par des personnes publiques. Elle traite également le principe de la liberté des prix dont elle fait une règle générale pour la formation des prix par le principe de libre concurrence. La loi n° 104-12 relative à la liberté des prix et de la concurrence contient 10 titres et 111 articles.

Incontestablement, le Conseil de la concurrence désormais fort de sa constitutionnalisation en 2011 n'est pas qu'un piètre héritier de son ancien. Bien qu'investi d'un rôle consultatif, il s'en éloigne par sa valeur et son statut constitutionnel, son pouvoir décisionnel en matière de la régulation de la concurrence, son indépendance ou au moins son aspiration à cette indépendance, et l'attribution de larges pouvoirs d'enquête et de sanction. Cette différenciation s'explique par la volonté de rompre avec le modèle dirigiste et administré de l'économie, au profit d'une instance de régulation indépendante dont le rôle est élargi et diversifié :

- D'une part, elle peut s'associer aux pouvoirs publics dans l'élaboration de la politique de la concurrence (fonction consultative, études, relations avec le Parlement, etc.),
- D'autre part, elle jouit d'une fonction répressive à l'égard des pratiques faussant le libre jeu du marché[22].

---

[21]Chambre des Représentants, *Rapport de la commission des finances et du développement économique sur le projet de la loi n° 104-12 relative à la liberté des prix et de la concurrence*, 2013, p. 12.

[22]EL BAZZIM Rachid, « Le Conseil de la concurrence Marocain », *Revue de droit des affaires internationales/International Business Law Journal*, n° 1 -2016, pp.73-83.

Le roi Mohammed VI, a reçu le 17 novembre 2018, l'économiste Driss Guerraoui, nommé président du Conseil de la concurrence, ainsi que Mohamed Abouelaziz, nommé au poste de secrétaire général du Conseil de la concurrence[23].

Pourtant, jamais un thème de droit économique n'a suscité autant de débats médiatiques et d'inquiétudes ; c'est que le constat sur certaines pratiques d'ententes illicites est alarmant, révélé au grand jour par une campagne de dénonciation inédite des consommateurs, lancé le 20 avril 2018 sur les réseaux sociaux.

Et pour cause, la demande du gouvernement de plafonner les prix des hydrocarbures a alimenté le débat. En février 2019, lors de l'édiction d'un avis consultatif sur cette question, le Conseil de la concurrence, a considéré que le plafonnement des prix et des marges bénéficiaires des carburants liquides est un choix qui ne sera pas suffisant et judicieux d'un point de vue économique, concurrentiel et en termes de justice sociale. Cette première action du Conseil a alimenté un riche débat sur cette question très suivie par l'opinion publique.

2. La définition du Conseil de la concurrence

Faire l'étude d'une institution originale en droit marocain présuppose avant tout mieux la définir. En fait, le Conseil de la concurrence est catégorisé parmi les autorités de la concurrence. Il se caractérise comme une instance spécialisée dans la mise en œuvre du droit de la concurrence. D'après Marie Anne Frison-Roche, il s'agit bien d'une « *autorité administrative indépendante qui intervient ex-post... l'autorité de la concurrence ne surveille pas en tant les marchés, pas plus qu'elle ne les construit ou n'en maintient les équilibres. Ces dernières fonctions sont précisément dévolues au régulateur* »[24].

Le caractère technique du Conseil de la concurrence s'explique de par l'attribution de compétence d'une sensibilité accrue pour mieux contrôler le bon fonctionnement des marchés. Cette spécificité se manifeste dans les compétences et les connaissances qualifiées de ses membres. En tant qu'instance de la régulation, il est composé d'experts dans des domaines ou des activités considérés très techniques et complexes. Selon Marie-Dominique Hagelsteen, ancienne présidente du Conseil de la concurrence français, il convient de faire une distinction entre l'autorité à compétence générale et les régulateurs sectoriels, « *Il est vrai que l'action du Conseil de la concurrence,*

---

[23]Le décret de nomination des membres du Conseil de la concurrence (Publié au bulletin Officiel n° 6734 du jeudi 13 décembre 2018) marque le début de ses travaux.

[24]FRISON-ROCHE Marie-Anne, *Les 100 mots de la régulation*, Paris, Presses universitaires de France, « Que sais-je ? », Paris, 2011, p. 26.

qui détient, seul, la mission de réprimer les pratiques anticoncurrentielles, s'exerce ex post, alors que l'action du régulateur se situe le plus souvent ex ante. Il faut toutefois avoir à l'esprit que les régulateurs sectoriels ont pour mission de créer un marché, alors que le rôle du Conseil est de s'assurer que le marché, supposé déjà exister, fonctionne correctement »[25].

En effet, le Conseil est doté d'une compétence générale. Il peut être saisi, voire s'autosaisir pour réprimer tout type de délinquance touchant au bon fonctionnement des marchés[26]. Toutefois, il intervient aussi dans le contrôle des concentrations, en édictant des conditions pour les autoriser, bénéficiant à ce titre d'un pouvoir de régulation ex-ante.

Le Conseil, fort de son statut constitutionnel, possède l'autorité, avant tout, morale sur les opérateurs du marché, pour intervenir dans la vie économique nationale et l'administration, et pour être respecté et que ses décisions soient considérées. Auparavant, l'administration centrale avait toujours le dernier mot à dire. Pour cela, le conseil doit disposer de ressources matérielles et financières, d'informations fiables, pour garantir l'enjeu de son indépendance et l'absence de sa capture par les tiers.

Il convient de rappeler que la configuration institutionnelle du système de la régulation au Maroc était bicéphale[27]. Elle comprenait d'une part le Conseil de la concurrence, et, d'autre part la Direction de la Concurrence et des Prix[28]

---

[25]HAGELSTEEN Marie-Dominique, « Entretien », Op. cit., p. 4.

[26]L'économie est, avec la science dite de l'ingénieur, l'un des premiers domaines d'apparition du terme « régulateur ». L'image de la balance est ainsi l'incarnation même du régulateur économique (comme la « balance du commerce »).

[27]BOUAYAD Mohamed Hicham, *La politique de la concurrence et la régulation sectorielle : interfaces juridiques et architecture institutionnelle*, Op. cit., p. 10.

[28]D'après l'article 7 du décret n° 2.13.253 du 20 juin 2013 fixant les attributions et l'organisation du Ministère délégué auprès de Chef de gouvernement chargé des Affaires générales et de la Gouvernance. La Direction de la Concurrence et des Prix assure les missions suivantes :

– Développer une vision générale de la politique gouvernementale en matière du développement de l'investissement et de l'entreprise, en contact avec les secteurs ministériels concernés et en coordination avec eux ;

– L'élaboration d'une stratégie nationale et des programmes pour le développement des microentreprises et suivre sa mise en œuvre en coordination avec les divers secteurs et institutions gouvernementales et organismes concernés ;

– Proposer des mesures pour améliorer le climat des affaires, et renforcer la compétitivité de l'économie nationale aux niveaux international et régional en partenariat avec les secteurs public et privé ;

– L'analyse et l'étude des pratiques anticoncurrentielles et l'étude des opérations de concentration économique objet de notification et de contrôle, compte tenu des compétences assignées à certaines instances en vertu des textes législatifs et réglementaires en vigueur ;

relevant du Ministère des Affaires générales et de la Gouvernance[29]. Néanmoins, « *cette configuration institutionnelle à deux vitesses est en phase de connaitre un changement radical en raison de la réforme que va connaitre le système de la régulation concurrentielle au Maroc au niveau substantiel et institutionnel et dont les grands traits sont déjà annoncés par le texte constitutionnel* »[30].

L'action du contrôle exercée par le Conseil sur les marchés se fait en amont par l'édiction des mesures conservatoires, l'adoption de comportements, l'interdiction ou l'autorisation des concentrations. Cette veille vise à éviter toute crise économique systématique probable ou l'achèvement de la maturité concurrentielle de l'économie marocaine en ouverture[31]. En parallèle, l'action principale du Conseil réside en aval, dans une continuité temporelle en sanctionnant les manquements constatés par les opérateurs et en prescrivant des attitudes à adopter.

Ayant tracé rapidement le cadre historique et conceptuel du Conseil de la concurrence, nous nous intéresserons aux notions et aux cadrages théoriques de notre thème, en mettant principalement le point sur les instances de régulation et leur « indépendance ». Cette dernière est fréquemment présentée comme un critère distinctif des autorités de régulation de la concurrence par rapport au schéma traditionnel de l'administration.

– la programmation et l'exécution des enquêtes relatives à la concurrence aux niveaux national et sectoriel, compte tenu des compétences assignées à certaines instances en vertu des textes législatifs et réglementaires en vigueur ;
– la préparation des dossiers de la concurrence renvoyés devant le Conseil de la concurrence et la justice.
– La prise en considération des affaires internationales qui font partie de ses attributions, et les traiter ;
– Assurer la protection des intérêts économiques des consommateurs concernant la concurrence ;

[29]Le ministère délégué auprès du Chef de gouvernement chargé des Affaires générales et de la Gouvernance comprend, en plus du cabinet du ministre, une administration centrale composée d'un Secrétariat général et de 4
directions chargées de la Gouvernance, *de la Concurrence et des Prix*, de la Coopération internationale et des Ressources, des Affaires juridiques et des Systèmes d'Informations.

[30]BOUAYAD Mohamed Hicham, *La politique de la concurrence et la régulation sectorielle : interfaces juridiques et architecture institutionnelle*, Op. cit., p. 11.

[31]JAIDI Larbi, « Conseil de la concurrence : les enjeux et défis d'une relance », Culture de la concurrence l'an I du Conseil de la concurrence », *publications de la REMALD, Série « Thèmes actuels », n° 68, Actes des journées d'étude organisées par le conseil de la concurrence le 23 avril 2009 et du 3 au 5 décembre 2009 à Marrakech*, 2010, p. 65.

B. Le Conseil de la concurrence, une instance de régulation indépendante

Sur un marché mondialisé en constante évolution et compte tenu du rôle que peuvent jouer les instances de régulation dans l'édification de la nouvelle architecture étatique, la référence à la régulation et à la concurrence semble pertinente pour encadrer le passage d'un régime d'une économie administrée à une situation libéralisée[32] (1). Mais aussi pour rassurer les acteurs du marché, leur garantir l'indépendance et l'impartialité du Conseil. Afin de mener à bien sa mission de régulation, la constitution de 2011 le qualifie en tant qu'instance de régulation « indépendante » (2).

1. La régulation et la concurrence, cadres théoriques du Conseil

Généralement, nous emploierons dans cette recherche l'expression de « *régulation de la concurrence* »[33] pour plusieurs raisons :

La première est que le texte constitutionnel classe le Conseil de la concurrence parmi « les instances de la régulation et la bonne gouvernance ».

La deuxième est l'objet de la controverse doctrinale qui garde toute son utilité pédagogique pour la distinction entre la régulation de la concurrence attribuée à certains organes sectoriels (ANRT, etc.) et le contrôle de la concurrence (lorsque le marché est déjà construit) confié à l'autorité de la concurrence à compétence générale, c'est-à-dire au Conseil de la concurrence.

Dans notre cas, nous ne pouvons réduire cette fonction à quelques instances. D'après le professeur Gérard Marcou : « *Quelle que soit la portée de la notion de régulation, elle inclut l'ouverture à la concurrence et la résolution des antinomies qui résultent de la conservation de certains objectifs et valeurs non économiques, qui peuvent se trouver en conflit avec la logique du marché. En outre, la régulation ne doit être confondue ni avec un type déterminé d'institutions (dans une dimension organique) ni avec une*

---

[32]Il s'est récemment développé une littérature retraçant la genèse des politiques de concurrence dans le courant néolibéral. Voir DENORD François, « Néo-libéralisme et "économie sociale de marché" »: les origines intellectuelles de la politique européenne de la concurrence (1930-1950) », Op. cit., pp. 23-33.

[33]Une partie de la doctrine oppose « la régulation dite "concurrentielle", assurée automatiquement par le marché "autorégulateur" et la régulation dite "étatique" ou "monopoliste", fruit de divers moyens d'intervention publics comme le Plan ». Voir LAKEHAL Mokhtar, *Dictionnaire d'économie contemporaine*, Vuibert, 2002, p. 572.

catégorie particulière d'actes (dans une dimension matérielle) »[34]. En fait, il n'existe aucun consensus sur le champ exact de la régulation[35]. La non-délimitation de ce champ trouve son point de division le plus important dans la question de savoir, si le droit de la concurrence entre ou non dans celui-ci[36]. Une partie de la doctrine qualifie le droit de la concurrence de régulation « *générale* » par opposition à « *spéciale* » ou « *sectorielle* »[37], ou la régulation « horizontale » par opposition à « *verticale* »[38]. D'autres auteurs estiment que « *le droit de la régulation consiste à tenir en équilibre la concurrence, pour que chacun bénéficie de ses vertus de dynamisme et de liberté, et d'autres principes, car la concurrence comme seule règle est destructrice* »[39].

Sur le plan théorique, nous avons positionné notre recherche à la frontière de ces deux champs qui s'interfèrent et s'interpellent : la régulation et la concurrence. Afin d'apporter un soubassement théorique convaincant à l'analyse du Conseil de la concurrence en tant qu'instance indépendante de régulation, nous analyserons tout d'abord cette dernière dans son volet

---

[34]ANIBAL RAFAEL Zarate -Perez, *L'indépendance des autorités de concurrence, analyse comparative Colombie, France, États-Unis*, Thèse de doctorat en Droit, Université Panthéon-Assas, 2001, p. 33.

[35]RAMBAUD Romain, *L'institution juridique de régulation, recherches sur les rapports entre droit administratif et théorie économique*, Paris, L'Harmattan, 2012, p. 34.

[36]« Les nouvelles orientations du droit de la concurrence rendent la distinction entre droit de la concurrence, en tant qu'instrument de contrôle de la concurrence, et droit de la régulation, comme instrument de contrôle de la concurrence dans des secteurs déterminés, de plus en plus floue et étanche. Le droit de la concurrence ne se limiterait donc pas au contrôle ex post des restrictions aux principes d'ouverture des marchés, mais deviendrait également "régulateur", en ce sens qu'il "construirait" également la concurrence, pour reprendre une expression désormais consacrée ». Voir GOSSET-GRAINVILLE Antoine, « Le droit de la concurrence peut-il jouer un rôle d'inter régulateur ?» in FRISON-ROCHE Marie-Anne, *Droit et économie de la régulation. 3*, Paris, Presses de Sciences Po « Hors collection », 2005, pp. 151-159.

[37]NICINSKI Sophie, « L'Autorité de la concurrence », *Revue française du Droit administratif*, 2009, p.1239 ; FARJAT Gérard, *Pour un droit économique*, Paris, PUF, 2004, p. 135.

[38]Voir dans ce cadre DELION André, « notion de régulation et droit de l'économie », *Annales de la régulation de l'Université Paris 1 Panthéon-Sorbonne*, n° 1, LGDJ, 2006, pp. 22-25 ; GALLOT Jacques, « Qu'est-ce que la régulation ? Contribution pour une définition », *Revue de la Concurrence et de la Consommation*, n° 119, 2001, pp. 5-6.

[39]FRISON-ROCHE Marie-Anne, « Un regard d'expert sur la régulation, Interview de Marie-Anne Frison-Roche par Catherine Bergès », *vite Lu : la lettre d'information trimestrielle de la Compagnie Régionale des Commissaires aux Comptes (CRCC)*, avril 2016, p.10-11.

institutionnel incarné par ces autorités qui prennent diverses dénominations connues sous le terme « autorités administratives indépendantes ».

La régulation dans le contexte d'une économie en cours d'ouverture se distingue du sens anglo-saxon traduit par « *réglementation* »[40]. Il s'agit en fait ici du « *suivi d'un secteur économique pour l'amener à la concurrence* ». Dans une économie en cours de libéralisation, elle est surtout sectorielle et permet d'accompagner l'ouverture à la concurrence de marchés anciennement monopolistiques. « *Cette tendance générale a trouvé un large écho au Maroc qui avec le début des années quatre-vingt-dix s'est franchement engagé vers la libéralisation progressive de secteurs entiers de l'économie nationale. Cette réorientation de la politique économique a été illustrée clairement par le vaste programme de privatisation lancé en 1993. Ainsi un certain nombre d'activités économiques en monopole a été soustrait en totalité ou en partie du giron de la sphère publique, pour être transféré à la sphère privée régie par la concurrence* »[41].

Certaines autorités spéciales en ont la charge telle que l'ANRT en matière des télécommunications ou la HACA dans le domaine de l'audiovisuel.

Le Conseil de la concurrence possède une fonction plus générale et plus horizontale, de surveillance du bon fonctionnement de tous les marchés, qu'il exerce soit en émettant des avis, soit en sanctionnant les pratiques anticoncurrentielles qu'il constate. En ce sens, il bénéficie bien d'un pouvoir de régulation des marchés en matière de concurrence. La définition des pratiques anticoncurrentielles est modernisée et clarifiée, les concentrations bien réfléchies et des garanties aux acteurs économiques sont nettement renforcées. Constatons que le nouveau Conseil qui se substitue à l'ancien dont le rôle était seulement consultatif jouit aujourd'hui des pouvoirs de contrôle

---

[40]Parmi les tentatives de distinction de la régulation et la réglementation, celle de Cohen reste la plus pertinente « La réglementation relève du privilège souverain de l'État ; la régulation c'est, dans un champ donné, un considérable pouvoir d'investigation, d'interprétation et d'appréciation dévolu à des personnes indépendantes du pouvoir politique et du milieu sur lequel elles exercent leur contrôle », COHEN Élie, « De la réglementation à la régulation : histoire d'un concept », *problèmes économiques*, 20 septembre 2000, n° 2680 spécial, « Où en est l'intervention de l'État ? II. L'État régulateur », p.1-4.

[41]MECHRAFI Amal, « Les organes de régulation au Maroc », *Revue marocaine de l'administration locale et de développement*, n° 72-73, janvier -avril 2007, p. 35 ; Voir aussi LAHMOUCHI Mohamed, *Libéralisation des prix et ses implications sur la concurrence et le pouvoir d'achat : cas du Maroc*, Thèse pour l'obtention du doctorat en Sciences économiques, Université Mohammed 5, 1996.

et de sanction, afin de participer à la bonne gouvernance de l'économie nationale.

La régulation[42] semble être assumée par des institutions indépendantes de régulation représentatives d'une certaine mutation des principes traditionnels gouvernant l'organisation administrative. Conscients des limites de la réglementation et du commandement par voie de l'acte unilatéral « les pouvoirs publics semblent renoncer excessivement aux modalités classiques d'intervention, et se dirigent peu à peu vers la consécration consciente et volontaire d'un certain nombre de procédés dont la plupart sont tout à fait nouveaux. Il est de plus en plus question de consultation, de concertation, de partenariat, de contractualisation... prenant le relais des politiques, le législateur a entamé depuis peu une institutionnalisation de ces procédés qui ont très vite connu une large promotion. Parmi ces procédés, il en est un qui présente un intérêt particulier à savoir la régulation »[43].

À ce titre, la doctrine consacre ces autorités comme des « *structures nouvelles* »[44], « *dotées d'un statut spécifique très différent des administrations classiques* »[45], ou encore comme des « *laboratoires d'un nouveau droit administratif* »[46].

Dans le même cadre, certains chercheurs ont tenté de corréler l'émergence des autorités administratives indépendantes, dans le contexte marocain, avec les changements dont témoignent le champ politique national avec l'apparition du nouveau concept d'autorité et la volonté de promouvoir la démocratie de l'espace politique au domaine administratif. Ces recherches s'inscrivent dans le cadre du développement et de la problématique des droits de l'homme pour permettre aux citoyens de jouir de moyens juridiques efficaces pour défendre leurs droits et d'assurer leurs obligations envers l'État, l'autorité et l'administration[47].

Avant leur constitutionnalisation en tant qu'instances de bonne gouvernance indépendantes, une partie de la doctrine marocaine n'était pas unanime sur la structure, les fonctions et l'indépendance de ces entités. À cet

---

[42]« La définition du concept de régulation semble se composer d'un élément permanent : la référence à l'idée d'équilibre, de constance ou de régularité ». Voir CALANDRI Laurence, *Recherche sur la notion de régulation en droit administratif français*, Paris, LGDJ, 2008, p. 7.
[43]MECHRAFI Amal, « Les organes de régulation au Maroc », Op. cit., p. 35.
[44]JAN Pascal, *Institutions administratives*, Paris, Lexis Nexis, 2011, p. 247.
[45]OBERDORFF Henri, *Les institutions administratives*, Paris, Dalloz-Sirey, 2010, p. 110.
[46]LONGOBARDI Nino, « Les autorités administratives indépendantes, laboratoires d'un nouveau droit administratif », *Petites affiches*, 27 août 1999, n° 171, p. 4.
[47]YAHYA Mohammed, « Les autorités administratives indépendantes et la question de la transition de la démocratie de l'espace politique au domaine administratif », *Revue tangis*, n° 2, 2001, p. 25.

égard, Michel Rousset et Mohammed Amine Ben Abdellah ont préféré les dénommer « *les organismes autonomes de régulation* ».

C'est également sous la forme juridique d'établissement public qu'ont été créés depuis plusieurs années des organismes auxquels ont été confiées des missions de contrôle, de régulation d'un secteur ou d'une activité. Se déchargeant de ces fonctions, l'État ne veut plus assurer une gestion monopolistique, mais désire en superviser le fonctionnement. Les objectifs étatiques étant de faire respecter un certain nombre de principes, notamment la liberté de la concurrence entre les nouveaux opérateurs : la liberté des prix et de la concurrence grâce à un Conseil de concurrence. Par ailleurs, les deux juristes ont souligné également que « *si l'utilité de ces organismes de la régulation n'est pas contestée... il ne semble pas qu'ils disposent d'une indépendance suffisante par rapport aux pouvoirs publics, à l'exception de ceux qui sont rattachés directement à l'institution royale* »[48].

Ainsi, pour ces chercheurs, l'utilisation du terme « indépendance » par la constitution[49] et le législateur pour les distinguer et les caractériser, témoigne plus d'une certaine intention de rupture et d'un minimum d'altérations des principes classiques.

Cependant, l'analyse des institutions administratives assumant la régulation indique un profond renouvellement des fondements classiques adéquats à l'organisation administrative. Comme le souligne Olivier Gohin : « *l'émergence d'une catégorie juridique nouvelle au sein de l'État démontre combien le droit administratif est une construction permanente, en mesure de s'adapter aux évolutions de la pratique institutionnelle* »[50]. Dans le contexte marocain, celle-ci est considérée comme une participation à la démocratisation de la vie administrative, et ce, « *dans le cadre d'une nouvelle phase de l'évolution de l'administration marocaine, dont le sujet de la réforme de l'administration revient au sommet de l'ordre du jour national, qui se traduit à travers les programmes de réforme lancés à partir d'une mise au point sur les nouvelles valeurs, de la démocratie et des droits de l'homme* »[51].

Prenant la forme d'une relation réciproque, le droit administratif s'efforce d'assimiler la fonction de régulation, alors que cette dernière contribue à le

[48]ROUSSET Michel et BENABDALLAH Mohammed Amine, *Actualité du droit administratif*, 2003-2009, Rabat, Édition La porte, 2010, p. 31.
[49]Dans ce cadre, l'article 159 de la constitution 2011 dispose que : « Les instances en charge de la bonne gouvernance sont indépendantes ».
[50]GOHIN Olivier, *Institutions administratives*, Paris, LGDJ, 2006, p. 233.
[51]ADMINOU Abdelhafid, « La participation des autorités administratives indépendantes à la démocratisation de la vie administrative », *revue Tingis*, n° 2, 2001, p. 47. (En arabe).

réaliser. Cela s'exprime dans l'impératif d'indépendance, particularité essentielle des organismes administratifs ayant en charge une fonction de régulation. Cette exigence d'indépendance caractérise en premier lieu les autorités administratives indépendantes.

Pour certains auteurs, leurs fonctionnements se font selon des principes distinctifs, de sorte que la création d'une autorité administrative indépendante aboutit souvent à soustraire certaines fonctions dans certains secteurs à l'emprise des gouvernants, voire à les « *dépolitiser » en quelque sorte, pour les confier à des instances dites neutres et impartiales, dans une sorte de disjonction entre l'État-personne morale et l'État pouvoir politique* »[52].

Dotées de pouvoirs étendus[53] leur permettant d'exercer une influence[54] déterminante dans ces domaines déterminés, les autorités administratives indépendantes sont traitées de « *sages* »[55]. Il aurait été bon que l'État se réforme pour leur faire place afin de mieux exister dans le monde[56]. Ainsi, le Conseil de la concurrence s'illustre par ses pouvoirs effectifs de décision, alors que son prédécesseur n'avait qu'un rôle purement consultatif dont les avis avaient toujours la possibilité d'être suivis. Mais dans les faits, seul le Premier ministre possédait le pouvoir de décision[57]. Ce transfert du pouvoir a également une valeur symbolique. Il incarne la remise en cause du dirigisme économique administratif et le retrait progressif de l'État de l'économie. Néanmoins, le Conseil de la concurrence reste garant de l'ordre public économique adoptant son propre système de régulation. L'ancien organe à caractère consultatif, bénéficiant de garanties de composition et d'une présence auprès de la primature, ne saurait être assimilé à une institution

---

[52]Conseil d'État français, *Rapport public sur les autorités administratives indépendantes*, 2001, p. 286, citant CHEVALLIER Jacques, « Réflexions sur l'institution des autorités administratives indépendantes », *La Semaine juridique*, Édition générale, 6 août 1986, Doctrine, n° 3254.

[53]DE MONTALIVET Pierre, « Constitution et autorités de régulation », Op. cit., p. 316.

[54]TEITGEN-COLLY Catherine, « Les instances de régulation et la Constitution », *Revue de Droit public*, n° 1, janvier-février 1990, pp. 153-259 ; GENTOT Michel, *Les autorités administratives indépendantes*, Paris, Montchrestien, 1994, p.14 ; FRIER Pierre Laurent et PETIT Jacques, *Précis de droit administratif*, Paris, Montchrestien, 2010, p. 209.

[55]PISIER Evelyne, « Du recours aux Sages », *Études*, n° 6, Vol. 368, 1988, pp.773-782 ; HUBAC Sylvie et PISIER Évelyne, « Les autorités face aux pouvoirs », in COLLIARD Claude-Albert, TIMSIT Gérard (dir.), *Les autorités administratives indépendantes*, Paris, PUF, Les voies du droit, 1988, p. 175.

[56]TUOT Thierry, « La planète des sages » in FAUROUX Roger (dir.), *Notre État*, Paris, Robert Laffont, 2000, pp. 688-712.

[57]À titre d'exemple, l'article 32 de l'ancienne loi n° 06-99 sur la liberté des prix et la concurrence prévoit que : « Le Premier ministre peut, par décision motivée et sur recommandation du Conseil de la concurrence, après que celui-ci ait entendu les parties en cause, ordonner des mesures conservatoires ».

constitutionnelle indépendante de régulation. Une telle banalisation reviendrait à banaliser cette formule et lui faire perdre toute particularité juridique.

Notre second soubassement théorique concerne la théorie de la concurrence, qui sera détaillée et analysée ultérieurement au cours de cette thèse. La concurrence désigne au premier plan la loi du marché. Une économie de marché est fondée sur le principe du libre jeu de la concurrence. Elle permet l'émergence du prix exact, que l'on désigne souvent sous l'appellation de « juste prix ». Selon Marie-Anne Frison-Roche, la concurrence signifie que « *les agents sur le marché sont à la fois mobiles, c'est-à-dire libres d'exercer leur volonté, et atomisés, c'est-à-dire non regroupés entre eux. Cela est vrai pour ceux qui proposant un bien ou un service, les offreurs, comme pour ceux cherchant à les acquérir, les demandeurs : les offreurs cherchent tous à s'attirer les demandeurs pour que ceux-ci leur achètent les biens et services qu'ils proposent. En cela, ils sont en concurrence. Si le marché est construit sur le principe de la libre concurrence, les acheteurs sont mobiles, c'est-à-dire infidèles* »[58].

La compétition est jugée positive en théorie économique. Elle assure une meilleure efficacité économique au contraire du monopole, une allocation optimale des ressources et la satisfaction des besoins des consommateurs[59].

Cette notion de concurrence reste cependant assez vague. La théorie économique s'est efforcée de trouver des modèles réalistes décrivant le fonctionnement d'un marché en concurrence et permettant d'en évaluer le degré dans un marché réel par rapport au modèle[60].

En effet, ces nouvelles structures régulatrices exercent une « *magistrature morale* »[61] présentant une distincte physionomie de l'État, plus moderne, moins empreinte d'autorité. À cet égard, leur action cherche plus à convaincre que de contraindre. Dans ce cadre, Michel Gentot précise que ces institutions participent à *« renouveler les modes classiques d'expression du pouvoir d'État* »[62]. Cependant, cette quasi-unanimité doctrinale ne peut s'affranchir du débat juridique. Particulièrement, la question de l'emploi du terme

---

[58]FRISON-ROCHE Marie-Anne, *Les 100 mots de la régulation*, Op. cit., p. 37.

[59]THALMANN André, *La protection des réseaux de distribution contre le commerce parallèle. Étude comparée des droits européen, français, anglais, allemand et suisse*, Genève, Librairie Droz, 2000, p. 35.

[60]*Ibidem.*

[61]THOMASSET-PIERRE Sylvie, *L'autorité de régulation Boursière face aux garanties processuelles fondamentales*, Paris, LGDJ, 2003, p. 39.

[62]GENTOT Michel, *Les autorités administratives indépendantes*, Op. cit., p. 14.

« indépendance », reste supposée qualifier les rapports juridiques de ces structures indépendantes avec les divers opérateurs et l'exécutif.

2. La condition d'indépendance

L'administration n'a pas besoin d'être indépendante, puisque tout fonctionnement va dans le sens de l'intérêt général[63]. Dans le système de régulation, qui renvoie à une théorie du soupçon, le régulateur doit nécessairement être indépendant du gouvernement et des opérateurs. En effet, ces deux derniers rechercheront toujours leurs intérêts particuliers (leur fonction d'utilité propre)[64].

L'indépendance des autorités de régulation de la concurrence renvoie, aussi, au principe d'impartialité. Les modalités de cette indépendance présentent une certaine hétérogénéité dans la mesure où il n'existe pas de modèle institutionnel commun et universel, mais un rapprochement des structures selon les systèmes juridiques. Dans ce sens, Marie-Anne Frison-Roche estime que « *l'indépendance se définit comme la condition matérielle et psychologique permettant à celui qui en bénéficie de décider en impartialité, c'est-à-dire sans devoir suivre des ordres formulés par un tiers, ni même être influencé par lui* »[65]. Pour répondre à cette obligation, les instances de régulation doivent respecter certaines conditions d'organisation et de fonctionnement.

Il s'agit bien ici d'un thème d'intenses critiques quant à la doctrine juridique traitant de cette question[66]. Toutefois, la constitution marocaine de 2011 est explicite quant à cette interrogation et qualifie dans son Titre XII « *De la bonne gouvernance* », plusieurs institutions « d'indépendantes ». Notamment, l'article 162 qui dispose que « *le Médiateur est une institution nationale indépendante* », et de l'article 166 qui estime que « *le Conseil de la concurrence est une institution indépendante* ». Nul doute que cette consécration constitutionnelle légitime davantage ces structures de régulation.

---

[63]FRISON-ROCHE Marie-Anne, *Les 100 mots de la régulation*, Op. cit., p. 78.
[64]*Ibidem.*
[65]*Ibidem.*
[66]PISIER Evelyne, « Vous avez dit indépendantes ? Réflexions sur les AAI », *Revue Pouvoirs*, n° 46, 1988, p. 73 ; GÉLARD Patrice, *Rapport de l'office parlementaire sur les autorités administratives indépendantes*, 2006, p. 31-32 ; en ce sens le rapport indique que « le juge français n'a pas reconnu de valeur constitutionnelle au principe d'indépendance des membres des AAI, à la différence de celui applicable aux magistrats ou de celui concernant les professeurs d'université ».

Une partie de la doctrine avait préféré le qualificatif d'*« autonomes »*[67] au lieu d'*« indépendantes »* arguant de l'absence de personnalité juridique de ces institutions[68]. Cette affirmation est sans fondement dans la mesure où une majorité des autorités de régulation dispose désormais de la personnalité morale[69], tout en faisant toujours partie de l'État qui ne peut se réduire à sa conception traditionnelle.

Quelques auteurs, aujourd'hui dans le contexte français les qualifient d'indépendantes avec ou sans personnalité morale, « *bien qu'indépendantes, la plupart des autorités de régulation sont dépourvues de la personnalité morale, leur indépendance devant être recherchée non comme on a pu parfois l'écrire imprudemment dans l'octroi de cette personnalité sinon dans leur soustraction à tout pouvoir hiérarchique et de tutelle* »[70].

---

[67]ALAMI MACHICHI Mohamed Drissi, « Les autorités autonomes de régulation », *Conférence sous le thème « Innovations de la nouvelle constitution et régulation*, Haute Autorité de la Communication audiovisuelle, Rabat, 2012.

[68]LOMBARD Martine, « Régulateurs indépendants, mode d'emploi », in LOMBARD Martine, *Régulation économique et démocratie* (ouvrage collectif), Paris, Dalloz-Sirey, 2006, p. 213 ; l'auteur estime que le terme d'indépendance est utilisé par commodité de langage, celui d'autonomie est préféré, car « les régulateurs indépendants restent des institutions administratives et ne peuvent donc être juridiquement opposés à l'État, ni même à l'exécutif, dont ils font intrinsèquement partie, tout en bénéficiant d'une autonomie par rapport au gouvernement » ; pour une critique similaire, voir également TUOT Thierry, « perspectives d'évolution » in LOMBARD Martine, *Régulation économique et démocratie* (ouvrage collectif), Op.cit., p.224 ; FRIER Pierre Laurent et PETIT Jacques, *Droit administratif*, Op.cit., p. 211.

[69]C'est le cas au Maroc, du Conseil de la concurrence que l'article 1 de la loi n° 20-13 prévoit que : « Le Conseil est doté de la personnalité morale et de l'autonomie financière » ; de l'Autorité marocaine du marché des capitaux que l'article 1 de la loi n° 43-12 l'organisant dispose que : « Le Conseil déontologique des valeurs mobilières (CDVM), établissement public institué par le dahir portant loi n° 1-93-212 du 4 rabii II 1414 (21 septembre 1993) relatif au Conseil déontologique des valeurs mobilières et aux informations exigées des personnes morales faisant appel public à l'épargne, est transformé en personne morale publique dotée de l'autonomie financière, dénommée "Autorité marocaine du marché des capitaux", dite "AMMC", régie par les dispositions de la présente loi et des textes pris pour son application » ; et encore l'article 27 de la loi n° 24-96 relative à la poste et aux télécommunications dispose que : « L'agence Nationale De Réglementation Des Télécommunications dotée de la personnalité morale et de l'autonomie financière ».

[70]DELAUNAY Benoît, « Autorités de régulation et responsabilité de la puissance publique », *Revue du droit public et de la science politique en France et à l'Étranger*, n° 2, 01 mars 2014, p. 276.

Évidemment, ce n'est pas en vertu du principe « *ni hiérarchie ni tutelle* », que l'indépendance des autorités indépendantes de régulation peut être établie[71].

Tout se passe donc comme si le modèle unitaire était en voie d'être remis en cause au profit d'un nouveau modèle, de type « *Polycentrique* »[72] . Citons Jacques Chevallier : « *les autorités administratives indépendantes sont des structures placées hors hiérarchie, échappant à tout pouvoir de contrôle et disposant d'une liberté d'action garantie : cette apparition met en cause les fondements de la construction de l'administration au-delà de la conception même de l'État* »[73].

Ces structures ne sont pas soumises au pouvoir hiérarchique qui se pratique habituellement et d'une façon légitime vis-à-vis de fonctionnaire ou corps faisant partie de l'appareil administratif. Ainsi, elles se trouvent «*placées en dehors de la hiérarchie administrative et sont ainsi soustraites à l'autorité des ministres. Ceux-ci ne peuvent leur adresser ni ordre ni injonction et par voie de conséquence, aucun recours gracieux ne peut être utilement formé auprès des ministres contre les décisions des autorités administratives indépendantes* »[74].

Se basant sur le fait que ces structures se placent en dehors du pouvoir hiérarchique, une branche de la doctrine avance que celles-ci sont situées « au *sein de l'État, mais en dehors de son organisation administrative de principe, c'est-à-dire en dehors de l'administration centrale ou déconcentrée de l'État. Dès lors, au nombre de ces institutions, il faut compter, par exemple, les jurys d'examens et de concours (...).*

En effet, les autorités administratives indépendantes le sont précisément parce qu'elles sont tout simplement extérieures à l'administration centrale et déconcentrées de l'État, tout en faisant partie, cependant, de l'administration d'État. Elles constituent, en quelque sorte, un Tiers-État administratif[75] ».

---

[71]TEITGEN-COLLY Catherine, « Les autorités administratives indépendantes. Histoire d'une institution », in COLLIARD Claude-Albert et TIMSIT Gérard (dir.), *Les autorités administratives indépendantes,* Op. cit., p. 43 ; DEBBASCH Charles et COLIN Frédéric, *Droit administratif,* Paris, Economica, 2011, p. 153 ; GENTOT Michel, *Les autorités administratives indépendantes*, Op. cit., p. 48.

[72]CHEVALLIER Jacques, « Régulation et polycentrisme dans l'administration française », *La Revue administrative*, 51e Année, n ° 301, Janvier-Février 1998, pp. 43-53.

[73]CHEVALLIER Jacques, « Réflexions sur l'institution des autorités administratives indépendantes », Op. cit., n° 3254.

[74]COLLET Martin, *Le contrôle juridictionnel des actes des autorités administratives indépendantes*, Paris, LGDJ, « Bibliothèque de droit public », Tome 233, 2003, p. 16.

[75]GOHIN Olivier, *Institutions administratives*, Op. cit., p. 238 et 251

L'absence de soumission à tout pouvoir hiérarchique et au contrôle de la tutelle, confère une certaine liberté d'action, et une capacité de détermination aux autorités indépendantes de régulation. De ce fait, elles incarnent une nouvelle forme administrative et une indépendance impliquant « *l'absence de tout contrôle hiérarchique* »[76] qui les distinguent à titre d'exemple des établissements publics.

L'indépendance de ces dernières se recherche auprès de l'exercice de la tutelle, principe traditionnel du droit administratif en lien étroit avec la décentralisation. Dans ce cadre Laurence Calandri estime que « *les autorités administratives indépendantes ne relevant pas de ce dernier mode d'organisation administrative, faute d'incarner une hypothèse de "décentralisation par service", la tutelle ne sauraient être appliquée (...) la tutelle est présentée comme étant antinomique avec l'idée d'autonomie. De ce fait, des autorités administratives indépendantes se caractérisant par leur "indépendance" ne sauraient y être soumises* »[77].

Dans l'administration d'État, les autorités indépendantes de régulation sont dotées d'une organisation autonome en vertu de la loi[78]. Néanmoins, cet aspect organisationnel n'est pas homogène et diffère d'une autorité à une autre. La collégialité représente le fondement de l'organisation de ces entités de régulation, car elle est strictement variée, au plan quantitatif et qualitatif.

Ces autorités peuvent ainsi comprendre un nombre de membres désignés parmi le pouvoir judiciaire, les hautes institutions et des experts qualifiés dans les secteurs contrôlés par les organes de régulation.

L'indépendance organique d'une autorité de régulation vaut vis-à-vis du pouvoir exécutif, des opérateurs et des groupes de pression et d'intérêt, à l'instar des autorités indépendantes étrangères. Jacques Chevallier formule que « *l'autorité administrative indépendante devrait servir aux citoyens de doubles remparts, à la fois contre les pressions des groupes d'intérêt et contre celles du pouvoir politique* »[79]. En effet, se méfiant de l'influence des autorités

---

[76]DUMORTIER Gaëlle, « Le contrôle de l'action des autorités administratives indépendantes », in *Regards sur l'actualité « les autorités administratives indépendantes »*, La Documentation française, n° 330, avril 2007, p. 40.

[77]CALANDRI Laurence, *recherche sur la notion de régulation en droit administratif français*, Op. cit., p. 458.

[78]L'article 159 de la constitution marocaine dispose que : « La loi pourra, si nécessaire, créer d'autres instances de régulation et de bonne gouvernance » ; dans une approche comparative : voir GENEVOIS Bruno, « Le Conseil constitutionnel et l'extension des pouvoirs de la Commission des opérations de bourse : à propos de la décision n.89-260 DC du 28 juillet 1989 », *Revue française de droit administratif*, Paris, a.5 n.4 juill. Août 1989, pp. 671-691.

[79]CHEVALLIER Jacques, « Réflexions sur l'institution des autorités administratives indépendantes », Op. cit., n° 3254.

de l'exécutif et des groupes d'intérêt, la constitution et le législateur ont souhaité soutenir le statut personnel des membres des autorités de régulation, dont le Conseil de la concurrence, en le dotant de multiples garanties d'indépendance.

Dans son acception la plus large, l'indépendance doit exister à l'égard de l'exécutif comme à l'égard des parties en cause. Cela implique l'existence d'une protection contre les pressions extérieures et de déterminer s'il y a ou non une apparence d'indépendance.

L'examen de la composition des autorités indépendantes de régulation, qu'elles agissent dans le domaine des libertés ou de l'économie, montre que la plupart des personnes y siégeant le doivent à leur expertise, à leur connaissance supposée des questions que l'autorité est chargée de traiter[80].

Les raisons qui expliquent ce choix résident dans le fait que ces membres interviennent « *dans des domaines où il existe une inadéquation du droit* »[81], du droit en formation, mais aussi des réglementations souvent complexes.

II. MÉTHODOLOGIE DE LA RECHERCHE

Afin de mener une étude juridique sur le Conseil de la concurrence au Maroc, différentes méthodes de recherche peuvent être utilisées.

Dans cette perspective, nous délimiterons les objectifs et l'état de la présente recherche (A), puis nous en rechercherons les hypothèses, la problématique et nous définirons le plan de cette thèse (B).

A. Objectifs, état et intérêt de la recherche

L'examen de l'architecture interne du Conseil, sa personnalité morale, ses ressources financières, sa dimension procédurale, mais aussi l'interaction de ces éléments avec les domaines d'intervention, les compétences, le régime des décisions et leurs recours vont nous permettre de tracer les objectifs de cette thèse (1) et d'examiner d'une manière très minutieuse l'état de recherche en la matière (2).

1. Les objectifs de la recherche

L'objectif de cette recherche est de déterminer une relation entre :

---

[80]DREYFUS Françoise, « Les autorités administratives indépendantes : de l'intérêt général à celui des grands corps », *in Perspectives du droit public. Mélanges offerts à Jean-Claude Hélin*, Paris, Litec, 2004, pp. 218-227.

[81]MAISL Herbet, « les autorités administratives indépendantes : protection des libertés on régulation sociale » in COLLIARD Claude-Albert et TIMSIT Gérard (dir.), *Les autorités administratives indépendantes*, Op. cit., p. 85.

- Les caractéristiques institutionnelles d'une autorité de concurrence, à partir de ses éléments organiques et fonctionnels (budget, structure, gouvernance, règles de procédure, ressources humaines et matérielles) qui constituent des « *inputs* ».
- Et les formes et les contenus de son action sur les marchés « *output* ».

Nous effectuerons cette étude à partir du dispositif légal relatif à la concurrence, la loi n° 20-13, relative au Conseil de la concurrence et la loi n° 104-12 relative à la liberté des prix et de la concurrence, mais aussi en prenant en compte la pratique décisionnelle et la production des avis et les autres interventions de l'ancien Conseil à caractère consultatif.

Notre recherche ambitionne d'instaurer une méthode d'évaluation de l'indépendance du régulateur de la concurrence pouvant être effectuée à l'aune de plusieurs indicateurs en observant l'expérience française en la matière.

À titre d'exemple, nous pouvons évoquer, la personnalité morale, la séparation des services de l'enquête et du jugement, la richesse de la motivation, la diversité des décisions, le degré de prise en compte de l'analyse économique, l'importance des activités de sensibilisation concurrentielle, le pouvoir de sanction, les droits de la défense, le budget, le degré de participation des tiers dans la procédure, etc.

L'aboutissement de cet objectif nous conférera la possibilité de franchir les évaluations et appréciations, fréquemment qualitatives et impressionnistes[82], auxquelles une partie de la doctrine juridique traditionnelle recourt quand il est question de la quête d'indépendance d'une instance de régulation en général et d'une autorité de la concurrence en particulier.

D'autre part, les résultats de cette recherche pourraient fournir des instruments nécessaires aux chercheurs, aux décideurs publics pour comparer leur performance institutionnelle à celle d'autres instances de régulation ; le cas échéant, pour ajuster les politiques économiques en général et celles de la concurrence en particulier.

---

[82]Pourtant, les conditions de scientificité d'un énoncé... – c'est-à-dire les conditions permettant de considérer que ces énoncés ou ces analyses ne ressortent pas de l'opinion de celui qui les produit, mais revêtent la validité et la portée d'une proposition « scientifique » –, sont peut-être moins éloignées qu'il n'y paraît de celles qui s'imposent dans le domaine des sciences « dures », au moins en ce que leurs logiques peuvent être tenues pour comparables. En particulier si l'on retient comme condition de la scientificité d'un énoncé le critère de la falsifiabilité proposé par Karl Popper. Voir POPPER Roger Karl, *La Logique des découvertes scientifiques*, Paris, Payot, 1984, p. 7.

Enfin, les implications de la recherche pourraient dépasser le champ de la régulation de la concurrence, et s'étendre aux droits de l'homme, aux libertés économiques, à la justice sociale, à l'organisation judiciaire, à la libéralisation des industries monopolistiques, aux logiques des marchés...

Le Conseil de la concurrence constitue un objet d'étude spécifiquement adapté. Tout d'abord, le modèle institutionnel d'autorité de régulation possède une configuration intégrée. Ainsi, il regroupe toutes les fonctions d'investigation, d'instruction et décision en son sein, mais séparément.

Par ailleurs, les critiques auxquelles font actuellement face les autorités de régulation conduisent la doctrine à se préoccuper de la question de l'efficacité de cette structure institutionnelle et notamment, celle de l'opportunité d'une évolution de l'architecture décisionnelle[83].

Cela participera à surmonter des imperfections «*probables*» dans le contenu des décisions au fond, ainsi que les atteintes aux droits de la défense des personnes mises en cause.

Le risque demeure dans l'agissement arbitraire voire d'une action «*politisée*», inadéquate et méprisante des garanties procédurales fondamentales de droit. Toutefois, ces hypothèses restent, pour la plupart, fondées sur des expériences de praticiens et nécessitent un fondement scientifique vérifiable et non pas des considérations intuitives.

Élaborer un paramétrage institutionnel permettrait de dépasser l'obstacle de la subjectivité et d'étudier scientifiquement (en justifiant ou invalidant) la structure et le fonctionnement du Conseil de la concurrence à l'aune d'une réalité objective[84].

Il convient aussi de souligner que déterminer le degré d'indépendance de cette instance ne peut se faire sans examiner les relations que le Conseil de la concurrence entretient avec les pouvoirs publics. Ces liens peuvent se

[83]"As the legal realists long ago taught us, institutional and procedural differences are likely to generate widely different substantive outcomes, even with a similar legislative mandate". (Comme les juristes réalistes nous ont appris depuis longtemps, les différences institutionnelles et procédurales sont susceptibles de générer très différents résultats de fond... nous traduisons). Voir Michael J. Trebilcock et Edward M. Iacobucci, "Designing Competition Law Institutions: Values, Structure, and Mandate", *Loyola University Chicago Law Journal*, Volume 41, Issue 3, Spring 2010, Article 5, 2010, pp. 451-472.

[84]« C'est-à-dire d'une existence indépendante de la volonté, consciente ou non, de l'observateur, et que n'importe quel observateur, placé dans les mêmes conditions, pourrait établir de la même façon –, ce travail peut être dit d'objectivation du réel. L'objectivité s'entend alors comme une mise à distance du phénomène étudié de la subjectivité de l'observateur qui entreprend de les saisir ». Voir LECOMTE Jean-Philippe, *Sociologie politique*, Paris, Gualino Éditeur, 2005, p. 26.

manifester par exemple sous la forme de la présence du commissaire du gouvernement au sein de cette institution, la désignation d'une partie des membres ainsi que par l'allocation de la dotation budgétaire.

Les limites à l'indépendance peuvent enfin émaner d'autres régulateurs sectoriels prenant part également à l'organisation de la régulation de la concurrence. Il importe par exemple d'introduire la question du partage de compétences et celle des mécanismes de coopération entre ces diverses instances, comme c'est le cas notamment avec l'ANRT.

Pour être bien structurée, notre étude présuppose de s'intéresser à toutes les composantes qui permettront de déterminer leur degré d'indépendance. D'un point de vue méthodologique, la notion d'indépendance se perçoit donc comme une notion systématique, autorisant de rassembler et d'évoquer les divers aspects organiques, fonctionnels et de régime de ces instances.

2. L'état de la recherche

L'évaluation de l'indépendance des autorités de concurrence a suscité peu d'intérêt scientifique de la part des spécialistes du droit, de l'économie et de la politique de concurrence[85]. La littérature des thèses consacrée à ce sujet reste, généralement, limitée. Il n'existe pas à ce jour de travail portant sur l'indépendance du Conseil de la concurrence au Maroc, pas plus qu'une méthode permettant de la définir. De ce fait, la mise en œuvre de cette étude et l'élaboration d'une méthode juridique à partir d'indicateurs pour résoudre cette question d'indépendance justifient l'intérêt de notre présente recherche.

Au Maroc, la plupart des écrits sur ce sujet sont des dépêches journalistiques visant plus à passionner le lecteur qu'à une recherche de la vérité scientifique elle-même[86]. Ces initiatives aussi louables et précieuses soient-elles souffrent cependant d'un important manque d'objectivité.

---

[85]Rares sont les thèses qui ont abordé ce thème : en France, on cite celle de DANET Didier, *La Nature juridictionnelle du Conseil de la concurrence*, Thèse en Sciences de Gestion université de Rennes, 1991 ; MANSON Stéphane, *La notion d'indépendance en droit administratif français*, Thèse de doctorat en Droit, Paris, Université Panthéon-Assas, 1995 ; MENURET Jean-Jacques, *Le Contentieux du Conseil de la Concurrence*, Thèse de doctorat en droit, Clermont-Ferrand, Presses universitaires de la Faculté de droit de Clermont-Ferrand, 2002.
Au Maroc, on mentionne la thèse de BOUAYAD Mohamed Hicham, *La politique de la concurrence et la régulation sectorielle : interfaces juridiques et architecture institutionnelle*, Op. cit.

[86]« Car s'il entend lui aussi rendre compte du réel, le discours journalistique... est empreint des logiques particulières de la profession. Logiques qui conduisent notamment, parce que le discours journalistique doit attirer (et retenir) l'attention, à une réduction de la complexité du réel ou à une hiérarchisation des phénomènes jugés pertinents (hiérarchisation qui n'est pas inscrite dans le réel lui-même, mais reflète d'abord les préoccupations de ce groupe particulier

Le lien fait entre la configuration institutionnelle (première partie) et la performance de l'action du Conseil de la concurrence (deuxième partie) tire sa légitimité du débat doctrinal concernant la meilleure structure institutionnelle « *indépendante* ». Celle-ci a vu triompher un système intégré où un seul Conseil concentre les pouvoirs d'investigation, de décision et de sanction.

Notre recherche croisera les études émanant d'autres organisations spécialisées, notamment celles du CNUCED, de l'International Competition Network et de l'OCDE qui étudient le fonctionnement des institutions dans le domaine du droit de la concurrence[87].

Dans une perspective plus large que celle du droit (public et privé), notre recherche, du fait de sa nature et sa méthode, s'appuiera sur les travaux d'économie en tant que discipline scientifique, les théories de la concurrence et les paradigmes relatifs à la « bonne gouvernance ».

De même, l'ancien Conseil de la concurrence a réalisé quelques études d'impact destinées à améliorer la qualité et la transparence de ses actions et à rendre ses décisions conformes aux normes internationales du fait que son travail s'inscrivait dans un contexte mondialisé.

L'autre façon d'appréhender la situation de l'indépendance dans le paramétrage organique et fonctionnel du Conseil de la concurrence du Maroc consistera donc à les comparer avec d'autres organes de régulation de la concurrence, notamment français. Cette approche méthodologique sera effectuée conjointement avec celles déjà employées dans cette recherche.

Cette approche vise à nous permettre de mieux comprendre la manifestation de l'indépendance dans la configuration du Conseil de la concurrence en droit marocain. Par ailleurs, la méthode comparative en droit peut être définie comme « *la juxtaposition et la mise en relation entre des*

---

et/ou les représentations qu'il se fait des préoccupations de son public) ». Voir LECOMTE Jean-Philippe, *Sociologie politique*, Op. cit., p. 23.

[87]Le droit de la concurrence est divisé en deux branches. On distingue le droit des pratiques anticoncurrentielles et le droit des pratiques restrictives. Le premier regroupe les ententes et les positions dominantes, le second les pratiques discriminatoires ou de prix imposés, les refus de vente, les ventes liées…. Elles sont confiées exclusivement au juge judiciaire. Le droit des pratiques restrictives est bien toléré... Le droit des pratiques anticoncurrentielles est plus mal perçu. Ces pratiques relèvent essentiellement des autorités de la concurrence, car elles affectent l'ordre des marchés. Le juge est lui aussi compétent, mais les procès civils sont rares. Voir CLAUDEL Emmanuelle, *Ententes anticoncurrentielles et droit des contrats*, Thèse pour le doctorat en Droit, Université de Paris X-Nanterre, 1994, p. 4.

ordres juridiques, la mise en valeur de ressemblances et de divergences, et l'évaluation des solutions fournies »[88].

Notre recherche consistera à rechercher un point de comparaison entre les différents droits. C'est vrai que le droit de la concurrence est en fin de compte un droit de la mondialisation et que ses règles tendent à s'unifier au niveau mondial. Toutefois, les réalités propres à chaque système juridique demeurent remarquables[89].

Les raisonnements issus de droits comparés ont toujours détenu une position relativement importante, non seulement dans les universités, mais également en tant qu'outils de raisonnement pour le juriste (publiciste et privatiste), pour le décideur public et pour le juge.

Cette recherche opèrera une comparaison entre les organes de concurrence au Maroc et en France. Le choix du modèle français pour entamer cette comparaison est justifiable aux niveaux juridiques, historiques et culturels. Et l'influence entre les deux ordres n'est pas problématique à démontrer.

Grâce à ce nouveau visage du droit public et suite à l'avènement de l'État régulateur, le droit marocain comporte désormais des points de repère et des éléments de réflexion importants sur le sujet de la régulation et la bonne gouvernance en général, et celui de l'indépendance des autorités de concurrence en particulier. Dans ce cadre Guylain Clamour, écrit : « *en économie de marché, le droit public ne peut trouver son salut que dans la reconnaissance pleine et entière de l'intérêt public concurrentiel* »[90].

En effet, notre recherche se situe à la fois sur le terrain du droit, mais aussi sur celui de l'économie. Donc, il ne sera pas exclusif et ne comportera pas que quelques éclairages pour nous interroger sur certains postulats. Par exemple, celui selon lequel la régulation de la concurrence a vocation à être assurée par des autorités indépendantes du politique.

Il convient d'observer que certaines garanties d'indépendance accordées au Conseil de la concurrence du Maroc imposent de procéder également à des comparaisons ponctuelles portant sur l'indépendance de certaines autorités sectorielles de régulation. Dans cette perspective, nous traiterons

---

[88]VAN DER MENSBRUGGHE François, *L'Utilisation de la Méthode comparative en droit Européen*, Namur, Presses universitaires de Namur, 2003, p. 99.

[89]Pour avoir une idée sur l'OMC et son organe de règlement de différends au niveau mondial. Voir EL BAZZIM Rachid, « Le règlement des différends de l'organisation mondiale du commerce, un mécanisme en perpétuelle adaptation pour une meilleure efficacité », *RSS-PASRES Revue trimestrielle des sciences sociales*, 4e année, n° 11, avril-juin 2016, pp.15-26.

[90]CLAMOUR Guylain, *Intérêt général et concurrence*, Paris, Dalloz, Nouvelle bibliothèque de thèses, 2006, n° 96, p. 45.

essentiellement de celles opérant dans le milieu économique (ANRT, AMMC, etc.).

3. L'intérêt de la recherche

L'intérêt de la recherche est d'évaluer le degré d'indépendance du Conseil de la concurrence à l'égard des opérateurs économiques, de l'État, des personnes publiques exerçant des activités commerciales, et du gouvernement. À cette fin, nous analyserons plusieurs indicateurs et éléments organiques et fonctionnels en mettant le point sur les moyens, le contrôle et les garanties alloués par le législateur, l'impartialité des membres, et l'interaction entre cette indépendance et son action sur les marchés.

Ainsi, l'étude de l'indépendance de ce Conseil devrait nous permettre de démontrer que l'intervention publique dans le secteur économique ne disparaît pas avec la mise en place d'une instance de régulation telle que le Conseil de la concurrence. Au contraire, nous constaterons un redéploiement de l'État marocain, qui a développé de nouveaux modes de gouvernance.

Nous sommes partis de l'hypothèse selon laquelle les composantes de l'indépendance et le cadre d'action du Conseil de la concurrence représentent un excellent laboratoire d'expérimentation des effets des notions de régulation et de la concurrence sur le droit et ses méthodes (notamment la perméabilité entre le public et le privé). Mais ne faut-il pas démontrer que l'indépendance du régulateur de la concurrence constitue un élément fondamental dans le processus de la construction de l'État de droit dans un contexte de la mondialisation et de libéralisation des économies ?

L'intérêt de cette recherche doctorale se manifestera également à travers trois dimensions.

- La première est que l'ouverture de l'économie nationale à la concurrence et sa libéralisation sont au cœur de l'action publique contemporaine et qu'il mérite d'être au centre d'un projet de recherche universitaire.
- La deuxième est la volonté de faire tenir ensemble et jouer les unes avec les autres des approches aujourd'hui fortement autonomisées, à savoir : la politique de la concurrence, le droit administratif, le droit de la concurrence, la régulation et le droit économique. Même si le sujet est principalement ancré en droit public, notre recherche est aussi tournée vers le droit privé et essaie d'intégrer le droit de la concurrence et d'autres disciplines des sciences sociales.

- La troisième est qu'il existe une place à occuper dans le paysage de la recherche scientifique pour un thème qui traite du « retrait » de l'État au profit d'une instance indépendante du contrôle de la concurrence entre les opérateurs économiques.

B. Hypothèses, problématique et plan de la recherche

À la lumière des données précédentes, l'objet de cette thèse, à savoir l'indépendance du Conseil de la concurrence se trouvant donc précisément délimitée et le champ de la recherche et la méthode générale du travail étant énoncés, il nous semble opportun d'en exposer la problématique (1), puis de formuler les hypothèses (2) et enfin le plan (3).

1. La problématique

Pour mener à bien une analyse objective du thème, il est nécessaire de la fonder autour d'une problématique claire et solide.

La question principale à poser est : bien qu'il représente un enrichissement de la catégorie des instances de la régulation, l'instauration d'un Conseil de la concurrence dans un environnement économique en cours de libéralisation n'est pas aussi simple qu'il n'y paraît, car au cœur de la controverse se trouvent des doutes et des questions sur sa capacité de réaliser un travail indépendant dans une institution bénéficiant de la personnalité morale et de l'autonomie financière.

Effectivement, de nombreux indices se mêlent : les pouvoirs, les moyens d'action, le statut des membres, le budget, la procédure qui apportent leurs contributions à sa réalisation. Les garanties et les moyens sont considérés comme des remparts protecteurs et un instigateur propice à l'indépendance.

La régulation est d'une manière générale, le fait d'une autorité administrative indépendante. Il s'agit en l'occurrence, du Conseil de la concurrence qui se distingue, nettement par son « indépendance », assez catégorique, vis-à-vis d'une administration « classique », d'un service ou d'un établissement public. Ces derniers sont soumis au principe d'autorité hiérarchique ou de tutelle. Celle-ci s'exerce dès l'instant où l'on instaure un pouvoir de sanction ou des pouvoirs (d'enquête par exemple) qui peuvent être déterminants pour veiller au bon fonctionnement du marché. Il semble difficile de confier ces pouvoirs directement à l'État, qui pourrait être tenté de privilégier, dans ses décisions, les opérateurs, les monopoles publics ou les entreprises nationales. D'où la nécessité de fonder une autorité dont le statut et les règles de fonctionnement garantissent l'indépendance.

Ainsi, l'État marocain démontre-t-il une réelle volonté de bonne gouvernance de l'économie nationale à travers la création du Conseil de la concurrence comme une instance indépendante de régulation.

Cette institution est-elle indépendante dans un moment où l'indépendance offre un excellent point de vue pour étudier ce phénomène contemporain que constitue la régulation économique en vue d'une bonne gouvernance de l'économie marocaine ?

Le Conseil de la concurrence prévu par la constitution fait partie des « *instances de bonne gouvernance et de régulation* ». Il est qualifié d'« *institution indépendante* ». En réalité, sa fonction est bien détaillée par l'article 166 de la constitution qui établit « *l'organisation d'une concurrence libre et loyale, d'assurer la transparence et l'équité dans les relations économiques, notamment à travers l'analyse et la régulation de la concurrence sur les marchés, le contrôle des pratiques anticoncurrentielles, des pratiques commerciales déloyales et des opérations de concentration économique et de monopole* ». Cependant, cette complexité de fonctions et la multitude de tâches évoquent une idée de contrôle de l'économie par l'utilisation de moyens d'action variée plus ou moins contraignante. C'est-à-dire, une compétence juridique et technique et une capacité de réaction que ne possèderaient ni le gouvernement ni le juge qui, après tout, ne sont pas institutionnellement proches des milieux économiques.

2. Les hypothèses de la recherche

Notre première hypothèse, qui constitue un axe central de recherche demeure la suivante. Sous l'apparence d'un retrait de l'État du secteur économique, au profit de la concurrence entre les divers opérateurs y compris les acteurs publics, nous assistons à un redéploiement de la mainmise sur l'économie nationale à travers le Conseil de la concurrence. De fait, l'État n'est pas en train de s'affaiblir, mais plutôt de déléguer ses fonctions régulatrices à une institution moderne et professionnelle.

La deuxième hypothèse estime que lors de l'activation du premier Conseil de la concurrence en 2009, un débat toujours d'actualité a vu le jour à propos de l'indépendance et la compétence des membres du Conseil de la concurrence, et son pouvoir d'influence sur l'activité économique nationale.

Cette hypothèse va dans le sens que le Conseil de la concurrence est une entité qui fait partie de l'État, et que sa création a ouvert un débat public quant à sa transparence économique.

Le champ de la recherche et la méthode générale étant énoncés, nous exposerons le plan.

3. Le plan de la recherche

Cette recherche présentera deux grands volets : le premier consistera à dresser une typologie intégrale des garanties de l'indépendance du Conseil de la concurrence :

- Organiques (le collège, la personnalité morale, la désignation des membres, le régime des incompatibilités, le mandat, etc.).,
- Procédurales (le principe du contradictoire, le secret des affaires et la souplesse des principes de la preuve).

Ces quelques paramètres hétérogènes influencent sa physionomie et sa construction qu'elles soient sociojuridiques ou économiques. Ces indices permettront d'identifier, par la suite, si ces paramètres qui déterminent l'indépendance de ce Conseil sont basés sur un objectif d'indépendance et de performance ou s'ils répondent à d'autres considérations. Ensuite, l'étude sera consacrée au pouvoir décisionnel du Conseil (avis, mesures conservatoires, pouvoir de sanction, etc.), limité par le double contrôle politique (parlement, gouvernement) et juridictionnel (recours devant les juridictions).

Le second tentera d'établir une relation entre cette indépendance tellement voulue et l'action du Conseil sur les marchés.

Toutefois, l'accent sera mis plus particulièrement sur cette notion chère au courant libéral : c'est-à-dire : « *le marché* » et ses métamorphoses selon les optiques (juridique ou économique) et les disciplines. Puis nous évoquerons les libertés économiques dans leur relation avec la nouvelle constitution. Ainsi, nous pourrons analyser les compétences de l'autorité de la concurrence au regard des deux textes de loi.

Nous nous intéresserons aussi au contrôle des concentrations, en tant que pouvoir ex-ante du Conseil de la concurrence et à la répression des pratiques anticoncurrentielles en tant que pouvoir ex-post.

Pour ce faire, nous établirons une cartographie de la production formelle de l'autorité de la concurrence française (output), pour comparaison et une meilleure compréhension (décisions, mesures, rapports, communiqués, articles de doctrine, etc.), y compris quant au travail des juridictions compétentes de recours.

Ces recherches accomplies, nous essayerons de dresser des corrélations entre les critères organiques et fonctionnels de l'indépendance et la performance du Conseil pour contrôler et réguler les marchés.

Il s'agit donc de répondre aux questions suivantes : existe-t-il un lien de corrélation positif entre le degré d'indépendance du Conseil et son action sur les marchés ?

De même, nous nous interrogerons sur le point de savoir si ce modèle d'instance indépendante de régulation mène à une plus grande sophistication des décisions, voire à une prise de décision plus efficace que le modèle de l'acte unilatéral de l'administration classique ?

Dans cette thèse, nous souhaitons dégager une méthode qui déterminera et mesurera le degré d'indépendance d'une autorité de la concurrence performante juridiquement. Nous la réaliserons dans une optique de comparaisons verticale et horizontale sans occulter les théories fondatrices.

Épistémologiquement, cette thèse s'inscrit dans une démarche interdisciplinaire. La recherche fait appel à l'entièreté de la communauté scientifique qui étudie le fonctionnement des institutions de la concurrence, à savoir les juristes, les économistes et les praticiens.

PREMIÈRE PARTIE

LE CONSEIL DE LA CONCURRENCE ; UNE AUTORITÉ DE RÉGULATION EN QUÊTE D'INDÉPENDANCE

Souvent appréhendée comme une menace, l'autorité est, aussi, indispensable en économie qu'en politique. Souvent discutée, voire remise en cause ; elle peut nous sembler excessive, voire absente. La méfiance dans l'autorité fait que celle-ci doit être justifiée, et démontrer qu'elle est efficace et juste. L'autorité est moins dépendante de hiérarchies statutaires, et son exercice s'éloigne du schéma classique de l'imposition de la norme. Aujourd'hui, elle dépend de négociations et d'appel à la régulation, dans le cadre du droit de la concurrence en tant que droit économique privilégiant les formes de l'interaction public-privé.

Au cœur d'une économie du marché, la politique de la concurrence demeure la pièce maitresse dédiée à son bon fonctionnement. Son institutionnalisation implique la mise en place d'institutions indépendantes de régulation à l'image du Conseil de la concurrence au Maroc, témoignant ainsi de la primauté de la doctrine économique néolibérale.

La transformation d'un Conseil de la concurrence strictement consultatif en un Conseil de la concurrence indépendant doté de pouvoirs de sanction, semble être « le produit » de la politique de libéralisation développée depuis les années 90. Elle vise à répondre aux problématiques de moins de gouvernance, qui affectait le système auparavant.

L'originalité de cette institution est de ne pas être soumise au pouvoir d'un supérieur hiérarchique ou au contrôle d'une autorité de tutelle ; elle se distingue en cela des autorités déconcentrées et décentralisées.

La notion d'indépendance sous-entend généralement la situation d'un organe public dont le statut lui confère la possibilité de prendre des décisions en toute liberté et à l'abri de toutes instructions et pressions ; il importe de la distinguer de l'autonomie. En droit public, l'autorité administrative indépendante est caractérise le fait qu'aucun organe ne peut exercer sur celle-ci un pouvoir hiérarchique ou de tutelle.

Concernant le statut du Conseil de la concurrence, ne faut-il pas s'interroger sur son indépendance, qui demeure sa caractéristique essentielle ? Celle-ci peut s'analyser au niveau organique et fonctionnel.

Néanmoins, cette indépendance renforcée organique comme fonctionnelle reste toutefois limitée par un double contrôle politique et budgétaire. Cette supervision est justifiée par l'indispensable construction de l'État de droit.

Cette première partie est répartie en deux titres. La première traite des composantes de l'indépendance statutaire et fonctionnelle du Conseil de la concurrence qui sont déterminées par un ensemble de garanties (Titre I). Le second analysera la présence des divers mécanismes de contrôle qui légitiment et corrigent l'action du régulateur de la concurrence (Titre II).

TITRE I. LES GARANTIES DE L'INDÉPENDANCE DU CONSEIL DE LA CONCURRENCE

En droit public, l'autorité administrative indépendante est caractérisée par le fait « *qu'aucun organe n'exerce sur (elle) de pouvoir hiérarchique ou de tutelle* »[91].

Si nous nous intéressons en premier lieu au statut du Conseil de la concurrence, il convient de nous interroger quant à son indépendance, qui est certainement « *la caractéristique essentielle, le signe distinctif* »[92] de cette autorité. Elle peut s'analyser à partir de plusieurs optiques : organique, fonctionnelle et procédurale.

- La première résulte des règles de composition et du mandat. Désormais, le Conseil a une formation collégiale comportant des magistrats. En ce sens, l'organisme jouit d'une importante indépendance. Par ailleurs, cette idée est renforcée par les garanties statutaires dont bénéficient ses membres. Ils sont nommés pour une durée assez longue (cinq ans). Leur mandat est renouvelable, et ils ne sont pas révocables. Ils sont également soumis à des règles d'incompatibilité et d'impartialité, ce qui, compte tenu de leur inamovibilité, leur assure une certaine indépendance.
- La seconde résulte, quant à elle, des garanties procédurales émanant du principe du contradictoire garantissant un procès équitable devant le Conseil, tout en gardant un mécanisme de communication avec l'exécutif incarné par le commissaire du gouvernement.

Nonobstant, cette indépendance renforcée, est limitée par un double contrôle politique et budgétaire, justifié par la nécessité de concilier les revendications de l'État de droit et les impératifs d'une régulation souhaitée par les pouvoirs publics[93].

---

[91]DELVOLVE Pierre, *Droit public de l'économie*, Dalloz, Précis, 1998, n° 214 ; Voir notamment ECKERT Gabriel et KOVAR Jean-Philippe, « Introduction. », *Revue française d'administration publique*, n° 143, 3/2012, pp. 621-628.

[92]CHEVALLIER Jacques, « Réflexions sur l'institution des autorités administratives indépendantes », Op. cit. , n° 3254.

[93]AUTIN Jean-Louis, « Le devenir des autorités administratives indépendantes », *Revue française de droit administratif*, 2010, p. 875.

Compte tenu de l'articulation des idées, deux chapitres seront développés ci-après, les garanties organiques d'indépendance (Chapitre 1), et les garanties procédurales d'indépendance (Chapitre 2).

Chapitre 1. Les garanties organiques d'indépendance

Le législateur a choisi de doter le Conseil de la concurrence de la personnalité juridique. Cette autorité engage, par son action ou sa carence, sa propre responsabilité. En effet, l'un des motifs avancés pour justifier l'octroi de la personnalité juridique au Conseil de la concurrence est de lui conférer une plus grande souplesse dans le recrutement du personnel et en particulier, de l'autoriser à conclure des contrats de travail de droit privé.

L'indépendance organique du Conseil de la concurrence peut s'apprécier également à partir de ses règles de désignation et de composition. À cet effet, il est souhaitable d'examiner la collégialité, qui semble être un élément fort de l'indépendance. Elle est en effet de nature à satisfaire une double exigence, c'est-à-dire : apporter un équilibre à l'influence des différentes instances de désignation des membres du collège et assurer une délibération collective sur les sujets sensibles ou des questions complexes. Ce statut représente une garantie d'objectivité. Elle assure au citoyen une décision mesurée, peu susceptible d'avoir été influencée par la partialité d'un membre et dotée d'une plus grande autorité[94].

Durant l'exercice de leur mandat, le principe veut que les Conseillers ne puissent faire l'objet d'une révocation arbitraire. Il s'agit bien d'une condition importante de l'indépendance organique des autorités administratives indépendantes. Ainsi, tant la discipline que la désinvestiture de leurs membres échappent en principe aux pouvoirs hiérarchiques habituels[95].

Concernant le Conseil de la concurrence, cette inamovibilité semble acquise. La démission d'office est énumérée par une liste limitative de cas, et ses conditions de mise en œuvre sont bien définies par la loi n° 20-13 relative au Conseil de la concurrence, avec la possibilité de recourir au juge administratif contre toute décision arbitraire.

Les deux suivantes sections permettront donc, de matérialiser le domaine des garanties organiques d'indépendance du Conseil de la concurrence, une

---

[94]MENURET Jean Jacques, « Quelle collégialité pour les autorités administratives indépendantes ? », in MENURET Jean Jacques et REIPLINGER Charles (sous la direction), *La collégialité, valeurs et significations en droit public*, Bruxelles, Bruylant, 2012, p.124.

[95]Pour étudier les fondements du pouvoir hiérarchique DI MALTA Pierre, *Essai sur la notion de pouvoir hiérarchique*, Paris, Librairie générale de droit et de jurisprudence, 1961, p.109.

indépendance liée à la composition du Conseil de la concurrence (Section I), et une indépendance liée au mandat et au régime des membres (Section II).

Section I. Une indépendance liée à la composition du Conseil de la concurrence

La composition du collège du régulateur de la concurrence est placée sous le signe de la diversité, quantitativement et qualitativement. Ainsi, les membres du collège sont nommés par un décret sur proposition des autorités gouvernementales concernées par le domaine de compétence desdits membres.

En outre, ceux-ci doivent respecter certaines conditions principalement liées à leur compétence pour pouvoir être nommés. Enfin, il est prévu des incompatibilités fonctionnelles, interdisant le cumul de la qualité de membres de l'autorité de la régulation avec d'autres fonctions, afin de garantir cette indépendance. L'examen de l'organisation du Conseil de la concurrence fait apparaitre un ensemble empreint d'une grande hétérogénéité dans sa composition. La plus grande indépendance par rapport à l'État résulte des nominations effectuées par des autorités non politiques. Le Conseil de la concurrence ne s'inscrit pas dans cette direction, puisque le pouvoir politique désigne la plupart de ses membres, hormis les deux membres magistrats.

S'agissant de la présence de juges professionnels parmi les membres de cette autorité de régulation, celle-ci apparaît plutôt de nature à renforcer son indépendance. Ce fait nous interpelle quant à la question de savoir si la présence de praticiens, spécialistes et magistrats serait de nature à altérer le caractère indépendant de l'organisme.

Deux divisions conduiront à cette conclusion, la composition hétérogène du Conseil de la concurrence (§ 1), et les garanties de l'indépendance personnelle des membres (§ 2).

§ 1. La composition hétérogène du Conseil de la concurrence

Les autorités de régulation économique marocaine sont toutes des autorités collégiales. Leur composition constitue aux côtés de leurs pouvoirs, l'un des critères dans lesquels s'exprime, le plus, la très grande adaptabilité desdites institutions.

En effet, l'indépendance du Conseil de la concurrence n'est pas qu'uniquement conditionnée par cette composition collégiale, mais aussi par les garanties qui entourent le mandat[96] des membres qui y siègent.

La collégialité du régulateur se trouve renforcée par les conditions de délibération qui ne s'opère qu'à la majorité des membres présents. Il s'agit bien là d'une collégialité hiérarchisée qui prend en considération l'autorité du président à la tête de l'institution qui anime le collège, dirige les services et fixe l'ordre du jour.

L'étude de la composition hétérogène du Conseil de la concurrence permet d'analyser sa collégialité (A), et la nature de sa personnalité morale (B).

A. La composition collégiale du Conseil de la concurrence

L'indépendance des autorités administratives indépendantes se définit généralement par leur composition, le plus souvent collégiale[97]. Historiquement, l'exigence d'indépendance du régulateur s'est imposée en raison de la présence sur le marché d'opérateurs publics. Dès lors, admettre le cumul des fonctions de régulateur et d'opérateur aurait conduit à remettre en cause l'égalité de traitement ou, tout au moins, l'égalité des chances entre les opérateurs sur le marché concerné. L'indépendance reste donc la condition de l'impartialité du régulateur. La collégialité en tant qu'aspect d'organisation du Conseil de la concurrence constitue un élément d'équilibre et d'objectivité de ses membres (1). Ainsi, nous nous intéresserons au sens de ce principe auprès des juridictions marocaines pour mieux l'appréhender (2).

1. La collégialité, élément d'équilibre et d'objectivité

Dans le cas des autorités indépendantes de régulation, la notion d'indépendance est sollicitée depuis longtemps : « *le caractère collégial des autorités de régulation intervenant en matière économique les différencie d'autres autorités administratives indépendantes.... Il y a là une double spécificité : spécificité du domaine économique et spécificité française qui contraste avec le modèle britannique d'autorités de régulation reposant sur un principe de personnalisation du régulateur* »[98].

En effet, l'indépendance représente un trait commun entre le pouvoir judiciaire et les autorités administratives dites « indépendantes » dans la

[96]ROUYERE Aude, « la constitutionnalisation des autorités administratives indépendantes : quelle signification ? », *Revue Française Du Droit Administratif*, 2010, p. 887.
[97]COMPAGNON Antoine (dir.), *De l'autorité*, Colloque annuel du collège de France en 2007, Paris, Odile Jacob, 2008, p.39.
[98]LOMBARD Martine, « Régulateurs indépendants, mode d'emploi », in LOMBARD Martine, *Régulation économique et démocratie (ouvrage collectif)*, Op.cit., p. 203.

mesure, où la constitution de 2011 a traité de l'indépendance du pouvoir judiciaire[99] et en même temps a qualifié le Conseil de la concurrence dans son article 166 d'institution indépendante. Pour les juridictions, l'indépendance reste une principale garantie de leur impartialité.

En outre, la création d'autorités de régulations indépendantes dotées d'une structure de gouvernance est un facteur de responsabilisation. Par principe, un Conseil offrira davantage de possibilités de prise de décisions collégiales et contribuera à améliorer l'indépendance et l'intégrité de la prise de décision[100].

La collégialité a toujours été perçue comme un élément fort de l'indépendance. En effet, elle est de nature à satisfaire une double exigence : équilibrer l'influence des différentes instances de désignation des membres du collège et assurer une délibération collective sur les sujets sensibles ou des questions complexes. Ainsi, elle incarne une garantie d'objectivité et de sérieux[101].

La collégialité assure au citoyen une décision mesurée, peu susceptible d'avoir été influencée par la partialité d'un membre et dotée d'une plus grande autorité[102]. Dans ce sens, l'article 9 de loi n° 20-13 relative au Conseil de la concurrence dispose que : « *Le Conseil se compose du président, de quatre vice-présidents et de huit membres Conseillers. Le Conseil comprend, outre le président, les membres compétents suivants : deux membres magistrats, vice-présidents ; quatre membres choisis en raison de leur compétence en matière économique ou de concurrence, dont un vice – président ; deux membres choisis en raison de leur compétence en matière juridique, dont un vice-président ; trois membres exerçant ou ayant exercé leurs activités dans*

---

[99]Au Maroc, le principe d'indépendance de la justice est consacré par la constitution de 2011. C'est ainsi le premier chapitre du titre VII intitulé « DU POUVOIR JUDICIAIRE » lui est réservé et dénommé « De **l'indépendance** de la justice ». L'article 107 de la loi fondamentale dispose que « Le pouvoir judiciaire est **indépendant** du pouvoir législatif et du pouvoir exécutif », et que le « Le Roi est le garant de **l'indépendance** du pouvoir judiciaire ». De même, l'alinéa 2 de l'article 109 prévoit que « Chaque fois qu'il estime que son **indépendance** est menacée, le juge doit en saisir le Conseil supérieur du pouvoir judiciaire ». L'alinéa 2 de l'article 111 qui dispose que les magistrats : « peuvent adhérer à des associations ou créer des associations professionnelles, dans le respect des devoirs d'impartialité et **d'indépendance** de la justice et dans les conditions prévues par la loi. »

[100]OCDE, *Politique réglementaire et gouvernance Soutenir la croissance économique et servir l'intérêt général : Soutenir la croissance économique et servir l'intérêt général*, Paris, OECD Publishing, 2012, p. 94.

[101] Conseil d'État, *Rapport public, les autorités administratives indépendantes*, EDCE, n° 52, 2001, p. 291.

[102]MENURET Jean-Jacques, « Quelle collégialité pour les autorités administratives indépendantes ? » in MENURET Jean Jacques et REIPLINGER Charles (sous la direction), *La collégialité, valeurs et significations en droit public*, Op. cit., p. 124.

les secteurs de production, de distribution ou de services ; un membre sélectionné en raison de sa compétence en matière de protection du consommateur ».

La lecture profonde de cet article montre que les douze membres correspondent à cinq groupes ou catégories de conseillers : les magistrats, les experts en matière économique ou de concurrence, les juristes, les praticiens et un seul membre choisi en raison de sa compétence en matière de protection du consommateur. En effet, une telle formation collégiale vise à certifier la neutralisation des préjugés et la surveillance sociale des conflits d'intérêts[103]. Cependant, cette composition confère un caractère prédominant à l'aspect économique de la réflexion, puisque seuls quatre membres sont des juristes y compris les deux magistrats et les deux tiers des membres appartiennent à la sphère économique. Ainsi, se pose la question du couplage du droit et de l'économie dans la mise en œuvre des règles de la concurrence. Ces caractéristiques expliquent davantage que le droit de la concurrence est un « *droit économique par excellence* »[104] et que « *l'analyse économique a pénétré le raisonnement juridique* »[105].

À cet égard, une comparaison avec le premier Conseil de la concurrence de 2001 à caractère consultatif démontre que l'actuel Conseil possède le même nombre de Conseillers. Les six membres représentant l'administration ne figurent plus dans le nouveau texte. Ce détail reflète le manque d'indépendance de l'ancienne institution[106] (six sur douze de ses membres représentaient directement les institutions gouvernementales).

Il importe de souligner que le Conseil de la concurrence n'a pas comme rôle de représenter les divers secteurs de l'activité économique. Il a pour objet

---

[103]DU MARAIS Bertrand, *Droit public de la régulation économique*, Paris, Presses de Sciences Po, 2004, p. 546.

[104]Pour plus de détails sur cette question, voir notamment TOUJGANI Noureddine, « Le couplage du droit et l'économie dans la mise en œuvre des règles de la concurrence », *Revue Marocaine du Droit Economique*, n° 1, octobre 2007, p. 7 ; SIBONY Anne-Lise, *Le juge et le raisonnement économique en droit de la concurrence*, Paris, LGDJ, Collection : Droit et Économie, 2008, pp. 1-2 ; CHAMPAUD Claude, « Caractères du droit de la concurrence », *Juris-classeur Concurrence-Consommation*, 1991, fascicule n° 30, point n° 1, p. 57 et 66. Comme le remarque BOY Laurence, *Droit économique*, Paris, L'Hermès, 2002, pp.3-4, le droit de la concurrence était curieusement absent du droit économique de Gérard Farjat, y compris de la 2ème édition de 1982, bien que le phénomène de la concentration économique soit au cœur des analyses de l'auteur. Dans son ouvrage plus récent, FARJAT Gérard, *Pour un droit économique*, Op. cit. L'auteur consacre le chapitre v au droit de la concurrence.

[105] CANIVET Guy et BOUTARD-LABARDE Marie-Chantal, *Droit français de la concurrence*, Paris, LGDJ, 2008, p. 2.

[106]JAROS krzystof, «Enforcement of competition and consumer law in the Mediterranean countries», *Mediterranean competition Bulletin*, avril 2012.

de faire siéger des magistrats et des personnalités compétentes et professionnelles dans les domaines économiques et juridiques, pour exercer au nom de l'État, une mission de répression des pratiques anticoncurrentielles et de régulation. Dès lors, il est pertinent de conserver ce critère de composition afin que les actes consultatifs et décisionnels de l'autorité de la concurrence revêtent l'expression collégiale de l'intérêt général, en partageant la volonté de préserver un équilibre soutenu entre le fait et le droit l'exercice de sa mission.

Dans ce cadre, deux obstacles doivent être surmontés :

- En premier lieu, celui de confier à ce Conseil l'aspect d'institution corporatiste
- Et, en second lieu, celui de reproduire le modèle des organisations de l'administration classique ne convenant pas à une institution de régulation.

Le personnel du Conseil doit donc être recruté de manière à associer des compétences indispensables. Plus particulièrement celles relevant de l'économie, du juridique, du droit de la concurrence et de la consommation. Ainsi, le Maroc à l'instar de la France[107] et de la Tunisie[108] a opté pour une composition de ce type.

---

[107]L'article L461-1 du code de commerce français dispose que : « *Les attributions confiées à l'Autorité de la concurrence sont exercées par un collège composé de dix-sept membres, dont un président* »

[108]Le Conseil de la concurrence de Tunisie est composé de treize (13) membres comme suit :
1) Un président exerçant ses fonctions à plein temps, nommé parmi les membres magistrats ou les personnalités choisies pour leur compétence en matière économique ou en matière de concurrence ou de consommation. Sous réserve de dispositions relatives au détachement, prévues par la loi organique portant statuts particuliers des magistrats, le Président du Conseil de la concurrence est nommé pour un mandat de cinq ans renouvelable une seule fois.
2) Deux vice-présidents :
– un Conseiller au tribunal administratif ayant une ancienneté de cinq ans au moins dans le grade en tant que premier vice-président exerçant ses fonctions à plein temps.
– un Conseiller auprès de l'une des deux chambres chargées du contrôle des entreprises publiques à la Cour des comptes ayant une ancienneté de cinq ans au moins dans le grade en tant que deuxième vice-président exerçant ses fonctions à plein temps.
Les deux vice-présidents sont nommés pour une durée de cinq ans renouvelable.
3) Quatre magistrats de deuxième grade au moins, nommés pour une durée de cinq ans renouvelable une seule fois.
4) Quatre personnalités ayant exercé ou exerçant dans le domaine de la production, de la distribution, de l'artisanat ou des prestations de services nommées pour un mandat de quatre ans non renouvelable.
5) Deux personnalités choisies en raison de leur compétence en matière économique ou en matière de concurrence ou de consommation, nommées pour un mandat de six ans non renouvelable.

Nous ne pouvons qu'admettre l'existence du caractère pluraliste du collège du Conseil de la concurrence dans la carte des autorités indépendantes de régulation, pour en constituer un facteur d'indépendance. Les règles ainsi prévues par la loi n° 20-13 ont pour objet d'affirmer la nomination de personnalités indépendantes du gouvernement, des personnalités sages. C'est-à-dire des « *experts vertueux et prudents* ». Dans ce sens, la professeure Évelyne Pisier estime que : « *Sagesse et indépendance entretiennent un étroit rapport pour le sens commun. Le sage est… celui dont l'opinion n'est ni soumise ni dépendante* »[109].

En fait, la diversification des membres du collège contribue à faire de ce Conseil un lieu où des débats contradictoires se produisent, où diverses natures de point de vue sont exprimées. Le fait de faire appel à différentes personnes est envisagé favorablement par les agents des autorités administratives indépendantes en général, et du Conseil de la concurrence en particulier. En effet, il permet de fournir des réponses adéquates aux problèmes à traiter en employant une panoplie de compétences et de connaissances techniques, juridiques et économiques, qui amènent à des solutions générales et concertées. Autrement dit, cette méthode de concorde constitue une ressource significative dans l'édification de l'indépendance organique de l'institution par la mise en œuvre de la collégialité en tant que caractéristique des autorités administratives indépendantes. Elle répond à la préoccupation de pouvoir assurer la représentation de différents points de vue et symbolise les instances en matière de participation et de pluralisme[110]. Comme le relève le rapport du Conseil d'État français, la collégialité de l'organe exécutif des autorités administratives indépendantes a généralement été perçue comme un élément fort de leur indépendance : « *Elle est en effet de nature à satisfaire une double exigence : équilibrer l'influence des différentes instances de désignation des membres du collège et assurer une délibération collective ce qui présente une garantie d'objectivité et de sérieux* »[111].

Par ailleurs, la collégialité permet également au Conseiller de se former et de compléter sa réflexion et son raisonnement théorique et pratique au contact de ses collègues. La décision peut être discutée par plusieurs membres, qui peuvent échanger leurs points de vue, et faire ainsi naître une décision mesurée

---

Le président, les deux vice-présidents et les membres du Conseil sont nommés par décret pris sur proposition du ministre chargé du commerce.

[109]PISIER Évelyne, « Vous avez dit indépendantes ? Réflexions sur les AAI », *Revue Pouvoirs*, n° 46, 1988, pp. 71-83.

[110]BRAIBANT Guy et STIRN Bernard, *Le droit administratif français*, Paris, Presses de Sciences Po et Dalloz, 2005, 7ème édition, p. 81.

[111]Conseil d'État, *Rapport public, les autorités administratives indépendantes*, Op. cit., p. 291.

et convenable[112]. En outre, elle lui assure une protection qui garantit la sérénité des délibérés et l'indépendance de sa décision. De même, elle présente des limites dans la mesure où les décisions prises par les différentes formations du collège feront souvent l'objet des compromis. Ainsi, la responsabilité est diffusée et la responsabilisation minée.

Certains auteurs plaident pour les avantages d'un seul administrateur plus qu'une commission avec un collège ; les coûts pourraient alors être réduits, la prise de décision perfectionnée et la responsabilisation positive améliorée[113]. La formation collégiale comporte des défauts financiers en comparaison avec l'unicité. En effet, celle-ci offre la possibilité de réduire le coût de ce service dans un temps de carence budgétaire. Elle contourne la difficulté d'harmonie et de communication entre les membres du Conseil, compte tenu de la divergence de leurs points de vue, leurs convictions personnelles émanant de leurs origines, leurs orientations et doctrines différentes.

Établir le principe de la collégialité, nous conduit à chercher la façon dont celui-ci peut s'articuler avec les juridictions de l'organisation judiciaire marocaine.

2. La collégialité auprès des juridictions

En matière du droit judiciaire, les deux modalités procédurales pour entendre les parties et pour prononcer des jugements et les arrêts devant les juridictions sont la formation collégiale de juges ou la procédure à juge unique. L'action du législateur marocain pour la consécration de l'une de ces modalités peut être qualifiée de « volatile et oscillante »[114]. Parfois, il fait du principe du juge unique, la règle générale et de la collégialité l'exception, et certaines fois le contraire concernant les affaires à statuer[115].

---

[112]Il est à noter que le Code de procédure civile, et contrairement à certains droits comparés, ne permet pas de mettre en évidence les positions de tous les participants à la délibération de la décision, et s'il y a objection ou réserve de l'un des membres du collège lors de décisions a la possibilité de montrer son attitude, et il doit se soumettre et obéir à l'opinion de la majorité, et même prendre la responsabilité qui pourrait résulter de cette décision, et pour surmonter ces obstacles et corroborer la confiance des justiciables dans la justice, il est Conseillé d'ouvrir la porte aux magistrats de montrer leurs attitudes lors de la prise de décision adoptant la même approche adoptée par le législateur pour les dispositions de l'arbitrage.

[113]Pour une critique aiguë du principe de la collégialité au sein des autorités administratives indépendantes, cité d'être origine d'incompétence et de corruption, voir SHOOSHAN III Harry M, « A modest proposal for restructuring the Federal Communications Commission », *Federal Communication Law Journal*, Volume 50, Issue 3, mai 1998, pp. 637-658.

[114]OUTALEB Abdelkrim, *L'organisation judiciaire Marocaine*, Marrakech, imprimerie al watanya, 4ème édition, 2012, p. 29. (En arabe).

[115]En 1974, l'organisation judiciaire marocaine a choisi de faire du principe du *juge unique* la règle pour statuer des actions devant les tribunaux de première instance, cherchant la

La loi n° 15-03[116] relative à l'organisation judiciaire a consacré un retour au juge unique comme règle générale[117]. Sur la même tendance, la loi n° 34-10[118] l'a modifiée en confirmant cette modalité d'organisation judiciaire des tribunaux de première instance comme règle. Elle a tracé une liste à titre limitatif pour les affaires à statuer en formation collégiale.

Cependant, il convient de noter que le principe de la collégialité demeure la règle pour les tribunaux de première instance statuant en deuxième degré, les cours d'appel, et les autres juridictions comme les tribunaux administratifs, les cours administratives d'appel, les tribunaux de commerce et les tribunaux d'appel de commerce.

Une lecture de l'article 11 du Dahir de l'organisation judiciaire et de l'article 371 du Code de procédure civile montre que la formation devant la Cour de cassation est collégiale, composée de cinq juges. Il est clair que le

---

simplification de la procédure, la commodité de l'action des justiciables et l'élimination de la lenteur du travail des juridictions. Cependant, des critiques au principe du juge unique ont été remarquées, en particulier la possibilité du juge unique de commettre des erreurs ainsi que la complexité de certaines affaires qui nécessitent plus d'une opinion, et même dans certains cas, une anomalie peut être enregistrée lors de l'interprétation des textes juridiques, ceci a conduit ensuite le législateur à abandonner ce principe, et à l'adoption du principe de *la collégialité*, qui exige que les tribunaux de première instance ne puissent traiter les questions posées devant elles, qu'à la présence de trois juges et un greffier, et le représentant du ministère public, le cas échéant. Voir OUTALEB Abdelkrim, *L'organisation judiciaire Marocaine*, Op. cit., p. 30. (En arabe).

[116] La loi n° 15-03 fixant l'organisation judiciaire du Royaume est publiée au Bulletin Officiel n° 5170 du 18-12-2003 - Page : 1448.

[117] Dans ce cadre, l'article 4 de cette loi dispose que : « Les tribunaux de première instance siègent en présence de trois juges dont, un président, avec l'assistance d'un greffier, sous réserve des compétences dévolues au président du tribunal en vertu de textes particuliers, dans les actions suivantes :

– Actions de statut personnel et de successions à l'exception de la pension alimentaire ;
– Actions immobilières de droits réels et mixtes ;
– Actions de conflit de travail ;
– délits sanctionnés par une peine d'emprisonnement supérieure à deux ans et dont la compétence est dévolue par le Code de procédure pénale au tribunal de première instance. »

Dans les autres affaires, les tribunaux de première instance siègent à juge unique avec l'assistance d'un greffier.

[118] Loi n° 34-10 modifiant et complétant le Dahir portant loi n° 1-74-338 du 24 joumada II 1394 (15 juillet 1974) fixant l'organisation judiciaire du Royaume, publiée au Bulletin officiel n° 5978 du 15-9-2011. L'article quatre de cette loi dispose que : « les tribunaux de première instance, y compris ceux qui sont classés, siègent à juge unique avec l'assistance d'un greffier, à l'exception des actions en droits réels immobiliers et mixtes et des affaires de la famille et des successions, hormis la pension alimentaire, sur lesquelles il est statué en présence de trois juges, y compris le président avec l'assistance d'un greffier ». À partir de ce texte, il se montre bien que de plus en plus souvent, le législateur a recours au juge unique, la formation collégiale devenant l'exception.

législateur a souhaité la participation de cinq juges, au lieu de trois, vu l'importance de la cassation, son rôle considérable dans l'unification de la jurisprudence judiciaire nationale et dans le souci d'éviter toute contradiction entre les décisions et les divergences dans l'interprétation des textes juridiques et leurs applications. Dans ce cadre, le législateur marocain a adopté le principe de la collégialité également dans les juridictions de commerce[119] sans aucune exception, contrairement aux tribunaux de première instance. Cette disposition est probablement due à la transversalité et à la complexité des affaires commerciales par rapport aux affaires civiles caractérisées généralement par leur nature simple.

Par ailleurs, et dans une perspective du droit comparé, la composition du collège de l'autorité française de la concurrence reflète, comme c'est le cas pour le Conseil de la concurrence du Maroc, la volonté d'asseoir l'autorité de l'institution. Celle-ci traduit les compétences techniques, économiques et juridiques de ses membres en associant des magistrats à des personnalités compétentes ou ayant une expérience professionnelle dans différents secteurs économiques.

Le collège comprenant dix-sept membres est composé de :

Six membres ou anciens membres du Conseil d'État, de la Cour de cassation, de la cour des comptes ou d'autres juridictions administratives ou judiciaires.

- Cinq personnalités choisies en raison de leur compétence en matière économique ou en matière de concurrence et de consommation.
- Cinq autres exerçant ou ayant exercé leurs activités dans les secteurs de la production, de la distribution, de l'artisanat, des services ou des professions libérales[120].

Dans leur commentaire de l'ordonnance du 1er décembre 1986, fondatrice du droit de la concurrence Français et relative à la liberté des prix et de la concurrence, les juristes Christian Gavalda et Claude Lucas de Leyssac considèrent à propos de cette composition : « *on a pu, à la fois, se réjouir de*

---

[119]Aux termes de l'article 4 portant promulgation de la loi n° 53-95 instituant des juridictions de commerce :« Sauf dispositions contraires de la loi, les audiences des tribunaux de commerce et des cours d'appel de commerce sont tenues et leurs jugements rendus par trois magistrats, dont un président, assistés d'un greffier ».

[120]Voir notamment MALAURIE-VIGNAL Marie, *Droit de la concurrence interne et européen*, Paris, Dalloz-Sirey, 2011, p. 189. ; IDOT Laurence et LEMAIRE Claude, « Le nouveau visage de la régulation de la concurrence en France. L'autorité de la concurrence entre deux Europe », *La semaine juridique*, 12, étude 125, 18 mars 2009.

l'apparition de membres de l'autorité judiciaire et s'étonner de la présence des Conseillers à la Cour de cassation dans un organisme dont les décisions sont soumises à recours devant la cour d'appel »[121].

Le Conseil économique et social français estime que cette représentation est incomplète et ne représente pas la diversité de la réalité économique et sociale, pour les autorités administratives indépendantes de nature transversale ou intersectorielle. Les trois assemblées constitutionnelles – dont le Conseil économique et social – devraient pouvoir désigner un ou plusieurs représentant(s). Il convient donc de mettre en évidence quelques critères communs de désignation permettant de disposer d'organismes indépendants, représentatifs et pluridisciplinaires[122].

B. La fortification du Conseil par la personnalité morale

La naissance du Conseil de la concurrence doté de la personnalité morale relance le débat sur son indépendance et son efficacité (1). Au niveau de la doctrine juridique, un débat oppose ceux qui pensent qu'il s'agit d'une condition suffisante et d'autres qui estiment l'inverse (2).

1. L'intérêt de l'octroi de la personnalité morale

Pour mener une analyse fondée sur cette question, il convient, de prime abord, de définir la personne morale. Celle-ci s'entend, selon le vocabulaire juridique de Gérard Cornu, comme « *un groupement doté sous certaines conditions d'une personnalité juridique* », c'est-à-dire « *l'aptitude à être titulaire de droits et d'être assujetti à des obligations* ». La personnalité morale étant « *le nom donné à la personnalité juridique des personnes morales* »[123].

Posséder la personnalité morale signifie être capable d'avoir des droits et des obligations juridiques. La personnalité morale reste sans doute aujourd'hui l'une des plus fascinantes créations juridiques[124]. La personne

---

[121] GAVALDA Christian et LUCAS DE LEYSSAC Claude, « Ordonnance n° 86-1243 du 1er décembre 1986 commentaire », *numéro spécial hors-série de l'Actualité législative*, Dalloz, 1988.

[122]Cette recommandation est traduite réellement en 2017, par la publication de la loi organique n° 2017-54 du 20 janvier 2017 relative aux autorités administratives indépendantes et autorités publiques indépendantes, et la loi n° 2017-55 du 20 janvier 2017 portant statut général des autorités administratives indépendantes et des autorités publiques indépendantes. L'objectif est de réunir les règles communes de ces autorités au sein d'une même loi en leur donnant un statut général.

[123]CORNU Gérard, *Vocabulaire juridique*, Op. cit., p. 666.

[124]Voir dans ce cadre l'introduction de LINDITCH Florian, *Recherche sur la personnalité morale en droit administratif*, Paris, LGDJ, 1997.

juridique est l'être qui est susceptible d'être sujet de droit. Que ce soit une personne physique ou une personne morale.

Reconnaître la personnalité morale à une instance de régulation en général et au Conseil de la concurrence en particulier présente un double intérêt. En premier lieu, on pérennise cette institution et on sépare d'autre part le patrimoine de la personne morale le mettant ainsi à l'abri de toute poursuite que pourraient exercer les créanciers d'une personne donnée.

Le débat qui a divisé les juristes à propos de la personnalité morale était incarné par deux courants : le premier courant affirme la réalité des personnes morales et le deuxième n'en voit qu'une simple fiction. Dans ce cadre, le professeur Jean Rivero avance que : « *si les personnes morales sont de pures fictions, l'État en est le maitre* »[125]. Ce débat est aujourd'hui dépassé, et une partie de la doctrine considère que : « *Certains groupements sont dans la nature même des choses et leur existence, leurs intérêts doivent être pris en considération (...) La personnalité morale n'est rien de plus qu'une technique juridique* »[126].

Sur le plan du droit administratif, l'État, les collectivités territoriales et les établissements publics sont dotés de la personnalité morale. Le fait de conférer cette attribution aux autorités de bonne gouvernance et de régulation constitue une évolution remarquable des techniques juridiques du droit public marocain.

La question qui se pose est de savoir si une institution de régulation doit être élevée au rang de personne morale administrative, ou s'il est préférable qu'elle fonctionne dans un cadre juridique plus large en lui permettant d'ester en justice sans lui conférer cette attribution. La réponse à cette question varie selon les alternatives d'ouverture et de régulation adoptées par les systèmes juridiques. La tendance nette s'oriente vers l'adoption de la première solution à l'exemple des autorités publiques indépendantes en France[127].En effet, *« il aurait semblé cohérent d'octroyer systématiquement la personnalité morale aux Autorités administratives indépendantes, puisqu'une telle personnalité morale constituerait une individualisation à la fois symbolique et juridique de l'autorité* »[128].

L'État jouit d'une capacité générale ou bien de « *la compétence des compétences* ». En ce qui concerne leur capacité juridique complément de la

[125]RIVERO Jean, *Droit administratif*, Paris, Dalloz, 15ème édition, 1994, p. 32.
[126]DAVID René, « Personnalité morale » in *Encyclopædia Universalis* [en ligne], consulté le 4 juin 2015.
[127]DEGOFFE Michel, « Les autorités publiques indépendantes », *AJDA*, 2008, p. 622.
[128]MAITRE Grégory, « Autorités administratives indépendantes : l'état des lieux », *Regards sur l'actualité « les autorités administratives indépendantes »*, Op.cit., p. 21.

personnalité morale, les établissements publics sont soumis au principe de spécialité. Ils n'ont de capacité que pour les actes entrant dans la sphère de leurs attributions. La création d'autorités administratives avec personnalité morale contribue à brouiller les catégories juridiques en droit public[129]. Par ailleurs, elle aboutit à leur reconnaissance en droit positif en tant que personne publique spécialisée n'ayant pas la qualité d'établissement public et suscitant une « *nouvelle crise de la notion d'établissement public* »[130].

En s'inspirant de cette logique, l'article premier de loi n° 20-13 relative au Conseil de la concurrence dispose que : « *Le Conseil est doté de la personnalité morale et de l'autonomie financière* ». L'allocation de la personnalité morale au Conseil semble confirmer la volonté du législateur de concrétiser l'indépendance de l'institution. Ainsi, elle constitue une évolution remarquable en comparaison avec la précédente loi n° 06-99 sur la liberté des prix et de la concurrence. Cette dernière ne dotait pas l'ancien Conseil consultatif de cette affectation en le rattachant au Premier ministre.

L'attribution de la personnalité morale aux autorités de régulation est l'objet d'une vive controverse juridique : « *Dans un certain nombre de pays, on considère que l'indépendance suppose la personnalité morale, c'est ainsi que les autorités spécifiques de régulation sont dotées de la personnalité morale au Royaume-Uni, en Belgique, en Espagne, au Portugal... Au contraire, en Allemagne (...) en France (...) en Italie, la personnalité morale ne paraît pas nécessaire pour garantir l'indépendance des autorités dans la mesure requise par leurs fonctions* »[131]. Dans ce cadre, la doctrine souligne que le fait de ne pas accorder la personnalité morale aux institutions de régulation « *est une solution contradictoire avec l'objectif d'indépendance qui leur est officiellement assigné, car celui-ci est difficilement concevable en l'absence d'individualisation juridique* »[132], en se posant la question : « *Comment donner corps à l'idée d'indépendance dès lors que les autorités administratives indépendantes ne sont pas juridiquement séparées de l'État qu'elles sont censées représenter dans la vie sociale ?* ».[133]

---

[129]DEBET Anne, « Personnalité morale et autorités administratives indépendantes », in La *Personnalité morale*, Association Henri Capitant, Dalloz, 2010, pp.16-29.

[130]MELLERAY Fabrice, « Une nouvelle crise de la notion d'établissement public », *AJDA*, 2003, p.711.

[131]MODERNE Franck et MARCOU Gérard, *Droit de la régulation, service public et intégration régionale*, Paris, L'Harmattan, 2006, p. 52.

[132] AUTIN Jean Louis, « Autorités administratives indépendantes », *Juris-Classeur Administratif 1*, Paris, Edition du Jurisclasseur,05, 2010, fasc. 75, p. 18.

[133]*Ibidem*.

2. La personnalité morale, un élément d'indépendance

Assurément, octroyer la personnalité morale au Conseil de la concurrence contribue à appuyer son indépendance et le responsabilise davantage. Il s'agit d'une portée hautement symbolique de cet attribut, et d'un fonctionnement de plein exercice des compétences de la part du régulateur de la concurrence. Cependant, si la personnalité morale est, certes, une source essentielle d'indépendance, elle ne saurait pas en être une condition véritablement suffisante, à l'instar des juridictions qui en sont privées : *« La personnalité morale des institutions de régulation semble conçue essentiellement comme un moyen d'accroître leur indépendance alors qu'elle n'est pas synonyme par elle-même d'indépendance de gestion, ni même toujours d'autonomie réellement accrue en matière financière. Elle n'est pas une condition véritablement nécessaire. Elle est encore moins une condition suffisante »*[134].

En outre, la personnalité morale de l'institution induit d'autres effets : l'autonomie patrimoniale et la consolidation de l'existence juridique. L'attribution de la personnalité morale à une institution se retraduit par la jouissance spéciale et limitée de la capacité juridique. C'est-à-dire la possibilité de contracter, d'ester en justice, de détenir un patrimoine, voire d'être déclarée responsable et d'en supporter les conséquences sur son patrimoine[135]. En absence d'un régime juridique textuel uniforme des autorités indépendantes de régulation, chaque autorité doit donc disposer, de par son texte institutif spécifique de la capacité d'ester en justice[136].

En ce qui concerne la qualité pour agir, la personne morale de droit public, comme toute personne morale, doit nécessairement être représentée. À ce titre, l'exercice de l'action sera confié à un mandataire par application des règles gouvernant la catégorie de personnes morales à laquelle appartient l'institution considérée[137]. En effet, le deuxième alinéa de l'article 3 du décret d'application de la loi n° 20-13 relative au Conseil de la concurrence prévoit

---

[134]LOMBARD Martine, « Brèves remarques sur la personnalité morale des institutions de régulation », *Revue juridique de l'entreprise publique/ cahiers juridiques de l'électricité et du gaz*, n° 619, avril 2005, p. 130.

[135]LINDITCH Florian, *Recherche sur la personnalité morale en droit administrative,* Op.cit., p. 219.

[136]CHAUVET Clément, « La personnalité contentieuse des autorités administratives indépendantes », *Revue du droit public et de la science politique en France et à l'Étranger*, 01 mars 2007, n° 2, p. 379.

[137] LINDITCH Florian, *Recherche sur la personnalité morale en droit administrative,* Op.cit., p. 291.

que : « *Le président a qualité pour agir en demande et en défense et présenter des observations devant toute juridiction au nom du Conseil* ».

À titre comparatif, l'autorité de la concurrence française est dépourvue de la personnalité morale, mais elle bénéficie de la capacité de mener des pourvois contre les arrêts de la cour d'appel de Paris réformant ses décisions[138]. A contrario, l'autorité des marchés financiers française est considérée comme une autorité publique indépendante jouissant de la personnalité morale, ce qui : « *permet de mettre fin à une contradiction juridique. Il était, en effet, difficile de justifier qu'une autorité administrative indépendante puisse déroger au monopole de représentation de l'État en justice en ayant le pouvoir d'action civile ou de se constituer partie civile et de considérer dans le même temps qu'elle devait être confondue avec l'État en raison de son absence de personnalité propre* ».[139]

L'avantage de la personnalité morale ne fait que renforcer la capacité juridique des autorités indépendantes de régulation en leur accordant l'ensemble des droits liés à ce caractère juridique, de sorte que : « *l'affirmation de l'indépendance du régulateur, au moyen de l'attribution de la personnalité morale qui parachève son éloignement de l'État traditionnel, semble favoriser sa proximité avec les professionnels* »[140].

En demeurant dans cette perspective du droit comparé, le droit public français qualifie d'autorité publique indépendante[141] les autorités administratives indépendantes qui possèdent la personnalité morale[142], alors qu'elle en constitue généralement la règle dans les systèmes juridiques

---

[138] À cet égard, Marie-Anne Frison-Roche souligne que « la souveraineté du législateur lui permet de donner à des autorités administratives indépendantes des prérogatives juridiques » comme si « elles étaient des personnes juridiques (c'est-à-dire des sujets de droit dotés de droits et d'obligations) sans pour autant leur conférer cette personnalité », cité par GÉLARD Patrice, *Rapport de l'office parlementaire sur les autorités administratives indépendantes*, Op. cit., p. 66.

[139]LINOTTE Didier et SIMONIN Guillaume, « L'Autorité des marchés financiers, prototype de la réforme de l'Etat ? », *AJDA*, 2004, p.143.

[140] GERALD Patrice, *Rapport de l'office parlementaire sur les autorités administratives indépendantes*, Op. cit., p.68.

[141]TRAORE Seydou, « les autorités administratives indépendantes dotées de la personnalité morale : vers une réintégration institutionnelle de la catégorie juridique ? », *Revue Droit Administratif*, n° 8, étude 16, août-septembre 2004, p.16. L'auteur considère que cette nouvelle catégorie juridique est « l'amorce d'un processus de réintégration institutionnelle des AAI dans les catégories juridiques classiques ».

[142] On notera que la personnalité morale avait initialement été attribuée à la Commission de Régulation de l'Énergie française par la loi n° 2004-1485 de finances rectificatives pour 2004 (art. 117), mais a ensuite été expressément retirée par la loi n° 2005-781 du 13 juillet 2005 de programme fixant les orientations de la politique énergétique.

étrangers. Comme le montre Michel Degoffe, nous pouvons considérer que l'autorité publique indépendante est le stade ultime de l'évolution des autorités administratives indépendantes[143].

Par exemple : Concernant l'Autorité des marchés financiers, selon l'article L. 621-1 du code monétaire et financier, « *l'Autorité des marchés financiers, autorité publique indépendante dotée de la personnalité morale, veille à la protection de l'épargne investie dans les instruments financiers donnant lieu à une offre au public ou à une admission aux négociations sur un marché réglementé et dans tous autres placements offerts au public* » ; l'Autorité de contrôle des assurances et des mutuelles, selon l'article L. 310-12 du code des assurances, « *l'Autorité de contrôle des assurances et des mutuelles [est une] autorité publique indépendante dotée de la personnalité morale* » ; la Haute autorité de santé : Selon l'article L. 161-37 du code de la sécurité sociale, « *la haute Autorité de santé [est une] autorité publique indépendante à caractère scientifique dotée de la personnalité morale* ». Tous ces exemples démontrent qu'il n'existe pas qu'une famille juridique des Autorités administratives indépendantes, identifiée par une appellation uniforme[144].

§ 2. Les garanties de l'indépendance personnelle des membres du Conseil de la concurrence

L'indépendance du Conseil de la concurrence sera analysée en fonction du mode de désignation de ses membres, adopté par la loi n° 20-13. Les Conseillers sont en effet nommés par le pouvoir exécutif, à l'exception du président nommé par Dahir, et les membres magistrats par la haute institution du pouvoir judiciaire (A). En outre, une partie de la doctrine établit également les conditions favorables à l'indépendance de cette institution de régulation de la concurrence qui sont soumises au régime des incompatibilités instauré par la loi (B).

A. Les règles qui président à la désignation des membres du conseil de la concurrence

Au niveau organique, l'indépendance du régulateur de la concurrence suscite des questions, en raison du mode de désignation adopté par la loi n° 20-13 relative au Conseil de la concurrence (1). Les membres du Conseil, nonobstant les magistrats, sont en effet nommés par décret[145]. La loi n° 20-13

---

[143] Voir DEGOFFE Michel, « les autorités publiques indépendantes », *AJDA*, 2008, p. 622.

[144] ROUYERE Aude, « La constitutionnalisation des autorités administratives indépendantes : Quelle signification ? », Op. cit., p. 887.

[145] Voir dans ce sens GÉLARD Patrice, *Rapport de l'office parlementaire sur les autorités administratives indépendantes*, Op. cit., p. 45, qui avance que : « Les membres des AAI sont

n'a pas porté de modification au niveau du nombre des membres des douze Conseillers, par rapport à la précédente loi n° 06-99 relative à la liberté des prix et de la concurrence. Cependant, elle en précise davantage les règles de désignation. Celles-ci restent ouvertes à d'autres réflexions et améliorations (2).

1. Les mécanismes de nomination des membres du Conseil de la concurrence

Généralement, lorsqu'on analyse le mode de nomination des membres des instances indépendantes de régulation, la participation du pouvoir exécutif à son élaboration doit être à l'évidence rangée parmi les principes « *singulièrement significatifs du degré d'indépendance de l'institution considérée, or dans la plupart des cas, la loi confère le pouvoir de nomination le plus souvent au pouvoir exécutif (...). La nomination par le pouvoir exécutif constitue le procédé de droit commun de désignation des membres des autorités administratives indépendantes* »[146]. En effet, le pouvoir de nomination par décret est déterminé par la loi n° 20-13 complétée par le décret d'application.

En conséquence, l'obligation de nommer des personnes compétentes, qualifiées et professionnelles renforce l'affirmation d'indépendance pour l'institution. En effet, la qualité technique des conseillers contribue à raffermir son indépendance et la rigueur de son action. Le but tracé par le législateur est donc de réduire le pouvoir discrétionnaire de désignation du gouvernement et de manifester l'indépendance organique des membres du Conseil de la concurrence. Ainsi, l'exécutif aurait l'obligation de choisir des personnalités dotées de compétences liées aux secteurs concernés, en catégorisant le collège du Conseil en cinq groupes. La décision de nomination et/ou désignation[147] est subordonnée aux conditions en rapport avec la qualité des personnes nommées.

---

en général nommés par décret » et qu'« il convient d'analyser la diversité des sources de désignation. En effet, dans de nombreux cas, l'autorité qui signe le décret ou l'arrêté de nomination ne fait qu'entériner certaines désignations effectuées par d'autres autorités ou des nominations de droit ».

[146]DOUVRELEUR Jean et DOUVRELEUR Olivier, « Le principe d'indépendance de l'autorité judiciaire aux autorités administratives indépendantes », in ROBERT Jacques et DUFFAR Jean, *Droits de l'homme et libertés fondamentales*, Paris, Montchrestien, 1998, p. 327.

[147]Le dictionnaire juridique de Gérard Cornu définit la désignation comme « l'indication d'une personne déterminée pour occuper un poste ou remplir une mission », et la nomination comme « la désignation avec indication du nom de celui qui est commis ». Voir CORNU Gérard, *Vocabulaire juridique*, Op. cit., p. 296 et p. 602.

En effet, l'article premier du décret d'application de la loi n° 20-13 dispose que : « *Les membres du Conseil de la concurrence, autres que les magistrats, sont nommés par décret sur proposition des autorités gouvernementales concernées par le domaine de compétence des dits membres.* » Une lecture de cet article montre que les modalités de désignation ne sont pas détaillées par catégorie et que la nomination reste liée à la proposition émanant d'une autre autorité gouvernementale. La décision est alors copartagée entre le chef du gouvernement et le département ministériel investi du pouvoir de proposition. Il ne peut s'agir de propositions conformes, mais seulement obligatoires. De fait, l'autorité de nomination garde le dernier mot.

Les membres du collège de l'autorité de la concurrence française, excepté le président, sont nommés par décret pris sur le rapport du ministre de l'Économie. Ce procédé est contrairement à une pratique de plus en plus répandue dans le contexte français, faisant intervenir des autorités politiques dans la nomination de l'ensemble des membres des collèges des autorités indépendantes. Par exemple, les membres du collège de la Commission de la Régulation de l'Énergie sont nommés pour six ans par diverses autorités politiques ; les membres du collège de l'Autorité de régulation des communications électroniques et des postes (ARCEP) sont nommés pour six ans soit par le président de la République, le président du Sénat ou le président de l'Assemblée nationale[148].

En outre, le pouvoir de nomination des membres du Conseil de la concurrence demeure limité par les conditions de « *technicité et de qualification* » imposées par le texte de loi n° 20-13, divisant les membres du régulateur de la concurrence en cinq groupes. C'est-à-dire : les magistrats, les experts compétents en matière économique ou de la concurrence, les juristes, les professionnels et un activiste en matière de protection du consommateur. Or cette distinction semble largement irréaliste. En effet, concernant l'origine de ces membres, il n'existe guère qu'une distinction assurée, celle qui oppose les magistrats aux autres. La frontière entre les personnes compétentes en matière économique ou de concurrence et en matière de protection du consommateur et les professionnels (trois membres exerçants ou ayant exercé leurs activités dans les secteurs de production, de distribution ou de services) est peu consistante, voire perméable. Il semble aléatoire que des membres choisis pour leur représentativité professionnelle puissent être privés de compétence en matière économique. S'ils sont des professionnels exerçants ou ayant exercé leurs activités dans les secteurs de production, de distribution ou de services, c'est aussi parce qu'ils ont démontré leur expertise et leur capacité d'intégration à un secteur de l'activité économique. Leur compétence

---

[148]NICINSKI Sophie, « L'Autorité de la concurrence », Op. cit.,p. 1237.

et la connaissance des règles concurrentielles sont assurées par la pratique et l'exercice dans le monde des affaires. La condition est qu'ils soient eux-mêmes un exemple en matière de respect des règles du droit de la concurrence. De même, leur action et leur notoriété doivent écarter tout soupçon de pratique anticoncurrentielle que le Conseil de la concurrence réprime.

Par ailleurs, la distinction s'avère artificielle à l'égard des « membres compétents », qui peuvent également être issus du monde professionnel. Il est en effet difficile d'estimer qu'une catégorie de personnes ne puisse siéger au Conseil qu'en qualité de compétence dans le domaine économique en dehors de tout autre engagement professionnel. Il convient aussi de remarquer que certaines personnes compétentes dans le domaine social aient été exclues ou écartées (représentants de syndicats ou formations professionnelles).

Le troisième groupe qui regroupe les juristes ouvre la voie aux spécialistes du droit de la concurrence, ou bien ceux qui assuraient auparavant un enseignement supérieur dans ce domaine.

La dernière catégorie intéresse le membre choisi en raison de sa compétence en matière de protection du consommateur. La protection du consommateur en tant que partie faible a de longue date été un des objectifs essentiels du droit. Il suffit à cet égard de constater l'abondance d'instruments législatifs destinés à l'organiser[149]. Cette nouveauté apportée par la loi relative au Conseil de la concurrence ouvre la porte à une représentation minoritaire de la société civile dans cette institution.

La désignation des membres du premier Conseil de la concurrence à caractère consultatif a démontré que la division s'était faite en trois groupes : les représentants de l'administration, les professeurs universitaires compétents en matière du droit, de la concurrence et de la consommation, et les représentants des chambres des fédérations professionnelles[150].

---

[149]Voir à ce propos SAHRANE Lamyae, « Lecture de la loi n° 08.31 sur la protection du consommateur : apports et insuffisances » in *Protection du consommateur : Etudes et recherches des nouvelles dispositions de la loi n° 31.08 relative à la protection du consommateur*, Rabat, Publications de la Revue de la justice civile, 2014.

[150]Le Conseil du gouvernement avait adopté le Décret n° 2.08.556, publié le 15 octobre 2008 portant la nomination de M Abdelali Benamour à la tête du Conseil de la Concurrence et de ses 12 membres. Il s'agit des représentants du gouvernement : Abderrazk El Amrani (Ministère de la Justice) ; EL YAAKOUBI Khalid (ministère de l'Intérieur) ; Samir Mohamed Tazi (ministère de l'Économie et des Finances) ; Bensalem Belkourati (Secrétariat Général du Gouvernement) ; Mohamed Rachid Baina (Ministère chargée des Affaires économiques et générales) ; Mohammed Taamouti (Haut-commissariat au plan).

Les représentants du monde juridique, économique de la concurrence et de la consommation : Larbi Jaidi (professeur universitaire) ; Rachid Mrabet (professeur universitaire) ; Mohamed El Mernissi (professeur universitaire).

À ce titre, certains auteurs affirment que : « *Les conditions posées par la loi sont floues ; les textes se réfèrent, de façon générale, à l'"expertise" de certains de leurs membres. Il doit alors s'agir de "personnalités qualifiées" ou bien "choisies en raison de leur compétence" dans leur domaine considéré (...) par ces formulations générales et au final peu contraignantes* »[151].

La désignation des magistrats par le Conseil supérieur du pouvoir judiciaire[152], nouvelle appellation de l'ancien Conseil supérieur de la magistrature, présidé par le Roi aura comme président délégué le premier Président de la Cour de cassation en lieu et place du ministre de la Justice. Le Conseil supérieur du pouvoir judiciaire veille à l'application des garanties accordées aux magistrats, à leur indépendance, leur nomination, leur avancement, leur mise à la retraite et leur discipline. Il faut savoir que ces décisions individuelles sont susceptibles de recours pour excès de pouvoir devant la plus haute juridiction administrative au royaume conformément à l'article 114 de la constitution.

Ceci dit, si nous pouvons constater un progrès dans la définition du statut de la justice, celui-ci reste néanmoins limité. Le Conseil supérieur du pouvoir judiciaire est un organe subordonné au Roi dans la mesure où ce dernier désigne directement ou indirectement tous ses membres[153] renforçant de ce fait davantage l'institution royale.

Mais la nomination n'entraîne pas automatiquement la dépendance des membres vis-à-vis de ceux qui les ont désignés. Un juge nommé veille toujours au respect des principes constitutionnels, à la probité de son corps, dont le recrutement et la carrière sont toujours entourés de solides garanties.

Les représentants des Fédérations et Chambres professionnelles : Chafik Rachadi (Président de la Chambre du Commerce et de l'Industrie et de Services – Settat-Benslimane) ; Mohamed Kadari (Président de la Fédération des Chambres D'Artisanat du Maroc) ; Lahcen Bijdiken (Président de la Chambre des Pêches Maritimes de l'Atlantique Centre).

[151]CALANDRI Laurence, *Recherche sur la notion de régulation en droit administratif français*, Op. cit., p.462.

[152]En application des dispositions du 4ème paragraphe de l'article 116 de la constitution de 2011, une nouvelle institution sera créée pour renforcer l'indépendance du pouvoir judiciaire et la protection des droits de l'homme et de l'État de droit. En effet, la loi organique n° 100.13 qui porte sur le Conseil supérieur du pouvoir judiciaire est publiée au Bulletin officiel n° 6456 du 14 avril 2016. (Version arabe). En fait, L'actuel Conseil supérieur de la magistrature va continuer d'exercer ses fonctions « jusqu'à l'installation » de la future instance. La publication de la loi organique n° 100-13 ouvre en revanche la course aux élections professionnelles. Sur les 20 membres du Conseil supérieur du pouvoir judiciaire, la moitié représente les juges des Cours d'appel et ceux des tribunaux de première instance. Ainsi, le 23 juillet 2016, 10 magistrats étaient élus au conseil supérieur du pouvoir judiciaire.

[153]BENDOUROU Omar, « La nouvelle Constitution Marocaine du 29 juillet 2011 », *Revue française de droit constitutionnel,* n ° 91, 2012, pp. 511-535.

Reste à signaler que la technicité du Conseil de la concurrence et son influence sur la politique économique posent une fois de plus la formation des magistrats spécialisés en droit de la concurrence en général, et en droit des pratiques anticoncurrentielles en particulier.

2. Les perspectives d'amélioration de ces mécanismes

Une partie de la doctrine critique les règles de désignation en estimant que : « *les conditions de désignation des membres ne répondent qu'imparfaitement à la représentation que l'on peut se faire d'organismes indépendants* »[154]. Un renforcement de l'État administratif est de ce fait constaté, car la composition des autorités administratives indépendantes ne montre guère un renouvellement des personnels administratifs, mais plutôt un renforcement de leurs pouvoirs sous le label « AAI ». Faisant très largement appel aux grands commis de l'État (...), les règles de composition des autorités de régulation économique révèlent d'ailleurs bien la présence de nos « grands corps » qui *« n'apporte guère de renouveau en termes de démocratie participative »*[155].

Ce recrutement parmi les corps dont ils ont originaires ne résout pas la question d'indépendance, si on évoque la dépendance de celui qui est nommé à l'égard de celui qui le désigne. La même logique se reproduit entre l'élu et le mandant, d'autant plus que la compétition élective risque de faire entrer en jeu des considérations politiques d'où un risque de politisation et de division.

Néanmoins, ce procédé reste très marginal pour désigner les membres siégeant au sein des « autorités administratives indépendantes ». Lorsqu'il est employé, il demeure minoritaire, car il est toujours utilisé en sus du procédé dominant à savoir la nomination[156].

Concernant le Conseil de la concurrence du Maroc et à l'exception du président nommé par Dahir et des deux membres-magistrats, les dix autres membres du Conseil de la concurrence sont « *nommés par décret pour une période de 5 ans, renouvelable une seule fois, sur proposition des autorités gouvernementales concernées* ».

D'une façon générale, les règles qui président à la désignation des membres du Conseil de la concurrence reposent sur un mécanisme de nomination par décret par le pouvoir exécutif, alors que l'hypothèse

---

[154]AUTIN Jean-Louis, « Autorités administratives indépendantes », Op. cit., p. 18.
[155]LOMBARD Martine, « Régulateurs indépendants, mode d'emploi », in LOMBARD Martine, *Régulation économique et démocratie* (ouvrage collectif), Op. cit., p. 203.
[156]GÉLARD Patrice, *Rapport de l'office parlementaire sur les autorités administratives indépendantes*, Op. cit., pp.45-48.

envisageable d'élection s'avèrerait difficile en pratique, et qu'il conviendrait d'y associer les représentants de la nation.

Il aurait également été possible d'envisager l'association du Parlement dans la désignation des membres du Conseil. En effet, cette institution a vu ses compétences renforcées par la loi fondamentale de 2011. Le Parlement bénéficie d'un renforcement substantiel de ses pouvoirs qui se manifeste par un élargissement sensible de ses compétences, une réorganisation et une rationalisation du travail parlementaire[157].

Si nous avançons l'hypothèse que la désignation des membres ne comporte donc pas de garanties organiques d'indépendance, un autre système aurait-il pu être mis en place ?

L'élection reste une alternative très limitée, puisque sa mise en œuvre serait une entreprise complexe à mettre en pratique. Il aurait fallu former des collèges spécifiques et organiser la consultation des milliers de professionnels pour une participation probablement faible si on se réfère au contexte politique marocain marqué par l'absentéisme et l'abstentionnisme.

Par ailleurs, traiter les conditions de désignation ne peut se faire sans évoquer la nomination du président du Conseil de la concurrence. À la différence de l'article L 461-1 du code de commerce français qui dispose que le président de l'autorité de la concurrence est nommé en raison de ses compétences dans les domaines juridique et économique, le texte marocain s'est contenté de disposer que le président est nommé par Dahir sans faire allusion à ses compétences[158]. Alors que dans un contexte marqué par la constitution de 2011 qui a renforcé les compétences du Parlement dans le domaine législatif et du contrôle politique[159] et à la différence de la procédure de nomination du président de l'autorité française, nommé par décret du Président de la République après avis favorable des commissions des affaires économiques du Sénat et de l'Assemblée nationale., le législateur marocain n'a pas souhaité associer le parlement au processus de sa nomination.

Toutefois, il convient de noter que la nomination du président du Conseil de la concurrence[160] ne figure pas dans la loi organique n° 02.12 relative à la

[157]MELLONI David, « La Constitution Marocaine de 2011 : une mutation des ordres politique et juridique Marocains », *Revue Pouvoirs*, n° 145, 2013, pp. 5-17.

[158]EL BAZZIM Rachid, « Le Conseil de la concurrence, un statut renforcé et des compétences élargies », article publié en série dans *l'hebdomadaire finance news hebdo*, 2014.

[159]BENDOUROU Omar, « La nouvelle Constitution Marocaine du 29 juillet 2011 », Op. cit.,pp. 511-535.

[160]Monsieur Abdelali Benamour nommé président du Conseil de la concurrence par le Roi en 2008, est titulaire d'un doctorat d'État ès sciences économiques (Paris - Sorbonne, 1968) et Professeur à l'Université Mohammed V - Rabat et à l'Université Hassan II - Casablanca (de

nomination aux hautes fonctions, même si le Conseil de la concurrence est constitutionnalisé. Cela est dû au fait que le Conseil est considéré comme une institution indépendante ne faisant partie ni des administrations, ni des établissements ou des entreprises publiques. En fait, dans sa décision du 22 août 2013, le Conseil constitutionnel a estimé que les institutions de la bonne gouvernance[161] sont présentées par la constitution comme : « *des institutions et instances indépendantes et non pas comme des administrations ou des établissements ou des entreprises publiques* »[162]. Par conséquent, c'est la loi ordinaire n° 20-13 relative au Conseil de la concurrence qui dispose dans son article 10 que : « *Le président est nommé par Dahir, pour une durée de cinq ans renouvelable une seule fois* ». Ce texte montre une fois de plus, le renforcement des pouvoirs du Roi dans la constitution de 2011 en estimant qu'« *elle lui ajoute les nominations qui ne sont pas prévues par la Constitution, mais simplement par des lois et qui concernent les Conseils consultatifs et « les instances de bonne gouvernance et de régulation* »[163].

1966 à 2001), Monsieur Benamour a, notamment, dirigé l'Institut Supérieur de Commerce et d'Administration des Entreprises - ISCAE, de 1971 à 1976. À la tête de l'Institut des Hautes Études de Management (HEM) qu'il préside depuis 1988, il a été, entre autres, administrateur de Bank Al Maghrib (1994-2003), membre de la Commission spéciale éducation-formation (COSEF, 1999-2005) et président de l'association « Alternatives » (1995 - 2002).
Monsieur Benamour a publié nombre d'ouvrages dont « intermédiation financière et développement économique du Maroc » (1968), « La comptabilité nationale Marocaine » (1971), « Le Maroc interpellé » (1993), « Repenser l'École » (2007).
Il convient de noter que la loi n° 06-99 conférait le pouvoir de nomination du président du Conseil de la concurrence au Premier ministre, mais c'est effectivement le Roi qui a exercé cette prérogative. Le professeur Alami Machichi estimait qu'« en général, ce genre de personnalité est nommé par le Roi même lorsque la mission concernée rentre dans les attributions du gouvernement ». Voir ALAMI MACHICHI Mohamed Drissi, *Droit commercial fondamental au Maroc*, Rabat, Dar al kalam, 2006, p. 282.

[161]Ces organismes sont au nombre de dix et sont regroupés par la constitution en trois grandes catégories : les « instances de protection et de promotion des droits de l'Homme » : le Conseil national des droits de l'Homme, le Médiateur, le Conseil de la communauté Marocaine à l'étranger, et l'autorité chargée de la parité et de la lutte contre toutes formes de discrimination.
Les « instances de bonne gouvernance et de régulation » : la Haute autorité de la communication audiovisuelle, du Conseil de la concurrence, de l'Instance nationale de la probité, de la prévention et de la lutte contre la corruption
Les « Instances de promotion du développement humain et durable et de la démocratie participative » : le Conseil supérieur de l'éducation, de la formation et de la recherche scientifique ; le Conseil consultatif de la famille et de l'enfance et le Conseil consultatif de la jeunesse et de l'action associative.

[162] Décision du Conseil constitutionnel n° 924/13 du 22 août 2013 sur la constitutionnalité du règlement intérieur de la Chambre des représentants, publiée au Bulletin officiel n° 6185 du 9 septembre 2013 (version arabe).

[163]MADANI Mohammed, « Constitutionnalisme sans démocratie : la fabrication et la mise en œuvre de la Constitution marocaine de 2011 », in *La nouvelle Constitution marocaine à*

En réalité, le nouveau dispositif juridique du droit de la concurrence a renforcé les pouvoirs du président du Conseil de la concurrence, comme si nous assistions à un déplacement d'exercice du pouvoir de l'autorité de désignation qui n'en bénéficie plus, au profit du président. En effet, celui-ci est désormais chargé de diriger les services sous son autorité. Son pouvoir hiérarchique s'exprime à l'intérieur du Conseil à l'égard du personnel administratif. Il représente l'institution devant toutes les instances nationales et internationales et signe tous les actes au nom du Conseil. Il a qualité pour agir en demande et en défense et présenter des observations devant toute juridiction toujours au nom du Conseil. Il peut demander à l'administration de procéder à toutes enquêtes qu'il juge utiles pour assurer le bon fonctionnement du marché selon les règles du droit de la concurrence. Il fixe l'ordre du jour des réunions du collège et dispose, généralement, d'une voix prépondérante en cas de départage des voix. Il détermine également le nombre et la composition des sections du Conseil et affecte les membres du Conseil à chacune d'entre elles.

Pour autant, les règles qui président à la désignation des membres du Conseil de la concurrence ne peuvent à elles seules constituer des garanties d'indépendance, sans la mise en place d'un ensemble d'incompatibilités qui prémunissent le système contre une capture directe par le politique ou le secteur régulé[164].

B. Le régime des incompatibilités

L'originalité du Conseil de la concurrence réside dans sa composition mixte. Les membres peuvent être influencés par les milieux politiques et économiques. Cette situation posant le risque de conflits d'intérêts constitue une préoccupation majeure du législateur. Ainsi, s'imposent des mesures pour incompatibilités qui préconiseraient l'impossibilité légale de cumuler, le mandat de membre du Conseil de la concurrence avec certaines fonctions et situations. (1) Ces techniques d'interdiction seront consolidées par d'autres mesures (2).

1. Les incompatibilités et le risque de capture

L'existence d'un régime des incompatibilités constitue une mesure qui concourt, en principe, à l'indépendance organique des institutions de la régulation. À cet égard : « *Plusieurs incompatibilités de la qualité de membres*

---

l'épreuve de la pratique, Actes du colloque organisé les 18 et 19 avril 2013, La Fondation Friedrich Ebert, Casablanca, Edition La Croisée des Chemins, 2014, pp.33-99.

164DELZANGLES Hubert, « L'indépendance des autorités de régulation économique et financière en Espagne : l'intérêt de la clarification du droit public », *Revue française d'administration publique*, n° 143,2012, pp. 707-721.

d'une autorité avec l'exercice de nombreuses fonctions et professions sont prévues, ce qui contribue à assurer l'indépendance des membres des organes de régulation »[165]. La finalité visée est donc d'interrompre toute relation de dépendance et de répondre à un risque probable de capture par des groupes d'intérêt.

En effet, une disposition fondamentale figure dans la loi n° 20-13 afin de bannir les membres du Conseil de la concurrence de certaines fonctions, dans le but de les protéger de toute forme d'influence ou de contrainte. Pourtant, le système des incompatibilités n'est pas identique pour toutes les autorités administratives indépendantes. Soit on applique ce régime à tous les membres y compris le président, soit à une partie seulement, soit les deux comme c'est le cas du Conseil de la concurrence.

Dans le même cadre, Michel Gentot formule que cette question représente un vrai problème : « *Quels que soient le mode de désignation et la représentativité de ceux qui sont nommés ou élus à ces collèges, ils doivent être totalement indépendants à l'égard de l'autorité de nomination du pouvoir politique, cela va sans dire, mais aussi des intérêts économiques, ce qui pose un problème redoutable qui est celui des incompatibilités* »[166]. Autrement dit : « *Comment concilier la présence de professionnels, très souhaitable et très souhaitée, et l'indépendance à l'égard des marchés* ? »[167]. En effet, le deuxième alinéa de l'article 11 de la loi n° 20-13 relative au Conseil de la concurrence prévoit que : « *Le président et les vice-présidents autres que magistrats doivent, pendant la durée d'exercice de leurs fonctions, suspendre toute activité professionnelle commerciale dans le secteur privé. Ils doivent également suspendre leur participation dans les organes de direction, de gestion et d'administration des entreprises privées ou publiques poursuivant un but lucratif* ». Il s'agit bien d'une interdiction enjointe aux membres du régulateur de la concurrence de cumuler certaines activités avec leur mandat, puisque « *les règles d'incompatibilité sont certainement de nature à favoriser l'indépendance des autorités, en évitant l'influence d'intérêts divers dans une action qui doit répondre aux exigences de neutralité et d'objectivité* »[168] . Il semble donc que le législateur emploie une expression contenant des incompatibilités précises, déterminées et non de caractère général, spécifiques

---

165 CARANTA Roberto, « Les conditions et modalités juridiques de l'indépendance du régulateur », in Marie-Anne Frison-Roche, *Droit et économie de la régulation*. 1, Paris, Presses de Sciences Po « Hors collection », 2004, pp. 72-77.
166 GENTOT Michel, « Marchés et autorités administratives indépendantes », *Petites affiches*, 2001, n° 185, p. 10.
167 *Ibidem.*
168 GUEDON Marie-José, *Autorités administratives indépendantes*, Paris, LGDJ, « Systèmes », 1998, p.76.

au champ de compétence du Conseil de la concurrence et à sa nature de régulateur économique. La finalité est de préserver la variété dont témoigne actuellement la composition du Conseil où s'y retrouvent : magistrats, compétences en économie, professionnels et juristes.

En outre, l'article 12 de la loi n° 20-13 considère que : « *l'exercice d'une activité ou l'acceptation d'une fonction incompatible avec la qualité de membre du Conseil* » implique sa démission d'office. Constatons alors que tous les membres du Conseil sont exposés au régime d'incompatibilité. De ce fait, la formule de « *fonction incompatible avec la qualité de membre du Conseil* » renvoie au premier plan à l'incompatibilité avec tout emploi public. Il semble donc délicat de garantir à la fois des devoirs et obligations liés à la qualité de membre du Conseil de la concurrence et la fonction ministérielle, dans un temps où il est difficile que cette personne puisse être en même temps membre et ministre, puisque d'après l'article 89 de la Constitution : « *Sous l'autorité du Chef du Gouvernement, le gouvernement met en œuvre son programme gouvernemental, assure l'exécution des lois, dispose de l'administration et supervise l'action des entreprises et établissements publics* ». Cette disposition affirme que : « *la logique même de l'indépendance des Autorités administratives indépendantes à l'égard du pouvoir politique conduit à introduire une incompatibilité entre la fonction de membre de ces institutions et des fonctions gouvernementales et parlementaires* »[169]. Il ne fait aucun doute que l'établissement d'un pareil régime vise à ce que les membres du Conseil de la concurrence doivent choisir entre leurs premières fonctions ou leurs fonctions ultérieures susceptibles d'avoir un impact sur l'action impartiale de l'organisme de régulation.

En fait, la formule de « *l'exercice d'une activité ou l'acceptation d'une fonction incompatible avec la qualité de membre du Conseil* » a été l'objet de vifs débats lors de la discussion du projet de loi n° 201-13 relative au Conseil de la concurrence. Les groupes parlementaires de l'opposition ont estimé que cette expression reste vague et ne détermine pas les cas d'incompatibilité. En effet, ils ont proposé plusieurs situations qui peuvent en faire l'objet : membre du gouvernement, de la chambre des Représentants, de la chambre des Conseillers, de la Cour constitutionnelle, du Conseil économique social et environnemental, la présidence du Conseil de la région, plus qu'une présidence d'une chambre professionnelle ou d'un Conseil de la commune, l'exercice de hautes fonctions dans les établissements et entreprises publics… Cette proposition d'amendement a été refusée. En effet, elle contient des dispositions qui font partie du domaine de la loi organique, en ce qui concerne les membres du gouvernement, de la chambre des représentants, de la chambre

---

[169] *Ibidem.*

des Conseillers, de la cour constitutionnelle et du Conseil économique et social et environnemental, alors que le renvoi à une loi organique dans une loi ordinaire doit se comprendre comme une action qui le complète indirectement, ce qui est inacceptable du point de vue constitutionnel[170].

Dans une approche comparative, l'alinéa 1 de l'article 5 de la loi organique n° 066-13 relative à la Cour constitutionnelle prévoit que : « Les fonctions de membres de la Cour constitutionnelle sont incompatibles avec celles de membres du gouvernement, de la Chambre des Représentants, de la Chambre des Conseillers, du Conseil supérieur du pouvoir judiciaire, du Conseil économique, social et environnemental ou de toute instance et institution prévues au titre XII de la Constitution ». Ce texte révèle l'inspiration des rédacteurs de la loi n° 20-13 des dispositions relatives à la cour constitutionnelle, lors de l'édiction des règles qui ont établi le mécanisme des incompatibilités.

1. La consolidation du régime des incompatibilités

Pourtant, le législateur a consolidé ce régime d'incompatibilités par des mesures de protection afin que l'impartialité soit consolidée. Ainsi, au terme de l'alinéa 4 de l'article 11 de la loi relative au Conseil de la concurrence énonce que « *tout membre du Conseil doit informer le président des intérêts qu'il détient ou vient à acquérir et des fonctions qu'il exerce dans une activité économique* ». Par analogie, la loi n° 43-12 relative à l'Autorité marocaine du marché des capitaux prévoit à propos des administrateurs désignés intuitu personae que : « *Ces personnalités ne peuvent, au moment de leur nomination et pendant toute la durée de leur mandat, ni relever de l'administration publique ou d'un établissement public ni occuper des postes de responsabilité au sein des personnes et organismes soumis au contrôle de l'AMMC* »[171].

Par ailleurs, l'alinéa 4 de l'article 11 de la loi relative au Conseil de la concurrence instaure un mécanisme général d'incompatibilité. Il s'agit d'une disposition conjointement simple, efficace et fondamentale.

Simple, car elle ne dicte aucun assujettissement abusif aux membres du Conseil qui demeurent engagés dans la vie économique et ne sont obligés que d'en informer le président.

---

170 Chambre des Représentants, *Rapport de la commission des finances et du développement économique sur le projet de loi n° 20-13 sur le Conseil de la concurrence*, 2013, p. 88.
171 Voir l'article 15 de la loi n° 43-12 relative à l'Autorité marocaine du marché des capitaux. Publiée au Bulletin officiel n° 6144 du 7 joumada II 1434 (18-4-2013).

Efficace puisqu'elle garantit la protection des parties qui pourraient être lésées, et s'en prévaloir en cours d'une séance du Conseil pour obtenir la récusation d'un Conseiller concerné[172].

En réalité, « *interdire est une mesure efficace, mais peut générer un fort sentiment de défiance parfois injustifié. Le régime de l'interdiction a également pour inconvénient de manquer de souplesse et de porter atteinte aux libertés, qu'elles soient de nature politique ou économique* [173]». Ainsi, au lieu d'accroître les actes de bannissement en soi, il est préférable de privilégier un système de transparence issue de l'information. La transparence souhaitée serait mieux assurée par la technique de la déclaration d'intérêts. Elle est fondamentale, car elle sanctionne de démission d'office tout membre dont le comportement serait de nature déloyale.

À titre comparatif, l'article 2 du règlement intérieur de l'Autorité de la concurrence française prévoit que : « *lors de son entrée en fonctions, tout membre communique au président de l'Autorité, s'il y a lieu, la liste des intérêts qu'il détient, directement ou par personne interposée, et des fonctions qu'il exerce dans une activité économique à cette date, conformément au troisième alinéa de l'article L.461-2 du code de commerce, ainsi que la liste des fonctions qu'il a exercées, des mandats dont il a été titulaire au sein d'une personne morale et des intérêts qu'il a détenus au cours des cinq années précédant cette date. Lorsqu'il vient à exercer ultérieurement une nouvelle fonction dans une activité économique ou un nouveau mandat au sein d'une personne morale, il en informe sans délai le président de l'Autorité. Il lui transmet également, au plus tard le 1er février de chaque année, la liste mise à jour des intérêts qu'il détient, directement ou par personne interposée, telle qu'arrêtée au 1er janvier de l'anné*e ».

Toutefois, à ce régime applicable à l'ensemble des membres du Conseil de la concurrence se superpose un autre concernant le président et les vice-présidents exerçant leurs fonctions à plein temps, les règles d'incompatibilité de la fonction publique, par la suspension de toute activité professionnelle ou commerciale dans le secteur privé, et la suspension de leur participation dans les organes de direction, de gestion et d'administration des entreprises privées ou publiques poursuivant un but lucratif. L'obéissance des membres du plein-temps à des incompatibilités relatives à l'exercice de certaines activités d'emploi public et professionnel extérieur s'appuie sur une double explication. Il s'agit en même temps de garantir leur pleine disposition au

---

[172]DANET Didier, *La nature juridictionnelle du Conseil de la concurrence*, Thèse en Sciences de gestion, (dactylographiée), Université Rennes I, 1990, p. 567.
[173]MEKKI Mustapha, « La lutte contre les conflits d'intérêts : essor de la transparence ou règne de la méfiance ? », *Revue Pouvoirs*, n° 147, 2013, pp. 17-32.

service des fonctions du Conseil, et d'empêcher toute dépendance extérieure qui tenterait de tenir en échec leur indépendance de conscience et de nuire à leur liberté de décision. Les incompatibilités montrent ainsi l'obligation d'indifférence qui écarte tout membre d'avoir des intérêts qui peuvent aller à l'encontre du bon fonctionnement d'une autorité administrative indépendante et d'entrer en conflit avec l'institution elle-même. Cette obligation de désintéressement constitue sûrement une garantie d'indépendance puisque les intérêts mis en jeu sont susceptibles de nuire à l'impartialité de l'institution et par conséquent à son indépendance. Cependant, le pluralisme qui préside à la composition de nombreuses autorités administratives indépendantes peut conduire à limiter les incompatibilités[174].

Précisons que pour les activités professionnelles des membres, la loi n° 20-13 relative au Conseil de la concurrence n'instaure qu'une obligation d'information. Elle ne va pas jusqu'à leur interdiction intégrale, mais seulement lors de la délibération puisque la présence probable des membres concernés peut être de nature à troubler l'indépendance de l'institution.

Enfin, et c'est là que se perçoit la séparation la plus claire des autorités indépendantes de régulation avec la lignée classique du pouvoir hiérarchique sur les organes publics. Dès leur nomination, les membres « des autorités indépendantes de régulation » s'affranchissent, pour une large part, de l'autorité hiérarchique. Ils profitent de multiples gages statutaires consolant l'absence de subordination à cette autorité.

Section II. Une indépendance liée au mandat et au régime des membres

Les conditions dans lesquelles les membres du Conseil de la concurrence remplissent le mandat qui leur a été confié sont déterminantes pour évaluer le degré d'indépendance de l'autorité de régulation de la concurrence.

Le législateur et la doctrine ont affirmé les gages d'indépendance des membres des autorités de régulation de la concurrence à travers les caractères de leur mandat. Il résulte de cette masse juridique plusieurs caractères essentiels en faveur de l'indépendance organique de ces institutions, dont: la durée du mandat, et ensuite le renouvellement ou le non-renouvellement de celui-ci.

La durée du mandat s'avère d'une importance majeure dans la mesure où les membres du régulateur ne pourront mériter le respect que dans la condition d'accomplissement de leur mission sur une période plus au moins longue.

[174]GUEDON Marie- José, *Autorités administratives indépendantes*, Op.cit., p.76.

Comment en effet, une autorité de régulation peut-elle se prévaloir d'une indépendance réelle, si la durée du mandat de ses membres est éphémère ? Dans ce cadre, un auteur affirme que « *le temps est nécessaire pour roder les mécanismes, asseoir l'autorité des hommes, forger doctrines ou jurisprudences. Tout spécialement, l'indépendance organique s'acquiert dans l'accomplissement quotidien de la mission dont il est investi*[175] ».

Par ailleurs, le sentiment de sécurité et de sérénité est inséparable de l'esprit d'indépendance. Un membre de l'institution de régulation ne peut accomplir librement ses fonctions que s'il est assuré de la stabilité, sinon de la durabilité de sa situation. La non-révocabilité des mandats constitue alors une garantie solide en faveur de l'indépendance des membres du Conseil de la concurrence. Ces derniers n'auront rien à craindre dans l'exercice de leur fonction. Ces conditions organiques d'indépendance seront étudiées dans les deux paragraphes qui suivront, les conditions relatives au mandat (§ 1), et les risques menaçant l'indépendance du Conseil de la concurrence (§ 2).

§ 1. Les conditions relatives au mandat

Il convient de relever que toutes les autorités de régulation économique dont le Conseil de la concurrence fait partie sont des régulateurs des domaines « *sensibles* » en perpétuelle évolution. Dans cette situation, il faut du temps pour que les membres puissent s'adapter à cet environnement changeant et aux techniques employées par le régulateur : avis, sanctions, communiqués, études... Ce qui rend la question du mandat assez pertinente pour apprécier l'indépendance organique (A). En effet, le renouvellement du mandat des membres de cette même institution est à même de garantir son indépendance dans l'exercice de ses fonctions (B).

A. Les caractères du mandat, gages d'indépendance

Les membres du Conseil de la concurrence sont nommés, pour une durée de cinq ans. Cette stabilité dans le temps constitue un facteur essentiel de réussite pour l'action de l'autorité de la concurrence. Elle est la même que celle d'un gouvernement au Maroc, que la Chambre des représentants élus au suffrage universel direct pour cinq ans et inférieure à celle de la Chambre des Conseillers, élue au suffrage indirect pour six ans.

Cette situation nous incite à nous interroger : qu'en serait-il si cette durée devait être supérieure à celle du gouvernement, pour renfoncer l'autonomie du Conseil à l'égard des pouvoirs publics ?

---

[175]ODERZO Jean-Claude, *Les autorités administratives indépendantes et la Constitution*, Thèse de doctorat en Droit, Université Aix-Marseille 3, 2000, p. 337.

Il est incontestable que la durée du mandat représente un élément de protection de l'indépendance des membres des autorités indépendantes de régulation envers le pouvoir exécutif.

Dans un autre registre comparatif, nous pouvons mentionner que la cour constitutionnelle, composée de douze membres, nommés pour une durée de 9 ans non renouvelable[176] dont le constituant a choisi un mandat non renouvelable sans opter pour un mandat à vie. À cet égard, citons le constitutionnaliste Dominique Rousseau qui concernant les mandats affirme que : « *Le mandat court, risque en effet de mettre les juges directement sous la dépendance de l'évolution du jeu électoral et d'aboutir à une composition des cours semblable à celle des organes titulaires du pouvoir de nomination ; les changements fréquents des juges sont également de nature à freiner la construction et la gestion de jurisprudences et, en conséquence, à nuire à l'autorité des cours. À l'inverse, un mandat trop long, et plus encore à vie, peut conduire les cours à se couper des évolutions de la société* »[177].

Cependant, la nomination sur un mandat long et non renouvelable n'existe pas auprès des autorités de la concurrence. La durée est déterminée et le temps représente l'un des constituants importants de la tranquillité des membres et de l'indépendance organique de l'institution. En effet, sans un minimum de temps déterminé, il est redoutable à l'indépendance de se montrer, de se confirmer et de se renforcer.

La durée plus au moins longue du mandat peut offrir à l'organisme de régulation le temps nécessaire à cette affirmation. La délimitation exacte d'une durée idéale est bien difficile à établir, parce que la courte durée exclut toute stabilité. Le long mandat est évidemment propice à l'indépendance, mais au niveau technique, il risque d'écarter beaucoup de jeunes candidats et de favoriser l'arrivée de candidats plus ou moins âgés.

De quelle manière alors une autorité de la concurrence peut-elle avoir le mérite d'une indépendance incontestable, si la durée du mandat de ses membres est limitée à moins de trois ans ou quatre ans ?

Au-delà d'un mandat supérieur à une courte durée, les autorités de la concurrence peuvent exercer plus facilement leur action et espérer plus d'efficacité.

---

[176]La loi organique n° 066-13 relative à la Cour constitutionnelle publiée au Bulletin officiel n° 6288 du 04-09-2014.

[177]ROUSSEAU Dominique, *La justice constitutionnelle en Europe*, Paris, Montchrestien, 1993, p. 60.

Il arrive que des membres de l'autorité de la régulation ne puissent savoir lors, de l'exercice pratique de leurs fonctions, exploiter avec maîtrise les mécanismes de l'organe régulateur du fait de la brièveté de leur passage au sein de l'institution.

Si on examine l'activité annuelle du Conseil de la concurrence, il s'avère qu'il a rendu des actes entrant en relation avec l'opinion publique. Il s'agit bien d'une activité en permanente évolution qui requiert du temps, pour que les Conseillers puissent s'adapter à l'environnement et aux techniques utilisées.

D'un autre côté, une durée assez longue du mandat peut représenter un handicap pour la continuation de la carrière des membres du régulateur, car elle risque de transformer l'exercice du mandat à une situation trop sereine. C'est la raison pour laquelle, la durée du mandat des membres de l'autorité marocaine des marchés de capitaux par exemple a été fixée à quatre ans. Un mandat de longue durée peut avoir des inconvénients pour des personnalités en cours de carrière et à l'opposé ne pas préoccuper de celles qui, en fin de carrière, se trouvent libérées de toute aspiration, et donc plus portées à l'indépendance[178].

Dans ce cadre, la durée du mandat est pertinente « si elle n'est sans doute pas un élément déterminant, mais elle n'est pas sans effet »[179]. Au cas où elle devient abusive, la représentativité des régulateurs en subit les conséquences. Au contraire, si elle est trop réduite, elle ne laissera pas gérer d'une bonne façon les chantiers les plus délicats, et elle relevait la dépendance du membre à l'égard de l'organe de nomination tout en affaiblissant l'institution. Un mandat très court peut également présenter des caractères négatifs pour la pérennité de l'action du régulateur économique et des risques de politisation dans les nominations.

De toute manière, la durée de mandat des membres du Conseil de la concurrence semble être adéquate pour son action. Elle dépasse d'un an celle de l'Autorité marocaine du marché des capitaux[180] de quatre ans, et elle est équivalente au mandat des membres nommés de l'Agence Nationale de

---

[178]GUEDON Marie-José, *Autorités administratives indépendantes*, Op.cit., p. 73.

[179]GUEDON Marie-José, « L'hétérogénéité des données organiques », in DECOOPMAN Nicole (dir.), *Le désordre des autorités administratives indépendantes. L'exemple du secteur économique et financier,* Paris, PUF, 2002, p. 69.

[180]La loi n° 43-12 relative à l'Autorité Marocaine du marché des capitaux publiés au Bulletin officiel n° 6144 du 18 Avril 2013.

Réglementation des Télécommunications[181]. Ainsi, elle offre le temps approprié pour s'établir, exécuter les actions, et obtenir des résultats.

Par comparaison, le mandat du collège des dix-sept membres de l'autorité de la concurrence française est de cinq ans. Il s'inscrit dans l'ensemble des autorités de régulation de la concurrence à l'Union européenne dont le mandat varie de cinq à sept ans, à l'exemple de l'autorité de concurrence espagnole, dont les membres ont un mandat de six ans.

Toutefois, c'est dans le caractère non renouvelable ou renouvelable du mandat que l'on trouve l'une des garanties les plus essentielles en faveur de l'indépendance des membres du Conseil de la concurrence.

B. Le renouvellement du mandat des membres

Il est avéré pour un ensemble d'auteurs que sur le plan organique *« l'indépendance est assurée par la composition des régulateurs (incompatibilité, modalité de désignation des membres) et les modalités d'exercice du mandat de leurs membres (durée, inamovibilité, non-renouvellement) »*[182]. Toutefois selon d'autres, le caractère renouvelable du mandat ne remet pas en cause l'indépendance organique des autorités de régulation.

À cet égard, le deuxième élément de cette indépendance relatif au mandat des membres du Conseil de la concurrence concerne son renouvellement d'une durée de cinq ans pour une seule fois. L'enjeu de la conjugaison entre la durée des mandats et le rythme de leur renouvellement est d'éviter une situation où un même parti politique au pouvoir peut nommer l'ensemble collège d'une autorité[183].

D'après l'article 10 de la loi n° 20-13 relative au Conseil de la concurrence : « *Le président est nommé par dahir, pour une durée de cinq ans renouvelable une seule fois. Les autres membres du Conseil sont nommés, pour une durée de cinq ans renouvelable une seule fois* ».

Relevons donc que le mandat des membres du Conseil de la concurrence est renouvelable selon le législateur. A contrario, l'autre alternative réside dans le non-renouvellement comme outil pour garantir l'indépendance organique de l'autorité de la concurrence. Ainsi, les membres qui aspireraient

---

[181]La loi n° 43-12 relative à l'agence Nationale de Réglementation des Télécommunications publiée au Bulletin officiel n° 4518 du 18 septembre 1997.

[182]QUILICHINI Paule, « Réguler n'est pas juger, Réflexions sur la nature du pouvoir de sanction des autorités de régulation économique », *AJDA*, 2004, p. 1060.

[183]DELZANGLES Hubert, « L'indépendance des autorités de régulation économique et financière en Espagne : l'intérêt de la clarification du droit public », Op. cit., pp. 707-721.

à être reconduits dans leurs fonctions pourraient accorder une réflexion plus attentive aux obstacles qui pèsent sur la politique économique du gouvernement et adapter leur action dans le domaine particulier des règles concurrentielles[184], de telle manière que la force de lutte contre les pratiques anticoncurrentielles faussant le jeu du marché pourrait subir des considérations en lien avec la conjoncture économique, l'emploi et les échanges commerciaux avec le reste du monde. Un tel raisonnement relatif au mandat unique vise une garantie additionnelle d'indépendance à l'égard des pouvoirs en place.

Une partie de la doctrine française a défendu cette thèse du non-renouvellement du mandat en avançant que « *leur mandat n'est pas renouvelable, ce qui leur confie une certaine indépendance* »[185] en présentant comme arguments que « *lorsque leurs membres bénéficient d'un mandat long, préfixé, irrévocable, non renouvelable, sans devoir rendre compte de leur action devant aucune instance politique, c'est à un véritable paradis technocratique qu'est conviée une très ancienne culture administrative qui ne demande qu'à s'épanouir sur ces nouvelles bases* »[186]. Cependant, cette argumentation n'attire pas le ralliement, selon le Conseil d'État français. Le caractère non renouvelable du mandat n'est pas un critère absolu[187], puisque le renouvellement du mandat doit s'inscrire dans le cadre général des nominations des membres du collège, de sorte que la nomination en tant que membre du Conseil de la concurrence ne représente pas une manière de faire carrière dans la haute fonction publique, mais la reconnaissance et l'acception des expériences et compétences acquises.

Dans cette perspective le renouvellement éventuel des membres du Conseil de la concurrence choisis parmi les hauts magistrats, les experts ou les professionnels qualifiés ne constitue pas un véritable risque de capture, mais du moins une assurance de bon fonctionnement de l'institution. En effet, la loi n'a pas conçu d'écart dans la durée des mandats. Le Conseil devra être

---

[184]DANET Didier, *La nature juridictionnelle du Conseil de la concurrence,* Op. cit., p. 568.
[185]LAGET-ANNAMAYER Aurore, *La régulation des services publics en réseaux : télécommunications et électricité*, Paris, LGDJ, 2002, p. 25.
[186]LOMBARD Martine, « Chronique des Institutions de régulation économique et démocratie politique », *AJDA*, 2005, p. 530.
[187]Conseil d'Etat, *Rapport annuel du Conseil d'Etat, Les autorités administratives indépendantes*, EDCE, n° 52, 2001, p. 292.

renouvelé entièrement en une fois, afin d'éviter tout risque de rupture d'activité.

Le maintien des membres par le renouvellement apparaît donc favoriser la continuité et la cohérence du travail juridique du collège, tout en comportant le risque du non-respect du délai imparti lorsqu'il dépasse dix ans (deux mandats).

Il s'avère alors que le but du législateur, de fixer le renouvellement pour un mandat de cinq ans une seule fois, n'est pas un moyen de maintenir des membres qui répondent à une orientation économique gouvernementale, mais plutôt de chercher un instrument de la continuité dans l'action du Conseil. D'autre part, le fait du renouvellement continu des membres de l'institution favorise l'émergence et l'existence de différents courants, orientations et opinions qui peuvent alors, en principe, être mieux représentés au sein de l'autorité de la concurrence.

La question n'est pas évidemment spécifique au Conseil de la concurrence, mais aussi à l'autorité marocaine du marché de capitaux dont les administrateurs désignés intuitu personae sont nommés pour un mandat de quatre ans renouvelable une seule fois et les membres du collège des sanctions aussi.

§ 2. Les risques menaçant l'indépendance du Conseil de la concurrence

Il convient de se demander, comment la démission d'office et la présence du commissaire de gouvernement auprès du Conseil de la concurrence sont de nature à menacer l'indépendance de cette institution ?

Le membre de l'autorité de la concurrence ne peut remplir en toute liberté sa mission que s'il est assuré de la constance, sinon de la continuité de sa situation. Dans un cadre juridique d'indépendance, l'inamovibilité est un gage nécessaire destiné à éloigner d'une façon permanente l'hypothèse d'une mutation. L'irrévocabilité des mandats représente donc une assurance garantissant l'indépendance des Conseillers, vu que ces derniers sont mis en sûreté lors de l'exercice de leur fonction et qu'ils n'ont « *rien à craindre, ni rien à attendre dans leur carrière, ils n'en seront que plus indépendants* [188] ».

---

[188] GENTOT Michel, *Les autorités administratives indépendantes*, Op.cit., p. 60.

Ainsi, l'inamovibilité doit être appréhendée avant tout comme une garantie contre l'arbitraire gouvernemental[189].

Après avoir discuté des points relatifs au mandat et de son renouvellement, il nous a semblé pertinent de nous focaliser sur des éléments susceptibles de constituer un risque pour l'indépendance organique du Conseil de la concurrence : l'inamovibilité des membres limitée par la démission d'office (A), et la présence du commissaire du gouvernement (B).

A. L'inamovibilité des membres du Conseil de la concurrence

Pour le cas du Conseil de la concurrence, cette inamovibilité semble acquise (1), étant donné que la démission d'office est énumérée par une liste limitative de cas. Les conditions de sa mise en œuvre sont bien définies par la loi n° 20-13 relative au Conseil de la concurrence, avec la possibilité de recourir au juge administratif (2).

1. L'inamovibilité des membres, un acquis

Durant l'exercice de leur mandat, le principe est que les Conseillers ne peuvent faire l'objet d'une révocation arbitraire. Il s'agit bien d'une condition importante de l'indépendance organique des autorités administratives indépendantes. Tant la discipline que la désinvestiture de leurs membres échappent en principe aux pouvoirs hiérarchiques habituels[190].

En réalité, ces mesures s'apparentent à des sanctions vis-à-vis d'un membre conseiller qui ne remplirait pas ses fonctions avec diligence et loyauté. Ainsi, Roland Drago affirme que « *la nomination des membres du Conseil par le gouvernement n'est pas un signe dès lors que le gouvernement ne peut mettre fin aux fonctions* »[191], et la mesure prise ne peut intervenir en dehors des cas précisés et sans observation des formes et conditions prévues par la loi.

L'absence de la révocation est conçue au sens de la notion d'« *inamovibilité* » prévue à l'égard des magistrats du siège, expressément

---

189 PLUEN Olivier, *L'inamovibilité des magistrats : un modèle ?*, Thèse de doctorat en Droit, Université Panthéon-Assas, 2011, p. 22.

190 Pour étudier les fondements du pouvoir hiérarchique. Voir DI MALTA Pierre, *Essai sur la notion de pouvoir hiérarchique*, Op. cit., p. 109.

191 Dans ce cadre, voir DRAGO Roland, « Le Conseil de la concurrence », *La Semaine juridique*, 14 octobre 1987, n°42 ; DOUVRELEUR Jean et DOUVRELEUR Olivier, « Le principe d'indépendance de l'autorité judiciaire aux autorités administratives indépendantes », in ROBERT Jacques et DUFFAR Jean, *Droits de l'homme et libertés fondamentales*, Op. cit., p. 336.

consacrée par l'article 108 de la constitution marocaine : « *Les magistrats du siège sont inamovibles* ». En plus, le législateur et dans le but de la protection des magistrats du siège d'une affectation imprévue et illégale a prévu dans l'article 55 de la loi formant statut de la magistrature que : « *Les magistrats du siège peuvent, dans leurs spécialisations respectives, recevoir une nouvelle affectation, soit sur leur demande, soit à la suite d'un avancement, soit en cas de suppression ou de création de juridictions, soit pour remédier à une insuffisance d'effectif qui affecte gravement le fonctionnement d'une juridiction*[192] ».

Certainement, si le travail effectué par les membres du Conseil de la concurrence leur dicte des compétences techniques, juridiques et économiques approfondies. Ils ne sont pas contraints d'être soumis à une autorité quelconque autre que celle de la loi qu'ils sont chargés d'appliquer.

C'est logique puisque l'inamovibilité se fonde en défense du dévouement des membres dans la pratique de leur mandat. Il est, aussitôt, inévitable que le privilège de nomination appartenant à différentes autorités soit bien conditionné de façon à établir une distinction entre celui qui désigne d'une part et le désigné d'autre part. Son absence démontrerait donc un préjudice à l'indépendance organique de l'institution.

Et puisqu'on envisage le principe de l'inamovibilité des membres comme un gage de force de l'indépendance organique du régulateur, il est donc primordial qu'il apparaisse dans la loi qui crée l'autorité administrative indépendante concernée. Cependant, cette inscription textuelle peut ne pas être expresse, mais déduite. De ce fait, les textes de loi assurent l'inamovibilité pour que l'indépendance soit acquise.

En effet, le Conseil d'État français fortifie la garantie d'irrévocabilité dans son rapport de 2001 : « *C'est à la vérité le statut personnel des membres du collège qui est la clé de voûte de l'indépendance de l'autorité. Une règle minimale s'impose sans exception : l'irrévocabilité du mandat*[193] ». Il applique la règle juridique, qui dispose que le mandat des membres des autorités administratives indépendantes est irrévocable même en cas d'absence de texte. Ce qui est ainsi la solution de l'arrêt *ordonneau*, rendu en Assemblée, le 7 juillet 1989[194]. En l'espèce, le président de la Commission de la concurrence française de l'époque, reconnue comme une autorité

[192]Voir à ce propos OUTALEB Abdelkrim, *L'organisation judiciaire Marocaine*, Op. cit., p.175 (En arabe). Il convient de dire que la nouvelle loi organique n° 106.13 relative au statut des magistrats, publiée au bulletin officiel du 14 avril 2016, insiste également sur ce principe.
[193]Conseil d'Etat, *Rapport public sur les autorités administratives indépendantes*, 2001, p. 291.
[194]Conseil d'Etat assemblée, 7 juillet 1989, Ordonneau, *Recueil Lebon*, p. 161.

administrative indépendante, était en situation de détachement, car il avait atteint la limite d'âge dans son corps d'origine. Le gouvernement avait pris la décision de mettre fin précocement à ses fonctions. Le Conseil d'État a considéré que cette éviction prématurée était illégale puisque « *le législateur a entendu garantir l'indépendance et l'autorité du président de la commission en donnant à ses fonctions une durée fixe et permettre ainsi de déroger, le cas échéant, aux règles statutaires (....) concernant les mises à la retraite par ancienneté.* »

Toutefois, au Maroc, en 2012, le Roi a mis fin aux fonctions du président de la Haute Autorité de la Communication audiovisuelle suite à un débat sur les cahiers de charges des chaînes de télévision publiques « Al Aoula » et « 2 M », validés par le ministre de la Communication du gouvernement mené par le Parti Justice et Développement. Cet acte nous interpelle quant à l'indépendance des membres de la HACA et leur irrévocabilité, ainsi qu'aux pouvoirs élargis du Roi en matière des institutions indépendantes de la gouvernance et de la régulation[195].

Pourtant, en examinant la loi n° 20-13 relative au Conseil de la concurrence, le législateur n'a pas mentionné expressément l'inamovibilité des membres du Conseil , ni indiqué que les membres du Conseil ne sont pas révocables. Mais il a juste énuméré les cas où les fonctions de membres du Conseil peuvent prendre fin. Il convient de noter que les règles de fin du mandat des membres se sont inspirées de celles concernant les membres de la Cour constitutionnelle[196].

---

[195]Il faut rappeler que le Dahir qui crée la HACA explicite la tutelle royale sur cette institution de la manière suivante :« considérant que la mise en œuvre des principes précédents nécessite la création d'une institution particulière, placée sous notre protection tutélaire » et que l'article premier de ce dahir nous apprend qu'« il est créé, auprès de Notre Majesté, une Haute Autorité de la Communication Audiovisuelle ». Voir FOSSAS Mariona Codinach, *La Haute Autorité de la Communication Audiovisuelle au Maroc : Une étude de cas sur la réforme audiovisuelle dans un contexte de rénovation autoritaire,* Sarrebruck, Éditions universitaires européennes, 2011, p. 36.

[196]Chambre des Représentants, *Rapport de la commission des finances et du développement économique sur le projet de loi n° 20-13 sur le Conseil de la concurrence*, Op. cit., p. 39. Il est à remarquer que l'article 12 de la loi organique n° 066-13 relative à la Cour constitutionnelle, publiée Bulletin officiel n° 6288 du 04-09-2014 dispose que les fonctions de membre de la Cour constitutionnelle prennent fin dans les cas suivants :

1) L'expiration de leur durée ;
2) Le décès ;
3) La démission qui doit être présentée au président de la Cour constitutionnelle et ne prend effet qu'à compter de la nomination ou élection du remplaçant du membre démissionnaire, sous réserve du cas prévu à l'article 11 ;
4) la démission d'office qui doit être constatée par la Cour constitutionnelle, saisie par son président, le président de la Chambre des représentants, le

2. Les limites de l'inamovibilité

En fait, la révocabilité des Conseillers peut résulter soit de l'empêchement, soit de la démission d'office.

L'empêchement provient d'une circonstance de fait, comme le décès. Cette éventualité met, en conséquence, le membre dans l'impossibilité de remplir ses fonctions. Il est donc tout à fait légitime de révoquer la personne dans une telle situation afin de garder la continuité comme la collégialité de l'institution.

En revanche, la démission d'office reflète un caractère uniquement disciplinaire. Elle sanctionne par conséquent le manque par le membre intéressé aux devoirs qui lui reviennent. C'est le cas, principalement, de l'absentéisme, et du manque de loyauté qui empêchent le fonctionnement du Conseil en portant préjudice à la collégialité de ses délibérations.

La possibilité pour le Conseil saisi par son président ou son vice-président d'interrompre le mandant d'un des membres en cours d'exécution exprime les pouvoirs conférés au président malgré la formation collégiale de l'institution.

En effet, ce n'est pas, en règle générale, l'autorité de nomination qui dispose de la faculté de sanctionner les éventuels manquements aux diverses obligations professionnelles, mais l'autorité administrative elle-même, qu'il s'agisse du président ou du collège[197]. L'article 12 de la loi n° 20-13 relative au Conseil de la concurrence prévoit une discontinuité du mandat des membres. Dans les cinq hypothèses suivantes, la démission doit être constatée par le Conseil, saisi par son président ou, le cas échéant par un vice-président : *« exercice d'une activité ou acceptation d'une fonction incompatible avec la qualité de membre du Conseil ; perte de la jouissance des droits civils et politiques ; survenance d'une incapacité physique ou mentale permanente empêchant définitivement un membre du Conseil d'exercer ses fonctions ;*

---

président de la Chambre des Conseillers, ou l'autorité gouvernementale chargée de la justice dans les cas suivants :
– exercice d'une activité ou acceptation d'une fonction ou d'un mandat électif incompatible avec la qualité de membre de la Cour constitutionnelle ;
– perte de la jouissance des droits civils et politiques ;
– survenance d'une incapacité physique permanente empêchant définitivement un membre de la Cour constitutionnelle d'exercer ses fonctions ;
– manquement aux obligations générales et particulières mentionnées dans la présente loi organique.

[197] CALANDRI Laurence, *Recherche sur la notion de régulation en droit administratif français*, Op. cit., p. 463.

manquement aux obligations mentionnées aux quatrième et cinquième alinéas de l'article 11 ; non-participation, sans motif valable, à trois séances consécutives du Conseil ». Aucun de ces cas ne correspond à la révocation arbitraire et non fondée des membres Conseillers dont les attitudes, opinions ou positions auraient déplu.

À l'inverse, ces dispositions sont de nature à favoriser et accentuer la crédibilité du Conseil et l'indépendance de ses membres. L'article 12 de la loi n° 20-13 leur impose, donc, des obligations de présence aux séances, et l'interdiction de détenir des intérêts impliquant la mise en cause de leur impartialité.

En ce qui concerne le devoir de présence, il est absurde de considérer que la démission d'office présente une menace pour l'indépendance des membres Conseillers. Le président ne peut prendre cette mesure sanctionnatrice que si des éléments objectifs sont réunis. La preuve de l'absence d'un des membres découle de l'examen des procès-verbaux de séance qui citent et mentionnent les listes des personnes absentes et présentes. À défaut de motif raisonnable, l'absence peut présenter une difficulté d'appréciation du caractère valable de l'excuse par le président. Celui-ci s'avère le mieux placé pour porter un jugement sur la raison invoquée.

Pour le manquement aux obligations mentionnées aux quatrième et cinquième alinéas de l'article 11, la loi dispose que *« tout membre du Conseil doit informer le président des intérêts qu'il détient ou vient à acquérir et des fonctions qu'il exerce dans une activité économique » et « Aucun membre du Conseil ne peut délibérer dans une affaire où il a un intérêt ou s'il représente ou a représenté une des parties intéressées ».*

Les deux alinéas de l'article 11 établissent respectivement deux obligations : *« l'obligation d'informer et l'obligation de s'abstenir ».* Le champ d'application de la dernière obligation est plus étendu que la première. Effectivement, l'obligation d'informer n'envisage que les fonctions actuelles ; l'obligation de s'abstenir concerne même les membres qui ont représenté une partie dans le passé. Ainsi, un membre du Conseil de la concurrence qui aurait été président d'une entreprise, avec laquelle il aurait rompu tout lien, n'a pas à signaler ce fait au titre de la première obligation d'informer. À l'opposé, il ne peut délibérer dans l'affaire où cette entreprise serait partie.

La mise en cause de ce membre-Conseiller sous forme de récusation pendant la séance du Conseil de la concurrence peut émaner d'une autre partie, ou bien du président préalablement informé de la situation. Généralement, la démission constatée par le Conseil, saisi par son président ne relève pas d'une révocation injustifiée, mais plutôt d'une sanction pour faute.

Dans les faits, l'obligation d'informer le président des intérêts détenus montre que ce sont les mêmes raisons de bonne gouvernance, quoi ont incité le législateur à instaurer la moralisation et la neutralité des Conseillers. Cependant, nous constatons une certaine marge dans l'appréciation juridique de ce que les membres sont tenus de déclarer. Par exemple, *« la notion d'intérêt »* définie comme, ce qui est économiquement utile : rapport pécunier, profit, avantage patrimonial en nature ou en argent[198].

Avec la déclaration de la liste des fonctions occupées, le législateur a souhaité affermir la crédibilité du Conseil d'une manière exhaustive et complète. Celle-ci ne constitue pas un problème pratique, à l'opposé de la notion d'intérêt qui suscite quelques interrogations.

Cependant des interrogations demeurent : un membre du Conseil de la concurrence possédant un portefeuille d'actions ou d'obligations doit-il informer le président du Conseil de sa propriété, de son existence, de sa valeur ou de son contenu ? Il serait difficile de ne pas exiger des Conseillers qu'ils ne déclarent pas leur participation majoritaire dans le capital d'une entreprise, ou tout changement intervenu dans la formation de leur portefeuille de valeurs mobilières. La finalité de cette disposition est d'empêcher toute mise en cause de l'impartialité des membres du Conseil.

Le niveau exact d'informations doit être déterminé par le président qui demeure le seul informé par les Conseillers. La loi n° 20-13 relative au Conseil de la concurrence est claire sur ce point. Elle prévoit que : *« tout membre du Conseil doit informer le président »*, et seul ce dernier peut vérifier sur la liste fournie par le Conseiller les fonctions ou les intérêts qu'il détient.

L'hypothèse de la démission d'office d'un membre du Conseil présuppose qu'il aurait délibéré dans une affaire où il aurait détenu un intérêt, ou s'il représente ou a représenté une des parties intéressées. Ces deux situations demeurent une suite logique au cas précédent. Il s'agit bien d'une mesure préventive et accessoire visant à ce que ledit Conseiller s'abstienne dans certaines affaires. De facto, les membres doivent déclarer les intérêts qu'ils possèdent et viennent d'acquérir, mais aussi les fonctions qu'ils exercent dans une activité économique. Il importe qu'ils ne puissent délibérer dans des situations où ils ne seraient pas totalement impartiaux.

Le cinquième alinéa de l'article 11 du n° 20-13 relative au Conseil de la concurrence, ne mentionne pas l'autorité responsable de la vérification du respect de cette obligation de non-délibération. Logiquement, au titre de l'alinéa 4 du même article, le président dispose desdites informations.

---

[198]Voir CORNU Gérard, Vocabulaire *juridique*, Op.cit., p. 296 et p. 496.

Dans les faits, il apparait que le contrôle du respect des obligations déjà précitées auxquelles sont soumis les membres du collège du Conseil et que la sanction d'éventuels fautifs relèvent de la seule responsabilité du Conseil de la concurrence. Comme le souligne Jean-Louis Autin, ce pouvoir hiérarchique est exercé par les mêmes membres du collège des « autorités administratives indépendantes », qui *« confère à ces derniers une réelle indépendance dans l'exercice de leur fonction*[199] *»*.

Il semble difficile de penser que la mesure de démission d'office prévue par l'article 12 de la loi relative au Conseil de la concurrence puisse être qualifiée comme un moyen qui met en cause l'indépendance des membres. En effet, la démission est constatée par le Conseil de la concurrence, saisi par son président ou, le cas échéant, un vice-président. Mais elle ne s'applique que dans des conditions précises relevant la plupart des cas de l'estimation du président du Conseil. De surcroit, tout risque d'arbitraire est exclu par l'éventualité d'un contrôle juridictionnel de la régularité de la mesure prise à l'encontre d'un membre.

Nous en concluons que l'irrévocabilité du mandat des membres du Conseil de la concurrence est plus destinée à garantir leur indépendance vis-à-vis des pouvoirs publics qu'à leur assurer une certaine immunité en cas de manquements à leurs obligations.

Pourtant, l'indépendance à l'égard de l'administration ne peut se comprendre comme une rupture générale. Au contraire, la présence du commissaire de gouvernement auprès du Conseil de la concurrence témoigne du lien maintenu avec les autorités publiques.

B. Le commissaire du gouvernement, le lien maintenu de l'administration

La présence du commissaire du gouvernement au sein du Conseil de la concurrence est prévue par la loi n° 20-13 relative au Conseil de la concurrence, dont le premier alinéa de l'article 13 qui dispose que : *« Le gouvernement est représenté auprès du Conseil par un commissaire du gouvernement nommé par décret sur proposition de l'autorité gouvernementale compétente »*.

1. Le commissaire du gouvernement, une technique novatrice du contrôle

Il s'avère qu'il s'agit bien d'une technique novatrice de contrôle du gouvernement sur les décisions et les actes du Conseil de la concurrence, qui

---

[199]AUTIN Jean Louis, Autorités *administratives indépendantes*, Op.cit., p.13.

semble traduire, pour une partie de la doctrine « *l'exercice d'une tutelle administrative* »[200] qui s'apparente à ce que « *l'exécutif bénéficie de la présence d'un témoin* »[201] correspondant ainsi au maintien de l'influence de l'administration au sein d'un système présumé libéral.

Quant à sa nomination, le décret d'application de la loi n° 20-13 dispose que : « *Le commissaire du gouvernement auprès du Conseil de la concurrence est nommé sur proposition de l'autorité gouvernementale chargée des affaires générales et de la gouvernance* ». Toutefois, la mission spécifie son rôle consultatif, d'après le deuxième alinéa de l'article 13 de la loi relative au Conseil de la concurrence que : « *Le commissaire du gouvernement assiste aux séances du Conseil à titre consultatif. Il peut demander l'inscription d'une question à l'ordre du jour des réunions du Conseil.* »

Dès lors, il apparaît clairement que le commissaire possède un pouvoir important d'avis, et qu'il peut demander d'inscrire un point à l'ordre du jour du Conseil de la concurrence. L'expression « *à titre consultatif* » lui confère une mission générale de représentation, mais il n'a ni la possibilité de voter ni d'émettre de veto lors des délibérations du Conseil. Ses attributions consultatives peuvent engendrer un probable effet sur la présentation et la résolution d'une affaire, mais entacher à la régularité du processus décisionnel. En effet, il ne peut formuler de griefs à l'encontre des entreprises visées (seul le Conseil de la concurrence peut le faire par son rapporteur), et il est incapable de provoquer une seconde délibération. Cependant, il suffit que la présence de ce mécanisme de représentation du gouvernement révèle l'exercice d'une certaine forme de tutelle administrative sur les actes du Conseil de la concurrence.

Certains auteurs affirment que cette existence semble opportune dans la mesure où les autorités de régulation participent : « *largement et parallèlement au gouvernement à la régulation économique* »[202], et que la mission consultative du commissaire du gouvernement écarte tout risque du manque d'indépendance. Il constitue l'interface nécessaire et modérée entre l'autorité administrative indépendante et le pouvoir exécutif.

En réalité, son rôle n'est pas insignifiant. Il permet entre autres, la transmission des informations et précise la direction et la coordination des

---

[200]CALANDRI Laurence, *Recherche sur la notion de régulation en droit administratif français*, Op. cit., p.468.

[201]DENOIX de Saint Marc Renaud, « Régulateurs et juges » Introduction générale, in Marie-Anne Frison-Roche, *Droit et économie de la régulation*. 1, Op. cit., pp. 111-117.

[202]GUERLAIN Gaëtan, « Regard sur la dépendance fonctionnelle des autorités administratives indépendantes », in DECOOPMAN Nicole (Dir), *Le désordre des autorités administratives indépendantes*, op.cit., p. 93.

politiques gouvernementales. Ainsi, le Comité français d'évaluation et de contrôle des Politiques publiques n'a pas hésité à préconiser que *« selon la théorie des poids et contrepoids (checks and balances), la présence d'un commissaire du Gouvernement auprès de chaque Autorité administrative indépendante soit de nature à contribuer utilement à la cohérence de l'action publique »*[203]. En effet, il ne peut exercer d'influence sur le Conseil que par la pertinence et la précision de ses observations au regard des normes définies. Ainsi, la position de l'autorité gouvernementale peut donc triompher, mais elle ne le fera pas sur la base de l'arbitraire et de l'opportunité.

À titre comparatif avec les juridictions administratives, le commissaire royal de la loi et du droit désigné par le président du tribunal administratif pour une période de deux ans parmi les magistrats de celui-ci et sur proposition de l'assemblée générale joue un rôle important et considérable. Il est le personnage central et le véritable animateur de la séance du jugement. Il a pour mission de révéler les éléments de l'affaire, et d'exposer les questions que présente à juger chaque recours contentieux et de faire connaitre, en formulant en toute indépendance, ses conclusions, son appréciation. Il se doit d'être impartial, sur les circonstances de fait de l'espèce, ainsi que sur les règles de droit applicables. Enfin, il exprime son opinion sur les solutions qu'appelle, suivant sa conscience, le litige soumis à la juridiction. Le commissaire royal de la loi et du droit ne prend pas part au jugement, car il n'est pas parti à l'instance.

Cette comparaison n'est pas vaine. Elle démontre que devant le Conseil de la concurrence et devant les juridictions administratives, le commissaire du gouvernement représente l'intérêt public, et n'a pas la qualité de partie même s'il reste associé aux séances du Conseil. Cependant, pour quelle raison a-t-on refusé d'accorder la qualité de partie au commissaire du gouvernement devant le Conseil de la concurrence ? La réponse montre le rôle que peut jouer l'administration dans le contentieux des concentrations et des pratiques anticoncurrentielles. Ainsi, nous estimons que le commissaire du gouvernement joue un rôle d'intermédiaire entre le Conseil de la concurrence et l'exécutif, manifestant la pérennité de l'administration dans une logique de régulation présentée comme indépendante et libérale, aussi est-il *«plus un intercesseur qu'un tuteur* [204]».

---

[203]Assemblée Nationale française, *Rapport d'information au nom du comité d'évaluation et de contrôle des politiques publiques sur les autorités administratives indépendantes*, n° 2925, 2010, p. 101.
[204]DOUVRELEUR Olivier, *Droits de la défense et pratiques anticoncurrentielles en droit français*, Paris, LGDJ, 2000, p. 98.

2. Les questions juridiques de la présence du commissaire du gouvernement

Le fait de comparer le commissaire du gouvernement auprès du Conseil de la concurrence au ministère public, qui évidemment n'assure pas le même rôle devant les juridictions, mais jouit de la qualité de partie au procès, a poussé une partie de la doctrine à plaider en faveur d'une telle attribution pour le commissaire du gouvernement. Si le ministère public représente la société lors des procès à caractère pénal, agissant pour la défense de l'ordre public en matière civile, le commissaire du gouvernement joue un rôle considérable et original dans l'action du Conseil de la concurrence qui allie aux intérêts privés l'ordre public économique. Avec comme présupposé que *« son intervention respecte toutes les garanties de la défense, dont le contradictoire, cet acteur ne peut qu'enrichir les débats devant le Conseil de la concurrence »*[205].

L'autre question qui se rapporte à la présence du commissaire du gouvernement concerne l'atteinte au principe du contradictoire lors du procès de la concurrence. Le haut fonctionnaire représentant le gouvernement proposé par le ministère délégué aux Affaires générales et de la Gouvernance possède des prérogatives qui permettent de confirmer une perte d'influence de cet acteur devant le Conseil de la concurrence en comparaison avec le passé. Il a été l'objet de vives critiques et d'interrogations par l'opinion publique et par le président du Conseil de la concurrence lors de la publication de la loi n° 20-13 relative au Conseil de la concurrence. Celles-ci ont pointé une violation probable au principe de l'impartialité, à la règle du contradictoire et témoignant d'une emprise du gouvernement sur le Conseil[206].

Cette question était également au cœur des travaux préparatoires de la loi précitée à la Chambre de représentants devant la commission des finances et du développement économique dont les membres ont débattu quant à la présence du commissaire du gouvernement et la nomination par décret en relation avec l'indépendance du Conseil. Lors de sa réponse, le ministre chargé des affaires générales et de la gouvernance a expliqué aux députés qu'il

[205]MENURET Jean-Jacques, *Le contentieux du Conseil de la concurrence*, Op. cit., p. 289.

[206]« Bien que personnellement défavorable à la présence de ce cheval de Troie qui siègera au Conseil lors des délibérations, Benamour s'en accommode et cherche à positiver : d'une part, le commissaire du gouvernement n'aura pas de voix délibérative et, d'autre part, il ne peut pas remettre en cause une décision du Conseil ». Voir à ce titre *Finances News Hebdo du 16 octobre 2014*, et dans un entretien publié par le même organe le 13 juillet 2015, en répondant à la question : « C'est l'oreille du gouvernement ? » Monsieur Abdelali Benamour le président du Conseil de la concurrence a répondu : « effectivement. Il peut aussi venir avec des propositions, déposer des saisines issues du Chef du gouvernement. Il fait l'interface. Mais, je le répète, il n'a pas à prendre la parole ou à donner un avis quant au travail du Conseil. Celui-ci est indépendant et libre ».

n'y avait aucune relation entre le commissaire du gouvernement et le principe de l'indépendance. Ce dernier se contentait de suivre les travaux du Conseil d'une part, et de faciliter le traitement des affaires urgentes, et sa nomination par décret traduisait la sensibilité des responsabilités[207].

De même les expériences étrangères plaident pour une généralisation de désignation des commissaires du gouvernement auprès de toutes les autorités administratives indépendantes dans un souci de transparence[208]. Ce débat très médiatisé ne trouve pas assez d'arguments solides. La formule du « *commissaire au gouvernement* » existe déjà pour un petit nombre des autorités de régulation et elle ne semble pas avoir suscité de difficultés particulières. Sans doute, parce que ce commissaire ne dispose que de pouvoirs restreints. À cet égard : « *Il peut, certes servir de courroie de transmission entre l'Autorité (administrative indépendante) et le gouvernement* »[209]. C'est ainsi que devant l'autorité marocaine du marché des capitaux, le commissaire du gouvernement exerce des pouvoirs plus importants : « *l'institution du contrôle de cette autorité par un commissaire du gouvernement nommé par le ministre chargé des finances. Le commissaire du gouvernement est chargé de veiller au respect, par cette autorité, des dispositions législatives régissant ses activités et s'assure en particulier que le collège des sanctions dispose des moyens nécessaires pour exercer son activité en toute indépendance* »[210]. Il peut ainsi assister avec voix

---

[207]Chambre des Représentants, Rapport *de la commission des finances et du développement économique sur le projet de loi n° 20-13 sur le Conseil de la concurrence*, Op. cit., p. 40.

[208]Dans ce cadre le Rapport français d'information au nom du comité d'évaluation et de contrôle des politiques publiques sur les autorités administratives indépendantes préconise dans sa recommandation n° 14 de : *Généraliser, sauf exception justifiée, la présence d'un commissaire du Gouvernement dans chaque AAI.* In Assemblée Nationale Française, *Rapport d'information au nom du comité d'évaluation et de contrôle des politiques publiques sur les autorités administratives indépendantes*, n° 2925, 2010, p.102 ; dans le même sens le cas de la présence d'un commissaire du gouvernement auprès de la commission de régulation de l'énergie française , qui disposait en particulier d'un droit qui « ne peut être refusé » d'inscription à l'ordre du jour du collège de la Commission de régulation de l'énergie de tout sujet relatif à la politique énergétique ou « entrant dans les compétences de la commission ». À l'occasion de l'adoption du code de l'énergie en 2011, l'assemblée générale du Conseil d'État a estimé que les dispositions relatives à l'existence d'un commissaire du gouvernement au sein de la Commission de régulation de l'énergie « ne portent pas, par elles-mêmes, eu égard au rôle dévolu à ce commissaire, atteinte à l'indépendance de cette autorité », in HOYNCK Stéphane, « Indépendant de qui ? Les trois âges de l'indépendance des régulateurs des télécommunications en Europe », *Revue française d'administration publique*, n° 143, 2012, pp. 791-801.

[209]AUTIN Jean-Louis, « Le devenir des autorités administratives indépendantes (1) », Op. cit., p. 875.

[210]Le ministère de l'Économie et des Finances, *Note de présentation du projet de loi n° 53.08 relatif à l'Autorité Marocaine du Marché des Capitaux*, 2011.

consultative, aux séances du Conseil d'administration et s'il le juge opportun aux délibérations des comités restreints émanant du Conseil d'administration, sans prendre place au collège de sanction[211].

Ceci étant précisé, de nombreuses dispositions de la loi n° 104-12 sur la liberté des prix et de la concurrence lui attribuent des droits d'information et de parole semblables à ceux reconnus aux parties. Ce constat nous amène à estimer que l'administration économique en la personne du commissaire au gouvernement dispose d'un droit de regard sur l'action du Conseil de la concurrence en la matière.

Dans la perspective du droit comparé, l'expérience française montre que le gouvernement est représenté dans les séances de l'Autorité de la concurrence par la Direction générale de la concurrence, de la consommation et de la répression des fraudes auprès du ministère de l'Économie, de l'Industrie et du Numérique. Son représentant est désigné à cette fonction par le ministre de l'Économie, en tant que « *commissaire du gouvernement* »[212]. Il réceptionne la communication du dossier adressé aux membres du collège après l'instruction. Il présente sur toutes les affaires dont l'Autorité est saisie, des observations sur les circonstances de fait de l'espèce et les règles de droit applicables, ainsi que son opinion sur les solutions possibles sans prendre part ensuite à la délibération.

Chapitre 2. Les garanties procédurales d'indépendance

Dans la mesure où la notion même d'autorité indépendante de régulation est liée au pouvoir de trancher, sur le fondement de règles de droit et à l'issue d'une procédure organisée, il est nécessaire que ni le pouvoir exécutif ni le pouvoir législatif n'aient la possibilité de s'immiscer dans la fonction quasi juridictionnelle du Conseil de la concurrence.

Son fonctionnement selon les règles de la procédure prévue par la loi n° 104-12 relative à la liberté des prix et de la concurrence a eu comme finalité de trouver un équilibre entre les droits de la défense et l'efficacité des poursuites. Ainsi, les normes relatives à la procédure d'enquête dotent les services d'investigation de pouvoirs particuliers, mais en contrepartie

[211] Voir l'article 9 de la loi n° 53-08 relative à l'autorité Marocaine du marché des capitaux.

[212] Le dernier alinéa de l'article L461-2 du Code de commerce français dispose que : « Le commissaire du Gouvernement auprès de l'autorité est désigné par le ministre chargé de l'économie ».

garantissent aussi un certain nombre de droits aux entreprises contrôlées qui varient en fonction du degré de contrainte des pouvoirs utilisés.

L'indépendance fonctionnelle résulte ainsi de la procédure propre au Conseil de la concurrence, du respect des droits de la défense afin qu'il puisse entamer le libre exercice de la fonction de juger les affaires. En fait, ces droits apparaissent comme une notion à géométrie variable. Ils peuvent être entendus, au sens strict, comme synonyme du principe du contradictoire.

Cependant, ils peuvent aussi être compris, dans une acception extensive, comme une notion-cadre englobant une pluralité de garanties telles que la présomption d'innocence, le principe du contradictoire, le droit à un juge indépendant et impartial, le droit à la publicité des débats ou celui d'exercer des voies de recours.

Il convient de vérifier aussi si l'autorité de la concurrence satisfait aux exigences d'impartialité par la séparation des fonctions de poursuite, d'instruction et de jugement.

Ces réflexions nous conduiront à développer les deux points suivants : l'applicabilité des principes fondamentaux du procès devant le Conseil de la concurrence (Section I), et les particularités du procès devant le Conseil de la concurrence (Section II).

Section I. L'applicabilité des principes fondamentaux du procès devant le Conseil de la concurrence

L'adoption du nouveau dispositif du droit de la concurrence a consacré la procédure contradictoire, qui a mis en place une véritable audience avec la possibilité de se faire représenter, et a instauré la communication des griefs sur la base desquels la condamnation peut être prononcée.

Le Conseil de la concurrence en tant qu'instance de régulation jouit d'un véritable pouvoir de décision, a ouvert ses portes à la discussion contradictoire, marquant sa volonté de garantir les droits de la défense, le procès équitable et l'impartialité dans son action en séparant la décision de l'enquête et de l'instruction mises sous l'autorité du rapporteur général. Toutefois, le droit pour les parties de consulter tous les documents sur lesquels ce dernier est fondé et limité par le secret des affaires.

Ces constatations nous amèneront à développer un plan au travers des deux points ci-après, le contradictoire et les droits de la défense devant le Conseil de la concurrence (§ 1), et le secret des affaires et les règles de la preuve (§ 2).

§ 1. Le contradictoire et les droits de la défense devant le Conseil de la concurrence

Droits de la défense et principe de la contradiction : les deux expressions ne sont pas synonymes, le principe du contradictoire fait partie du principe plus général et plus large du respect des droits de la défense sans s'y réduire, et bénéficie de la force juridique. En effet : « *le principe du contradictoire n'absorbe pas intégralement les garanties de la défense, mais, en fait il participe largement des garanties de la défense* »[213].

La loi n ° 104-12 relative à la liberté des prix et de la concurrence, constitue une grande évolution en matière de la conformité du pouvoir décisionnel en général, et de la sanction en particulier aux garanties fondamentales dont le caractère contradictoire de la procédure (A) et la direction de l'instruction par le rapporteur général (B).

A. Le principe du contradictoire

Certains auteurs pensent que l'absence de justice est directement la conséquence de l'absence de contradiction, elle-même impliquée par l'absence des droits de la défense. Cette importance de cette garantie nous amènera à analyser sa consécration expresse (1), puis sa mise en œuvre dans le temps devant le régulateur de la concurrence (2).

1. La consécration expresse du principe

« *L'instruction et la procédure devant le Conseil sont contradictoires* », dispose explicitement l'article 29 de la loi n° 104-12 relative à la liberté des prix et de la concurrence, établissant ainsi un principe cardinal de la procédure devant l'autorité de la concurrence. Celui-ci constitue une garantie démocratique moderne du procès, signifiant que : « *chacune des parties doit être en mesure de se faire entendre afin d'exposer son point de vue et discuter les éléments qui peuvent être utilisés pour aboutir à une solution* »[214]. Il est donc expressément consacré devant le Conseil de la concurrence, comme il l'est dans toute procédure, qu'elle soit civile, pénale, administrative ou disciplinaire[215]. Mais il faut convenir que le Conseil n'est pas une juridiction,

---

[213]CANIVET Guy, « L'obligation du procès équitable et les règles du contradictoire dans les procédures de sanction en matière de concurrence », *Revue de la concurrence et de la consommation*, n° 86, 1995 (1er juillet), pp. 37-43.

[214]FRISON ROCHE Marie-Anne, *Généralités sur le principe du contradictoire - Droit processuel*, Paris, LGDJ, 2014, p. 17.

[215]Le principe du contradictoire ressort encore, implicitement mais nécessairement, de l'article 14 du Pacte international de New York relatif aux droits civils et politiques du

et que la contradiction devant lui ne peut donc être la même que celle qui s'exerce devant un tel organe. La difficulté que pose ce principe, réside dans le temps adéquat pour le faire appliquer, puisque la procédure devant le Conseil est une suite d'actes successifs. C'est la raison pour laquelle une définition précise et globale semble non pertinente[216], et qu'il convient d'examiner le contradictoire à la lumière de chaque phase de la procédure devant le Conseil.

Il s'agit d'une procédure complexe dans toutes ses périodes qui requiert une analyse sommaire. La considération que l'on porte au principe du contradictoire exige préalablement la communication aux parties de l'affaire, le dossier et les pièces et les documents rattachés dans leur totalité. Il engendre alors un droit général à une information entière. Néanmoins, une limite se manifeste aussitôt dans l'article 29 de la loi n° 104-12 ; au moment où la mise en œuvre de ce principe tente de porter atteinte aux intérêts des parties, le secret d'affaires doit s'employer et constituer une exception à toute procédure contradictoire[217].

Le législateur l'exprime clairement par l'expression : « *Sous réserve des dispositions de l'article 31* ». Ce renvoi énonce que : « *sauf dans les cas où la communication ou la consultation de ces documents est nécessaire à l'exercice des droits de la défense d'une partie mise en cause, le président du Conseil de la concurrence peut refuser à une partie la communication ou la consultation de pièces ou de certains éléments contenus dans ces pièces mettant en jeu le secret des affaires d'autres personnes* ». Dans une telle condition, le Conseil de la concurrence est amené à statuer en fonction des seules observations de la partie qui l'a saisi.

---

19 décembre 1966 et de l'article 6 de la Convention européenne des droits de l'homme à travers la notion de « procès équitable ».
La Cour européenne des droits de l'homme a souligné l'importance de ce principe dans son arrêt Bricmont c/ Belgique du 7 juillet 1989 (Série A, n° 158) : « l'exercice des droits de la défense, élément essentiel du droit à un procès équitable, exigeait en principe que les requérants eurent l'occasion de contester la version du plaignant [le Prince Charles] sous tous ses aspects au cours d'une confrontation ou d'une audition soit en séance publique, soit au besoin chez lui [...]. Dès lors, pour trois des cinq préventions retenues contre lui, M. Bricmont fut condamné à l'issue d'une procédure portant atteinte à ses droits de défense tels que les garantit l'article 6 ». Schématiquement, le principe du contradictoire suppose donc une information de l'intéressé aux différents stades de la procédure, ainsi que la possibilité de répondre utilement aux prétentions adverses, au besoin par l'intermédiaire d'un défenseur de son choix.

[216]Voir La préface de GAUDEMET Yves, GOHIN Olivier et AUBY Jean Marie, *La contradiction dans la procédure administrative contentieuse*, Paris, LGDJ, 1988, p. 2.

[217]DE BECHILLON Denys, « Principe du contradictoire et protection du secret des affaires, Plaidoyer pour le maintien de la jurisprudence en vigueur », *Revue Française du Droit Administratif*, 2011, p. 1107.

La communication et la consultation du dossier d'une façon contradictoire posent la question du temps de son application lors de la mise en œuvre de la procédure. Ce principe se met en pratique très tôt dans la procédure devant le Conseil de la concurrence. Généralement, il faut certainement assurer qu'il ne débute pas au moment des débats, mais s'applique déjà lors de leur étape préparatoire. Les personnes concernées doivent être informées d'une manière correcte de l'avancement de la procédure, pour qu'elles puissent disposer d'un temps raisonnable pour élaborer les moyens de défense. Cette obligation demeure jusqu'à la prononciation d'une décision au fond. Dans un moment où la procédure devant le Conseil de la concurrence, même pendant la phase préalable, est principalement écrite. Remarquons qu'avant la notification des griefs, le contradictoire n'a pas à être valable et effectif, et que le rapporteur peut tenir à l'audition des parties avant cette notification sans porter préjudice au principe de la contradiction. Il ne constitue pas encore une garantie procédurale pour les parties. Si des entreprises sont entendues, alors elles n'ont pas droit à la communication du dossier. Dans ce cadre, nous pouvons considérer que l'enquête du rapporteur a un caractère non contradictoire, par l'absence du droit à être entendu et d'accès au dossier[218], et que le contradictoire n'a pas à être respecté dans cette phase de la procédure.

Cependant, et par exception à la règle du non-respect du contradictoire au stade de l'enquête préparatoire et dans l'hypothèse d'irrecevabilité et de non-lieu qui interviendrait avant la notification des griefs, le contradictoire est estimé à être exercé dès le dépôt de la saisine. D'après l'alinéa 2 de l'article 26 de la loi n° 104-12 : « *Le Conseil peut déclarer par décision motivée, après que l'auteur de la saisine ait été mis en mesure de consulter le dossier et de faire valoir ses observations, qu'il n'y ait pas lieu de poursuivre la procédure.* » Dans ce cadre, la partie saisissante doit avoir accès au dossier complet, étant donné que la notification des griefs n'aura jamais lieu, et qu'il y aura toujours possibilité de recours auprès de la cour d'appel de Rabat qui impose à l'auteur de la saisine de bien connaitre le contenu du dossier.

L'avant-dernier alinéa de l'article 26 estime que la décision est transmise à l'auteur de la saisine et aux parties en cause sans montrer qu'ils peuvent consulter le dossier, aux termes : « *Cette décision est transmise à l'auteur de la saisine et aux personnes dont les agissements ont été examinés au regard des articles 6, 7 et 8* ».

Toutefois, le principe du contradictoire ne se réduit pas à l'accès au dossier, mais il contient aussi la faculté de disposer d'un temps suffisant pour préparer

---

[218]DOUVRELEUR Olivier, *Droits de la défense et pratiques anticoncurrentielles en droit français*, Op. cit., pp. 128-137.

sa réponse. La phase préparatoire des débats du Conseil de la concurrence se caractérise par le droit des parties de disposer du temps nécessaire et suffisant à la mise en œuvre de leur défense dans la cadre du principe de la contradiction.

2. La mise en œuvre du contradictoire dans le temps du procès

Les articles 29 et 30 de la loi n° 104-12, ainsi que les articles 17 et 18 du décret n° 2-14-652 pris pour l'application de la loi sur la liberté des prix et de la concurrence, fixent les délais de notification des griefs qui sont prescrits à peine d'irrecevabilité. La communication des griefs se produit à deux reprises : après un premier examen de l'affaire, le rapporteur notifie les griefs aux intéressés ainsi qu'au commissaire du gouvernement, qui peuvent consulter le dossier et présenter leurs observations dans un délai de deux mois. À la suite de leurs premières observations, un rapport est adressé aux parties et au commissaire du gouvernement qui ont à nouveau le même délai pour formuler leurs observations. Cependant, cette garantie des délais du contradictoire trouve des difficultés dans la procédure simplifiée dont l'article 37 de la loi n° 104-12 qui dispose que : « *lorsqu'un organisme ou une entreprise ne conteste pas la réalité des griefs qui lui sont notifiés, le rapporteur général peut proposer au Conseil de la concurrence, qui entend les parties et le commissaire du gouvernement sans établissement préalable d'un rapport, de prononcer la sanction pécuniaire...* » Pour cette raison, nous pouvons nous poser la question si le contradictoire est bien assuré lors de cette procédure simplifiée réduite à une seule phase, puisque le Conseil de la concurrence ne requiert plus l'acceptation des parties sur cet outil procédural. Tout en modérant cette critique, car le montant de la sanction pécuniaire objet de la décision émanant de la procédure simplifiée reste différent que celui lié à la procédure ordinaire.

Arrivant au stade de la séance devant le Conseil de la concurrence et malgré le cas que la procédure y acheminant soit principalement écrite, les débats du Conseil peuvent avoir une réelle influence, surtout par l'aspect «*formel et rituel*»[219] qu'ils reflètent. Ils contribuent au respect du principe du contradictoire. En plus, ces débats permettent aux parties de présenter oralement des observations. En ce sens, l'article 30 de la loi n° 104-12 dispose que : « *Le Conseil de la concurrence peut inviter les parties à présenter des observations orales et leur demander de répondre aux questions qui leur*

[219]DAUDRET Frédérique, « Des applications particulières des droits de la défense dans le domaine des pratiques anticoncurrentielles, ou quelques remarques sur l'efficacité dans le respect des droits fondamentaux », *Gazette du Palais,* n° 22/23, avril1992, p.8.

seraient posées ». D'autre part, l'article 33 de la même loi organise la phase orale de la procédure en disposant que : « *Les séances du Conseil de la concurrence ne sont pas publiques. Seuls, les parties en cause et le commissaire du gouvernement peuvent y assister. Les parties en cause peuvent se faire assister ou représenter par des Conseillers juridiques de leur choix.* » Ainsi, les parties en cause peuvent se faire entendre. Mais, c'est le président qui fixera notamment le temps des interventions.

Le principe du contradictoire est bien respecté lorsque d'un côté, le Conseil de la concurrence peut entendre toute personne dont l'audition lui paraît susceptible de contribuer à son information. Cette demande peut avoir comme origine les parties en cause. Et de l'autre côté, le rapporteur général ou le rapporteur général adjoint et le commissaire du gouvernement peuvent présenter des observations orales, puisque la partie en cause répond en dernier auxdites accusations.

Il s'avère alors que le principe du contradictoire est explicitement consacré dans la loi n° 104-12 relative à la liberté des prix et de la concurrence, mais il est appliqué d'une façon différente selon les étapes de la procédure suivie devant le Conseil. Pour cette raison, la contradiction ne s'exerce pas uniformément, même si elle est réelle[220], en estimant que l'organe qui statue joue un rôle essentiel dans sa mise en œuvre, ce que souligne M. Guy Canivet : « *le principe du contradictoire c'est l'intuition du juge, c'est sa culture en quelque sorte* »[221].

Dans une perspective du droit comparé, l'autorité de la concurrence française est tenue de respecter les dispositions du droit interne pour la mise en œuvre de ce principe et du paragraphe 3 de l'article 6 de la CEDH relatif aux garanties de la défense en matière pénale.

Ceci étant précisé, l'impartialité implique la séparation des autorités de poursuite et de jugement. Une grande impartialité paraît souhaitable dans la prise de décision de l'autorité de la concurrence dont la séparation des fonctions d'instruction et de jugement et la participation du rapporteur au délibéré de la sanction.

B. Le rôle du rapporteur devant le Conseil de la concurrence

Le renforcement du rôle du rapporteur général (1), et la mise en place du procès équitable s'accompagnent de l'invocation de la séparation des fonctions au sein du Conseil de la concurrence. Cette séparation est devenue,

---

[220]MENURET Jean-Jacques, *Le contentieux du Conseil de la concurrence*, Op. cit., p. 183.
[221]CANIVET Guy, « L'obligation du procès équitable et les règles du contradictoire dans les procédures de sanction en matière de concurrence », Op. cit., n° 86, pp. 37-43.

dans les textes, un principe consacré[222] tentant désormais d'isoler chaque phase (2).

1. Le renforcement du rôle du rapporteur général

L'une des grandes lignes du nouveau corpus législatif marocain de la concurrence est d'améliorer l'action des services d'instruction du Conseil. Ainsi, l'article 16 de la loi n° 20-13 prévoit que : « *Le Conseil dispose de services d'instruction et d'enquête dirigés par un rapporteur général assisté de rapporteurs généraux adjoints* ». Il ressort que le législateur incarne juridiquement la volonté de fonder une réelle séparation fonctionnelle entre les actions d'instruction, placées sous la direction du rapporteur général, et la prise de décision et de sanction. Cela passe par le renforcement du rôle du rapporteur général au sein du Conseil de la concurrence, par rapport aux autres organes. Les rédacteurs de la loi n° 20-13 ont estimé que le rôle du secrétaire général n'est pas plus important que celui du rapporteur général, qui constitue le fondement essentiel du travail du Conseil par son rôle joué dans l'instruction et les enquêtes. Celui du secrétaire général est limité par sa nature aux affaires administratives[223]. C'est la raison pour laquelle l'article 16 relatif au rapporteur général devance l'article 17 qui se rapporte au secrétaire général[224]. Toutefois, il convient de souligner que cette garantie fonctionnelle s'inspire largement de l'expérience française en la matière, qui traduit elle-même la nécessité pour l'Autorité de la concurrence (française) de respecter pleinement les prescriptions de l'article 6 de la Convention européenne des droits de l'homme.

En dépit de cette ressemblance, il faut noter que la législation marocaine reste différente en matière de nomination des rapporteurs puisque l'article 18 de la loi n° 20-13 relative au Conseil de la concurrence dispose que : « *Le rapporteur général et les rapporteurs généraux adjoints sont nommés par le président du Conseil, après appel à candidatures parmi les personnes relevant des cadres supérieurs de l'État, des collectivités territoriales, des établissements publics ou du secteur privé, justifiant d'une expérience dans les domaines économique, juridique, de concurrence et de protection du consommateur.* » Alors qu'en France, il est nommé par arrêté du ministre de l'Économie sur simple avis du collège.

---

[222]PERROUD Thomas, *La fonction contentieuse des autorités de régulation en France*, Paris, Dalloz, Nouvelle Bibliothèque de Thèses, 2013, p. 746.

[223]Toutefois, il faut souligner que le secrétaire général est nommé par dahir, de même que le président du Conseil, d'après l'article 18 de la loi n° 20-13 : « Le secrétaire général est nommé par dahir ».

[224]Chambre des Représentants, *Rapport de la commission des finances et du développement économique sur le projet de loi n° 20-13 sur le Conseil de la concurrence*, Op. cit., p.99.

«*Les rapporteurs et les enquêteurs des services d'instruction sont nommés par décision du président, sur proposition du rapporteur général après avis du Conseil*» selon la loi marocaine, alors que les rapporteurs généraux adjoints, les rapporteurs permanents ou non permanents et les enquêteurs de services d'instruction français sont nommés directement par le rapporteur général, et non plus par arrêté sur proposition du président ou directement désignés par le président. Pour cette raison et lors de sa consultation sur le projet de réforme, l'ancien Conseil de la concurrence français avait émis de sérieuses objections sur la procédure de nomination initialement prévue de l'ensemble des membres des services d'instruction par le ministre de tutelle au motif que cette particularité contrevenait à l'indépendance de l'institution[225]. La différence des pouvoirs de nomination des rapporteurs traduit le souci du législateur français de respecter intégralement les préceptes de la convention européenne des droits de l'homme sur l'impartialité de l'action de l'autorité de la concurrence.

Ce constat nous conduira à nous intéresser à la désignation du rapporteur général et à son rôle auprès du Conseil de la concurrence du Maroc, et répondre à la question : comment son action va-t-elle déterminer ou influencer son indépendance ? Aux termes de l'article 27 de la loi n° 104-12 : «*Le rapporteur général désigne un rapporteur pour l'instruction de chaque affaire* ». C'est-à-dire dès qu'il reçoit une saisine, le rapporteur entame son examen. Il a pour fonction d'animer et de contrôler l'activité de tous les rapporteurs. Il peut confier une partie de ses attributions à un ou plusieurs rapporteurs généraux adjoints. Il peut déléguer sa signature à un rapporteur général adjoint. En effet, la création de la technique juridique de délégation au profit de ce dernier, montre que l'établissement de la fonction du rapporteur général adjoint vise à consolider la structure permanente du Conseil. Pourtant, en cas de vacance du poste du rapporteur général, ou s'il est empêché dans l'exercice de ses fonctions ou absent, il est suppléé par un rapporteur général adjoint pour assurer l'intérim, désigné par le président du Conseil de la concurrence pour exercer ses tâches. Néanmoins, notons que le corpus légal de la concurrence n'a imposé aucun délai pour la désignation du rapporteur, risquant de soutenir que l'instruction du dossier peut être irrégulière dans la mesure où le rapporteur chargé de l'examen de l'affaire n'avait pas été désigné dès la saisine du Conseil de la concurrence, ce qui constituerait une violation d'une formalité substantielle[226].

---

[225]NICINSKI Sophie, « L'Autorité de la concurrence », Op. cit., p. 1237.

[226]Désignation du rapporteur à la procédure de concurrence – Conseil de la concurrence 18 mars 2005 (Décision n° 05-D-13), *Recueil Dalloz*, 2005, p. 1023.

Le pouvoir du rapporteur général au sein du Conseil de la concurrence pousse une partie de la doctrine à le comparer au juge d'instruction en matière pénale[227]. Ils ne sont pas des membres du Conseil de la concurrence et en tant que fonctionnaires et ne reçoivent pas d'instructions hiérarchiques pour la conduite ou la gestion d'un dossier. Le rapporteur, par la nature de sa fonction auprès du Conseil de la concurrence, est successivement enquêteur, auteur des mises en cause dans la notification des griefs et du rapport définitif. Dans ce cadre, il se rapproche du juge d'instruction en matière pénale.

D'un côté, il doit réaliser l'instruction de l'affaire pour la présenter à l'appréciation du Conseil statuant par une décision, et de l'autre côté, il instruit les dossiers à « *charge et à décharge* ». C'est-à-dire qu'il doit collecter toutes sortes d'éléments en faveur ou en défaveur de la partie en cause, parce qu'il peut proposer au Conseil de la concurrence de statuer sur une demande par une décision de non-lieu. Par ailleurs, le rapporteur général n'a pas les mêmes prérogatives que le juge pénal[228], dans la mesure où il ne peut porter atteinte aux droits individuels, et prendre des mesures privatives de liberté. Ce fait nous permet de limiter la comparaison aux éléments déjà avancés et de constater que la procédure opérée par le Conseil est répressive quant au bon fonctionnement du marché.

La fonction du rapporteur réside dans le fait d'examiner l'affaire en étudiant les pièces des dossiers, y compris les résultats des enquêtes, et notamment de tenir à l'audition des parties qui sont généralement réalisées par lui-même. L'audition peut être sanctionnée de nullité si le rapporteur fait usage de procédés déloyaux faisant échec aux droits de la défense. Le décret n° 2-14-652 pris pour l'application de la loi n° 104-12 sur la liberté des prix et de la concurrence encadre les auditions. Ainsi, les parties concernées sont avisées par des convocations avec un délai qui ne peut être inférieur à une semaine. Ces auditions nécessitent obligatoirement un procès-verbal, signé par les personnes entendues.

---

[227]GALENE René, *Le droit de la concurrence appliqué aux pratiques anticoncurrentielles*, Paris, LexisNexis, 1995, p. 48.

[228]« Le juge pénal doit, normalement, juger, en même temps qu'un problème, un être de chair et de sang ». Voir LARGUIER Jean, *Le droit pénal*, Paris, Presses Universitaires de France, 16e édition, « Que sais-je ? », 2005, p. 6.

2. La séparation des fonctions d'instruction et de jugement

Par ailleurs, le droit marocain a comme règle générale le secret des délibérations des juridictions administratives, commerciales et civiles[229]. D'un côté, il exige de délibérer sans la présence des parties et leurs représentants juridiques. D'autre part, il interdit la révélation des discussions, et le raisonnement de chaque membre et la façon avec laquelle il s'est prononcé. Du fait de la quasi-juridictionnalisation du Conseil de la concurrence, il ne fait aucun doute que ce principe s'applique devant le Conseil de la concurrence, quand bien même aucune disposition expresse ne l'avoue. Cependant, une lecture a contrario de l'article 33 de la loi n° 104-12 permet de déduire qu'il est interdit à toute personne d'assister au délibéré. Évidemment, cette règle comporte une exception bien précise en la présence du seul rapporteur chargé du dossier au délibéré.

L'alinéa 5 dudit article énonce in fine que : « *Seul le rapporteur chargé du dossier peut, à la demande du Conseil, assister au délibéré sans voix délibérative* ». À cet effet, une partie de la doctrine française a, dès l'origine, souligné que la présence du rapporteur au délibéré était dangereuse pour les plaideurs, pointant une confusion entre les fonctions d'instruction et de jugement. Le rapporteur enquête, instruit, et constate la culpabilité. Il instruit, certes, à charge et à décharge, mais des voix se sont élevées pour dénoncer le fait que les rapporteurs se comportent trop souvent « *en procureurs chargés de soutenir une accusation* »[230] . Certains soulignent également que le rapporteur peut « *à l'oral s'éloigner des griefs qu'il avait notifiés dans la notification* »[231].

Ce débat doctrinal français était caractérisé par un engouement des plaideurs, fondé sur l'article 6 de la convention européenne des droits de l'Homme qui pose le principe du procès équitable, énonçant notamment que « *toute personne a droit à ce que sa cause soit entendue équitablement* ». Les autorités de la régulation n'ont pas été épargnées par le mouvement jurisprudentiel qui, à partir du milieu des années 1990, a appliqué avec rigueur les prescriptions de l'article 6 de la Convention européenne des droits de

---

[229]Sur les délibérations en matière de procédure civile Marocaine, voir OUTALEB Abdelkrim, *L'analyse pratique de la procédure civile*, Marrakech, El watanya, avril 2013, p. 184. (En arabe).

[230]CLAUDEL Emmanuelle, « Présence du rapporteur au délibéré du Conseil de la concurrence », *RTD com*, 2000, p. 632.

[231]CANIVET Guy, « L'obligation du procès équitable et les règles du contradictoire dans les procédures de sanction en matière de concurrence », Op. cit., p. 37.

l'homme aux autorités indépendantes dotées d'un pouvoir de sanction[232]. En schématisant, ils ont estimé que le rapporteur, en raison de sa mission d'instruction et de ses moyens d'action et d'investigation, contribue efficacement à l'accomplissement et à la réunion des accusations. Sur la base de cet avis, nous pouvons dire que la présence du rapporteur chargé de l'instruction du dossier et de la notification des griefs lui permettait en l'absence des parties de s'exprimer, même sans voix délibérative, sur le dossier des positions et observations sur lesquelles, les plaideurs n'avaient pas eu l'occasion de répondre. Alors que l'article 29 de la loi n° 104-12 dispose que : *« L'instruction et la procédure devant le Conseil sont contradictoires »*.

L'égalité des armes dans le procès doit permettre à chaque partie d'avoir la possibilité d'exposer sa cause dans des conditions qui ne la désavantagent pas d'une manière appréciable par rapport à la partie adverse. De plus, pour quelques auteurs, les rapporteurs représentant l'accusation sont plus proches dans leur comportement de *« procureurs chargés de soutenir une accusation »* que de rapporteurs conseillers destinés à informer le Conseil de la concurrence de « *tous les éléments pertinents, à charge ou à décharge* »[233]. Pour ce motif, il semble qu'il y a un risque pour le principe du contradictoire, puisque les parties n'assistent pas au délibéré.

L'autre partie a mis en avant que le principe du contradictoire fait partie de la culture du Conseil de la concurrence et que les rapporteurs nommés auprès du Conseil de la concurrence ne font pas partie du collège qui prend les décisions et qu'il existe donc bien une séparation des fonctions d'instruction et de jugement. Par ailleurs, les rapporteurs instruisent, ainsi qu'il l'a été dit, à charge à décharge et peuvent proposer de ne pas continuer les poursuites. Mais le point le plus important d'argumentation pour ce courant de la doctrine reste l'expression « *sans voix délibérative* » qui fait dire que les rapporteurs ne sont pas des éléments actifs pendant le délibéré. Leur rôle consiste uniquement à répondre à d'éventuelles demandes d'éclaircissement des membres du Conseil de la concurrence sur des questions techniques ou matérielles[234]. D'ailleurs, les membres du Conseil de la concurrence statuent au regard des documents et pièces retenus par écrit, et sur lesquels il y eut auparavant un débat contradictoire. Après tout, l'existence d'un recours contre

---

[232]DOUVRELEUR Olivier, « L'indépendance de l'autorité des marchés financiers », *Revue française d'administration publique*, n° 143, 2012, pp. 747-758.
[233]GAVALDA Christian et LUCAS DE LEYSSAC Claude, *Prix et concurrence : commentaire de l'ordonnance n° 86-1243 du 1er décembre 1986 relative à la liberté des prix et de la concurrence*, Paris, Dalloz, 1988.
[234]MOUSSERON Jean-Marc et SELINSKY Véronique, *Le Droit français nouveau de la concurrence*, Op. cit., p. 229.

les décisions du Conseil de la concurrence constitue une garantie du procès équitable.

Pour ajouter des précisions à cette discussion doctrinale, il convient de noter que les fonctions d'instruction et de jugement montrent des liens de proximité, même si le rapporteur ne dispose pas de voix délibérative. Il est d'une certaine façon un témoin muet, mais qui risque d'être soupçonné d'influencer la délibération, mettant en cause l'égalité des armes entre l'accusateur et l'accusé, parce que ce dernier n'est pas présent au délibéré. Le législateur marocain dans la nouvelle loi n° 104-12 relative à la liberté des prix et de la concurrence a voulu améliorer et mieux garantir la loyauté du délibéré en imposant deux nouvelles conditions par rapport à l'ancienne loi n° 06-99. Dès lors, ce n'est plus le rapporteur général et les rapporteurs qui assistent aux séances du Conseil[235], mais seulement le rapporteur chargé du dossier au délibéré, et ce à la demande du Conseil de la concurrence qui reste souverain dans cette question.

Dans une perspective du droit comparé, l'ordonnance française de 2008, portant modernisation de la régulation de la concurrence, ne modifie qu'à la marge la question de la participation du rapporteur au délibéré, sans voix délibérative, mais maintient le principe d'une participation. Le rapporteur général ou le rapporteur général adjoint désigné par lui et le rapporteur assistent au délibéré sans voix délibérative, sauf lorsque l'Autorité statue sur les pratiques de l'article L. 462-5. Il en résulte que l'exception à la participation du rapporteur au délibéré couvre les procédures dans lesquelles l'Autorité est conduite à prononcer des sanctions ou infliger aux opérateurs économiques des contraintes, conformément à l'interprétation faite du champ d'application de la « branche pénale » de l'article 6 §1 de la Convention européenne des droits de l'homme. Dès lors, la réforme tendrait à mieux assurer encore les prescriptions du droit au procès équitable.

§ 2. Le secret des affaires et les règles de la preuve

La saisine du Conseil de la concurrence s'inscrit dans la conciliation des principes classiques de la procédure qui s'appliquent notamment devant les juridictions de droit commun, ainsi que des éléments issus tant de la procédure administrative que pénale. De cette alchimie naît sûrement une procédure originale qui s'inspire des principes universels des droits de l'homme.

L'examen du bien-fondé de la saisine est très encadré par les deux lois relatives à la concurrence. Il s'ouvre par une phase préparatoire de la séance,

---

[235] L'alinéa 5 de l'article 35 de la loi n° 06-99 dispose que : « Le rapporteur général et les rapporteurs assistent aux séances du Conseil sans voix délibérative ».

qui contient l'étape qui précède l'instruction et l'instruction elle-même qui témoigne d'une coloration administrative. La procédure se poursuit ensuite par la séance du Conseil de la concurrence, laquelle, entièrement secrète, s'inscrit dans l'évolution de la réglementation relative au domaine économique en général et à celui de la concurrence en particulier.

En effet, le secret apparaît comme l'outil de protection du patrimoine intellectuel de l'entreprise et de sa stratégie commerciale. C'est pourquoi la protection des secrets est une donnée commune à l'ensemble des différentes branches du droit des affaires.

L'étude de l'action du Conseil de la concurrence permet alors d'analyser la protection du secret des affaires devant lui (A), puis la souplesse des règles de preuve du procès (B).

A. La protection du secret des affaires devant le Conseil de la concurrence

Le secret des affaires est protégé, mais il doit être concilié avec le respect du contradictoire (1). Toutefois ce mécanisme montre toujours quelques imperfections (2).

1. Le secret des affaires, une notion complexe qui vise la protection

Le secret des affaires recouvre une dimension distinctive en droit de la concurrence[236]. Tout d'abord, il est important de déterminer la définition juridique de l'expression « *secret des affaires* ». Au préalable, nous observons que si le texte de loi n° 104-12 fait directement référence à cette notion, il s'abstient de la définir. Ça n'a rien d'impertinent, puisque vouloir fixer dans un corpus juridique de la concurrence, une définition du secret des affaires peut ainsi constituer une entreprise complexe[237]. On prend le risque de déterminer une définition soit trop vague comportant plusieurs explications et

---

[236]IDOT Laurence, « Quelques réflexions sur la confidentialité en droit de la concurrence : à propos des secrets d'affaires et du secret professionnel », in *Les aspects contemporains du droit de la distribution et de la concurrence,* Paris, Editions Montchrestien, 1996, p. 109.

[237]Dans une perspective du droit comparé "En dépit de son importance pratique, le secret des affaires n'est guère pris en compte par le droit français. Bien que mentionné par quelques textes épars, il ne peut être qualifié de notion juridique. Voir GARINOT Jean-Marie, *Le secret des affaires*, Paris, Lexisnexis, 2013 ; GARINOT Jean-Marie et PY Emmanuel, *La protection des secrets des affaires : enjeux et perspectives* ; actes du colloque du 12 décembre 2014 ; année 2015, Paris, Lexisnexis, 2015.

interprétations, soit trop précise qui pourrait s'avérer inadaptée. C'est le travail jurisprudentiel qui va tracer les limites de cette notion en pratique.

En outre, la protection de la confidentialité dans le contentieux juridique a été ramenée pour l'essentiel au secret professionnel s'incarnant, à titre d'exemple, dans la relation entre l'avocat et son client[238]. Le secret professionnel couvre « *notamment les renseignements relatifs aux entreprises et concernant leurs relations commerciales ou les éléments de leur prix de revient* ». Il englobe donc le secret des affaires[239], et s'impose aux enquêteurs ainsi qu'aux membres du Conseil de la concurrence. L'analyse du secret des affaires pousse à constater que le contentieux du Conseil de la concurrence n'est pas une *« partie à deux, opposant l'autorité qui poursuit et le contrevenant éventuel. Il est une partie à trois, ce qui n'est pas sans soulever des difficultés nouvelles, par exemple la délicate question de la protection des secrets d'affaires* »[240].

Par ailleurs, il convient de noter que le législateur emploie bien l'expression « *secret d'affaires* », lorsqu'il traite des concentrations[241], et « *secrets des affaires* » dans les autres articles de la loi n° 104-12. Cette nuance n'est pas significative pour la doctrine qui utilise les deux expressions volontiers. Par ailleurs, ce principe a pour but non seulement l'utilisation d'informations d'affaires confidentielles[242], mais aussi leur simple communication, toutes deux susceptibles de constituer un préjudice grave pour les entreprises visées[243].

Pour écarter le fait que ces informations soient transmises aux autres parties à la procédure devant le Conseil de la concurrence, la loi n° 104-12 a

---

[238]Voir LOMBARD Marie-Amélie, *Les Avocats Dans Le Secret Des Affaires*, Paris, Le Cherche Midi, 2002.

[239]LEMAIRE Christophe, « La protection du secret des affaires devant le Conseil de la concurrence : une évolution bienvenue », *La Semaine Juridique Entreprise et Affaires*, 26 Janvier 2006, n° 4.

[240]IDOT Laurence, « La plainte en droit de la concurrence, opposition ou convergence des systèmes français et communautaire ? », In *Mélanges dédiés à Louis Boyer*, Presses de l'Université des sciences sociales de Toulouse, 1996, pp. 255-281.

[241]Dans le cadre l'article 21 de la loi n° 104-12 dispose que : « Lorsqu'ils s'interrogent des tiers au sujet de l'opération, de ses effets et des engagements proposés par les parties, et rendent publique leur décision dans des conditions fixées par voie réglementaire, le Conseil de la concurrence et l'administration tiennent compte de l'intérêt légitime des parties qui procèdent à la notification ou des personnes physiques ou morales citées à ce que leurs secrets d'affaires ne soient pas divulgués ».

[242]Il s'agit essentiellement des informations relatives au chiffre d'affaires de l'entreprise, ses résultats, seuils de rentabilité, sa clientèle, ses pratiques commerciales, ses coûts, et des données d'ordre commercial.

[243]MENURET Jean-Jacques, *Le contentieux du Conseil de la concurrence*, Op. cit., p. 204.

instauré un régime de traitement confidentiel des secrets d'affaires, sous l'influence du droit français de la concurrence, qui à son tour cherche à se rapprocher du droit communautaire.

En effet, l'article 31 de la loi relative à la liberté des prix et de la concurrence prévoit que : « *sauf dans les cas où la communication ou la consultation de ces documents est nécessaire à l'exercice des droits de la défense d'une partie mise en cause, le président du Conseil de la concurrence peut refuser à une partie la communication ou la consultation de pièces ou de certains éléments contenus dans ces pièces mettant en jeu le secret des affaires d'autres personnes. Dans ce cas, une version non confidentielle et un résumé des pièces ou éléments en cause lui sont accessibles* ». Il est certain que ce texte permet au Conseil de protéger les secrets d'affaires, de façon à assurer le bon fonctionnement du marché, à respecter l'intérêt de l'entreprise titulaire de ces secrets, et d'exercer réellement ses pouvoirs d'enquête et de sanction, tout en prenant en compte les droits de la défense et le principe du contradictoire. Dans ce cadre, l'article 22 du décret d'application dispose : « *qu'en application de l'article 31 de la loi précitée n° 104-12, lorsqu'une personne demande la protection du secret des affaires à l'égard d'éléments communiqués par elle au Conseil de la concurrence ou saisis auprès d'elle par ce dernier, elle indique par lettre recommandée avec accusé de réception, pour chaque information, document ou partie de document en cause, l'objet et les motifs de sa demande* ». Il s'avère que la qualification de ce qui relève du secret des affaires et l'obligation d'en signaler l'existence au moment de la transmission au Conseil de la concurrence des documents ou des informations concernés appartiennent donc à la personne qui en revendique la protection. Quant à la demande de l'entreprise, elle doit tout d'abord être motivée. La motivation devra être précise, et devra en effet porter sur chaque information, document ou partie de document regardé par l'entreprise comme mettant en jeu le secret des affaires. Ensuite, la demande de protection de certaines pièces doit parvenir au Conseil dans un délai d'un mois à compter de la date à laquelle lesdits éléments ont été obtenus par le Conseil. Au terme du décret, l'entreprise devra également fournir « *séparément une version non confidentielle et un résumé de chacun de ces éléments* », dont elle demande le classement. Ces documents non confidentiels auront une utilité pour les autres parties qui n'auront pas accès aux documents confidentiels. En contrepartie, des obligations pèsent sur les entreprises. Le texte du décret crée aussi de nouvelles exigences pour les services d'instruction du Conseil. En effet, c'est à l'occasion de la réception des pièces, qu'il appartient au rapporteur général d'examiner si les informations ou documents reçus sont susceptibles de contenir des secrets d'affaires.

Ceci étant précisé, si l'article 29 de la loi n° 104-12 consacre le respect du contradictoire dans la procédure devant le Conseil de la concurrence, le secret des affaires se révèle comme une limite à ce principe. Effectivement, l'article 31 de ladite loi permet d'écarter l'application de ce principe, si la communication ou la consultation des documents mettant en jeu le secret des affaires sont concernées. Cependant, la protection du secret des affaires constitue une garantie fondamentale pour les parties devant l'autorité de la concurrence, parce qu'il permet d'éviter au cours d'une procédure le dévoilement d'informations stratégiques pour les entreprises concernées. Il aspire en effet à établir un certain équilibre entre la partie qui accuse et la partie qui est accusée, entre les droits de la défense et le droit au respect du secret des affaires. Ainsi, la protection de la confidentialité n'est pas forcément inconciliable avec les principes de la contradiction et le droit à la preuve, dès lors que de telles informations confidentielles peuvent être écartées du débat[244]. Cet accommodement est alors recherché auprès du Conseil de la concurrence, pour assurer son impartialité et son indépendance.

2. Quelques imperfections du mécanisme « secret d'affaires »

L'article 31 de la loi relative à la liberté des prix et de la concurrence dispose que le président du Conseil de la concurrence est seul compétent en matière de la protection du secret des affaires. Il peut refuser la communication ou la consultation des documents relatifs à la confidentialité des informations. Dans cette perspective, la mise en pratique des dispositions de l'article 31 va donner lieu à une décision dite : « *décision secret d'affaires* » en tant que mesure d'instruction qui n'est pas publiée.

Il faut également souligner que la lecture de l'article 31 de la loi n° 104-12 nous permet d'avancer que la confidentialité est appréciée par le Président du Conseil de la concurrence, nonobstant le décret d'application de ladite loi qui ne fait référence qu'au rapporteur général dans ses différents articles relatifs au secret des affaires[245].

Dans une perspective de droit comparé, l'évolution du droit français de la concurrence a permis au rapporteur général d'avoir un rôle accru en raison notamment de l'attribution des compétences anciennement dévolues au président du Conseil de la concurrence. Il est désormais maître de la procédure

---

[244]POTOCKI André, « Brèves observations sur la protection des secrets d'affaires dans l'ordonnance du 1er décembre 1986 », *Gazette du Palais*,12- 13 février 1997, p. 38.
[245]Il s'agit des articles 22, 23,24 et 25 du décret d'application.

en matière de secret des affaires et du droit d'accès au dossier,[246] d'après l'article L. 463-3 du code de commerce français : « *sauf dans les cas où la communication ou la consultation de ces documents est nécessaire à l'exercice des droits de la défense d'une partie mise en cause, le* ***rapporteur général*** *de l'Autorité de la concurrence peut refuser à une partie la communication ou la consultation de pièces ou de certains éléments contenus dans ces pièces mettant en jeu le secret des affaires d'autres personnes. Dans ce cas, une version non confidentielle et un résumé des pièces ou éléments en cause lui sont accessibles* ».

Toutefois, l'incommunicabilité peut intéresser un document saisi lors de l'enquête ou de l'instruction, ainsi que les pièces émanant des procès-verbaux d'audition. Le décret d'application de la loi n° 104-12 a précisé qu'en outre que des parties peuvent demander d'appliquer la mesure de la confidentialité. Le rapporteur général du Conseil de la concurrence invite la personne concernée à présenter si elle le souhaite, une demande de protection du secret des affaires dans les conditions de forme et de délai fixé. Par ailleurs, la demande de retrait d'une pièce pour secret des affaires doit parvenir au Conseil dans un délai d'un mois à compter de la date à laquelle lesdits éléments ont été obtenus par le Conseil.

Ceci dit, le principe de la confidentialité comporte une limite importante prévue dans le texte, si un document ou pièce est nécessaire à la procédure, parce qu'elle permet par exemple de rapporter la preuve de la pratique dénoncée. Elle doit être versée au dossier et communiquée, quand bien même relèverait-elle du secret des affaires. De plus, l'article 31 de la loi n° 104-12 n'est pas la seule disposition intéressant le secret des affaires. L'article 32 l'aborde partiellement, en punissant une partie pour divulgation d'informations d'une amende de dix milles (10.000) à cent mille (100.000) dirhams, car le caractère secret de la procédure devant le Conseil de la concurrence visé à cet article couvre toutes les informations, même non confidentielles[247].

Il faut également s'interroger si le caractère non public des auditions du Conseil de la concurrence constitue un instrument de confidentialité du secret des affaires. Au terme de l'alinéa 2 de l'article 19 du décret n° 2-14-652 pris pour l'application de la loi n° 104-12 sur la liberté des prix et de la concurrence : « *Chaque personne est entendue séparément ou en présence*

[246]FERRIER Didier et BIANCONE Karine, « L'Autorité de la concurrence (après la loi du 4 août 2008 et l'ordonnance du 13 novembre 2008) », *Recueil Dalloz*, 2009, p. 1031.

[247]SELINSKY Véronique, « Procédures de contrôle des pratiques anticoncurrentielles », 1993, *Juris Classeur Concurrence-Consommation, Fasc. 380, n° 15 s. Lamy Droit économique* 2002, n° 625 s.

d'autres personnes invitées selon le choix du rapporteur. Dans ce dernier cas, il est tenu compte de l'intérêt légitime des entreprises à ce que leurs secrets d'affaires et autres informations confidentielles ne soient pas divulgués ». Nonobstant, cette garantie semble insuffisante, dans la mesure où la seule présence des parties peut suffire à ruiner la confidentialité de certaines pièces.

Parmi les critiques que nous pouvons adresser à ce mécanisme de protection du secret des affaires et d'après l'article 45 de la loi n° 104-12 : « *Les décisions prises par le président du Conseil de la concurrence en application de l'article 31 de la présente loi ne peuvent faire l'objet de recours qu'en même temps que les décisions sur le fond.* ». Ce texte met le point sur une importante lacune, car la décision qui porte sur le secret d'affaires ne peut faire séparément l'objet d'un recours. Cela montre que cette voie de droit parvient à un moment de la procédure durant lequel la question risque de perdre tout intérêt pratique, lorsque les informations soumises à confidentialité ont été divulguées. Nous ne pouvons que remarquer l'absence d'effet utile de cette voie de recours, parce que l'erreur éventuelle d'appréciation du président du Conseil de la concurrence ne peut faire l'objet de sanction qu'en second lieu. D'autant plus que l'expérience française a montré que lorsqu'un tel recours est exercé, la cour d'appel de Paris, consciente de la limite de celui-ci concernant le secret des affaires, ne fait que contrôler si la décision au fond n'a pas été affectée par la communication des pièces litigieuses[248].

La seconde lacune du dispositif relatif à la concurrence réside dans le fait que l'obligation de secret des affaires pendant la publication des décisions n'est pas bien prévue et encadrée par les textes en cours. Ils peuvent faire l'objet d'une publication intégrale, sans retrancher les informations susceptibles d'être confidentielles. Assurément, elles risquent d'être anciennes et non pertinentes dans un contexte économique qui connaît des changements successifs. Cependant, elles peuvent conserver un certain intérêt dont l'exemple de données relatives aux chiffres d'affaires analyse des coûts et parts de marché. Il peut s'agir ici d'une atteinte probable au secret d'affaires, dans une étape de la procédure où on a épuisé toute possibilité de classement des informations confidentielles.

B. La souplesse des principes de la preuve devant le Conseil de la concurrence

Le terme de preuve est sans nul doute ambigu. Le législateur marocain ne l'a pas précisé. Néanmoins, il peut être défini dans un sens large comme

[248]MENURET Jean-Jacques, *Le contentieux du Conseil de la concurrence*, Op. cit., p. 208.

l'établissement de la réalité d'un fait ou de l'existence d'un acte juridique et dans un sens plus restreint comme un procédé utilisé à cette fin (écrit, témoignage...)[249]. En effet, il cherche à démontrer la véracité d'une affirmation, jusqu'à qu'il soit établi qu'elle est fausse. Mais il conduit aussi à s'interroger sur les procédés techniques que nous pouvons utiliser pour établir l'existence de cette affirmation, afin de soutenir une certaine prétention juridique[250].

L'importance des principes de la preuve dans l'action juridique du Conseil de la concurrence provient de la nature et de la gravité des sanctions édictées contre les entreprises délinquantes, et exige que des garanties soient accordées aux acteurs concernés.

Afin d'étudier les principes de la preuve, il est fondamental de s'intéresser, d'abord à l'objet et la charge de la preuve (1), puis à l'admissibilité et aux modes de preuve (2).

1. L'objet et la charge de la preuve

Les autorités de régulation ont en principe la charge de la preuve des comportements illicites qu'elles vont poursuivre, mais cette preuve présente dès l'abord la particularité d'être une preuve difficile à apporter[251]. Le domaine de la preuve dans l'action juridique du Conseil de la concurrence est régi par des règles spécifiques, qui ne se trouvent pas dans les textes bien que certaines seront empruntées au droit commun de la preuve.

Le caractère particulier de la preuve en matière de la concurrence montre donc encore l'originalité du Conseil en tant qu'autorité indépendante de la régulation. En fait, et comme c'est le cas dans le droit du procès pénal ou administratif qui a pour objet principal la protection des intérêts de la société et à la différence du procès civil qui vise la protection des intérêts privés, le caractère d'enquête de l'instruction sert pour la recherche des éléments de preuve par les enquêteurs ; à savoir, ceux relevant de l'administration désignée par le chef du gouvernement ou l'autorité gouvernementale déléguée par lui à cet effet, ou/et les enquêteurs relevant du Conseil de la concurrence qui sont désignés par le président dudit Conseil. Une fois réunies, les preuves sont

[249]GUINCHARD Serge et DEBARD Thierry, *Lexique des termes juridiques*, Paris, Dalloz, 24e édition, 2016, p.845.
[250]Voir à ce propos ALAOUI ABDELAOUI Driss, *Les moyens de preuve dans la législation civile Marocaine*, Rabat, Imprimeries françaises et Marocaines, 1971, p. 36. (En arabe) ; ALJABOUJI Al maati, Les *règles matérielles et formelles de preuve*, Settat, Arrachad, 2002, p. 10 (En arabe).
[251]BEHAR-TOUCHAIS Martine, « Le droit de la preuve devant les autorités de régulation », in CADIET Loïc, MEKKI Mustapha et GRIMALDI Cyril, *La preuve : regards croisés*, Paris, Dalloz, 2015, p. 134.

appréciées par le régulateur de la concurrence et son rapporteur qui décident si les charges relevées sont sérieuses, et optent le cas échéant pour la condamnation des auteurs des pratiques délinquantes. Lorsque la saisine du Conseil de la concurrence provient directement de l'initiative d'une partie, sans enquête préalable, celle-ci doit rapporter pour que sa saisine soit recevable, les éléments de preuve suffisants à ses prétentions ; de même en matière de demande de mesures conservatoires où l'urgence ne permet pas la mise en œuvre de cet aspect inquisitoire.

Par ailleurs, pour bien justifier l'existence de pratiques anticoncurrentielles, les pièces et les documents figurant dans le dossier initial lors de la notification des griefs, sont d'une importance capitale et n'ont donc jamais à être écartés du dossier.

Le droit marocain ne pose pas de règle générale de la charge de preuve et il repose sur des textes juridiques dispersés, sur la jurisprudence et la doctrine. La charge de la preuve incombe au demandeur qui joue par exemple en procédure civile ou pénale. Ainsi, l'article 399 du Dahir des Obligations et Contrats dispose que « *la preuve de l'obligation doit être faite par celui qui s'en prévaut* » et réciproquement, l'article 400 affirme que « *celui qui affirme qu'elle est éteinte ou qu'elle ne lui est pas opposable doit le prouver.* » Cette logique fondée sur des principes classiques s'applique également devant le Conseil de la concurrence. Cela revient alors à l'administration ou au particulier qui invoque les pratiques anticoncurrentielles de les prouver. La jurisprudence française a confirmé le principe appliqué devant les autorités de la concurrence en ce qui concerne la charge de la preuve en affirmant que *« la preuve des pratiques anticoncurrentielles... incombe à celui qui prétend être victime ou aux autorités administratives dans le cadre des enquêtes »*[252].

En effet, le principe de la charge de la preuve interfère avec l'article 23 de la Constitution de 2011 qui dispose que : « *La présomption d'innocence et le droit à un procès équitable sont garantis* ». En fait, la partie qui accuse porte le fardeau de la preuve et non pas la personne qui est accusée.

En outre, la question qui reste posée concerne la carence de preuves par la partie accusatrice. Le Conseil peut-il la suppléer dans un moment où la saisine

[252]Voir Commentaire sous Conseil concurrence Décision n° 93-D-41 du 12 octobre 1993 relative à des pratiques de la société J.V.C. Audio France, selinky et lingniers, *Les petites affiches*, 1994, n° 31, p. 5.

de l'autorité de la concurrence semble être un moyen occulte de déplacer la charge de la preuve qui pèse normalement sur le demandeur[253] ?

2. L'admissibilité et les modes de preuve

Si la procédure devant le Conseil est régie de façon minutieuse aux articles 23 à 34 de la loi n° 104-12 relative à la liberté des prix et de la concurrence, il n'existe aucun texte traitant de la preuve devant lui, à l'exception de l'article 26 de la même loi qui énonce que « *Le Conseil peut, dans un délai de deux (2) mois de sa saisine déclarer, par décision motivée, la saisine irrecevable pour défaut d'intérêt ou de qualité à agir de l'auteur de celle-ci ou si les faits sont prescrits au sens de l'article 23, ou s'il estime que les faits invoqués n'entrent pas dans le champ de sa compétence* ***ou ne sont pas appuyés d'éléments suffisamment probants*** ». Ainsi, aucun texte ne fait obligation à la partie saisissante de rapporter au Conseil la preuve des agissements qu'elle dénonce. Comme l'a affirmé le rapport du Conseil français de la concurrence de 2004 : « *il lui appartient seulement d'assortir ses déclarations d'indices crédibles permettant de présumer l'existence de pratiques illicites* »[254].

Ce constat montre qu'à l'exemple de la branche pénale, il s'avère que la caractéristique principale de l'admissibilité et des modes de preuve est son aspect très libéral à condition que la recherche dite probatoire soit faite de manière régulière et loyale[255]. En droit civil marocain, l'article 404 du Dahir des obligations et contrats énonce que : « *Les moyens de preuve reconnus par la loi sont : 1 ° l'aveu de la partie ; 2 ° la preuve littérale ou écrite ; 3 ° la preuve testimoniale ; 4 ° la présomption ; 5 ° le serment et le refus de le prêter* ». Par contre, le droit administratif à caractère essentiellement jurisprudentiel et en raison de l'absence d'équilibre entre l'administration et les privilèges dont elle dispose. Les justiciables, de même pour l'action devant le Conseil de la concurrence, toutes les modes de preuve régulière et loyale sont a priori admissibles. La liberté de prouver l'existence de pratiques anticoncurrentielles se comprend dans la mesure où le fait d'apporter des preuves dans les domaines économique et commercial n'a été jamais chose

---

[253]IDOT Laurence, « La plainte en droit de la concurrence. Opposition ou convergence des systèmes français et communautaire », in Mélanges *dédiés à Louis Boyer*, Toulouse, presses universitaires des sciences sociales de Toulouse, 1996, pp. 255-281.

[254]Conseil Français de la concurrence, Décision n° 04-D 48 du 14 octobre 2004.

[255]DOUVRELEUR Olivier, *Droits de la défense et pratiques anticoncurrentielles en droit français*, Op.cit., n° 148, p. 57.

aisée[256]. Par conséquent, en l'absence d'un système légal de preuve, le Conseil de la concurrence peut attribuer souverainement n'importe quelle force probante à chaque élément de preuve qui lui est présenté[257].

Le droit de la preuve forgé par les autorités de la concurrence a fait dégager, en pratique, deux modes de preuves : la preuve directe de pratiques anticoncurrentielles, fondée sur l'existence formelle d'écrits se suffisant à eux-mêmes, sur les constatations des enquêteurs ou des rapporteurs du Conseil de la concurrence ; et sur les déclarations, témoignages[258] et expertises insérées dans les procès-verbaux. Les écrits peuvent prendre la forme d'actes sous seing privé. Néanmoins, on ne conçoit guère la rédaction d'actes authentiques constatant des pratiques anticoncurrentielles.

La jurisprudence française a accepté que des « *photocopies ou des télécopies ont également la valeur probante totale et directe, et pas seulement de présomption ou d'indice* » à condition que ces documents puissent être rapportés régulièrement et loyalement. La preuve indirecte peut être tirée de présomptions fondées sur l'existence d'un faisceau d'indices graves, précis et concordants, pris collectivement[259]. Il convient de noter que le serment en tant que mode traditionnel de preuve n'a pas de place dans le droit des pratiques anticoncurrentielles, alors que l'aveu figure sous le mécanisme de « ***clémence*** ». Ainsi, des avantages seront accordés aux auteurs des pratiques anticoncurrentielles s'ils les reconnaissent. Ces avantages concernent la procédure allégée, la réduction de la sanction pécuniaire allant jusqu'à l'exonération complète[260].

---

[256] Le code de commerce Marocain consacre le principe de liberté de preuve. L'article 334 de cette loi précise : « En matière commerciale la preuve est libre ».

[257] GALENE Renée, *Le droit de la concurrence appliqué aux pratiques anticoncurrentielles,* Paris, Lexis Nexis/Litec, 1995, n° 101.

[258] Au sein des entreprises commerciales, il est parfois difficile de témoigner contre son employeur, comme c'est le cas des commissaires aux comptes qui ne dénoncent que les crimes taxés d'une certaine gravité. Voir ELOUAZIRI Sanaa, *La politique criminelle en matière des sociétés commerciales,* Thèse de doctorat en Droit, Faculté des sciences juridiques Souissi, Rabat, 2005-2006, p. 244.

[259] TARGA Annie, « une confirmation de la technique de preuve par faisceau d'indices », *Revue concurrence consommation,* 1990, n° 56.

[260] A cet égard l'article 41 de la loi n° 104-12 dispose qu'une exonération totale ou partielle des sanctions pécuniaires peut être accordée à une entreprise ou à un organisme qui a, avec d'autres, mis en œuvre une pratique prohibée par les dispositions de l'article 6 de la présente loi s'il a contribué à établir la réalité de la pratique prohibée et à identifier ses auteurs, en apportant des éléments d'information dont le Conseil de la concurrence ou l'administration ne disposaient pas antérieurement. À la suite de la démarche de l'entreprise ou de l'organisme, le Conseil de la concurrence, à la demande du rapporteur général ou de l'administration, adopte à cette fin un avis d'exonération, qui précise les conditions auxquelles est subordonnée l'exonération envisagée, après que le commissaire du gouvernement et l'entreprise ou l'organisme concerné

Concernant la preuve indirecte, l'expérience française a montré qu'elle est régulièrement utilisée dans le contentieux du Conseil de la concurrence. La recevabilité de la preuve par présomption de pratiques anticoncurrentielles constituées par des « faisceaux d'indices » a été admise[261]. Ce mode de preuve est surtout utilisé pour établir l'existence de concertations ou d'ententes[262], il s'agit bien alors d'indices pris collectivement, variés et recoupés, qui constituent un ensemble de présomption suffisamment grave, précise et concordante. C'est une raison de plus pour admettre le caractère libéral d'admission des modes de preuves du Conseil. Cependant, le principe de liberté de preuve devant le Conseil est limité par la régularité et la loyauté. Toute preuve collectée illégalement peut être supprimée du dossier.

Ce caractère illégal provient à titre d'exemple de la commission d'un délit pénal (un vol). Cependant, la jurisprudence française a montré une évolution dans sa position sur cette question. Ainsi, l'autorité de la concurrence française a estimé dans un premier temps que la preuve constituée par un enregistrement téléphonique d'ordre professionnel réalisé par un des correspondants à l'insu de l'autre n'était pas un élément devant être retiré du dossier[263]. En 2009, un revendeur de produits d'électronique grand public se plaignait de pratiques anticoncurrentielles dont il était la victime de la part de plusieurs fournisseurs. Ces derniers se seraient entendus, en commettant une des pratiques prohibées par l'article L. 420-1 du code de commerce français. Afin d'établir la réalité de ces pratiques, le revendeur avait, à l'insu des fournisseurs et distributeurs, procédé à des enregistrements de conversations téléphoniques. Il les avait ensuite produits au Conseil de la concurrence. Évidemment, les fournisseurs et distributeurs estimaient ce procédé déloyal et se prévalaient de la jurisprudence de la chambre sociale de la Cour de cassation qui prohibe ces procédés de preuve. Mais le Conseil de la concurrence estima qu'il était en charge de l'ordre public économique et que la matière étant proche du pénal, la liberté de la preuve n'interdisait pas à la victime de faire état de preuves obtenues de manière peu orthodoxe. La cour d'appel de Paris devait, le 19 juin 2007, adopter ce point de vue et prononcer contre les fournisseurs des amendes de 16 millions d'euros. Ces derniers

ont présenté leurs observations; cet avis est transmis à l'entreprise ou à l'organisme et à l'administration et n'est pas publié. Lors de la décision prise en application de l'article 39, le Conseil de la concurrence peut, si les conditions précisées dans l'avis d'exonération ont été respectées, accorder une exonération de sanctions pécuniaires proportionnée à la contribution apportée à l'établissement de l'infraction.

[261]VOGEL Louis, « Définition et preuve de l'entente en droit français de la concurrence Étude de la jurisprudence récente », *La Semaine Juridique Entreprise et Affaires*, 28 novembre 1991, n° 48.

[262]MENURET Jean-Jacques, *Le contentieux du Conseil de la concurrence,* Op.cit., p. 200.

[263]Conseil Français de la concurrence, Décision n° 98-MC-08, 8 septembre 1998.

formèrent un pourvoi en cassation qui a été accueilli. Par un arrêt du 3 juin 2008, la chambre commerciale a énoncé clairement que l'enregistrement d'une communication téléphonique réalisé par une partie, à l'insu de l'auteur des propos tenus, « *constitue un procédé déloyal rendant irrecevable sa production à titre de preuve* ». Aussi, elle a censuré l'arrêt de condamnation de la cour d'appel de Paris et a renvoyé l'affaire devant la même cour autrement composée[264].

Ceci montre que le principe de loyauté de la preuve revêt une importance capitale dans le cadre du procès équitable, et que toute preuve obtenue hors des règles fixées par la loi fasse l'objet d'une exclusion automatique des dossiers par la justice compétente.

Section II. Les particularités du procès devant le Conseil de la concurrence

Devant le Conseil de la concurrence, la procédure est inquisitoriale : chargée non d'arbitrer une contestation entre demandeur et défendeur, mais de dire si des pratiques ont porté atteinte à la concurrence[265]. Dans ce sens, le Conseil porte un grand intérêt à la personne qui présente la demande de saisine, et plus exactement à la personne pour le compte de laquelle le recours est formé, qui peut être fait par un avocat, mandataire, représentant légal, judiciaire ou statuaire. L'autorité indépendante de la concurrence cherche au préalable à savoir si l'auteur de la saisine à la qualité et l'intérêt pour agir. Deux critères sont exigés devant toute juridiction civile ou administrative. Toutefois, la loi marocaine relative à la liberté des prix et de la concurrence n'a pas imposé la représentation par un avocat dans la procédure devant le Conseil, ni la nationalité marocaine du demandeur comme conditions de recevabilité de la saisine. L'intérêt ou la qualité à agir devant le Conseil sont des conditions fondamentales de la recevabilité de la saisine. Leur défaut rend la saisine irrecevable. Dans ce cadre, l'action devant le Conseil ne diffère guère de celle devant les autres juridictions. Toutefois, nous nous intéresserons au degré de dépendance entre les deux éléments.

Par ailleurs, pour être recevable, une demande doit remplir certaines conditions concernant la demande et le délai.

---

[264]BOULOC Bernard, « Pratiques anticoncurrentielles. Preuve. Enregistrements téléphoniques à l'insu de l'auteur des propos », *RTD Com.*, 2009, p. 431.

[265]DOUVRELEUR Olivier, *Droits de la défense et pratiques anticoncurrentielles en droit français*, Op. cit., p. 178.

C'est pourquoi notre analyse va se faire en deux divisions, la recevabilité de la saisine (§ 1), puis de la saisine à la séance du Conseil de la concurrence (§ 2).

§ 1. La recevabilité de la saisine du Conseil de la concurrence

Le Conseil de la concurrence est amené à se prononcer à chaque saisine sur l'application des dispositions de la loi n° 104-12 relative à la liberté des prix et de la concurrence, de sorte que lorsqu'il doit apprécier la recevabilité d'une saisine, il contribue ainsi à la juridictionnalisation de sa procédure. L'analyse des conditions relatives au demandeur de la saisine et sa demande démontre la nature objective de l'action du Conseil (A).

L'examen de la recevabilité de la demande et les pouvoirs conférés au régulateur marquent une fois de plus son caractère répressif en matière de concurrence (B).

A. Les conditions de la recevabilité, le caractère objectif de l'action du Conseil de la concurrence

L'examen de la recevabilité de la saisine au niveau de la procédure se situe à une phase intermédiaire entre la compétence et l'examen au fond. L'article 24 de la loi relative à la liberté des prix et de la concurrence dispose que : « *Le Conseil de la concurrence examine si les pratiques dont il est saisi constituent des violations des dispositions des articles 6, 7 et 8 ou peuvent se trouver justifiées par l'application de l'article 9. Il prononce, le cas échéant, les mesures conservatoires, les astreintes, les injonctions et les sanctions prévues par la présente loi.* ». Dans le premier alinéa, l'article 26 précise que : « Le *Conseil peut, dans un délai de deux (2) mois de sa saisine déclarer, par décision motivée, la saisine irrecevable pour défaut d'intérêt ou de qualité à agir de l'auteur de celle-ci ou si les faits sont prescrits au sens de l'article 23, ou s'il estime que les faits invoqués n'entrent pas dans le champ de sa compétence ou ne sont pas appuyés d'éléments suffisamment probants.* » En effet, le Conseil de la concurrence est amené à se prononcer à chaque saisine sur l'application des dispositions de la loi n° 104-12 relative à la liberté des prix et de la concurrence, de sorte que lorsqu'il doit apprécier la recevabilité d'une saisine, il statue en même temps sur sa compétence. Il n'est pas du tout facile de dessiner une frontière bien tracée entre les trois stades procéduraux de la compétence, la recevabilité et l'examen au fond, notamment les deux premiers. Par exemple, lorsque l'autorité de la concurrence se prononce au fond alors qu'elle a déclaré son incompétence au préalable, ou bien au cas où elle justifie l'absence d'éléments probants suffisants s'apparentant à la procédure devant le juge administratif[266], contribuant ainsi à la juridictionnalisation de sa procédure.

Par ailleurs, une lecture attentive de l'article 26 de la loi n° 104-12 montre que la saisine pour être recevable doit remplir certaines conditions relatives au demandeur et à la demande. Une fois que celles-ci sont remplies, le Conseil déclare la saisine recevable et s'estime « *saisi* », ce terme montre que : « *l'autorité administrative n'a pas le choix de poursuivre ou de ne pas poursuivre la procédure* »[267], jusqu'à prononcer une décision d'irrecevabilité, de non-lieu ou de condamnation. Cependant, elle jouit de la faculté de poursuivre l'affaire qui est alors traitée comme une saisine d'office, en cas de désistement des parties. Dans ce cadre, l'action du Conseil de la concurrence révèle son caractère répressif.

Notre propos va s'attacher dans un premier temps aux conditions relatives au demandeur qui démontrent la nature objective de l'action du Conseil (1). Puis nous enchainerons avec les conditions concernant la demande qui symbolisent le formalisme de la procédure appelant une comparaison avec le contentieux administratif (2).

1. Les conditions de recevabilité relatives au demandeur

Il semble que le fait de définir juridiquement « *la qualité* » montre une difficulté remarquable[268]. Une partie de la doctrine considère que : « *Définir cette notion par le titre juridique permettant à une personne d'invoquer le droit dont elle demande la sanction manque de précision, et conduit parfois à l'assimiler, à tort, à la notion de pouvoir (à titre d'exemple : le pouvoir d'ester en justice du mandataire ayant qualité pour agir au nom et pour le compte d'autrui)* »[269]. L'article 3 de la loi relative au Conseil de la concurrence instaure le droit d'agir devant lui, et précise les personnes qui en jouissent. À ce titre, il prévoit que : « Le *Conseil peut être saisi, pour toutes les pratiques anticoncurrentielles, par les entreprises ou, pour toute affaire qui concerne les intérêts dont ils ont la charge, par les organismes mentionnés au dernier alinéa de l'article 5. Il peut également être saisi par l'administration de toute pratique anticoncurrentielle, ou de faits susceptibles de constituer une telle pratique, ainsi que des manquements aux engagements pris par les parties à*

[266]CHAPUS René, *Droit du contentieux administratif*, Paris, Montchrestien, 2008, n° 467.
[267] JENNY Frédéric et BLAISE Jean-Bernard, « Le droit de la concurrence. Les années récentes : Bilan », *Revue Internationale de Droit Economique*, numéro 1, 1995.
[268] EL MARINI Abdelwahab, *Cours en droit judiciaire privé*, Rabat, Dar Essalam, 2005, p. 125. (En arabe).
[269]CHAPUS René, *Droit du contentieux administratif*, Op. cit.

une opération de concentration économique lorsque l'administration a évoqué la décision relative à ladite opération conformément à la loi sur la liberté des prix et de la concurrence. ». Il s'avère donc que ces dispositions ne font aucune référence à la notion de capacité pour ester devant le Conseil.

Dans une optique comparative avec le droit français, l'article 31 du nouveau Code de procédure civile dispose que : « *L'action est ouverte à tous ceux qui ont un intérêt légitime au succès ou au rejet d'une prétention, sous réserve des cas dans lesquels la loi attribue le droit d'agir aux seules personnes qu'elle qualifie pour élever ou combattre une prétention, ou pour défendre un intérêt déterminé* », ce qui ne fonde pas l'action sur l'exigence de capacité, mais seulement sur l'existence d'un intérêt remplissant certaines conditions. De son côté, le premier alinéa de l'article premier du Code de procédure civile marocain dispose que : « *ne peuvent ester en justice que ceux qui ont qualité, capacité et intérêt pour faire valoir leurs droits* », présentant ainsi cette notion comme une condition fondamentale de l'action.

Ainsi, si l'article 3 de la loi n° 20-13 relative au Conseil de la concurrence ne fait aucune référence à la capacité, le code de la procédure en mentionne expressément. Ce qui laisse à penser à une éventuelle réforme ne fondant pas l'action sur l'exigence de capacité.

Ceci dit, la loi n° 20-13 limite le nombre des titulaires du droit d'action, n'accordant qualité pour agir qu'à certaines personnes susceptibles d'avoir un intérêt à l'action. Effectivement, elle dresse une liste à caractère limitatif de personnes ayant qualité à saisir le Conseil de la concurrence.

Pourtant, nous pouvons distinguer trois types de saisines contenus par la loi n° 20-13 : d'abord, les saisines directes par les entreprises victimes de pratiques anticoncurrentielles, ainsi que par les organismes mentionnés au dernier alinéa de l'article 5. Ensuite, la saisine de l'administration dont le décret n° 2-15-109 relatif à l'application de la loi n° 20-13 concernant le Conseil de la concurrence qui prévoit que seul le chef du gouvernement peut saisir le Conseil de la concurrence à sa propre initiative ou à la demande d'un département ministériel. Et enfin la saisine « *d'office* » par le Conseil de la concurrence lui-même. Comme il s'agit d'une liste limitative, aucune autre personne n'est en principe titulaire de cette qualité à agir, sans préjudice de dispositions dérogatoires.

Le législateur a tenu compte de cette limite et a fait rajouter la possibilité de saisines spéciales du Conseil par d'autres autorités de régulation : la Haute autorité de la communication audiovisuelle, l'Agence nationale de la réglementation des télécommunications et l'Autorité marocaine des marchés de capitaux...

Les entreprises sont les premières personnes dotées de la qualité d'agir selon les dispositions de la loi n° 20-13. Elles sont d'ailleurs les pionnières en terme d'engagement de la procédure au lieu de l'administration puisqu'elles sont au cœur de l'économie du marché libéral[270]. En effet, l'entreprise est une notion centrale du droit des pratiques anticoncurrentielles, branche du droit de la concurrence, puisqu'elles sont les principaux sujets de ce droit, et parce qu'elles ont cette qualité à saisir le Conseil de la concurrence[271]. Mais la difficulté que peut rencontrer l'entreprise lors de son action de saisine réside dans sa restructuration probable, ce qui pose la question de la personne agissant en sa place, qui doit prouver qu'elle a reçu une délégation de pouvoir d'une part, et la limitation de son action sur le marché en cause dans lequel elle exerce son activité d'autre part.

Les secondes personnes concernées par la saisine directe selon le premier alinéa de l'article 3 de la loi n° 20-13 : «*pour toute affaire qui concerne les intérêts dont ils ont la charge, par les organismes mentionnés au dernier alinéa de l'article 5* ». L'autorité indépendante de la concurrence vérifie que les organismes ont, dans cette action, un intérêt avec leur compétence. En d'autres termes, les pratiques litigieuses sont susceptibles de causer un préjudice à leurs membres, ressortissants et adhérents. Dans ce cadre la qualité rejoint l'intérêt, puisque c'est l'intérêt qui donne ici qualité pour agir à ces organismes, pourtant spécialement mentionnés.

En général, et comme ils sont des personnes morales, les entreprises et les organismes énumérés par la loi n° 20-13 ont qualité d'agir devant le Conseil, qui doit constater que leur représentant ou mandaté ayant signé l'acte de saisine, a reçu clairement le pouvoir des organes légaux ou statutaires afin d'exercer cette fonction. Par ailleurs, l'absence d'exigences juridiques dans la procédure de représentation s'explique par le caractère objectif et d'utilité publique de l'action du Conseil de la concurrence assurant le respect de la police des pratiques anticoncurrentielles, et visant la préservation du bon ordre concurrentiel qui doit bénéficier à tout un chacun. Chose pour laquelle une épouse peut être mandatée par son époux chef d'entreprise pour le représenter.

---

[270]"Les entreprises sont des organisations, des groupes humains structurés et finalisés. Fondées sur des liens juridiques, techniques, sociaux et psychologiques, elles assument des fonctions économiques de production, de distribution de biens ou de services, afin d'assurer leur survie et d'atteindre des objectifs de développement et de rémunération de leurs ayants droit." Voir COHEN Elie, « ENTREPRISE - Vue d'ensemble », in Universalis éducation [en ligne], *Encyclopædia Universalis*, consulté le 17 juin 2016.

[271]BOUTARD-LABARDE Marie-Chantal et CANIVET Guy, *Droit français de la concurrence*, Paris, LGDJ, 1994, n° 368.

Ce qui indique au contraire que la représentation par un avocat n'est pas obligatoire, mais reste facultative.

La dernière personne ayant qualité à agir devant le Conseil de la concurrence est le Conseil de la concurrence lui-même[272]. Il n'a pas besoin d'aucune plainte officielle pour déclencher son action. Il peut s'autosaisir sur proposition de son rapporteur général, de toutes les pratiques susceptibles d'affecter le libre jeu de la concurrence, lorsqu'il dispose de présomptions sérieuses menaçant les conditions de fonctionnement de la concurrence, c'est en d'autres termes : la saisine d'office. En fait, cette prérogative particulière justifie cette qualité pour agir conférée au Conseil de la concurrence[273]. En tant qu'autorité indépendante chargée de veiller au bon fonctionnement concurrentiel du marché, elle s'autosaisit sans tenir compte des formalités des demandes et des conclusions des parties.

Une fois l'exigence de la qualité satisfaite, le point sera mis sur la question de l'intérêt comme élément fondamental pour toute action devant le Conseil de la concurrence. La nécessité pour l'auteur de la saisine se résume par l'adage juridique : « *pas d'intérêt, pas d'action* »[274].

L'auteur probable de la saisine doit être capable de justifier que l'action exercée est susceptible de lui procurer un avantage et non la sanction d'un droit d'après le professeur Serge Guinchard[275]. Sa demande doit être fondée sur le non-respect des normes objectives, sur la violation des règles de police des pratiques anticoncurrentielles contenues aux articles 6, 7 et 8 de la loi n° 104-12, en tenant compte que l'action devant le Conseil est administrative et objective.

À l'égard de l'appréciation de l'intérêt pour agir du chef du gouvernement et du Conseil de la concurrence lui-même, leur saisine s'explique par un intérêt purement objectif, fondé sur le souci du respect de la libre concurrence. Dans ce cadre, leur action est clairement d'intérêt général, et leur but est de faire bien respecter les règles de concurrence. Ils n'ont pas besoin alors de justifier d'un intérêt à agir, puisqu'il est inhérent à la finalité même de leur action de veiller au bon fonctionnement concurrentiel du marché. Le chef du gouvernement apparaît donc comme un demandeur privilégié. La même

---

[272] L'article 4 de la loi n° 20-13 prévoit que : « Le Conseil peut, sur proposition du rapporteur général, se saisir d'office de toutes les pratiques susceptibles d'affecter le libre jeu de la concurrence ».

[273] MENURET Jean Jacques, *Le contentieux du conseil de la concurrence*, Op.cit., p .218.

[274] « La partie, qui engage un procès, doit justifier, sous peine d'être déboutée de sa demande, d'un intérêt légitime, matériel ou moral à exercer l'action. Voir MOUGENOT Dominique, *Principes de droit judiciaire privé*, Bruxelles, Larcier, 2009, p.109.

[275] GUINCHARD Serge et al, *Procédure civile*, Paris, Dalloz, 2010, n° 100.

analyse peut être tenue pour le Conseil de la concurrence lorsqu'il se saisit d'office.

Cependant, ce n'est pas le cas des autres personnes ayant la qualité à saisir l'autorité de la concurrence. C'est-à-dire les entreprises et les organismes cités par la loi qui doivent disposer d'un intérêt protégeable, dont elles veulent tirer avantage lorsqu'elles saisissent le Conseil. L'intérêt qu'elles invoquent doit ainsi avoir une réalité manifeste.

Nous pouvons néanmoins présumer que l'intérêt doit être juridique et légitime, personnel et direct, né et actuel[276].

2. Les conditions de recevabilité relatives à la demande

Après s'être intéressé aux conditions de recevabilité relatives au demandeur, le Conseil de la concurrence doit aussi s'occuper de la validité des conditions concernant la demande, et au délai durant lequel, celle-ci doit être exercée.

Pour être recevable, une demande doit remplir certaines conditions de forme et des éléments de fond. Les règles de forme concernant la saisine du Conseil de la concurrence se trouvent dans son règlement intérieur, qui fixe l'organisation des services et les conditions de fonctionnement. L'article 21 du règlement de l'ancien Conseil se rapportait surtout aux règles de forme que devait suivre chaque saisine[277].

D'après les dispositions du règlement intérieur, la manière dont le Conseil de la concurrence peut être saisi est assez simple. La saisine est formalisée soit par une lettre recommandée avec demande d'avis de réception, soit par dépôt au siège du Conseil de la concurrence contre récépissé. L'autorité assure, outre le service du courrier, la constitution et le suivi des dossiers à toutes les phases de la procédure. C'est donc lui qui, logiquement, s'occupe des saisines dès leur réception ou dépôt.

La saisine doit être faite en quatre exemplaires. À ceux-ci doivent être jointes les pièces annexes, également en quatre exemplaires. Remarquons ici le nombre élevé de documents à fournir, quand bien même il est de nature à faciliter le fait de les communiquer aux parties et d'accélérer la procédure. À partir de sa réception ou de son dépôt, la saisine est inscrite sur un registre d'ordre tenu par le Secrétariat général du Conseil, lui attribuant un numéro. Il

---

[276]JABRANE Amina, « La condition de l'intérêt au contentieux d'annulation », *Revue des affaires administratives*, n° 6, 1986, p.90. (En arabe).
[277]Conseil de la concurrence du Maroc, *Rapport annuel de 2009*, p. 89.

s'agit formellement de la phase d'enregistrement. Elle est pertinente pour toute question relative au délai. La saisine doit comporter un certain nombre de mentions au niveau de son contenu : l'identité, la qualité et l'adresse ou le domicile du saisissant et de son représentant s'il y a lieu, en distinguant s'il s'agit d'une personne physique ou d'une personne morale. Si le requérant est une entreprise, il doit faire allusion aux informations relatives à son exploitation. L'adresse est utile pour adresser les notifications et les convocations. Dans l'hypothèse de son changement, l'auteur de la demande est tenu d'en aviser le Conseil de la concurrence par lettre recommandée avec accusé de réception. A contrario, il ne peut avancer d'arguments de non-réception des courriers de non-notification ou de convocation. L'ensemble des documents produits devant le Conseil de la concurrence doivent être rédigés en arabe ou à défaut et exceptionnellement dans une langue autre que l'arabe. Toutefois, le Président peut imposer ultérieurement une traduction. En pratique, tous ces éléments ne posent pas de problème.

La lecture regroupée des articles 3 de la loi n° 20-13, et 24 de la loi n° 104-12, et des orientations du Guide de la procédure devant le Conseil de la concurrence[278] présente les différentes conditions de fond que doit satisfaire la demande devant le Conseil de la concurrence. Tout d'abord, l'acte de saisine doit faire apparaitre avec précision l'objet de la demande, à savoir le résultat que cherche à atteindre le requérant, c'est-à-dire la condamnation de l'auteur des pratiques anticoncurrentielles. La demande doit avoir dans son objet les moyens de fait et de droit nécessaires pour appuyer la requête de son auteur. Doivent y figurer l'exposé des faits caractérisant cette violation et toutes les circonstances utiles et les moyens invoqués à son appréciation ainsi que les éléments de droit sur lesquels est fondée la demande. Toutes ces pièces vont permettre au Conseil de la concurrence de vérifier si la saisine est suffisamment sérieuse, et nécessite un examen approfondi. Pour refléter son caractère fondé, la demande doit relever des faits faisant partie du domaine de la compétence du Conseil de la concurrence, appuyés d'éléments suffisamment probants.

Une partie de la doctrine a exprimé des réserves quant à l'exigence de : « *s'il estime que les faits invoqués n'entrent pas dans le champ de sa compétence* »[279], en avançant que la conséquence de l'examen imposé est la recevabilité ou l'irrecevabilité de la saisine et qu'il est curieux de trouver l'exigence de faits entrant dans le champ de compétence du Conseil de la concurrence. C'est-à-dire, celle de sa compétence à la fois normative et

[278]Conseil de la concurrence du Maroc , *Rapport annuel de 2009*, p. 89.
[279]Ce sont des propos de l'article 26 de la loi n° 104-12 relative à la liberté des prix et de la concurrence au Maroc, et l'article L.462-8 du code de commerce français.

décisionnelle[280], car telle est bien la qualification à donner à la condition de fond examiné. Or la question de compétence est étrangère par principe à celle du droit d'agir. L'explication qui peut être donnée à ce manque de cohérence réside dans la spécificité de l'action du Conseil qui procède à l'examen de la recevabilité de la saisine doit passer en même temps par sa compétence. Cette première exigence de fond renvoie à celle de l'examen de la compétence du Conseil de la concurrence, qui sera traité dans la deuxième partie de cette thèse.

La seconde exigence de fond pour la recevabilité de la saisine s'incarne dans la conjonction « *d'éléments suffisamment probants* » afin d'étayer la demande. L'autorité indépendante de la concurrence évalue la convenance des éléments de preuve figurant dans l'acte de saisine pour décider si les pratiques dénoncées peuvent être suspectées d'être prohibées par les dispositions des articles 6, 7 et 8 de la loi n° 104-12 et fonder un examen plus approfondi. Les éléments qui sont de nature à démontrer que les entités économiques en cause ont commis des pratiques, et que ces pratiques sont anticoncurrentielles, doivent être rapportés dans la demande de la saisine. Cette obligation montre en revanche que de simples prétentions ne seront pas prises comme des éléments probants. Par le biais de cet examen, le Conseil de la concurrence se livre à une sorte d'épuration et de filtrage des demandes de saisines, sans attendre qu'au fond, le requérant puisse justifier ses allégations. Ainsi, il accepte seulement de les examiner plus avant que si les faits sont dès l'origine assez étayés. On remarque ici que la procédure suivie s'écarte notablement de celle devant les tribunaux civils, vu que les preuves devant le Conseil de la concurrence doivent commencer à exister à partir de l'examen de la demande de la saisine, en contribuant assurément à éviter celles peu ou pas réfléchies[281].

La dernière condition de recevabilité de la saisine devant le Conseil de la concurrence est relative à la nécessité d'agir dans un certain délai. Si le demandeur n'agit pas assez vite, la prescription fait son œuvre et entraîne en principe un échec définitif de la saisine, celle-ci ne pouvant être recommencée[282].

---

[280]Voir MENURET Jean Jacques, *Le contentieux du conseil de la concurrence*, Op. cit., p. 228.

[281]Le fait de rapporter des éléments de preuve n'est pas une chose facile de la part des requérants, il ne suffit plus de montrer l'existence d'une entente, d'énumérer ses membres et moyens, car les ententes ne sont pas interdites de leur nature, mais il faut s'attaquer et chercher les conséquences possibles de telles pratiques, et aborder les raisons pour lesquelles elle peut fausser le libre jeu de la concurrence et porter une atteinte au marché.

[282]La jurisprudence française incarnée par la cour d'appel de paris affirme à ce titre que la prescription « a pour conséquence de rendre irrecevable une action ou d'interdire la sanction

Ceci étant précisé, et en vertu des dispositions de l'article 23 de la loi n° 104-12 : « *Le Conseil de la concurrence ne peut être saisi ou se saisir d'office de faits remontant à plus de cinq (5) ans s'il n'a été fait au cours de cette période aucun acte tendant à leur recherche, leur constatation ou leur sanction.* ». Cette durée est similaire pour l'action devant l'autorité de la concurrence française dont l'article article L462-7 du code du commerce qui dispose que : « *L'Autorité ne peut être saisie de faits remontant à plus de cinq ans s'il n'a été fait aucun acte tendant à leur recherche, leur constatation ou leur sanction.* »[283]. En effet, cette durée dépasse celle prévue pour les créances publiques[284]. Elle se rapproche de la prescription de cinq ans en procédure pénale concernant l'action publique en matière de délit[285].

En outre, le dernier alinéa de l'article 23 de la loi n° 104-12 prévoit que : « *toutefois, la prescription est acquise en toute hypothèse lorsqu'un délai de dix (10) ans à compter de la cessation de la pratique anticoncurrentielle s'est écoulé sans que le Conseil de la concurrence ait statué sur celle-ci* ». Il s'avère que la prescription décennale instaurée par ces dispositions était acquise en toute hypothèse lorsqu'un délai de dix ans à compter de la cessation de la pratique anticoncurrentielle s'est écoulé sans que le Conseil de la concurrence ait statué sur celle-ci.

Il faut encore de souligner que l'article 23 dans son alinéa 2 de la loi n° 104-12 dispose que : « *Les actes interruptifs de la prescription de l'action publique pour l'application de l'article 75 de la présente loi sont également interruptifs de la prescription devant le Conseil de la concurrence* ». Il peut

---

d'un fait ». Il faut alors considérer ce défaut du droit d'agir comme une véritable fin de non-recevoir opposée au demandeur. Cependant, si les faits prescrits ne peuvent plus donner lieu à des poursuites, ils peuvent encore « être relatés à seule fin de permettre la compréhension des griefs retenus et relatifs à des faits susceptibles d'être sanctionnés ». Il s'agit d'une limite pratique aux effets de la prescription. La jurisprudence du Conseil de la concurrence sur ce point est constante.

[283]Deux ordonnances successives ont modifié l'article L. 462-7 du code de commerce. Celle n° 2004-1173 du 4 novembre 2004 a porté de trois à cinq ans le délai de prescription des pratiques anticoncurrentielles poursuivies devant le Conseil de la concurrence puis devant l'Autorité de la concurrence (al. 1er) et celle n° 2008-1161 du 13 novembre 2008 qui a ajouté que la prescription était acquise en toute hypothèse lorsqu'un délai de dix ans à compter de la cessation de la pratique anticoncurrentielle s'est écoulé sans que l'Autorité de la concurrence ait statué sur celle-ci (nouv. al. 3).

[284]L'article 123 de la loi n° 15-97 formant code de recouvrement des créances publiques prévoit que : « L'action en recouvrement des impôts et taxes, des droits de douane, des droits d'enregistrement et de timbre se prescrit par quatre ans à compter de la date de leur mise en recouvrement ».

[285] « En matière délictuelle, par cinq années grégoriennes révolues à compter du jour où le délit a été commis » l'article 4 du Dahir n° 1-58-261 du 1er chaabane 1378 (10 février 1959) formant Code de procédure pénale.

être fait échec à cette prescription des actes tendant à la « *recherche* », « *la constatation* », ou à « *la sanction* » de ces faits ont été accomplis.

Il s'agit bien ici là de différentes causes d'interruption du délai. La suspension ne fait qu'arrêter temporairement le cours de la prescription, sans en annihiler les effets accomplis, notamment le temps déjà couru. Il y a donc dans ce cas un allongement du délai de prescription correspondant au temps de la suspension.

En outre, la lettre de l'alinéa 1 de l'article 23 de la loi n° 104-12 manque extrêmement de précision. Il serait futile de déterminer les sens de ces trois termes, vu que la saisine du Conseil et la désignation du rapporteur pourraient parfaitement être perçues comme des actes de recherche, de constatations et de sanction. Cependant, la jurisprudence française a fait dégager plusieurs actes d'instruction comme interruptifs de la prescription. À titre d'exemple : les procès-verbaux d'enquête, de saisie de documents et d'audition des personnes établis lors d'enquêtes préalables, ou lors de l'instruction[286].

B. L'examen de la recevabilité, le caractère répressif de l'action du Conseil de la concurrence

L'examen de la recevabilité de la demande peut amener à revoir l'étendue de la saisine ou à pratiquer une jonction ou disjonction de cette dernière et parfois même la possibilité de son retrait (1). Ces pouvoirs marquent une fois de plus le caractère répressif de l'action du Conseil de la concurrence. Toutefois, le fait d'associer les diverses conditions demandées pour toute saisine aboutit parfois à des décisions d'irrecevabilités ou de non-lieu (2).

1. L'étendue de la saisine, sa jonction et son retrait

Lorsque le Conseil de la concurrence est saisi d'une demande d'une partie, il est saisi in rem287, mais à la différence du juge d'instruction et du juge pénal, il n'est pas lié par l'acte de saisine, à savoir ni par les faits énumérés, ni par les allégations du requérant, ni par les qualifications présentées.

---

[286]Tel est le cas d'une démarche volontaire d'une entreprise sur le fondement du IV de l'article L. 464-2 (procédure de clémence. – Conseil de la concurrence décision n° 06-D-09 du 11 avril. 2006, fabrication de portes), d'une requête adressée au juge pour demander l'autorisation d'opérer des visites, d'une lettre-circulaire de la DGCCRF adressée aux entreprises du secteur en cause et visant à délimiter les contours géographiques des marchés, d'une lettre adressée à une entreprise par l'administration et marquant le début de l'enquête administrative, d'un procès-verbal de constatations, d'une communication de documents ou d'une audition.

[287]Saisine in rem signifie donc que l'autorité est saisie de l'ensemble des faits visés dans l'acte de saisine, mais uniquement de ces faits. Ceci signifie également qu'elle n'est pas liée par la qualification juridique qui a été donnée aux faits et qu'il est donc libre de les requalifier, à la condition que le prévenu ait été en mesure de s'expliquer sur la nouvelle qualification retenue.

L'autorité de régulation de la concurrence se trouve seulement saisie de pratiques à examiner sur un ou plusieurs marché(s) concerné(s). Aussi, elle peut, durant l'examen de la saisine et sans se saisir d'office, analyser toutes les pratiques intéressées sur les marchés en cause et présumer de leur nature et ceci quels qu'en soient les auteurs, cités ou non dans l'acte de saisine. Par contre, le juge pénal ne pourrait suppléer ou compléter les actes dont il est saisi par d'autres faits non cités dans l'acte de saisine.

Par ailleurs, le Conseil de la concurrence est maitre de son action au nom du principe de l'opportunité de l'extension de poursuites. Il apprécie les situations dans lesquelles il peut étendre l'instruction ou pas. C'est le cas à titre d'exemple de la découverte de charges nouvelles pesant sur d'autres entreprises non visées initialement par l'acte de saisine. Il conserve tout son choix de les poursuivre ou non à l'exception des faits révélés par l'acte de saisine qu'il est obligé d'instruire.

L'autorité de régulation de la concurrence a le pouvoir de qualifier les faits qu'elle retient au regard de dispositions de la loi n° 104-12 relative à la liberté des prix et de la concurrence. Généralement, la qualification est l'opération constituant en analyse juridique d'un fait ou d'un acte qui établit une question de droit dans le but de le faire entrer en une catégorie juridique préexistante en lui reconnaissant les caractéristiques essentielles de la catégorie de rattachement[288].

Pour cela, nous pouvons dire que le Conseil de la concurrence qui n'est pas une juridiction qui dispose d'une « plénitude de juridiction » dans l'examen de faits qui lui sont soumis. En revanche, le caractère « in rem » de sa saisine lui confère le pouvoir de procéder à l'extension de cette dernière sans avoir à se saisir d'office. Il est alors clair que le Conseil de la concurrence n'a pas pour rôle de régler des litiges entre parties faisant valoir des droits personnels, mais d'apprécier l'influence des pratiques sur un marché. Dans cette action à caractère objectif, il n'appartient pas aux parties en cause, contrairement aux principes de la procédure civile, de définir l'objet et les limites du procès. Le contentieux de la concurrence est un contentieux objectif répressif[289].

Ceci étant précisé et afin de rationaliser son activité contentieuse, le Conseil de la concurrence peut demander à joindre ou disjoindre les différentes demandes de saisines présentées devant lui. Dans ce cadre, l'action du Conseil de la concurrence s'apparente à celle d'une juridiction normale, et montre différentes possibilités : il peut être saisi d'une façon successive, par une ou plusieurs parties de faits qui ont la même nature et ont eu lieu sur le

---

[288]CORNU Gérard, *Vocabulaire juridique*, Op. cit., p. 733.
[289]MENURET Jean Jacques, Le contentieux du conseil de la concurrence, Op.cit., p. 242.

même marché. Dans ce cas, il est amené à la jonction des différentes saisines, pour bien exercer une seule instruction ou rendre une seule décision. Il peut également joindre dans une seule procédure des faits constatés sur plusieurs marchés voisins ou connexes, dès lors que chacun suppose la mise en œuvre pour partie au moins de technique, de matériel et de qualification de même nature et que les mêmes entreprises y sont présentes[290] . Le Conseil peut se voir amener à une procédure de disjonction, lorsque les pratiques objets des saisines sont hétérogènes et qu'elles ne peuvent être traitées que par secteur d'activité[291].

Les deux hypothèses de jonction et disjonction des saisines montrent davantage que les pouvoirs du Conseil de la concurrence sont très étendus, dans la mesure où ses décisions ne sont pas susceptibles de recours, car elles sont purement internes et liées à la procédure d'instruction.

Par ailleurs, le requérant auteur de la demande de la saisine garde la possibilité de procéder au retrait de celle-ci, à savoir déclarer, se désister et renoncer à être partie à la procédure. Dans ce sens, le dernier alinéa de l'article 26 de la loi n° 104-12 relative à la liberté des prix et de la concurrence dispose qu'« *en cas de désistement des parties, il en est donné acte par décision du président ou d'un vice-président. Toutefois le Conseil peut poursuivre l'affaire qui est alors traitée comme une saisine d'office* ». En général, le retrait de la plainte s'explique par un règlement à l'amiable du litige entre les parties[292].

Le Conseil ne procède pas dans tous les cas à prendre une décision de classement mettant un terme à la procédure, après que la partie saisissante ait déclaré se désister. Il ne s'agit là que d'une faculté parmi d'autres, offerte à l'autorité de régulation de la concurrence, qui n'étant pas tenue par les

---

[290]La cour d'appel de Paris estime que la décision de jonction « ne constitue pas un amalgame contraire aux garanties des droits de la défense » (Paris, 1er déc. 1992, SOCAE).

[291]Le rapporteur peut décider de disjoindre une saisine initiale en trois dossiers distincts afin de permettre à l'une des entreprises en cause de communiquer des éléments couverts par le secret des affaires (Conseil de la concurrence français, décision no 03-D-68 du 23 déc. 2003).

[292]C'est le cas en France du désistement de Biwater, dans l'affaire no 98-D-58, a précédé l'acquisition de cette entreprise par celle qu'elle mettait en cause (Conseil de la concurrence, avis, no 00-A-27 du 28 nov. 2000, Saint-Gobain/Biwater). De même, le retrait de la plainte de la société Orangina contre la société Coca-Cola Beverages SA est intervenu dans le cadre d'un projet d'acquisition en 1998. conformément à cette jurisprudence de la cour d'appel de Paris sur cette affaire estimant que le *« retrait de plainte intervenu après la constatation par le Conseil de la concurrence de l'existence de pratiques anticoncurrentielles, et après le prononcé de sanctions, est sans aucun effet sur la décision rendue »*, une solution est consacrée par l'article L. 462-8 du code de commerce français dispose qu'« *en cas de désistement, l'Autorité peut poursuivre l'affaire, qui est alors traitée comme une saisine d'office* ».

demandes des parties peut décider de poursuivre l'affaire en se saisissant d'office des pratiques initialement dénoncées.

On est ici proche du retrait de la plainte en matière pénale qui, s'il peut éteindre l'action civile, n'a en principe aucun effet sur l'action publique. Cette procédure montre une fois de plus l'aspect répressif de l'action du Conseil de la concurrence, qui peut bien se prévaloir du caractère d'ordre public des règles de concurrence pour justifier la procédure, et fonde le principe selon lequel : l'autorité de régulation de la concurrence, même sans se saisir d'office, reste saisie après un retrait de la saisine. C'est l'objectif finaliste d'ordre public de la concurrence qui peut justifier une telle position.

2. La fin prématurée de l'instance et le défaut des conditions de la recevabilité

Le fait d'associer les diverses conditions demandées pour toute saisine induit certainement à la recevabilité de celle-ci par le Conseil de la concurrence. Leur défaut aboutit à des décisions d'irrecevabilités ou de non-lieu. À travers l'article 26 de la loi n° 104-12, le législateur a prévu la possibilité pour le Conseil de la concurrence de déclarer une saisine irrecevable. Il s'est montré attentif pour écarter le fait que le travail du Conseil de la concurrence ne soit pas freiné par des demandes de saisines qui, soit ne seraient visiblement pas fondées, soit ne concerneraient pas sa compétence d'attribution. L'irrecevabilité comme la recevabilité exige le respect de certains principes procéduraux pour sa mise en œuvre : à savoir le contradictoire, la motivation et la notification.

En vertu de l'article 26 de la loi relative à la liberté des prix et de la concurrence, le Conseil de la concurrence peut déclarer une saisine irrecevable, si les conditions propres à sa recevabilité ne sont pas réunies. Celles-ci sont expressément prévues par le texte : le « *défaut d'intérêt ou de qualité à agir de l'auteur de celle-ci ou si les faits sont prescrits, ou s'il estime que les faits invoqués n'entrent pas dans le champ de sa compétence ou ne sont pas appuyés d'éléments suffisamment probants* ». La procédure est organisée pour qu'elle soit contradictoire à partir du moment de dépôt de la saisine, concernant les parties en question et excluant les personnes dénoncées, que l'irrecevabilité ne fait pas créer des griefs à leur égard.

Par ailleurs, le même article exige que la décision soit motivée par l'autorité indépendante de la concurrence. Cette condition n'a rien de particulier puisqu'elle se rapporte à l'obligation de motivation de toute décision administrative[293], et que le Conseil de la concurrence s'y soumet. D'autre part, la décision d'irrecevabilité comme les autres décisions est prise lors d'une séance du Conseil, et le rapporteur peut présenter ses observations orales.

La décision d'irrecevabilité est notifiée et transmise à l'auteur de la saisine et aux personnes dont les agissements ont été examinés au regard des articles 6, 7 et 8 de la loi n° 104-12.

Pourtant, lorsque le Conseil de la concurrence est confronté à des faits sur lesquels il s'était déjà prononcé mais déjà prescrits, il ne met pas pour autant fin à la procédure par une décision d'irrecevabilité, mais par un non-lieu à poursuivre la procédure. Toutefois, sans aucun doute, il s'agit là d'exigences ayant trait à la recevabilité de la saisine ; le non-lieu suppose un début d'examen de la saisine, à la différence en principe de l'irrecevabilité.

Premièrement, c'est l'hypothèse de la confrontation du Conseil à des faits sur lesquels il s'est déjà prononcé, décidant donc du non-lieu à poursuivre la procédure. S'il est tenu d'un préexamen au fond sans avoir besoin d'aller au cours de la saisine pour déclarer le non-lieu, une partie de la doctrine considère que ces décisions font partie de la catégorie des décisions taxées d'irrecevabilité, en raison de leurs fondements communs. L'article 26 de la loi n° 104-12 ne prévoit pas expressément cette cause d'irrecevabilité.

Deuxièmement, le Conseil de la concurrence peut être amené à tirer les conséquences de ce que des faits sont couverts par la prescription. Dans ce sens, l'article 26 prévoit que le délai de deux mois : « *est suspendu en cas de mise en demeure adressée par le président du Conseil à l'auteur de la saisine afin de régulariser sa demande dans un délai qu'il lui fixe* ».

Le Conseil peut déclarer par décision motivée, après que l'auteur de la saisine ait été mis en mesure de consulter le dossier et de faire valoir ses observations, qu'il n'y a pas lieu de poursuivre la procédure, puisque la prescription intervient postérieurement à la saisine. C'est-à-dire qu'en cours d'examen de celle-ci, le Conseil de la concurrence ne peut plus déclarer la saisine irrecevable, mais juste le non-lieu qui semble une solution adéquate à ce problème.

En outre, la loi n° 104-12 relative à la liberté des prix et de la concurrence n'a pas pris en compte la question des faits sur lesquels le Conseil de la

[293]ROUSSET Michel, « L'obligation générale de motivation des décisions administratives au Maroc : une nouvelle protection pour les administrés », *Revue juridique et politique. Indépendance et coopération*, 2003, n° 3, pp.381-387.

concurrence s'est déjà prononcé. Cela suscite l'attention dans la mesure où cette question de recevabilité de la saisine reste sans solution cohérente.

En conclusion, nous pouvons dire qu'en dépit de ces apparences juridictionnelles, la procédure de recevabilité de la saisine montre une certaine originalité, qui concrétise la nature objective et administrative de l'action du Conseil de la concurrence, renforcée par son caractère répressif visant à veiller à un bon ordre concurrentiel du marché.

§ 2. De la saisine à la séance du Conseil de la concurrence

Cette phase procédurale s'intéresse à l'examen du bien-fondé de la saisine de l'autorité de la concurrence. Elle commence suite à la déclaration de recevabilité de la demande. Après avoir franchi cette étape préalable, la saisine fera l'objet d'un examen approfondi jusqu'à la prise d'une décision définitive par le Conseil de la concurrence.

Les formalités procédurales relatives à la phase de l'enquête constituent des garanties aux personnes objets d'enquêtes, et des contraintes à faire respecter par les enquêteurs. Dans un moment où il n'y a pas lieu de parler des droits de la défense, mais juste du droit à connaitre l'objet de l'enquête en cours.

Il est à souligner aussi que la notification des griefs est un document d'accusation rédigé par le rapporteur et non par le président afin d'assurer une meilleure séparation entre l'instruction et l'instance de la décision et du jugement, en faisant écho à l'interdiction de la participation du rapporteur au délibéré, qui concrétise davantage le principe de l'égalité des armes entre les parties au procès.

Les séances du Conseil de la concurrence ne sont pas publiques. Seuls les parties en cause et le commissaire du gouvernement peuvent y assister. Cette règle n'existe pas devant les juridictions judiciaires, qui appliquent en principe la publicité des débats.

Compte tenu de ces données, nous étudierons tout d'abord la phase préparatoire de l'enquête et de l'instruction (A), puis le déroulement de la séance (B).

A. La phase préparatoire de l'enquête et de l'instruction

Cette phase recouvre à la fois la désignation du rapporteur et la réalisation de l'enquête[294]. En fait, elle est centrée autour des pouvoirs attribués au rapporteur du Conseil de la concurrence. Il demeure le personnage-clé de cette étape procédurale, et la marque d'une empreinte répressive. C'est pourquoi, elle commence par la désignation du rapporteur, et se poursuit le cas échéant par la réalisation d'une enquête (1), puis par l'instruction tenue de respecter le contradictoire (2).

1. Le caractère répressif de la phase de l'enquête

Pour effectuer ses enquêtes, le rapporteur jouit aux termes de l'article 68 de la loi n° 104-12 de pouvoirs importants d'investigation : *« les rapporteurs et les enquêteurs du Conseil de la concurrence, les fonctionnaires de l'administration habilités spécialement à cet effet et les agents du corps des contrôleurs des prix, appelés tous "enquêteurs".. , peuvent procéder aux enquêtes nécessaires »*, pour la simple raison d'établir : l'existence d'infractions aux règles concurrentielles ; bien veiller au bon fonctionnement du marché ; constater que le repérage des infractions au droit de la concurrence n'est pas une tâche facile. Cependant, la pratique comparée a montré que le rapporteur préfère utiliser les compétences des fonctionnaires de l'administration répressive de la concurrence pour accomplir de telles *« enquêtes de terrain »*[295], à savoir au Maroc la direction des Prix et de la Concurrence placée auprès du ministère des Affaires générales et de la Gouvernance.

De prime abord, le professeur Drissi Alami Machichi estime que : *« l'enquête peut être définie comme une procédure administrative, tendant à la recherche et la constatation des faits et des indices, à la constitution et la conservation des moyens de preuve et de manière générale à la collecte*

---

[294]Il est à signaler qu'avant l'activation du premier Conseil de la concurrence en 2009, certaines enquêtes dites simples ont été réalisées par la direction de la concurrence et des prix (notamment dans les secteurs de la plasturgie, huiles de table, ciment, beurre, eaux minérales. etc.), mais les résultats de ces enquêtes n'ont pas été ni publiés ni suivis d'effets. La seule exception qui peut être citée à cet égard est celle de l'enquête sur les huiles de tables et qui a donné lieu à une décision du Ministre des Affaires Économiques et générales n° 2-15 du 26 décembre 2006 relative à des pratiques de vente dans le secteur des huiles de table. Voir Décision du Ministre délégué auprès du Premier Ministre chargé des Affaires Économiques et Générales n° 2-15 du 26 décembre 2006 relative à des pratiques de vente dans le secteur des huiles de table (après saisine du Conseil de la concurrence) in *Revue Marocaine de Droit Économique*, n° 1, 2007, p. 101.

[295]DOUVRELEUR Olivier, *Droits de la défense et pratiques anticoncurrentielles en droit français*, Op. cit., p. 101.

d'informations nécessaires à l'éclairage d'une question obscure, équivoque ou controversée, avant de prendre la décision nécessaire »[296].

À cet égard, il convient de distinguer deux sortes d'enquêtes selon le moment de leur réalisation : la première est l'enquête préalable, qui est opérée avant la saisine du Conseil de la concurrence pour chercher l'existence d'éléments probants ou non. La deuxième est l'enquête préparatoire déclenchée une fois la saisine du Conseil de la concurrence réalisée, pour bien préparer la décision du Conseil.

Désormais, l'enquête est décidée par l'autorité de régulation de la concurrence, à travers son rapporteur, pour bien chercher à prouver l'existence ou non de pratiques anticoncurrentielles dénoncées dans la saisine. Ce dernier peut même par le biais de son président demander à l'administration de procéder à toutes enquêtes qu'il juge utiles, en vertu des dispositions de l'article 28 de la loi n° 104-12 « *le président du Conseil peut demander à l'administration de procéder à toutes enquêtes qu'il juge utiles* ». Cette dernière option n'est pas un élément obligatoire de la procédure, mais elle est laissée à la discrétion du président.

Le fait de disposer de son propre service d'enquêteurs, et de pouvoir user des autres de l'administration, renforce l'autonomie du Conseil de la concurrence, qui confirme son ancrage dans l'exercice de sa fonction de régulation.

Par ailleurs, selon des dispositions des articles 71 et 72 de la loi n° 104-12 relative à la liberté des prix et de la concurrence, deux régimes différents d'enquêtes se distinguent : le premier article est relatif à *une enquête dite simple ou non coercitive* ; le second concerne *l'enquête lourde ou coercitive.* Cette distinction est principalement fondée sur les méthodes d'investigation employées par les enquêteurs. Lorsque les investigations ont recours à des saisies ou perquisitions, des garanties supplémentaires et de nature particulière s'imposent.

Ainsi, l'article 72 instaure un régime spécial d'enquête : « *Les enquêteurs ne peuvent procéder aux visites en tous lieux ainsi qu'à la saisie de documents, que dans le cadre d'enquêtes demandées par le président du Conseil de la concurrence ou par l'administration sur autorisation motivée du procureur du Roi dans le ressort duquel sont situés les lieux à visiter* »[297]. Il semble que

---

[296]ALAMI MACHICHI Mohamed Drissi, *Concurrence Droit et Obligations des Entreprises au Maroc*, Casablanca, Edition L'économiste, 2004, p. 287.

[297]cette disposition est inspirée du livre des procédures fiscales ; une règle analogue a également été adoptée dans divers autres domaines dont on cite l'activité de change, puisque Les inspecteurs de l'Office des Changes sont autorisés, en vertu des dispositions de l'article 4

l'exigence d'une « *autorisation judiciaire* » comme élément procédural de l'enquête lourde ne soit pas nécessaire en l'absence de ces contraintes à l'article 71.

Il arrive parfois que des contestations se déclenchent concernant la régularité de l'autorisation des saisies et perquisitions. Le texte de la loi marocaine relative à la liberté des prix et de la concurrence reste silencieux sur le recours relatif à tout contentieux concernant l'autorisation judiciaire, a contrario de l'article L.450-4 du code de commerce français qui a bien détaillé la procédure en prévoyant que *: « Le déroulement des opérations de visite et saisie peut faire l'objet d'un recours devant le premier président de la cour d'appel dans le ressort de laquelle le juge a autorisé ces dernières, suivant les règles prévues par le code de procédure pénale* ».

En revanche, il convient de signaler que l'autorité de régulation de la concurrence possède le pouvoir de qualifier juridiquement les pratiques dont elle est saisie au regard du droit de la concurrence, et que les litiges relatifs à la régularité des enquêtes ne peuvent influencer son action. Ceci dit, et afin de rendre le texte plus compatible avec les dispositions des droits de l'homme et des libertés, le législateur a essayé d'octroyer le maximum de garanties possibles aux personnes soumises aux enquêtes de l'article 72. À titre d'exemple, il est prévu que : « *La visite et la saisie s'effectuent sous l'autorité et le contrôle du procureur du Roi qui les a autorisées. Il désigne un ou plusieur(s) officier(s) de police judiciaire, et au besoin une femme fonctionnaire de la police judiciaire lors des visites des locaux à usage d'habitation, chargés d'assister à ces opérations. La visite, qui ne peut commencer avant six heures ou après vingt et une heures, est effectuée en présence de l'occupant des lieux ou de son représentant. À défaut, les dispositions de l'article 103 de la loi n° 22-01 relative à la procédure pénale sont appliquées.* »

Quant à l'enquête simple[298], elle ne fait pas l'objet de contrôle par l'autorité judiciaire, mais juste un contrôle par le Conseil de la concurrence. En

---

du Dahir du 30 août 1949, à procéder à la saisie des documents originaux ou copies certifiés conformes aux originaux de toute nature (comptabilité, factures, copies de lettres, carnets de chèque, traites, relevés de compte, documents commerciaux, etc.) susceptibles de justifier les faits constatés. Un procès-verbal listant les pièces saisies est dressé, séance tenante, dont copie est remise à l'assujetti.

[298]Pour le droit français, Les règles relatives aux enquêtes simples résultent des dispositions de l'article L. 450-3 du code de commerce et de la jurisprudence. Elles concernent notamment les pouvoirs d'enquête et l'obligation d'informer les personnes entendues de l'objet de l'enquête.

Lorsqu'elle intervient sur le fondement de l'article L. 450-3, l'Administration n'est pas tenue de justifier des raisons pour lesquelles elle intervient. En outre, les pouvoirs prévus à l'article L. 450-3 peuvent être utilisés non seulement dans le cadre d'une enquête d'ordre contentieux,

examinant les dispositions de la loi n° 104-12, aucune disposition n'impose à l'administration compétente de justifier les raisons pour lesquelles elle a décidé de sa propre initiative la réalisation d'une enquête.

Il résulte des dispositions de la loi n° 104-12 que la procédure relative aux demandes d'expertise a été bien identifiée, garantissant la possibilité de faire appel à toute expertise nécessitant des compétences techniques particulières. Le deuxième alinéa de l'article 28 précise que la décision de désigner un expert incombe au président du Conseil de la concurrence[299], chaque fois que les besoins de l'instruction l'exigent, ou en cas de demande formulée. Cette décision n'est susceptible d'aucun recours. Les demandes d'expertise et les décisions du président peuvent intervenir à tout moment de l'instruction.

Le troisième alinéa prévoit les conditions de déroulement de la procédure. Puisque la mission et le délai imparti à l'expert sont précisés dans la décision qui le désigne, le caractère contradictoire des opérations d'expertise est clairement affirmé[300].

Le dernier alinéa de l'article 28 désigne la personne qui supporte la charge financière de l'expertise. Il s'agit bien de celle qui en a fait la demande et donc de la partie qui a saisi le président du Conseil de la concurrence, ou le Conseil lui-même si la demande provenait de son rapporteur. En revanche, l'autorité de la régulation de la concurrence peut déroger à ce principe en décidant, lorsqu'il prend sa décision sur le fond du dossier, de «*faire peser la charge définitive sur la ou les parties sanctionnées dans des proportions qu'il détermine* »[301].

---

mais aussi pour effectuer des enquêtes générales, dans le but d'améliorer la connaissance d'un secteur d'activité par l'Administration. Par ailleurs, les enquêtes simples peuvent être effectuées même en l'absence de soupçon de comportement anticoncurrentiel

[299]Le Conseil de la concurrence français avait précisé que la décision prise par le rapporteur général de faire appel à un expert n'a pas pour effet de priver le rapporteur des pouvoirs d'instruction et d'enquête qui lui sont conférés par l'article L. 450-6 du code de commerce (voir décision du Conseil de la concurrence français n° 04-D-79 du 23 déc. 2004).

[300]La cour d'appel de Paris a annulé une décision du Conseil après avoir constaté que cette décision était exclusivement fondée sur une mesure d'instruction entachée de nullité. Il s'agissait d'une expertise à laquelle les entreprises en cause n'avaient pas été appelées à participer, ni à faire valoir leurs observations au cours de son déroulement. La cour d'appel a estimé que le principe du contradictoire n'était pas respecté et que la mesure d'instruction a été notifiée par le Conseil aux parties comme s'agissant d'une véritable mesure d'expertise, mais n'en présentait ni les caractères ni les garanties de procédure et ne pouvait, en conséquence, être retenue comme telle dans la procédure.

[301]Ce sont presque les mêmes règles dans le droit français de la concurrence, les règles relatives à la prise en charge du financement de l'expert sont également prévues par l'article L. 463-8 : « Le financement de l'expertise est à la charge de la partie qui la demande ou à celle de l'Autorité de la concurrence dans le cas où elle est ordonnée à la demande du rapporteur. Toutefois,

En toutes circonstances, les enquêteurs doivent indiquer l'objet de l'enquête aux personnes concernées malgré le fait que cette obligation ne soit pas prévue par le droit marocain de la concurrence. Elle est notamment imposée par l'article 14 du pacte international relatif aux droits civils et politiques qui garantit le droit à toute personne à ne pas être forcée de témoigner contre elle-même ou de s'avouer coupable[302].

Les enquêtes peuvent donner lieu à l'établissement de procès-verbaux et le cas échéant de rapports d'enquête.

Aucune obligation n'impose aux enquêteurs de confronter ou d'entendre les parties. En revanche, ils sont astreints au secret professionnel sous peine des sanctions prévues à l'article 446 du Code pénal. Ceci montre une fois de plus la nature complexe du contentieux économique et fait appel à un maintien d'équilibre des droits et obligations des parties.

2. Le caractère administratif de la phase de l'instruction

L'instruction est une étape de la procédure pendant laquelle il est procédé à plusieurs actes d'enquête judiciaire, afin de porter à la connaissance du juge, d'une manière contradictoire, les éléments de fait du procès. Cette enquête est aussi appelée information judiciaire[303]. Pour le Conseil de la concurrence, le terme « instruction » désigne les investigations menées par le rapporteur du Conseil de la concurrence et faisant suite à une enquête administrative. En fait, la phase d'instruction est marquée en principe par le caractère contradictoire de sa procédure[304], lors de laquelle les parties sont informées et peuvent faire connaitre leurs opinions respectives. Elle contient également un caractère secret. L'article 32 de la loi n° 104-12 garantit le secret de l'instruction en prévoyant que : « *sera punie d'une amende de dix milles (10 000) à cent mille (100 000) dirhams la divulgation par l'une des parties en cause des informations concernant une autre partie ou un tiers et dont elle n'aura pu avoir connaissance qu'à la suite des communications ou consultations*

---

l'Autorité peut, dans sa décision sur le fond, faire peser la charge définitive sur la ou les parties sanctionnées dans des proportions qu'elle détermine ».

302 Le principe de loyauté dans la recherche des preuves s'impose aux enquêteurs habilités à rechercher des pratiques prohibées.

303 Il s'agit d'une notion difficile à cerner. Voir PRADEL Jean, *l'instruction préparatoire*, Paris, Cujas,1990. De son côté le lexique des termes juridiques définit l'instruction en tant que "phase de l'instance au cours de laquelle les parties précisent et prouvent leurs prétentions et au cours de laquelle le tribunal réunit les éléments lui permettant de statuer sur elles ». Voir GUINCHARD Serge et al, Lexique *des termes juridiques*, Op. cit., p. 552.

304 GLASER Emmanuel, « L'appréciation de l'effet d'une concentration sur la concurrence », *Revue Française du Droit Administratif*, 2006, p. 702.

auxquelles il aura été procédé ». Ce caractère secret de l'instruction se trouve également dans les autres procédures : administrative, civile et pénale[305]. En fait, le rapporteur du Conseil de la concurrence dirige seul l'instruction. Il prend en charge l'affaire jusqu'à la prise des décisions, à l'image du juge administratif, marquant la phase d'instruction par un caractère inquisitorial proche de la procédure administrative contentieuse[306].

L'instruction constitue une étape obligatoire pour le Conseil de la concurrence. A ce titre, les dispositions de la loi n° 104-12 écartent tout caractère facultatif de cette phase dont l'article 29 de la loi n° 104-12 qui dispose que : *« L'instruction et la procédure devant le Conseil sont contradictoires »*.

L'étude de l'instruction se partage en deux étapes ; une première qui l'ouvre envisageant d'abord la notification des griefs et une deuxième qui l'achève montrant les effets de cette notification et la poursuite de la procédure.

La notification des griefs est une étape importante de la procédure, car elle détermine le cadre général du débat contradictoire, confère la qualité de partie, établit les faits et leur qualification juridique. La notification des griefs « *cristallise* » la procédure[307] qui ne peut être changée par la volonté des parties dans le courant du processus déclenché, de sorte que le Conseil de la concurrence ne peut statuer que sur les griefs soumis à la discussion des parties, et non prononcer une sanction sur des éléments qui n'ont pas fait l'objet de notification.

D'abord, nous analyserons les aspects de la notification initiale des griefs, puisque suite à son examen des faits, et après avoir pris les mesures d'investigation nécessaires, le rapporteur décide de poursuivre l'affaire lorsqu'il dispose de présomptions suffisantes de pratiques délinquantes, d'après l'article 29 de la loi n° 104-2 : *« Le rapporteur général notifie les griefs aux intéressés ainsi qu'au commissaire du gouvernement »*[308].

---

[305]L'article 15 du code de la procédure pénale dispose que : « *La procédure au cours de l'enquête ou de l'instruction est secrète* ».

[306]EL FIZANI Mouna, « Le juge administratif », *REMALD*, n°1, 1995, p. 107. (En arabe).

[307]L'expression est de la Cour de justice des Communautés européennes dans sa décision qui date du 11 novembre 1981, IBM, aff. C-60/81, Recueil de la Cour de justice des Communautés européennes 2639, pt 18

[308] Dans le contexte français, la notification de griefs (et le rapport du rapporteur) a, pendant longtemps, été notifiée par le président du Conseil de la concurrence ou par un vice-président. Cependant, l'article 68 de la loi NRE du 15 mai 2001 a modifié l'article L. 463-2 du code de commerce en transférant au rapporteur général le soin d'effectuer la transmission. Celle-ci

En effet, la notification des griefs est une sorte de document de synthèse qui outre la mention des faits et de la qualification retenue, à la suite des investigations accomplies, contient les griefs à l'encontre des personnes concernées.

La notification demeure toutefois adressée au commissaire du gouvernement ainsi qu'aux intéressés ; c'est-à-dire à l'auteur de la saisine et aux autres intéressés. Au cas où il s'agit des entreprises, elle est adressée aux personnes juridiques, physiques ou morales, qui représentent les entreprises auxquelles sont reprochés des actes anticoncurrentiels. Le Conseil de la concurrence peut prendre des mesures sanctionnatrices à leur égard.

À titre d'exemple, lorsqu'il s'agit d'une société, la notification est adressée à son organe représentatif. En général, elle ne peut être délivrée qu'à des personnes ayant la personnalité juridique. En pratique, la détermination exacte des destinataires de la notification des griefs pose souvent des difficultés, lorsqu'ils sont mal identifiés, et face à des structures complexes contenant plusieurs personnes juridiques. Il appartient à l'entreprise mère par exemple de prouver que ses agences locales ou régionales sont juridiquement autonomes, si elle ne veut pas se voir imputer des pratiques délinquantes.

L'intérêt de la notification des griefs dans la procédure devant le Conseil de la concurrence se manifeste dans le fait de conférer la qualité de partie aux personnes notifiées. Ceux qui ne le sont pas ne peuvent intenter de recours contre la décision prise par le Conseil de la concurrence. Le nouveau dispositif législatif relatif à la concurrence n'a donné aucune définition précise des « *parties* » du contentieux[309].

Ensuite, la notification des griefs fait engendrer deux effets juridiques, en fonction de la nature du différend. Il s'agit soit de la procédure normale et ordinaire fondée sur l'établissement d'un rapport, soit de la procédure simplifiée et rapide.

Le recours à la procédure rapide permet d'éviter le recours à la procédure ordinaire qui est beaucoup plus lourde. En pratique, la procédure simplifiée vise principalement les infractions dont la réalité n'est pas contestée.

---

pourra également être assurée par un rapporteur général adjoint, afin de concrétiser l'impartialité de l'autorité de la concurrence.

[309]Il est alors compliqué d'avoir une analyse claire de la notion de partie et de tiers, les dispositions visant tour à tour les « *parties en cause* »(articles 29et 30 de loi n° 104-12) ; les « *parties intéressées* » (articles 17 et 70 de la même loi) ; les « *intéressés* » (article 29 de la même loi) ; ou enfin tout simplement les « *parties* » (article 10).

Toutefois, elle ne peut être suivie qu'après la notification des griefs, c'est-à-dire à un stade déjà très avancé de la procédure.

En fait, la décision de recourir à la procédure simplifiée appartenait à l'origine au rapporteur du Conseil de la concurrence, en vertu de l'article 37 de la loi relative à la liberté des prix et de la concurrence : « *lorsqu'un organisme ou une entreprise ne conteste pas la réalité des griefs qui lui sont notifiés, le rapporteur général peut proposer au Conseil de la concurrence, qui entend les parties et le commissaire du gouvernement sans établissement préalable d'un rapport* ». La contrepartie de la suppression de l'établissement du rapport est l'accélération de la procédure d'une part, et la réduction de la sanction[310]. Notons qu'une fois la procédure simplifiée choisie, le contradictoire ne peut s'exercer que lors d'une seule phase.

Aux termes de l'article 29 de la loi n° 104-12, la procédure ordinaire décidée s'achève avec l'établissement par le rapporteur d'un rapport qui clôture la procédure : « *Le rapport est ensuite notifié aux parties et au commissaire du gouvernement. Il doit contenir l'exposé des faits et, le cas échéant, les infractions relevées, ainsi que les éléments d'information et les documents ou leurs extraits, sur lesquels se fondent le rapporteur et des observations faites, le cas échéant, par les intéressés* ».

La notification du rapport est confiée au rapporteur général, et ses destinataires sont les mêmes que pour la notification des griefs, à savoir les parties et le commissaire du gouvernement. L'article 30 de la loi sur la liberté des prix et la concurrence prévoit que : « *Les parties en cause doivent présenter par écrit leurs observations sur le rapport dans un délai de deux (2) mois courant à compter de la date de sa réception. Ces observations peuvent être consultées dans les vingt (20) jours qui précèdent la séance du Conseil de la concurrence par les parties et le commissaire du gouvernement* ». Après la notification du rapport, un délai de deux mois est accordé aux parties en cause afin de présenter librement leurs observations, par un mémoire en réponse. Puisque le rapport contient l'ensemble des pièces sur lesquelles sont fondés les griefs, aucune consultation n'est donc possible.

La présentation des observations hors délai est sans effet. Toutefois, le législateur a estimé que : « *lorsque des circonstances exceptionnelles le justifient, le président du Conseil peut, par une décision non susceptible de*

[310]Voir à ce propos : ARHEL Pierre, « Une nouvelle réglementation pour les petites ententes et les petites concentrations », *La Semaine juridique - Entreprise et affaires*, 29 avril 2004, p. 685 et HAGELSTEEN Marie-Dominique, « Interview : Il est important de lutter contre les pratiques anticoncurrentielles », *Les Petites Affiches*, n° 1, 2 janvier 2001.

recours, accorder un délai supplémentaire d'un (1) mois pour la consultation du dossier et la production des observations des parties. »

En général, la phase de l'établissement du rapport final d'instruction ne peut nier définitivement la présence du caractère administratif lors de son établissement. La communication du rapport au commissaire du gouvernement l'illustre parfaitement.

B. Le déroulement de la séance

La séance devant le Conseil de la concurrence s'apparente à une audience devant une juridiction, de sorte qu'avant la prise de toute décision, l'autorité de régulation de la concurrence permet aux parties, au commissaire du gouvernement, ainsi qu'aux personnes pouvant être entendues à la demande du Conseil, de s'exprimer sur l'affaire, afin de préparer son délibéré. Le temps fixé pour chaque intervention est fixé par le Président, tout en respectant le principe du contradictoire en tant que principe fondateur de la procédure. Cependant, la séance se caractérise essentiellement d'une part par son caractère non public d'une part (1) et, d'autre part son organisation particulière (2).

1. Le caractère non public de la séance

Selon l'article 33, « *les séances du Conseil de la concurrence ne sont pas publiques. Seuls, les parties en cause et le commissaire du gouvernement peuvent y assister.* » Cette règle n'existe pas devant les juridictions judiciaires, qui appliquent en principe la publicité des débats. Toutefois, l'aspect non public est la norme concernant les audiences devant les tribunaux administratifs. Dans un moment où les principes généraux du droit imposent la publicité pour les audiences judiciaires ; la publicité des séances devant les juridictions administratives ne peut avoir lieu qu'à la condition qu'un texte législatif ou réglementaire oblige au respect de cette règle de procédure.

Remarquons, aujourd'hui un recul de ce principe dans les textes, surtout dans le cadre de juridictions à compétence générale.

Les effets pratiques de ce principe restent assez limités, pour deux raisons : premièrement, l'exclusion des séances de toutes personnes autres que les parties et leurs avocats ; secondairement, la jonction des saisines présentant des questions semblables. Cette dernière conséquence semble étrange, puisque si la séance est taxée de son aspect non public, les parties à une affaire ne sauraient assister aux débats relatifs à une affaire distincte où sont concernées d'autres parties.

En fait, le principe de la non-publicité des débats pose des questions sur sa comptabilité avec un autre fondement des droits de l'homme et des libertés fondamentales, à savoir celui que « *toute personne a droit à ce que sa cause soit entendue... publiquement* »[311]. En réponse à cette problématique, le Conseil constitutionnel français a estimé qu'« *il n'existe aucun principe général du droit prescrivant la publicité des débats en toute matière et devant toute juridiction* »[312].

Cette contradiction entre les deux principes paraît artificielle, dès lors que les recours devant la cour d'appel de Rabat en tant qu'autorité judiciaire spéciale de la concurrence revêtent un caractère public des débats. Ces recours contre les décisions rendues secrètement portent à la fois sur l'appréciation des faits, l'application des règles de droit, et la proportionnalité des sanctions.

Mais l'existence d'un recours effectif contre les décisions du Conseil de la concurrence, sera-t-il suffisant aux exigences de publicité imposées par les textes relatifs aux droits de l'homme ? Il semble bien que la jurisprudence française avance toujours l'argument que : « *les parties peuvent y assister, demander à être entendues et se faire représenter* »[313].

---

[311]Conseil de l'Europe, *Le droit à un procès équitable*, 2000, p. 45.

[312]ROURE Sandrine, « L'élargissement du principe de publicité des débats judiciaires : une judiciarisation du débat public », *Revue française de droit constitutionnel*, n°68, 4/2006, pp. 737-779.

[313]L'article L. 463-7 du code de commerce français prévoit que « *les séances de l'Autorité ne sont pas publiques* ». Cette règle est notamment justifiée par le souci de protéger la confidentialité des éléments du dossier et notamment les secrets d'affaires des entreprises en cause. La question s'est néanmoins posée de savoir si l'Autorité de la concurrence devait assurer la publicité de ses débats pour se conformer aux dispositions de l'article 6, paragraphe 1er, de la Convention Européenne des Droits de l'Homme, ainsi que de l'article 14-5 du Pacte international relatif aux droits civils et politiques du 19 décembre 1966. La Cour de cassation a estimé que ce n'était pas nécessaire puisque, conformément à l'article L. 463-7, les parties peuvent assister aux séances, demander à être entendues et se faire représenter, et l'Autorité de la concurrence a la possibilité d'entendre toute personne susceptible de contribuer à son information. Par ailleurs, et s'inspirant de la jurisprudence de la Cour européenne des droits de l'homme (Cour Européenne des Droits de l'Homme 23 juin 1981, Le Compte Van Leuven et De Meyers), elle a justifié sa décision en énonçant que « *des impératifs de souplesse et d'efficacité peuvent justifier l'intervention préalable dans la procédure suivie d'une autorité administrative qui, comme le Conseil de la concurrence, ne satisfait pas, sur tous les aspects, aux prescriptions de forme du paragraphe 1er de l'article 6 de la Convention Européenne des Droits de l'Homme, dès lors que les décisions prises par celle-ci subissent a posteriori, sur les points de fait, les questions de droit ainsi que sur la proportionnalité de la sanction prononcée avec la gravité de la faute commise, le contrôle effectif d'un organe judiciaire offrant toutes les garanties d'un tribunal* ». Cette jurisprudence ne fait pas l'unanimité. On précisera que la Cour Européenne des Droits de l'Homme a confirmé sa jurisprudence sur cette question en soulignant que l'absence d'audience publique devant l'Autorité de la concurrence est compensée par le double contrôle juridictionnel de la cour d'appel de Paris et de la Cour de cassation et que la

2. L'organisation de la séance

En pratique, c'est le règlement intérieur qui fixe les modalités d'organisation de l'audience devant le Conseil de la concurrence[314]. Le secrétaire général prend contact avec les parties avant la séance et les informe de son organisation et de sa police. Dans une approche comparative avec les juridictions judiciaires et administratives, c'est le président de la formation du jugement qui organise et détient la police de l'audience.

Le président peut déterminer avec précision le calendrier des séances et l'ordre du jour, l'organisation des débats, le temps accordé à chaque intervention et dans quel ordre, ainsi que les auditions qui sont utiles à son information, le pouvoir de suspension de la séance ou son report.

Lors de la séance du Conseil de la concurrence, sont entendus le rapporteur, le commissaire du gouvernement et les parties. Le rapporteur chargé du dossier intervient en premier lieu afin qu'il soit entendu sur son rapport, en faisant un rappel de l'affaire, résumant les faits, les observations des parties et les conclusions définitives tout en s'attaquant aux griefs qui ont fait l'objet de la notification. Cependant, il peut exprimer ses critiques envers les positions des parties incarnées dans leurs mémoires de réponse, et ce sans porter atteinte au principe du contradictoire, tout en gardant la possibilité de formuler des observations diverses.

Le commissaire du gouvernement peut, lui aussi présenter ses observations lors de la séance, même s'il n'est pas partie à l'instance.

Les parties peuvent demander à leur tour à être entendues et représentées ou assistées lors de la séance. Alors que la procédure devant le Conseil de la concurrence est en premier lieu écrite, essentiellement au moment de l'instruction, les parties n'ont pas de droit de réponse écrite aux observations du commissaire du gouvernement, mais ont la possibilité de faire une réponse orale limitée en séance.

---

cour d'appel de Paris statuant sur les recours formés à l'encontre des décisions de l'Autorité de la concurrence a la compétence de pleine juridiction, et qu'elle est donc en mesure d'apprécier le bien-fondé de la cause et notamment de se livrer à un contrôle de proportionnalité entre la faute et la sanction (CEDH 13 mars 2012, Bouygues c/ France, req. no 2324/08, no RLC 2012/32, no 2114, obs. Winckler).

[314]Dans l'attente de l'adoption du nouveau règlement intérieur du Conseil de la concurrence, il convient de dire qu'il vise en grande partie à éviter les conflits d'intérêts, mais il traite également de diverses autres questions telles que les saisines, les demandes de mesures conservatoires, la notification des opérations de concentration, les règles relatives à l'instruction et à l'attribution des affaires ou encore les règles de quorum.

De fait, elles peuvent présenter de nouveaux moyens de défense non contenus dans leurs écritures précédentes. Dans ce cadre, le respect du principe du contradictoire semble assuré, puisque l'ordre de parole des parties est après celui du commissaire du gouvernement et la personne susceptible d'être sanctionnée en dernier.

Le procès devant le Conseil de la concurrence se trouve à mi-chemin d'un procès civil ou pénal, où en apparence, les droits de la défense sont correctement garantis. On est également proche d'un procès administratif, dans la mesure où seules des observations orales sont autorisées. Lesquelles en principe ne font que développer les conclusions écrites, mais permettent devant le Conseil de la concurrence de répondre aux observations du commissaire du gouvernement.

L'autorité de régulation de la concurrence garde la possibilité d'entendre toute personne susceptible de contribuer à son information. Cette mesure ne porte pas atteinte aux droits de défense, puisque les parties peuvent y être avisées et répondre en séance. Les parties peuvent, elles aussi demander au Conseil de la concurrence l'audition d'autres témoins ; la jurisprudence française a estimé que celui-ci est alors libre d'en apprécier l'utilité.

Il s'avère alors que le pouvoir qui appartient au Conseil de la concurrence est discrétionnaire, en matière d'organisation d'audience et des débats. Toutefois, il faut noter que les parties ne peuvent imposer leurs propres témoins sans l'aval de l'autorité de la régulation de la concurrence.

La séance du Conseil de la concurrence et son déroulement sont authentifiés dans un procès-verbal établi par le secrétaire du Conseil signé par son président où sont mentionnés les noms de ceux qui sont présents. Un tel acte annonce la fin du temps des débats, et ouvre celui du délibéré. Au cours de cette phase, la décision est adoptée à la majorité des voix des membres ayant assisté à la séance et en cas de partage des voix, la voix du président est prépondérante. Le délibéré de chaque affaire varie en fonction de ses difficultés.

Compte tenu de la fonction quasi juridictionnelle du Conseil de la concurrence, le secret des délibérations constitue une règle fondamentale du délibéré. D'après les dispositions de l'article 11 de la loi relative à la liberté des prix et de la concurrence : « *Les membres du Conseil sont astreints au secret des délibérations et des réunions* ».

CONCLUSION DU PREMIER TITRE

Intervenant en matière économique, l'indépendance des membres du Conseil de la concurrence requiert une vigilance particulière notamment en matière d'intérêt et de participation. Manifestée dans sa composition collégiale, elle se déduit à partir du corpus juridique dédié à cette instance de régulation, notamment la loi n° 20-13 et son texte d'application. Et ce, par un ensemble de règles visant à garantir la collégialité, à réduire les possibilités d'influence du pouvoir exécutif, et à limiter le risque de la « capture » par des groupes d'intérêts, à travers la mise en place d'un régime solide d'incompatibilités.

Toutefois, l'administration reste toujours présente par le biais d'un instrument, juridiquement sophistiqué, incarné par le commissaire du gouvernement. Ainsi, le législateur n'a pas opté pour exclure toute participation du pouvoir exécutif, comme c'est le cas de la nomination des membres du Conseil de la concurrence. L'indépendance organique est également liée aux caractères du mandat des membres, dont l'exigence de compétence revêt également une importance capitale. Dans ce cadre, la durée et le renouvellement du mandat sont des éléments qui ont été mis en évidence visant à garantir une action indépendante et impartiale. L'« inamovibilité » qui demeure tacite dans les articles de la loi n° 20-13 semble être comme un élément essentiel pour l'évaluation de l'indépendance statutaire du régulateur de la concurrence. Cette garantie d'indépendance organique semble assurer aux membres un pouvoir de décision en toute liberté des affaires relatives à la concurrence, avec la mise en place de règles qui luttent contre les conflits d'intérêts et l'absentéisme.

À partir des indicateurs que nous avons cités, il semble donc que l'indépendance du Conseil de la concurrence soit assez souplement entendue, puisque la présence d'un représentant de l'administration au sein de cette instance de régulation même d'une façon modérée est toujours tangible.

En définitive, les règles relatives à l'indépendance organique et procédurale constituent un aspect essentiel du nouveau Conseil de la concurrence du Maroc. L'objectif est d'assurer, d'une manière ou d'une autre, une distance bien réelle et effective par rapport à l'administration et aux autres personnes possédant une grande influence sur le fonctionnement des marchés.

Par ailleurs, la diversification des garanties permet de répondre aux exigences de compétence, d'impartialité et d'objectivité indispensables à l'indépendance et à la crédibilité d'une instance de régulation de la concurrence. Cette ampleur de l'indépendance va se traduire par le pouvoir décisionnel du Conseil qui sera confirmé par le pouvoir de sanction, et l'étude détaillée des aspects fonctionnels de son organisation mais aussi les contrôles auxquels il sera soumis.

Au-delà des garanties organiques mises à sa disposition afin de mener à bien son action de contrôle et de régulation concurrentielle des marchés, le Conseil de la concurrence dispose de pouvoirs et prérogatives strictement encadrés, lui permettant de réaliser les enquêtes nécessaires, pour déterminer des violations possibles du droit des pratiques anticoncurrentielles tout en respectant rigoureusement les droits de la défense et le principe du contradictoire. Ces garanties expriment l'impartialité de cette instance et contribuent davantage à son indépendance.

Il convient de noter que les fonctions d'instruction et de jugement sont désormais séparées et que le rapporteur ne dispose pas de voix délibérative, renforçant ainsi le principe de l'égalité des armes.

De plus, la protection de la confidentialité n'est pas forcément inconciliable avec les principes de la contradiction et le droit aux preuves. Dès lors que de telles informations confidentielles peuvent être écartées du débat. Cet accommodement est alors recherché auprès du Conseil de la concurrence, pour assurer son impartialité et son indépendance.

En tout état de cause, et puisqu'il est garant du bon ordre économique, le Conseil jouit d'un important pouvoir d'autosaisine, ce qui démontre son action indépendante et la « souveraineté » de sa décision.

Le Conseil mène ses actions sur la base de réclamations déposées devant lui par les personnes autorisées et recevables à le saisir, et qui sont légalement énumérées.

En fait, on peut schématiser que deux avis proposent deux appréciations diamétralement différentes concernant les garanties d'indépendance. Le premier considère que le conseil de la concurrence du Maroc en tant qu'autorité de régulation économique brouille les cartes et sera incapable de garantir une libre concurrence sur les marchés. Car, il est issu d'un discours d'expertise, qui court-circuite le jeu normal des pouvoirs et des contre-pouvoirs et tout particulièrement celui du pouvoir judiciaire.

Le second, estime au contraire que ce Conseil constitue un progrès démocratique. Il assure dans le secteur économique « sensible », une garantie de liberté, une médiation et un arbitrage entre les intérêts collectifs, l'équité et la liberté des acteurs.

Le trait le plus important qui caractérise ce Conseil est, sans doute, son indépendance organique et fonctionnelle par rapport aux pouvoirs en place. C'est précisément cette indépendance qui, pour les analystes, pose problème.

Pour certains, elle n'est pas factuelle, car nous sommes devant une opération de manipulation et de camouflage qui procure de grands bénéfices symboliques, mais qui n'influence pas réellement le cours de la vie économique.

Pour d 'autres, on ne saurait la mettre en doute. Elle constitue un changement naturel de la démocratie, qui montre un besoin incessant d'adaptation. Sans mettre en cause la logique unitaire de l'appareil étatique ni craindre « le pouvoir des experts ».

TITRE II. UN POUVOIR DÉCISIONNEL LIMITE PAR LE DOUBLE CONTRÔLE POLITIQUE ET JURIDICTIONNEL

Alors que le premier Conseil de la concurrence exerçait, un rôle consultatif, le nouvel organisme constitutionnalisé en 2011, s'est vu attribuer un véritable pouvoir de décision. Il peut en effet prononcer des mesures conservatoires, sanctions et injonctions et exerce lui-même, désormais le pouvoir de décision réservé auparavant à l'administration.

Le changement est d'autant plus considérable que celle-ci ne dispose même pas d'un droit de veto.

Cette mission de régulation compensée par un contrôle politique et juridictionnel est confiée à un régulateur et elle varie fondamentalement selon le contexte politique qui a présidé à son organisation. Au Maroc comme qu'en France, le régulateur procède de l'État. C'est pourquoi la tendance est de comparer la position du régulateur à celle d'un organe d'État qui aurait été un service d'administration classique. En Grande-Bretagne au contraire, où la frontière entre l'action privée et l'action publique se pense en des termes très différents, la régulation est conçue de façon riche et complexe et la multiplicité de ses canaux favorise l'autorégulation[315]. C'est pourquoi l'on s'interroge : qui garde le gardien ? Quand un régulateur est chargé de réguler les autres, qui est en charge de le réguler ? Qui contrôle l'institution de régulation de la concurrence objet de notre recherche ?

Certes, nous pouvons considérer les éléments déjà cités, tels que la transparence, la publication des décisions, la collégialité, les conditions de nomination des membres, le mandat, qui sont autant une forme d'organisation des contrôles qu'une recherche de légitimité. Mais si les autorités de régulation sont soumises à des règles d'organisation, de déontologie et de fonctionnements comparables à celles qu'on applique aux juridictions, leurs décisions ne sont pas des décisions de justice[316], même lorsqu'elles prononcent des sanctions. De son côté, le juge ne peut pas exercer de pouvoirs de régulation. D'abord, il ne peut pas se saisir lui-même de sujets qui lui paraîtraient mériter d'être examinés. Ensuite, il ne peut statuer que sur la

---

[315] RAMEIX Gérard, « L'expérience française du contrôle du régulateur », in Marie-Anne Frison-Roche, *Droit et économie de la régulation. 1*, Op. cit, pp. 38-40.
[316] DENOIX DE SAINT MARC Renaud, « Régulateurs et juges » Introduction générale », in Marie-Anne Frison-Roche *Droit et économie de la régulation. 1*, Op. cit., pp. 111-117.

question dont il est saisi par la voie contentieuse, c'est-à-dire dans le cadre d'un conflit entre une autorité de régulation et une personne soumise au contrôle de celle-ci et ne peut le faire qu'en droit, et non pas en opportunité[317].

Toutefois, le contrôle est principalement de nature politique et juridictionnelle. Politique par le Parlement en tant qu'institution démocratique légitime. Juridictionnelle qui réside surtout dans le respect du droit et le recours au juge, les décisions du Conseil de la concurrence pouvant être contestées en justice. Reste à savoir si la cour d'appel de Rabat est capable de juger des affaires complexes dans lesquelles des décisions du Conseil de la concurrence sont contestées dans un délai déterminé.

Le contrôle n'est pas nécessairement adapté à des régulateurs qui ont des missions différentes au sein d'un même organe. Il est, par exemple, difficile d'être à la fois capable de prononcer des sanctions et d'être, pour ce faire, soumis par le juge au respect de règles de procédure contraignantes, et d'apporter des réponses rapides à des conflits[318]. D'après le professeur Pierre Delvolvé : « *le régulateur ne pourrait pas licitement intervenir, c'est-à-dire intervenir en conformité avec le droit constitutionnel, d'une part et avec le droit des droits de l'homme, d'autre part, s'il n'existait pas un contrôle juridictionnel effectif* »[319].

Par ailleurs, et concernant le contrôle politique, l'institution de régulation est responsable vis-à-vis du Parlement. L'instrument de ce contrôle démocratique devrait être le rapport annuel d'activité que le Conseil de la concurrence est désormais tenu d'établir et de remettre, en tout cas, à chacune des deux chambres du Parlement. Mais cette responsabilité a été limitée par le juge constitutionnel en écartant l'audition des responsables de ces organismes de régulation par les représentants de la nation.

Cette réflexion conduit à développer les deux chapitres suivants, les actes décisionnels du Conseil de la concurrence (Chapitre 1), et Une indépendance limitée par un double contrôle (Chapitre 2).

Chapitre 1. Les actes décisionnels du Conseil de la concurrence

Les poursuites exercées devant le Conseil de la concurrence aboutissent nécessairement à des décisions de sa part, qui peuvent être temporaires ou

---

[317]*Ibidem.*

[318]*Ibidem.*

[319]DELVOLVE Pierre, « Le pouvoir de sanction et le contrôle du juge », in La puissance publique, l'organisation et le contrôle du marché, *Petites Affiches*, n° 185, 17 septembre 2001, n° spécial, pp. 18-28.

définitives. Les premières ont un caractère urgent et limité et ne sont pas appelées à durer. Alors que les secondes, de nature sanctionnatrice, se prononcent sur le fond de l'infraction.

Les décisions rendues par l'autorité de la concurrence doivent répondre à un nombre d'exigences de forme et de fond qui forme leur cadre de légalité. Dans ce sens, citons les obligations communes à toutes les décisions de nature administrative, à savoir la motivation et la publicité. D'autres aspects s'apparentent à la matière pénale, dont l'exemple de la proportionnalité des sanctions.

Ce régime des décisions du Conseil de la concurrence trouve son explication dans le caractère hybride de son action, qui emprunte d'une part à celui des actes administratifs, et d'autre part à celui du droit pénal, de par le caractère répressif que ces décisions peuvent revêtir.

Le Conseil de la concurrence est tenu de statuer dans un délai raisonnable, sous peine de déni de justice. Cependant, ce n'est qu'une fois que le rapport du rapporteur établit qu'il est obligé de statuer définitivement sur l'affaire qui lui est soumise, et dans la limite des griefs qui ont été notifiés. En effet, ce cadre lui permet de statuer *omnia petita,* c'est-à-dire qu'il a l'obligation de se prononcer sur tout ce qui est demandé et seulement sur ce qui est demandé. Appliqué au cas du Conseil, nous pouvons dire sur l'ensemble des griefs retenus par le rapporteur.

Toutefois, cette obligation semble relative puisque le Conseil peut à son tour ne retenir que certains griefs mentionnés dans le rapport. Ceci limite les efforts de l'analyse par analogie avec la procédure civile ou administrative, et marque l'originalité de l'action spéciale du Conseil de la concurrence.

C'est pourquoi deux sections seront construites : la forme atténuée du pouvoir décisionnel (Section I), et les conditions de transmission d'un pouvoir de sanction au Conseil de la concurrence (Section II).

Section I. La forme atténuée du pouvoir décisionnel

L'infraction économique est complexe, d'où l'incertitude qui pèse sur ses réels dangers pour les personnes concernées et le marché. Ces considérations poussent l'autorité de régulation de la concurrence à prendre des mesures temporaires dans l'attente de données complémentaires pour se conforter dans son opinion ou au contraire à la remettre en cause.

Il s'agit bien du pouvoir de prendre des décisions temporaires ou intérimaires qui s'approche de celui que possèdent les tribunaux.

Et cela réside dans le fait d'ordonner des mesures conservatoires, comme solutions d'attente pour préparer une décision éventuelle et finale. Ces décisions s'insèrent dans une procédure devant mener à la prise de décision au fond et ne doivent pas se comprendre comme appartenant à une procédure parallèle ou autonome, qui s'en détacherait.

Pour cette raison, nous détaillerons les deux points ci-après, les décisions non sanctionnatrices (§ 1), et l'application des mesures conservatoires (§ 2).

§ 1. Les décisions non sanctionnatrices

Dans le cadre de sa mission de garant de l'ordre public économique, le Conseil de la concurrence dispose d'une fonction contentieuse et d'une fonction consultative. Ainsi, être consulté et/ou de donner des avis est sa première fonction au service du fonctionnement concurrentiel du marché dans un système libéral.

En outre, la faculté de prendre des mesures conservatoires nécessaires est exercée dans le but de préparer la décision au fond pour produire de véritables effets conservatoires, provisoires et d'urgence, lorsqu'une pratique porte une atteinte grave et immédiate à la concurrence. Elle vise à rétablir une situation qui s'est fortement dégradée ou à empêcher que celle-ci n'évolue de façon irréversible.

Toutefois, cette faculté n'en est pas moins un pouvoir de sanction dans le sens où elle revêt un caractère répressif atténué. En plus, elle entame une démarche de même nature sanctionnatrice, puisque tout en enjoignant à des parties des obligations de faire ou de ne plus faire avec des actes contraignants comme la suspension des pratiques, il prévoit la sanction probable en cas de non-respect de ces injonctions.

Pour plus de clarté, il est nécessaire d'analyser la compétence consultative du Conseil (A), et la notion de mesures conservatoires (B).

A. Les avis, instruments de la compétence consultative du Conseil de la concurrence

Généralement on distingue les avis et les recommandations rendus à l'initiative du Conseil de la concurrence (1), et les avis rendus sur saisine (2).

1. Les avis et recommandations rendus à l'initiative du Conseil de la concurrence

Contrairement aux pouvoirs de décision qui autorisent le Conseil de la concurrence à réagir sur des affaires individuelles de concentration ou de pratiques anticoncurrentielles, sa mission consultative lui permet de s'exprimer sur toute question de concurrence et de faire, le cas échéant, des propositions.

La compétence consultative du Conseil de la concurrence a été bien élargie, avec un caractère tantôt général tantôt particulier. Ce qui révèle la création d'un droit consultatif particulièrement foisonnant et épars, signe d'une normativité flexible abondante, récurrente et envahissante[320]. Il a la possibilité de s'autosaisir sur toute question de concurrence et de donner des avis.

En fait, l'avis est l'expression cohérente d'opinions diverses, destinée à éclairer une autorité sur le principe ou les modalités de l'exercice de sa compétence. Il est le principal moyen d'exercice des attributions purement consultatives des autorités administratives indépendantes et selon M. Gentot, c'est le « *minimum vital* » de ces institutions[321].

Sans qu'il ait besoin d'être saisi, le Conseil de la concurrence dispose de la faculté de rendre des avis de sa propre initiative sur toute question de concurrence et d'émettre des recommandations générales sur un marché ou un secteur particulier afin de participer à la diffusion de la culture de la concurrence, et proposer des pistes de réflexion sur le fonctionnement libéral du marché.

Son droit d'initiative prévu par l'article 17 de l'ancienne loi n° 06-99 lui permet de mener des études sur la « concurrentiabilité » de certains secteurs et d'enrichir le rapport annuel adressé au Premier ministre et publiable par celui-ci. Parmi les études sur la « concurrentiabilité » menées par le Conseil de la concurrence, on cite celle du bilan général du secteur bancaire au Maroc. Il a été question de définir les parts de marché de chaque établissement de crédit tout en mettant le point sur l'ensemble de l'activité bancaire, allant d'une analyse du marché selon le taux de dépôt auprès des banques à une autre analyse se basant sur la question de l'octroi des crédits. Dans ce cadre, l'ancien Conseil de la concurrence à caractère consultatif et par l'initiative de son président a mené plusieurs monographies sectorielles dans le cadre de sa mission d'études portant le néologisme « concurrentiabilité ». Étude sur la concurrentiabilité du marché du secteur pharmaceutique, étude sur la concurrentiabilité du marché de la téléphonie mobile, étude sur la concurrentiabilité du secteur des huiles de table…

En effet, l'article 2 de loi n° 20-13 relative au Conseil de la concurrence dans son deuxième alinéa prévoit que l'organisme de régulation : « *est*

320HERVIEU Merryl, *Les autorités administratives indépendantes et le renouvellement du droit commun des contrats*, Paris, Dalloz, 2012, p. 107.
321GENTOT Michel, *Les autorités administratives indépendantes*, Op. cit., p. 68.

également appelé à donner son avis sur les demandes de consultation, telles que prévues par la présente loi et par la loi sur la liberté des prix et de la concurrence, et à publier des études sur le climat général de la concurrence sur les plans sectoriel et national ».

Cette option est fondamentale, car elle permet au Conseil de se faire le défenseur de la concurrence auprès des acteurs publics et des décideurs économiques, et d'exercer une compétence de Conseil et de mise en garde en amont de la mission répressive qui est aussi la sienne.

2. Les avis rendus sur saisine

Aux termes de l'article 7 de la loi n° 20-13 : « *Le Conseil est obligatoirement consulté par le gouvernement sur les projets de textes législatifs ou réglementaires* ». Cette obligation est encadrée par une liste limitative de situations qui contient quatre points[322] pour le volet réglementaire dont c'est seulement la consultation qui est obligatoire et non pas l'avis. Ce dernier n'a aucune force contraignante à l'égard du gouvernement. Il ne s'impose pas à lui et la force morale de sa publication ne semble pas toujours suffisante.

Outre l'un des quatre effets exigés par le législateur, deux conditions requises par le projet de texte réglementaire semblent devoir réduire sensiblement la portée de l'obligation de consultation ainsi affirmée. D'une part, le régime doit être nouveau, ce qui permet d'éviter la consultation du Conseil lorsqu'une réglementation se trouve seulement modifiée par un projet, même s'il a pour effet de restreindre la concurrence. D'autre part, le nouveau régime doit avoir directement cet effet restrictif. La consultation du Conseil n'étant plus imposée lorsque l'effet restrictif semble résulter de façon indirecte de dispositions projetées.

Le Conseil de la concurrence doit être encore obligatoirement consulté lorsqu'un projet de texte réglementaire envisage de réglementer les prix ou de restreindre la concurrence, d'après l'article 3 de la loi n° 104-12 : « *dans les secteurs ou les zones géographiques où la concurrence par les prix est limitée*

---

[322]L'article 7 de la loi n° 20-13 dispose que : « Le Conseil est obligatoirement consulté par le gouvernement sur les projets de textes législatifs ou réglementaires instituant un régime nouveau ou modifiant un régime en vigueur ayant directement pour effet :

1- de soumettre l'exercice d'une profession ou l'accès à un marché à des restrictions quantitatives ;

2- d'établir des monopoles ou d'autres droits exclusifs ou spéciaux sur le territoire du Maroc ou dans une partie substantielle de celui-ci ;

3- d'imposer des pratiques uniformes en matière de prix ou de conditions de vente ;

4- d'octroyer des aides de l'État ou des collectivités territoriales conformément à la législation y relative » *en raison soit de situations de monopole de droit, soit du soutien accordé par l'administration à certains secteurs ou produits à la production ou à la commercialisation, soit de difficultés durables d'approvisionnement, soit de dispositions législatives ou réglementaires, les prix peuvent être réglementés par l'administration après consultation du Conseil de la concurrence* ».

Ensuite, au niveau des saisines facultatives. Si l'article 2 de la loi n° 20-13 instaure une compétence générale consultative, la valeur de cette attribution découle de l'élargissement considérable du nombre des personnes ayant qualité pour consulter le Conseil. Toutefois, des éléments évidents tempèrent cette ouverture.

À cet égard, l'article 5 dispose que : « Le *Conseil peut être consulté par les commissions permanentes du Parlement sur les propositions de loi ainsi que sur toute question concernant la concurrence, conformément aux règlements intérieurs des Chambres du Parlement* ». Il instaure donc une procédure de consultation facultative. De même que le Conseil peut être saisi par diverses personnes morales : *« à la demande des Conseils des collectivités territoriales, des chambres de commerce, d'industrie et de services, des chambres d'agriculture, des chambres d'artisanat, des chambres des pêches maritimes, des organisations syndicales et professionnelles, des instances de régulation sectorielle ou des associations de consommateurs reconnues d'utilité publique, dans la limite des intérêts dont ils ont la charge ».*

Si on examine le développement historique du droit de la concurrence de France pour comprendre cette faculté, on trouve que cette saisine a répondu en 1986 au vœu de la doctrine qui souhaitait que ces organismes, admis à saisir la commission de la concurrence en matière contentieuse, pour des affaires d'ententes et d'abus de position dominante, puissent aussi consulter celle-ci, en sa qualité d'expert, sur des problèmes de concurrence[323].

Ainsi, peuvent-ils désormais, indépendamment du contrôle qu'ils pourront toujours demander au Conseil de la concurrence d'exercer sur les pratiques anticoncurrentielles, intervenir préventivement auprès de celui-ci pour lui demander son avis sur toute question de concurrence.

Encore faut-il souligner que cette consultation s'inscrit « *dans la limite des intérêts dont ils ont la charge ».* Cette condition, que le Conseil ne manquera pas de vérifier en toute hypothèse, lui permettra de filtrer les demandes d'avis

---

[323]PEDAMON Michel, *Le rôle consultatif général de la commission de la concurrence*, Etudes dédiées à René Roblot : aspects actuels du droit commercial français, Paris, LGDJ, 1984, p. 143.

émanant de nombreux organismes énumérés au sein de cette catégorie et d'échapper à un risque d'encombrement.

Nous ne pouvons que regretter le niveau médiocre des saisines de ces personnes auprès du premier Conseil à caractère consultatif, alors qu'elles sont fréquemment des victimes de pratiques anticoncurrentielles. Ceci peut s'expliciter par l'insuffisante information de leurs responsables sur les possibilités qui leur sont offertes.

Par ailleurs, le Conseil peut être consulté par les juridictions sur les pratiques anticoncurrentielles relevées dans les affaires dont elles sont saisies. Le législateur ne précise pas si cette consultation peut être demandée par les différentes juridictions du Royaume : civiles, commerciales et administratives.

Cette procédure consultative revêt un caractère contradictoire. Notamment, le rapport doit être communiqué aux parties en cause devant la juridiction. S'il dispose d'informations déjà recueillies au cours d'une procédure antérieure, le Conseil a la possibilité d'émettre son avis sans avoir à mettre en œuvre la procédure prévue par la loi. La consultation suspend le cours de la prescription. L'avis, qui ne lie pas la juridiction qui l'a sollicité, ne pourra être publié qu'après la décision de non-lieu ou le jugement sur le fond.

B. La notion de mesures conservatoires

Dans la perspective de mettre en œuvre le contentieux de police des pratiques anticoncurrentielles, le législateur a conféré au Conseil de la concurrence des pouvoirs étendus. En ce sens, l'article 35 de la loi relative à la liberté des prix et de la concurrence revêt une importance particulière, car il permet à cette autorité de régulation de la concurrence d'ordonner des mesures conservatoires. Cette faculté est prévue expressément par l'article 35 : « *Le Conseil de la concurrence peut, à la demande des entreprises, de l'administration ou des personnes mentionnées au troisième alinéa de l'article 5 de la loi n° 20-13 relative au Conseil de la concurrence et après avoir entendu les parties en cause et le commissaire du gouvernement, ordonner les mesures conservatoires qui lui sont demandées ou celles qui lui apparaissent nécessaires* ». Certes, ce pouvoir est déjà connu dans les juridictions civiles et administratives, mais pour le Conseil de la concurrence, il révèle des particularismes, et porte une conception assez stricte.

La notion de mesures conservatoires comporte une grande importance dans le droit économique en général et dans le droit de la concurrence en particulier. En effet, les opérateurs économiques sont rarement en mesure d'endurer la traditionnelle lenteur de la justice, car si des pratiques suspectées d'être anticoncurrentielles se poursuivent durant l'exercice des poursuites au fond, elles peuvent générer des conséquences importantes et irréparables sur le marché en cause[324].

En fait, ces mesures participent à l'efficacité de la police des pratiques anticoncurrentielles, car elles permettent à l'autorité de régulation de prononcer avant de dire le droit, des mesures provisoires à caractère d'urgence[325] dans l'attente d'une décision au fond et selon l'expression de l'ancien Conseil de la concurrence français, d'intervenir *en gelant la situation en cause*[326]. C'est une manifestation du réalisme juridique qui confère au Conseil de la concurrence une véritable « autorité de référé ».

La reconnaissance de ce pouvoir est compensée par la nécessité de justification de telles mesures conservatoires, et le respect de certaines conditions de forme et de fond. C'est pourquoi l'acte conservatoire est à la fois un « acte finalisé », en ce sens qu'il se définit par son but qui est de préserver les richesses patrimoniales et un « acte conditionné »[327].

Il est de prime à bord nécessaire de distinguer l'action du juge judiciaire du droit de la concurrence lorsqu'il entame des actes provisoires, et celui du Conseil de la concurrence, qui ne peut lui être complètement comparé. Même si, une partie de la doctrine emploie d'une façon indifférente, les deux termes de « provisoire » et de « conservatoire » pour qualifier les mesures prises par l'autorité de régulation de la concurrence.

En ce sens, le professeur Doucet estime que : « les *notions de conservatoire et de provisoire ne doivent pas être confondues, puisqu'une situation provisoire peut être remise en cause à tout moment. Si elle ne l'est pas, elle durera indéfiniment. Le conservatoire, quant à lui, dure un certain temps préalablement défini. Durant ce laps de temps, la situation conservatoire ne peut être remise en cause sans que soient pris en compte les motifs qui ont permis de l'établir. Le provisoire implique une situation précaire tandis que le conservatoire signifie une situation transitoire, non précaire. Le provisoire est différent du conservatoire* »[328].

---

[324]GUILLOTIN Alain, « Les mesures conservatoires en droit de la concurrence », *Revue de Jurisprudence Commerciale*, 1993, p. 272.

[325]DEPREZ Pierre et BONNET Philippe, « Les exigences probatoires inhérentes à la procédure de mesures conservatoires devant l'Autorité de la concurrence », *La semaine juridique - entreprise et affaires*, n° 21 – 23, mai 2013, p. 25.

[326]Conseil Français de la concurrence, *Rapport annuel de 1988*, p. 12.

[327]BRENNER Claude, *L'acte conservatoire*, Paris, LGDJ, 1999, p. 19.

[328]DOUCET Christian, *Les mesures conservatoires et provisoires en droit de la concurrence, état du droit français et communautaire*, Thèse de doctorat en Droit, Université Paris 10, 1990, n° 248.

Cependant, les deux notions s'expliquent certainement par l'urgence. Alors que la mesure conservatoire vise avant tout à protéger des intérêts menacés, pour ne pas laisser perdre un droit. La mesure provisoire ne partage pas ce souci.

En effet, les mesures conservatoires se traduisent donc par l'obligation d'éviter un péril probable. Ce ne sont pas les outils de gestion normale d'une situation, mais des mesures cherchant à protéger l'effet utile d'une décision au fond à venir qui ne sauraient durer. Certainement, ce sont en même temps des actes d'attente de la décision au fond ; mais plus que de l'attendre, elles participent à son élaboration.

Les mesures conservatoires témoignent d'un « *souci de réalisme économique* »[329]. En effet, un délai de plusieurs mois devant nécessairement s'écouler, en raison des exigences de la procédure, entre la saisine et la décision au fond, la poursuite des pratiques anticoncurrentielles au cours de cette période risque de causer un dommage irrémédiable pour l'économie générale ou le secteur intéressé, et peut même entraîner l'élimination de certaines entreprises, si bien que les injonctions que le Conseil pourrait ordonner au terme de cette procédure deviennent sans objet.

S'il importe donc que cet organisme puisse dans certains cas, intervenir en gelant une situation afin d'éviter ces atteintes irréversibles, il n'en reste pas moins que l'utilisation de cette faculté d'intervention doit rester strictement limitée afin qu'elle ne débouche pas sur un *interventionnisme injustifié* et contradictoire avec le droit de la concurrence. C'est pourquoi la mise en œuvre de ces mesures est subordonnée à la présence de certaines conditions.

§ 2. L'application des mesures conservatoires

Une lecture des dispositions de l'article 35 de la loi relative à la liberté des prix et de la concurrence amène à distinguer les conditions de forme et de fond pour la mise en pratique de mesures conservatoires. Il semble que les premières soient facilitées pour le demandeur (A), et les secondes aient un caractère restrictif (B).

A. Les conditions de forme

Ils sont relatifs aux personnes susceptibles de faire la demande de mesures conservatoires et à sa procédure devant le Conseil de la concurrence. Les principes de cette procédure sont réunis dans l'article 35 qui prévoit que : « *La demande de mesures conservatoires peut être présentée à tout moment de la*

[329]Conseil Français de la concurrence, *Rapport annuel de 1987*, p. 6.

procédure et doit être motivée », cependant de par son caractère urgent, son déroulement est abrégé.

Le caractère distinctif de cette procédure réside dans l'introduction de la demande à tout moment de la procédure, lors de l'instruction, avant ou après la notification des griefs. Cet aspect provient d'un pragmatisme et d'une souplesse qui s'expliquent par le fait que dans la matière de la concurrence plus qu'ailleurs, l'urgence entendue comme péril imminent peut surgir à tout moment même pour une durée longue après la saisine[330].

En plus, les mesures sollicitées par le demandeur doivent être suffisamment précises et font partie des compétences du Conseil de la concurrence, qui ne peut qu'ordonner la suspension de la pratique dénoncée, ou une injonction aux parties à revenir à l'état antérieur, en se fondant sur le caractère urgent. la demande est abrégée et les délais sont bien fixés pour la production et la consultation des documents. Les parties en cause ainsi que le commissaire du gouvernement sont invités à les respecter et à consulter le dossier.

Dans ce cadre, le principe du contradictoire s'applique et il est respecté par l'autorité de la concurrence, dans la mesure où les parties sont entendues avant la prise de décision. Cependant, ce principe est bien adapté aux aspects d'urgence de la demande, et ne fait pas appel aux dispositions générales qui l'organisent.

Il convient de noter qu'aucun délai n'est prévu pour l'examen de la demande par le Conseil, en outre. Ce dernier est tenu de ne pas excéder un délai raisonnable compatible avec cette procédure d'urgence afin d'examiner la demande de mesures conservatoires en séance, et se prononcer sur le dossier. En suivant l'évolution historique du texte français, le législateur marocain a exclu l'hypothèse que l'autorité administrative de la concurrence ne puisse décider d'elle-même de mettre en œuvre des mesures conservatoires sans être saisi d'une demande d'une partie. En ce sens, l'article 35 prévoit que le Conseil de la concurrence peut *« ordonner les mesures conservatoires qui lui sont demandées ou celles qui lui apparaissent nécessaires. »* La procédure d'urgence l'autorise alors à retenir d'autres mesures conservatoires jugées nécessaires, mais non demandées.

B. Les conditions de fond

Les conditions de fond pour l'octroi de ces mesures sont prévues par le même article qui dispose que : « *ces mesures ne peuvent intervenir que si la*

[330]GUILLOTIN Alain, « Les mesures conservatoires en droit de la concurrence », Op. cit., p. 272.

pratique dénoncée porte une atteinte grave et immédiate à l'économie du pays, à celle du secteur intéressé, à l'intérêt des consommateurs ou à l'entreprise plaignante. » Il s'agit bien d'une application cumulative et non pas alternative des conditions dans la procédure devant le Conseil de la concurrence (1), dans une situation d'urgence (2).

1. Les conditions cumulatives des mesures conservatoires

La première condition de fond nécessaire pour la motivation de la demande d'octroi de mesures conservatoires tient à la « *pratique dénoncée* » contre laquelle la partie saisissante veut que des mesures soient décidées. C'est une condition préalable à la mise en œuvre des mesures conservatoires. Cette formule ouvre un large champ de son interprétation, mais l'essentiel est qu'elle exprime l'exigence de devoir répondre logiquement à la qualification de pratiques anticoncurrentielles, qui s'impose d'elle-même pour justifier l'octroi de mesures conservatoires. Le texte de loi a fait ajouter cette condition à celle du préjudice, la rendant plus restrictive. La difficulté de détecter le caractère « *manifestement illicite* » n'est pas facile à prouver en droit de la concurrence. Donc, il est nécessaire d'en dresser un bilan économique avant toute conclusion.

Le préjudice est la deuxième condition cumulative imposée par l'article 35 de la loi relative à la liberté des prix, le texte évoque certes *« l'atteinte »,* mais au-delà des expressions, il faut comprendre préjudice[331], terme qui désigne les exigences des autorités de la concurrence pour la mise en œuvre de cette condition. D'où la nécessité d'établir un lien de causalité entre le préjudice et ses causes. En effet, le texte de l'article 35 vise *« si la pratique dénoncée **porte** une atteinte... ».* L'emploi du verbe porter ici est synonyme de causer, c'est une sorte d'un lien de causalité qui existe d'une façon implicite. Il fallait alors démontrer qu'il est direct et même exclusif entre la pratique dénoncée et le préjudice allégué. En effet, c'est à l'entreprise plaignante de justifier d'un préjudice. Le plus souvent, elle invoque une perte de chiffre d'affaires et nous pouvons en déduire que le préjudice doit être de nature financière. En réalité, le préjudice doit toujours être de nature « concurrentielle » en ce sens que l'entreprise « victime », soit risque de disparaître du marché, soit ne peut pénétrer ledit marché[332]. La jurisprudence française a apporté diverses précisions à ces conditions, ainsi que sur le contrôle juridictionnel dont elles

[331]IDOT Laurence, « Les mesures provisoires en droit de la concurrence, un nouvel exemple de symbiose entre le droit français et le droit communautaire de la concurrence », *Revue Trimestrielle du Droit Européen,* 1993, p. 581.
[332]*Ibidem.*

font l'objet[333]. La Cour de cassation a précisé qu'un lien de causalité devait être établi entre les pratiques dénoncées et l'atteinte constatée[334].

La notion de préjudice invoqué suscitait deux difficultés, une se rapportant à sa nature, l'autre à son caractère. Ainsi, le texte de l'article 35 visait : « *une atteinte grave et immédiate à l'économie du pays, à celle du secteur intéressé à l'intérêt des consommateurs ou à l'entreprise plaignante* ». Cette atteinte doit-elle être alors démontrée indépendamment de la qualification éventuelle des articles 7 et 8 de la loi n° 104-12 ? Aussi, l'autorité de régulation de la concurrence en exige-t-elle une démonstration précise et concrète, résultant de faits incontestables et non pas seulement de supputations ou d'hypothèses. C'est sans doute une démonstration concrète par les faits que doit apporter la partie concernée. En d'autres termes, l'atteinte ou le préjudice doit être réel et prouvé.

Pour ce qui est de l'appréciation de la nature du préjudice, le texte de l'article énumère un certain nombre de personnes qui ont la qualité d'agir, mettant en exergue plusieurs organismes-victimes « *Le Conseil de la concurrence peut, à la demande des entreprises, de l'administration ou des personnes mentionnées au troisième alinéa de l'article 5 de la loi n° 20-13 relative au Conseil de la concurrence* », dont nous pouvons citer les Conseils des collectivités territoriales, des chambres de commerce, d'industrie et de services, des chambres d'agriculture, des chambres d'artisanat, des chambres des pêches maritimes et des organisations syndicales et professionnelles. L'atteinte peut être faite à l'économie générale, au secteur intéressé, à l'intérêt des consommateurs et des entreprises.

Si cette liste ne nous pose pas de question sur leur qualité d'agir facilement identifiable, celle de l'administration reste à éclairer davantage. Car si l'administration peut formuler une demande de mesures conservatoires fondée sur une atteinte à l'ordre public économique se manifestant par un préjudice à l'économie générale, à un secteur ou aux consommateurs, nous pouvons nous interroger si elle l'est pour invoquer l'atteinte à une entreprise qui elle-même n'a pas saisi l'autorité de régulation de la concurrence ?

Si cette question demeure posée, dans tous les cas, l'atteinte doit être de nature « *concurrentielle* », en ce sens qu'il doit y avoir une conséquence sur le marché, d'où l'exclusion à titre d'exemple de toute forme de préjudice

---

[333] SIBONY Anne-Lise, *Le juge et le raisonnement économique en droit de la concurrence*, Op. cit., p.758.

[334] Cour de cassation, 18 avril 2000. Le lien causal à établir en matière de mesures provisoires entre un comportement et une atteinte à la concurrence doit a priori l'être au moyen d'un raisonnement économique. Voir à ce propos SIBONY Anne-lise, Op. cit.

exclusivement financier, fiscal ou environnemental, sans nier toutefois la possibilité du Conseil de la concurrence de prendre ces éléments en considération dans son appréciation.

D'après l'article 35, la pratique dénoncée porte « ***une atteinte grave et immédiate*** ». Ces deux aspects semblent cumulatifs. Pour la gravité de l'atteinte, les victimes probables doivent fournir des éléments de fait autres « *que de pures allégations, permettant de penser qu'elles subissent une atteinte grave* ». En ce sens, le Conseil de la concurrence de France avait rejeté la demande de mesures conservatoires au motif qu'un simple manque à gagner ne peut suffire à caractériser la gravité du préjudice. Il s'agit alors impérativement de démontrer que le préjudice est grave, irrémédiable, et sans aucune solution de remplacement et s'apparentant à une qualification de « *situation* catastrophique ».

2. La notion d'urgence

S'agissant du deuxième caractère de l'immédiateté avancée par le texte, la notion d'urgence est visée ici directement, même si elle ne l'est que de façon implicite alors qu'elle est de façon explicite à l'alinéa 4 de l'article 35 par la formule : « *... pour faire face à l'urgence...* ». Elle semble incluse dans cette condition d'acceptation de la demande de mesures conservatoires.

L'article 35 dispose dans son quatrième alinéa que les mesures conservatoires « *doivent rester strictement limitées à ce qui est nécessaire pour faire face à l'urgence.* » Ceci est une incitation à une utilisation avec une grande vigilance de ces dispositions, afin d'éviter toute action contraire à l'esprit du droit de la concurrence. Le Conseil de la concurrence entend respecter à la lettre ces prescriptions. En effet, il a la faculté d'accorder ou rejeter la demande de mesures conservatoires qui lui est présentée.

La pratique a montré que le bilan du Conseil de la concurrence Français reste limité en la matière, et ce pour les raisons liées au respect des conditions de fond et de forme d'une part, et de leur objet limité par le législateur d'autre part[335].

Ces limites se manifestent dans les deux types de mesures conservatoires à prendre : « *la suspension de la pratique concernée* » ou « *une injonction aux parties de revenir à l'état antérieur* ». Juridiquement, nous pouvons déduire

---

[335]CLAUDEL Emmanuelle, « Mesures conservatoires en matière de concurrence », *Revue Trimestrielle du Droit Commercial,* 2000, p. 636. « On sait que les mesures conservatoires sont, en droit de la concurrence, rarement accordées ; c'est un euphémisme. Les statistiques du Conseil de la concurrence sont révélatrices de la parcimonie qui règne en la matière : de 1986 à 1994, des mesures conservatoires ont été accordées une dizaine de fois seulement, et le rythme ne s'est pas accéléré ces dernières années : 2 décisions favorables en 1997, 3 en 1998... »

que ces deux décisions peuvent se comprendre comme des injonctions de faire ou de ne plus faire. Ainsi, l'autorité de la concurrence ne peut prendre de mesures autres que celles énumérées par le texte de loi. Cependant, il convient de mentionner que de tels pouvoirs d'injonction permettent au Conseil de la concurrence de s'immiscer dans les relations contractuelles. Doté de la faculté de suspende certains contrats en cours, ou d'ordonner le retour à la situation antérieure à la pratique, le Conseil de la concurrence peut imposer l'accomplissement d'actes positifs. En enjoignant à des auteurs de mettre fin à des pratiques fondées sur des dispositions contractuelles, l'autorité de régulation s'octroie un droit de regard sur le sort des contrats en bloquant temporairement l'exécution[336].

Les compétences du Conseil de la concurrence connaissent une deuxième limite imposée in fine par l'article 35, les mesures conservatoires « *doivent rester strictement limitées à ce qui est nécessaire pour faire face à l'urgence* ». Il s'agit bien ici de l'obligation de motivation de la demande et du respect de l'exigence de la proportionnalité[337]. Comme toute décision de nature administrative, celle en matière de mesures conservatoires administratives doit être motivée.

Section II. Les conditions de transmission du pouvoir de sanction au Conseil de la concurrence

Le pouvoir répressif de sanction attribué aux autorités administratives indépendantes est un « *Complément indispensable* »[338] de la régulation qui suppose en dernier recours de mettre fin aux comportements déviants[339]. Il se caractérise par la diversité de ses modes d'expression, dont celui du Conseil de la concurrence intervenant dans un ordre très général. Celui-ci se voit reconnaître uniquement le droit de prononcer des sanctions administratives stricto sensu[340]. En fait, ces dernières interviennent dans un ordre plus général, alors que les sanctions disciplinaires supposent l'exercice d'un pouvoir sur un ensemble délimité de personnes. Il serait abusif de voir en elles, l'expression

---

336MENURET Jean Jacques, *Le contentieux du conseil de la concurrence*, Op.cit., p. 345.
337SIBONY Anne-Lise, *Le juge et le raisonnement économique en droit de la concurrence*, Op. cit., p. 758.
338TEITGEN-COLLY Catherine, « Sanctions administratives et autorités administratives indépendantes », *Petites affiches*, 1990, p. 28.
339Il convient de souligner que d'autres moyens de sanctions autres que pécuniaires sont mises en œuvre dans d'autres pays, à titre d'exemple le Royaume-Uni a instauré une « interdiction de gestion » : les personnes directement impliquées dans une pratique anticoncurrentielle ne peuvent plus devenir ou demeurer membres des organes dirigeants d'une société.
340PRALUS-DUPUY Joëlle, « Réflexions sur le pouvoir de sanction disciplinaire reconnu à certaines autorités administratives indépendantes », *Revue Française du Droit Administratif*, 2003, p. 554.

d'une répression disciplinaire[341]. En effet, les mesures administratives prises par le Conseil permettent de prononcer de lourdes sanctions pécuniaires contre les pratiques anticoncurrentielles afin d'assurer un « ordre public général ».

La faculté de prendre des mesures conservatoires témoigne de l'importance des pouvoirs accordés au Conseil de la concurrence par la nouvelle législation relative à la concurrence. En droit civil, la possibilité de les prendre appartient au juge de l'urgence qui est différent de celui du fond.

De surcroît, le pouvoir au fond de l'autorité de régulation de la concurrence est assez étendu, par la prise de décisions sanctionnatrices : injonction, sanctions pécuniaires et complémentaires. Aux termes de l'article 39 : « *Le Conseil de la concurrence peut infliger une sanction pécuniaire applicable soit immédiatement, soit en cas d'inexécution des injonctions, soit en cas de non-respect des engagements qu'il a acceptés.* »

Ce pouvoir de sanction n'est que la traduction de l'importante faculté de contrôle, de contrainte ou de répression destinée à assurer la régulation concurrentielle des marchés. En plus, le Conseil de la concurrence garde le privilège de s'assurer de la correcte exécution des décisions rendues, qu'elles soient temporaires ou définitives. En effet, d'après l'article 36 : *« Si les mesures conservatoires, les injonctions ou les engagements prévus aux articles 35, 36 et 37 ne sont pas respectés, le Conseil de la concurrence peut prononcer une sanction pécuniaire dans les limites fixées à l'article 39 ».*

Suivant cette logique, le régulateur de la concurrence apparait doté matériellement de véritables pouvoirs juridictionnels afin de trouver des solutions aux dossiers qui lui sont soumis ; surtout s'il décide de prendre des mesures à contenu punitif, exprimant ainsi son pouvoir répressif indépendant.

Il convient donc de faire le point sur la reconnaissance de ce pouvoir de sanction (§ 1), avant d'étudier les différentes garanties qui l'encadrent (§ 2).

§ 1. La reconnaissance d'un pouvoir de sanction

L'intérêt de confier la répression à l'administration doit composer avec la nécessité de respecter les droits fondamentaux. Cette tension est particulièrement visible en matière d'autorités administratives indépendantes[342]. En effet, ces institutions ont été construites sur l'idée d'un cumul des prérogatives, afin d'optimiser les résultats. C'est ainsi qu'une dizaine d'AAI sont dotées d'un pouvoir de sanction.

---

[341] *Ibidem.*

[342] BRUNET François, « De la procédure au procès : le pouvoir de sanction des autorités administratives indépendantes », *Revue Française du Droit Administratif*, 2013, p. 113.

Toutefois, l'action d'une autorité de régulation ne peut être crédible sans un vrai pouvoir de sanction, ainsi d'après le professeur Frison-Roche « *les prescriptions des AAI ne sont crédibles que si elles disposent du pouvoir de les sanctionner* »[343].

Les décisions sanctionnatrices contribuent à mettre fin aux pratiques anticoncurrentielles d'une façon définitive par la répression des personnes à l'origine de la délinquance. En empruntant l'expression de Donnedieu de Vabres sur le Conseil de la concurrence français, c'est la « *principale innovation* » des règles du droit de la concurrence qui a consisté à transférer au régulateur de la concurrence le pouvoir répressif que détenait auparavant l'administration.

D'après l'article 39, ces pouvoirs s'incarnent par la possibilité de prendre au fond des décisions ordonnant des « *injonctions* » ou infligeant des « *sanctions pécuniaires* ». En effet, si les mesures conservatoires traduisent un pouvoir à aspect répressif atténué, les solutions sanctionnatrices révèlent, quant à elles, un véritable pouvoir de répression.

En ce sens, un débat doctrinal houleux a vu le jour sur la nature de ces sanctions : sont-elles administratives ou non ? Parmi les réponses fondées à cette grande question, nous trouvons celles qu'on ne saurait ranger dans une catégorie sui generis, sous prétexte qu'elles « *ne peuvent être attaquées devant les juridictions administratives, mais seulement devant les juridictions judiciaires* ».

L'article 39 prévoit que le Conseil de la concurrence peut émettre deux types de décisions, les injonctions et les sanctions pécuniaires. Ces deux catégories ont comme point commun d'être des sanctions de caractère économique. Elles ne sont prises qu'à la lumière d'un bilan économique défavorable. Ce sont en quelque sorte, des décisions administratives défavorables pour leurs destinataires.

Cependant en tant que gardien de l'ordre public économique, le Conseil de la concurrence ne peut ni indemniser les victimes en leur allouant des dommages et intérêts en réparation de pratiques anticoncurrentielles dont elles ont été victimes ni ordonner le remboursement des frais des auteurs de la saisine.

En plus, et par application du principe du contradictoire, le régulateur de la concurrence ne peut prendre de sanctions à l'encontre de personnes non destinataires de la notification des griefs.

---

[343]FRISON-ROCHE Marie-Anne, « Étude dressant un bilan des AAI », Annexe au *Rapport du sénateur GELARD Patrice,* Op. cit.,p. 93.

En conclusion, le pouvoir répressif du Conseil est bien limité et encadré, incarné par l'injonction (A) et la sanction pécuniaire (B).

A. Les injonctions, mesures de prévention et de réparation

Il s'agit bien d'un procédé du pouvoir de sanction octroyé par la loi n° 114-12 au Conseil de la concurrence. Si on procède à un examen plus détaillé du dispositif législatif en matière de concurrence, on estimera qu'il constitue le second type du pouvoir de sanction dont l'autorité de régulation de la concurrence dispose en considérant au premier rang les mesures conservatoires. Toutefois, si ce dernier pouvoir est temporaire et urgent, le premier demeure définitif. Ceci nous incite à réfléchir sur cette notion (1), son contenu, et son exécution (2).

1. La notion des injonctions

D'après le lexique Dalloz des termes juridiques : *« l'injonction est un ordre de faire adresser par un juge à une personne publique. Le principe de séparation des pouvoirs avait longtemps interdit, en principe, à tous les tribunaux d'adresser des injonctions à l'administration, sauf en matière d'astreinte et en cas de voies de fait Le défenseur des droits peut également adresser des injonctions à l'administration »*[344]. Elle est donc un ordre, une prescription, un commandement de faire ou de ne pas faire qui émane d'une autorité compétente, adressé à un justiciable ou à un administré déterminé à l'effet de supprimer, par la correction enjointe du comportement, une illégalité[345].

Le pouvoir d'injonction reconnaît au régulateur la capacité de préserver l'ordre concurrentiel, constituant ainsi un « *instrument-type d'une politique visant à discipliner la concurrence* »[346]. En effet, les injonctions permettent au Conseil de la concurrence de s'adapter aux situations anticoncurrentielles les plus variées. Il s'agit de la première forme des catégories de sanctions. Nous pouvons la classer parmi les actes administratifs, puisqu'elle est prise par une autorité administrative indépendante et qu'elle a pour objet d'ordonner, de prescrire ou de commander aux agents économiques à l'origine des pratiques anticoncurrentielles. Une partie de la doctrine la place également parmi les sanctions, malgré qu'elle jouisse toujours d'un aspect correctif et qu'elle se

[344]GUINCHARD Serge et DEBARD Thierry, Lexique *de termes juridiques*, Op. cit., p. 542.
[345]HERVIEU Merryl, *Les autorités administratives indépendantes et le renouvellement du droit commun des contrats*, Op. cit., p. 322.
[346]JEANTET Fernand Charles, « Réflexions sur les injonctions et exemptions du droit de la concurrence », *La Semaine Juridique Entreprise et Affaires*, 9 Juin 1988, n° 23.

situe légèrement « *en deçà de la sanction* »[347]. En ce sens, une partie de la doctrine estime que « *les mesures administratives dont l'objet est de mettre fin à une illégalité ne relèvent pas en principe de la catégorie des sanctions* »[348].

Pour les entreprises, l'injonction a un caractère sanctionnateur, puisqu'elle a pour but de punir et mettre fin aux pratiques contraires aux règles de concurrence[349]. Ceci semble traduire la définition juridique de la sanction : « *mesure de contrainte accompagnant toute règle de droit* »[350]. Il s'agit ici d'un acte administratif à caractère punitif, incarnant le pouvoir de contrôle et de commandement s'insérant dans le régime de sanctions administratives.

L'article 36 de la loi n° 114-12, dans son premier alinéa, dispose que : « *Le Conseil de la concurrence peut ordonner aux intéressés de mettre fin aux pratiques anticoncurrentielles dans un délai déterminé ou imposer des conditions particulières* ». En vertu de ce texte, le régulateur de la concurrence dispose d'un pouvoir d'injonction afin de rétablir la situation de la concurrence sur le marché. Ce pouvoir permet d'ordonner à une personne d'adopter un certain comportement. En effet, le Conseil de la concurrence ordonne généralement aux opérateurs intéressés de *mettre fin aux pratiques anticoncurrentielles* visées, ou impose des *conditions particulières.*

Si le lexique des termes juridiques dans sa définition de l'injonction estime qu'elle est le monopole du juge, c'est parce qu'elle reflète son pouvoir de commandement bien différent de celui de dire le droit. Alors que le régulateur de la concurrence détient les deux à la fois. Ce fait a amené un auteur à considérer l'injonction comme une *mesure de police administrative* régissant un secteur d'activités précis[351].

En effet, doter les autorités administratives en général de ce pouvoir, et le Conseil de la concurrence en particulier révèle davantage le caractère hybride de leur action. Ces institutions ne sont pas des juridictions, mais exercent bel et bien un travail de contrôle de l'application des règles de droit et peuvent

---

[347]DECOOPMAN Nicole, « Le pouvoir d'injonction des autorités administratives indépendantes », *JCP*, 1987, I, 3303, n° 5.
[348]MODERNER Franck, *Sanctions administratives et justice constitutionnelle*, Paris, Economica,1993, p. 121.
[349]CLAUDEL Emmanuelle, « Les injonctions », *Les petites Affiches*, 20 janvier 2005, n° 14, p. 23.
[350]JEANTET Fernand-Charles, « Réflexions sur les injonctions et exemptions du droit de la concurrence », Op. cit., I, 3348.
[351]DECOOPMAN Nicole, *Le désordre des autorités administratives indépendantes. L'exemple du secteur économique et financier*, Op.cit., n°5.

enjoindre de les respecter ou de rétablir une situation conforme aux normes édictées.

En outre, l'article 39 de la loi relative à la liberté des prix et de la concurrence montre que le Conseil de la concurrence peut ordonner des injonctions dans ses décisions définitives au fond. Dans ce cas, après avoir dit le droit, il adopte les mesures nécessaires pour en assurer le respect. L'injonction voit le jour alors lorsque des violations aux normes juridiques de la concurrence sont constatées ; le rôle de l'autorité indépendante de la concurrence est proche du juge. Elle interprète la règle de droit, contrôle son application et constate sa violation éventuelle et ses conséquences sur le marché.

D'après Mme Deccopman, le pouvoir d'enjoindre va même plus loin et la mission de régulation dépasse de manière très large le cadre du contrôle de l'application des règles de droit. Car l'objet des injonctions n'est pas seulement de *« critiquer et sanctionner la violation des normes juridiques, il est de façon plus positive, mais aussi plus interventionniste de parvenir au redressement d'une situation ou d'une pratique »*[352]. Dans ce cadre, l'injonction illustre bien un pouvoir de commandement de donner des ordres. Corriger, réparer et aussi réprimer en exigeant le retour à une situation antérieure, de telles fonctions ne présentent pas le sens punitif d'une sanction. Cependant, l'injonction peut faire l'objet de sanctions pécuniaires en cas d'inexécution, aux termes de l'article 39, prévoyant que le Conseil de la concurrence, et après avoir constaté l'inexécution de la décision d'injonction peut *« infliger une sanction pécuniaire »*.

Le fait que la sanction accompagne l'injonction, permet d'accroître son efficacité, cela signifie dans le champ d'action du Conseil de la concurrence, que la sanction fait partie de la définition de l'injonction[353]. En plus, le fait que l'injonction s'accompagne également d'une mise en demeure d'exécution et par la menace d'une sanction pécuniaire, plaide davantage à la classer parmi les sanctions administratives dans le pouvoir de décision du Conseil de la concurrence.

2. L'objet des injonctions

L'objet des injonctions consiste à imposer l'adoption d'un comportement bien déterminé à une personne juridique, conforme aux règles de la concurrence applicables et contrôlées par le régulateur de la concurrence. De

---

[352]*Ibidem.*

[353]GERASIMOS Alex Sofianatos, *Injonctions et engagements en droit de la concurrence - Etude de droit communautaire français grec*, Paris, LGDJ, Collection Thèses, 2009, p. 370.

surcroît, les injonctions prennent alors un aspect « *correctif* » au sein des sanctions infligeables. C'est une mesure qui cherche à organiser l'avenir contrairement aux actes répressifs, tourné vers le passé. Ainsi, elles sont marquées, par rapport à la sanction, par leur « interventionnisme »[354].

Alors que les sanctions pécuniaires revêtent un aspect dissuasif. Toutefois, le contenu de ces mesures varie en fonction des situations et des comportements des opérateurs, sans mettre en cause une sorte d'ingérence et d'interventionnisme de la part du Conseil de la concurrence. En effet, les injonctions comportent deux modalités d'ordre juridique : revenir à une situation conforme aux normes violées, ou prendre des mesures nécessaires pour faire cesser les irrégularités. Il s'agit alors de soumettre leurs destinataires à de nouvelles obligations et plus contraignantes, se résumant en deux catégories : l'obligation de ne plus faire et l'obligation de faire. Ne plus faire ou cesser une pratique illicite n'est pas sans intérêt, ceci s'immisce dans le cadre correctif de l'injonction. Celui-ci permet, au Conseil de la concurrence, en cas de répétition des pratiques dans l'avenir de prononcer des sanctions pécuniaires plus lourdes. Pour ce qui est de l'obligation de faire, celle-ci est plus contraignante, car elle exige des parties concernées un acte positif. Par la modification des actes juridiques au moyen desquels les pratiques anticoncurrentielles se réalisent, tels les contrats et conventions, ou encore les statuts des entreprises, ou leurs règlements intérieurs. Le régulateur de la concurrence peut prescrire aux entreprises la transformation, l'adjonction ou la suppression de clauses contractuelles contenues dans conventions, souvent de distribution sélective ou dans des contrats-types.

Il peut aussi ordonner aux entreprises d'informer leur clientèle sur les prix et dispositions législatives et réglementaires. Cette variation de forme et de fond de l'injonction démontre la souplesse de cette solution sanctionnatrice. En effet, le Conseil de la concurrence peut proportionner l'injonction par rapport à l'infraction commise ; il décide de son adéquation à l'atteinte à la concurrence qu'il entend faire cesser.

Cependant, cette étanchéité entre les deux obligations reste relative, dans le cas où une pratique ne découle pas d'un contrat, l'injonction émise est une simple cessation ; alors que dans le cas contraire, l'injonction est une modification de la convention, et nous pouvons la considérer comme une action de mettre fin à la pratique. Il est donc préférable selon M. Putman de penser que *: « ces deux sortes d'injonction sont complémentaires d'un même*

---

[354]PERRINAlix, *L'injonction en droit public français*, Panthéon-Assas Paris II, Collection Thèses, 2009, p. 103.

pouvoir, celui de restaurer la libre concurrence sur le marché en supprimant les pratiques anticoncurrentielles »[355].

Il convient de souligner qu'une décision d'une autorité de la concurrence peut contenir plusieurs injonctions comme mesures contraignantes, formulées en des termes clairs, bien précis et exempts d'incertitudes quant à son exécution. Tout de même, le pouvoir de prononcer des injonctions est limité, puisque le Conseil de la concurrence ne peut imposer la nullité des conventions. Il ne peut à titre d'exemple enjoindre de dissoudre un groupement d'intérêt économique. Parce que le pouvoir de décider de la nullité des contrats appartient aux juridictions du droit commun et non pas à l'autorité de la concurrence. En ce sens, l'article 10 de la loi n° 104-12 prévoit que : « *Tout engagement, convention ou clause contractuelle se rapportant à une pratique prohibée est nul de plein droit. Cette nullité peut être invoquée par les parties et par les tiers, elle ne peut être opposée aux tiers par les parties elle est éventuellement constatée par les tribunaux compétents à qui l'avis ou la décision du Conseil de la concurrence, s'il en est intervenu un, doit être communiqué.* »

Toutefois, le Conseil de la concurrence peut enjoindre la suspension de l'exécution des conventions. L'impératif de rétablissement de l'ordre public économique prévaut sur la matière contractuelle. L'injonction peut être accompagnée d'un délai pour son exécution. Il s'agit bien d'une faculté ouverte par le texte de l'article 36 prévoyant qu'un « *délai déterminé* » peut être fixé par le Conseil de la concurrence dans un souci de réalisme, selon la nature et la complexité de l'injonction ordonnée. Toutefois, la jurisprudence française a jugé que l'injonction doit être exécutée : « *dans un délai raisonnable, lequel s'apprécie concrètement en fonction des circonstances particulières de chaque espèce, notamment les caractéristiques propres à l'entreprise et au secteur d'activité concernés, et de la nature et de l'étendue des modifications nécessaires à la mise en œuvre de l'injonction* »[356].

Plusieurs facteurs concourent à la mise en œuvre de la décision d'injonction prononcée par le Conseil de la concurrence dont la motivation, la notification ou la publication qui l'accompagnent. À l'image des décisions administratives, les injonctions ont un caractère exécutoire immédiat, qui peut être différé si elle est assortie d'un délai. Pour assurer l'exécution des injonctions, la possibilité est octroyée à l'autorité de régulation de la concurrence de prononcer une sanction pécuniaire à l'encontre de la partie qui n'aurait pas respecté les ordres dont elle a fait l'objet. En plus, elle peut

---

[355]PUTMAN Emmanuel, *Contentieux économique*, Paris, PUF, 1998, n° 2019.

[356]Cour d'appel de Paris, 29 mars 1996, tuileries réunies du Bas-Rhin. Délai de quatorze mois jugé en l'espèce excessif.

vérifier l'exécution des injonctions sous tous ses aspects, notamment quant aux délais, à son contenu, à ses modalités. La procédure de contrôle engendre donc un pouvoir de sanction pécuniaire, il est alors légitime de s'interroger sur ce type de sanction pour en connaitre la nature, les aspects et les modalités de mise en œuvre.

B. La sanction pécuniaire, un aspect dissuasif

L'injonction se caractérise essentiellement par son aspect correctif des pratiques illicites en matière du droit de la concurrence, alors que la sanction pécuniaire a ou au moins aspire à un caractère dissuasif. Elle incarne de cette façon le pouvoir répressif du Conseil de la concurrence (1). Par l'exercice de ce pouvoir, il ne vise pas qu'à punir, mais cherche aussi à restaurer un certain équilibre en tenant compte de la situation propre à chaque partie délinquante concernée, au regard des incidences sur le marché des pratiques contraires aux dispositifs de la loi n° 104-12 relative à la liberté des prix et la concurrence (2).

1. Les caractères des sanctions pécuniaires

Dans ce cadre, la sanction pécuniaire de la concurrence s'apparente à la sanction pénale au sens strict. D'autres auteurs estiment même que le pouvoir de sanction d'une autorité administrative indépendante peut s'avérer beaucoup plus efficace, voire douloureux que la répression exercée par le juge pénal[357]. Cependant, il faut souligner ici, aux termes de l'article 18 que : « Les *sanctions pécuniaires et astreintes prononcées par le Conseil de la concurrence sont recouvrées conformément à la législation relative au recouvrement des créances publiques* ». Il n'est en aucun cas une réparation civile, car le produit de ces sanctions est versé à l'État et non aux victimes des agissements.

Plus pertinemment, il faut la considérer comme une sanction économique objective, de nature administrative, avec un caractère dissuasif. D'après l'expression de Didier Truchet « *tant qu'elles exercent des prérogatives de puissance publique, les autorités de régulation financière exercent un pouvoir d'État.* »[358]

En effet, les sanctions prononcées par l'autorité de la concurrence demeurent des décisions administratives unilatérales qui constituent, selon

---

[357]PIWNICA Emmanuel, « la dévolution d'un pouvoir de sanction aux autorités administratives indépendantes », *Revue Française du Droit Administratif*, 2010, p.915.
[358]TRUCHET Didier, « Avons-nous encore besoin d'un droit administratif? », in *Le droit administratif. Permanence et convergences. Mélanges en l'honneur de J.-F. Lachaume*, Paris, Dalloz,2007, p.1043.

André de Laubadère, un pouvoir « *très exorbitant et constituent une forme extrême des prérogatives susceptibles d'être reconnues à l'administration* »[359]. L'absence de fonction purement juridictionnelle exercée par le Conseil de la concurrence confirme cette analyse. Elle s'inscrit dans cette tendance du nouveau droit administratif, qui contribue à l'élargissement de la matière pénale, mais sans l'intervention du juge et entre les mains d'une autorité indépendante de régulation. Il convient de s'interroger sur les justifications du maintien du qualificatif d'autorité « administrative » pour désigner un organisme de régulation de la concurrence[360]. En tenant, compte que sa composition et ses prérogatives non contentieuses militent en faveur de cette qualification[361]. Nous pouvons aussi ajouter que la procédure qui se déroule devant elle reste originale à plus d'un titre par rapport aux procès civils ou pénaux. À cet égard, M. Bruno Lasserre rappelle d'ailleurs clairement que les garanties procédurales nombreuses « *n'aboutissent nullement à en faire une juridiction, ou, pour reprendre un terme fréquemment employé, mais rarement expliqué, une "quasi-juridiction"* ».[362]Cependant, les décisions sont adoptées selon des procédures et des conditions très proches de celles d'une juridiction judiciaire[363]. Néanmoins, de par sa nature particulière, le Conseil doit respecter la plupart des garanties de légalité relatives aux décisions et sanctions administratives, puisque la compétence du législateur pour investir une autorité administrative indépendante d'un pouvoir de sanction découle également du principe de légalité des incriminations[364].

---

[359]DE LAUBADERE André, *Traité élémentaire de droit administratif*, Paris, LGDJ, 8ème édition, 1980, p. 333.

[360] Ce débat sur la nature juridique s'est imposé dès la création du premier Conseil de la concurrence français. Voir DRAGO Roland, « Le Conseil de la concurrence », Op. cit., I. 3300 ; DANET Didier, « Le Conseil de la concurrence : Juridiction incomplète ou juridiction innommée ? », *Revue Internationale du Droit Economique*, 1993, n° 1, p. 5 ; SUEUR Jean-Jacques, Droit économique et méthodologie du droit, in Frison-Roche Marie Anne, *philosophie du droit et droit économique : quel dialogue ? Mélanges en l'honneur de Gérard Farjat*, 1999, pp. 291-308 ; DELICOSTOPOULOS Constantin-S, *L'encadrement processuel des autorités de marché en droits français et communautaire. Contentieux de la concurrence et de la Bourse*, Paris, LGDJ, 2002, (Voir première partie).

[361]ANTOINE Aurélien et CALMETTE Jean-François, « La sanction administrative des pratiques anticoncurrentielles à la suite de l'affaire du cartel de l'acier », *Revue Française du Droit Administratif*, 2010, p.1157.

[362]LASSERRE Bruno, « La transformation du Conseil de la concurrence en Autorité de la concurrence, clé de voûte d'une régulation de la concurrence moderne, juste et efficace », *Journal des Sociétés*, janvier 2009, p. 19.

[363]ANTOINE Aurélien et CALMETTE Jean-François, « La sanction administrative des pratiques anticoncurrentielles à la suite de l'affaire du cartel de l'acier », Op. cit., p. 1157.

[364]*Ibidem.*

L'exercice de ce pouvoir de sanction[365], par le Conseil de la concurrence, montre son aspiration à l'indépendance qui ne peut se faire sans le respect de différentes exigences juridiques contenues dans la loi n° 104-12 : la gravité de faits, l'importance du dommage causé à l'économie, la situation financière de l'entreprise et la dimension de celle-ci, la réitération des pratiques prohibées comme facteur aggravant et l'absence de contestation de ces dernières comme facteur atténuant. Ces conditions peuvent être regroupées autour des principes fondamentaux de la *proportionnalité et de l'individualisation* qui s'appliquent à la plupart des sanctions répressives.

Cependant, il faut s'intéresser à l'assiette de cette sanction pécuniaire comme un élément important.

2. Des sanctions dissuasives

Le plafond est le premier élément essentiel lié à toute sanction pécuniaire prononcée par le Conseil de la concurrence. Lorsque ce dernier estime nécessaire d'appliquer une sanction pécuniaire en raison de la gravité des pratiques reprochées, il doit décider de son assiette qui constitue la base matérielle sur laquelle porte la sanction, et qui concourt à la délimiter parfaitement. À l'exception de la procédure simplifiée, où le montant maximum de la sanction encourue est réduit de moitié. L'article 39 de la loi n° 104-12 dispose dans son alinéa 3, que le montant maximum de la sanction est pour une entreprise de « *de 10 % du montant du chiffre d'affaires mondial ou national, pour les entreprises n'ayant pas une activité à l'international, hors taxes le plus élevé réalisé au cours de l'un des exercices clos depuis l'exercice précédant celui au cours duquel les pratiques ont été mises en œuvre* »[366] et pour une autre personne qui n'est pas une entreprise de « *quatre millions (4 000 000) de dirhams* ». C'est un signal du législateur aux entreprises, qui doivent prendre au sérieux le droit de la concurrence et un appel à l'autorité de concurrence pour que les sanctions économiques soient significatives pour être efficaces. Les sanctions doivent devenir plus dissuasives[367]. Dans ce cadre, Bruno Lasserre, Président de l'Autorité de la concurrence française estime que le dispositif des sanctions pécuniaires est insuffisant et mériterait d'être complété par des sanctions pénales : « *tant que*

---

[365]Voir à ce propos NICINSKI Sophie, *Droit public des affaires*, Paris, Montchrestien, 2ème édition, 2010, p. 720 ; COLSON Jean Philippes et IDOUX pascal, *Droit public économique*, Paris, LGDJ, 5ème édition, 2010, p. 980 ; CHEROT Jean Yves, *Droit public économique*, Paris, Economica, 2ème édition, 2007, p.1032 ; BERNARD Sébastien, *Droit public économique*, Paris, Litec, 2009, p. 182.

[366]Le plafond est déterminé par référence au chiffre d'affaires hors taxes mondial, et non pas national, ce qui pénalise les entreprises exportatrices.

[367]HAGELSTEEN Marie-Dominique, « Entretien », Le *bulletin de l'ILLEC (Economie Consommation & Environnement)*, n° 329, novembre 2001.

le seul outil utilisé pour sanctionner les cartels restera la sanction pécuniaire, on ne pourra pas atteindre un niveau de dissuasion suffisant pour espérer se débarrasser de pratiques considérées comme un cancer de l'économie. C'est le constat qui a conduit tous nos voisins à prévoir, à côté des sanctions pécuniaires visant les entreprises, la possibilité de sanctionner pénalement les personnes physiques ayant mis en place ou en œuvre des cartels ou des ententes dans le cadre de marchés publics »[368].

En outre, la lecture de cet article montre que les entreprises, opérateurs principaux de ce dispositif, ne sont pas les seules concernées, et qu'il faut distinguer selon que la personne a ou non cette qualité. Dans le premier cas, le chiffre d'affaires est pris en compte, dans le second, le montant des ressources de la personne considérée. Préalablement, il convient de préciser que s'agissant de l'exercice comptable à prendre en considération, le texte de l'article 39 de la loi n° 104-12 vise « *l'un des exercices clos depuis l'exercice précédant celui au cours duquel les pratiques ont été mises en œuvre* ».

La détermination du chiffre d'affaires des entreprises est une opération indispensable pour dégager son montant, déduire le plafond de la sanction susceptible de leur être infligée. Le Conseil de la concurrence de France dans ses premiers rapports a considéré que le chiffre d'affaires est l'« *assiette de la sanction* », ou « *l'élément principal et souvent exclusif* » du montant de la sanction.

Par ailleurs, le calcul du plafond pose de sérieux problèmes lorsque l'entreprise exerce plusieurs activités, ou lorsqu'il n'y a pas une coïncidence entre l'entité économique et l'entité juridique. Dans la première situation et au moment où il y a des activités plurielles, et dans l'hypothèse d'une infraction aux dispositions de la concurrence commise lors de l'exercice d'une seule d'entre elles, il faut se demander si le chiffre d'affaires à retenir pour établir le plafond légal est le chiffre d'affaires global de toutes les activités exercées par l'entreprise, ou bien celui de l'activité concernée.

Quant à la deuxième situation, lorsqu'il n'y a pas « *coïncidence entre l'entité économique et l'entité juridique* », l'article 39 prévoit que le Conseil de la concurrence peut désormais retenir comme chiffre d'affaires, non seulement celui de l'entreprise formellement responsable de l'infraction qui resterait seule (et non le groupe) mise en cause à ce titre, mais aussi le chiffre d'affaires du groupe auquel elle appartient. La référence est alors le chiffre d'affaires résultant des comptes consolidés ou combinés. Dans ce sens, le texte de l'article dispose que : « *Si les comptes de l'entreprise concernée ont été consolidés ou combinés en vertu des textes applicables à sa forme sociale, le*

---

[368]LASSERRE Bruno, « Entretien », *Le Bulletin de l'ILEC*, n° 418, mars 2011.

chiffre d'affaires pris en compte est celui figurant dans les comptes consolidés ou combinés de l'entreprise consolidante ou combinante »[369].

Cet élargissement du champ va certainement permettre à l'autorité de régulation de la concurrence de prendre des mesures sanctionnatrices élevées, puisque la capacité financière du groupe est généralement supérieure à celle de l'une ou l'autre de ses filiales[370]. De plus, il faut s'interroger dans l'hypothèse de restructuration d'entreprises, lorsque l'entité économique et l'entité juridique sont amenées à se transformer. Il est à mentionner que la sanction ne peut être appliquée qu'à l'égard d'une personne juridique, et non à une entité économique malgré que le droit de la concurrence a comme particularité d'admettre pour sujets des entreprises qui n'aient pas la personnalité juridique[371].

Concernant les personnes morales autres que les entreprises, comme les associations, les autres organismes à but lucratif, les organisations professionnelles telles des syndicats, la référence au chiffre d'affaires n'est plus valable, faute d'existence de ce dernier, et compte tenu du fait que le montant maximum de la sanction selon le texte de l'article 39 « *est de quatre millions (4 000 000) de dirhams* ». Donc, la sanction pécuniaire n'est pas calculée sur un pourcentage : c'est un montant maximum. Mais la question qui se pose est celle de la base de calcul qu'adoptera le Conseil de la concurrence pour fixer le montant de la sanction. L'autorité de la concurrence française a apporté comme solution, la prise en compte du « *montant de ressources* » pour le dernier exercice connu comme élément principal et souvent exclusif pour ces organismes qui ne sont pas des entreprises.

Il convient de noter que les décisions relatives aux personnes autres que les entreprises sont très rares dans la pratique des autorités de la concurrence, et que d'autres éléments peuvent être pris en considération dans le calcul du montant de la sanction dont nous pouvons citer : le nombre des membres adhérents, la trésorerie, les avoirs mobiliers et immobiliers, le pouvoir financier et économique des membres.

---

[369]POESY René, « A propos de la réforme du calcul de l'assiette des sanctions pécuniaires infligées par le Conseil de la concurrence », *Les Petites Affiches*, n° 39, 2001, pp. 4-7.

[370]Certains ont dénoncé « l'excessive sévérité » de ces sanctions pécuniaires dans le texte français, y voyant une concession à une vision dirigiste du droit économique. Voir MARINI Philippe, « La loi du 15 mai 2001 relative aux nouvelles régulations économiques : un texte qui reste à parfaire », *Les petites affiches*, n° 198, 4 octobre 2001, pp. 4-14.

[371]RIFFAULT-TRECA Jacqueline, « La répression administrative des personnes morales (Commission des opérations de Bourse, Conseil de la concurrence) », *Revue des Sciences Criminelles*, 1996, p. 262.

§ 2. Les garanties relatives aux sanctions prononcées

Parmi les garanties qui encadrent le pouvoir de sanction octroyé au Conseil de la concurrence figure le principe de proportionnalité qui correspond à une conception des rapports entre l'individu et la puissance publique. En effet, ce principe vise à limiter les interventions de l'État au strict nécessaire et donc être proportionné aux objectifs d'intérêt général qu'a retenus le législateur, voire le constituant[372], en matière des sanctions. L'exigence d'individualisation et le principe de proportionnalité imposent au Conseil de prendre en considération les faits et le contexte propres à chaque affaire qui sont de nature à lui permettre de prononcer une sanction en rapport avec le non-respect constaté (A) et en allant plus loin, la loi a obligé le Conseil de la concurrence à motiver ses décisions (B).

A. Le principe de proportionnalité

Dans la mesure où le principe de proportionnalité assure une action légitime favorisant l'indépendance du Conseil (1), sa mise en application est encadrée par un ensemble de critères (2).

1. L'adéquation de la sanction aux faits

À une époque où l'économie est sacralisée par certains, une autre menace se profile, celle de voir le « marché » accéder au même rang que l'État[373]. Une politique criminelle doit donc réaffirmer la prééminence de valeurs morales ou éthiques sur des rationalités économiques mécanistes. Dans cette recherche de la mesure, un concept est éclairant, celui de la proportionnalité[374]. Il est le principe en droit que la sanction doit être proportionnelle à la gravité de la faute. Elle comporte une fonction rédemptrice.

De la légitimité de l'autorité découle la légitimité de la sanction : si l'autorité n'est pas légitime, la sanction ne l'est pas non plus[375]. Le calcul du montant de la sanction à partir du chiffre d'affaires pour l'entreprise, ou le montant de ressources pour les autres personnes juridiques permet d'établir la

---

372FROMONT Michel, « Le principe de proportionnalité », *Actualité Juridique Droit Administratif*, 1995, p. 156.

373CHAPUT Yves, « La pénalisation du droit des affaires : vrai constat et fausses rumeurs », *Revue Pouvoirs*, n° 128, 1/2009, pp. 87-102.

374FRISON-ROCHE Marie-Anne, « La constitution d'un droit répressif ad hoc entre système juridique et système économique et financier », in FRISON-ROCHEMarie-Anne, MARIN Jean-Claude et NOCQUET Claude, *La Justice pénale face à la délinquance économique et financière*, Paris, Dalloz, 2001, pp. 17-30.

375LEBRUN Pierre-Brice, « De l'autorité en droit, et des concepts qui la côtoient », *Empan*, n° 101, 1/2016, pp. 87-91.

motivation de la décision du Conseil de la concurrence au regard de la proportionnalité en tant qu'exigence principale relative aux sanctions administratives.

En fait, ce principe soumet la légalité de toute mesure administrative encadrant une liberté économique à sa nécessité. En d'autres termes, la sanction ne peut se présumer légale que si elle est nécessaire, adaptée et proportionnelle aux risques de troubles à l'ordre public économique. Concernant le Conseil de la concurrence, il semble que le principal but de son action réside dans le maintien de l'ordre public économique, la garantie de la libre concurrence et le bon fonctionnement du marché. La sanction doit être alors nécessaire et proportionnelle à ce but, niant de cette façon tout caractère automatique de la sanction. Cette obligation juridique ne constitue pas un obstacle, puisqu'elle est expressément prévue à l'article 39 de la loi n° 104-12 : « Les *sanctions pécuniaires sont proportionnées à la gravité des faits reprochés* ».

Les sanctions visent au premier plan d'assurer le respect de la police des pratiques anticoncurrentielles, à condition d'être proportionnées au maintien de l'ordre public économique. Le plafond fixé par l'autorité de régulation de la concurrence dépend donc de l'adéquation de la mesure au regard des faits de la cause et de l'atteinte causée à l'économie. Par conséquent, plus ces faits sont graves, plus le dommage à l'économie est important, et plus le montant de la sanction peut être élevé, tout en pouvant être modulé au regard de la situation particulière de la personne concernée[376].

Dans ce cadre, l'article 39 de la loi n° 104-12 relative à la liberté des prix et de la concurrence prévoit que : « *Les sanctions pécuniaires sont proportionnées à la gravité des faits reprochés, à l'importance du dommage causé à l'économie, à la situation de l'organisme ou de l'entreprise sanctionnée ou du groupe auquel l'entreprise appartient et à l'éventuelle réitération de pratiques prohibées par le présent titre* ». Les critères imposés par le législateur rendent l'application du critère de la proportionnalité à une entreprise complexe[377]. Il existe en effet un grand empirisme dans la pratique

---

[376]Le Conseil de la concurrence est amené à utiliser les connaissances et compétences économétriques dont il s'est doté pour évaluer l'importance du "dommage à l'économie" et en tirer les conséquences quant au montant de la sanction. Ce n'est pas facile, car de nombreux paramètres entrent en compte, dont ertains sont difficiles à apprécier (puissance économique des clients, possibilités ouvertes de récupération des Préjudices subis, etc.).

[377]La gravité de la pratique et l'éventuelle réitération sont prises en compte un peu partout dans le monde. Ce n'est pas le cas pour le dommage à l'économie, qui n'est pas expressément cité par les lignes directrices de Bruxelles.Certains auteurs pensent qu'il devient nécessaire de prendre en considération l'impact qu'ont les amendes sur la compétitivité des entreprises, sur les investissements et sur l'emploi. Lorsque des poursuites de même nature se terminent par

des autorités de la concurrence. Celui-ci montre que pour les mêmes comportements le montant de la sanction pécuniaire peut varier notablement du fait que les différents critères retenus ne sont pas des éléments véritablement déterminants. C'est ce que nous étudierons en examinant les critères d'application du principe de proportionnalité devant le Conseil de la concurrence.

2. Les critères d'application de la proportionnalité

a- La gravité des faits

La gravité des faits constitue le premier critère d'application du principe de proportionnalité devant l'autorité de régulation de la concurrence[378]. Il s'agit bien d'une règle impérative d'ordre public imposée pour la motivation de la décision de sanction prononcée. A défaut, celle-ci entrainerait sa nullité. De même, les juridictions de recours sont susceptibles d'exercer un contrôle sur cet élément, sur la base des critères définis par la loi pour fixer le montant de la sanction pécuniaire.

Juger de la gravité des faits, ne signifie pas la mise en place d'une échelle graduée, qui permettrait de classer automatiquement les pratiques. En effet, la même pratique peut revêtir différentes formes difficiles à classer d'une manière stricte, séparément de leurs spécificités.

Il se confirme que l'autorité de régulation de la concurrence, s'en remet à une appréciation en pratique, objective des faits et de la condition de proportionnalité de la sanction pécuniaire.

b- L'importance du dommage causé à l'économie

Ce deuxième critère imposé par le législateur, concerne la motivation de la décision de sanction pécuniaire, prise par le Conseil de la concurrence, sous peine de nullité en cas de non-respect. Il s'agit selon l'expression d'un auteur d'un : « concept qui est complexe et difficile à cerner »379. La qualification des pratiques anticoncurrentielles par la loi n° 104-12 témoigne que ces dernières ont comme objet un effet anticoncurrentiel, et que peu

---

des amendes, au Japon de quelques millions de dollars, en Chine de quelques dizaines de milliers et à Bruxelles de plusieurs centaines de millions d'euros, on ne peut pas faire comme si de rien n'était. Voir à ce propos TRAN THIET Jean-Paul, « Entretien », *Le Bulletin de l'ILEC*, n° 418, mars 2011.

[378] CHAMPALAUNE Claude, « Le contrôle de la proportionnalité de la sanction par la Cour de cassation », in CANIVET Guy, (dir), *La modernisation du droit de la concurrence*, LGDJ, coll. « Droit et économie », 2006, pp. 377-394, n°24, p. 385.

[379] VOILLEMOT Dominique, « Les procédures de sanctions : motivation et proportionnalité de la sanction », in Droit et liberté fondamentaux face aux droits de la concurrence, *Revue concurrence consommation*, n° 86 juillet- août, 1995, p. 45.

importe leur impact sur le jeu du marché. Cependant, le calcul du montant de la sanction pécuniaire impose que l'existence et l'importance de cette pratique doivent être prises en compte lors de l'appréciation du préjudice économique. Le dommage résulte de l'objet ou de la potentialité d'effet anticoncurrentiel de ladite pratique, si celle-ci fausse ou empêche le jeu de la concurrence, et porte atteinte au fonctionnement du marché. En d'autres termes, on peut définir le dommage causé à l'économie, comme l'atteinte portée à l'ordre public économique, par rapport à un marché de référence380.

L'incidence peut se traduire dans ou sur plusieurs éléments et étapes du circuit économique, allant de la production à la distribution jusqu'à la consommation. Nous ne pouvons donc penser à une réparation puisque l'action du Conseil par les sanctions pécuniaires est objective.

En effet, le jugement d'évaluation de l'autorité de la concurrence quant au dommage causé, ne prend pas toujours en compte l'aspect « chiffré et quantitatif », mais fournit juste des éléments permettant d'apprécier l'incidence économique.

Dans ce contexte, une très grande marge est accordée au Conseil de la concurrence pour l'approche de cette notion. Une partie de la doctrine estime que cette latitude est trop empirique et difficile à être acceptée par les acteurs concernés. En effet, « dans l'état actuel des connaissances et compte tenu des moyens dont disposent les autorités de contrôle, impossible à réaliser »381. En fait, il est complexe de mesurer l'impact d'une pratique sur l'économie, si ce n'est par la comparaison des situations avant et après. C'est pourquoi,

---

[380]Assimiler le dommage concurrentiel à un « dommage au marché » revient cependant à assimiler concurrence et marché. L'amalgame est courant. Il est le produit d'une « mésalliance que les [économistes] néoclassiques [ont tenté] de sceller entre concurrence et forme de marché ». Ce mariage infortuné a produit une vision statique de la concurrence, très éloignée de la notion intuitive du processus concurrentiel que l'école autrichienne a, au contraire, essayé de théoriser. Voir à ce propos SIBONY Anne-Lise, *Le juge et le raisonnement économique en droit de la concurrence*, Paris, LGDJ, Op. cit., p.377 ; GLAIS Michel et LAURENT Philippe, *Traité d'économie et de droit de la concurrence*, Paris, PUF, 1983, p. 6 ; de plus, une partie de la doctrine a souligné l'inadaptation de l'expression protection du marché visée par l'article 39 : « nous pensons que la protection du marché, à supposer que cette expression ait un sens, n'est pas un objectif du droit de la concurrence. En effet, si le marché est défini comme le lieu sur lequel un pouvoir de marché peut exister, protéger le marché reviendrait à protéger le pouvoir de marché. C'est manifestement l'inverse de ce que vise le droit de la concurrence. En second lieu, si le marché est défini comme le lieu de rencontre de l'offre et de la demande, le marché est une abstraction. Or, les abstractions ne méritent pas d'être juridiquement protégées », voir SIBONY Anne-Lise, *Le juge et le raisonnement économique en droit de la concurrence*, Op. cit.

[381]CANIVET Guy et VOGEL Louis, « Le dommage à l'économie, critère d'évaluation de l'amende en droit français de la concurrence », *Revue de jurisprudence de droit des affaires (RJDA)*, n° 8-9, 1993, p. 599.

nombre de circonstances restent très complexes à évaluer, voire impossibles, et que le montant de la sanction peut varier pour une même pratique.

c- La situation de l'organisme ou de l'entreprise sanctionnée ou du groupe auxquels appartient l'entreprise

Plusieurs faits permettent d'apprécier la situation de la personne juridique concernée, nonobstant le chiffre d'affaires ou le montant de ressources comme critères exclusifs pour estimer le montant de la sanction pécuniaire. Ainsi, pour la chiffrer, le Conseil doit tenir compte de la taille de l'entreprise, afin d'éviter qu'une sanction calculée « *objectivement* » ne s'avère inadaptée pour des entreprises de tailles très différentes, en se référant à l'exigence de la proportionnalité. Il peut aussi prendre en considération les résultats financiers, de l'état de la trésorerie, les plans de croissance et la situation du secteur économique d'activité. Concernant les associations et autres, il peut tenir compte des avoirs mobiliers et immobiliers, de l'état de la trésorerie, des membres et du volume des cotisations.

Le législateur a souhaité élargir cette appréciation du Conseil de la concurrence en l'invitant à apprécier la situation du groupe auquel l'entreprise appartient. L'appartenance de celle-ci à un groupe puissant peut conduire le Conseil à alourdir la sanction pécuniaire. Cette disposition pose encore une fois la question de la notion du groupe qui demeure « obscure » en droit des sociétés.

Toutefois, le système de clémence mis en place par la loi n° 104-12 représente une nouveauté en matière du droit de la concurrence du Maroc. Ainsi d'après l'article 41 : *« Une exonération totale ou partielle des sanctions pécuniaires peut être accordée à une entreprise ou à un organisme qui a, avec d'autres, mis en œuvre une pratique prohibée par les dispositions de l'article 6 de la présente loi s'il a contribué à établir la réalité de la pratique prohibée et à identifier ses auteurs, en apportant des éléments d'information dont le Conseil de la concurrence ou l'administration ne disposait pas antérieurement* ».

Ce mécanisme ne s'applique qu'aux ententes, à l'instar de ceux qui existent en droit américain ou en droit communautaire. Il permet d'accorder une exonération totale ou partielle, des sanctions pécuniaires pour les entreprises contribuant à établir la preuve de la pratique prohibée et à en identifier ses auteurs, en apportant des éléments d'information dont le Conseil ou l'administration ne disposaient pas. D'après Marie-Dominique Hagelsteen l'ex-présidente du Conseil de la concurrence français, cette disposition vise *« une recherche plus efficace des preuves dans les pratiques anticoncurrentielles, notamment en matière d'entente. De fait, il devient de plus en plus difficile de trouver des documents probants* »[382].

Il convient donc de préciser, que l'exonération doit être proportionnée à la contribution apportée à l'établissement de l'infraction. Elle est subordonnée à deux conditions cumulatives : la dénonciation des faits constituant les pratiques délinquantes par un procédé d'aveu, et l'abandon des pratiques anticoncurrentiels. En cas de non-respect de ces éléments, l'autorité de régulation de la concurrence peut mettre fin à cette procédure à caractère contradictoire.

B. Les exigences de motivation et de publicité

Le législateur marocain comme son homologue français a traité de l'individualisation avant la motivation de décisions relatives aux sanctions pécuniaires (1), ainsi et d'après l'article 39 de la loi n° 104-12, ces dernières sont *: « déterminées individuellement pour chaque entreprise ou organisme sanctionné et de façon motivée pour chaque sanction ».* Toutefois, le formalisme de la motivation est en cours de construction auprès des autorités de la concurrence (2).

1. De l'individualisation à la motivation

En fait, ce principe d'individualisation exige simplement que la sanction pécuniaire soit calculée de façon séparée pour chaque personne concernée. Cela signifie que chaque sanction doit être motivée individuellement, pour chaque partie auteure de l'infraction ou en cas de pluralité de personnes. La lettre de l'article 39 permet de défendre cette règle en tant que corollaire du principe de proportionnalité. De plus, il ne suffit pas donc que les décisions infligeant des sanctions pécuniaires soient motivées, il faut en outre qu'elles le soient pour chaque entreprise ou organisme concernés, afin d'être individuellement appropriées. L'équité semble alors guider l'application de ce principe d'individualisation dans l'action du Conseil de la concurrence. Cependant, cette obligation est malaisée en pratique, puisque le montant de la sanction pécuniaire se calcule à partir d'un chiffre d'affaires. Il arrive souvent que cette sanction soit disproportionnée par rapport à une autre ayant commis dans la réalité les mêmes pratiques anticoncurrentielles.

Par ailleurs, le principe de l'individualisation semble nécessaire pour permettre au Conseil de la concurrence de ne pas prendre des sanctions trop importantes, voire sévères, qui risquent de déséquilibrer dangereusement des secteurs économiques déjà fragiles, mais difficiles à apprécier. Il faut rappeler

---

[382]HAGELSTEEN Marie-Dominique, « Entretien », *Le bulletin de l'ILLEC (Economie Consommation & Environnement)*, n°329, novembre 2001.

que le Conseil de la concurrence possède désormais un pouvoir de décision qui lui permet d'infliger des injonctions et des sanctions pécuniaires. Ces dernières revêtent une grande autorité en fonction de plusicurs éléments, néanmoins il convient de signaler l'exigence de leur motivation, en s'attardant sur les formalités de publicité.

Par ailleurs, l'article 39 dispose expressément de l'obligation de motiver les décisions de sanctions pécuniaires. Cette loi trouve son explication dans la nature administrative de ses décisions et leur caractère défavorable. Elles s'apparentent ainsi aux termes de l'article premier de la loi n° 03-01 relative à l'obligation de la motivation des décisions administratives émanant des administrations publiques, des collectivités locales et des établissements publics qui prévoit que : *« Les administrations de l'État, les collectivités locales et leurs groupements, les établissements publics et les organismes chargés de la gestion d'un service public sont tenus, sous peine d'illégalité, de motiver les décisions administratives individuelles lorsqu'elles sont défavorables aux* intéressés »[383].

Cependant, il faut souligner que la loi n° 104-12 relative à la liberté des prix et la concurrence reste muette concernant les injonctions. L'obligation introduite par le droit de la concurrence rejoint en pratique celle contenue dans la loi n° 03-01 relative à l'obligation de motivation des décisions administratives. En effet, celle-ci doit « *comporter l'énoncé des considérations de droit et de fait qui constitue le fondement de la décision.* » Cet énoncé est inclus dans le texte même de la décision, de sorte que son destinataire peut à sa lecture, en connaitre les motifs. Cette motivation doit être directe et non par référence, explicite, circonstanciée et spécifique à l'espèce concernée. Elle constitue une condition de légalité des décisions administratives en général, prescrite à peine de nullité. Pour ce qui est des décisions du Conseil de la concurrence, il s'avère que la motivation des sanctions pécuniaires est complexe et difficile à apprécier en pratique, vu les critères de détermination de ces dernières. Cependant, un vide existe concernant les décisions d'injonction prises en vertu de l'article 38 de la loi n° 104-12. L'obligation de motivation contenue dans l'article 39 s'applique expressément aux sanctions pécuniaires. Malgré cela, nous pouvons estimer que les injonctions font sans aucun doute l'objet d'une telle exigence. N'importe quel que soit leur contenu, l'autorité de régulation de la concurrence est amenée à motiver leur édiction, puisqu'il s'agit de décisions administratives individuelles à caractère défavorable.

---

[383] La loi n° 03-01 relative à l'obligation de la motivation des décisions administratives émanant des administrations publiques, des collectivités locales et des établissements publics publiée au Bulletin Officiel n° 5030 du 15/08/2002 – Page. 882

Il convient de signaler que la jurisprudence française a considéré que la règle de motivation s'applique également aux sanctions complémentaires d'accompagnement qui peuvent être décidées par le régulateur de la concurrence.

Il semble donc que la motivation soit une obligation légale en droit, mais elle apparait aussi indispensable en fait. Les décisions doivent préciser les pratiques anticoncurrentielles et les motifs de leur incrimination. Ceci participe du respect des droits de la défense, mais aussi permet de conférer un rôle pédagogique au Conseil de la concurrence, en dépassant l'aspect autoritaire vers une meilleure légitimité. Outre ces atouts, la partie intéressée préparera plus utilement un recours effectif, comme la garantie des droits. En fait, c'est la motivation qui octroie aux décisions leur autorité, aussi bien à l'égard des destinataires que des tiers.

2. Le formalisme de la motivation

En ce qui concerne le formalisme, aucun texte n'oblige le Conseil de la concurrence à rédiger son corps de décisions selon une forme déterminée. Dans une perspective comparée, celles-ci sont inspirées dans leur forme de celles des tribunaux administratifs puisque le Conseil garde en fin de compte un aspect quasi juridictionnel.

D'une façon générale, les décisions des autorités de régulation de la concurrence comprennent quatre parties : une première contient la règle juridique et les parties en cause. La deuxième relate les constatations faites par le Conseil de la concurrence lors de l'instruction. Enfin la troisième contient les motifs qui conduisent à la prise de la décision, donc les arguments de fait et de droit avancés par les parties et auxquels il est répondu. La dernière partie formule le dispositif de la décision prononcée par le Conseil de la concurrence.

Par ailleurs, et en se référant au règlement intérieur de l'ancien Conseil de la concurrence à caractère consultatif, chaque décision fait l'objet d'une minute établie en un seul exemplaire. Ainsi aux termes de l'article 26 : « *chaque avis, consultation ou recommandation émis par le Conseil fait l'objet d'une minute établie en un seul exemplaire et signée par le Président du Conseil et deux membres désignés en séance.* ». Celle-ci est conservée avec le procès-verbal de la séance par le secrétaire du Conseil de la concurrence. Enfin, les ampliations des avis, consultations ou recommandations du Conseil sont certifiées conformes par le président.

La notification des décisions intègre la publicité à destination des parties. Elle a pour objet d'informer les personnes concernées des décisions redues et des effets qui y sont attachés. Elle se fait généralement par une lettre recommandée avec demande d'avis de réception. La lettre de notification doit mentionner les délais, les noms, les qualités et les adresses.

La procédure de publicité est importante, car elle signifie aux personnes intéressées que la décision est exécutoire. Au cas contraire, cette dernière n'est pas opposable aux intéressés ni invocable par eux. Aux termes de l'article 53 de la loi ° 104-12 « *Le recours n'est pas suspensif.* » Cela signifie que les décisions sont exécutoires dès leur notification, et que l'exercice d'un recours ne suspend pas leur exécution. Il s'agit en quelque sorte du grand principe du droit public « *le privilège du préalable* ». En outre, le Conseil de la concurrence peut ordonner la publication, la diffusion ou l'affichage de sa décision ou d'un extrait de celle-ci selon les modalités qu'il précise. Cette publicité a pour objectif d'informer le plus grand nombre sur les décisions rendues, afin de conférer à ces dernières la plus large diffusion et ainsi la plus large autorité pédagogique possible. Cependant, le texte garantit les droits de la défense par la possibilité conférée en disposant que : « *la cour d'appel peut ordonner le sursis à exécution, si les mesures conservatoires et les décisions émises par le Conseil de la concurrence sont susceptibles d'entraîner des conséquences irréparables pour les entreprises concernées* ».

En fait, il semble qu'un dispositif de sanctions doive être cohérent, donc accepté par les agents économiques. En outre, la dissuasion ne peut être le seul critère. Une sanction ne doit pas seulement être dissuasive. Elle doit aussi être proportionnée, mais la disproportion établie par le législateur qui existe entre les sanctions très élevées prévues pour les pratiques anticoncurrentielles et celles, beaucoup plus modérées, qui sont encourues dans d'autres secteurs économiques (fraude fiscale et délit d'initié) rend ce système peu cohérent, donc mal accepté.

Chapitre 2. Une indépendance limitée par un double contrôle

L'analyse de ce chapitre est dédiée aux formes de contrôle politique et budgétaire auxquelles est soumise l'autorité de régulation de la concurrence. En effet, si cette dernière est dotée d'une certaine indépendance organique en ce qui concerne l'exercice de ses pouvoirs, nous ne pouvons, la plupart du temps, parler que d'autonomie pour le reste. Ainsi, la problématique du contrôle est sans doute celle qui devrait connaître les développements les plus significatifs dans un avenir proche, en faisant appel à une réflexion plus approfondie sur la nécessaire conciliation entre les exigences de l'État de droit et les impératifs d'une régulation souhaitée par les pouvoirs publics[384]. En effet, ces organes de régulation sont justement indépendants de l'Exécutif et éloignés du Parlement qui, traditionnellement, ne connaît les administrations que sous le prisme de l'action gouvernementale.

Dès le début, l'existence des autorités administratives indépendantes s'est heurtée au principe démocratique[385]. La doctrine a estimé qu'il s'agit d'une : « *entorse au pouvoir démocratique* »[386], ou encore une « *atteinte subreptice à notre conception du système démocratique* »[387]. Néanmoins, la vision avait changé et l'esprit n'était plus à la confrontation, mais à la conciliation[388] sachant que le contrôle démocratique s'opère d'une manière inégalitaire entre les deux pouvoirs. Autrement dit, si le Parlement dispose légitimement d'un droit de regard éminent sur l'action des autorités administratives indépendantes, en tout état de cause le rôle de l'exécutif ne peut rester que discret, modeste et limité. L'expérience a montré que tous les pays qui ont eu recours aux autorités administratives indépendantes ont été contraints à mettre en place des mécanismes par lesquels les organismes administratifs dégagés de la tutelle ministérielle pouvaient rendre compte de leur activité aux pouvoirs politiques : législatifs, mais aussi exécutifs.

La consécration constitutionnelle expresse des autorités de régulation en général et du Conseil de la concurrence en particulier contribuerait également

---

[384]AUTIN Jean-Louis, « Le devenir des autorités administratives indépendantes », Op. cit., p. 875.

[385]« En France, la loi organique n° 2017-54 du 20 janvier 2017 relative aux autorités administratives indépendantes et autorités publiques indépendantes, JO n° 18 du 21 janv. 2017 ; et la loi n° 2017-55 du 20 janvier 2017 portant statut général des autorités administratives indépendantes et des autorités publiques indépendantes, JO n° 18 du 21 janv. 2017, réalisent une réforme générale des AAI et des API et un renforcement du contrôle démocratique de ces autorités. Cette évolution est positive ». Voir dans ce cadre CONAC Pierre Henri, « Renforcement du contrôle démocratique des autorités administratives et publiques indépendantes », *Revue des sociétés*, n° 4, 2017, pp. 250-254.

[386]CHEVALLIER Jacques, « Réflexions sur l'institution des autorités administratives indépendantes », Op. cit., Doctrine, n° 3254.

[387]SABOURIN Paul, « Les autorités administratives indépendantes dans l'État » in COLLIARD Claude Albert (dir), *Autorités administratives indépendantes*, Paris, Presses universitaires de France, 1988, p. 114.

[388]Dans ce sens, Jean-Louis Autin estime que « Les travaux les plus récents, privilégiant une approche globale de la question, à la lumière d'une analyse renouvelée de la démocratie, permettent de démontrer la conciliation de ce phénomène institutionnel avec le principe démocratique et l'État de droit. À travers leur institution, leur financement ou encore l'évaluation de leur action, ces autorités demeurent en effet liées aux institutions dépositaires de la légitimité élective, tandis que leur contrôle juridictionnel, comme les importants réseaux de liens tissés avec les institutions administratives traditionnelles parachèvent leur insertion dans le système institutionnel ». Voir AUTIN Jean-Louis, « Autorités administratives indépendantes, démocratie et État de droit », *Droit et société*, n° 93, 2016/2, pp. 285-295.

à les responsabiliser davantage. La responsabilité de ces autorités est quelque peu évanescente, au vu des limites actuelles de leur évaluation. Certes, devant la multiplication des critiques sur ce sujet, le contrôle parlementaire pesant sur elles s'est renforcé ces dernières années, prenant la forme d'une évaluation de leur stratégie[389]. Cela conduit les représentants de la nation à s'assurer de l'efficacité de leur activité.

Le Conseil de la concurrence s'intègre dans le cadre institutionnel de l'État, qui garantit son statut et son fonctionnement et instaure des mécanismes de coopération dans l'exercice des fonctions qui lui sont attribués. Fort de son rang constitutionnel, le législateur se contente de définir son rôle, ses attributions et en exerce le contrôle. Dans ce sens, Gérard Marcou estime que : « *bien que l'on invoque souvent l'indépendance des autorités de régulation (...) elles doivent être placées sous le contrôle de l'autorité politique* ».[390]

Il faut préciser que le contrôle juridictionnel exercé par le juge du recours exerce un office important de construction, d'orientation et de légitimation du droit de la concurrence[391]. Dans le système qu'il forme avec les autorités de concurrence, le juge est, bien sûr, le gardien de la légalité procédurale[392]. Mais il est beaucoup plus que cela. En tant que gardien de la légalité au regard des règles de fond des décisions qui lui sont soumises, le juge est amené à vérifier si les règles de fond ont été correctement appliquées.

Ces réflexions conduiront à construire deux divisions : le contrôle politique (Section I), et le contrôle juridictionnel (Section II).

---

[389]DE MONTALIVET Pierre, « Constitution et autorités de régulation », Op. cit., p. 316.
[390]MARCOU Gérard, « La notion juridique de régulation », *Actualité Juridique Droit Administratif*, 2006, p. 347.
[391]Sur l'office de « régulation » comme nouvel office du juge, voir SIBONNY Anne-Lise, *Le juge et le raisonnement économique en droit de la concurrence,*Op. cit., p.629 ; CANIVET Guy, « Le juge et l'autorité de marché », *RJC*, 1992, pp. 185-204 ; CANIVET Guy, « Le juge joue un rôle majeur dans l'élaboration d'une politique de concurrence », *Gazette du Palais*, 20-21 janvier 2006, pp. 3-6.
[392]CADIET Loïc, « La légalité procédurale en matière civile », *Bulletin d'information de la cour de cassation*, n° 636, 15 mars 2006.

Section I. Le contrôle politique

Il reste peu concevable que le Conseil de la concurrence soit placé complètement à l'écart du contrôle politique. La constitution a porté le fondement de sa légitimation, alors que le Parlement a le pouvoir de l'organiser et le réaliser en lui confiant des compétences et le dotant de ressources propres. Il adopte ou refuse leurs budgets. Rien n'empêche qu'il puisse entendre leurs responsables présentant leurs rapports d'activité annuelle. Le Roi et le gouvernement ont en général le pouvoir d'en désigner les responsables.

Au fond, les instances indépendantes sont un moyen pour les États contemporains d'adapter les formes de leur action à un contexte nouveau. Nouvelle façon de structurer l'État pour notamment briser certaines chaînes d'intérêt qui troublent la décision publique, véhicules de nouveaux modes régulatoires mieux articulés à la société et au marché[393], ressourcement de la démocratie par l'addition d'une « légitimité d'impartialité » à celle qui s'attache traditionnellement à la représentation.

Pour cette raison, deux étapes seront distinguées : le contrôle du Parlement (§ 1), et Le contrôle du gouvernement (§ 2).

§ 1. Le contrôle du parlement

L'instauration des mécanismes de communication et de contrôle entre le Parlement et le Conseil de la concurrence s'inscrit dans un phénomène plus large de revalorisation de l'institution parlementaire[394], entamée depuis la dernière réforme constitutionnelle[395].

---

[393]AUBY Jean-Bernard, « les autorités administratives indépendantes : une rationalisation impossible ? Remarques terminales », *Revue Française du Droit Administratif*, 2010, p. 931 et 933.

[394]BENDOUROU Omar, « La nouvelle Constitution Marocaine du 29 juillet 2011 », Op. cit., pp. 511-535.

[395]On signale dans le cadre des relations entre le Parlement et les instances de la gouvernance que Monsieur Driss El Yazami, Président du Conseil national des droits de l'Homme (CNDH) a présenté le 16 juin 2014 devant les deux chambres du parlement, en présence du Chef du gouvernement et de plusieurs ministres, un exposé dans lequel il a mis en exergue les principales activités du Conseil depuis sa création en 2011, notamment en matière de promotion et de protection des droits de l'Homme et ses recommandations visant à promouvoir le cadre juridique, institutionnel et organisationnel du domaine des droits de l'Homme au Maroc. Cette pratique n'a pas été reproduite par les autres instances malgré l'insistance du médiateur par exemple de mener un tel acte. Ceci peut s'expliquer par l'explication de l'article 160 de la constitution qui concerne juste la transmission des rapports au parlement, et non pas la présence devant les membres des deux chambres pour leur présentation.

Le Conseil de la concurrence est avant tout une institution créée par la constitution, mais c'est le Parlement, à travers son travail législatif, qui définit les règles de fonds et de forme de son fonctionnement.

À cet égard, le contrôle du Parlement semble se réaliser principalement par les rapports annuels d'activité (A), car la possibilité d'audition périodique a été écartée par le juge constitutionnel (B).

A. Le rapport d'activité du Conseil, une forme de la reddition des comptes

Dans les pays démocratiques, les parlements sont des organismes aux fonctions multiples et fonctionnellement adaptables. Ils assument plusieurs tâches ou fonctions et celles-ci peuvent évoluer dans le temps en réponse aux changements constitutionnels et politiques[396].

En principe, le Parlement ne contrôle pas l'administration, mais il est difficile de respecter cette tradition et *« c'est surtout par un retour au pouvoir de contrôle du législateur que les Autorités administratives indépendantes semblent devoir consolider leur légitimité »*[397]. Dans le cadre de l'organisation de la séparation des pouvoirs, le gouvernement devrait seul contrôler ces autorités puisqu'elles sont « de régulation » et matériellement « administratives » et rendre seul compte de leur action, mais l'absence de son pouvoir hiérarchique sur ces entités conduit à se tourner vers le pouvoir de contrôle « démocratique » du Parlement.

En édictant des mesures de collaboration et de contrôle, la constitution a consacré expressément la nouvelle mission d'évaluation des politiques publiques du Parlement d'une part, et a exigé que « *toutes les institutions et instances visées aux articles 161 à 170 de la présente Constitution doivent*

Par ailleurs, la Chambre des Conseillers a tenu le 22 Juillet 2015, un débat public autour du rapport du Conseil national des droits de l'homme (CNDH) au titre de l'année 2014, conformément aux dispositions de l'article 160 de la Constitution qui prévoit que : " *Toutes les institutions et instances visées aux articles 161 à 170 de la présente Constitution doivent présenter un rapport sur leurs activités, au moins une fois par an. Ces rapports font l'objet d'un débat au Parlement*".

Les groupes de la majorité et de l'opposition, ainsi que les ministres dont les départements sont concernés par les recommandations du rapport ont assisté à ce débat. Voir à cet égard TARIQ Hassan, *Les instances de gouvernance dans la constitution (contexte, structures et fonctions)*, Publications de la Revue Marocaine d'Administration Locale et de Développement, Collection « Manuels et Travaux Universitaires », 2016, n°110, p. 59. (En Arabe).

[396]NORTON Philip, « La nature du contrôle parlementaire », *Revue Pouvoirs*, n° 134, 3/2010, pp. 5-22.

[397]DUMORTIER Gaëlle, « Le contrôle de l'action des autorités administratives indépendantes » in *Regards sur l'actualité « les autorités administratives indépendantes »*, Op. cit., pp. 39-50.

présenter un rapport sur leurs activités, au moins une fois par an. Ces rapports sont présentés au Parlement et y font l'objet de débats » d'autre part[398].

En pratique, l'évaluation de l'action des instances de régulation par le Parlement, s'inscrit dans un contexte caractérisé par plusieurs éléments importants, dont nous pouvons citer : la crainte pour les représentants de la nation que la multiplication d'autorités administratives indépendantes peut conduire à un affaiblissement excessif de la responsabilité incombant au pouvoir politique procédant de l'élection, qu'il s'agisse du Parlement ou, indirectement, de l'exécutif. Risque exprimé par l'expression : « *démembrement de l'État* »[399].

Ainsi, d'après l'article 24 de la loi relative au Conseil de la concurrence : *« conformément à l'article 160 de la Constitution, le rapport d'activité du Conseil est présenté par le président du Conseil aux Chambres du Parlement ».* Ceci montre que la présentation du rapport devant chaque chambre du parlement se fait séparément, justifié par la volonté du législateur de s'aligner avec les exigences de l'article 233 du règlement intérieur de la Chambre des représentants[400].

Le rapport que le Conseil serait tenu d'établir et de remettre, à chacune des deux assemblées, incarne une forme de reddition des comptes qui comporterait trois aspects : d'une part, le bilan de l'utilisation de ses ressources et de l'exercice de ses attributions ; d'autre part, la présentation des règles de déontologie mises en œuvre en interne ; et enfin le corpus juridique élaboré et pratiqué par l'autorité de la concurrence dans l'accomplissement de ses missions.

L'intervention directe du Parlement dans le contrôle des rapports d'activité du Conseil témoigne de la volonté du contrôle des autorités de régulation et du souci de conférer à ces institutions une légitimité conforme aux principes constitutionnels démocratiques. Nous remarquons par ailleurs que les autorités indépendantes de régulation y compris le Conseil de la concurrence procèdent de dispositions de nature législative après leur consécration constitutionnelle, et qu'il est logique que le législateur souhaite dresser un

---

[398]L'article 160 de la constitution de 2011 publiée au Publiée au Bulletin Officiel n° 5964 du 30 juillet 2011, p. 1902.

[399]DAUTRY Philippe, « Les autorités administratives indépendantes : un nouvel objet d'évaluation parlementaire », *Revue Française du Droit Administratif*, 2010, p. 884.

[400]Chambre des Représentants, *Rapport de la commission des finances et du développement économique sur le projet de loi n° 20-13 sur le Conseil de la concurrence*, Op. cit., p. 105.

bilan pour en tirer des conclusions et des recommandations transversales afin d'améliorer leur fonctionnement.

En tout état de cause, il est d'ailleurs fréquent que les médias se fassent l'écho de toute question relative à la présentation des rapports annuels des autorités de régulation, de leurs avis et décisions. D'où l'intérêt porté par le Parlement sur ces sujets auprès de l'opinion publique.

Mais pour que ce rapport devienne un véritable outil de contrôle démocratique, encore faut-il que celui-ci soit systématique, soumis à la délibération du collège de l'autorité qui le dépose, lu et donc adressé à des destinataires utiles, et aussi l'occasion, pour chaque autorité, d'exposer comment elle remplit ses missions et, notamment, les règles qu'elle applique et la façon dont elle les applique[401]. Mais aujourd'hui les processus d'évaluation de ces rapports ne sont pas adaptés, parce que ces instances font des rapports trop longs qui ne sont pas suivis d'effets. Il resterait à inventer une forme d'évaluation soit en continu, soit en interaction, qui puisse permettre une espèce de modification des pratiques, voire des textes au fur et à mesure d'un constat. L'évaluation aura d'autant plus de répercussions que l'autorité de régulation aura le pouvoir d'en tirer les conclusions, d'instaurer un processus de modification des textes qui correspond à ce que formule l'évaluation[402].

La question du lien avec le Parlement est cardinale. Le Parlement s'intéresse de plus en plus aux questions d'évaluation des politiques publiques, notamment à l'occasion de la loi organique de finances, avec l'instauration de la mission d'évaluation et de contrôle. Le Parlement est l'institution qui fait le lien entre les citoyens, l'État, et les acteurs publics de manière générale. Il faut imaginer un processus qui permette au Parlement de travailler davantage avec les autorités de régulation, sachant que la difficulté essentielle est le lien entre l'efficacité et le principe d'indépendance ; lien qui n'est pas traditionnel dans nos systèmes politiques, puisque c'était l'État centralisé qui était tout puissant.

---

[401]DUMORTIER Gaëlle, « le contrôle de l'action des autorités administratives indépendantes » in *Regards sur l'actualité « les autorités administratives indépendantes »,* Op. cit.,pp. 39-50.
[402]SCHMID Lucile, « les outils techniques, disponibles, les choix et les combinaisons », in Marie-Anne Frison-Roche, Droit *et économie de la régulation. 1*, Op. cit., pp. 99-105.

B. L'audition périodique, un mécanisme de contrôle écarté par le juge constitutionnel

Un autre instrument dont l'usage serait recommandé consisterait à l'audition périodique des présidents des institutions de la bonne gouvernance et de la régulation par les commissions parlementaires compétentes.

En effet, les principes de bonne gouvernance, de la corrélation entre la responsabilité et la reddition des comptes, trouvent naturellement leur écho dans la constitution de 2011. Cette dernière a disposé dans son article 102 que : « Les commissions concernées dans chacune des deux Chambres peuvent demander à auditionner les responsables des administrations et des établissements et entreprises publics, en présence et sous la responsabilité des ministres concernés ».

S'appuyant sur ces principes, la Chambre des Représentants avait inséré dans son projet de règlement intérieur le droit pour sa commission de la justice, de la législation et des droits de l'homme d'auditionner les responsables des Conseils et institutions cités dans la constitution, en tenant compte des institutions et instances de protection des droits et libertés, de la bonne gouvernance, du développement humain et durable et de la démocratie participative, mentionnées dans les articles 161 à 170 du texte constitutionnel.

Le juge constitutionnel a précisé que ces institutions sont considérées par la loi fondamentale comme des organes indépendants et non pas comme des administrations, des établissements ou des entreprises publics. Elles ne sont de ce fait pas soumises à l'autorité, ni à la tutelle d'un ministre déterminé[403]. Il en résulte que les responsables de ces institutions indépendantes ne peuvent être convoqués comme le prévoit le projet de règlement intérieur par la commission permanente de la chambre des Représentants à l'instar des responsables des établissements mentionnés dans l'article 102.

Après deux ans de prise et de réponse entre la Chambre des Représentants et le Conseil constitutionnel, il semble que la relation entre les instances de gouvernance et la Chambre des représentants s'organise selon le schéma suivant :

Le Règlement intérieur de la Chambre des Représentants, qui date d'août 2013, dans son article 233 prévoit que chaque instance de gouvernance présente un rapport sur ses activités au moins une fois par an au Parlement. Ces rapports seront déposés auprès des bureaux des deux chambres. Les

---

[403]Conseil constitutionnel, *Décision n° 924/13 du 22 août 2013 sur la constitutionalité du règlement intérieur de la Chambre des représentants*, publiée au Bulletin Officiel n° 6185 du 09 Septembre 2013 (Version arabe).

présidents des deux chambres déterminent, après délibération de chaque bureau à part, la façon de discuter les rapports entre les membres de chaque chambre ;

Dans le même sens, l'article 234 dispose que le président de la Chambre des Représentants et après décision du bureau et à la demande de la commission permanente concernée, peut demander à l'une des instances de gouvernance d'exprimer un avis sur le contenu d'un projet ou proposition de loi en conformité avec les lois régissant ces institutions et instances.

Le Président de la Chambre des Représentants et sur la base de la décision de son bureau peut adresser une demande à l'une des instances de la gouvernance d'exprimer un avis ou de préparer une étude ou une enquête sur les politiques publiques concernées par le Bureau de la chambre et faisant objet d'évaluation. Ces rapports relatifs aux avis, études et enquêtes seront transmis aux Commissions permanentes compétentes.

Il convient de remarquer que la constitution ne prévoit pas expressément la convocation des responsables des institutions de la bonne gouvernance devant la commission permanente de la chambre des représentants. Mais, puisqu'elle proclame plusieurs fois « la responsabilité et la reddition des comptes » et insiste également sur la « bonne gouvernance », le Conseil constitutionnel n'aurait-il pas pu, par analogie à l'article 102 de la Constitution, soumettre ces responsables à l'audition de la chambre ? D'autant plus que la loi fondamentale prévoit que ces institutions présentent au Parlement au moins un rapport par an, relatant leurs activités et qui fait l'objet de débats. En outre, c'est le Parlement qui adopte les lois relatives à leur statut et à leur fonctionnement ainsi que le budget qui leur est consacré. Ainsi, la décision du Conseil constitutionnel ne va pas dans le sens du renforcement du contrôle parlementaire et du principe posé par la constitution liant la responsabilité et la reddition des comptes[404]. Par ailleurs, le professeur Hassan Tariq remarque que : « *Le Conseil constitutionnel a élargi l'interprétation de l'indépendance des instances de gouvernance, d'une indépendance du pouvoir exécutif vers ce qui est presque indépendance du Parlement* »[405].

Dans une perspective de droit comparé, et s'agissant du contrôle pesant sur l'Autorité de la concurrence française, la loi n° 2008-776 a permis d'introduire des modalités de contrôle, dont notamment une procédure

---

[404]MADANI Mohammed, « Constitutionnalisme sans démocratie : la fabrication et la mise en œuvre de la Constitution marocaine de 2011 », in *La nouvelle Constitution Marocaine à l'épreuve de la pratique, Actes du colloque organisé les 18 et 19 avril 2013*, Op. cit., pp. 33-99.

[405]TARIQ Hassan, *Les instances de gouvernance dans la constitution (contexte, structures et fonctions)*, Op. cit., p. 37.

d'audition du président de l'Autorité, et d'élargir les possibilités de consultation de l'Autorité par les parlementaires. C'est l'objet de l'article L. 461-5 du code de commerce français, qui dispose que « les commissions du Parlement compétentes en matière de concurrence peuvent entendre le président de l'Autorité de la concurrence et consulter celle-ci sur toute question entrant dans le champ de ses compétences. Le président de l'Autorité de la concurrence rend compte des activités de celle-ci devant les commissions du Parlement compétentes en matière de concurrence, à leur demande ». Quant au rapport public que l'Autorité de la concurrence établit chaque année avant le 30 juin rendant compte de son activité, il est désormais adressé au Gouvernement et au Parlement, et non plus au seul ministre chargé de l'Économie. Ainsi, une nouvelle collaboration s'est installée entre le Parlement et l'Autorité, venant compléter l'organisation du tissu relationnel de cette dernière[406].

Également, en Espagne et au-delà du rapport annuel à transmettre aux chambres, les présidents des autorités de régulation indépendantes doivent comparaître périodiquement, et au moins une fois par an, devant la commission compétente du Congrès pour exposer les grands traits de leur activité et leurs priorités pour l'avenir[407].

Pour conclure, nous constatons que le contrôle démocratique exercé sur le Conseil de la concurrence est modeste. Il se présente juste sous la forme de rapports annuels. Qui en sont les lecteurs ? Assurément pas, les citoyens bien peu informés de l'activité d'une autorité de régulation opérant dans un domaine assez complexe et technique. Et puisque le Conseil constitutionnel a écarté au Parlement toute possibilité d'audition des responsables de cette autorité. Reste certainement, l'arme du contrôle budgétaire, mais une approche bien financière des institutions de régulation, ne permet guère de comprendre leur fonctionnement réel ni de rendre compte la nécessité d'éventuelles réformes.

§ 2. Le contrôle du gouvernement

À l'instar des autres autorités de régulation indépendantes, l'autonomie financière du Conseil de la concurrence constitue à la fois sa qualité la plus fondamentale et la plus douteuse. Elle est évidemment incomplète, mais elle existe et se mesure par des critères et indices différents.

---

[406]NICINSKI Sophie, « L'Autorité de la concurrence », Op. cit., p. 1237.

[407]DELZANGLES Hubert, « L'indépendance des autorités de régulation économique et financière en Espagne : l'intérêt de la clarification du droit public », Op. cit., pp. 707-721.

Si le Conseil de la concurrence, par son statut constitutionnel et son organisation, n'appartient pas à la hiérarchie administrative au sens propre du terme. Son financement assuré principalement par une dotation du budget de l'État peut révéler de la même manière que celui des autorités administratives indépendantes, une limite bien remarquable de son indépendance vis-à-vis du gouvernement.

En effet, la compétence financière demeure un levier efficace et relativement discret, pour imposer des choix de politique en passant outre les garanties générales d'indépendance ; ce qui explique les tensions répétées, voire parfois exagérées entre les présidents des autorités indépendantes et les autorités publiques en charge de la préparation et du vote du budget de l'État[408].

L'autonomie budgétaire du Conseil qui se manifeste dans la liberté de la définition du budget et particulièrement dans l'attribution des ressources fera l'objet de la première division (A). Dans la deuxième, nous nous appuierons sur l'autonomie de gestion comptable et financière, qui stipule le libre emploi des ressources et donc la maîtrise de la dépense sous le contrôle de la Cour des comptes (B).

A. L'attribution des ressources budgétaires

Tout d'abord, l'autonomie financière du Conseil est garantie expressément par la loi (1), puis nous verrons ensuite l'évaluation de l'autonomie de ses ressources budgétaires (2).

1. Le Conseil de la concurrence et l'autonomie financière

L'actuel Conseil de la concurrence à caractère décisionnel s'est substitué à l'ancien Conseil de 2009 rattaché budgétairement à l'État et dont les crédits pour son fonctionnement sont inscrits au budget général.

Le législateur chargé de définir les modalités de l'exercice de ses fonctions a voulu le doter de ressources financières suffisantes. En effet, l'ancrage constitutionnel de l'indépendance du régulateur de la concurrence a conduit le législateur à prévoir dans le deuxième alinéa de l'article 1 de la loi n° 20-13 que : « *Le Conseil est doté de la personnalité morale et de l'autonomie financière* ». Cette consécration textuelle de son autonomie nous pousse à

[408]MOUCHETTE Julien, « L'autonomie budgétaire » du Défenseur des droits : complément ou obstacle à son indépendance ? », *Revue française de droit constitutionnel*, n° 99, 3/2014, pp. 557-580.

nous intéresser plus précisément à cette notion, qui présente « *une portée d'apparence absolue et désigne le pouvoir de se diriger librement en droit, et par extension en politique ou en gestion*[409] ».

Quant à l'autonomie financière, il est « *très difficile de donner une définition unique d'un concept dont les applications sont les déterminants principaux* »[410]. Ainsi l'autonomie financière « *n'est pas une même et seule réalité* »[411]. Son contenu est à géométrie variable selon le contexte juridique auquel elle s'applique, alors que pour les institutions indépendantes de régulation, le dénominateur commun se trouve dans la question relative à la reconnaissance ou non à son profit d'un pouvoir d'établir leur budget.

En effet, la possibilité d'obtenir des ressources propres, désignée par une partie de la doctrine comme la « *figure la plus radicale* »[412] de l'autonomie financière, a amené le législateur à attribuer au Conseil de la concurrence la personnalité juridique. Par cette technique juridique, il marque une distance par rapport au budget de l'État, sans aller, pour le cas du Conseil, jusqu'à se financer de ressources propres tirées des redevances perçues. Son activité qui repose sur une compétence générale de régulation et du contrôle de la concurrence ne lui permet pas la perception de droits ou de taxes.

Pour ce qui est de son budget, la loi définit l'origine des recettes. Il s'agit d'une dotation du budget de l'État, des revenus de ses biens meubles et immeubles, des dons et des legs qui ne sont pas susceptibles d'affecter son indépendance en plus de divers revenus. Les dépenses seront partagées entre les dépenses de fonctionnement et des dépenses d'équipement.

En examinant les composantes du budget du Conseil, il s'avère que le législateur afin de bien traduire l'autonomie financière de l'entité de régulation a rompu avec le schéma « classique » de l'inscription des crédits au budget général de l'État. Marquant sa volonté de rompre son seul et unique rattachement aux recettes étatiques. Il semble donc que le régulateur de la concurrence ne demeure plus vis-à-vis de l'exécutif dans un certain statut de précarité comme c'était le cas auparavant avec le premier Conseil de la concurrence à caractère consultatif dont l'intégralité de ses ressources

---

[409]HERTZOG Robert, « L'autonomie en droit : trop de sens, trop peu de signification ? », in *Mélanges Paul Amselek* (collectif), Bruxelles, Bruylant, 2005, p. 446.
[410]DUSSART Vincent, *L'autonomie financière des pouvoirs publics constitutionnels*, CNRS, coll. « droit », Paris, 2000, p. 12.
[411]*Ibidem.*
[412]FRISON-ROCHE Marie Anne, Étude dressant le bilan des AAI, in GELARD Patrice, *Rapport sur les AAI, Tome II*, Op. cit., p. 10.

financières provient des crédits inscrits au budget de l'État sous la tutelle administrative du chef du gouvernement[413].

Toutefois, nous pouvons nous interroger sur la contribution du dispositif de « ressources propres » dans le renforcement de l'indépendance de l'entité de la régulation. En effet, l'expérience a montré qu'elles ne correspondent généralement qu'à un apport symbolique du budget global de ces autorités, rendant leur autonomie financière « *partielle, voire fictive* »[414]. Par conséquent, cette attribution de moyens financiers propres n'apparait pas être « *une condition véritablement nécessaire à l'indépendance* »[415]. Les moyens financiers dont disposera le Conseil dépendront très largement de la générosité du budget général établi à l'origine par l'exécutif, qui garde une maîtrise plus au moins relative de la croissance budgétaire de cette institution.

Quoi qu'il en soit, l'autorité de régulation de la concurrence dispose d'une certaine autonomie financière. Or, pour Marie-Anne Frison-Roche, « c*'est l'État, et plus concrètement le Gouvernement, qui conçoit et attribue les budgets aux autorités administratives, ce qui peut présenter un risque pour les régulateurs, soit que l'État les rende mendiants par l'attribution de budgets insuffisants, soit qu'il sanctionne indirectement une décision déplaisante du régulateur en diminuant son budget* »[416]. Elle précise cependant que l'examen de la réalité montre plutôt une situation contraire. à savoir, des budgets ménagés plus confortables pour les régulateurs que pour d'autres institutions publiques.

2. L'évaluation de l'autonomie financière du Conseil

Lors de la discussion du projet de loi n° 20-13, les parlementaires ont exprimé leur réserve aux catégories des recettes intitulées : « *dons et legs* » et « *revenus divers* », en les qualifiant de concepts assez larges, et en estimant que les parties qui peuvent offrir ces dons et legs peuvent affecter le bon fonctionnement du Conseil, directement ou indirectement. Dans sa réponse, le ministre délégué auprès du chef du gouvernement chargé des affaires générales et de la Gouvernance a avancé que le fait de conférer des dons et legs au Conseil passe sous le contrôle de l'État[417]. Néanmoins, en réalité,

---

413 Conseil de la concurrence, *Rapport annuel d'activité de 2012*, p. 16.
414 GELARD Patrice, *Rapport de l'office parlementaire sur les autorités administratives indépendantes*, Op. cit., p. 70.
415 *Ibidem*, p. 71.
416 FRISON ROCHE Marie-Anne, « Régulateurs indépendants versus LOLF », *Revue Lamy de la concurrence*, 2006, doctrine, n° 7.
417 Chambre des Représentants, *Rapport de la commission des finances et du développement économique sur le projet de loi n° 20-13 sur le Conseil de la concurrence*, Op. cit., p. 94.

l'adoption du gouvernement de cette disposition relative aux « dons et legs » pour figurer au budget, en dépit des menaces probables sur son indépendance, est justifiée par la volonté de faire bénéficier le régulateur de la concurrence, de ressources financières qui proviennent d'acteurs internationaux, notamment l'Union européenne, dans le cadre des programmes de partenariat et de coopération du statut avancé avec le Maroc.

L'autonomie financière ne se mesure pas seulement par le pouvoir de posséder des ressources propres, mais également par le fait d'imposer aux organes chargés de la préparation du budget, que le montant de la dotation soit suffisant à l'exercice des fonctions.

À titre de comparaison, les budgets des autorités de régulation sectorielle (comme c'est le cas du Conseil déontologique des valeurs mobilières, l'agence nationale de la réglementation des télécommunications...) sont généralement inscrits dans cadre de rubriques correspondant aux établissements publics, vu que la plupart de ces autorités sont organisées sous la forme juridique d'établissements publics. Ce subterfuge juridique leur permet d'acquérir la personnalité morale donc l'autonomie financière et d'échapper ainsi à l'emprise de l'affiliation budgétaire à un département ministériel[418].

En effet, le texte de loi souligne que le président est l'ordonnateur des recettes et des dépenses du budget du Conseil et peut instituer des sous-ordonnateurs conformément à la réglementation relative à la comptabilité publique.

Il convient de remarquer alors que l'indépendance budgétaire de l'autorité de la concurrence est beaucoup plus large que les administrations publiques ou que les établissements publics sous tutelle, qui soumettent leurs plans de budgets à la délibération de leurs Conseils d'administration et à l'approbation de leurs autorités de tutelle.

B. L'autonomie de la gestion financière du budget

En tant qu'élément d'indépendance du Conseil, un point sera mis sur son budget et sa gestion (1), et les possibilités de son financement par différentes manières (2).

1. La gestion du budget du Conseil

La loi n° 20-13 a essayé de faire varier les ressources et maitriser le volume des moyens financiers du Conseil au moment où les pouvoirs accordés à son président dans leur gestion sont importants. Ordonnateur des recettes et des

[418]BOUAYAD Mohamed Hicham, *La politique de la concurrence et la régulation sectorielle : interfaces juridiques et architecture institutionnelle*, Op. cit., p.107.

dépenses, il est chargé de prendre des actes administratifs qui prescrivent l'exécution d'une dépense ou le recouvrement d'une recette, et détient principalement un pouvoir de décision, qui consiste à apprécier l'opportunité d'une mesure financière. Il est donc maitre de la gestion financière du Conseil. Ce pouvoir conforte ses prérogatives en matière d'organisation administrative prévues par les textes juridiques. Le président assure véritablement la direction générale de l'institution.

À côté de la phase administrative du budget, qui est assurée par le président, le texte de loi prévoit qu'un comptable détaché auprès du Conseil par décision de l'autorité gouvernementale chargée des finances assume auprès du président du Conseil les attributions dévolues aux comptables publics par les lois et règlements en vigueur. Il est chargé de la phase comptable des opérations financières matérielles de paiements ; il assure également les rentrées de recettes et la gestion des deniers publics, tout en veillant à la conformité de ses actes avec les textes juridiques organisant la matière. Évidemment, ce n'est qu'une traduction par le législateur du principe de la séparation des ordonnateurs et des comptables, qui fonde la comptabilité publique au Maroc.

La reddition des comptes ne peut être faite au gouvernement, car elle se transformerait alors en contrôle. La première institution à laquelle nous pensons est naturellement la Cour des comptes[419], et ce afin d'éviter toute dérive de l'autonomie budgétaire, le législateur lui a confié le contrôle financier *a posteriori* du budget du Conseil de la concurrence.

En tant qu'institution supérieure de contrôle, productrice de rapports en vue de garantir la bonne gouvernance, de rationaliser la gestion publique et de moraliser la vie publique, la Constitution de 2011 lui a réservé un titre définissant ses attributions, délimitant son champ d'action et renforçant son indépendance. Le dernier alinéa de l'article 15 de la loi n° 20-13 dispose que : « *L'exécution du budget du Conseil est soumise au contrôle de la Cour des comptes* ». Ainsi, elle est invitée à jouer un grand rôle auprès des autorités indépendantes de régulation pour bien répondre aux attentes des citoyens en matière d'information, et à exercer un rôle primordial, à travers les différentes attributions qui leur sont dévolues par la loi, en matière de transparence, de responsabilité et de reddition des comptes.

2. Les alternatives de la gestion financière

---

[419]GÉLARD Patrice, *Rapport de l'office parlementaire sur les autorités administratives*, Op. cit. , p. 140.

Elles résident dans l'hypothèse d'un financement quasi exclusif sur ressources propres, dans lequel les dépenses de régulation sont essentiellement couvertes par prélèvements sur le secteur considéré, qui se traduit par une autonomie budgétaire et généralement gestionnaire, de l'autorité régulatrice[420]. C'est le cas de l'autorité des marchés financiers en France, qui dispose de l'autonomie financière. Son budget est arrêté par le collège sur proposition du secrétaire général et qui perçoit le produit des droits et contributions prélevés sur les prestataires et opérations d'épargne, les opérations financières et les infrastructures de marché[421]. Également, en Espagne où la personnalité morale des autorités administratives indépendantes permet une certaine indépendance financière, dans la mesure où elle autorise l'existence d'un budget propre qui peut être exclusivement nourri de prélèvements effectués sur les acteurs du marché régulé ; l'État n'aurait pas, le cas échéant, à endosser la responsabilité des actes irréguliers des autorités de régulation indépendantes[422].

Cette alternative de financement par prélèvements obligatoires présente des avantages, puisque la fonction de régulation est financée par des acteurs socio-économiques du domaine. le gestionnaire est en effet plus directement arbitre des moyens qu'il alloue à ses activités. ce double mouvement de décentralisation de la gestion et de responsabilisation des gestionnaires opérationnels participe au mouvement de décongestion de l'appareil administratif et s'inscrit dans la droite ligne de la réforme de l'État[423].

Néanmoins, le risque qui pèse sur l'indépendance du régulateur par un financement assuré par les acteurs subordonnés à la régulation peut être écarté dès lors qu'il y a une étanchéité entre d'une part les fonds perçus (redevances, taxes) en application des textes, et, d'autre part, les décisions rendues. Le risque de voir les intervenants du secteur se muer en sociétaires du régulateur demeure théorique. Dans ce sens, le Conseil d'État français a cependant considéré, dans son rapport public de 2001, que si « *certains auteurs ont pu avancer l'idée que l'indépendance supposait que l'autorité (administrative indépendante) en cause dispose de ressources propres extra-budgétaires, par exemple des redevances liées à son activité et dont elle fixerait le montant. Une telle prétention ne peut qu'être écartée. Le caractère budgétaire des*

420STORCH Olivier, « Les conditions et modalités budgétaires de l'indépendance du régulateur », in FRISON-ROCHE Marie-Anne, *Droit et économie de la régulation. 1*, Op. cit., pp. 65-71.

421KOVAR Jean-Philippe, « L'indépendance des autorités de régulation financière à l'égard du pouvoir politique », *Revue française d'administration publique*, n° 143, 3/2012, pp. 655-666.

422DELZANGLES Hubert, « L'indépendance des autorités de régulation économique et financière en Espagne : l'intérêt de la clarification du droit public », Op. cit., pp. 707-721.

423*Ibidem.*

ressources des tribunaux n'empêche pas l'indépendance de la magistrature »[424].

Par ailleurs, les risques de dérives de dépenses peuvent s'incarner dans la politique de gestion du personnel, par des recrutements inadaptés aux missions exercées et des indemnités généreuses du régulateur, ainsi que par une politique immobilière caractérisée par une installation dans des locaux onéreux et surdimensionnés.

Généralement, la possibilité d'appliquer ce schéma de financement au Conseil de la concurrence semble écartée, dans la mesure où il n'exerce pas de missions de régulation de cette nature. Son champ de compétence s'étend à toute l'économie et il n'a pas de pouvoir d'autorisation préalable ou de réglementation. Il paraît donc difficile de créer un système de redevance à son profit.

Section II. Le contrôle juridictionnel

Le contrôle juridictionnel de la régulation a induit un clivage au sein de la doctrine, certains auteurs considèrent que l'exercice d'un tel contrôle conduit à mettre en cause l'originalité de la fonction de régulation[425]. D'autres envisagent, pour éviter une telle possibilité, l'« immunité juridictionnelle » de cette activité[426], ou encore la création d'un contrôle juridictionnel d'un genre nouveau[427].

Le contentieux[428] contre les décisions du Conseil de la concurrence est de nature extérieure à ce dernier, même s'il peut avoir des incidences et des

---

[424]Conseil d'État, *Rapport public, les autorités administratives indépendantes*, Op. cit., p. 292.

[425]DEECOOPMAN Nicole, « à propos des autorités administratives indépendantes et de la déréglementation », in CLAM Jean et MARTIN Gilles, *Les transformations de la régulation juridique*, Paris, LGDJ, Coll. Droit et société, 1998, p. 249. « L'approfondissement du contrôle juridictionnel non seulement confirme l'absence de toute immunité juridictionnelle (…) mais aussi entraine une juridictionnalisation de leur activité limitant par là même leur autonomie ».

[426] GAUDEMET Yves, « Les actions administratives informelles », *Revue internationale de droit comparé*, Volume 46, n° 2, 1994, pp. 645-654.

[427]TIMSIT Gérard, « *La régulation : naissance d'une notion », L'archipel de la norme »*, Paris, PUF, 1997, pp. 161-233 ; COLLET Martin, « de la consécration à la légitimation. Observations sur l'appréhension par le juge des autorités de régulation » in FRISON-ROCHE Marie Anne, « *Droit et économie de la régulation ».1,* Op. cit., pp. 41-56.

[428]« Le contentieux signifie la prétention en demande, la contestation entre prétentions opposées ou encore, de façon générique, le litige, tous ces termes étant en définitif synonymes (…). En droit le contentieux s'attache (…) au traitement du litige auquel il importe pour les établissements de la paix sociale, de trouver une solution définitive, c'est-à-dire acceptée par les parties en cause pour correspondre à la vérité légale ». GOHIN Olivier, *Contentieux administratif*, Paris, Litec, 4ème édition, 2005, n°3. Voir aussi PACTEAU Bernard,

répercussions internes. Il est né des recours contre ses décisions. Ainsi, l'article 44 de la loi n° 104-12 relative à la liberté des prix et de la concurrence prévoit que : « *Les recours contre les autres décisions du Conseil de la concurrence sont portés devant la Cour d'appel de Rabat.* » En principe, ceci ne soulève aucune difficulté. Il s'agit du procédé naturel de sanction et de rectification des erreurs probables du Conseil, qui se met en pratique devant le juge spécial qu'est la cour d'appel de Rabat.

Toutefois, la principale question qui se manifeste ici est celle relative à cette compétence dévolue à l'autorité judiciaire en tant que manifestation de la théorie des blocs de compétence, en faisant de la juridiction judiciaire un juge inhabituel spécial de la concurrence, mais qui revêt toujours un caractère administratif. Il est à rappeler que l'organisation judiciaire désigne l'ensemble des tribunaux et des cours du Royaume. Celle-ci comprend les juridictions de droit commun et les juridictions spécialisées. Les juridictions de droit commun sont : les juridictions de proximité, les tribunaux de première instance (TPI), les cours d'appel et la Cour de cassation. En effet, le juge d'appel en matière judiciaire est le juge habituel ou de droit commun de second degré. Il est d'abord et avant tout le juge d'appel du contentieux des juridictions judiciaires du premier degré. De ces constats, l'attribution d'une compétence pour connaitre d'un contentieux non judiciaire peut surprendre.

Ainsi, premièrement le juge judiciaire va pouvoir apprécier une partie des décisions du Conseil en tant qu'institution indépendante de la régulation appartenant à la catégorie des autorités administratives indépendantes. Lesquelles sont par nature, soumises en principe au contrôle du seul juge administratif. Deuxièmement, ce juge d'appel concerne juste la seule cour d'appel du Rabat, c'est à dire bien loin des critères de compétence fondés sur le ressort territorial.

Ceci nous amène à répartir la prochaine section en deux paragraphes ci-après, la particularité du contrôle juridictionnel sur les décisions du Conseil de la concurrence (§ 1), et les éléments d'identification du contentieux contre le Conseil de la concurrence (§ 2).

Contentieux administratif, Paris, PUF, droit fondamental 7ème édition, 2005, n° 1. Le contentieux administratif est « *constitué par les discussions, disputes et démêlés, en un mot : les litiges suscités par l'action administrative* ».

§ *1.* La particularité du contrôle juridictionnel sur les décisions du Conseil de la concurrence

Il faut souligner que le contrôle juridictionnel de l'action de régulation conduit à vérifier le respect des exigences de l'État de droit[429], et plus précisément l'une de ses traductions les plus immédiates, perceptible au travers de sa signification originaire[430], le respect du principe de légalité.

S'il est constaté que le juge de régulation n'est pas un juge spécialisé. Le juge compétent pour connaitre les litiges nés de l'action de régulation est, soit le juge administratif, soit le juge judiciaire. L'originalité de l'organisation du contrôle juridictionnel de la régulation provient davantage du fait que cette fonction révèle tout particulièrement un « *éclatement des compétences juridictionnelles* »[431]. L'organisation de ce contrôle se caractérise par un profond « *désordre* »[432], résultant de la répartition complexe des compétences entre le juge administratif et le juge judiciaire pour connaitre des litiges qui en sont issus[433].

Deux idées rendront compte de cette constatation : les recours dérogatoires à la compétence normale du juge administratif (A), et les recours dérogatoires au droit judiciaire (B).

A. Les recours dérogatoires à la compétence du juge administratif

L'étude approfondie de la régulation révèle que le juge administratif joue un rôle majeur[434]. Il apparait comme le juge « *naturel* » de l'activité de

---

429LOMBARD Martine, « La régulation dans un État de droit », in FRISON-ROCHE Marie-Anne, *Droit et économie de la régulation. 2*, Paris, Presses de Sciences Po, « Hors collection », 2004, pp. 26-33. « Comment concevoir les conditions d'exercice du contrôle juridictionnel sur cette part du pouvoir normatif des autorités de régulation qui prend la forme de la soft law, de ce « droit tendre » que l'on appelle aussi parfois les « normes molles » ? Comment le juge peut-il en effet être saisi de ce qui ne ressort d'aucune décision au sens propre, d'aucune règle qui soit encore écrite ? ».

430 REDOR Marie-Joëlle, *De l'État légal l'État de droit*, Paris, Economica, 1992, p. 186.

431Voir à ce propos CALANDRI Laurence, *Recherche sur la notion de régulation en droit administratif français*, Op. cit., p. 555.

432DECOOPMAN Nicole, « la complexité du contrôle juridictionnel », in DECOOPMAN Nicole (dir.), *Le désordre des autorités administratives indépendantes, L'exemple du secteur économique et financier*, Op. cit., pp. 167-193.

433Pour le législateur, le juge judiciaire semble être « *mieux armé pour statuer sur des litiges touchant à la vie des entreprises* », voir CHEVALLIER Jacques, « Les autorités administratives et la régulation des marchés », *justices*, n° 1, janvier-février 1995, p. 88.

434CALANDRI Laurence, *Recherche sur la notion de régulation en droit administratif français*, Op. cit., p. 556.

régulation[435], alors que le juge judiciaire ne possède en la matière qu'une compétence accessoire.

Les juridictions administratives ont une compétence normale de l'action administrative, classiquement pour connaitre l'activité de l'administration, plus récemment de celle des autorités administratives indépendantes. Le législateur marocain emboitant les pas de son homologue français a préféré transférer le contentieux contre les décisions du Conseil de la concurrence au juge judiciaire[436].

Cependant, le premier alinéa de l'article 44 de la loi relative à la liberté des prix et la concurrence dispose que certaines décisions du Conseil de la concurrence relative au contrôle des concentrations sont portées : « devant *la chambre administrative de la Cour de cassation* »[437].

C'est pourquoi il faut s'intéresser à ce transfert du contentieux vers la cour d'appel de Rabat avant d'envisager les questions qui le composent. Il convient

---

[435]Comme le souligne Nicole Decoopman, « la nature administrative des autorités de régulation (...) entraine la compétence de principe du juge administratif » qui apparait comme « le juge de droit commun dès lors qu'il s'agit de recours exercé à l'encontre d'autorités administratives, fussent-elles indépendantes ». Voir DECOOPMAN Nicole, « La complexité du contrôle juridictionnel » in in DECOOPMAN Nicole (dir.), *Le désordre des autorités administratives indépendantes, L'exemple du secteur économique et financier*, Op.cit., p.171.

[436] Le transfert à la cour d'appel de Paris de ce contentieux a été fait par la loi du 6 juillet 1987, les recours contre les décisions du Conseil de la concurrence (devenu l'Autorité de la concurrence) ont suscité de nombreux débats, résultant notamment du caractère hybride de la procédure devant la cour d'appel de Paris. En effet, la compétence de la cour d'appel de Paris pour connaître du contentieux des décisions de l'Autorité de la concurrence est judiciaire alors que la matière des décisions d'une Autorité Administrative Indépendante est de nature administrative. La cour d'appel a cependant su dépasser ces conflits de matière apparents pour combiner les avantages des deux systèmes de procédure. Voir notamment ANCELIN Ombline et FOSSATI-KOTZ Iphigénie, « L'appel des décisions de l'Autorité de la concurrence », *La Semaine Juridique Entreprise et Affaires,*n° 24, 16 Juin 2011, p. 1458.

[437]À cet égard Anne-lise Sibony estime que « L'objection est concevable dans la mesure où la question de savoir comment il convient de classer le droit de la concurrence au regard de la distinction entre droit public et droit privé est débattue parmi les auteurs français. Ainsi, certains auteurs rattachent, implicitement ou explicitement, le droit de la concurrence au droit privé, dans la mesure où c'est, pour l'essentiel, un droit applicable aux entreprises et qui figure dans le code de commerce. D'autres auteurs, en général publicistes, plaident en faveur d'un rattachement au droit public, soit de tout le droit de la concurrence soit du droit de la concurrence en tant qu'il est appliqué par le juge administratif. La controverse est artificielle, comme le reconnaissent du reste les auteurs. Il est plus convaincant de présenter le droit de la concurrence comme unitaire en dépit du fait qu'il est appliqué par une pluralité de juridiction et d'admettre que la distinction droite public/droit privé n'est tout simplement pas très féconde pour appréhender le droit de la concurrence, puisque celui-ci « s'articule autour de notions inconnues en tant que telles des autres branches du droit ». Voir SIBONY Anne-Lise, *Le juge et le raisonnement économique en droit de la concurrence*, Op. cit., p. 446.

tout d'abord d'aller déterminer les raisons derrière ce transfert historique qu'a connues ce contentieux en France, depuis la loi n° 87-499 du 6 juillet 1987. Ceci se résume dans la volonté d'unifier le contentieux de la concurrence sous le contrôle de l'ordre de juridiction principalement intéressé. Le Conseil constitutionnel français dans une célèbre décision qui date du 23 janvier 1987 a confirmé ce grand motif à la base de ce transfert, qui faisait de la cour d'appel de Paris le principal juge compétent pour connaitre du contentieux contre le Conseil de la concurrence.

En fait, et puisqu'on considère l'autorité spéciale de la concurrence comme une autorité indépendante, remplissant une activité d'intérêt général ayant pour finalité la police des pratiques anticoncurrentielles et le maintien de l'ordre public économique, en utilisant pour cette fin des prérogatives de puissance publique, le contentieux des décisions du Conseil devrait normalement être porté devant le juge administratif. En effet, nous pouvons citer à cet effet l'article 8 de la loi n° 41-90 instituant des tribunaux administratifs : « *les tribunaux administratifs sont compétents, pour juger, en premier ressort, les recours en annulation pour excès de pouvoir former contre les décisions des autorités administratives* ». Cette expression formant la pierre angulaire de « compétence large » de la juridiction administrative[438].

Ceci dit, il revenait en fin de compte au législateur de répartir les compétences entre les deux ordres juridictionnels. Cependant, le Conseil constitutionnel français dans sa décision de 1987 a estimé que pour des raisons de bonne administration de la justice, l'unification des règles de compétence juridictionnelle au sein de l'ordre juridictionnel semble pertinente. En effet, le professeur Dominique Rousseau souligne que la répartition des compétences entre ordre judiciaire et ordre administratif n'est qu'un principe constitutionnel relatif[439].

Pour cela, le transfert de la compétence du juge administratif au juge judiciaire est une application parfaite du système des blocs. Celui-ci opère une répartition des compétences juridictionnelles entre les deux ordres de juridiction qui composent notre système juridique en attribuant à la compétence d'un même ordre l'ensemble des litiges particuliers auxquels peut donner lieu une seule et même matière, sans nier l'évolution historique

---

[438]Voir ABDAIMI Maroune, « les règles de la compétence matérielle des juridictions administratives Marocaines », *Revue le censeur*, n° 1, Octobre 2011, p. 9.

[439]ROUSSEAU Dominique, « Note sous décision du Conseil constitutionnel n° 86-224 DC, 23 janvier 1987, loi transférant à la juridiction judiciaire le contentieux des décisions du Conseil de la concurrence », *JCP, éditions cahiers du droit de l'entreprise*, 1987, n° 2, p. 30.

française de ce système juridique qui a conduit à une justice composée de deux ordres totalement distincts.

En outre, l'article 44 de la loi n° 104-12 consacre le principe selon lequel les décisions du Conseil de la concurrence peuvent faire l'objet de recours devant la cour d'appel de Rabat. Plus encore, l'article ne définit pas avec précision quelles sont les décisions intéressées, sans aller jusqu'à instaurer un critère clair de distinction. Cependant, les décisions rendues par le régulateur de la concurrence, qui exerce des compétences quasi juridictionnelles[440], ne peuvent être implicites ; d'autant plus que le silence gardé par lui pourrait être considéré comme un refus de statuer et donc comme un déni de justice. En effet, le texte de l'article 44 dans son alinéa 2 instaure ce droit à un recours. Il s'agit bien là du recours de droit commun contre les décisions susceptibles d'en faire l'objet.

Le législateur marocain n'a pas dressé une liste limitative des décisions visées de recours, comme l'a fait son homologue français dans l'article l.464-8 du code de commerce. Mais il peut s'agir *des actes d'irrecevabilité, de non-lieu, de sanction, ces dernières ont comme objet les injonctions, les sanctions pécuniaires et les mesures de publicité.*

Le trait commun de ces décisions réside dans leur caractère définitif. Elles sont susceptibles de mettre un terme à la procédure devant le Conseil de la concurrence. C'est la raison pour laquelle il est normal qu'elles puissent faire l'objet d'un recours, dont le but est de pouvoir procéder à un nouvel examen de l'affaire. Par ailleurs, il convient de souligner que d'après l'article 45 : « *Les décisions prises par le président du Conseil de la concurrence en application de l'article 31 de la présente loi ne peuvent faire l'objet de recours qu'en même temps que les décisions sur le fond.* ». Il s'agit ici des décisions relatives au secret d'affaires qui ne peuvent faire l'objet directement d'un recours en annulation et en réformation, et n'ont pas la possibilité d'être déférées qu'avec la décision sur le fond devant la cour d'appel de Rabat.

A contrario, il faut préciser que d'autres décisions du Conseil de la concurrence sont insusceptibles d'être portées devant le juge judiciaire[441]. Il s'agit notamment des décisions temporaires, de la décision d'estimer une saisine recevable, de s'autosaisir, de joindre ou disjoindre la saisine, de désigner un rapporteur, de notifier des griefs ou le rapport. Le point commun derrière l'exclusion de ces décisions de toute possibilité de recours est simple :

---

[440]LUCAS DE LEYSSAC Claude, « Faut-il faire du Conseil de la concurrence une juridiction ? », *Revue Juridique Commercial*, 1992, p. 346.

[441]CANIVET Guy, « Concurrence, institutions nationales », *Jurisclasseur procédure civile*, fascicule 390, mars 1994, n° 132.

elles émanent de la notion de mesures d'ordre interne, que revêt chacune de ces décisions. C'est pourquoi elles n'ont d'effet que sur l'organisation de l'instruction, et n'auront pas de conséquences importantes pour les parties.

Ceci nous rappelle le contentieux administratif, où des décisions sont insusceptibles de faire l'objet de recours, dont les mesures d'ordre intérieur et les mesures préparatoires. En guise de comparaison, une partie de la doctrine considère les mesures d'ordre interne du Conseil de la concurrence comme des mesures préparatoires.

En fait, la mesure préparatoire est définie comme étant uniquement une décision en tant qu'élément de la procédure d'élaboration d'une autre décision, dont on ne sait pas, ou bien si elle sera prise, ou bien ce que sera exactement son contenu. Elle n'a pas d'autre effet juridique que de rendre possible l'édiction de cette décision[442], comme c'est le cas des mesures d'instruction ou des mises en demeure…

Cette logique d'analyse est transposable aux mesures internes prises par le Conseil de la concurrence, sachant que celles-ci sont destinées à préparer la décision au fond de l'autorité de régulation de la concurrence. En effet, l'ensemble des décisions d'ordre interne que nous avons citées sont des éléments d'un ensemble qui contribuent à une procédure d'élaboration en rendant possible la décision au fond du Conseil de la concurrence.

B. Les recours dérogatoires au droit judiciaire

La compétence dérogatoire de la cour d'appel de Rabat (1), objet du transfert opéré par la loi n° 104-12, bénéficie d'une nature spéciale dans la mesure où le contentieux des décisions du Conseil de la concurrence attribué à cette juridiction judiciaire doit en principe être affecté à la juridiction administrative. Ainsi, il déroge à plusieurs principes de l'organisation judiciaire et de degré de compétence (2).

1. Le caractère dérogatoire de la compétence de la cour d'appel de Rabat

Il ne se contente pas de déroger aux compétences du juge administratif, mais le dépasse vers la répartition normale des compétences au sein même de l'ordre judiciaire. La compétence de la cour d'appel de Rabat y est exclusive, matériellement et territorialement. Elle déroge au principe du double degré de juridiction, puisqu'elle statue sur ce contentieux spécial et spécifique en tant que juridiction de premier degré.

---

[442]ODENT Raymond, *Contentieux administratif - Tome 2*, Paris, Dalloz-Sirey, 2007, p. 987.

Le caractère dérogatoire et exclusif en matière de concurrence s'exprime à deux égards, l'un territorial et l'autre matériel. Indiquer que la compétence de la cour d'appel de Rabat est territorialement exclusive exprime le fait qu'elle n'est pas reconnue à toutes les juridictions judiciaires. Puisque, les recours contre les décisions du Conseil de la concurrence ne peuvent être portés que devant la seule cour d'appel de Rabat[443].

Le contentieux du Conseil est donc exclusivement un contentieux devant la cour d'appel de Rabat. À titre comparatif, le Conseil d'État français a confirmé ce principe pour le contentieux de la concurrence devant la cour d'appel de Paris, en estimant qu'au terme des dispositions du livre IV du code de commerce : « *le législateur a entendu organiser un recours juridictionnel spécial contre certaines décisions du Conseil de la concurrence et notamment contre celles prononçant une sanction. Dès lors, seule la cour d'appel de Paris est compétente pour statuer sur les sanctions prononcées par le Conseil de la concurrence* »[444].

Suite à la loi de l'organisation judiciaire, la compétence territoriale d'une cour d'appel est fonction de son ressort. Chaque cour connaît de tous les appels formés contre des décisions rendues par les juridictions de droit commun ou d'exception, situées dans son ressort territorial. Les dispositions en matière du contentieux du Conseil de la concurrence se révèlent donc dérogatoires par rapport à ces règles de compétence territoriale, en attribuant une compétence exclusive à la cour d'appel de Rabat[445].

Cependant, il convient immédiatement de préciser que ce caractère exclusif n'est pas propre au contentieux du régulateur de la concurrence, s'agissant de la cour d'appel de Rabat. Cette juridiction est aussi amenée à connaitre exclusivement de certains autres contentieux, issus ou non d'autres autorités administratives indépendantes. Cette particularité rend la cour d'appel de Rabat comme une juridiction à part au sein de l'ordre judiciaire.

---

[443]Alors que la loi n° 43-12 relative à l'Autorité Marocaine du marché des capitaux dans son article 56 prévoit que : « Le recours pour abus de pouvoir contre les décisions de l'AMMC prononcées dans le cadre de l'exercice de ses missions est porté devant le Tribunal administratif de Rabat ».

[444]Conseil d'Etat, 21 Octobre 1998, Union des coopératives agricoles, Union laitière normande, 1998.

[445]On signale que l'article 7 de la loi n° 03-03 relative à la lutte contre le terrorisme publiée au Bulletin Officiel n° 5114 du Jeudi 5 Juin 2003 prévoit que : « La Cour d'appel de Rabat est compétente pour les poursuites, l'instruction et le jugement des actes constituant des infractions de terrorisme »

Par ailleurs, en tant que juridiction spéciale, celle-ci ne peut statuer que dans la limite de la compétence de l'institution qu'elle doit contrôler. En effet, elle ne peut donc mettre en œuvre que les dispositions substantielles de la loi n° 104-12 relative à la liberté des prix et de la concurrence ; dispositions que le Conseil de la concurrence est chargé d'appliquer, bien que les compétences du contrôle des concentrations puissent être appliquées par la chambre administrative de la Cour de cassation. Seule la cour d'appel de Rabat est compétente territorialement pour connaitre des recours contre les décisions du Conseil de la concurrence. Ses pouvoirs sont donc nécessairement liés à ceux que détient l'autorité de la concurrence faisant l'objet de son contrôle, et ne sauraient en principe les dépasser.

À titre de comparaison avec la cour d'appel de Paris, cette dernière n'a pas une plénitude de juridiction en matière administrative. L'affaire « Ville de Pamiers » (1989) devant le tribunal des conflits a rappelé que la cour d'appel de Paris ne peut statuer que dans la limite des pouvoirs dont dispose l'organisme dont elle contrôle les décisions. Ainsi, les actes des personnes publiques échappent-ils à sa compétence, pour revenir vers leur juge normal, c'est-à-dire le juge administratif. C'est pourquoi la cour d'appel ne peut apprécier la légalité d'un acte administratif.

En outre, cette compétence exclusive et limitée par rapport aux autres juridictions judiciaires. La cour d'appel de Rabat ne peut pas réparer les dommages causés par les pratiques anticoncurrentielles. Ce caractère exclusif, aussi bien matériellement que territorialement, renforce l'idée selon laquelle le contentieux des décisions du Conseil de la concurrence est dérogatoire à la compétence normale du juge judiciaire. En témoignent l'organisation et le fonctionnement de la cour d'appel de Rabat. Parmi les chambres qui la composent, une d'entre elles, est spécialement consacrée à ces contentieux spéciaux issus de l'autorité de régulation de la concurrence.

Ceci dit, en tant que juridiction spécialisée, la cour d'appel de Rabat ne peut connaitre ce qui relève du juge administratif ou des autres juridictions judiciaires. D'après le professeur Delvolvé, les institutions ont une logique propre de fonctionnement : « lorsqu'elles *sont administratives, leur contrôle appartient normalement aux juridictions administratives. Si on l'attribue, à titre dérogatoire, à une juridiction judiciaire, on rencontre inévitablement des difficultés tenant à la distorsion entre la nature des institutions contrôlées et celle de la juridiction de contrôle* »[446]. En effet, la cour d'appel de Rabat en tant que juge spécial de la concurrence exerce sa compétence spécialement et

---

[446]DELVOLVE Pierre, « La nature des recours devant la cour d'appel de Paris contre les actes des autorités boursières », *Bulletin Joly, 1990*, n°6, p.510.

relativement à un ensemble de règles, substantielles comme processuelles, largement dérogatoires au droit civil comme au droit administratif.

2. Le degré de la compétence reconnue à la cour d'appel de Rabat

Cette idée n'est pas remise en cause, lorsque nous nous intéressons à la question du degré de compétence reconnue à la cour d'appel de Rabat. La compétence de premier degré attribuée à la cour d'appel de Rabat pour juger du contentieux des décisions du Conseil de la concurrence déroge à la conception normale que l'on se fait de la cour d'appel en général.

En principe, la cour d'appel est toujours la juridiction du second degré. En tout cas, elle est l'unique juridiction de droit commun du second degré. Elle statue quant aux décisions rendues par les juridictions de première instance[447]. Toutefois, certaines cours d'appel ont seulement une compétence de premier degré pour traiter des contentieux spécifiques qui leur sont confiés par des textes. Ainsi, les recours formés contre la décision de l'organisme chargé de la propriété industrielle sont du ressort de la Cour d'appel de commerce de Casablanca.

Malgré les dispositions juridiques qui font de la cour d'appel de Rabat, une juridiction de premier degré en matière du contentieux de la concurrence, peut-on pour autant douter de cette constatation ? Cette question nous interpelle sur la nature des décisions prises par le Conseil de la concurrence. Si ce sont des jugements, alors le doute est permis, car le second degré suppose préalablement un premier degré de juridiction. Dans le cas contraire, cette idée ne saurait avoir de fondement.

Au niveau matériel, l'hésitation est permise pour la qualification juridique des décisions du Conseil de la concurrence, alors que formellement la réponse est assez intègre. D'après le Conseil constitutionnel français : « *le Conseil de la concurrence est un organisme administratif, qui ne rendait pas de décisions juridictionnelles* »[448]. Il s'avère alors qu'il ne s'agit pas d'une juridiction, car il n'édicte pas d'acte juridictionnel. Pour cette raison, le recours formé contre ses décisions n'est pas un appel[449].

---

[447]En ce sens, l'article 9 du Dahir fixant l'organisation judiciaire du Royaume prévoit que : « La cour d'appel est compétente pour connaître des décisions des tribunaux de première instance rendues en premier ressort, ainsi que pour toutes les autres matières où compétence lui est attribuée par le code de procédure civile ou le code de procédure pénale et, le cas échéant, par des textes particuliers ».

[448]Décision n° 86-224 DC du 23 janvier 1987, points 17,21 et 22.

[449]La solution semblait définitive, et pourtant cette solution ferme n'a pas empêché la question de réapparaitre, à travers la question de l'applicabilité des garanties du procès équitable aux

Ceci nous amène à conclure que toute qualification de second degré de juridiction pour cette cour, dans l'examen du contentieux du Conseil de la concurrence, doit être écartée. Au contraire, la compétence de cette juridiction est spécialement de premier degré. Elle porte dérogation à la compétence normale des cours d'appel.

L'absence de double degré de juridiction dans le contentieux de la concurrence amène à se pencher sur un principe majeur du droit judiciaire. Jacques Chevallier dans son commentaire de la décision du Conseil constitutionnel français de 1987 estime que : *« le juge constitutionnel français n'a pas répondu à la question, soulevée dans le recours, de savoir si l'attribution à la cour d'appel de paris du contentieux des décisions du Conseil de la concurrence était conforme aux règles normales de dévolution des compétences au sein de cet ordre. La cour d'appel intervient ici comme juge de premier degré et non de second. Toutefois, si elle est sans doute, justifiée par le souci d'éviter les discordances possibles de jurisprudence, elle n'en contredit pas moins les règles normales de compétence du juge d'appel et met en cause la règle du double degré de juridiction »*[450].

Il convient de rappeler que la règle du double degré de juridiction signifie dans le droit du contentieux judiciaire que le plaideur qui a succombé en première instance peut en principe faire juger son litige une nouvelle fois. Il s'agit donc du droit à faire rejuger son affaire, qui peut être considéré comme un principe général dans la mesure où il a vocation à s'appliquer à tous les litiges et à tous les procès qui en résultent. Bien que cette règle soit d'ordre public, et que le Conseil d'État français la considère comme un principe général de procédure, le Conseil constitutionnel ne lui a pas reconnu une valeur constitutionnelle. De même, la Cour européenne des droits de l'homme va dans ce sens, en ne rangeant pas le droit d'appel au nombre des exigences d'un procès équitable. Cet état du droit positif permet à certains auteurs de considérer que le principe du double degré de juridiction est « *en déclin progressif* », en « *régression* », bien qu'il soit reconnu comme un principe fondamental par la grande majorité des processualistes et qu'il cherche à s'imposer en matière criminelle[451].

---

procédures devant les autorités derégulation. Voir PASTUREL Micheline, « Le procès devant le Conseil de la concurrence », in CANIVET Guy (dir), *La modernisation du droit de la concurrence*, Op. cit., pp. 333-340, p. 334.

[450]CHEVALLIER Jacques, Note sous décision n° 86-224 DC, *Actualité juridique Droit administratif,* 1987, n° s.n.

[451]DURFORT Serge, « L'aspect sociologique [du double degré de juridiction] », *Justices. Revue générale de droit processuel*, 1996, juillet-décembre, n° 4, pp. 35-49.

Il semble alors que le principe du double degré de juridiction ne soit donc pas certainement absolu. L'exclusion du second degré peut résulter soit de la volonté du titulaire du droit d'appel, soit de la loi. Dès lors, nous ne pouvons pas considérer que la compétence spéciale de la cour d'appel de Rabat porte atteinte à ce principe général de procédure. En effet, il ne fait aucun doute que le Conseil de la concurrence n'est pas une juridiction. Pour cette raison, les actes qu'il rend ne sont pas des actes de nature juridictionnelle, et ne sauraient faire l'objet d'un appel, même si cette qualification est tentante. Leur seule nature d'acte d'autorité de régulation suffit à écarter cette idée. Nous ne pouvons alors concevoir qu'une procédure de recours à leur encontre.

§ 2. Éléments de qualification du contentieux contre le Conseil de la concurrence

Le pouvoir décisionnel du Conseil de la concurrence est susceptible de recours devant la cour d'appel de Rabat. Le juge judiciaire joue un rôle considérable dans la mise en œuvre des finalités de ce droit. Ceci n'est que la face cachée d'une matière trop complexe pour qualifier juridiquement ce contentieux. Le débat doctrinal sur cette question divise toujours les auteurs, et n'a pas donné lieu à une jurisprudence univoque dans le droit comparé. Le débat sur les critères organiques et matériels qui permettent de distinguer un type de contentieux est ancien sans être clos.

Ces éléments nous conduiront à la répartition suivante : la qualification des recours exercés devant la cour d'appel de Rabat (A) et la portée relative de cette qualification (B).

A. La qualification des recours devant la cour d'appel de Rabat

Avec la qualification des recours, nous aborderons la nature de l'appel (1) puis l'objet du contentieux (2).

1. La nature de l'appel contre les décisions du Conseil

Le contentieux des décisions du Conseil de la concurrence confié à la cour d'appel de Rabat est différent du contentieux de droit privé mettant en cause l'administration, mais aussi du droit commun revenant aux tribunaux judiciaires, et de celui confié aux juridictions administratives. Le professeur Delvolvé estime à propos de ce contentieux des autorités de la concurrence que « *si la nature d'une juridiction se détermine en fonction de l'ordre de juridiction auquel elle appartient et, dans cet ordre, de la juridiction suprême au contrôle de laquelle elle est soumise, il est radicalement faux de considérer la cour d'appel de Paris comme une juridiction administrative. Elle appartient évidemment à l'ordre judiciaire et relève toujours, quels que soient les litiges qu'elle tranche, du contrôle de la Cour de cassation. Elle est donc intégralement et indifféremment une juridiction judiciaire* »[452].

En effet, l'union d'une compétence exclusive de nature formellement judiciaire et d'un contentieux de nature matériellement administrative est particulièrement significative. À la différence du texte français qui prévoit aux articles L.464-7 et L.464-8 du code de commerce que les recours exercés devant la cour d'appel de Paris sont des recours « *en annulation et en réformation* », le texte marocain reste muet sur ce point se contentant de disposer à l'article 44 que : « *Les recours contre les autres décisions du Conseil de la concurrence sont portés devant la Cour d'appel de Rabat* » et aux termes de l'article 55 : « *la cour d'appel doit, lorsqu'elle annule ou infirme la décision, évoquer sans renvoi* ». En fait, dans les deux situations, la question de la qualification de ce recours reste délicate. Elle l'est par le droit applicable, par l'origine et la nature des décisions objets des recours, et par la juridiction compétente. La singularité de la compétence attribuée à la cour d'appel ne rend pas la résolution de cette question facile. Elle ne justifie pas, pour une partie de la doctrine, la qualification de voie de recours de « *sui generis* »[453]. Cependant, il semble pertinent d'exclure la qualification d'appel pour ces recours.

En effet, l'appel est traditionnellement défini comme la voie de recours ordinaire par laquelle la partie qui s'estime lésée par un jugement en sollicite la réformation par la juridiction supérieure[454]. Il ne peut alors y avoir appel que s'il existe un jugement tranchant le fond en première instance. Nonobstant, si l'appel est porté devant un juge judiciaire, cela signifie qu'il est logiquement formé contre un jugement judiciaire. Il est le prolongement d'un contentieux débuté devant un juge de premier degré, le juge d'appel et ce dernier appartenant tous deux à un même ordre de juridiction, et appliquant en principe un même droit.

Si nous appliquons ce schéma au contentieux du Conseil de la concurrence, deux conditions doivent être réunies pour évoquer l'option d'un appel : le contentieux doit être judiciaire, et juridictionnel.

Premièrement, si la cour d'appel de Rabat est appelée à statuer sur les recours contre les décisions du Conseil de la concurrence, nous pourrions

---

[452]DELVOLVE pierre, « La cour d'appel de paris, juridiction administrative », Op. cit., p. 47.

[453]DOUVRELEUR Olivier, « Une voie de recours « sui generis » : le recours contre les décisions du Conseil de la concurrence », *Gazette du P*alais, 1988, 1, doctrine, p. 179.

[454]KOHL Alphonse, *L'appel en droit judiciaire privé*, Bruxelles, Swinnen, 1990, p. 15.

considérer que ce contentieux présente un caractère judiciaire. Dans ce sens, le fondement jurisprudentiel de la liaison de la compétence et du fond provient du célèbre arrêt « *Blanco* », qui a amené à déterminer l'ordre de juridiction auquel la compétence est attribuée, la nature du droit applicable et celle par conséquent du contentieux en cause. Or ce principe n'est pas absolu, et d'après Monsieur Chapus : « *il ne faut pas prendre au pied de la lettre les formules de certains arrêts, même prestigieux, qui déduisent la compétence administrative de la considération des règles de fond applicables. Ces formules sont, en fait un raccourci, qui s'explique parce que, généralement, la liaison entre compétence et fond se vérifie* »[455].

Ce constat nous pousse à chercher d'autres raisons. La première tient au droit applicable dans ce contentieux. Il ne s'agit pas uniquement d'un droit privé, ni entièrement d'un droit public, mais d'un droit s'articulant autour de notions inconnues en tant que telles des autres branches du droit, et qui permettent sa qualification de droit économique[456]. Même pour la procédure, elle est fixée par les textes relatifs au droit de la concurrence.

Alors, si le droit applicable est de nature différente et spéciale, la juridiction compétente pour connaitre d'un contentieux aussi fondé devrait également être une juridiction spéciale, n'appartenant ni à l'ordre judiciaire ni à l'ordre administratif[457]. Cette option a été écartée par les législateurs marocain et français, qui ont opté pour que le droit spécial soit mis en œuvre par une juridiction judiciaire.

Nous pouvons déduire donc que la qualification d'appel pour les recours portés devant la cour d'appel, sur le principe de la liaison de la compétence et du fond est à écarter, dans la mesure où le contentieux en cause n'est pas un contentieux d'origine judiciaire traité par une juridiction judiciaire, mais un contentieux spécial, mettant en œuvre les règles de droit spécifiques[458].

2. L'objet du contentieux

En outre, et puisque les éléments relatifs à la juridiction compétente et au droit applicables sont non pertinents, il convient d'examiner le contentieux par son objet. Le contentieux du Conseil de la concurrence vise essentiellement l'annulation et la réformation des décisions par ce dernier. En effet, les recours à qualifier sont exercés, aux termes de l'article 44 de la loi n° 104-12 relative

[455]CHAPUS René, *Droit administratif général*, tome 1, Op. cit., n° 977.
[456]MENURET Jean Jacques, *Le contentieux du Conseil de la concurrence*, Op. cit., p. 450.
[457]DRAGO Roland, « Le Conseil de la concurrence », Op. cit., n° 42.
[458]MENURET Jean-Jacques, *Le contentieux du Conseil de la concurrence*, Op. cit., p. 451.

à la liberté des prix et la concurrence, contre les décisions rendues par le Conseil de la concurrence.

La compétence reconnue à la cour d'appel de Rabat porte donc sur un contentieux fait de décisions d'une autorité indépendante de régulation, qui ne rend pas des décisions juridictionnelles. Pour cette raison, nous pouvons estimer que la cour d'appel de Rabat n'est pas une juridiction de second degré. Et de même, le Conseil de la concurrence n'est pas une juridiction de première instance, rendant des jugements.

Donc, le régulateur de la concurrence rend des décisions qui s'apparentent matériellement à des décisions administratives, distinguées par la procédure contradictoire qui les a précédées et par le caractère répressif qu'ils comportent à la manière des actes juridictionnels.

Ainsi, elles émanent de la volonté de l'institution qui les émet, sans avoir besoin du consentement des parties destinataires, et consacrent la mise en œuvre des prérogatives de puissance publique et de la police économique.

Ces aspects ont incité une partie de la doctrine à estimer que même si la cour d'appel judiciaire est aujourd'hui compétente pour connaitre des recours exercés contre de telles décisions, ces dernières n'ont pas changé de nature en changeant de juge. D'après le Professeur Delvolvé : « *elles constituent des actes administratifs à contentieux judiciaire* »[459]. Pour cette raison, l'objet de ce contentieux n'est ni judiciaire ni juridictionnel et par conséquent, la voie de recours ne peut constituer un appel, parce que l'appel en procédure civile comme en procédure administrative ne peut être formé que contre un jugement. Le Conseil de la concurrence français dans un de ses premiers rapports a confirmé cette règle en estimant que : « *ces recours n'ont pas le caractère juridique d'appels puisque le Conseil est une autorité administrative et non une juridiction* »[460]. C'est donc la décision de l'autorité de la concurrence qui est à l'origine de la fonction dévolue à la cour d'appel de Rabat.

Par ailleurs, une partie de la doctrine qualifie les recours devant la cour d'appel contre les décisions du Conseil de la concurrence de plein contentieux, puisqu'il est destiné non seulement à annuler la décision attaquée, mais aussi à la remplacer par une décision nouvelle. L'annulation passe alors à la réformation. Le juge n'est plus un juge de la seule légalité. Il le demeure, pouvant se contenter d'une annulation. Mais, il devient de plus en plus un juge

---

[459]DELVOLVE Pierre, « la cour d'appel de paris, juridiction administrative », Op. cit., p. 57.
[460]Conseil Français de la concurrence, *Rapport 1990*, p. 18.

réformateur, qui a le pouvoir d'aller au-delà de l'annulation, et de remplacer la décision illégale attaquée par sa propre décision.

Ceci ne remet pas en cause la nature objective de l'action du Conseil de la concurrence porté devant la cour d'appel de Rabat. Ainsi, cette juridiction possède les mêmes pouvoirs que l'institution dont elle contrôle les décisions.

Ce fonctionnement est confirmé par l'article 53 de la loi n° 104-12 qui prévoit que : « *Le recours n'est pas suspensif. Toutefois, la cour d'appel peut ordonner le sursis à exécution, si les mesures conservatoires et les décisions émises par le Conseil de la concurrence sont susceptibles d'entraîner des conséquences irréparables pour les entreprises concernées* ». Selon ces dispositions, la cour d'appel de Rabat apprécie la situation qui lui est soumise, aux fins de sursis à exécution, au moment où il statue lui-même. Et d'après M. Delvolvé : « dans *le plein contentieux, et spécialement le contentieux de la réformation, le juge apprécie la situation en cause telle qu'elle se présente à la date où il délibère, en considérant tous les éléments qui s'y rapportent, même s'ils sont postérieurs à la décision contestée* »[461].

Le juge judiciaire spécial de la concurrence ne dispose pas du seul pouvoir d'annulation, caractérisant le juge de l'excès de pouvoir, mais aussi d'un pouvoir de réformation qui caractérise le contentieux de pleine juridiction. De sorte que les recours devant la cour d'appel de Rabat remplissent une double fonction. Premièrement, l'annulation en sanctionnant l'irrégularité dont seraient entachées les décisions attaquées, et deuxièmement la réformation en redressant le « mal décidé » selon l'expression de M. Douvreleur[462].

Dans un registre comparatif avec la cour d'appel de Paris, lorsque celle-ci est saisie d'une demande d'annulation, elle est juge de la procédure suivie lors de l'élaboration de la décision devant l'autorité de la concurrence. Et lorsqu'elle statue sur une demande de réformation, elle peut modifier la décision déférée ou la censurer purement et simplement.

Ainsi, et aux termes de l'article 134 du Code de procédure civile, l'appel est « *de droit dans tous les cas qui ne sont pas formellement exceptés par la loi* ». En fait, il tend à faire réformer ou annuler par la cour d'appel un jugement rendu par une juridiction du premier degré. Une telle définition peut être envisagée aussi devant les juridictions administratives. Cette voie de recours manifeste alors deux fonctions : d'une part, le contrôle de la régularité des jugements (l'appel est donc une voie d'annulation), et, d'autre part le jugement de l'affaire (l'appel est donc une voie de réformation).

---

[461]DELVOLVE Pierre, « *La nature des recours devant la cour d'appel de Paris contre les actes des autorités boursières* », Op.cit., p. 504.

[462]DOUVRELEUR Olivier, « une voie de recours « sui generis » : le recours contre les décisions du Conseil de la concurrence », Op. cit., p. 179.

Ces constatations confirment davantage la qualification de recours de plein contentieux qui semblait s'imposer pour les recours exercés devant la cour d'appel de Rabat, et expliquent qu'une cour d'appel ait été choisie comme juge des recours des décisions d'une autorité de régulation.

La compétence exclusive de la cour d'appel de Rabat dans les recours contre les décisions du Conseil de la concurrence justifie qu'elle ne puisse statuer que sur les contestations provoquées par une décision préalable de l'autorité de la concurrence comme préalable nécessaire et obligatoire à la saisine de la cour.

Ainsi, d'après les auteurs en droit de la concurrence Auby et Drago : « des *recours de plein contentieux peuvent naître de décisions d'autorités administratives prises à l'encontre d'un particulier sur recours de tiers. C'est toute la particularité des recours dirigés contre les décisions du Conseil de la concurrence* »[463]. En effet, la compétence de cette juridiction judiciaire ne peut être qu'exclusive, dans le sens où ses pouvoirs sont fonction de ceux de l'autorité contrôlée.

B. La portée relative de cette qualification

Après ce que nous avons étayé, faut-il opérer une distinction entre le juge administratif et le juge judiciaire ?

Confier aux juridictions judiciaires le contentieux des décisions du Conseil de la concurrence a donné lieu à « *une sorte de querelle de religion juridique proche des vieux débats scolastiques* »[464]. Nous pouvons même estimer qu'au niveau doctrinal, la division du contentieux a elle-même donné lieu à un contentieux[465]. Dans un registre comparatif avec le droit français : la jurisprudence du tribunal des conflits sur les conflits de compétence entre les deux ordres de juridictions a évolué. Depuis l'arrêt du 18 octobre 1999, *préfet de police de la région ile de France,* le critère de répartition réside dans la distribution entre :

- D'une part, les actes des personnes publiques pris dans l'exécution des activités de production et de distribution de services, qui relèvent de la compétence du Conseil de la concurrence sous le contrôle des juridictions judiciaires ;

463AUBY Jean Marie et DRAGO Roland, *Traité des recours en matière administrative*, Paris, Lexis Nexis/Litec, 1992, n° 411.

464CHAMPAUD Claude, « Caractères du droit de la concurrence », Op. cit., n° 83 et 87.

465NICINSKY Sophie, *Droit public de la concurrence*, Paris, LGDJ, coll. « système », 2005, p. 144.

- Et, d'autre part, les actes d'organisation du service public comportant l'exercice d'une prérogative de puissance publique, qui relèvent du contrôle des seules juridictions administratives[466].

L'entreprise de retracer des faits, ou de porter un jugement sur cette situation n'est pas garantie. À titre d'exemple, la compétence du juge administratif est en principe, justifiée par la spécificité des personnes publiques, or celle-ci est niée par le juge administratif lui-même en matière de concurrence[467].

Par ailleurs, le dualisme juridictionnel en matière du contentieux de la concurrence ne demeure plus une question pertinente, car les auteurs du droit administratif ont souligné que le contentieux des décisions du Conseil de la concurrence, bien que confié aux juridictions judiciaires, était de « nature » administrative[468].

Cette partie de la doctrine a expliqué que les recours que connaît la juridiction judiciaire ne sont pas des appels, mais des recours de plein contentieux[469].

Cependant, le recours subjectif de plein contentieux se rattache à un contentieux très hétérogène[470]. Une partie de la doctrine relève que : « *le recours de pleine juridiction est le plus difficile à définir et à présenter. Cela est dû à la nature même du contentieux de pleine juridiction, qui est le plus proche du contentieux judiciaire, et qui, comme ce dernier, comprend une*

---

[466]Voir SIBONY Anne-lise, *Le juge et le raisonnement économique en droit de la concurrence*, Op. cit., p. 39.

[467]Voir SEILLER Bertrand, *Droit administratif - Tome 2*, L'action administrative, Paris, Flammarion, 4ème édition, 2011, pp.299-302 ; CANIVET Guy, « De l'efficacité de la politique de la concurrence », *Gazette du Palais*, 26-28 janvier 2003, pp. 83-89.

[468]Voir dans ce cadre DELVOLVE Pierre, « La cour d'appel de paris, juridiction administrative » in *Études offertes à Jean-Marie Auby*, Dalloz, 1992, pp. 47-70 ; ISRAËL Jean-Jacques, « contentieux administratif et contentieux de la concurrence », *mélanges René Chapus*, Montchrestien, 1992, pp.315-332 ; GAUDEMET Yves, « le pouvoir de réformation de la cour d'appel de Paris dans le contentieux du Conseil de la concurrence », *La Semaine juridique - Édition générale*, 1999, I-188, n° 1 ; MENURET Jean Jacques, *Le contentieux du conseil de la concurrence*, Op.cit., p.674. Pour l'effacement du critère organique dans la détermination du juge compétent en matière économique, voir aussi : DELMAS-MARSALET Jacques, *le Contrôle juridictionnel des interventions économiques de l'État*, Études et documents du Conseil d'État, 1969, pp. 140-141.

[469]RAJOT Bernard, « Pouvoir d'annulation et de réformation des décisions du Conseil de la concurrence par la Cour d'appel de Paris », *La Semaine juridique - Entreprise et affaires,* 2003, jurisprudence 666, note n° 9.

[470]CALANDRI Laurence, *Recherche sur la notion de régulation en droit administratif français*, Op. cit., p. 575.

variété d'actions différentes, qu'il est par conséquent difficile de réduire à des principes communs »[471].

Le principal aspect de ce recours réside dans les pouvoirs du juge administratif qui lui permettent d'aller au-delà de l'annulation de l'acte déféré[472].

En effet, bien que l'appellation « recours » dans le cas du Conseil de la concurrence puisse correspondre littéralement à la définition de l'appel, celui-ci est, à la différence de l'appel, enfermé dans la « *stricte contestation de la décision du Conseil de la concurrence* »[473], notamment par l'interdiction faite à la partie qui conteste la décision de produire d'autres preuves que celles qui ont été débattues. C'est là un trait qui distingue ce recours de l'appel, en tant que celui-ci est considéré comme une « *voie d'achèvement du procès* »[474].

Toutefois, le caractère administratif de ce contentieux n'est pas exclusif des caractéristiques propres au contentieux judiciaire. Par certains traits, le recours contre les décisions du Conseil de la concurrence se rapproche du droit commun de l'appel. Ces éléments étaient à la base argumentative d'une partie de la doctrine qui estime que la rencontre de traits administratifs et judiciaires dans le contentieux des décisions du Conseil de la concurrence n'a en réalité rien d'une contradiction[475]. À l'inverse, « *la fonction normale de l'appel épouse celle du recours administratif de plein contentieux* »[476]. Dès lors, la portée de la nature du contentieux semble bien relative.

Dans ce cadre, le doyen Laferrière, à qui nous devons l'expression de « *plein contentieux* », soulignait lui-même la parenté entre cette partie du contentieux administratif et l'office ordinaire du juge civil[477]. Le juge administratif, selon lui, s'y « *prononce entre l'administration et ses contradicteurs comme les tribunaux ordinaires entre les parties en litiges* ». Les deux juges statuent directement sur le bien-fondé des demandes des parties, en tenant compte de l'ensemble des circonstances de fait et de droit établi à la date de sa décision.

---

[471]HAIM Victor, « Recours de pleine juridiction », *Répertoire Dalloz Contentieux Administratif*, janvier 2011, n° 6.

[472]CALANDRI Laurence, *Recherche sur la notion de régulation en droit administratif français*, Op. cit., p.575

[473]CANIVET Guy, « De l'efficacité de la politique de la concurrence », Op. cit., pp. 83-89.

[474]SIBONY Anne-Lise, *Le juge et le raisonnement économique en droit de la concurrence*, Op.cit., p.39.

[475]Voir notamment CHEVALLIER Jacques, « les autorités administratives indépendantes et la régulation des marchés », Op. cit., p. 181.

[476]MENURET Jean Jacques, *Le contentieux du conseil de la concurrence*, Op. cit, p. 457.

[477]SIBONNY Anne-Lise, *Le juge et le raisonnement économique en droit de la concurrence*, Op.cit., p. 40.

Il est difficile alors de distinguer en pratique les offices des deux juges[478], administratif et judiciaire, non plus en plein contentieux, mais aussi le contrôle de légalité. La cour d'appel de Rabat va exercer les recours en annulation et de réformation contre les décisions du Conseil de la concurrence. Le juge administratif est un juge de la légalité en matière de contrôle des concentrations et de la légalité concurrentielle sur les décisions qui mettent en œuvre une prérogative de puissance publique[479].

---

[478]MENURET Jean-Jacques, *Le contentieux du conseil de la concurrence,* Op.cit., p. 615.
[479]NICINSKI Sophie, *Droit public de la concurrence*, Op. cit., p. 20.

CONCLUSION DU DEUXIÈME TITRE

En guise de conclusion, nous pouvons estimer l'indépendance institutionnelle du Conseil de la concurrence s'avère assez solide ; il ne reçoit d'instructions d'aucune autorité. Or, le propre des personnes administratives, quelles qu'elles soient, est de se trouver les unes par rapport aux autres dans des relations hiérarchiques ou de tutelle qui, même dans ce second cas, octroient aux autorités supérieures des moyens d'action quant aux organes subordonnés.

Édicter des sanctions en toute neutralité n'est que le résultat de l'indépendance du Conseil de la concurrence et la conjonction de ses modalités organiques et fonctionnelles permettant de renforcer la légitimité et l'efficacité de son action. Toutefois, des garanties ont été prévues pour assortir ce pouvoir de sanction avec les exigences d'une procédure contradictoire, la motivation et la proportionnalité des sanctions, la présomption d'innocence, le non-cumul des sanctions. Ceux-ci sont autant d'éléments qui incitent les membres du Conseil à se référer à une règle de droit objective, et à « graver dans le marbre » leur action indépendante vis-à-vis des autres acteurs.

Le législateur a doté toutefois le Conseil, à côté du pouvoir de sanction exonéré de toute homologation par l'exécutif, d'une large panoplie de pouvoirs et d'une personnalité juridique déterminante telle que le pouvoir d'avis, et une capacité d'instaurer son règlement intérieur ainsi que de produire des rapports annuels d'activité.

De plus, en employant l'injonction, le Conseil de la concurrence peut se servir des mesures correctives pour rééquilibrer un marché, éliminer les atteintes à la concurrence, mais également dessiner le marché, lui donner un tout autre équilibre, créer de la compétition... ces prérogatives témoignent d'une grande liberté d'action à l'égard des opérateurs économiques.

Le Conseil peut aussi édicter des sanctions opposables aux acteurs publics et privés, ce qui est l'essence de son pouvoir de répression. Les recommandations, les souhaits qu'il exprime ont l'autorité morale et effective en droit. Il faut aussi mentionner que les traits de sa liberté financière et organisationnelle contribuent à rendre son action plus décisive.

Toutefois, il n'est pas à l'abri des entreprises du législateur. Dans ce sens, il convient qu'il puisse garder des canaux de communication avec l'institution parlementaire. L'indépendance n'est pas absolue puisqu'elle témoigne de la volonté du contrôle des autorités de régulation, et du souci de conférer à ces institutions une légitimité conforme aux principes constitutionnels démocratiques. Notons que le Conseil constitutionnel a élargi l'interprétation de l'indépendance du Conseil comme les instances de régulation, d'une indépendance du pouvoir exécutif vers ce qui est presque une indépendance du Parlement en écartant la possibilité d'audition périodique de ses responsables devant les représentants de la nation.

Par ailleurs, l'autonomie financière mesurée du régulateur de la concurrence étant améliorable, il convient de la préserver et de l'assurer au moyen d'une protection juridique concrète et effective. Celle-ci se manifestera par la mise en place d'un système financier dérogatoire concernant les autorités indépendantes de régulation ; sans aller jusqu'à anticiper et préjuger de la mise en œuvre des dispositions de la nouvelle loi organique n° 130-13 relative à la loi de finances[480] qui se fera de façon progressive à partir du 1er janvier 2016 et s'étalera sur les cinq années suivant son entrée en vigueur. Le point crucial ici est donc de s'assurer que les moyens attribués seront suffisants pour garantir, non seulement l'indépendance du Conseil, mais également l'efficacité de son action. Puisque la notion de l'indépendance financière implique que le Conseil de la concurrence doit bénéficier de ressources financières nécessaires pour mener à bien l'exercice de ses fonctions.

Dans un contexte du discours croissant sur la gouvernance et la transparence, il semble légitime d'accroître les contrôles afin de favoriser la construction de l'État de droit et de permettre les débats publics. Étant donné l'importance des enjeux de la régulation de la concurrence, la fonction du régulateur ne peut être légitime et parfaitement intégrée dans le système juridique que si les décisions qui en émanent sont soumises au respect de la règle du droit via un contrôle juridictionnel effectif.

Néanmoins, il importe de souligner que le Conseil de la concurrence, fort de son pouvoir de sanction, n'est pas affranchi d'un double contrôle.

En effet, il exerce une mission de régulation économique, c'est-à-dire de contrôle de l'activité économique. Ce contrôle s'entend notamment par le prononcé éventuel de sanctions d'intensité variable à l'égard des contrevenants aux règles posées, ce qui lui confère un caractère quasi juridictionnel.

Toutefois, le régulateur est soumis, en premier lieu, à un contrôle politique. L'indépendance institutionnelle n'écarte pas toutefois la présence de la maîtrise du gouvernement quant à son budget.

---

[480]La loi organique relative à la loi de finances n° 130-13 est publiée au bulletin officiel n° 6370 du 18 juin 2015.

Et même si le Parlement est tenu de respecter les exigences constitutionnelles, celles-ci ne comprennent pas les modalités d'organisation et de fonctionnement de l'autorité de la concurrence et n'interdisent pas la communication entre cette dernière et le Parlement. Par ailleurs, l'indépendance fonctionnelle du Conseil est limitée par le contrôle juridictionnel qui garde son mot quant aux décisions prises contre les pratiques délinquantes en matière de concurrence.

CONCLUSION DE LA PREMIÈRE PARTIE

Les instances de régulation sont une manifestation du libéralisme et un instrument de sa promotion ; du libéralisme politique quand elles protègent les citoyens d'une emprise excessive de la puissance publique ; du libéralisme économique quand elles assurent la transition d'une économie administrée à une économie de marché.

Le rôle croissant de ces autorités au Maroc accompagne le processus d'ouverture du pays, en tant que phénomène de modernité juridico-institutionnelle. Elles constituent des moyens efficaces d'adaptation du droit moderne aux réalités changeantes de la société. En cela, le constituant a considéré que l'indépendance du Conseil de la concurrence demeure un instrument efficace pour parvenir à cet objectif.

De toute évidence, dans un État en cours de processus démocratique, l'indépendance d'une autorité de régulation va de pair avec des limites clairement définies et se rapporte à un mandat concret. Ainsi, le législateur marocain s'est retrouvé face à un dilemme, c'est-à-dire, concilier l'indépendance du conseil de la concurrence et sa légitimité démocratique. L'orientation qui a été retenue est que l'indépendance ne doit pas conduire à un « État dans l'État ». Pour résoudre le choix en question, le législateur a décidé que l'indépendance du Conseil de la concurrence aura pour corollaire une obligation d'instauration des mécanismes de contact avec le gouvernement et le Parlement. Dans le même esprit, pour que le Conseil puisse mener un contrôle de la concurrence indépendant de toute influence excessive et de pressions extérieures, une exigence de transparence d'action sera toujours préférable.

Nous pourrons conclure, par la lecture du dispositif juridique de la concurrence et l'approche comparée, que le Conseil de la concurrence possède des moyens d'action juridiques largement suffisants pour l'exercice de ses missions fixées par la constitution puis par le législateur.

En effet, l'analyse de cette partie nous a permis de démontrer la similitude de sa logique d'organisation et de fonctionnement avec celle des autres autorités administratives indépendantes.

La loi relative au Conseil de la concurrence confirme son caractère collégial en attribuant au collège une compétence de droit commun au sein de l'institution. Toutefois, certaines particularités restent notables. Ainsi, le Parlement n'est pas associé aux processus de nomination des membres et le Président du Conseil n'est pas nommé en raison de ses compétences dans les domaines juridique et économique. Ces lacunes organiques parmi d'autres ne doivent pas influencer cette volonté d'instituer une véritable séparation fonctionnelle entre les activités d'instruction, placées sous la direction du rapporteur général et la prise de décision et de sanction. Cette évolution traduit la nécessité pour le Conseil de la concurrence de respecter pleinement les prescriptions du procès équitable et du respect de la procédure et des droits de la défense.

La profession de régulateur de la concurrence doit de toute évidence être une profession indépendante ; le régulateur étant appelé à remettre en question les activités des opérateurs.

Deux aspects qui peuvent parfois être difficiles à concilier doivent être pris en considération, à savoir l'absence d'activité entrant en conflit d'intérêts avec l'activité en tant que régulateur, et également la présence des ressources nécessaires à l'exercice des fonctions de régulation. En effet, le régulateur a besoin de connaissances techniques étendues.

Néanmoins, compte tenu des différents contrôles exercés sur lui, la question posée est de déterminer si le Conseil bénéficie réellement d'une indépendance réelle ou d'une certaine autonomie.

En fait, la différence entre les deux notions est importante et il semble que l'autonomie ne paraît être qu'une indépendance relative. Or, dans notre cas, cette institution a une consécration constitutionnelle expresse, une personnalité morale, une autonomie financière et des garanties de la procédure propres à elle. Ce constat nous permet d'estimer qu'il s'agit d'une indépendance réelle, mais incomplète.

Elle doit tout d'abord s'affirmer dans le temps, et s'attacher à une situation externe par son action sur l'économie nationale et à l'égard des autres opérateurs. Et de l'exécutif à définir sa position par rapport à d'autres organes ou d'autres personnes, sans pour autant écarter le rôle du pouvoir judiciaire qui garde son mot pour contrôler le régulateur de la concurrence.

L'indépendance du Conseil de la concurrence est une notion relative, qu'il convient de définir en corrélation avec son action effective sur les marchés. Nous vivons dans un État en transition, dans lequel les autorités de régulation doivent agir, en se reposant sur une légitimité démocratique. Ainsi, le corollaire de l'indépendance des autorités de régulation est leur contrôle par le Parlement et la Cour des comptes.

De plus, la récente crise économique a contribué à nuancer la notion d'indépendance des autorités de régulation, et ce pour des raisons pragmatiques. La gestion efficace d'une crise nécessite de toute évidence une collaboration entre L'État, les instances de régulation et les acteurs économiques en vue de garantir la stabilité économique du pays.

Enfin, l'indépendance du Conseil de la concurrence est nécessaire afin d'atteindre la bonne gouvernance de l'économie nationale, et d'accroître sa légitimité, voire de constituer un élément de l'État de droit. Pourtant, nous pouvons avancer avec Eleanor M. Fox que les pays en développement « *n'ont pas besoin d'être séduits par des lois adaptées à des marchés très différents des leurs* »[481].

[481] FOX M. Eleanor, « Competition Policy: The Comparative Advantage of Developing Countries », *Law and Contemporary Problems*, volume 79, n° 69, 2016, pp. 69-84.

SECONDE PARTIE

LA RÉGULATION DE LA CONCURRENCE DES MARCHES, CIBLE DU CONSEIL DE LA CONCURRENCE

D'origine économique, la notion de marché n'a jamais reçu de définition légale en droit. C'est ainsi à la pratique des régulateurs de la concurrence et au juge qu'est dévolu le soin d'en formaliser le sens.

La loi n° 104-12 relative à la liberté des prix et de la concurrence consacre la thèse du « marché pertinent » dans l'article 7 qui prévoit que : « *Est prohibée, lorsqu'elle a pour objet ou peut avoir pour effet d'empêcher, de restreindre ou de fausser le jeu de la concurrence, l'exploitation abusive par une entreprise ou un groupe d'entreprises d'une position dominante sur* ***le marché intérieur*** *ou* ***une partie substantielle de celui-ci****.* »

Ce cadre d'analyse constitue certainement la méthode la plus satisfaisante pour la doctrine économique. Elle se heurte cependant à de nombreuses difficultés dans sa mise en œuvre.

L'objet de l'incrimination est de sanctionner les abus commis par des entreprises qui se sont affranchies des mécanismes concurrentiels en conquérant une large part du marché sur lequel elles évoluent. La définition des limites du marché forme le point de résistance naturel de la défense de ces entreprises face aux autorités de la concurrence. Plus ces frontières sont larges, plus leur position est minimisée.

Le découpage devient toutefois un exercice beaucoup plus difficile, lorsqu'il s'agit de quitter le terrain purement théorique et de raisonner sur des cas concrets.

Le concept du marché a surtout une valeur pédagogique. Celle-ci permet de montrer que si la liberté d'entrer existe, le prix de vente tend à se rapprocher du minimum du coût moyen, car, tant que l'écart entre les deux perdure, des entreprises attirées par l'existence d'un profit pur entrent sur le marché.

Déterminer le marché en droit de la concurrence renvoie à la notion économique de la substituabilité, qui est dans la pratique, purement relative et se fonde sur une panoplie d'indices pour en obtenir une mesure approximative.

Sont ainsi considérés comme substituables des biens dont les caractéristiques techniques sont comparables ou qui répondent à une finalité identique, à condition que leurs coûts soient du

même ordre. Cependant, cette définition technique peut être nuancée en fonction des comportements effectifs des consommateurs et des politiques de différenciation menées par les entreprises. La délimitation des contours du marché se révèle donc, en pratique, réfractaire à une évaluation objective parfaitement incontestable. En dépit d'une rigueur parfois voilée, mais bien réelle[482], la décision de considérer des produits ou des services comme étant ou non substituables comporte une large part d'arbitraire contribuant à « *démystifier les critères à prétention scientifique* »[483]

Le marché apparaît aujourd'hui comme le cœur et le poumon de l'économie contemporaine. Et l'économie, comme discipline scientifique, s'est organisée autour du concept de marché pour montrer qu'elle pouvait à la fois traiter des problèmes d'une dimension complexe et la faire déboucher sur le plus grand bien-être possible. Cette approche s'appuie en fait sur les principes, désormais, constitutionnels de la liberté d'entreprendre et de la libre concurrence.

En outre, puisqu'ils ont la vie économique pour domaine spécifique, et le marché comme terrain d'action et qu'ils protègent de par leur nature l'individu de l'État, la liberté d'entreprendre, la liberté contractuelle et le droit de propriété sont habituellement regardés comme « *les fondements individuels du libéralisme* »[484].

Exemple lumineux, de « Real Politik » appliquée à l'économie, le Conseil de la concurrence n'a pas pour vocation de faire régner l'équité entre les parties. Il n'est pas le juge des relations contractuelles, mais il vise à assurer sa pleine force à la compétition entre les entreprises en jouant son rôle de gardien de la concurrence sur les marchés.

Cette démarche impose l'adoption d'une analyse en deux temps distincts, mais néanmoins complémentaires : il s'agit d'identifier, dans un premier temps, le marché à l'aune de l'action du Conseil de la concurrence (Titre I) et,

---

[482]Voir FRISON-ROCHE Marie-Anne et PAYET Marie-Stéphane, *Droit de la concurrence*, Paris, Dalloz, 2006, n° 109, p. 108.
[483]PIROVANO Antoine, « Justice étatique, support de l'activité économique. Un exemple : la régulation de l'ordre concurrentiel », *Justices*, n° 1, 1995.
[484]CLAMOUR Guylain, *Intérêt général et concurrence*, Op.cit., p. 45.

dans un second temps, quels sont les pouvoirs qui permettent au Conseil de la concurrence d'empêcher les entreprises de manipuler le marché à leur profit (Titre II).

TITRE I. LE MARCHE ET L'ACTION DU CONSEIL DE LA CONCURRENCE

Au-delà des définitions idéologiques ou politiques, les spécialistes du droit se fondent sur une définition du marché qu'on peut qualifier de technique ou d'opératoire : il est le lieu de la rencontre de l'offre et de la demande, pour un produit déterminé et dans un espace donné. Problématique difficile, car il faut identifier les produits en concurrence, ceux qui sont substituables ou non. Dans l'affaire célèbre de la société Coca-Cola, le marché a été défini comme étant celui des boissons non alcoolisées, gazeuses, à goût autre que le Coca-Cola, et vendues dans le commerce pour la consommation familiale. Ainsi pour les juristes, le marché est une réalité technique, un concept opératoire, et non une métaphore.

S'il est vrai que les pratiques anticoncurrentielles se manifestent sur un marché pour apprécier leur existence, il importe de connaitre l'état de ce dernier. C'est pourquoi l'analyse du marché pertinent est la première démarche entreprise par le Conseil de la concurrence lorsqu'il examine la situation de la concurrence dans un secteur donné. En effet, elle a une grande importance en matière d'abus de position dominante aussi qu'en entente, car elle permet de mieux en apprécier leurs effets. Toutefois, il n'est pas nécessaire pour mettre en œuvre l'article 6 de la loi n° 104-12 relative à la liberté des prix et la concurrence, que les auteurs des pratiques concertées exercent une activité sur le marché en cause. Il y a entente, au sens de ce texte, bien que l'accord soit intervenu entre des agents économiques n'opérant pas sur le même marché.

L'évocation du marché en droit de la concurrence renvoie assez naturellement à la question de la place respective de chaque entreprise sur un marché, c'est-à-dire à la question du pouvoir de marché.

À cet égard, la jurisprudence française définit le marché comme *« le lieu théorique où se rencontrent l'offre et la demande*[485] *de produits ou services qui sont considérés par les acheteurs ou les utilisateurs comme substituables entre eux, mais non substituables aux autres biens ou services offerts »*[486]. En effet, pour définir le *« marché pertinent »*, il convient d'apprécier la disponibilité de produits ou services constituant des moyens alternatifs de satisfaire la même demande. Chaque produit ou service possède son propre

---

[485]Voir Rapport du Conseil français de la concurrence, 1987, p. 20 ; celui de 1990, p. 35.

[486]Voir Cour d'Appel de Paris, 17 juin 1992 « Compagnie générale de vidéo... » Bulletin Officiel de la concurrence, de la consommation et de la Répression des Fraudes (B.O.C.C.R.F) du 4 juillet 1992 ; Rapport du Conseil de la concurrence pour 1986, p. 15 ; Cour d'Appel de Paris, 17 mai 1994 « Sifco Stanley S.A. », *Gazette du Palais*, 30 octobre 1994, p. 23.

marché. Une même action restrictive appliquée à deux marchés différents est ainsi susceptible d'avoir pour chacun d'eux des effets inégaux. La définition du marché sert principalement à dessiner les contours de la « *concurrence potentielle* » selon l'expression de l'ancien Conseil français de la concurrence.

Le premier chapitre revient sur le marché en tant que cadre d'action du Conseil de la concurrence (Chapitre I) ; Le second aborde de manière concrète ses compétences pour veiller à son bon fonctionnement (Chapitre II).

Chapitre 1. Le marché, cadre de l'action du Conseil de la concurrence

Pratiquement, le concept de marché est indissociable de celui de concurrence : l'appréciation d'une atteinte à la concurrence se réalise toujours sur un marché déterminé, dit « marché pertinent ». Il s'agit de délimiter un domaine d'appréciation de l'illicite. En effet, la définition du marché sert principalement à tracer les contours de la concurrence potentielle. On estime aussi qu'il permet de mesurer le pouvoir de domination d'une entreprise. Le marché est donc un moyen, un instrument qui a cette particularité de s'adapter aux fins poursuivies.

C'est pourquoi il n'est pas une référence fixe qui s'imposerait aux organismes de régulation de la concurrence. Ceux-ci en instaurent au contraire les limites, selon différents critères que nous analyserons. Cette souplesse constitue un outil à double-face : précieux, mais également risqué. Les autorités de la concurrence sont, dans une certaine mesure, maîtresses de leur intervention dans ce champ de par leur pouvoir discrétionnaire.

Leur action consiste à empêcher les entreprises de manipuler le marché à leur profit, soit par accord mutuel (entente), soit par l'effet de leur propre puissance, en amont (abus de position dominante) ou en aval (abus de dépendance).

À partir d'un examen de la notion du marché selon les analyses économiques et juridiques (Section I), nous essaierons de faire le point sur les principes constitutionnels de la liberté d'entreprendre et de la libre concurrence (Section II).

Section I. Les approches économiques et juridiques du marché

L'analyse économique se fonde sur les travaux des économistes classiques et néoclassiques qui ont été les premiers à s'intéresser à la concurrence. Les classiques du XVIIe siècle et d'avant, et spécialement Adam Smith, envisagent la concurrence un processus comportemental. La concurrence est un comportement individuel par lequel chaque opérateur essaye de pousser ses avantages et l'emporter sur ses rivaux. Par le jeu de la main invisible, la somme de ces comportements individuels conduirait naturellement à un prix proche des coûts de production. Avec les néoclassiques de la fin du XIXe et du début du XXe siècle, une lecture structurelle de la concurrence, qui marque aujourd'hui encore l'économie du droit, apparaît[487].

Toutefois, l'analyse juridique essaie de dégager une définition du périmètre du marché en tant qu'instrument d'identification des frontières de concurrence entre les firmes. Les objectifs sont de définir pour le marché ses produits et sa dimension géographique et d'identifier les concurrents des entreprises impliquées dans une opération de Fusion et Acquisition[488].

Ce n'est qu'après avoir déterminé le marché, en tant que concept fondateur de la science économique (§. 1), que nous pourrons tenter de déterminer la place qu'il occupe dans le droit de la concurrence (§. 2).

§1. Le marché entre les deux analyses : économique et juridique

L'analyse du marché selon les deux approches est une nécessité économique et juridiquement opérationnelle. Il ne faut pas, en effet, sous-estimer les conséquences d'une mauvaise définition du marché : sanctions inappropriées, décision mal prise, effets inadaptés, fonctions pas ou peu remplies du régulateur, données non utilisées, pertes pour l'économie nationale, pertes de crédibilité de l'autorité régulatrice, etc. Le marché doit être défini avec précision afin que les opérateurs puissent être à même d'y participer activement.

Un examen du concept du marché en tant qu'élément fondateur de la science économique (A), doit précéder tout examen juridique de cette notion fondamentale dans l'ordre juridique de la concurrence (B).

A. Le marché, concept fondateur de la science économique

Il convient ici d'examiner la définition économique du marché (1) pour relever les apports des théories économiques empiriques pour l'éclairer davantage (2).

---

[487]Voir PETIT Nicolas, *Droit européen de la concurrence*, Paris, Lextenso éditions, 2013, p. 119.

[488]COUTINET Nathalie et SAGOT-DUVAUROUX Dominique, *Économie des fusions et acquisitions*, Paris, La Découverte, « Repères », 2003, pp. 91-110.

1. La définition économique du marché

La définition du marché pertinent semble être la principale manifestation de l'analyse économique en droit de la concurrence. C'est pour une raison pratique de la délimitation du marché que le Conseil de la concurrence emploie et importe des notions économiques en champ juridique, comme « *la substituabilité des biens* ». Cette question a fait l'objet d'un vif échange entre juristes et économistes. Les premiers ont estimé que la définition du marché était juridiquement nécessaire et ont exprimé le besoin de la définition du marché. Les seconds se demandent toujours pourquoi les juges veulent définir les marchés. En effet, dans la théorie économique, « *le marché est le lieu sur lequel se rencontrent l'offre et la demande pour un produit ou un service spécifique* »[489].

Au plan juridique, les spécialistes du droit de la concurrence partent du postulat selon lequel « *il n'y a pas de concurrence dès lors qu'il n'existe pas de marché* »[490]. C'est tout à fait logique puisqu'il n'y aura pas d'évaluation d'une situation de concurrence que sur un marché.

C'est ainsi que cette notion a été inscrite dans les textes relatifs au droit de la concurrence. Dans ce cadre, l'article 6 de la loi n° 104-12 vise bien un « marché » comme paraissant faire partie des éléments constitutifs de l'infraction, il prévoit que : « *Sont prohibées, lorsqu'elles ont pour objet ou peuvent avoir pour effet d'empêcher, de restreindre ou de fausser le jeu de la concurrence* ***sur un marché*** *les actions concertées, conventions, ententes ou coalitions expresses ou tacites, sous quelque forme et pour quelque cause que ce soit* ». L'article 7 intègre la condition par référence, puisqu'il dispose : « *Est prohibée, lorsqu'elle a pour objet ou peut avoir pour effet d'empêcher, de restreindre ou de fausser le jeu de la concurrence, l'exploitation abusive par une entreprise ou un groupe d'entreprises : 1- d'une position dominante* ***sur le marché intérieur*** *ou une partie substantielle de celui-ci* ».

Le « marché pertinent » est devenu une expression doctrinale consacrée pour désigner d'un terme unique le « marché » diversement qualifié par les textes[491]. En outre, il est vu comme « un *concept fondateur de la science économique*[492] ».

489PHILIPPE Jérôme, « La mesure du marché pertinent », *Revue française d'économie*, volume 1, n° 4,1998, pp. 125-159.
490CHAMPAUD Claude, « Caractères du droit de la concurrence », Op. cit., p. 57 et 66.
491SIBONY Anne-Lise, *le juge et le raisonnement économique en droit de la concurrence*, Op.cit., p. 320.
492DE LEYSSAC Claude Lucas et PARLEANI Gilbert, *Droit du marché*, Paris, PUF, Collection Themis droit privé, 2002, p. 3. Les deux auteurs soulignent l'absence de définition

C'est la raison pour laquelle il est légitime d'envisager l'économie pour donner une définition assez précise à cette notion.

Toutefois en l'absence de nécessité juridique, peu d'études en matière économique ont été consacrées à cette question[493]. Pour cette raison, les économistes considèrent que cette notion est relative[494] alors que le premier souci des juristes est d'en trouver une délimitation précise.

En général, la théorie économique s'achemine vers une définition opératoire du marché, c'est-à-dire qui permette de réaliser des opérations sans avoir besoin de s'inscrire dans une théorie.

Du point de vue économique, les auteurs soulèvent la question des parts de marché. La fonction du marché dans l'analyse concurrentielle se manifeste en tant qu'instrument de mesure du pouvoir de marché[495].

En effet, le Conseil français de la concurrence a adopté la définition du marché du point de vue économique[496]. La capacité de pratiquer des prix au-dessus de leur niveau concurrentiel sans perdre rapidement une partie importante de sa clientèle au profit d'autres entreprises est liée à la question de l'interchangeabilité des produits vendus. C'est pourquoi on s'efforce de tracer une délimitation du marché pour avoir un état concret et réel des entreprises qui produisent ou veulent produire des biens substituables.

Toutefois, si le marché constitue une notion fondamentale en économie, sa définition opératoire n'a pas fait l'objet de recherche en la matière. D'après madame Sibony Anne-Lise : «*Au début des années 1970, plusieurs économistes s'en sont émus. Ainsi, le professeur Coase s'étonnait de ce que*

---

précise de l'économie de marché, et regroupent autour du concept du marché plusieurs branches du droit autrefois distinguées : le droit économique, le droit de la concurrence et le droit de la consommation.

[493]FISCHER Franklin, « horizontal Merger : Triage and Treatment », *Journal of Economic Perspectives*, vol. 1, n° 21 987, cité par MONTET Christian, « Marché pertinent, pouvoir de marché : quelles définitions retenir ? », *revue Lamy Droit des Affaires,* n° 23,1er janvier 2000, pp. 5-13, p. 6.

[494]SIBONY Anne-lise, *Le juge et le raisonnement économique en droit de la concurrence*, Op. cit., p. 321. « Le marché est un terme relatif, susceptible soit, en un sens extrême, d'englober tous les produits disponibles dans l'économie, qui rivalisent pour attirer les dollars des consommateurs, soit, l'extrême inverse, d'exclure tous les produits sauf un, jugé physiquement et économiquement distinct ».

[495]Le pouvoir du marché se définit comme : « La capacité d'un groupe d'acheteurs ou vendeurs pour influencer le prix d'un produit ou d'un service. Sur un marché parfaitement concurrentiel, il n'existe pas de pouvoir de marché ». Voir SILEM Ahmed et ALBERTINI Jean-Marie, *Lexique de l'économie*, Paris, Dalloz, 2014, p. 669.

[496]Conseil français de la concurrence, « le marché pertinent », Rapport d'activité 2001, pp. 89-108, p. 90.

la théorie économique dominante, malgré son intérêt pour le mécanisme des prix, n'ait pas étudié davantage le marché, en tant que mécanisme institutionnel gouvernant les échanges. À la même époque, le professeur Stigler regrettait que la question de la définition du marché n'ait pratiquement pas retenu l'attention des économistes »[497].

Ce désintérêt pour la question, se comprend par le manque de pertinence de la délimitation du marché pour le courant néoclassique et de l'absence de la dimension empirique dans la théorie économique qui cherche à expliquer l'équilibre des prix par l'homogénéité supposée des produits. En fait, elle envisage le marché comme une abstraction, le lieu de rencontre de l'offre et de la demande.

C'est ainsi que la volonté d'appréhender de manière plus réaliste les marchés est apparue avec les premières tentatives d'économie appliquée et d'analyses sectorielles[498].

Les liens entre la théorie économique et spécialement l'économie industrielle[499] et le droit de la concurrence se manifestent dans le concept du « *marché pertinent* ». En effet, les premiers théoriciens néoclassiques de la concurrence étaient persuadés que, lorsqu'elle est pure et parfaite, celle-ci apporte une condition positive au bien-être social, car elle est la seule à bien faire fonctionner le prix d'équilibre présenté par Alfred Marshall[500]. Toutefois, le marché de concurrence parfaite reste théorique. Il est très rare que les conditions de concurrence parfaite soient réunies (atomicité du marché, homogénéité du produit, transparence du marché, libre entrée et sortie, aucun coût de transport). Dès qu'une condition n'est pas respectée, le marché est considéré en concurrence imparfaite.

Ce constat nous amène à faire le point juste sur les théories économiques qui vont participer à la délimitation empirique du marché, en écartant celles qui ont une dimension purement théorique[501].

---

[497]SIBONY Anne-Lise, *le juge et le raisonnement économique en droit de la concurrence*, Op. cit., p. 323.

[498]*Ibidem.*

[499]L'économie industrielle est : « La branche de la théorie économique qui se donne pour objet l'étude du fonctionnement dynamique de l'industrie, sous l'influence de son environnement et des comportements stratégiques des firmes qui la composent, le terme d'industrie étant compris comme l'ensemble des producteurs se trouvant en concurrence sur le marché d'un bien ou service donné ». Voir ANGELIER Jean-Pierre, *Economie industrielle. Une méthode d'analyse sectorielle*, Grenoble, Presses universitaires de Grenoble, 1997, p. 1.

[500] PETIT Nicolas, *Droit européen de la concurrence*, Op. cit., p. 121.

[501]Il s'agit en fait de la théorie des marchés contestables et celle de l'équilibre général.

2. La délimitation empirique du marché

C'est à Alfred Marshall que l'on doit les premières tentatives descriptives de la définition du marché de la concurrence pure et parfaite, et l'intérêt pour l'analyse sectorielle[502].

a- La délimitation du marché dans l'approche marshallienne

Il situe son analyse au niveau de l'industrie, entre l'entreprise individuelle et l'économie dans son ensemble[503]. Une industrie est caractérisée par une structure productive homogène, où s'organise la concurrence selon des logiques propres à chaque firme. Ainsi, cette notion d'industrie se distingue de la notion abstraite du marché où sont censées se rencontrer l'offre et la demande.

Par ailleurs, Marshall définit le marché comme « *la zone dans laquelle le prix d'un même bien est identique* », en précisant que, si le marché est grand, il convient de prendre en considération les coûts de transport[504].

Cette définition du marché trouvera un grand écho dans la jurisprudence des autorités de régulation de la concurrence surtout au niveau européen. À ce stade le professeur Michel Glais estime qu'« *en écrivant que la "détermination du marché en cause est d'une importance essentielle, les possibilités de concurrence ne pouvant être appréciées qu'en fonction des caractéristiques des produits en cause, en vertu desquelles ces produits seraient particulièrement aptes à satisfaire des besoins courants et seraient peu interchangeables avec d'autres produits", la Cour de justice des Communautés européennes souscrivît, dans le cadre de la première grande affaire de position dominante qu'elle avait à connaître, à une vision très*

[502]Il a présenté les principes de développement des industries au travers de trois ouvrages majeurs : The Economics of industry (1879) où l'auteur décrit l'évolution de l'organisation industrielle et l'influence du machinisme ; Principles of Economics (1890), abordant les notions descriptives comme notamment les économies internes et externes qui donneront par la suite naissance à la notion d'économies d'échelle ; Industry and trade (1919) où à partir de plusieurs monographies, Marshall illustre l'évolution des firmes au travers de l'utilisation des techniques industrielles modernes. Il conçoit ainsi les premières hypothèses d'évolution et d'échec des firmes en relation avec les caractéristiques du secteur. Voir MAGAKIAN Jean-Louis et AUDREY Payaud Marielle, *100 fiches pour comprendre la stratégie de l'entreprise*, Paris, éditions Bréal, 2007, p. 32.

[503]GLAIS Michel et LAURENT Philippe, *Traité d'économie et de droit de la concurrence*, Op. cit., p. 266.

[504]SIBONY Anne-Lise, *Le juge et le raisonnement économique en droit de la concurrence*, Op.cit., p. 325.

"marshallienne" *de la façon selon laquelle il convient d'étudier les relations concurrentielles* »[505].

Selon le même auteur, les atteintes au libre-jeu de la concurrence doivent être analysées par rapport au marché où évoluent les entreprises incriminées. L'utilisation de la méthodologie « d'équilibre partiel » due aux travaux d'Alfred Marshall semble au départ répondre aux critères définis par la Cour de justice : « *Les possibilités de concurrence doivent être appréciées dans le cadre d'un marché regroupant l'ensemble des produits qui, en fonction de leurs caractéristiques, sont particulièrement aptes à satisfaire des besoins constants et peu interchangeables avec d'autres produits* »[506].

Or le découpage de l'activité économique en « industries » et en « marchés », s'il représentait dans l'œuvre d'Alfred Marshall, un procédé d'analyse et de présentation pédagogique parfaitement adaptée aux objectifs théoriques que se fixait l'auteur, il devient souvent plus fragile (voire contestable), lorsqu'on l'utilise pour étudier la réalité quotidienne des relations concurrentielles[507].

Pour les théoriciens classiques, la délimitation du marché semble une tâche facile, une étape mécanique de l'application du droit de la concurrence. L'entreprise dont le comportement est jugé vend des boissons : le marché de référence est donc celui des boissons. Point n'est besoin d'y réfléchir avant. L'un des fondements du modèle de concurrence pure et parfaite est en effet l'homogénéité des produits.

En outre, l'entreprise cherche à conquérir le marché et à augmenter ses ventes au détriment de ses concurrents et donc sa stratégie est susceptible de l'amener à adopter une différenciation de ses produits[508].

---

[505]GLAIS Michel, « les fondements micro-économiques de la jurisprudence concurrentielle (française et européenne) », *Revue économique*, volume 38, n° 1, 1987, pp. 75-116.

[506]GLAIS Michel, « Analyse économique de la définition du marché pertinent : son apport au droit de la concurrence », économie rurale. La politique de la concurrence dans l'agroalimentaire, n° 277-278, 2003, pp. 23-44.

[507]GLAIS Michel, « les fondements micro-économiques de la jurisprudence concurrentielle (française et européenne) », Op. cit., pp. 75-116.

[508]L'entreprise peut faire le choix soit d'une politique de différenciation minimale, soit d'une différenciation maximale. La première stratégie est une stratégie de parts de marché. La différenciation des produits n'est alors pas l'objectif poursuivi par l'entreprise qui s'implante à proximité de l'entreprise leader. Dans une stratégie de différenciation maximale, au contraire, l'entreprise ne cherche pas à accéder à la demande la plus large possible, mais à se constituer son propre marché. La concurrence par les prix s'en trouve atténuée : un vendeur de pommes, un vendeur de fruits tropicaux rares. Le problème des entreprises est souvent intermédiaire : « avoir, d'une part, un produit "suffisamment différent" pour attirer une clientèle spécifique, mais, d'autre part, avoir un produit "pas trop différent" pour susciter une demande de ceux qui

b- La définition du marché dans l'approche de la concurrence imparfaite

On peut définir la concurrence imparfaite comme une situation dans laquelle une ou plusieurs des conditions de la concurrence parfaite ne sont pas réunies. Relèvent, par exemple de la concurrence imparfaite : le monopole et l'oligopole (pas d'atomicité) et la concurrence monopolistique (pas d'homogénéité du produit)[509].

En réalité, les adeptes de la concurrence imparfaite cherchaient à élaborer une théorie plus réaliste de la concurrence[510]. L'idée de base de la concurrence imparfaite décrite par Joan Robinson est que « loin *d'être l'état normal de l'économie, la concurrence est une situation limite, en pratique inaccessible. En revanche, le monopole, considéré par les théoriciens néoclassiques comme un cas aberrant, correspond à la vie économique réelle* »[511].

L'analyse de la concurrence imparfaite considère que les opérateurs économiques réels sont peu nombreux, si bien que l'atomicité n'existe pas. En outre, les unités de production cherchent continuellement à éviter la concurrence et à se mettre en situation de monopole. Pour cela, les entreprises modifient sans cesse leurs produits. Le résultat est que l'homogénéité n'existe pas non plus.

À cet égard, Joan Robinson remplace l'homogénéité par la notion de substituabilité. En cas de monopole strict, le produit ne peut être remplacé par aucun, et la substituabilité est nulle. En concurrence pure, le produit d'une entreprise est identique à celui des concurrents, la substituabilité est totale. Le monde réel connaît une situation intermédiaire. Les entreprises tantôt confèrent des caractéristiques objectivement exceptionnelles à leurs produits, tantôt, essaient de faire croire à leur originalité. Ainsi, la publicité et le marketing sont là pour déterminer le choix du consommateur sur des bases purement subjectives[512].

Cette analyse réaliste du processus concurrentiel laissait apparaître dans toute sa complexité la question que se posent encore de nos jours les autorités

étaient prêts à acheter des produits voisins ». Voir à ce propos : GUERRIEN Bernard, Découverte de la microéconomie, *Cahiers français*, n° 254, janvier-février 1992, pp. 4-80.
509 BEITONE Alain, BUISSON-FENET Emmanuel et DOLLO Christine, *Économie*, Paris, Sirey, 5ème édition, 2012, p. 297.
510 Voir ROBINSON Joan Violet, *L'Économie de la concurrence imparfaite*, Paris, Dunod, 1975.
511 DANIEL Jean-Marc, « l'économie de la concurrence imparfaite, livre de Joan Violet Robinson » in *Encyclopædia Universalis* [en ligne], consulté le 14 janvier 2016.
512 *Ibidem.*

de concurrence et qui est fréquemment débattue devant les juges, à savoir, celle de connaitre comment regrouper des biens non homogènes[513].

De ce point de vue, les tenants du courant de la concurrence imparfaite ont alors été les premiers à poser la problématique qui contient la délimitation du marché dans le droit de la concurrence[514]. Dans ce cadre, l'appareil conceptuel élaboré par la théorie de la concurrence imparfaite, spécialement pour l'analyse de la concurrence lorsqu'il y a présence de produits différenciés ou de discrimination par les prix, s'avère d'une importance majeure. Notamment, la question du pouvoir que détiennent les entreprises sur le marché. Toutefois, les adeptes de la concurrence imparfaite n'ont résolu le problème posé que d'une manière incomplète. Faute d'une méthode rigoureuse, l'analyse reste largement fictive.

Une alternative s'ouvrait alors : soit élaborer une méthode scientifique d'évaluation de la substituabilité en fonction des caractéristiques des biens, soit recourir à une mesure de la substituabilité indépendante de ces caractéristiques. La première méthode part de l'idée selon laquelle les préférences des consommateurs pour les produits disponibles dérivent de préférences fondamentales ayant trait aux caractéristiques dont ils sont dotés.

Ainsi, chaque produit fait l'objet de préférence. L'entreprise ne vend pas seulement une boisson, elle vend une boisson gazeuse à base de « cola » différente des autres sodas. De même, une pomme vendue au bout de la rue de Monsieur X n'est pas substituable à celle vendue en bas de chez lui : pour ce dernier les deux produits sont différenciés. En ce sens, un bien reste une combinaison de caractéristiques (performance, qualité, localisation) et chaque consommateur établit sa propre hiérarchie entre ces caractéristiques. La question de la délimitation du marché devient alors nettement plus complexe[515]. La seconde consiste à apprécier la substituabilité de manière indirecte, non plus à partir des préférences, mais à partir de ses manifestations[516].

513SIBONY Anne-Lise, *le juge et le raisonnement économique en droit de la concurrence*, Op. cit., p. 327.

514BOUTARD-LABARDE Marie-Chantal et BUREAU Didier, « la détermination du marché pertinent », *RJDA*., 1993, n° 11, p. 743.

515FRISON-ROCHE Marie-Anne et PAYET Marie-Stéphane, *Droit de la concurrence*, Op. cit., p. 91.

516Voir dans ce cadre SIBONY Anne-Lise, *le juge et le raisonnement économique en droit de la concurrence*, Op. cit., p. 327 ; DIDIER Paulet et DIDIER Philippe, *les sociétés commerciales*, Economica, 2011, p. 524 ; GLAIS Michel, « Définition du marché de référence dans le droit de la concurrence », *Revue internationale de la concurrence*, n° 171-172, 1993, p. 37.

B. Le marché, notion fondamentale du droit de la concurrence

Le sens du mot marché au niveau du droit de la concurrence est celui de marché pertinent[517]. Dans ce cadre, le Conseil marocain de la concurrence l'a défini dans son avis n° 05/09 du 7 septembre 2009 relatif à la situation de la concurrence dans le marché du livre scolaire, comme étant un marché qui comprend « *tous les produits et services considérés comme substituables du point de vue de la demande (nature, prix, usage...) et du point de vue de l'offre (possibilité d'accès au marché en cas de hausse des prix des produits ou services concernés) dans une zone géographique déterminée... la délimitation du marché pertinent permet de circonscrire le périmètre géographique ainsi que le marché du produit au sein du duquel la concurrence est exercée, et de le distinguer par rapport aux autres marchés similaires. Elle permet également de mesurer le degré de "concurrentiabilité" d'un marché donné et de déterminer le pouvoir de marché dont pourrait bénéficier une entreprise ou groupe d'entreprises...* »[518] C'est-à-dire, pour reprendre une expression de la Commission européenne, le « *périmètre à l'intérieur duquel s'exerce la concurrence entre les entreprises* »[519] et, par conséquent, le théâtre d'une éventuelle atteinte à la concurrence.

Le marché pertinent est *« l'entité de base, la catégorie élémentaire du droit de la concurrence »*[520]. Il s'agit par excellence d'une notion fonctionnelle. Sa délimitation constitue en effet une étape indispensable à l'appréciation de l'existence de pratiques prohibées par les articles 6 et 7 de la loi n° 104-12 relative à la liberté des prix et de la concurrence.

La notion de marché pertinent joue un rôle essentiel pour la détermination d'une probable position dominante, ou, plus généralement, d'éventuelles entraves à la concurrence, en vue de l'appréciation d'une concentration d'entreprises[521]. Il en va de même pour la détermination d'une position

---

[517]Qu'on l'appelle « *marché de référence* » ou « *marché pertinent* » en français hexagonal, « *marché en cause* » en français communautaire ou « *relevant market* » en anglais. L'expression « marché concerné », trop souvent rencontrée, est à proscrire par respect pour la langue française, l'emploi du participe passé du verbe concerner comme adjectif étant fautif (Dictionnaire de l'Académie française, v° Concerner). Voir à ce propos DECOCQ André et DECOCQ Georges, *Droit de la concurrence - Droit interne et droit de l'Union européenne*, 4e édition, Paris, LGDJ, 2012, p. 49.

[518]Conseil marocain de la concurrence, *Rapport annuel de 2009*, p. 48.

[519]DECOCQ André et DECOCQ Georges, *Droit de la concurrence - Droit interne et droit de l'Union européenne*, Op. cit., p. 99.

[520]BIENAYMEAlain, *Principes de concurrence*, Paris, Economica, 1998, p. 295.

[521] Voir dans ce sens EL MERGHADI Mohamed, *La concurrence, ses dimensions économiques et juridiques (tome I)*, Publications de la Revue Marocaine d'Administration Locale et de développement, Collection thèmes actuels, n° 85, 2014, p. 45 (en Arabe).

dominante en vue de la qualification d'un abus de celle-ci. Il n'est pas un arrêt ou une décision, dans ces domaines, qui ne commence, par une définition précise de ce marché, qui relève souvent de l'aboutissement d'une analyse fine et difficile[522]. L'application des règles relatives aux ententes ne nécessite pas toujours la délimitation du marché en cause, mais elle l'exige parfois[523].

Le marché pertinent se définit ainsi comme le lieu théorique où se rencontrent l'offre et la demande de produits ou services qui sont considérés par les acheteurs ou les utilisateurs comme substituables entre eux, mais non substituables aux autres biens ou services offerts[524]. Selon la professeure Emmanuelle Claudel : « *Si la définition semble simple, son application pratique est en revanche un exercice subtil, complexe, empirique, et osons le dire malléable* »[525]. Les praticiens du droit ne le démentiront pas. C'est pourquoi certains auteurs portent sur elle un regard sévère. Ainsi, on exprime que « *la définition proposée par les juristes, qui est directement issue des analyses économiques les plus traditionnelles, est extrêmement rudimentaire de sorte que sa mise en œuvre comporte une marge d'appréciation et donc d'imprévisibilité, presque aussi large que la définition elle-même* »[526].

La circonscription du marché pertinent permet de quantifier, tout au moins en partie, le dommage à l'économie conduisant à l'évaluation des sanctions. D'après Marie Anne Frison-Roche : « *Les comportements d'entreprise, les structures d'entreprise, sont appréhendés, non pas seulement en eux-mêmes, mais en considération de leur impact, de leurs conséquences, effectives, sur un marché déterminé* »[527]. Le Conseil français de la concurrence, puis l'Autorité de la concurrence ont donné, dans leurs précédents rapports, la définition suivante du marché pertinent : « *Le marché, au sens où l'entend le droit de la concurrence, est défini comme le lieu sur lequel se rencontrent l'offre et la demande pour un produit ou un service spécifique. En théorie, sur un marché, les unités offertes sont parfaitement substituables pour les*

---

[522]DECOCQ André et DECOCQ Georges, *Droit de la concurrence - Droit interne et droit de l'Union européenne,* Op.cit., p. 100.

[523]Cependant Marie-Anne FRISON ROCHE estime que la mesure du pouvoir du marché pourrait être réalisée, en l'absence de toute référence au marché pertinent, par une comparaison des prix effectivement pratiqués par l'entreprise et du coût marginal du produit. Voir à ce propos FRISON-ROCHE Marie-Anne et PAYET Marie-Stéphane, *Droit de la concurrence*, Op. cit., p. 92.

[524]CLAUDEL Emmanuelle, « Variations autour du marché pertinent », *Revue trimestrielle du Droit commercial*, 2006, p. 577.

[525]*Ibidem.*

[526]LUCAS DE LEYSSAC Claude et PARLEANI Gélard, *Droit du marché,* Paris, PUF, coll. Thémis, 2002, p. 168.

[527]FRISON-ROCHE Marie-Anne et PAYET Marie-Stéphane, *Droit de la concurrence*, Op. cit., p. 90.

consommateurs qui peuvent ainsi arbitrer entre les offreurs lorsqu'il y en a plusieurs, ce qui implique que chaque offreur est soumis à la concurrence par les prix des autres. À l'inverse, un offreur sur un marché n'est pas directement contraint par les stratégies de prix des offreurs sur des marchés différents, parce que ces derniers commercialisent des produits ou des services qui ne répondent pas à la même demande et qui ne constituent donc pas, pour les consommateurs, des produits substituables » [528].

D'après le même conseil, la substituabilité des produits ou services, est rarement observée. Il estime que c'est aux demandeurs, eux-mêmes, de pouvoir juger si des produits ou services sont substituables, quand ils les considèrent comme des moyens alternatifs satisfaisant une même demande.

En réalité, les entreprises concurrentes sont, par définition, celles qui sont en mesure de répondre aux mêmes offres ou aux mêmes demandes, afin que leurs partenaires (fournisseurs ou clients) puissent choisir entre elles[529]. Le marché pertinent, comme un champ à l'intérieur duquel se pratique la concurrence se définit, ainsi, comme l'espace ouvert à de tels choix. Le critère susceptible d'encadrer ce marché est donc l'ouverture à des choix des mêmes opérateurs. Cette ouverture est conditionnée premièrement par un rapport d'équivalence entre les biens économiques offerts ou demandés (produits ou services). Elle présuppose deuxièmement une accessibilité géographique aux partenaires. En effet, la pratique décisionnelle des autorités de la concurrence analyse habituellement le marché en cause en distinguant entre le marché de produits (ou, sous-entendu, de services) et le marché géographique.

Une partie de la doctrine s'interroge sur la primauté donnée à la délimitation du marché pertinent par les autorités de la concurrence et met en garde contre l'écueil de faire une fin en soi de ce qui doit rester un simple outil d'analyse. Certains défendent, par exemple, l'idée que certaines erreurs d'appréciation des autorités de concurrence sont dues à une définition erronée du marché. Une appréciation directe du pouvoir de marché des entreprises est possible sans qu'il soit besoin de délimiter précisément les contours d'un marché concerné[530]. Un autre auteur signale que la part de marché ne constitue qu'une approximation très imparfaite du pouvoir de marché d'une entreprise ; il montre que, si le pouvoir de marché d'une entreprise est une fonction croissante de la part de marché, l'intensité de cette relation dépend également d'autres facteurs, tout aussi importants, tels que l'élasticité-prix de la demande

---

528 Pratique de l'autorité française de la concurrence.

529 DECOCQ André et DECOCQ Georges, *Droit de la concurrence - Droit interne et droit de l'union européenne,* Op. cit., p. 100.

530 Voir Conseil français de la concurrence, *Rapport annuel de 2001.*

adressée à l'entreprise et le caractère croissant ou décroissant des rendements d'échelle[531].

Les mutations économiques en perpétuelle évolution impliquent aussi la relativisation du rôle joué par la notion de marché pertinent. En fait, les nouvelles technologies atténuent les frontières déjà tracées entre certains marchés. Les marchés deviennent de plus en plus complémentaires sous l'effet de la mondialisation et des nouvelles technologies. C'est le cas de la convergence des marchés dans le secteur du multimédia et d'Internet. Toutefois, les évolutions constatées de plus en plus rapides nécessitent un suivi du contour des marchés au même rythme.

En fait, l'estimation quantitative de la part de marché n'est qu'une première approche pour mesurer le pouvoir de marché des entreprises, adoptée par le Conseil de la concurrence. Cette évaluation est conjointe à d'autres éléments de la démarche d'analyse, notamment la structure du marché, le nombre et les parts de marché de ses concurrents, l'existence ou non de barrières à l'entrée sur le marché défini.

Parmi les enjeux de la délimitation du marché en droit de la concurrence, il importe de déterminer quels sont les concurrents de l'entreprise concernée et en même temps les marchés aval ou amont, connexes ou complémentaires, sur lesquels l'entité économique n'exerce pas d'activité, mais sur lesquels elle est susceptible d'avoir une influence. Il s'agit d'un domaine potentiel alors de concurrence. Cette étape est essentielle pour le Conseil de la concurrence lorsqu'il contrôle des concentrations, avant de décider de la nature de l'opération : horizontale, verticale ou conglomérale, ou pour identifier l'éventuel objet anticoncurrentiel des pratiques d'abus de position dominante ou d'entente dénoncées.

La délimitation du marché pertinent est aussi importante pour l'évaluation du dommage à l'économie causée par les pratiques anticoncurrentielles dénoncées. Elles relèvent de l'entente (articles 6 de la loi n° 104-12 au Maroc et l'article L. 420-1 du code de commerce français) ou de l'abus de position dominante (articles 7 de la loi n° 104-12 au Maroc et l'article L. 420-2 du code de commerce français) et, donc, interviennent pour le calcul de la sanction qu'il convient d'infliger à l'entreprise en cause (voir la partie consacrée au pouvoir de sanction).

---

[531] *Ibidem.*

§2. La délimitation du marché pertinent

Il convient donc de mentionner que la notion de marché peut être étudiée sous deux aspects différents : le marché de produits et de services, d'une part (A), et le marché géographique, d'autre part (B).

A. Le marché des produits ou des services

Afin de déterminer le marché de produits ou de service. La démarche adoptée consiste à identifier le produit ou le service de l'entreprise dont la pratique est soumise à l'évaluation du Conseil de la concurrence, et à se demander dans quelle mesure ce produit ou service peut être remplacé, aux yeux du consommateur, par d'autres produits ou services similaires proposés par d'autres entreprises. Il s'agit là de la délimitation qualifiée de « matérielle » du marché.

La Commission européenne considère ainsi qu'« *un marché de produits en cause comprend tous les produits et/ou services que le consommateur considère comme interchangeables ou substituables en raison de leurs caractéristiques, de leur prix et de l'usage auquel ils sont destinés »*. De cette définition se dégage nettement le critère de substituabilité[532]. Cette dernière notion découle des préférences et des comportements observés des consommateurs. À titre d'illustration : les boissons rafraîchissantes non alcoolisées ne peuvent pas constituer un tel ensemble. La substituabilité par exemple entre l'eau du robinet, d'une part, les colas, de l'autre, est très faible à l'aune notamment des élasticités prix croisés. Entre ces deux extrêmes, il ne fait guère de doute qu'une substituabilité un peu plus forte existe entre l'eau du robinet et les eaux de source embouteillées, entre boissons gazeuses hors Colas (claires, au goût d'orange...) et les jus de fruit et autres boissons plates aux fruits. Mais les habitudes de consommation largement influencées par l'action des producteurs visant à développer les spécificités de leurs produits pour s'attacher la fidélité de leurs consommateurs ont vraisemblablement au fil du temps réduit les possibilités de substitution. Il semble, dès lors justifié au regard des observations comportementales et d'une analyse critique de plusieurs études économétriques, de distinguer dans l'ensemble des boissons rafraîchissantes sans alcool, les boissons gazeuses et de scinder celles-ci en colas et boissons gazeuses hors colas. Là aussi, l'action des producteurs a abouti à accentuer la spécificité de leurs produits phares au goût de cola[533].

---

[532]BEAUDOIN Guillaume, *Pratiques Anticoncurrentielles et droit d'auteur*, Thèse de doctorat en Droit, Université Paris Ouest Nanterre la défense, Paris, 2012, p. 94.

[533]BAZEX Michel et THIRY Bernard, « Interdiction faite à Coca-Cola de racheter Orangina », *AJDA*, 1999, p. 611.

On ne peut pas dire que le Coca soit substituable à la bière, au lait, ou encore au thé. Donc fatalement la position du groupe sera déterminée sur un marché plus étroit. Aussi, la logique était de savoir jusqu'où pouvait-on dépasser les marchés à base de Cola. Selon le professeur Michel Glais : « *bien souvent le découpage des marchés se fait en fonction de l'opinion que l'on a de l'affaire. Ceux qui poursuivent, en général les pouvoirs publics, préfèrent que le marché soit défini de manière étroite tandis que les avocats des parties et leurs consultants ont toujours intérêt à ce que le marché soit le plus large possible* »[534].

Par ailleurs, et comme le marché de produits se définit comme un marché de besoins[535], il est possible qu'un même produit appartienne à plusieurs « sous-marchés ». Le « sous-marché » est un marché spécifique au sein d'un marché plus large. Un marché sera ainsi décomposé en différents sous-marchés lorsqu'un produit identique, par ses caractéristiques objectives, s'adresse cependant à des groupes d'utilisateurs distincts[536]. Par exemple, au sein du marché de l'automobile, on peut distinguer les sous-marchés des voitures de sport, les limousines, les 4 × 4 et les vans.

De même, encore, le marché des pneus neufs de premier équipement se distingue du marché des pneus neufs de remplacement, alors même que les produits sont identiques : dans le premier cas, l'offre s'adresse spécifiquement aux producteurs automobiles[537]. Ce dernier exemple montre que le même produit peut donc faire l'objet de sous-marchés différents.

En outre, il est possible que sur un marché de référence donné, une entreprise dispose d'un pouvoir qu'elle mettra à profit sur un autre marché en lien, qualifié de « connexe ». Ce lien de connexité peut répondre à une définition objective. Une matière première est indispensable pour la réalisation d'une matière dérivée. Les deux marchés, distincts, à savoir-le marché des matières premières n'est pas celui des produits dérivés, sont connexes. Ainsi, dès lors que les agents de voyage exercent une influence déterminante sur le choix d'une compagnie aérienne par le voyageur, un lien

---

[534]GLAIS Michel, « Définition du marché », in Institut marocain du Droit des Entreprises (IMADE), *Le droit de la concurrence, actes du colloque organisé par Institut marocain du Droit des Entreprises*, Casablanca, 2002, p. 41.

[535]VOGEL Louis, « À quelles conditions peut-on distinguer des sous-marchés au sein d'un marché de produit ? », *Cont. conc. consom.*, juin 1992, p. 1.

[536]*Ibidem.*

[537]FRISON-ROCHE Marie-Anne et PAYET Marie-Stéphane, *Droit de la concurrence*, Op. cit., p. 98.

de connexité étroit unit le marché des services des agences de voyages et celui, distinct, du transport aérien[538].

Si l'analyse évoquée de la demande renvoie à la substituabilité, celle de l'offre, reste complémentaire. La démarche consiste, ainsi, à intégrer, de manière quelque peu artificielle, les biens non substituables du point de vue de la demande. Il serait possible de prendre en considération les producteurs potentiels pour analyser la structure de l'offre des produits envisagés[539]. Ainsi, la Commission européenne donne l'exemple du secteur du papier. Il existe toute une gamme de qualité de papiers, non substituables du point de vue de la demande, du papier d'impression standard au papier de qualité supérieure utilisé pour les livres d'art. Pour autant, les papeteries peuvent adapter leur production, moyennant de très faibles coûts, en fonction de la demande. Dans cette mesure, un marché global du papier peut être défini[540].

En général, la délimitation du marché en cause, tant au niveau des produits qu'au niveau de sa dimension géographique, a souvent une influence déterminante sur l'appréciation d'une affaire de concurrence. Les deux approches sont en pratique liées.

B. Le marché géographique

Selon la définition donnée par la Commission européenne : « *le marché géographique en cause comprend le territoire sur lequel les entreprises concernées sont engagées dans l'offre des biens et des services en cause, sur lequel les conditions de concurrence sont suffisamment homogènes et qui peut être distingué de zones géographiques voisines parce que, en particulier, les conditions de concurrence y diffèrent de manière appréciable* »[541].

Le marché géographique est en effet le territoire au sein duquel la concurrence sur les biens économiques se pratique dans des conditions homogènes. Les entreprises qui sont en mesure d'offrir les produits subissent les mêmes obstacles. Étant donné que la délimitation du marché doit permettre de définir le pouvoir de monopole d'une entreprise, il faut commencer tout d'abord par la détermination de l'espace géographique dans lequel ce pouvoir peut se développer.

---

538 *Ibidem*, p. 99.

539 MONTET Christian, « Marché pertinent, pouvoir de marché : quelles définitions retenir ? », Op. cit., pp. 5-13, p. 6.

540 POILLOT-PERUZZETTO Sylvaine, « Ententes et abus de position dominante : Marché de référence », *RTD Com.*, 2000, p. 1048.

541 MASSON Antoine, *Droit communautaire : Droit* institutionnel *et droit matériel*, Bruxelles, Larcier, 2009, p. 508.

La fonction de la délimitation du marché géographique réside dans le fait de déterminer pratiquement l'espace au sein duquel une pratique examinée doit être appréciée. Une fois que le marché de produit est identifié, il reste à délimiter son zonage géographique.

Pour le Conseil français de la concurrence, la délimitation d'un marché géographique résulte soit que l'analyse faite du comportement de la demande n'est valable que sur cette zone géographique, soit du fait qu'il s'agit de la zone géographique à l'intérieur de laquelle les demandeurs se procurent ou peuvent se procurer le produit ou service en question. Le marché géographique peut être défini à travers les caractéristiques mêmes des produits lorsque des éléments culturels ou, plus largement, sociologiques propres à une région dictent les choix des consommateurs pour certains matériaux, la taille de certains produits, ou le caractère national de leur production, ou lorsqu'il existe une réglementation bornant le marché[542].

Les espaces géographiques varient en fonction des affaires. Ainsi, il existe trois concurrents sur le marché mondial des avions : Boeing, McDonnell Douglas et Airbus. Comme un marché très local de la pâtisserie traditionnelle[543]. En effet, si la délimitation du marché pertinent ne devait consister qu'à déterminer les produits ou services en cause, sans considération pour la dimension géographique du marché, on serait conduit à retenir que toutes les entreprises au monde proposant ces produits ou services sont en concurrence les unes avec les autres, et ce, quelle que soit leur localisation - ou plus exactement leur sphère d'influence géographique - respective. Cela n'a naturellement pas de sens[544].

La définition du marché géographique insiste donc sur l'homogénéité des conditions de concurrence. Certaines circonstances peuvent en effet constituer des facteurs d'hétérogénéité de la concurrence[545].

L'étude de cette question impose la mise en évidence d'éléments objectifs d'homogénéité ou d'hétérogénéité dans les conditions d'exercice de la concurrence.

Les conditions de la concurrence sur un marché sont homogènes lorsque les offreurs de produit sont sur un pied d'égalité. Le marché est la zone dans

542FERRIER Didier et FERRE Dominique, *Droit du contrôle national des concentrations*, Paris, Dalloz-Sirey, 2004, p. 98.
543Voir DECOCQ André et DECOCQ Georges, *Droit de la concurrence - Droit interne et droit de l'Union européenne,* Op.cit., p. 1118.
544BEAUDOIN Guillaume, *Pratiques anticoncurrentielles et droit d'auteur*, Op. cit., p. 133.
545DECOCQ André et DECOCQ Georges, *Droit de la concurrence - Droit interne et droit de l'Union européenne,* Op.cit., p. 1118.

laquelle les conditions objectives de concurrence du produit en cause sont similaires pour tous les opérateurs économiques. La similarité n'est cependant pas une identité : il suffit d'une homogénéité relative. Ainsi, le marché des hebdomadaires publiant une grille nationale de programmes télévisés est celui du pays où elle est commercialisée[546].

Toutefois, le Conseil français de la concurrence estime que : « *Des considérations subjectives quant au comportement de la demande, telle que les préférences et les habitudes régionales ou nationales, l'attachement aux marques expliquent par ailleurs que certains produits d'origine géographique différente ne soient pas, du point de vue de la demande, substituables aux produits locaux* »[547].

Les méthodes de délimitation des marchés, utilisées devant les autorités de la concurrence sont de deux types : les méthodes qualitatives et les méthodes quantitatives[548]. Les premières font appel sur le marché des produits aux caractéristiques physiques, techniques et fonctionnelles, à l'usage et la satisfaction des besoins, les circuits de distribution et les prix des produits ; sur le marché géographique, aux flux d'échanges de produits, aux barrières et réglementations, aux prix et variation des prix des produits, au taux de marge et aux coûts de transport (par rapport au prix des produits).

Les secondes recourent à des tests statistiques et économétriques en tablant sur la corrélation et la variation de prix, l'élasticité-prix croisée, le test de causalité et de co-intégration, et l'analyse de données. Toutefois, le problème réside dans la disponibilité des données et aux problèmes d'estimations.

En conclusion, comme le professeur Martine lombard l'a relevé, « *le marché de référence, dit pertinent, cher au droit de la concurrence, ne peut être défini abstraitement et réclame, au contraire, d'être lu de manière*

---

[546]FRISON-ROCHE Marie-Anne et PAYET Marie-Stéphane, *Droit de la concurrence*, Op. cit., p. 105.

[547]Conseil français de la concurrence, *Rapport annuel de 2001.*

[548]Le Conseil marocain de la concurrence a fait appel à ses outils d'analyse dans ses avis : notamment l'indice Herfindhal et ratio concentration (avis n° 5/9 du 7 septembre 2009 sur la situation de la concurrence dans le marché du livre scolaire), le test du verrouillage du marché (avis n° 17/11 du 26 septembre 2011 sur le projet de concentration Shell-Vittel-hélios dans le secteur pétrolier), le test des prix prédateurs (avis n° 11/19 du 22 décembre 2011 relative à l'affaire de l'insuline).

"concrète", en matière de territoire géographique, de produits ou de services »[549].

Section II. Le marché et les principes constitutionnels de la liberté d'entreprendre et de la libre concurrence

Parce que la vie économique n'est pas détachable de la vie sociale, la constitution de l'État moderne est appelée à jouer un rôle fondamental dans son organisation et son fonctionnement. En effet, devra-t-on souligner avec le professeur Jean-Jacques Bienvenu, que les libertés économiques « *ne sont pas des libertés individuelles comme les autres* », dès lors qu'elles ne peuvent se réaliser que par référence à un marché[550].

En réalité, le fait de soutenir que les droits fondamentaux ne s'attachent qu'à la protection de l'individu ne consiste pas à nier l'existence d'authentiques libertés économiques[551]. Ces libertés sont désormais garanties par la Constitution marocaine, car la protection d'une liberté économique ne consiste en rien d'autre qu'à une organisation de l'économie. C'est vrai qu'un débat doctrinal houleux se poursuit sur la relation entre la liberté d'entreprendre, la libre concurrence et la liberté du commerce et de l'industrie. À cet égard, peut-on partager l'interrogation du professeur Laurence Idot sur la libre concurrence ? : « *S'agit-il d'une liberté ?* »[552]. Alors que d'autres auteurs soulignent la distinction entre les libertés authentiquement économiques (essentiellement du droit de l'Union européenne dont l'exemple de la libre circulation des marchandises ou des capitaux) et « *celles de la constitution qui ne le sont jamais en elles-mêmes et restent radicalement individuelles* »[553]. Tout en ayant une incidence dans la vie économique, les droits et libertés constitutionnellement garantis sont neutres du point de vue de la théorie économique.

Au Maroc, le texte constitutionnel a été d'un grand apport quant à cette réflexion, en disposant d'une façon expresse que la liberté d'entreprendre et

---

[549]LOMBARD Martine, « Les limites constitutionnelles à la privatisation des entreprises dont l'activité a le caractère d'un monopole » in *Mouvements du droit public. Mélange en l'honneur de Franck Moderne*, Paris, Dalloz, 2004, p. 675.

[550]BIENVENU Jean-Jacques, « La liberté de la concurrence est-elle effective ? Droit communautaire et droit français », in DRAGO Guillaume et LOMBARD Martine, *Les libertés économiques*, Paris, Pantheon-Assas (éditions), 2003, p. 123.

[551]DUSSART Marie-Laure, *Constitution et économie*, volume 144, Paris, Dalloz - nouvelle Bibliothèque de Thèses - n° 144, 2015, n° 282.

[552]IDOT Laurence, « La liberté de concurrence en France », *Les Petites Affiches*, n° 59,23 mars 2000, pp. 4-13.

[553]DUSSART Marie-Laure, *Constitution et économie*, Op. cit., n° 282

la libre concurrence sont garanties, en rompant avec toute hésitation jurisprudentielle ou doctrinale.

L'étude de la liberté d'entreprendre impose que l'on s'intéresse, d'une part, au contenu de cette liberté (§. 1) et, d'autre part, à sa consécration constitutionnelle (§. 2).

§1. La liberté d'entreprendre

En vérité, la formule « libertés économiques » est très employée, mais elle n'est en général pas définie. En plus, les liens qu'entretiennent les libertés qui sont habituellement classées dans cette catégorie (liberté d'entreprendre, liberté du commerce et de l'industrie, libre concurrence) font l'objet d'interprétations divergentes, voire parfois contradictoires, de la part de la doctrine.

Les libertés économiques et, parmi elles, la liberté d'entreprendre[554] gagnent en importance dans les ordres juridiques contemporains. Au dire de beaucoup, elles sont devenues fondamentales[555]. Elle constitue la liberté « principale » des libertés économiques au motif qu'elle est bâtie autour de deux prérogatives juridiques principales : l'accès et l'exercice d'une activité économique. En effet, la liberté d'entreprendre s'entend comme « *sœur de la liberté politique* »[556], tant, il est vrai, que la « *liberté économique va de pair avec les libertés politiques* »[557], ainsi que l'exprime le Doyen Vedel.

En effet, la liberté d'entreprendre, c'est essentiellement le droit pour toute personne physique ou pour toute société de se livrer au commerce ou à l'industrie de son choix, soit en faisant l'acquisition ou en prenant le contrôle d'une entreprise déjà existante, soit en créant de toutes pièces et en implantant au lieu de sa convenance une entreprise nouvelle[558].

En principe, il n'y a pas une liste limitative des activités commerciales ou industrielles autorisées par la loi ; il est donc toujours possible de lancer de

---

554« Cette liberté reste le symbole et le critère des États libéraux » Voir POUILLE André, *libertés publiques et droits de l'homme*, Dalloz, 2008, p.195. « La liberté d'entreprendre est l'un des concepts majeurs du droit économique contemporain. Elle constitue d'abord une valeur, l'un des fondements des systèmes économiques libéraux avant d'être une norme juridique ». Voir CHAGNOLLAUD Dominique et DRAGO Guillaume, *Dictionnaire des droits fondamentaux*, Dalloz-Sirey, 2010, p. 439.

555CHAMPEIL-DESPLATS Véronique, « La liberté d'entreprendre au pays des droits fondamentaux », *revue de droit du travail,* 2007, p. 19.

556RIPER Georges, *Aspects juridiques du capitalisme moderne*, Paris, LGDJ, 1946, p. 292.

557VEDEL Georges, *Manuel élémentaire de droit constitutionnel*, Paris, Sirey, Dalloz, 1949, p. 29.

558KENFACK Hugues et PEDAMON Michel, *Droit commercial,* Paris, Dalloz, 2015, p. 132.

nouvelles fabrications, de diffuser de nouveaux produits et d'expérimenter de nouveaux modes de distribution.

Ce n'est qu'après avoir déterminé le contenu de la liberté d'entreprendre (A) que nous pourrons tenter d'analyser sa consécration constitutionnelle (B).

A. Le contenu de la liberté d'entreprendre

La liberté d'entreprendre est le droit reconnu à toute personne de se livrer à l'activité commerciale de son choix. Le principe est celui de la liberté d'accès à toute profession. Le commerçant n'a pas, sauf pour certaines professions réglementées, à prouver sa compétence en fournissant un diplôme ou en passant un examen. S'il n'est pas compétent, la sanction sera celle qu'impose la loi du marché : son entreprise sera emportée dans la tourmente d'une liquidation judiciaire[559].

On peut aussi définir sommairement la liberté d'entreprendre sous ses deux aspects : la liberté d'établissement, c'est-à-dire la libre installation d'une activité économique et professionnelle et la liberté d'exercice d'une activité professionnelle.

En effet, la liberté d'entreprendre porte sur des biens : des propriétés foncières et immobilières, des biens meubles, des placements financiers (comptes bancaires et portefeuille de valeurs mobilières comprenant des actions, obligations, produits dérivés), des biens corporels et incorporels, des créances, parts sociales, brevets, voire même clientèle, c'est-à-dire tout ce qui, ayant un intérêt économique possède une valeur patrimoniale.

La liberté d'entreprendre se caractérise également par la nécessité d'organisation le libre accès à une activité économique indépendante, c'est-à-dire la possibilité donnée à une personne physique ou morale, privée de s'installer librement en créant ou en acquérant une entreprise. Si certains auteurs pensent que L'État peut favoriser le libre exercice de cette activité par des mesures fiscales, une politique d'aménagement de territoire, des incitations financières, de l'aide à l'emploi et à l'embauche, des dotations à la formation, d'autres estiment qu'on ne saurait y voir une forme d'encouragement à l'exercice de la liberté d'entreprendre. En effet, ces mesures sont toujours inspirées par la prise en considération d'intérêts très particuliers d'ordre économique et social : la survie du petit commerce, le soutien de certaines activités, etc.[560]

---

[559]LUCAS François-Xavier, « La liberté du commerce et de l'industrie », Le *droit des affaires*, Paris, Presses Universitaires de France, « que sais-je ?», 2005, pp. 85-97.
[560]CABRILLAC Rémy, *Libertés et droits fondamentaux*, Paris, Dalloz, 2013, p. 819.

Est lié au libre accès à l'activité économique, le libre exercice de cette activité. Du point de vue de son champ d'application, les personnes sont les destinataires de cette liberté, même si celle-ci peut prendre des expressions différentes, tenant aux caractères particuliers de ces personnes. Quant aux biens auxquels s'applique la liberté d'entreprendre, on n'entrevoit pas bien quelles restrictions pourraient justifier d'exclure certains biens d'une activité économique, sauf ceux qui sont hors commerce, pour des raisons d'ordre public, voire de police, mais d'intérêt général strictement entendu ou de moralité, comme le droit civil l'entend de façon classique[561].

À cet égard, un auteur voit que la liberté d'entreprendre ne peut avoir de réelle effectivité que si elle possède des effets verticaux et horizontaux. Verticaux, c'est-à-dire des particuliers vis-à-vis de l'État et des autres collectivités publiques. Horizontaux, c'est-à-dire qu'elle peut être invoquée dans les litiges entre particuliers. Ceci signifie qu'elle doit pouvoir être invoquée devant le juge ordinaire, et pas seulement dans un contentieux constitutionnel[562].

Dans ce cadre, le tribunal administratif de Rabat dans son jugement n° 203/5/2012 du 10/12/2012 considère que la non-motivation d'un acte administratif d'autorisation à une station de gaz d'une société anonyme constitue une violation de la liberté d'entreprendre et de la libre concurrence, tel qu'elles sont consacrées par l'article 35 de la constitution et qu'elle conduit à l'annulation de l'acte pris.

Par ailleurs, le texte constitutionnel marocain ne porte pas de limitations expresses à la liberté d'entreprendre, néanmoins l'expression : « *Il œuvre à la réalisation d'un développement humain durable, à même de permettre la consolidation de la justice sociale et la préservation des ressources naturelles nationales et des droits des générations futures* », figure directement après la garantie des deux principes.

Ainsi, nous en déduisons que l'État tout en restant tenu par la liberté, est conduit par la constitution à s'immiscer dans la réalisation du processus de développement et de veiller au bon fonctionnement de la vie sociale et économique.

En droit français, le Conseil constitutionnel a précisé à plusieurs reprises que cette liberté ne saurait être absolue et qu'elle connaît nécessairement des limitations et que ces libertés économiques ne sont ni générales ni absolues et ne peuvent exister que dans le cadre d'une réglementation instituée par la loi.

---

[561]CHAGNOLLAUD Dominique et DRAGO Guillaume, *Dictionnaire des droits fondamentaux*, Op. cit., p. 442.
[562]*Ibidem.*

Ainsi, il est loisible au législateur d'y apporter des limitations exigées par l'intérêt général à la condition que celles-ci n'aient pas pour conséquence d'en dénaturer la portée.

En effet, dans l'exercice de la liberté d'entreprendre des limites sont donc nécessairement posées, tenant à des considérations d'intérêt général. Ne pouvoir restreindre l'exercice de la liberté d'entreprendre que pour des motifs constitutionnellement fondés est ainsi une nécessité. Il en va de la crédibilité de la valeur de la liberté d'entreprendre. Si celle-ci peut être limitée pour des raisons conjoncturelles, elle ne pourra résister longtemps à la force de l'État et aux impératifs communs qui existent dans une nation, c'est-à-dire la régulation de l'activité économique, la politique sociale et la politique fiscale. Ces limites sont celles qui existent dans toute société organisée et il faut donc faire preuve de volontarisme, c'est-à-dire d'une doctrine, pour que la liberté d'entreprendre soit défendue et préservée[563].

Si l'on raisonne sur la nature de cette liberté et sur son contenu, on doit observer, aussi, qu'elle détient une valeur constitutionnelle.

B. La consécration constitutionnelle de la liberté d'entreprendre

Cette forme de liberté était garantie au sommet de la législation marocaine puisque l'article 15 de la constitution de 1966, puis celle de 1996 édictait clairement que : « *Le droit de propriété et la liberté d'entreprendre demeurent garantis* ». Toutefois, dans la constitution de 2011, la liberté d'entreprendre perd sa position de voisinage et presque de contrepoids par rapport à la propriété. Elle se voit consacrée par un paragraphe spécial qui permet de conforter l'objectif d'une croissance mise au service d'une préoccupation sociale : « *il œuvre à la réalisation d'un développement humain durable, à même de permettre la consolidation de la justice sociale* »[564].

Ceci pousse à reposer la question, la liberté d'entreprendre entretient-elle un lien avec le droit de la propriété ou découle-t-elle juste de la liberté personnelle ? Une partie de la doctrine estime que la liberté d'accès aux métiers est restée longtemps « *dans l'ombre du droit de propriété* »[565]. De la même manière, d'autres considéraient que « *l'entreprise est restée cachée*

---

[563]DRAGO Guillaume, « Droit de propriété et liberté d'entreprendre dans la jurisprudence du Conseil constitutionnel : une relecture », in Conseil constitutionnel et droits fondamentaux, *Cahiers de la recherche sur les droits fondamentaux,* 2011, n° 9, pp. 31-39.

[564]AZZOUZI Abdelhak, *Annuaire marocain de la stratégie et des relations internationales 2012*, Volume 2, Paris, Editions L'Harmattan, 2012, p. 1046.

[565]LOMBARD Martine, « la liberté d'entreprise et libertés économiques » in ANDRIAN Tsimbazovina, *Dictionnaire des droits de l'homme*, Paris, PUF, 2008, p. 625.

sous la propriété ». L'enjeu n'est pas mince : rattachée à la propriété, la liberté d'entreprendre acquerrait un fondement patrimonial alors que, liée à la seule liberté, elle reste intimement liée à la personnalité[566]. Certains auteurs estiment que la constitution, « *en affirmant avec force la garantie du droit de propriété, de la liberté d'entreprendre et de la libre concurrence, sans assortir ces droits d'aucune condition, le message transmis est limpide : le cadre de référence de l'économie marocaine est le libéralisme économique, dans son acception classique, voire orthodoxe* »[567].

En France, la Déclaration des droits de l'homme et du citoyen du 26 août 1789 ne cite pas expressément la liberté d'entreprendre, mais pose un principe général de liberté dans son article 4 « *la liberté consiste à pouvoir faire tout ce qui ne nuit pas à autrui* », qui a nécessairement des implications économiques.

En réalité et bien que la liberté d'entreprendre constitue, depuis plus de trente ans, la base constitutionnelle des libertés économiques en France, la question de ses liens avec les autres libertés régissant la matière et notamment la liberté du commerce et de l'industrie ou la libre concurrence reste mal résolue. Cela pose d'autant plus problème que la liberté d'entreprendre a été confrontée, durant la même période, à l'émergence et au développement des préoccupations de protection de la concurrence [568].

En fait, le Conseil constitutionnel français fonde la liberté d'entreprendre sur deux règles de valeur constitutionnelle : d'une part, sur le droit de propriété dont le caractère fondamental est réaffirmé (sa conservation constitue l'un des buts de la société politique « exprime le Conseil, en reprenant les termes de l'article 17 de la déclaration de 1789) et, d'autre part, la liberté pour tout individu de jouir de sa propriété, de faire valoir son droit de propriété et d'exercer ainsi une libre activité dans le domaine économique[569].

En fait, la Constitution française ne consacre pas expressément la liberté d'entreprendre à l'inverse de certaines constitutions antérieures (par ex., l'article 13 de la Constitution du 4 novembre 1848 selon lequel « *la Constitution garantit aux citoyens la liberté du travail et de l'industrie* »). De

---

566DUSSART Marie-Laure, *Constitution et économie*, Op. cit., p. 222, n° 304.

567AKESBI Najib, « Constitution de 2011, dépenses publiques et exigences du développement durable : cas du Maroc » in *La nouvelle Constitution marocaine à l'épreuve de la pratique*, Actes du colloque organisé les 18 et 19 avril 2013, coordonnée par BENDOUROU Omar, EL MOSSADEQ Rkia et MADANI Mohammed, Op. cit., p . 267.

568Voir ECKERT Gabriel, « quelle place pour la libre concurrence ? », *Revue juridique de l'économie publique*, n° 718, avril 2014, comm. 18.

569CHAGNOLLAUD Dominique et DRAGO Guillaume, *Dictionnaire des droits fondamentaux*, Op. cit., p. 442.

même que de nombreuses constitutions étrangères. Par exemple l'article 27 de la Constitution de la Confédération helvétique du 18 avril 1999, selon lequel « *la liberté économique est garantie* » et « *elle comprend notamment le libre choix de la profession, le libre accès à une activité économique lucrative privée et son libre exercice* » ou encore de la Charte des droits fondamentaux de l'Union européenne dont l'article 16 dispose que « *la liberté d'entreprise est reconnue conformément au droit de l'Union européenne et aux législations et pratiques nationales* »[570].

Exclusivement attribuée aux personnes privées - qu'il s'agisse de personnes physiques ou de personnes morales - pour la défense de leurs intérêts subjectifs, l'existence de la liberté d'entreprendre pose la question de son existence à l'égard de l'accès des personnes publiques à son exercice. Peut-on déduire de cet assouplissement et de la diversification des activités publiques qui s'ensuit, une libre et égale concurrence entre opérateurs publics et privés qui conduiraient à penser que d'un point de vue constitutionnel, les personnes publiques, à défaut d'en être titulaires, sont destinataires de la liberté d'entreprendre ? La non-concurrence a-t-elle cédé la place à un principe de libre concurrence ? Non, sans doute, car les personnes publiques agissent dans l'économie moins sur le fondement d'une liberté que pour l'accomplissement d'une mission d'intérêt général. Ici comme ailleurs, en réalité, la personne publique n'est pas une personne comme les autres. Ainsi, la liberté d'entreprendre est étroitement attachée à l'individu, celui des droits fondamentaux, qui ne peut donc s'épanouir complètement dans la vie sociale sans que le domaine économique ne lui soit librement ouvert[571].

§2. La libre concurrence

Le constituant marocain a opté pour la mention expresse qui garantit dans la constitution la liberté d'entreprendre et de libre concurrence. Cette consécration constitutionnelle de ces deux principes reflète donc la volonté de mettre tous les citoyens sur un pied d'égalité en matière d'entrepreneuriat économique. À ce titre, toutes les entreprises du tissu économique national sont sur un même pied d'égalité, quels que soient leurs actionnaires ou leurs activités.

Au niveau des libertés économiques, la liberté du commerce et de l'industrie[572] est traditionnellement présentée comme étant composée de

570ECKERT Gabriel, « quelle place pour la libre concurrence ? », Op. cit., comm. 18.

571DUSSART Marie-Laure,*Constitution et économie*, Op. cit., 2015, p. 205.

572« La liberté du commerce et de l'industrie a toujours subi des atteintes, particulièrement celles liées au développement de l'interventionnisme public, nourri des interrogations sur sa valeur (législative, constitutionnelle, de principe général du droit) comme sur son contenu (libre accès

la liberté d'entreprendre[573] et de la liberté de concurrence ; le Conseil d'État français a en effet indiqué qu'elle se décomposait ainsi. Si ce dernier raisonne sur la liberté du commerce et de l'industrie, le Conseil constitutionnel français évoque la liberté d'entreprendre. Celle-ci correspond à la liberté de création d'une activité économique et donc d'accès à l'exercice des professions.

Selon le professeur Delvolvé, la liberté du commerce et de l'industrie ne peut avoir de valeur législative alors qu'elle s'agrège à la liberté d'entreprendre. Il préfère ainsi présenter la liberté d'entreprendre comme étant composée de la liberté professionnelle (le libre accès à l'exercice de toute activité professionnelle qui est plus vaste que la liberté du commerce et de l'industrie), de la liberté du commerce et de l'industrie qui est une application dans le domaine commercial et industriel de la liberté d'entreprendre et de la liberté de concurrence, prolongement de la liberté du commerce et de l'industrie.

Cet avis n'est pas partagé par Didier linotte qui estime que « *c'est le principe de libre concurrence qui paraît le plus large, car il comporte nécessairement la liberté d'être concurrent (c'est la liberté d'entreprendre au sens de la liberté d'installation, d'établissement, de créer une entreprise ou d'accéder à une profession) et la liberté de concurrencer (liberté d'exploitation, liberté d'exercice, liberté contractuelle, liberté du travail, toute forme de la liberté du commerce et de l'industrie)* »[574]. Ce débat de la doctrine permet de bien comprendre la nature, le contenu et la valeur des libertés économiques. Il s'agit d'une hésitation sur l'identification de la liberté fondatrice parmi les libertés économiques. Leurs rapports sont complexes et donnent lieu à diverses appréciations, notamment s'agissant de la liberté d'entreprendre et la liberté de l'industrie et du commerce. Parfois ces deux

---

aux activités professionnelles, libre exercice de l'activité professionnelle). Aujourd'hui, la liberté du commerce et de l'industrie bénéficie du mouvement de libéralisation provoqué au plan supranational par l'ouverture des marchés et par la compétition qui en résulte entre législations nationales vers plus de liberté pour attirer les entreprises.
Mais le rôle et la finalité strictement économiques de cette liberté justifient qu'elle demeure limitée et qu'elle soit conciliée avec d'autres libertés ou valeurs, notamment pour éviter la domination, de plus en plus forte, de l'ordre économique sur toute exigence sociale. » Voir FERRIER Didier, « la liberté du commerce et de l'industrie », in CABRILLAC Rémy, *Libertés et droits fondamentaux*, Op. cit., p. 813.

[587]Voir SAVY Robert, *L'épreuve du temps : écrits autour du droit public, 1966-2006*, Limoges, Presses Universitaires de Limoges, 2007, p. 182.

[574]LINOTTE Didier, « Existe-t-il un principe général du droit de la libre concurrence ? », *AJDA*, 2005, p. 1549.

libertés sont conçues comme des synonymes. Tantôt la première est considérée comme matricielle, tantôt la seconde.

Cet état de fait nous conduira à faire le point sur le principe de la libre concurrence (A) et sa consécration constitutionnelle (B).

A. Le principe de la libre concurrence

Selon plusieurs ouvrages du droit économique, le principe de la liberté de la concurrence découle directement de celui de la liberté du commerce et de l'industrie[575]. En effet, il signifie fondamentalement que chaque entreprise commerciale a le droit d'utiliser les moyens qui lui semblent les meilleurs pour attirer la clientèle : dépôt de marque, baisse des prix, mise en place d'un réseau de distribution (concession, franchise), innovations techniques améliorant le produit ou limitant ses inconvénients, et naturellement embauche du personnel le plus qualifié[576].

D'après Marie-Anne Frison Roche : « *la concurrence est avant tout, l'expression d'une liberté, reconnue par le droit, celle d'entrer en compétition avec d'autres entreprises en vue de la conquête d'une clientèle* »[577].

L'intérêt majeur de la libre concurrence, par rapport aux autres libertés économiques, est sans doute son caractère transversal. D'après le professeur Stéphane Braconnier : « *La libre concurrence n'a pas la même portée que la liberté d'entreprendre ou que la liberté du commerce et de l'industrie. La liberté du commerce et de l'industrie est une liberté qui concerne davantage les opérateurs privés alors que la libre-concurrence protège à la fois les opérateurs et le marché ; ce qui signifie que la libre-concurrence couvre de manière plus générale tous les aspects de la vie économique* »[578].

Cependant, la protection de cette liberté s'avère difficile, voire délicate. La pratique économique révèle que nombre d'entreprises, au lieu de se livrer à une véritable lutte concurrentielle, préfèrent s'entendre

---

575 DELVOLVE Pierre, *Droit public de l'économie*, Op. cit., p. 105 ; CHAMPAUD Claude, « libre entreprise et droit français », *RIDE,* 1987, p. 296 ; FERRIER Didier, la liberté du commerce de l'industrie, in CABRILLAC Rémy, *Libertés et droits fondamentaux*, Op. cit., p. 813.

576 TIAN-PANCRAZI Marie-Ève et MESTRE Jacques, *Droit commercial*, Paris, LGDJ, 2001, p. 66.

577 FRISON-ROCHE Marie-Anne et PAYET Stéphanie, *Droit de la concurrence*, Paris, Dalloz, 2006, n° 109, p. 1.

578 BRACONNIER Stéphane, *Droit public de l'économie*, Paris, PUF, 2004, p. 36.

par des pratiques concertées, et s'efforcent d'éliminer les autres concurrents de façon à se partager un marché sur lequel elles régneront en maitre. La mission de contrôler ce jeu est maintenant entre les mains du Conseil de la concurrence en tant qu'instance de régulation indépendante.

Au Maroc, le principe de libre concurrence a acquis une valeur constitutionnelle. Dans son article 35, la constitution de 2011 prévoit que l « *L'État garantit la liberté d'entreprendre et la libre concurrence* ».

La libre concurrence est désormais une exigence, notamment pour garantir le respect du principe d'égalité ou de la liberté d'entreprendre ; elle est elle-même, au nombre des droits et libertés garantis par la loi fondamentale.

Dès lors, les deux libertés économiques ayant valeur constitutionnelle, et susceptibles d'être invoquées à ce niveau sont la liberté d'entreprendre et la libre concurrence.

La liberté d'entreprendre bénéficie tout de même d'une portée plus large et se rapprocherait de la conception de la liberté du commerce et de l'industrie tant qu'elle était susceptible d'être invoquée à tous les stades de l'activité économique, pour protéger les opérateurs des intrusions et restrictions du législateur. Ainsi, le moyen est recevable contre des mesures portant atteinte à la liberté d'accès aux activités économiques et à l'établissement. La liberté d'entreprendre est également invocable face à des mesures touchant la structure des opérateurs et la composition de leur capital, ou plus généralement restreignant le fonctionnement au sens large des entreprises[579].

La liberté de la concurrence confère à tout entrepreneur le droit d'utiliser tous les moyens loyaux pour attirer à lui la clientèle. Pour assurer l'effectivité de la liberté de la concurrence, la législation marocaine relative à la concurrence prohibe les pratiques anticoncurrentielles (ententes, actions concertées, abus de position dominante, etc.). Le fait de conquérir la clientèle d'un concurrent n'est pas en soi illicite et n'engage pas la responsabilité de l'entrepreneur.

Cette idée peut être exprimée par le fait que le dommage concurrentiel n'est pas illicite et donc pas réparable[580]. Toutefois, le droit de concurrence n'est

---

[579]NICINSKI Sophie, « Libertés économiques, droit de la concurrence et décisions administratives », *Revue Française du droit Administratif*, 2012, p. 1181.
[580]LUCAS François-Xavier, « la liberté du commerce et de l'industrie », Le *droit des affaires*, Op. cit., pp. 85-97.

pas absolu, même s'il est essentiel de partir de l'idée que le principe demeure la liberté de la concurrence et que les restrictions restent l'exception

La loi n° 06-99 sur la liberté des prix et de la concurrence du 6 juillet 2000 constitue un acte fondateur de la garantie de la liberté de la concurrence au Maroc, et la naissance d'un droit marocain de la concurrence.

Si auparavant, l'économie marocaine[581] vivait sous un régime de contrôle des prix, l'administration pouvait à tout moment fixer autoritairement les prix des produits et services par voie de simple acte réglementaire ou encore les encadrer dans une certaine fourchette. La législation relative à la concurrence a instauré la liberté des prix comme une reconnaissance claire de la libre concurrence, seule capable, dans une économie de marché, de servir au mieux une société de progrès pour l'homme. En effet, le libre jeu d'une saine et loyale concurrence augmente le rapport qualité-prix des biens et des services, au profit des ménages et des consommateurs. Il est vrai que de nombreux secteurs d'activité, de fédérations de métiers montraient de la réticence envers cette liberté, car il était plus confortable, pour eux, d'être obligés de pratiquer les mêmes prix. Les ventes et prestation, avec primes, les ventes et prestations liées, le refus de vente aux consommateurs, la revente d'un produit par un commerçant à un prix inférieur à son prix d'achat (revente à perte), ainsi que les prix imposés, ont été prohibés.

Partant du principe que la liberté des uns s'arrête à celle des autres et pour que les petits opérateurs économiques comme les grands bénéficient du droit à être concurrents, qu'ils puissent rester compétitifs sur le marché, animer la concurrence et ne pas être écrasés par les plus puissants, un minimum de règles touchantes pratiques commerciales ont été prévues par la législation en vigueur. Par exemple, le cas de l'encadrement de la coopération commerciale, pour éviter les abus dans le cadre de la dépendance économique.

---

[581] Nous signalons dans ce cadre l'importance du secteur dit informel dans l'économie marocaine. "Dans de nombreux pays en développement, la plupart des entreprises sont informelles : elles ne sont pas enregistrées et ne paient pas de revenus, de ventes ou d'impôts fonciers. Les entreprises informelles représentent la grande majorité des entreprises, la majorité des emplois non agricoles et une part importante de la production nationale dans les pays en développement". Voir DIWARA Karounga,"A social Approach to the Goals of Competition Law in Developing Countries". Dans Daniel Zimmer (dir.), *The Goals of Competition Law*, Cheltenham: Edward Elgard, 2012, pp. 439-450.

En fait, avec la liberté des prix, il était plus que jamais indispensable de renforcer le rôle régulateur des mécanismes concurrentiels. Pour éviter que certains ne faussent le jeu du marché, des mesures ont visé les ententes entravant la concurrence, l'abus de position dominante et l'abus de la situation de dépendance économique pour éviter qu'un acteur ne profite d'un partenaire. Le Conseil de la concurrence a été créé pour assurer l'effectivité de ces dispositions, et son indépendance renforce davantage sa légitimité.

B. Un principe de valeur constitutionnelle

La constitutionnalisation des principes et libertés économiques surprend dans la mesure où le droit de la concurrence est un droit économique et non un droit protecteur des libertés individuelles. Toutefois, et à l'encontre de la plupart des États dotés de ce droit. Le Maroc a choisi la constitutionnalisation explicite des principes relatifs à la concurrence. C'est ainsi que l'article 35 dans son alinéa 2 dispose que : « *L'État garantit la liberté d'entreprendre et* ***la libre concurrence*** ».

L'alinéa 3 de l'article 36 prévoit que : « *Le trafic d'influence et de privilèges, l'abus de position dominante et de monopole, et toutes les autres pratiques contraires aux principes de* ***la concurrence libre*** *et loyale dans les relations économiques, sont sanctionnés par la loi* ». De même, l'article 166 énonce : *« le Conseil de la concurrence est une institution indépendante chargée, dans le cadre de l'organisation d'une* ***concurrence libre*** *et loyale, d'assurer la transparence et l'équité dans les relations économiques ».*

Dans une approche comparative, la Constitution française ne mentionne pas les principes de la concurrence. Le Conseil constitutionnel français a par ailleurs affirmé implicitement que la libre concurrence n'avait pas valeur constitutionnelle en elle-même[582]. De plus, le terme « *liberté de la concurrence* » n'apparaît ni dans la constitution marocaine de 2011 ni dans aucune décision du Conseil constitutionnel français. Ceci est probablement dû à l'existence d'une forme d'incompatibilité entre le droit de la concurrence, qui implique pour le juge d'apprécier des faits économiques complexes et la nature abstraite du contrôle du Conseil constitutionnel[583].

Par ailleurs, l'article premier de la constitution de 2011 dispose que : « Le *Maroc est une monarchie constitutionnelle, démocratique, parlementaire et*

---

[582]Décision° 2001-451 DC, 27 nov. 2001, cons. 34 ; n° 2007-556 DC, 16 août 2007, cons. 23 ; décision n° 2000-433 DC, 27 juil. 2000, cons. 28.

[583]DEBRE Jean-Louis, « Constitution, liberté d'entreprendre et concurrence », *Concurrences*, n° 2, mai 2014.

sociale ». Ce choix de la démocratie s'est joint à l'Économie de marché comme doctrine économique[584]. Cependant, une Économie de marché n'est ni démocratique ni pleinement efficace si les monopoles privés et les cartels y sont tolérés[585]. En fait, il est frappant de voir que, dans le monde, les progrès de la démocratie s'accompagnent d'un progrès du droit de la concurrence. Le Mexique avait constitutionnalisé le droit matériel de la concurrence après sa grande révolution, comme le Maroc a pu le faire lors de l'édiction de sa récente constitution dans le contexte des « printemps arabes »[586].

Il est à souligner aussi que l'inscription de la concurrence dans une loi fondamentale peut être perçue par une partie de l'opinion publique comme une consécration des idées et axes de la politique économique ultralibérale tracée dans les rouages des institutions financières internationales, et portant atteinte aux fondements du droit public de l'école française : le service public et l'intérêt général.

En effet, les notions de « droit de la concurrence » et de « libre concurrence », loin de constituer un concept uniforme, recouvrent deux versants normatifs de l'économie de marché[587]. L'élément fondateur de ce dernier est d'abord la liberté. Dans son célèbre texte de 1875 sur le partage des rôles entre l'État et le marché intitulé « L'État et les chemins de fer », Léon Walras commence son raisonnement en écrivant : « *Il est positif que, pour*

---

584 Pour Najib Akesbi : « Les fondements de la politique économique marocaine ont été posés par Hassan II. Ils reposent sur deux paris : la centralité du secteur privé qui doit être le moteur du développement plutôt que l'Etat et l'importance des exportations de biens et de services pour améliorer la croissance de l'économie. Le règne de Mohammed VI ne marque pas une rupture mais une inflexion dans le cours de ces orientations cinquantenaires, en ce sens que de nouvelles initiatives sont prises pour accélérer ou accentuer une dynamique engagée (investissements d'infrastructures, libéralisation des échanges), décomposer un cadre stratégique existant (remplacer le plan national par des plans sectoriels) ou encore introduire une nouvelle gouvernance plus en phase avec l'air du temps mais démocratiquement problématique ». Voir AKESBI Najib, « Economie politique, et politiques économiques au Maroc » in AKESBI Najib, TREDANO Abdelmoughit Benmessaoud, BERRADA Abdelkader, OUBENAL Mohamed, SAADI Mohamed Saïd (CRESS), *Economie Politique du Maroc*, Rabat, Revue Marocaine des Sciences Politiques et Sociales, Volume XIV, 2017, pp. 29-76.

585« Economies that are open are all the more reliant on regulation at the national and international levels and require a state strong enough to promote and enforce them». Voir BRUNECKIENĖ Jurgita et al., *The Impact of Cartels on National Economy and Competitiveness: A Lithuanian Case Study*, New York, Springer, 2015, p. 78.

586HUBERT Patrick et CASTAN Adrien, « Droit constitutionnel et liberté de la concurrence », *Les Nouveaux Cahiers du Conseil constitutionnel*, n° 49, 2015, pp. 15-27.

587*Ibidem.*

certains économistes, l'économie politique et sociale est une science qui tient tout entière dans ces quatre mots : Laisser faire, laisser passer »[588].

La « libre concurrence » contient les règles qui garantissent le libre exercice des activités économiques et qui visent principalement à protéger les concurrents contre les interventions de l'État. Le droit de la concurrence, quant à lui, vise à garantir que la liberté qui découle de ces premières règles soit préservée de ses propres excès[589], selon le postulat que la concurrence, livrée à elle-même, « *porte en elle-même sa propre destruction. La concurrence tue la concurrence. Le plus compétitif l'emporte sur ses adversaires. Il peut alors dicter sa loi à ses concurrents et aux consommateurs* »[590].

En réalité, la particularité du droit de la concurrence est de protéger l'individu des abus d'origine privé et non étatique. Comme c'est le cas d'autres droits fondamentaux de l'homme. La création des monopoles et des ententes dans une économie du marché montre deux faits d'origine et d'initiative privée susceptibles de porter atteinte aux droits des concurrents et consommateurs.

Le droit des pratiques anticoncurrentielles comporte deux volets visant à empêcher ces dérives : un côté répressif incarné par la sanction des infractions relatives à l'abus de position dominante et la constitution des ententes et un côté préventif qui réside dans le contrôle des concentrations.

Puisque ce dispositif de normes est protecteur de libertés, il paraît à première vue que le constituant marocain a désiré qu'il puisse bénéficier d'une protection constitutionnelle. Chose faite avec l'alinéa 3 de l'article 36 : « *Le trafic d'influence et de privilèges, l'abus de position dominante et de monopole, et toutes les autres pratiques contraires aux principes de la concurrence libre et loyale dans les relations économiques, sont sanctionnés par la loi* ».

Il s'avère que la constitution marocaine de 2011 constitue l'exemple le plus abouti de constitutionnalisation de la libre concurrence et du droit de la

---

[588]DANIEL Jean-Marc, « L'Économie de marché : liberté et concurrence », *L'Économie politique*, n° 37, 2008, pp. 38-50.

[589]« La doctrine économique qui prétend que le marché concurrentiel est spontané et ne requiert ni État ni droit ni institution, est minoritaire. On la retrouve représentée par l'École autrichienne dont les travaux de Friedrich Hayek sont le fleuron et ont réussi à perdurer jusqu'à ce jour » Voir FRISON-ROCHE Marie Anne, « Régulation versus concurrence », *The journal of regulation*, n° 7, 2011, I-1-30, pp. 550-559.

[590]MALAURIE-VIGNAL Marie, *Droit de la concurrence interne et européen*, Op. cit., p. 1.

concurrence, garantissant une protection de la régulation concurrentielle des marchés.

À titre de comparaison, quelques constitutions nationales comportent des dispositions relatives à la concurrence, par exemple en Hongrie, en Roumanie ou en Bulgarie. La Constitution hongroise dispose que l'État « *garantit les conditions d'une concurrence économique loyale, combat tout abus de position dominante et défend les droits des consommateurs* ». La Constitution roumaine dispose en son article 135 que *« l'économie de la Roumanie est une économie de marché fondée sur la libre initiative et la concurrence » ; elle* assigne à l'État le rôle « *d'assurer (...) la protection de la concurrence loyale, la création du cadre favorable à la mise en valeur de tous les facteurs de production* ». L'article 19 de la Constitution bulgare dispose que la loi garantit les droits des citoyens et des personnes morales « *en prévenant l'abus du monopole, la concurrence déloyale et en protégeant les producteurs* »[591].

La constitutionnalisation de la concurrence induit des conséquences juridiques considérables. Dans le cadre de l'instauration de l'État de droit, les institutions de régulation et juridictions sont obligées de sauvegarder les droits que les justiciables tiraient des articles 35, 36 et 166 de la loi fondamentale marocaine.

L'effet de la constitutionnalisation se trouve aussi dans l'instauration des normes législatives et un régime protecteur de la concurrence. Au Maroc et à titre de rappel, la loi n° 20-13 relative au Conseil de la concurrence et la loi n° 104-12 relative à la liberté des prix et de la concurrence constituent l'arsenal national pour garantir la libre concurrence et prévenir et sanctionner toute atteinte au bon fonctionnement des marchés.

De par sa nature répressive, le droit de la concurrence fait appel aux règles de la procédure permettant de garantir les atteintes aux droits de la défense. La régulation concurrentielle quant à elle s'exerce en principe contre les libertés économiques garanties par la Constitution. En premier lieu, la liberté d'entreprendre dont l'article 35 de la constitution de 2011 prévoit que « *L'État garantit la liberté d'entreprendre »,* laquelle n'est susceptible de faire l'objet que de limitations liées à des exigences de l'intérêt général[592].

Une distinction capitale et trop peu relevée doit pourtant opposer, d'une part la concurrence comme manifestation d'une égalité dans la liberté

---

[591]HUBERT Patrick et CASTAN Adrien, « Droit constitutionnel et liberté de la concurrence », Op. cit., pp. 15-27.
[592]KINANA Essaid, *Cours de droit public économique en master du partenariat public privé*, 2010-2011, Université Hassan 1er, Settat.

individuelle et, d'autre part, le principe de libre concurrence comme choix d'organisation économique de l'État.

Certains estiment que la liberté de concurrence comporte plus qu'un droit à être concurrent, c'est-à-dire d'exercer sa concurrence sur un marché, mais un droit à l'égalité dans la concurrence et la non-discrimination. Cette analyse rapproche la constitution de l'économie, et ne lui confère aucun caractère économique par le détour des droits fondamentaux.

Chapitre 2. La veille du Conseil de la concurrence au bon fonctionnement du marché

La loi a attribué compétence au Conseil pour connaitre des ententes, des abus de domination et des prix abusivement bas. Le Conseil examine si ces pratiques entrent dans le champ de la loi n° 104-12 relative à la liberté des prix et la concurrence.

Aussi, il peut se déclarer compétent pour examiner les saisines concernant les concentrations économiques, au regard du même texte de loi. Toutefois, il ne saurait intervenir pour le contrôle de fautes civiles de discrimination, des fausses marques. En toute hypothèse, le régulateur de la concurrence est également incompétent pour prononcer la nullité des stipulations contractuelles révélant ces pratiques. Il demeure encore incompétent pour appliquer les règles du droit de la consommation relatives à la fausse publicité ou de nature à induire en erreur.

Le Conseil ne saurait intervenir, alors que lorsque les pratiques dont il est saisi portent atteinte au fonctionnement du marché. Le législateur a cependant, donné, au président du Conseil une large manœuvre d'action traduisant son action indépendante, par la possibilité de saisir les juridictions, lorsqu'à l'occasion d'affaires relevant de sa compétence, il constate des pratiques de concurrence déloyale.

Il est investi d'une mission générale de protection de l'ordre public économique, qui dépasse la préservation des intérêts particuliers des acteurs économiques. Le nouveau dispositif législatif souligne aussi que les personnes publiques qui exercent des activités de nature économique comme des entreprises et l'État lui-même sont soumis au droit de la concurrence et à la compétence du Conseil de la concurrence. Cette dernière est limitée aux activités de production, de distribution et de services des entreprises. Néanmoins, lorsque l'entité publique ou privée, investie d'une mission de service public, n'accomplit pas d'acte de production, de distribution ou de services, elle échappe à la compétence du régulateur, pour rester sous le contrôle de son juge naturel.

Alors que son prédécesseur avait seulement la possibilité d'examiner si les pratiques anticoncurrentielles entraient dans le champ des prohibitions légales ou pouvaient leur échapper en raison de l'un des faits justificatifs prévus, avant de formuler une recommandation à l'intention du Premier ministre, le Conseil de la concurrence issu de la constitution de 2011 s'est vu attribuer un véritable pouvoir : il peut, en effet, prononcer des sanctions et des injonctions pour veiller au bon fonctionnement du marché.

Il importe de souligner que ce le Conseil présente différentes formations selon la complexité de l'affaire soumise devant lui. Il peut l'examiner soit « *en formation plénière, soit en commission permanente, soit en sections* »[593].

La formation plénière examine les affaires les plus importantes, et réunit en principe tous les membres du Conseil de la concurrence qui sont au nombre de 13. Ces membres sont d'abord le président et quatre vice-présidents, ainsi que les autres membres conseillers. En outre, les derniers sont assistés par un rapporteur général, ainsi que par des rapporteurs généraux adjoints, et le commissaire du gouvernement qui fait valoir les intérêts de l'État. En pratique, au moins huit membres sont nécessaires pour siéger et délibérer, dont un membre magistrat.

La commission permanente est composée du président et des quatre vice-présidents. Elle est, en fait la seule formation compétente spécialement en matière de procédure simplifiée. Lorsqu'une décision comporte une injonction et a prévu une sanction pécuniaire applicable et en cas d'inexécution de celle-ci, elle peut constater que cette injonction n'a pas été exécutée. Elle possède la compétence pour demander à la direction de la concurrence de procéder aux enquêtes nécessaires d'une part, et de présenter à la cour d'appel de Rabat des observations écrites. Celle-ci s'étend à l'ensemble des attributions conférées au Conseil de la concurrence, même si les textes ne comportent aucune précision en ce sens.

Ainsi, lorsque les textes visent le Conseil de la concurrence sans autre précision, en principe toutes ses formations sont compétentes. D'ailleurs, nous pouvons souhaiter que cette compétence générale de la commission soit permanente dans la mesure où ses membres sont à plein temps, contrairement aux membres qui siègent dans les autres formations. Cependant, et à titre de rappel, tous les membres du Conseil sont astreints à une obligation d'assiduité.

---

[593]Voir à ce propos MOUSSERON Jean Marc et SELINSKY Véronique, *Le droit français nouveau de la concurrence*, Paris, Litec, 1988, p. 141 ; BOUTARD-LABARDE Marie-Chantal, *Le nouveau droit de la concurrence : commentaire de l'ordonnance du 1er décembre 1986 à la liberté des prix et de la concurrence*, Paris, Montchrestien, 1987, p. 65.

Les sections comprennent au moins trois membres dont le président. La section se réunit à l'initiative du président pour examiner les dossiers les moins importants. Mais elle peut à tout moment renvoyer l'affaire à la formation plénière si, celle-ci lui apparaît trop complexe ou exige une décision de principe. Le président du Conseil de la concurrence fixe le nombre et la composition des sections du Conseil et affecte les membres du Conseil à chacune d'entre elles. Chaque section est présidée par le président du Conseil ou à défaut par l'un des vice-présidents ou, lorsque cela est nécessaire pour permettre un nouvel examen d'une affaire dans une formation différente, par le membre le plus ancien de la section. Les vice-présidents peuvent se suppléer en cas d'absence ou d'empêchement de l'un d'entre eux. Quoi qu'il en soit, il faut souligner que pour toutes ces formations, en cas de partage égal des voix, celle du président est prépondérante.

Ainsi, notre propos sera divisé en deux sections : la compétence matérielle du Conseil de la concurrence (Section I), et l'application d'un droit restreint des pratiques anticoncurrentielles (Section II).

Section I. La compétence matérielle du Conseil de la concurrence

La loi n° 104-12 relative à la liberté des prix et la concurrence, définit comme critère de compétence du Conseil l'existence ou non d' « *activités de production, de distribution et de services* » pouvant constituer des pratiques anticoncurrentielles. Ce critère matériel se caractérise par un aspect particulier, dans la mesure où il comporte une nature plus économique que juridique, ce qui semble en pratique difficile à limiter.

En tout état de cause, l'accent sera mis d'abord sur la consécration de ce critère matériel (§ 1), puis sur le critère organique qui reste « secondaire » (§ 2).

§1. La consécration de ce critère

Le champ d'application de la loi n° 104-12 est déterminé par son article premier. Lequel a été placé fort logiquement par le législateur en première position. Il se situe au Titre I de ladite loi intitulé « *Champ d'application* ». Il s'agit bien d'une disposition fondamentale qui a une fonction essentielle pour son application. En effet, elle instaure un critère permettant au Conseil de la concurrence de déterminer les activités susceptibles de fausser le libre jeu de la concurrence. Et cela par la vérification de l'existence ou non d' « *activités de production, de distribution et de services* » telles que visées à l'alinéa 2 de l'article 1 de la loi n° 104-12, et pouvant de ce fait constituer des pratiques anticoncurrentielles. À vrai dire, c'est un critère matériel qui contient l'ensemble des activités de nature économique. Toutefois, d'autres activités sont exclues.

D'une façon générale, pour la mise en œuvre des règles substantielles de la loi n° 104-12, le critère matériel impose l'existence d'une activité économique de production, distribution et de services (A), ce qui montre que d'autres activités sont exclues du champ d'application de ce texte (B).

A. Les activités économiques concernées

Afin d'identifier la compétence du Conseil de la concurrence, le critère matériel tiré de la notion d'activités économiques de production, de distribution et de services semble déterminant. Il est caractérisé par une spécificité marquante, puisqu'il s'agit d'un critère plus économique que juridique. D'après Malaurie-Vignal : « *Le droit de la concurrence est hégémonique. Il a vocation à appréhender toute activité de production, de distribution ou de service, pourvu que celle-ci soit économique, c'est-à-dire puisse être présente sur un marché où se rencontre l'offre et la demande, même si l'offre peut être réduite à un seul opérateur en cas de monopole* »[594]. Toutefois, ce critère présente des difficultés, car il n'est pas facilement identifiable et il semble en pratique difficile à délimiter.

Le critère matériel que comprend l'article 1er de la loi n° 104-12 relative à la liberté des prix et la concurrence suppose l'existence d' « *activités de production, de distribution et de services* ».

On peut, remarquer avec attention, une telle formule consistant en une énumération de différents types d'activités sachant que les textes juridiques se contentent généralement à l'utilisation d'un vocabulaire plus habituel évoquant des activités économiques ou commerciales, ou bien marchandes. Les trois termes sont indistinctement utilisés.

Mais, il est à remarquer que l'énumération n'a d'autre objet que d'indiquer la généralité de l'application des dispositions de la loi n° 104-12, et non d'opérer une interprétation a contrario qui vise à déduire de la compétence du Conseil de la concurrence les comportements qui ne font pas partie des activités visées. En fait, il faut donner une explication large à l'article 1, car il a comme but de régenter toutes les activités économiques de production, de distribution et de services, même les plus particulières. Ainsi, les activités agricoles, industrielles ou tertiaires sont susceptibles d'appartenir à cette catégorie.

---

594 MALAURIE-VIGNAL Marie, *Droit de la concurrence interne et européen*, Op. cit., p. 67.

Cette soumission générale de l'ensemble des activités économiques au droit de la concurrence s'explique par la quasi-universalité de la législation sur la concurrence. Les dispositions de la loi n° 104-12 ont donc vocation à régir tous les marchés où sont échangés des biens et services économiques, ainsi que tous les secteurs économiques, où sont exercées des activités économiques.

La jurisprudence des autorités de la concurrence aux niveaux français et européen consacre le critère de l' « *activité* », au détriment de tout autre fondement, comme celui de la « *solidarité* » ou de l'« *organisation* ». Bien entendu, ces deux critères permettent d'exclure du champ de compétence des régulateurs de la concurrence, certaines organisations en raison de leur nature spécifique, dont les organismes de la « *sécurité sociale* »[595].

Il est désormais certain qu'un opérateur économique se reconnaît non seulement par sa composition structurelle, son objet ou sa nature, mais aussi par les modalités de son intervention sur le marché, donc par les activités qu'il exerce sur le lieu d'échange. C'est pourquoi tous les secteurs, branches et acteurs économiques, peuvent s'inscrire dans le champ de la compétence du Conseil de la concurrence dès l'instant qu'ils exercent des activités économiques.

Dans ce cadre, il semble bien que l'article 1 de la loi n° 104-12 contribue à accroitre le champ d'application des dispositions de la concurrence à toutes les activités économiques, quel que soit le secteur considéré. Toutefois, il peut servir d'instrument utile pour tracer les limites de l'application des règles concurrentielles, et par conséquent, la compétence du Conseil de la concurrence. Ce dernier peut adopter une interprétation négative ou a contrario du texte de l'article 1, en cherchant à déterminer les activités qui ne sont pas de production, de distribution et de services et non celles faisant partie de cette catégorie. Cette approche a comme effet la construction d'une tranche

---

[595]« Le concept "**sécurité sociale**" revêt pour beaucoup un caractère tout à la fois familier et lointain. Familier, dans la mesure où chacun sait à peu près, de manière empirique et concrète, ce à quoi celle-ci renvoie : par exemple au remboursement des frais médicaux en cas de maladie, au versement d'allocations familiales en cas de charge d'enfants, à l'attribution d'une rente ou d'une pension en cas d'invalidité, etc. Mais lointain, également, dans la mesure où beaucoup ignorent ou à tout le moins saisissent mal, eu égard à son incontestable complexité, la nature, les contours, le contenu ou encore les modalités d'organisation et de fonctionnement de ce système collectif de protection.... mais si le terme générique et a priori évident de "sécurité sociale" résulte de trajectoires très diverses et recouvre des structures et des contenus extrêmement variables, les faits cependant demeurent : par-delà les débats idéologiques qui sont ouverts et les modèles plus ou moins cohérents qui s'affrontent, des institutions existent, des interventions sont mises en œuvre, des prestations sont délivrées ». Voir à ce propos BORGETTO Michel, LAFORE Robert et DUPEYROUX Jean-Jacques, *Droit de la sécurité sociale,* 17e édition, Paris, Dalloz - Précis, 2011, p. 1.

qui peut contenir l'ensemble des activités qui n'entrent pas dans l'énumération positive de l'article 1 de la loi n° 104-12[596].

Ce raisonnement montre que le Conseil de la concurrence jouit d'une grande faculté pour mettre en œuvre les règles de la loi n° 104-12 relative à la liberté des prix et de la concurrence. Toutefois, cette faculté reste encadrée par les limites qu'instaure ce texte.

Sous un angle comparatif, le tribunal des conflits français dans un arrêt du 6 juin 1989, « *Ville de Pamiers* »[597] a affirmé qu'on ne peut appliquer les règles du droit de la concurrence qu'aux activités commerciales. En d'autres termes, le Conseil de la concurrence ne peut connaitre les actes de puissance publique des personnes publiques, qui sont débattus devant le juge administratif.

Sans doute que cette lecture de l'article 1 se fait par référence à la nature des activités, qualifiées d'économiques. On définit donc en termes économiques le champ d'application de ce texte. C'est une démarche matérielle qui est adoptée par le législateur. En comparaison avec l'article L.410-1 du code de commerce français qui résulte de l'article 53 de l'ordonnance de 1986, disposant que : « *Les règles définies au présent livre s'appliquent à toutes les activités de production, de distribution et de services.* », le professeur Michel Bazex estime que cette disposition d'un point de vue exégétique est indéniablement la plus importante du texte[598].

Effectivement, lorsqu'il y a des activités économiques, il y a logiquement une entité économique. Elle peut être une entreprise, toutefois cette dernière notion qui se situe au centre du droit de la concurrence, n'étant pas encore certaine[599]. C'est pourquoi la doctrine a estimé préférable d'utiliser celle d'entité économique qui peut, selon les différentes acceptions du terme,

---

[596]Au lieu de rechercher ce que sont réellement les activités de production, distribution ou services, certains auteurs ont proposé de ne s'intéresser qu'à celles qui n'en sont pas. Ainsi, les actes réglementaires ou individuels ne pourraient s'analyser en une activité de production, de distribution et de services. Il en irait de même de l'organisation des services ou du domaine public. Les actes de puissance publique relèveraient ainsi d'activités étrangères à l'article 1. Ils ne pourraient donc se voir appliquer les règles du droit de la concurrence. Voir BERLIN Dominique, « L'article 53 de l'ordonnance n° 86-1243, vrais problèmes et fausses solutions », *Revue concurrence consommation*, mars 1997, p. 52.

[597]VILLAIN-COURRIER Anne-Élisabeth, *Contribution générale à l'étude de l'éthique du service public en droit anglais et français comparé*, Paris, Dalloz, nouvelle Bibliothèque de Thèses, 2004, p. 502.

[598]BAZEX Michel, « la polysémie de l'article 53 », *Revue concurrence consommation*, 1997, n° 96, p. 38.

[599]BOUTARD-LABARDE Marie-Chantal et CANIVET Guy, *Droit français de la concurrence*, Op. cit., n° 7 et s.

recouvrir celle d'entreprise[600]. Cela conduit à déduire la primauté de l'activité économique sur la forme juridique. Ce qui signifie que le Conseil de la concurrence est compétent à l'égard de toute personne juridiquement autonome développant une activité économique, quel que soit le but poursuivi, lucratif ou non, ou la forme juridique retenue. Les personnes physiques comme morales sont concernées par cette conception au sens du droit de la concurrence. Cette définition permet de rassembler des entités qui ne sont pas des entreprises, par exemple des ordres professionnels, associations ou syndicats, lorsqu'elles exercent des activités économiques de nature différente à leur raison d'être.

Le Conseil français de la concurrence a délimité le concept d'activité économique par trois critères, et ce à l'occasion d'un contentieux relatif aux activités des caisses d'assurance gérant les régimes de vieillesse et maladie de sécurité sociale. Il a estimé que leurs activités n'entrent pas dans le champ d'application de l'article L.410-1 et donc ne relèvent pas de sa compétence, car l'affiliation à ces régimes est obligatoire, il y a l'absence de maitrise des recettes et des dépenses, et celle de but spéculatif. Ces critères fondent l'exclusion du caractère économique de ces activités[601]. Ce qui montre que seules les entités ayant la maitrise de leurs recettes et de leurs dépenses et œuvrant dans un but spéculatif sont de nature à exercer des activités économiques.

Il est alors incontestable que pour relever de l'économique, une activité doit être destinée au marché, et non pas avoir un aspect de solidarité, au nom duquel elle doit profiter à tous. C'est le cas des organismes de la sécurité sociale dépourvue de tout but lucratif qui versent des prestations légales et indépendantes du montant des cotisations. Car dans ce cas, il existe une unicité de l'offre, et aucun secteur concurrentiel ne peut coexister avec elle[602].

Toutefois, il est important de ne pas confondre les deux notions de « *lucratif* » et d'« *économique* ». En fait, il faut rechercher cette dernière ailleurs que dans le caractère lucratif de l'activité. À titre d'illustration, une entente des associations avec des effets anticoncurrentiels sur le marché constitue une activité économique qui relève de l'application du droit de la concurrence, malgré que le but soit non lucratif, et les organismes agissent

[600] *Ibidem.*
[601] PRETOT Xavier, « Le Conseil de la concurrence et la Sécurité sociale », *Droit social*, 1994, p. 722.
[602] BERLIN Dominique, « L'article 53 de l'ordonnance n° 86-1243, vrais problèmes et fausses solutions », Op. cit., p. 52.

dans ce sens. La notion d'activités économiques semble être plus large que celle d'activité lucrative.

De ce fait, le critère contenu à l'article 1 de la loi n° 104-12 relative à la liberté des prix et la concurrence, qui permet d'octroyer une compétence au Conseil de la concurrence au regard du champ d'application de ladite loi est fondé sur la notion d'activité, sous réserve que celle-ci soit de production, de distribution et de services. Cependant, il convient de préciser que ces activités doivent être des activités économiques. Ces deux éléments permettent ainsi de retirer du champ d'application des règles relatives aux pratiques anticoncurrentielles, toute autre activité qui ne les rallierait pas.

B. Les activités exclues

L'article 1, de la loi n° 104-12, dans son alinéa 2, englobe un critère général d'application du droit de la concurrence qui présume l'existence des activités de production, de distribution et de services. Ce qui nous amène à l'analyse négative qui prévoit que tout autre type d'activités est exclu de l'application des dispositions concernant les pratiques anticoncurrentielles. Toutefois on peut se poser la question si par l'article 1, le législateur n'a pas tacitement, par inattention ou intentionnellement, renvoyé au Conseil de la concurrence et autres institutions, le soin d'exclure d'autres types d'activités du champ d'application dudit article.

Réellement, pourquoi employer la formulation d'activités de *production, distribution, services* plutôt que celles d'activités *économiques*, alors qu'elles sont censées être similaires ? Ainsi, le législateur marocain a emboité le pas de son homologue français lors de la rédaction de l'article L.410-1 du code de commerce français. L'amalgame est fondé par l'interprétation systématique en fonction de la place de cette disposition dans le système juridique. En effet, l'article 5 de la loi n° 20-13 relative au Conseil de la concurrence définit le champ de consultation de ce dernier : « Le *Conseil peut être consulté par les commissions permanentes du Parlement sur les propositions de loi ainsi que sur toute question concernant la concurrence...* » L'expression « *toute question concernant la concurrence* » semble distincte de celle contenue dans l'article 1 qui appréhende des activités *de production, de distribution et de services.* Il est légitime alors de se demander si l'article 1de la loi n° 104-12 se rapporte à toutes les questions de concurrence, et donc à toutes les activités. En cas de réponse négative, des activités qui intéressent la concurrence, ayant un objet ou un effet sur la concurrence, ne seraient pas concernées par son application.

Si on examine la jurisprudence du droit comparé notamment le système juridique français, cela confirme cette hypothèse ; des « *activités de production, de distribution et de services* », mais non économiques. Et en même temps des activités économiques qui ne sont pas de *« production, de distribution et de services »* s'avèrent avoir été exclues du champ de l'article 1 de la loi n° 104-12 et du domaine de compétence du Conseil de la concurrence. Dès lors que la notion d'activités économiques ne peut pas toujours être conçue comme un objet cognitif, c'est-à-dire susceptible d'une « *représentation mentale, générale et abstraite* », sa conceptualisation demeure complexe[603].

1. L'exclusion des activités sociales

Il s'agit des activités à but social, qui échappent au droit de la concurrence. Les régimes de sécurité sociale sont donc fondés sur un principe de solidarité. C'est un principe dégagé par la jurisprudence, et qui est désormais acquis. Toutefois, la justification des autorités de la concurrence pour écarter les activités à caractère social du domaine de droit de la concurrence reste mitigée sur ce point.

La jurisprudence française incarnée par la cour d'appel de Paris a estimé que « *l'organisation de la sécurité sociale restant fondée sur le principe de la solidarité nationale et non sur la loi de l'offre et de la demande, les caisses de retraite françaises qui sont chargées de gérer les régimes de base ou complémentaires selon des normes législatives ou réglementaires (...) ne peuvent être assimilées à des entreprises soumises à la loi du marché et au principe de concurrence.* » Ainsi, la notion d'entreprise ne vise pas les organismes chargés de la gestion des régimes de sécurité sociale. Ceci semble étrange puisqu'on fonde un raisonnement sur la notion d'entreprise peu certaine en droit de la concurrence[604].

Les critères d'exclusion du droit de la concurrence sont cependant complexes, car la fonction exercée doit être de caractère exclusivement social : *absence de but lucratif, indépendance entre les prestations versées et le montant des cotisations, cotisations proportionnelles aux revenus, caractère obligatoire de l'adhésion, redistribution de revenus, mécanisme de répartition...* Tels sont les principaux indices qui ne sont pas nécessairement cumulatifs d'une activité sociale et non économique dégagés essentiellement par la jurisprudence. Par conséquent, les régimes de retraite fonctionnant selon le principe de la capitalisation sont considérés comme des entreprises alors qu'il s'agit d'organismes à but non lucratif, soumis à des dispositions

---

[603]ELSA Bernard, « « L'activité économique », un critère d'applicabilité du droit de la concurrence rebelle à la conceptualisation. », *Revue internationale de droit économique*, n° 3, 2009, pp. 353-385.

[604]MENURET Jean-Jacques, le *contentieux du Conseil de la concurrence*, Op. cit., p. 50.

réglementaires comportant quelques éléments de solidarité, mais à adhésion facultative.

2. Les activités des demandeurs

Le débat sur les activités soumises à la compétence du Conseil de la concurrence ne se limite pas à celles qui ont un caractère social. Il concerne également les activités économiques qui ne sont pas des activités de production, de distribution et de services. Il convient de s'interroger si les activités d'« *achat* » ou des « *demandeurs* » doivent relever aussi de la compétence du Conseil de la concurrence.

Selon une partie de la doctrine dont le professeur Dominique Berlin, le champ du droit de la concurrence ne peut se limiter aux activités de production, de distribution et de services. À cet égard, il estime à propos de l'ordonnance française sur la liberté des prix et la concurrence de 1986 « *qu'il est assez facile de répondre que l'autorité du droit de la concurrence n'a pas hésité à examiner, au regard des règles de l'ordonnance, les pratiques de certaines centrales d'achat et les pratiques d'abus de dépendance économique de la part d'acheteurs à l'égard de leurs fournisseurs. S'il est vrai que les principaux comportements relevant des règles de concurrence ont trait à des activités de production, de distribution ou de services, il ne paraît pas possible de fonder sur l'article 53*[605] *l'idée d'une immunité des comportements d'achats* »[606].

Si on examine la loi marocaine n° 104-12 relative à la liberté des prix et de la concurrence, la référence aux activités d'achat bien mentionnée à l'article 7 prévoit que : *« Est prohibée, lorsqu'elle a pour objet ou peut avoir pour effet d'empêcher, de restreindre ou de fausser le jeu de la concurrence, l'exploitation abusive par une entreprise ou un groupe d'entreprises : 1- D'une position dominante sur le marché intérieur ou une partie substantielle de celui-ci ; 2- D'une situation de dépendance économique dans laquelle se trouve un client ou un fournisseur ne disposant d'aucune autre alternative équivalente.* »

[605] L'article 53 de l'Ordonnance n° 86-1243 du 1 décembre 1986 relative à la liberté des prix et de la concurrence prévoit que : « Les *règles définies à la présente ordonnance s'appliquent à toutes les activités de production, de distribution et de services, y compris celles qui sont le fait de personnes publiques notamment dans le cadre de conventions de délégation de service public* ».

[606] BERLIN Dominique, « les actes de la puissance publique et le droit de la concurrence », *AJDA*, 1995, p. 259.

Une autre partie de la doctrine estime que le droit de concurrence ne prévoit pas de règles relatives à l'achat ; ses dispositions ne concernent pas en principe les demandeurs, mais les offreurs[607].

La question se pose donc sur la nature d'acte d'achat (public ou privé), et si celui-ci constitue une activité de production, de distribution et de services soumise à la loi n° 104-12, ou un acte de consommation ? Le sujet soulève une question de principe qui est celle de la nature profonde de la commande publique et de son encadrement juridique. Selon l'expression du professeur Michel Bazex : « *Ne s'agit-il pas plutôt d'un acte de consommation qui ne relève que de la liberté de choix de l'acheteur, confortée par les règles de l'ordre public de protection des consommateurs* ? »

En fait, les actes d'achat sont régis par le principe de liberté contractuelle qui consacre que chaque personne peut s'engager contractuellement, en respectant les règles et limites de la loi. C'est pourquoi les personnes publiques et les opérateurs privés semblent être des acheteurs ou bien des demandeurs. D'après le professeur Menuret : « *Il est donc anormal de les soumettre au droit de la concurrence, puisque les règles de ce dernier sont justement faites pour permettre à l'acheteur, en fonction de son seul intérêt, d'exercer son choix librement, et non pour contrôler ce dernier* »[608]. En réalité, il demeure inconcevable de sanctionner une entreprise, parce qu'elle a choisi un cocontractant pour satisfaire ses besoins d'achat, ou bien une personne publique qui tout en respectant la procédure légale a opté pour tel ou tel candidat pour gérer un service public. En effet, les dispositions de la loi n° 104-12, notamment les articles 6 et 7 ne sont pas directement applicables aux demandeurs. Lorsque la personne, publique ou privée, est offreuse sur le marché en exerçant son activité de production, de distribution et de services, le droit de la concurrence doit s'appliquer sans restriction. La conclusion donc est de distinguer les actes des offreurs et des demandeurs.

Par ailleurs, la commande publique, s'il elle se dispense de la soumission aux règles de la concurrence puisqu'elle constitue un acte d'achat, doit toutefois se conformer aux dispositions du décret des marchés publics[609]. En effet, l'obligation de faire précéder d'une mise en concurrence la passation d'un marché public, d'un contrat de gestion déléguée ou d'un contrat de partenariat public/privé au sens strict, ne peut se ressortir des prescriptions de la loi n° 104-12 relative à la liberté des prix et la concurrence. Si la répression

[607]BOUTARD-LABARDE Marie-Chantal et CANIVET Guy, *Droit français de la concurrence*, Op. cit., n° 13.
[608]MENURET Jean-Jacques, *Contentieux du Conseil de la concurrence*, Op. cit., p. 53.
[609]Décret n° 2-12-349 du 8 joumada I 1434 relatif aux marchés publics publié au Bulletin Officiel n° 6140 du 4 avril 2013.

s'exerce sans doute à l'encontre des entreprises candidates ou titulaires de marchés publics, la commande publique n'est pas traitée comme une activité de production, de distribution et de services au sens de la loi n° 104-12. L'action du Conseil de la concurrence ne banalise donc pas le marché public au regard des règles de la concurrence. Puisque ce sont les entreprises et non les acheteurs publics, qui sont visées.

§ 2. Un critère organique « secondaire »

Dans son avis n° 14/10 rendu le 29 novembre 2009 portant sur la situation de la concurrence dans le marché des laboratoires de BTP, le Conseil marocain de la concurrence a considéré que le ministère du Transport, ayant une double qualité puisqu'il est à la fois actionnaire principal du Laboratoire Public des Essais et Études (LPEE) et régulateur du secteur, et conclu que les pouvoirs publics doivent par conséquent « *veiller à ce que les entités publiques qui exercent des missions de service public économiques, ou dont le capital est public, ne violent les règles de concurrence et évincent les opérateurs privés du secteur* »[610] et « *à ce que le LPEE soit soumis aux mêmes règles de la concurrence dans le marché sans aucun avantage concurrentiel* »[611]. Sur la base de cet avis, nous analyserons la situation des personnes publiques en droit de la concurrence (A), et les exceptions de leur soumission (B).

A. Les personnes morales du droit public en tant qu'opérateurs économiques

La législation relative à la concurrence a confirmé l'indifférence entre personnes privées et publiques devant les règles de ce droit (1), et la prééminence du critère matériel sur celui qui est organique (2).

1. L'indifférence entre personnes privées et publiques

Si la notion d'activité est au cœur du fondement de la compétence du Conseil de la concurrence, l'alinéa 1 de l'article premier de la loi n° 104-12 prévoit que cette dernière s'applique : « à *toutes les personnes physiques ou morales qu'elles aient ou non leur siège ou des établissements au Maroc, dès lors que leurs opérations ou comportements ont pour objet ou peuvent avoir un effet sur la concurrence sur le marché marocain ou une partie substantielle de celui-ci* ». Dans le même sens, la lettre du texte de l'alinéa 2 dispose que les activités concernées peuvent être le fait de toutes les personnes « y *compris celles qui sont le fait de personnes morales de droit public* ». Cette formulation

---

[610] Conseil marocain de la concurrence, *Rapport annuel de 2010*, p. 182.
[611] Conseil marocain de la concurrence, *Rapport annuel de 2010*, p. 44.

démontre une différence remarquable en comparaison avec l'article L.410-1 du code de commerce qui utilise l'expression assez large de « *y compris celles qui sont le fait de personnes publiques* ». Sans doute que la notion de personne publique (dans le contexte français) est ici entendue dans un sens large. Il s'agit soit d'une personne de droit public (administration centrale, collectivité territoriale, établissement public), soit d'une personne de droit privé appartenant au secteur public.

Toutefois, cette disposition confère une compétence générale à l'autorité de la concurrence pour appliquer les règles relatives aux pratiques anticoncurrentielles, lorsqu'elle est saisie d'une demande mettant en cause des activités économiques. L'indifférence entre personnes privées et publiques est affirmée[612]. C'est la conséquence évidente du principe de la neutralité concurrentielle et de l'égalité des moyens de concurrence exige que l'intervention de l'État en tant qu'acteur économique ne puisse générer des anormalités à la concurrence à travers l'usage, à des fins anticoncurrentielles, de ses prérogatives de puissance publique[613].

La formulation de l'alinéa 1, quelque peu singulière, doit se comprendre d'une manière assez claire. La loi n° 104-2 sous-entend que sont visées par principe les activités des personnes privées. Alors qu'à l'égard des personnes morales de droit public, elles peuvent exercer des activités particulières qui font appel aux prérogatives de puissance publique, ou bien agir comme des opérateurs privés, effectuant des activités économiques de production, de distribution et de services. C'est uniquement dans cette dernière hypothèse que ces entités publiques seront soumises à l'article premier de la loi n° 104-12. L'expression « *y compris* », démontre une précision quant aux personnes visées par « *les activités de production, de distribution et de services* ».

Il est vrai que la notion de personne est un élément nécessaire du droit des pratiques anticoncurrentielles, puisque par la logique des choses, une activité est toujours exercée par une personne. Malgré que le législateur marocain ait choisi de commencer l'article premier par la mention des personnes auxquelles est appliquée la loi n° 104-12, ceci vise au sens vrai du terme *la compétence territoriale* du Conseil de la concurrence. Toutefois, c'est autour de la notion d'activité en tant que critère matériel de compétence que se focalise l'article premier ; celle de la personne n'y est que seconde.

612DESTOURS Stépahne, *La soumission des personnes publiques au droit interne de la concurrence*, Paris, Litec, 2000, p. 17.
613ABOUELAZIZ Mohamed, *Le Droit de la concurrence appliqué au secteur public*, Thèse pour l'obtention du doctorat en Sciences administratives, Université Mohammed 5, 2005, p. 92.

La formule expresse adoptée par le législateur dans la loi relative à la liberté des prix et de la concurrence : « *sont le fait de personnes morales de droit public lorsqu'elles agissent comme opérateurs économiques* », montre que ces dispositions s'appliquent à ces personnes dès lors que celles-ci se livrent à des activités de production, de distribution et de services. Il s'agit d'une mention incidente qui met les lumières sur les personnes privées qui ne sont visées qu'implicitement comme si cela constitue une évidence selon le raisonnement de tous les spécialistes du droit de la concurrence. Ce qui révèle que la question des personnes demeure de moindre effet pour l'action du Conseil de la concurrence.

Il faut remarquer que la loi n° 104-12 affirme s'appliquer aux personnes de droit public, en dépit du fait que le Conseil de la concurrence possède une compétence générale en matière de régulation de la concurrence.

C'est en fait, une nouvelle illustration de ces frontières qui s'effondrent entre les droits publics et privés, puisque l'article premier de la loi relative à la liberté des prix et la concurrence consacre l'indifférence entre les personnes publiques et privées. On rencontrait déjà cette façon de procéder dans le droit administratif de source essentiellement jurisprudentielle depuis le grand arrêt « bac d'Eloka » qui reconnaissait la possibilité de faire fonctionner un service public dans les mêmes conditions qu'une entreprise privée. Aujourd'hui, le développement du droit de la concurrence contribue à un renouvellement des rapports entre l'initiative publique et l'initiative privée. Il n'interdit pas aux personnes publiques d'exercer des activités industrielles et commerciales, mais il impose qu'elles le fassent à égalité avec les personnes privées[614]. Ce qui montre que le critère matériel est certainement aujourd'hui le critère premier de détermination des compétences pour le Conseil de la concurrence.

En réalité, la loi soumet les activités des acteurs privés au droit de la concurrence, et étend dans la même mesure l'applicabilité de ce dernier aux personnes morales de droit public en ajuste leur comportement à celui des personnes privées.

2. Un critère organique qui s'estompe

Malgré qu'une partie de la doctrine éloigne toute dualité des ordres de juridictions au Maroc[615], la problématique réside dans le fait que l'institution

---

[614]DELVOLVE Pierre et al, *les grands arrêts de la jurisprudence administrative*, Dalloz, août 2015, p. 211.

[615]Dans un article de la Revue du droit public et de la science politique en France et à l'étranger du 01 mai 2014, Yves GAUDEMET compare le système français avec le système marocain, en

des tribunaux administratifs, à l'image du type français, construit sur les fondements du principe de la séparation des autorités administratives et judiciaires, a donné naissance à un partage traditionnel de compétences entre le juge administratif et le juge judiciaire. De cette dissociation est née une distinction pour les personnes publiques, entre leurs activités de nature industrielle et commerciale et celles de la puissance publique ou de missions de service public.

Les dispositions de la loi n° 104-12 relative à la liberté des prix et la concurrence s'appliquent aux personnes privées et publiques, dès lors qu'elles exercent des activités économiques, c'est-à-dire quand elles se comportent comme des personnes privées. En France, le problème était résolu par le tribunal des conflits par l'arrêt « *Ville de Pamiers* » qui affirme qu'il n'y a pas de dérogation au partage de compétences entre les deux ordres.

C'est pourquoi les deux textes relatifs au droit de la concurrence, marocain et français, ont considéré que les actes pris en vertu d'une prérogative de puissance publique ne relèvent pas du champ du droit de la concurrence et donc de la juridiction administrative.

Par ailleurs, il faut s'interroger quant à l'expression utilisée par le législateur marocain : « *personnes morales de droit public* ». Il a choisi de la

---

estimant que ce dernier n'a pas la même tradition juridique que la France et n'ayant jamais adopté un système de dualité d'ordres de juridiction : « Ce système de dualité des ordres de juridictions n'a jamais existé au Maroc, y compris à l'époque du protectorat et toujours pas aujourd'hui. Le protectorat a au contraire établi au système de « *l'unité de juridiction et de séparation des contentieux* ». Selon l'heureuse formule d'Olivier Renard-Payen. Le contentieux administratif réduit à l'origine au contentieux de l'excès de pouvoir, étant confié à une chambre administrative au sein d'une unique cour suprême. Cette justice administrative spécialisée, au sein d'un ordre juridictionnel unique, élément constitutif de l'autorité judiciaire devenue pouvoir judiciaire dans la constitution du 29 juillet 2011, s'est enrichie dans ces dernières vingt années à mesure que se développait quantitativement le contentieux administratif et que se multipliaient les voies de recours : à la création des tribunaux administratifs entrés en fonction en 1994 a succédé la création de deux cours d'appel administratives, à Marrakech et à Casablanca, par la loi du 14 février 2006 (modifiée depuis par la loi du 18 février 2009). De cette spécialisation du contentieux administratif ne résulte aucunement un éclatement du pouvoir de juger entre deux ordres de juridictions, ainsi qu'il en est en France ; tribunaux administratifs et cours d'appel administrative, sous le contrôle de la chambre administrative de la Cour suprême, connaissent de la : « matière administrative » à titre de spécialité fonctionnelle, mais au sein désormais du « pouvoir judiciaire » dont l'unicité est constitutionnellement confirmée. C'est une solution heureuse héritée de l'histoire qui, sur ce point comme sur d'autres au Maroc, a su se départir de tout mimétisme et procéder avec un réalisme dont l'actualité constitutionnelle la plus récente confirme la pertinence ». *Voir* GAUDEMET Yves, « L'arbitrage de droit public : l'exemple du droit marocain, une comparaison utile », *Revue du droit public et de la science politique en France et à l'étranger, n° 3, 01 mai 2014*, p. 635.

limiter au critère de la personnalité morale de droit public. Mais la question est : doit-on faire une lecture in extenso et plus large aux personnes publiques ou bien au contraire, plus réduite ? La réponse ne peut être définitive que par la pratique du Conseil marocain de la concurrence. Toutefois, l'autorité française de la concurrence a estimé que les dispositions de l'article L.410-1 du code de commerce français s'appliquent à toutes les catégories de personnes publiques, pour leurs activités économiques, qu'il s'agisse de l'État, des collectivités territoriales, des établissements publics, ou encore des organismes privés chargés d'une mission de service public.

En fait cette dernière catégorie pose problème d'après la lecture du texte marocain, car on ne peut la ranger parmi les personnes morales de droit public. Toutefois, une vue générale de l'organisation administrative, spécialement dans les domaines économique et social, ne serait pas complète si l'on ne soulignait pas le recours à des personnes morales de droit privé pour exercer des fonctions non seulement de prestation, mais aussi d'encadrement de l'activité économique[616].

La notion de personnes publiques est difficile à appréhender et à cerner. Elle n'a jamais fait l'objet d'une véritable définition. Le législateur s'y réfère parfois, mais sans préciser ses contours[617]. Les articles 1 de la loi n° 104-12 et L.401 du code de commerce français en sont une illustration : à aucun moment les personnes publiques visées par les textes ne sont définies ni énumérées.

En général, le critère organique s'estompe dans les dispositions de la loi n° 104-12. Cette dernière vise en effet à régir les activités que peuvent posséder des entités économiques sur le marché en ne portant pas attention à la nature des personnes, mais aux actes qu'elles accomplissent. Le Conseil de la concurrence s'intéresse aux activités économiques réalisées par les entités économiques sur le marché, publiques ou privées. En fait, c'est autour de ces personnes que s'articule l'action du Conseil de la concurrence et sa compétence en appliquant les règles du droit des pratiques anticoncurrentielles. C'est en outre le principal sujet de cette action, car l'article 3 de la loi n° 20-13 relative au Conseil de la concurrence, donne à l'entité économique victime d'une pratique anticoncurrentielle, qualité à le saisir : « *Le Conseil peut être saisi, pour toutes les pratiques anticoncurrentielles, par les entreprises, ou, pour toute affaire qui concerne les intérêts dont ils ont la charge, par les organismes mentionnés au dernier alinéa de l'article 5* ». La reconnaissance d'une telle qualité pour agir est déjà

---

[616]DESTOURS Stépahne, *La soumission des personnes publiques au droit interne de la concurrence*, Op. cit., p. 17.
[617]*Ibidem.*

en soi une particularité propre au travail de l'autorité régulatrice de la concurrence, surtout pour les entreprises.

En effet, la compétence du Conseil de la concurrence s'applique indistinctement à toutes les personnes, privées et publiques, physiques et morales, dès lors qu'elles sont des entités économiques, notamment, car ces opérateurs sont pris en compte à partir du moment où ils agissent, se rencontrent et opèrent sur le marché. Cette notion avec celle de l'activité permet d'identifier l'action du Conseil, son pouvoir et sa quête d'indépendance pour réguler le milieu économique.

B. L'exclusion des prérogatives de puissance publique ou de missions de service public

L'article premier de la loi n° 104-12 dans son alinéa 2 soumet à ses obligations les personnes privées, comme publiques, lorsqu'elles exercent des activités économiques de production, de distribution et de services. Cependant, et vu la particularité de certaines personnes morales du droit public qui peuvent mettre en œuvre dans l'exercice de leurs activités des prérogatives de puissance publique (1) ou de missions de service public (2), on peut se pose questionner s'il s'agit d'une limite du champ d'application de la loi n° 104-2, et par conséquent de la compétence du Conseil de la concurrence.

1. Les actes d'exercice de prérogatives de puissance publique

Le texte de l'article 1 dans son alinéa 2 apporte cette précision, en soumettant les personnes morales du droit public au droit de la concurrence, et donc à la compétence du régulateur de la concurrence qui peut user de son pouvoir de sanction à leur égard. Il évoque aussi les actes qui leur sont propres, c'est-à-dire les actes de puissance publique ou de missions de service public.

Ce critère de distinction est un héritage de la tradition du droit administratif, qui distingue les actes pris au nom de la puissance publique et du service public, et les activités de nature industrielle et commerciale, réalisées par les personnes publiques. C'est un autre élément de *l'acte* qui s'ajoute alors à celui de l'activité. En d'autres termes quelle est la fonction de cet acte ? La réponse permet de distinguer les actes pris dans l'exercice des prérogatives de puissance publique ou de missions de service public, et les activités en tant qu'opérateur économique. Toutefois, d'après Malaurie-Vignal : « *Cette distinction, en apparence très simple, se révèle d'application particulièrement ardue en pratique* »[618]. C'est en réalité, la frontière mouvante entre ces deux notions d'actes et d'activités qui est source de difficultés.

Par ailleurs, « les *prérogatives ou privilèges de puissance publique sont divers moyens d'action ou de protection, selon la distinction de René Chapus, propres aux personnes publiques. Il s'agit principalement du pouvoir d'édicter des actes unilatéraux, de recourir à l'expropriation, à la réquisition, de percevoir des recettes fiscales et d'assurer le recouvrement des créances par voie d'état exécutoire, mais aussi de privilèges tels que l'insaisissabilité des biens des personnes publiques et la prescription quadriennale* »[619]. Des prérogatives classiques, telles que l'intangibilité de l'ouvrage public et le monopole fonctionnel sont remises en cause actuellement, au nom du principe de légalité pour la première, et du respect du droit de la concurrence pour la seconde. Dans la jurisprudence administrative, la notion de prérogative de puissance publique contribue à la définition du service public et à la reconnaissance de la compétence administrative en matière de responsabilité extracontractuelle des personnes privées gérant un service public[620].

La notion de prérogative de puissance publique a longtemps caractérisé l'opérateur public, et spécialement l'État, car celui-ci est bien différent des particuliers et ne peut pas être considéré comme ces derniers. En fait, il est spécifique et se distingue des membres du groupe social. Pour cette raison, il lui faut un droit à sa mesure, il lui faut des « règles spéciales », un droit exorbitant[621]. Toutefois, cette notion de puissance publique montre aujourd'hui les mêmes ambiguïtés que celle de service public. D'après le professeur Dupuis : « *la puissance publique est une... notion absolument irréductible en droit public* »[622].

Il est vrai que la lettre de l'alinéa 2 de l'article premier se comprend comme soumettant à la compétence du Conseil de la concurrence au regard du champ d'application de la loi n° 104-12, toutes les activités de production, de distribution et de services, des personnes privées comme publiques. Cette finalité implique de définir ces activités visées. Au-delà de la lettre du texte, l'expression « *y compris* » amène tacitement, mais forcément à déterminer ce que sont, pour les personnes publiques, les activités de production, de distribution et de services. En fait, ces personnes peuvent agir comme de

---

[618]MALAURIE-VIGNAL Marie, *Droit de la concurrence interne et européen*, Op. cit., p. 53.
[619]VAN LANG Agathe et al, *Dictionnaire de droit administratif*, 7ème édition, Paris, SIREY, 2015, p. 353.
[620]*Ibidem.*
[621]SAILLANT Élodie, *L'exorbitance en droit public*, Volume 109, Paris, Dalloz, Nouvelle Bibliothèque de Thèses, 2011, p. 1.
[622]*Ibidem*, p. 7.

véritables entreprises privées, ou bien exercer des prérogatives de puissance publique ou de missions de service public.

Le problème émergeant de ce constat réside dans l'intervention des personnes publiques dans l'économie pour exercer les privilèges de puissance publique ou de missions de service public, est la détermination de la branche du droit applicable. S'agit-il du droit administratif, ou du droit des pratiques anticoncurrentielles ? Le premier renvoie au juge administratif, et le second au Conseil de la concurrence.

La réponse de la jurisprudence française est établie par l'arrêt « *ville de Pamiers* »[623]. En application des règles du droit de la concurrence, toutes les activités de production, de distribution et de services doivent s'exercer selon les impératifs du fonctionnement concurrentiel du marché. C'est-à-dire dans le respect du droit de la concurrence, et si une personne publique à l'intérieur d'un marché et se comporte comme un opérateur économique en vendant par exemple des biens ou des services, celle-ci doit être soumise aux mêmes règles et donc aux mêmes organes de contrôle que les opérateurs privés.

L'article l 410-1 du code de commerce français qui résulte de l'article 53 de l'ordonnance de 1986, traduit cette volonté en disposant que : « *Les règles définies au présent livre s'appliquent à toutes les activités de production, de distribution et de services, y compris celles qui sont le fait de personnes publiques, notamment dans le cadre de conventions de délégation de service public* ».

Toutefois, ce principe de soumission des personnes publiques aux règles du droit de la concurrence soulève quelques difficultés d'application. En particulier, un tel principe devait-il s'étendre aux cas dans lesquels les personnes publiques ne se comportent pas comme des acteurs économiques en achetant ou en vendant des biens ou des services ? Autrement dit, les personnes publiques sont-elles soumises au droit de la concurrence, lorsqu'elles prennent des actes de puissance publique ? Par ailleurs, les actes administratifs peuvent-ils être assimilés à des activités de production, distribution et services ? Qu'en est-il par exemple de la décision de choisir son cocontractant ? Deux questions se sont posées quant au champ d'application du droit de la concurrence, et plus particulièrement du problème de la soumission des personnes publiques auxdites règles. Le Conseil de la concurrence est-il compétent pour connaitre des actes des personnes publiques

---

[623]Voir DELVOLVE Pierre et al, *Les grands arrêts de la jurisprudence administrative*, Op. cit., p. 595 ; MALAURIE-VIGNAL Marie, *Droit de la concurrence interne et européen*, Op. cit., 2011, p. 53.

portant atteinte aux règles du droit de la concurrence ? Dans la négative, le juge administratif saisi de tels actes peut-il appliquer les règles de ce droit ?

En réponse à la première question, la compétence du Conseil de la concurrence à l'égard des personnes publiques a été traitée par le tribunal des conflits. Celui-ci a précisé que le Conseil de la concurrence ne pouvait pas connaitre des actes de puissance des personnes publiques. C'est ce qu'il a jugé la première fois, en 1989 dans la célèbre affaire « *ville de Pamiers* ».

En l'espèce, un contrat liant une société à la ville de Pamiers pour la distribution d'eau dans la commune, ayant fait l'objet d'une résiliation par par la Mairie ; celle-ci ayant décidé ailleurs de confier le service de distribution d'eau à la société Lyonnaise des eaux. La société requérante soupçonnant une pratique anticoncurrentielle, avait donc saisi le Conseil français de la concurrence, afin qu'il prononce des mesures conservatoires, et qu'il suspende en particulier les effets de la résiliation du contrat.

Le Conseil de la concurrence s'était déclaré incompétent, en estimant que la décision de la municipalité confiant l'exécution du service public de distribution de l'eau n'avait pas le caractère d'une activité de production, de distribution et de services. Mais la cour d'appel de Paris, saisie du recours contre la décision du Conseil de la concurrence avait réformé cette décision en estimant que la ville avait exercé une action sur le marché, de nature à porter atteinte aux règles de la concurrence et avait suspendu les effets de la résiliation du contrat dont bénéficiait la société requérante. Le préfet avait alors élevé le conflit, si bien qu'il incombait au tribunal des conflits de trancher la question relative à la compétence du Conseil de la concurrence à l'égard des personnes publiques.

Dans sa décision, le tribunal des conflits fait la distinction entre les activités qui relèvent des règles issues de l'ordonnance et du contrôle du Conseil de la concurrence, et des actes administratifs pris par la puissance publique pour organiser un service public qui relève du contrôle du seul juge administratif.

Ainsi, selon la formulation du tribunal des conflits : « *Considérant qu'il résulte de l'article 53 de l'ordonnance du 1er décembre 1986 que les règles qui y sont définies ne s'appliquent aux personnes publiques qu'autant que celles-ci se livrent à des activités de production, de distribution et de services ; que l'organisation du service public de la distribution de l'eau à laquelle procède un Conseil municipal n'est pas constitutive d'une telle activité ; que l'acte juridique de dévolution de l'exécution de ce service n'est pas, par lui-même, susceptible d'empêcher, de restreindre ou de fausser le jeu de la concurrence sur le marché* ».

Il n'appartient en conséquence ni au Conseil de la concurrence ni à la cour d'appel de Paris de vérifier la validité dudit acte. La formulation du tribunal des conflits pourrait sembler discutable. En effet, la décision de confier l'exécution du service à une société a nécessairement un effet sur le marché, et donc à cet égard, il serait contestable en affirmant que cet acte n'est pas susceptible de fausser le jeu de la concurrence. La jurisprudence « *ville de Pamiers* » a par ailleurs été confirmée ensuite par le tribunal des conflits, dans un arrêt du 4 novembre 1986, société Data Sport contre la ligue nationale du football.

Selon Marie-Stéphane Payet : « *L'affaire ville de Pamiers était révélateur exemplaire d'un conflit de logiques, celle du droit administratif, c'est-à-dire le droit de l'État, avec celle du droit de la concurrence, c'est-à-dire le droit du marché. Or, cette difficulté se retrouve de manière comparable dans le droit des clauses abusives, où la nature administrative d'un acte peut s'opposer, en pratique, au contrôle du juge judiciaire* »[624].

Dans la pratique, un grand nombre de décisions concernant des personnes morales de droit public se rapportent à des activités de production, de distribution et de services. Elles peuvent se traduire aussi bien par des activités de droit privé, notamment les décisions prises dans le fonctionnement des services publics industriels et commerciaux par des actes relevant du droit public à l'image de l'organisation des services publics ou des marchés publics.

Ainsi, la qualité de puissance publique donne le droit à des personnes, de pouvoir utiliser dans la vie administrative des moyens de droit privé, mais aussi des moyens de droit public, à savoir les prérogatives de puissance publique[625]. C'est le cas des actes pris concernant l'organisation des services publics, qui échappent au contrôle du Conseil de la concurrence.

Il incombe donc au Conseil de la concurrence une compétence partielle pour appliquer les dispositions du droit de la concurrence aux personnes morales du droit public, seulement si l'affaire concerne une simple activité de production, distribution ou services d'une personne publique, outre toute décision ou convention de droit public. Celles-ci ne révélant pas de l'exercice d'une mission de service public ou la mise en œuvre d'une prérogative de puissance publique.

À ce titre, sont exclues du domaine de compétence du contrôleur de la concurrence, les actes normatifs pris par les personnes morales du droit public, qu'ils représentent des règlements à caractère impersonnel ou bien des

---

[624]PAYET Marie-Stéphane, Droit *de la concurrence et droit de la consommation*, Paris, Dalloz, Nouvelle Bibliothèque de Thèses, 2001, p. 433.
[625] CHAPUS René, *Droit administratif général*, Op. cit., n° 637et s.

autorisations et agréments en tant qu'actes individuels ; les deux faisant partie de l'exercice de prérogatives de puissance publique.

2. Les missions de service public

Par ailleurs, la loi n° 104-12 utilise ainsi deux notions administratives pour écarter la compétence du Conseil de la concurrence, celles de *puissance publique ou de missions de service public*. L'emploi du législateur de la conjonction « ou » montre qu'un seul élément des deux suffit pour fonder cette exclusion de son champ de compétence. Dans ce cadre, la mission de service public renvoie à la portée fonctionnelle de ce concept. Elle désigne ce dernier comme une activité ou une mission dont la mise en œuvre est attribuée à une personne morale de droit public. C'est cette dimension qu'il convient de retenir pour le sens de l'article premier de la loi n° 104-12. De ce point de vue, la notion de service public se caractérise par la présence en son sein de trois éléments importants : « *d'abord elle implique, par nature, la recherche d'une finalité. Il s'agit d'une mission qui est mise en œuvre pour satisfaire l'intérêt général. Source de légitimation, l'intérêt général fait alors du service public une mission au service du public ; ensuite, elle renvoie à des modèles de gestion.... enfin, la qualification de l'activité (gérée directement ou indirectement) de service public suppose sa soumission à un régime juridique étranger au droit privé : le droit administratif* »[626]. Utilisée par le législateur comme par le pouvoir réglementaire, elle est mise en œuvre couramment par le juge, notamment administratif. Son invocation justifie la compétence de ce dernier et l'autorise à appliquer à l'administration des règles exorbitantes du droit commun (le droit administratif) applicable entre particuliers dont la spécificité même s'explique par la poursuite de l'intérêt général[627]. Il contribue à substituer à la figure autoritaire de l'État--Gendarme, cantonné dans le maintien du seul ordre public, celle infiniment plus bienveillante d'un État davantage soucieux de la poursuite du bien-être des citoyens[628].

En fait, l'expression *missions de service public* est plus générale et globale que les actes d'organisation d'un service public mettant en œuvre des prérogatives de puissance publique qui ressort de la compétence des juridictions administratives. Il semble alors qu'une distinction de fond soit opérée entre les activités de production, de distribution et de services et les actes faisant appel à l'exercice de prérogatives de puissance publique ou de missions de service public par les personnes morales du droit public.

---

[626] SAYAH Jamil, *Droit administratif*, Paris, Studyrama, 2004, p. 91.
[627] LE MESTRE Renan, *Droit du service public*, Paris, Gualino éditeur, 2005, p. 14.
[628] *Ibidem.*

En effet, la jurisprudence française a estimé qu'il s'agit de délibérations d'un Conseil général organisant une manifestation, de contrats d'occupation du domaine public, de la régularité de conventions administratives, ou de l'acte de dévolution d'un marché public par une collectivité locale. De tels actes sont exclus du champ d'application de l'article L.410-1 du code de commerce français, qu'ils soient le fait d'autorités publiques ou d'établissements publics industriels et commerciaux, que le service soit ou non industriel et commercial, c'est-à-dire qu'il soit ou non exploité dans les conditions du droit commercial privé[629].

Toutefois, la question est celle du contrôle des actes administratifs par rapport aux règles du droit de la concurrence. A ce titre, nous chercherons auprès du droit comparé français pour trouver des éléments de réponses.

Pendant plusieurs années, le Conseil d'État français a refusé de voir dans l'ordonnance de 1986 une source administrative applicable devant lui. L'arrêt « *ville de Pamiers* » aurait pourtant pu inciter le juge administratif à appliquer l'ordonnance, puisqu'après avoir estimé que l'acte administratif incriminé n'était pas constitutif d'une activité relevant du contrôle du Conseil de la concurrence, le juge des conflits déclarait dans le même temps qu'il n'appartenait pas aux juridictions administratives de vérifier la validité de l'acte au regard de l'article 9 de l'ordonnance. Mais, le 23 juin 1993, dans l'affaire la compagnie générale des eaux, le Conseil d'État avait refusé d'appliquer l'ordonnance de 1986 et avait maintenu par la suite sa position dans d'autres affaires dans lesquelles était en cause la légalité d'un acte administratif au regard de l'ordonnance de 1986. Par exemple dans un arrêt CAMIF du 29 juillet 1994 à propos de la légalité d'un décret relatif à l'union du groupement des achats publics.

Néanmoins, en 1996, la position du Conseil d'État a évolué légèrement, puisqu'il accepte pour la première fois dans l'arrêt « fédération française des sociétés d'assurance » du 8 novembre d'exercer un contrôle des actes administratifs au regard des règles du droit communautaire de la concurrence. Mais c'est dans l'arrêt du 3 novembre 1996, « *société Million et Marais* », que le Conseil d'État acceptera pour la première fois de contrôler la validité d'un acte administratif au regard de l'ordonnance de 1986.

En l'espèce, le Conseil d'État examine si le contrat de concession conclu par une commune avec une société de pompes funèbres avant la mise en œuvre d'une loi libéralisant ce secteur est contraire à l'article 8 de l'ordonnance prohibant les abus de position dominante. Ce contrat confiait en effet à la société un monopole sur le service extérieur des pompes funèbres. Le résultat

[629]MENURET Jean-Jacques, *Le contentieux du Conseil de la concurrence*, Op. cit., p.75.

de cet examen est, certes, peu spectaculaire, puisque le Conseil d'État constate que le monopole légal existant à l'époque de fait ne peut être constaté. Il considère que les conditions d'exploitation de ce monopole ne méconnaissent pas les règles de l'ordonnance. Les clauses du contrat ne permettant pas au concessionnaire d'abuser de sa position dominante, mais le principe de l'examen des stipulations contractuelles par rapport au droit interne de la concurrence est posé. Et ses conséquences concrètes pourraient être importantes à l'avenir, puisque désormais les stipulations d'un contrat ne peuvent légalement avoir pour effet de placer les cocontractants de l'administration dans une situation où ils contreviendraient aux dispositions de l'article L.420-2 du code de commerce.

Depuis cet arrêt « *Million et Marais* », le Conseil d'État a eu l'occasion à deux reprises de confirmer l'applicabilité de l'ordonnance de 1986 aux actes administratifs : tout d'abord dans l'arrêt du 6-12-96 « *ordre des avocats de Paris* », à l'occasion de l'examen de légalité d'un décret organisant le service public des bases de données juridiques. Les requérants contestaient ce décret en estimant qu'il plaçait sous monopole étatique les données juridiques, et critiquaient le monopole confié à la société chargée concessionnaire unique de gérer ce service.

L'intérêt de l'arrêt vient du fait que pour admettre la légalité du décret, le Conseil d'État effectue un contrôle de celui-ci par rapport à l'ordonnance de 1986. Il estime ainsi que le texte ne place pas le concessionnaire dans une situation, dans laquelle il serait nécessairement amené à abuser d'une situation dominante sur le marché. Donc, en effet, le concessionnaire était tenu de céder contre une rémunération équitable les données à toute personne qui souhaiterait les rediffuser. Dès lors, on ne pouvait estimer que le décret faisait naitre un abus de position dominante. Pour la première fois, le Conseil d'État contrôle donc au regard des dispositions de 1986 un acte unilatéral. Puis, dans un arrêt du 26 mars 1999, le Conseil d'État a intégré l'ordonnance de 1986 au contrôle de légalité des actes de passation des conventions d'occupation du domaine public. La question, ici, n'était plus de savoir si un acte administratif avait pour effet de placer un cocontractant de l'administration en situation d'abuser de sa position dominante, mais de savoir si l'acte lui-même traduisait de la part de son auteur un abus de domination. Avant de se prononcer sur les conclusions de la société requérante, le Conseil d'État a été conduit dans cette affaire à demander au Conseil de la concurrence de lui fournir certains éléments d'appréciation de nature à faciliter son contrôle. Une collaboration pourrait donc s'instaurer entre le juge administratif et le Conseil de la concurrence pour appliquer le droit de la concurrence aux actes administratifs. Cette opération n'a rien d'étonnant, dans la mesure où le droit de la concurrence a été conçu avant tout, pour sanctionner les pratiques anticoncurrentielles d'opérateurs économiques.

Il s'agit d'un droit dont les principes ne sont pas toujours aisément transposables dans le cadre d'un contrôle des actes administratifs. Il reste évident qu'on ne saurait appréhender l'intervention de l'autorité publique par rapport à la règle de la concurrence sans tenir compte des exigences du service public. Ces dernières doivent être en cohérence avec celles du fonctionnement concurrentiel des marchés. Par exemple, concernant les actes d'organisation du service public, ceux-ci peuvent justifier dans certains domaines un monopole assorti de divers avantages au profit du cocontractant de l'administration. Sur ce point, il faut bien avouer que la loi n° 104-12 dans ses articles 2 et 3 énumère diverses situations de réglementation des prix et de monopoles de droit après consultation du Conseil de la concurrence.

Le problème n'est plus tant d'interdire les personnes publiques de concurrencer les acteurs privés, mais de s'assurer que la compétition entre les personnes publiques et les opérateurs privés n'est pas faussée par le statut de la personne publique. En d'autres termes, le statut de ce dernier intervenant sur le marché est indifférent dès lors que ces contraintes sont celles de toute entreprise.

Cependant, c'est donc le juge administratif qui est contraint de nuancer la rigueur des règles de la concurrence en prenant en considération les exigences du service public. Cette préoccupation qui fait référence au principe de la « *libre concurrence* » découle de la constitution de 2011 et de la loi n° 104-12 relative à la liberté des prix et la concurrence.

En France, la jurisprudence a estimé, d'une part, depuis l'arrêt « *million et marais* » que le Conseil de la concurrence n'est pas compétent pour connaitre de la validité des actes administratifs quand bien même ceux-ci porteraient atteinte aux règles de la concurrence. Et, d'autre part, que le juge administratif étant seul juge de la validité de ces actes administratifs au regard du droit interne de la concurrence doit tenir compte aussi bien des règles de la concurrence que de la spécificité de l'action publique.

Au Maroc, la disposition expresse de l'article premier d'exclure du champ d'application de la loi n° 104-12 les actes de puissance publique ou de missions de service public reste à compléter par la jurisprudence administrative afin de concilier les impératifs du droit de la concurrence et de l'action publique des personnes morales du droit public marocain. Notamment en activant les dispositions de l'article 6 de la loi n° 20-13 qui dispose que : « *Le Conseil peut être consulté par les juridictions sur les pratiques anticoncurrentielles relevées dans les affaires dont elles sont saisies* ».

Section II. Le Conseil de la concurrence chargé de l'application d'un droit restreint des pratiques anticoncurrentielles

Selon Gérard Cornu, la compétence d'attribution est l'aptitude à connaitre d'une affaire, déterminée par la nature de celle-ci[630]. S'agissant de l'autorité régulatrice de la concurrence, cette compétence est bien limitée, dans la mesure où l'article 2 de la loi n° 20-13 dispose premièrement et avant tout que : « *Le Conseil a un pouvoir décisionnel en matière de lutte contre les pratiques anticoncurrentielles et de contrôle des opérations de concentration économique, telles que définies dans la loi relative à la liberté des prix et de la concurrence* ».

Il s'avère que le Conseil de la concurrence est en charge d'appliquer un droit bien restreint, enfermé dans la loi n° 104-12 relative à la liberté des prix et la concurrence.

L'objectif de cette recherche n'est en aucune manière d'exposer et de discuter du droit substantiel des pratiques anticoncurrentielles et du contrôle des concentrations, mais de chercher dans l'indépendance de ce Conseil par sa composition et son action de contrôle sur les marchés. Toutefois, il faut bien les prendre en considération, puisqu'ils permettent de réfléchir sur la compétence du Conseil de la concurrence et son environnement naturel de contrôle des marchés. Ainsi, ces idées seront-elles étudiées dans les deux paragraphes ci-après, la compétence d'attribution restreinte du Conseil (§ 1), et le Conseil de la concurrence et les régulateurs sectoriels (§ 2).

§ 1. La compétence d'attribution restreinte du Conseil

Le Conseil de la concurrence est en charge de l'application de règles de droit bien précises de la loi n° 104-12 relative à la liberté des prix et la concurrence. C'est pourquoi il convient seulement d'étudier la compétence limitée du Conseil de la concurrence (A) puis d'enchainer avec ses autres compétences (B).

A. La compétence limitée du Conseil de la concurrence

Il est clair que l'article 2 de la loi n° 20-13 signifie que l'organe de régulation de la concurrence en tant qu'institution à compétence nationale, ne saurait trancher tous les différends en matière de concurrence, puisque ne ressortent de sa compétence que ceux relatifs aux concentrations, et les

[630]CORNU Gérard, *Vocabulaire juridique*, Op. cit., p. 186.

affaires portant atteinte au fonctionnement normal d'un marché et résultant de pratiques d'ententes, d'abus de position dominante et d'abus de dépendance économique[631].

Le contrôle des concentrations d'entreprises figurait parmi les rares prérogatives directes de l'économie administrée, dont disposait l'État régulateur, pour contraindre les opérateurs économiques. Il demeure la forme la plus nette que prend la politique de la concurrence ; il vise l'action par laquelle une autorité compétente de la concurrence examine le rapprochement des entreprises et ses effets sur le marché, en évitant l'émergence par croissance externe de groupes dominants pouvant restreindre et limiter la concurrence.

La loi relative à la liberté des prix et de la concurrence a instauré un nouveau dispositif de contrôle des concentrations se caractérisant par un examen a priori des opérations. Elle a transféré le pouvoir de décision en matière de contrôle des concentrations au Conseil de la concurrence, sous réserve d'un important pouvoir d'évocation pour des motifs d'intérêt général par l'administration.

L'autorité gouvernementale est désormais dessaisie de ses prérogatives au profit du Conseil de la concurrence qui devient l'autorité de droit commun du contrôle des concentrations. Celui-ci bénéficie d'un mécanisme de contrôle fondé sur une obligation de notification préalable des opérations en fonction des seuils concernant le chiffre d'affaires des parties à l'opération ; l'administration étant seulement informée à ce stade, puisque l'autorité de la concurrence lui adresse un exemplaire du dossier. Il s'agit d'une inversion des rôles des deux institutions sur cette question par rapport à la législation antérieure en la matière.

L'articulation des prérogatives et les marges de manœuvre entre le Conseil et l'administration paraissent à travers l'article 15 de la même loi, qui prévoit que le Conseil de la concurrence « s'il *estime qu'il subsiste un doute sérieux d'atteinte à la concurrence, engager un examen approfondi* ». L'emploi de l'expression « *il estime* » s'inscrit dans la reconnaissance d'un pouvoir discrétionnaire au profit du Conseil, alors que l'article 18 prévoit que « l'administration *peut demander au Conseil de la concurrence un examen approfondi de l'opération* » sans imposer une suite favorable à cette demande, qui ne peut remettre en question l'indépendance de l'institution par une telle

---

[631]EL BAZZIM Rachid, « Le Conseil marocain de la concurrence », Revue *de droit des affaires internationales/international Business Law Journal*, 2016, pp. 73-83.

compétence liée puisque la décision finale revient au Conseil de la concurrence.

La loi n° 104-12 a institué une procédure de contrôle des concentrations se caractérisant par l'existence de deux types d'examen : un examen simple et une procédure d'examen approfondi.

À l'issue de la procédure d'examen, le Conseil prend une décision, dans un délai de 60 jours à compter de la date de réception de la notification complète de l'opération de concentration. L'opération peut être autorisée en subordonnant éventuellement par décision motivant cette autorisation à la réalisation effective des engagements pris par les parties, soit engageant, un examen approfondi. Dans le cas où le Conseil ne prend aucune décision dans le délai imparti, l'opération est réputée avoir fait l'objet d'une décision d'autorisation.

Si l'examen simple ne peut pas aboutir à une décision d'interdiction, l'examen approfondi peut soit interdire l'opération de concentration et enjoindre aux parties de prendre toute mesure propre à rétablir une concurrence suffisante, soit autoriser l'opération, mais en enjoignant aux parties de prendre toute mesure propre à assurer une concurrence suffisante ou en les obligeant à observer des prescriptions de nature à apporter au progrès économique une contribution suffisante pour compenser les atteintes à la concurrence.

Il s'avère qu'il ne faut pas sous-estimer la pression contentieuse que pourraient exercer les opérateurs économiques concurrents des parties à la concentration, ayant probablement intérêt à ce qu'un examen approfondi soit diligenté, et que l'opération ne se fasse pas ou qu'elle soit soumise au maximum de conditions et de garanties.

En effet, la loi n° 104-12 a distingué les rôles du Conseil et de l'administration lors de l'appréciation d'une opération de concentration économique. Le régulateur de la concurrence dresse un bilan concurrentiel et économique. Il doit examiner si l'opération est de nature à porter atteinte à la concurrence (bilan concurrentiel) et, si tel était le cas, il doit apprécier si l'opération apporte au progrès économique une contribution suffisante pour compenser les atteintes à la concurrence (bilan économique).

Quant à l'administration, celle-ci dispose du pouvoir d'évocation d'une opération pour des motifs d'intérêt général incluant notamment l'impact social de l'opération. Le législateur marocain suivant la tradition juridique française fondée sur l'intérêt général accepte donc qu'une atteinte à la concurrence puisse être légitimement régularisée par des motifs d'intérêt général. L'alinéa trois de l'article 18 dresse une liste non exhaustive de ces motifs :

« *notamment, le développement industriel, la compétitivité des entreprises en cause au regard de la concurrence internationale ou la création ou le maintien de l'emploi* ».

L'étude de l'exercice des attributions du Conseil de la concurrence en matière du contrôle des concentrations nous conduit à examiner certaines pratiques anticoncurrentielles, qu'ils s'agissent :

- *Des ententes* : celles-ci désignent des concertations entre deux entreprises ayant pour objet ou pour effet de fausser le jeu de la concurrence sur le marché. La qualité des parties à l'entente est indifférente, comme le sont toutes les formes d'entente. Elle suppose que soient prouvés : un consentement de chacune des parties à l'entente, mais celui-ci est parfois déduit du comportement des parties supposées à l'entente ; une concertation entre au moins deux entreprises. L'entente n'est illicite que si elle a pour objet ou effet d'affecter le libre jeu de la concurrence. Cette illicéité se mesure après un bilan économique qui apprécie les bons et les mauvais aspects de cette entente.

- *D'abus de position dominante* : ce dernier est une entrave à la concurrence concernant une entreprise placée en situation de monopole, voire d'oligopole, sur un marché, en état de dominer ce marché, face à des concurrents de taille beaucoup plus modeste. Mais c'est moins la taille que les pratiques qui peuvent résulter du confort procuré par la domination, qui demeurent dangereuses. Trois éléments sont nécessaires pour constituer une position dominante : une entreprise ou un groupe d'entreprises capables d'occuper une telle position ; un marché susceptible d'être dominé ; et la domination de ce marché.

- *D'abus de situation de dépendance économique* : l'abus de dépendance économique est une entrave à la concurrence concernant une entreprise placée en situation de puissance sur un marché rendant ses partenaires (clients ou fournisseurs) vulnérables ; puisque, ces derniers n'ont pas de solution alternative, dans la mesure où ils doivent poursuivre leurs relations commerciales sans pouvoir trouver de relations équivalentes ailleurs. Les critères de cet abus sont donc : une entreprise puissante sur un marché ; des partenaires susceptibles d'être dominés, car n'ayant aucun autre choix de relation économique ; la domination de ces partenaires, laquelle s'apprécie par des critères différents selon qu'il s'agit d'un client ou d'un fournisseur.

En effet, le Conseil de la concurrence ne peut être appelé à intervenir que pour corriger, en sa qualité d'autorité indépendante de régulation, le dispositif économique d'un marché déterminé, lorsque le jeu de ce mécanisme est faussé.

L'application du droit du contrôle des concentrations et des pratiques anticoncurrentielles ne serait pas l'apanage que du Conseil de la concurrence. Cette application se partage selon l'objet de la demande et la nature de l'activité. Il est clair alors que l'exclusion de la compétence du Conseil de la concurrence, des actes de puissance publique ou des missions des services publics des personnes morales du droit public marocain est opérée au profit des tribunaux administratifs.

Concernant le partage des compétences entre l'autorité régulatrice de la concurrence et les juridictions judiciaires au regard de l'objet de la demande, le Conseil ne peut infliger que des injonctions ou sanctions de nature administrative. Toutefois, il est loin d'être compétent pour l'application des dispositions de loi n° 104-12 ne mettant pas en œuvre ses mesures sanctionnatrices. C'est le cas surtout de l'article 10 de la loi n° 104-12 qui dispose que : « *Tout engagement, convention ou clause contractuelles se rapportant à une pratique prohibée en application des articles 6 et 7 est nul de plein droit* ». Cette nullité peut être invoquée par les parties et par les tiers ; elle ne peut être opposée aux tiers par les parties peut être éventuellement constatée par les tribunaux compétents à qui l'avis ou la décision du Conseil de la concurrence, s'il est intervenu un, doit être communiqué. Ce texte confère un pouvoir d'annulation des stipulations contractuelles en rapport avec les pratiques anticoncurrentielles visées par la loi n° 104-12. Or, compte tenu des pouvoirs conférés par le législateur au Conseil de la concurrence, celui-ci ne dispose d'aucun moyen permettant d'agir directement sur les contrats, à l'exception du pouvoir d'injonction qui permet une appréhension sur les conventions. Toutefois, l'article 10 était clair en disposant que seules les juridictions du droit commun peuvent mettre en œuvre ses dispositions.

De plus, le régulateur de la concurrence n'est pas compétent en principe pour appliquer les dispositions relatives aux pratiques restrictives (comme le refus de vente), car ces dernières font partie du petit droit de la concurrence et non du grand droit qui concerne les pratiques anticoncurrentielles.

Ce partage de la compétence montre, d'autant plus, que le Conseil de la concurrence est contraint de n'appliquer que les dispositions de la loi n° 104-12 relative à la liberté des prix et la concurrence, et la loi n° 201-13 relative au Conseil de la concurrence, même dans le but de sanctionner des pratiques relevant des articles 6, 7 et 8 de la loi n° 104-12.

L'institution de régulation de la concurrence est surtout incompétente pour mettre en œuvre la responsabilité civile des auteurs des pratiques anticoncurrentielles, et les condamner à des dommages et intérêts sur la base de l'article 77 du Dahir du 12 septembre 1913 formant Code des obligations et des contrats : « *Tout fait quelconque de l'homme qui, sans l'autorité de la loi, cause sciemment et volontairement à autrui un dommage matériel ou moral, oblige son auteur à réparer ledit dommage, lorsqu'il est établi que ce fait en est la cause directe* ». Sur la le même fondement, il n'entre pas non plus dans ses pouvoirs de statuer sur un acte de concurrence déloyale[632] ni de réparer la commission d'un abus de droit[633].

Cette compétence partagée du Conseil de la concurrence montre que son action ne peut s'envisager en un contentieux de droit commun, ayant pour objet de trancher un litige entre particuliers, mains bien comme une compétence restreinte et spéciale, limitée à la sanction du non-respect de l'application d'un droit typiquement déterminé, ayant pour seule finalité le maintien de la libre concurrence à travers le bon fonctionnement du marché. L'intérêt général est donc au cœur de l'action du Conseil de la concurrence. Alors que les intérêts privés des individus, sans être exclus du droit des pratiques anticoncurrentielles, sont renvoyés de manière directe pour leur différend aux tribunaux du droit commun.

B. Les autres compétences du Conseil de la concurrence

Nul doute que l'article 8 de la loi n° 104-12 relative à la liberté des prix et de la concurrence a enrichi le droit marocain des pratiques anticoncurrentielles, c'est pourquoi le Conseil de la concurrence s'est doté d'une compétence assez large relative à la répression des prix abusivement bas. La volonté de lutter contre de tels actes, exercés particulièrement par la grande distribution[634], au détriment du commerce traditionnel, est l'un des objectifs de la loi n° 104-12.

---

[632]La concurrence déloyale est l'ensemble de procédés commerciaux contraires à la loi aux usages, constitutifs d'une faute intentionnelle ou non et de nature à causer un préjudice aux concurrents, dont ils pourront demander réparation.

[633]Théorie d'origine jurisprudentielle selon laquelle est constitutif d'une faute pouvant donner lieu à réparation civile dans les conditions du droit commun, le fait, pour le titulaire d'un droit, de le mettre en œuvre soit de manière anormale, en dehors de sa finalité, soit dans le seul but de nuire à autrui. Voir GUINCHARD Serge et DEBARD Thierry, *Lexique des termes juridiques*, Op. cit., p. 5.

[634]« Il n'existe pas de définition officielle de la grande distribution. Dans son acception la plus étroite, le terme de grande distribution désigne, les formes de commerce alimentaire en grande surface discount, c'est-à-dire les hypermarchés et les supermarchés. Une définition plus large englobe le commerce non alimentaire en grandes ou moyennes surfaces discompte. Enfin, l'approche le plus extensive de la grande distribution se confond avec la notion de "grand commerce" ou de commerce organisé, qui se définit en opposition au petit commerce indépendant isolé, et englobe donc tous les réseaux de points de vente (les chaines), quels que soient leur statut (intégré, groupement d'indépendants, franchise), et la taille des points de vente (boutiques ou grandes surfaces) ». Voir MOATI Philippe, *L'avenir de la grande distribution*, Paris, Odile Jacob, 2001, p. 10.

En fait, la lettre de l'article 8 est similaire à celle de l'article L.420-5 du code de commerce français survenu historiquement dix ans après l'entrée en vigueur de l'ordonnance de 1[er]décembre 1986 relative à la concurrence. Toutefois, si les deux textes concernent les produits et les prestations de services, ils ne visent que la « vente » et ne s'appliquent pas en cas de revente en l'état. Alors que dans le contexte français, on note l'exception des enregistrements sonores et des vidéogrammes destinés à l'usage privé du public.

Par ailleurs, par ces dispositions, le législateur a exprimé sa volonté d'appréhender les pratiques de prix abusivement bas en tant que pratique anticoncurrentielle. Il l'a fondée en une infraction bien déterminée et autonome de celles prévues par la loi n° 104-12. La vente à prix abusivement bas par rapport aux coûts de production, de transformation et de commercialisation, laquelle ne s'applique en principe qu'aux produits transformés.

La lecture de l'article dévoile trois conditions cumulatives qui doivent être réunies pour retenir la pratique de prix abusivement bas : une offre ou pratique de prix de vente aux consommateurs ; un prix manifestement sans rapport avec le coût de revient ; une volonté ou un effet d'éviction du marché.

Le prix, dont il est indifférent qu'il soit effectivement pratiqué ou simplement proposé, doit l'être à destination du consommateur final. Il s'agit d'une personne physique ou morale qui, sans expérience particulière dans le domaine où elle contracte, agit pour la satisfaction de ses besoins personnels et utilise, dans ce seul but, le produit ou le service acquis.

La notion de prix abusivement bas se définit donc à la fois par rapport aux coûts de production, de transformation et de commercialisation. Ces derniers englobant tous les frais résultant des obligations légales et réglementaires liées à la sécurité des produits. Contrairement à la revente à perte pour laquelle, il suffit que le prix soit inférieur au prix d'achat effectif, le seul fait que le prix soit inférieur à l'ensemble de ces coûts est insuffisant pour entraîner la condamnation, le prix devant être « abusivement » bas ; mais également par rapport à une volonté de nuire à la concurrence. Les prix considérés comme « abusivement bas » entraînent des effets négatifs sur la concurrence, et sont, à terme, préjudiciables pour les consommateurs. En effet, ils peuvent avoir pour objet et/ou pour effet d'éliminer des concurrents du marché.

Il ne fait aucun doute que cette compétence du Conseil de la concurrence le rapproche des juridictions en matière du droit de la concurrence. Cette compétence du régulateur était jugée préférable par une partie de la doctrine, notamment du fait qu'il jouisse également d'un contrôle des prix prédateurs.

Il bénéficie de pouvoirs d'enquête et d'une rapidité de procédure. Tous ces éléments conduisent à penser que cette compétence exclusive est assurément de nature à bien mettre en œuvre les règles juridiques de l'article 8 relatif aux prix abusivement bas.

Selon Marie-Stéphane Payet : *« l'atteinte portée à l'intérêt du consommateur apparaît comme l'indice d'une pratique anticoncurrentielle »*[635].

Ces hypothèses ne permettent pas, pour cette raison, de définir la place réservée à la protection du consommateur par le droit de la concurrence. L'atteinte à ses intérêts est en effet prise en compte que dans la mesure où elle révèle un comportement nuisible au marché. Autrement dit, anticoncurrentiel. Le comportement sanctionné porte de ce fait, préjudice au bénéficiaire final du marché : le consommateur. Protéger le consommateur revient donc à favoriser le bon fonctionnement des marchés. Les deux objectifs coïncident naturellement et ne peuvent être utilement séparés.

La compétence d'attribution du Conseil de la concurrence dans la loi relative à la liberté des prix et la concurrence semble alors spéciale et précise. Elle ne porte que sur une partie des dispositions de cette loi ayant pour objet le contrôle des concentrations ou la répression des pratiques anticoncurrentielles.

C'est pourquoi une partie de la doctrine le nomme grand droit de la concurrence, dont Claude Champaud qui estime que seule la réglementation des pratiques anticoncurrentielles aurait ce label, puisqu'elle a été édifiée aux confins du droit public[636].

Il est alors clair que le Conseil de la concurrence est doté d'une compétence spécifique à l'intérieur de l'État, et dans la régulation de la concurrence de l'économie marocaine. En fait, elle est donc l'institution de régulation de compétence générale qui existe pour appliquer exclusivement le droit de la concurrence des pratiques anticoncurrentielles qui fait partie du droit de la concurrence.

Par ailleurs, la compétence territoriale est relative au ressort géographique de l'institution de régulation, par son aptitude à connaitre des affaires qui lui sont soumises, qui sont en fonction du droit applicable et de la procédure à mettre en œuvre. C'est la loi n° 104-12 qui a instauré cette détermination de

---

635PAYET Marie-Stéphane, *Droit de la concurrence et droit de la consommation*, Op. cit., p. 28.

636CHAMPAUD Claude, « les sources du droit de la concurrence au regard du droit commercial et des autres branches du droit applicable en France », in *Etudes offertes à Roger Houin : problèmes d'actualité posés par les entreprises*, Dalloz- Sirey, 1985, pp. 61-107.

compétence en prévoyant que : « La présente loi s'applique : « *À toutes les personnes physiques ou morales qu'elles aient ou non leur siège ou des établissements au Maroc, dès lors que leurs opérations ou comportements ont pour objet ou peuvent avoir un effet sur la concurrence sur le marché marocain ou une partie substantielle de celui-ci* ».

La vocation du législateur est en charge de la régulation du marché national. Le droit de police des pratiques anticoncurrentielles, que le Conseil de la concurrence est susceptible d'utiliser, demeure une branche du droit de la concurrence appartenant au système juridique marocain.

En effet, le régulateur de la concurrence bénéficie d'une compétence territoriale particulière, car géographiquement, cette dernière ne s'intéresse pas aux sièges des entreprises, mais bien aux effets sur le territoire national. Dans ce cadre, on peut dire que la compétence territoriale du Conseil de la concurrence apparaît étendue. Toutefois, si le principe est clair, sa mise en œuvre ne va pas être facile. En effet, le premier alinéa de l'article 26 de la loi n° 104-12 n'envisage pas cet aspect de la compétence du Conseil de la concurrence.

Par ailleurs, la compétence du Conseil de la concurrence pour appliquer la loi n° 104-12 sur l'ensemble du territoire national ne semble faire aucun doute. À condition, que les pratiques anticoncurrentielles soient mises en œuvre sur celui-ci, mais elle est encore une fois liée à la notion même d'activités. En effet, il ne suffit pas que des activités soient le fait de personnes qu'elles aient ou non leur siège ou des établissements au Maroc, il faut encore qu'elles aient un objet ou un effet anticoncurrentiel sur le marché marocain en général ou pertinent.

En outre, il est à mentionner que parmi les avantages de ce texte : les pratiques anticoncurrentielles visant les exportations entrent dans le champ d'application de la loi n° 104-12. Ainsi l'alinéa 3 de l'article premier dispose que : « *La présente loi s'applique : 3- Aux accords à l'exportation dans la mesure où leur application a une incidence sur la concurrence sur le marché intérieur marocain.* »

En effet, un comportement anticoncurrentiel en cause, bien que relatif à des exportations, pourrait avoir pour effet de compromettre la rentabilité et la pérennité de l'activité des entreprises sur le territoire marocain.

Il s'agit en fait de la théorie « *de l'effet* » qui justifie l'application du droit de la concurrence dès lors qu'une pratique anticoncurrentielle puisse être localisée sur un marché géographique. C'est-à-dire quelle que soit la nationalité des entreprises en cause, le Conseil de la concurrence est compétent pour prendre une décision sur des pratiques entrant dans son champ d'action ayant produit des effets sur le territoire national.

À titre comparatif, pour le Conseil français de la concurrence, le droit français doit s'appliquer de la même manière à partir du moment où la pratique produit des effets sur le territoire français : « *la circonstance qu'une société concernée a son siège à l'étranger ne fait pas obstacle à ce que le Conseil connaisse des effets sur le territoire français des accords existant entre cette société et une autre* ». Cette solution consacre l'application extraterritoriale des règles de la concurrence.

§2. Le Conseil de la concurrence et régulateurs sectoriels

L'analyse des rapports des organismes de régulation sectorielle et le Conseil de la concurrence n'est pas une tâche facile. Au-delà des normes qui organisent leurs relations, c'est l'exercice de leurs activités, les comportements des régulateurs sectoriels concernés qu'il faut sonder pour repérer leur branchement, leur accord ou leurs désaccords. Toutefois, il est rare que les conflits de compétence entre les autorités de régulation s'expriment publiquement[637]. Mais tout d'abord, il convient de bien distinguer les régulateurs sectoriels qui constituent un ensemble hétérogène. Leur unité supposée ne peut se construire que par opposition à cette institution unique qu'est le Conseil de la concurrence. D'après le professeur Thomas Pez : « *L'ensemble a en commun la notion d'autorité. Seule la mission prise en charge distingue éventuellement* »[638].

Ainsi, pour analyser les liens entre régulateurs, on s'efforcera d'étudier dans un premier temps le rôle du Conseil de la concurrence (A), et dans un second paragraphe la concurrence des régulateurs (B).

A. Le Conseil de la concurrence, un régulateur d'action transversale

Faire le point sur la compétence générale du Conseil de la concurrence (1), nécessite l'étude minutieuse du dialogue entre les régulateurs (2).

---

[637]GENEVOIS Bruno, « *les conflits de compétence concernant les autorités administratives indépendantes* », Mélanges Paul Sabourin, Bruxelles, Bruylant, 2001, p. 140.
[638]PEZ Thomas, « Régulateurs sectoriels et Autorité de la concurrence », *Revue du droit public et de la science politique en France et à l'Étranger*, n° 2, 01 mars 2014, p. 358.

1. Le régulateur général de la concurrence

Fort de sa compétence générale en matière de la répression des pratiques anticoncurrentielles, le Conseil de la concurrence se voit parfois amené à employer ses propres outils pour combler tout défaut de compétence juridique du régulateur sectoriel, ou son absence probable d'un secteur en cours de construire sa libéralisation. C'est un besoin empirique et de fait, au niveau du droit sectoriel, qui rend indispensables les interventions ex-ante de l'autorité de concurrence.

Dans le cadre de son action, le Conseil marocain de la concurrence dispose de moyens qui peuvent mettre fin à des comportements « *ex ante* », c'est-à-dire avant qu'ils ne produisent des effets impacts sur les marchés. Il s'agit essentiellement des mesures conservatoires[639], de la possibilité d'accepter des engagements,[640] des procédures de « non-contestation des griefs »[641], et de clémence[642].

Il est intéressant de remarquer que les procédures précitées sous-tendent une négociation entre entreprises et autorités de concurrence, négociation qui concerne selon les cas des montants financiers (réductions de sanctions), la révélation d'information et des contraintes sur les comportements futurs (engagements). D'après Marie-Anne Frison-Roche « *on assiste à une évolution notable vers des formes de contractualisation entre entreprises et*

---

[639]L'article 35 de la loi n° 104-12 dispose que : « Le Conseil de la concurrence peut, à la demande des entreprises, de l'administration ou des personnes mentionnées au troisième alinéa de l'article 5 de la loi n° 20-13 relative au Conseil de la concurrence et après avoir entendu les parties en cause et le commissaire du gouvernement, ordonner les mesures conservatoires qui lui sont demandées ou celles qui lui apparaissent nécessaires ».

[640]L'article 36 de la loi n° 104-12, dans son alinéa 2, prévoit désormais que le Conseil de la concurrence : « peut aussi accepter des engagements proposés par les entreprises ou organismes de nature à mettre un terme à ses préoccupations de concurrence susceptibles de constituer des pratiques prohibées visées aux articles 6, 7 et 8 de la présente loi ».

[641]L'article 37 de la loi n° 104-12, dans son alinéa 2, prévoit que : « Lorsqu'un organisme ou une entreprise ne conteste pas la réalité des griefs qui lui sont notifiés, le rapporteur général peut proposer au Conseil de la concurrence, qui entend les parties et le commissaire du gouvernement sans établissement préalable d'un rapport, de prononcer la sanction pécuniaire prévue à l'article 39 de la présente loi en tenant compte de l'absence de contestation. Dans ce cas, le montant maximum de la sanction encourue est réduit de moitié ».

[642]Les procédures de clémence permettent de déstabiliser les cartels en octroyant une amnistie partielle ou totale aux participants qui dénoncent une entente, dans ce cadre la loi n° 104-12 prévoit dans son article 41 qu'« une exonération totale ou partielle des sanctions pécuniaires peut être accordée à une entreprise ou à un organisme qui a, avec d'autres, mis en œuvre une pratique prohibée par les dispositions de l'article 6 de la présente loi s'il a contribué à établir la réalité de la pratique prohibée et à identifier ses auteurs, en apportant des éléments d'information dont le Conseil de la concurrence ou l'administration ne disposaient pas antérieurement ».

autorités de concurrence »[643]. Jusqu'à une date récente, les contrats « incitatifs » passés avec les entreprises étaient la prérogative des seuls régulateurs sectoriels[644].

Par ailleurs, les mesures conservatoires n'ont pas besoin d'être complètement établies, car lles permettent d'intervenir très rapidement. Le Conseil de la concurrence est ainsi, comme l'autorité de régulation sectorielle, en prise directe avec les décisions des acteurs économiques.

Le Conseil de la concurrence se voit lui-même comme un régulateur. Il n'est dès lors guère étonnant que l'expression de *« l'analyse et la régulation de la concurrence sur les marchés »* puisse être employée à son propos par l'article 166 de la Constitution, et que le Conseil de la concurrence soit classé parmi les instances de bonne gouvernance et de régulation. Il est alors une autorité de régulation de la concurrence, un régulateur de la concurrence ex-ante autant qu'ex-post[645]. Cela s'explique d'abord par les missions et les pouvoirs qui le font paraitre plus proche des organismes de régulation sectorielle jusqu'à remettre en cause la philosophie qui a présidé à sa mise en place.

La vision des régulateurs sectoriels intervenants, ex-ante, dans la durée pour organiser un secteur alors que le Conseil de la concurrence n'opérerait, ex post, que pour la répression des comportements anticoncurrentiels a perduré. Le Conseil de la concurrence renonce fréquemment à son action ex-post et suit une tendance ex-ante caractéristique d'un pouvoir de régulation[646] comme en atteste le contrôle des concentrations dont il jouit, les engagements qu'il négocie avec les entreprises, et le pouvoir consultatif qui prend la forme des avis (sur saisine ou autosaisine) qui participent à lui permettre d'avoir une expertise sectorielle ou encore les mesures conservatoires ou les injonctions qu'il édicte.

Le Conseil de la concurrence ne se limite pas à sanctionner les outrages à la concurrence ; il façonne les marchés en veillant à leur fonctionnement régulier. La concurrence retrouve donc la régulation. Si cette dernière

---

643CHONE Philippe, *« Droit de la concurrence et régulation sectorielle ». Entre ex ante et ex post*, in FRISON-ROCHE Marie-Anne, Droit et économie de la régulation. 4, Paris, presses de Sciences Po « Hors collection », 2006, pp. 49-72.

644*Ibidem.*

645Dans ce cadre, Frederic Jenny estime que : « qu'il n'y ait pas de conception institutionnelle unique qui conviendrait à tous les pays ». Voir JENNY Frederic, «The Institutional Design of Competition Authorities: Debates and Trends», Dans JENNY Frederic & KATSOULACOS Yannis (dir.), *Competition Law Enforcement in the BRICS and in Developing Countries: Legal and Economic Aspects*, New York: Springer International Publishing, 2016, pp. 1-57.

646FRISON-ROCHE Marie-Anne, « L'hypothèse de l'interrégulation », in Les risques de régulation, Paris, Sciences Po et Dalloz, 2005, p. 77.

consiste, au premier sens du terme, à rendre régulier, à assurer le fonctionnement régulier, le bon fonctionnement, la régulation économique vise alors à assurer le bon fonctionnement du marché, c'est-à-dire, dans une économie libérale, le «*fonctionnement concurrentiel du marché*»[647], c'est pourquoi le Conseil de la concurrence doit veiller dans tous les secteurs. Dans ce cadre, il est bien une institution de régulation non sectorielle de la concurrence, il est le régulateur général de la concurrence. Si on essaie de bien faire la nuance entre la régulation et la concurrence, la première constitue une méthode, alors que la seconde, libre et égale est une finalité, un objectif à atteindre.

La concurrence est un objet de la régulation, mais elle n'est que l'un de ses objets parmi d'autres. Peuvent ainsi être opposés les régulateurs généraux aux régulateurs spécifiques[648].

Les organes de régulation sont dotés « *d'un pouvoir autonome de décision ou d'influence dans un secteur* »[649]. Ce sont des autorités de régulation (qui portent cette qualité dans leurs missions) qu'elles soient constitutionnalisées ou non : la haute autorité de la communication audiovisuelle, l'autorité marocaine des marchés des capitaux, l'autorité nationale de réglementation des télécommunications et la prochaine autorité de régulation de l'énergie[650]. Ces autorités constituent les éléments d'un ensemble disparate « les *régulateurs* »[651], qui ont en commun le fait de poursuivre une mission de régulation sectorielle ou horizontale d'un domaine d'activité limité, dont les mérites ont pu être vantés[652].

À l'inverse, le Conseil de la concurrence n'est pas un régulateur sectoriel. Son action n'est pas restreinte à un secteur particulier, mais général et transversal.

De nombreux secteurs voient leur activité surveillée conjointement par une instance de régulation spécifique, généralement en charge de la transition vers un régime plus concurrentiel et par une autorité de la concurrence à vocation

---

[647]PEZ Thomas, « régulateurs sectoriels et Autorité de la concurrence », Op. cit., p. 358.
[648]FRISON-ROCHE Marie-Anne, « L'hypothèse de l'interrégulation », Op. cit., p. 71.
[649]GAZIER François et CANNAC Yves, « *les autorités administratives indépendantes* », Conseil d'État, Études et documents, n° 35, 1983-1984, pp. 13-38, Annexes, p. 39-77.
[650]EL BAZZIM Rachid, « L'ouverture à la concurrence et la loi n° 13-09 relative aux énergies renouvelables », *Revue Al manara pour les études juridiques et administratives*, n° 12, 2016, pp. 69-75.
[651]DU MARAIS Bertrand, *Droit public de la régulation économique*, Op. cit., pp. 509-510.
[652]*Ibidem*, p.496.

générale, surveillant la conformité des pratiques des entreprises avec les règles de concurrence[653].

Les autorités de concurrence (AC) et de régulation sectorielle (ARS) se distinguent par les objectifs qui leur sont assignés et les instruments dont elles disposent[654]. Il existe des différences entre autorités de régulation et les autorités de régulation sectorielle, mais elles ne doivent pas être surestimées[655]. Il est constaté qu'une grande diversité des modes de collaboration et de prévention des divergences entre les régulateurs sectoriels et l'autorité de la concurrence existe selon les systèmes juridiques. La frontière entre les deux institutions est très fluctuante. Les compétences peuvent être parallèles, ou partagées, ou exclusives. Mais l'essentiel est d'éviter que ne surviennent des conflits de normes, de compétence ou d'interprétation[656].

En effet, les autorités de la concurrence interviennent sur des marchés, pour alerter un risque de concentration, pour soutenir le processus d'ouverture à la concurrence de certains marchés anciennement monopolistiques ou pour favoriser le développement de marchés émergents.

En fait, les missions des organismes de régulation sectorielle sont plus larges que celles confiées à l'autorité de la concurrence : aménagement du territoire, qualité du service, activité de règlementation. L'ANRT établit les rapports d'instruction relatifs à l'attribution de licences utilisant des technologies mobiles (2e génération puis 4e génération) pour l'établissement et l'exploitation de réseaux publics de télécommunications. Avec l'accroissement de la concurrence, il serait normal d'anéantir les instruments les plus interventionnistes de la régulation pour faire confiance au droit commun de la concurrence lorsqu'un secteur n'est plus monopolistique.

Les autorités sectorielles peuvent apporter leur expertise à l'autorité de la concurrence, notamment lors de l'examen des opérations de concentrations. À l'inverse, elles peuvent consulter ou mettre en information, voire alerter le Conseil de la concurrence grâce à leur activité de veille. Une collaboration serait fructueuse particulièrement avec les autorités des secteurs des

---

[653]PERROT Anne, « les frontières entre régulation sectorielle et politique de la concurrence », *Revue française d'économie*, volume 16, numéro 4,2002, pp. 81-112.
[654]CHONE Philippe, *« Droit de la concurrence et régulation sectorielle » Entre ex ante et ex post*, in FRISON-ROCHE Marie-Anne, Op. cit., pp. 49-72.
[655]CHONE Philippe, *« Droit de la concurrence et régulation sectorielle » Entre ex ante et ex post*, in Marie-Anne Frison-Roche, Op. cit., pp. 49-72.
[656]*Ibidem.*

télécommunications (l'ANRT), de l'énergie (en cours de création) et de l'audiovisuel (la HACA)[657].

2. Le dialogue des régulateurs

Le Conseil de la concurrence est une autorité de régulation, mais uniquement de la concurrence : elle veille au fonctionnement concurrentiel du marché. C'est ce que signifie le bon fonctionnement du marché lorsqu'il en a la charge. Le droit de la régulation dépasse alors le droit de la concurrence. Les régulateurs sectoriels sont aussi des autorités de la concurrence, mais ils ne sont évidemment pas que cela.

Les institutions de régulation sectorielle sont aussi des régulateurs de la concurrence. La libre et égale concurrence est l'un des objectifs qu'ils poursuivent parmi tant d'autres. Les démarches, outils et logiques d'analyses concurrentielles du marché qu'ils utilisent sont similaires à ceux du Conseil de la concurrence.

La séparation entre concurrence et régulation se voit au sein d'institutions qui les regroupent à l'instar de l'ANRT qui veille à mettre en place et à pérenniser les conditions d'une concurrence saine et loyale sur les marchés des télécoms. Elle contribue également à l'instauration d'un environnement juridique propice au développement du secteur, en participant à l'évolution du cadre législatif et réglementaire[658]. Les dispositions législatives marocaines peu nombreuses qui octroient aux régulateurs sectoriels cette mission qu'ils partagent ainsi avec le Conseil de la concurrence. Il s'agit bien d'une certitude pour ceux qui veillent à la régulation économique du marché des capitaux, en ce sens l'article 3 de la loi n° 43-12 relative à l'Autorité marocaine du marché

---

[657]On peut citer à cet égard, la convention-cadre de coordination signée, en 2005, entre l'Agence nationale de Réglementation des Télécommunications (ANRT) et la Haute Autorité de la Communication Audiovisuelle (HACA). Cette convention-cadre et dans le but de mettre en place un mode de régulation plus approprié aux mutations technologiques actuelles. Elle vise à améliorer la coopération entre les deux institutions dans trois domaines d'intervention conjointe : l'assignation de fréquences radioélectriques affectées au secteur de la communication audiovisuelle ; le contrôle technique des stations de radiodiffusion ; l'examen des spots de publicité relative au service de télécommunications. Voir L'ANRT, *Rapport d'activité annuel de 2005*, p. 23.

[658]Article 8 de la loi n° 24-96 relative à la poste et aux télécommunications, promulguée par le dahir n° 1-97-162 du 2 rabii II 1418 (7 août 1997), telle qu'elle a été modifiée et complétée par la loi n° 55-01, promulguée par le dahir n° 1-04-154 du 21 ramadan 1425 (4 novembre 2004) : L'Agence nationale de réglementation des télécommunications est chargée de veiller au respect de la concurrence loyale dans le secteur des télécommunications et tranche les litiges y afférents, notamment ceux relatifs au respect des articles 6,7 et 10 de la loi n° 06-99 relative à la liberté des prix et de la concurrence. Les modalités de saisine de l'ANRT et la nature des décisions prises par elle sont fixées par voie réglementaire. L'ANRT informe le Conseil de la concurrence des décisions prises en vertu du présent article.

des capitaux prévoit que : « *l'AMMC s'assure du bon fonctionnement du marché des capitaux et veille à l'application des dispositions législatives et réglementaires relatives audit marché* ». Cela est encore vrai pour ceux qui participent à la régulation technique d'autres secteurs. Les régulateurs sectoriels peuvent dès lors être considérés comme des autorités sectorielles de la concurrence, des autorités en charge des « *polices spéciales de la concurrence* »[659].

Par ailleurs, la haute autorité de la communication audiovisuelle accorde les autorisations à la diffusion d'émissions audiovisuelles par des organisateurs de manifestations d'une durée limitée et d'intérêt culturel, commercial ou social, tels que les festivals, les foires et salons commerciaux, les manifestations d'appel à la générosité publique ; l'établissement et l'exploitation à titre expérimental de réseaux de communication audiovisuelle ; la distribution par des opérateurs n'ayant pas leur siège sur le territoire national de services audiovisuels à accès conditionnel par satellite, au regard des impératifs prioritaires. Notamment : « *ce texte instaure un contexte de diversification en offrant des perspectives d'installation et d'exploitation de réseaux de communication audiovisuelle à de nouveaux opérateurs privés dans un cadre organisé et transparent, en harmonie avec l'esprit d'ouverture que connaît la société marocaine* »[660]. Elle peut restreindre ou prohiber tout type de contrats ou de pratiques commerciales s'ils entravent, notamment, la libre concurrence et l'accès des citoyens à des événements d'intérêt national ou public d'après l'alinéa 2 de l'article 11.

Les régulateurs sectoriels sont ainsi un peu plus encore des autorités de la concurrence. Le respect de la concurrence est une de leurs missions autant que l'un de leurs devoirs ; ils veillent au respect du droit de la concurrence autant qu'ils y sont soumis. Toutefois, les institutions de régulation sectorielle n'ont pas pour première fonction de veiller au respect de la concurrence. Les textes leur assignent un cadre d'action plus large et des missions spéciales qui dépendent du secteur qu'ils ont la charge de réguler et qui vont au-delà des seules préoccupations économiques et du respect de la concurrence[661].Ainsi, la HACA qui est en charge de la régulation de la communication audiovisuelle autorise et contrôle l'usage des fréquences attribuées à des usages de radiodiffusion en veillant à des « impératifs prioritaires » parmi lesquels « le *pluralisme des courants de pensée et la contribution effective de l'ensemble*

[659]DELVOLVE Pierre, *Droit public de l'économie*, Op. cit., n° 459.

[660]Préambule de la loi n° 77-03 relative à la communication audiovisuelle.

[661]LASSERRE Bruno, « Régulation, mode d'emploi », *sociétal*, n° 30, 2000, pp. 77-78 ; SAUVE Jean-Marc, « « Introduction », Corriger, équilibrer, orienter : Une vision renouvelée de la régulation économique », *Actes du colloque « Une vision renouvelée de la régulation économique » organisé par le Conseil d'État*, 2013, p. 5 et 8.

des intervenants dans le développement du secteur de la communication audiovisuelle »[662].

L'AMMC veille au respect des principes de la protection de l'épargne et du traitement équitable des investisseurs, à l'égalité de traitement des épargnants, à la transparence et à l'intégrité du marché des capitaux et à l'information des investisseurs[663]. Que les régulateurs sectoriels aient des objectifs autres que le fonctionnement concurrentiel du marché explique leur complémentarité avec les autorités de la concurrence : ils interviennent à des moments différents de l'évolution des marchés[664]. Que la concurrence soit leur objectif commun peut expliquer aussi certaines tensions et certains de leur désaccord.

Le Conseil de la concurrence et les régulateurs sectoriels sont sollicités, de temps à autre forcés à mener un dialogue sur les questions relatives à la concurrence. Les règles se sont multipliées en ce sens qu'ils s'efforcent de recourir à un règlement, en amont, des risques de divergences ; les institutions de régulation sectorielle et le Conseil pouvant se saisir mutuellement. Le dialogue est parfois obligatoire, parfois optionnel. Souvent à l'initiative du régulateur sectoriel, ou bien à l'initiative de l'institution régulatrice de la concurrence. Les régulateurs de la concurrence doivent ou peuvent se consulter dans certains cas et se communiquer certaines informations, et ce dans le but d'assurer la cohérence de la régulation.

B. La concurrence des régulateurs

Tout d'abord, nous évoquerons les données relatives à la compétition entre les régulateurs (1) pour ensuite essayerons de dégager les éléments d'une solution (2).

1. Les données d'un problème

Du côté des instances de régulation sectorielle, prenons à titre d'exemple l'ANRT où l'article 8 bis de la loi 55-01 modifiant et complétant la loi 24-96 relative au poste et aux télécommunications reconnaît à l'ANRT les compétences en principe dévolues à l'autorité de la concurrence. L'ANRT est ainsi chargée de veiller sur la concurrence loyale dans le marché des télécommunications à travers le contrôle des opérations de concentration économique et la lutte contre les pratiques anticoncurrentielles. Mais, on doit

---

662Voir Préambule de la loi n° 77-03 relative à la communication audiovisuelle.

663 Voir dans ce cadre : EL MELLOUKI RIFFI Salma, « Les nouveautés introduites par la loi n° 43-12 organisant l'autorité marocaine du marché des capitaux (AMMC) », *Revue marocaine d'administration locale et de développement*, n° 131, 2016, pp. 91-110.

664Conseil d'État, *Les autorités administratives indépendantes*, Op. cit., p. 380.

placer cette disposition dans le contexte des deux anciens textes de loi relatifs à la concurrence, et à l'époque où le Conseil de la concurrence n'était pas activé. Dans ce cadre M. Bouayad Mohamed Hicham estime que : « comme *la nature, les marchés n'aiment pas le vide. Les autorités publiques ont donc essayé de combler à l'inexistence du Conseil de la concurrence par différents moyens : les uns d'une façon tout à fait légale, c'est le cas notamment de l'ANRT qui a saisi cette occasion pour s'emparer via un amendement législatif des pouvoirs du Conseil de la concurrence et ont réduit son rôle à néant puisqu'il est saisi seulement pour information* »[665].

C'est pourquoi, lorsqu'on discute des mécanismes de coordination, ladite loi relative à l'ANRT ne prévoit qu'une simple information du Conseil de la concurrence après décision finale prise par l'ANRT. Nous estimons qu'un amendement du dispositif législatif concernant l'ANRT est nécessaire pour accompagner les changements survenus dans le domaine des télécommunications.

S'agissant de la HACA, les dispositions de l'article 11 de la loi ° 77-03 relative à la communication audiovisuelle autorisent la HACA à « *restreindre ou prohiber tout type de contrats ou de pratiques commerciales qui entravent... la libre concurrence...* »

De son côté, la loi instituant la HACA prévoit un mécanisme de saisine réciproque entre l'autorité de la concurrence et la HACA. C'est l'article 4 qui consacre cette coopération en énonçant que le Conseil Supérieur de la Communication audiovisuelle est habilité à saisir les autorités compétentes pour connaître des pratiques contraires à la loi sur la liberté des prix et la concurrence. Le même article prévoit que ces autorités peuvent le saisir pour recueillir son avis. Un cadre global de coopération entre les deux autorités est ainsi défini.

Alors que dans une approche comparative les régulateurs sectoriels ont l'obligation de saisir l'Autorité de la concurrence des pratiques entravant le libre exercice de la concurrence, spécialement des abus de position dominante et des ententes illicites dont ils ont connaissance dans leur secteur d'activité respectif. Les dispositions législatives qui le prévoient emploient l'indicatif et revêtent un caractère impératif[666].

Par ailleurs, l'article 5 de la loi n° 20-13 relative au Conseil de la concurrence prévoit que le Conseil de la concurrence peut également donner

---

[665]BOUAYAD Mohamed Hicham, *La politique de la concurrence et la régulation sectorielle : interfaces juridiques et architecture institutionnelle*, Op. cit., p. 286.
[666]Conseil constitutionnel français, décision n° 2007-561 DC du 17 janvier 2008.

son avis, sur toute question de principe concernant la concurrence, à la demande des instances de régulation sectorielle.

Le Conseil se présente ainsi comme une sorte de « service général de proximité » vers lequel les régulateurs sectoriels peuvent se diriger pour toute question qui concerne la concurrence, ce qui consolide son expertise dans ce domaine.

Parfois, ce mécanisme est inversé, c'est au tour du Conseil de la concurrence de demander l'avis des instances de régulation sectorielle. Dans ce cadre, la loi n° 20-13 dans son article 8 dispose que : « *Le Conseil recueille l'avis des instances de régulation sectorielle concernées sur les questions de concurrence relatives aux secteurs d'activité dont elles ont la charge, dans un délai qu'il fixe, sans que ce délai soit inférieur à trente (30) jours. Le Conseil peut, le cas échéant, faire appel à leurs compétences et expertises pour les besoins de l'enquête ou de l'instruction dans un cadre conventionnel* ». D'après les rédacteurs de cette loi, cette faculté de consultation des régulateurs sectoriels est obligatoire[667].

L'exercice par ces deux autorités de réglementation sectorielle (ANRT-HACA) d'une fonction de régulation concurrentielle pourrait poser des problèmes de chevauchement de compétence avec l'autorité de la concurrence. Cette dernière est investie par la loi ° 112-14 relative à la liberté des prix et la concurrence, d'un mandat général pour assurer le fonctionnement concurrentiel de l'économie nationale.

Les textes en vigueur relatifs aux instances de régulation sectorielle ne prévoient pas toujours et de manière précise des mécanismes pour régler ce type de problème. Alors que la loi n° 20-13 relative au Conseil de la concurrence prévoit un cadre conventionnel pour bien institutionnaliser les mécanismes de coopération entre le Conseil de la concurrence et les autres régulateurs, et ce pour faire appel à leurs compétences et expertises pour les besoins de l'enquête ou de l'instruction.

Toutefois, il était reproché à la loi 55-01 « *d'être sélective dans ses choix puisqu'elle a amputé les articles transférés 6,7 et 10 de la loi 06-99 de leur contexte général, ce qui risquera de nuire gravement à la cohérence d'ensemble du texte transposé et impactera négativement son application* »[668]. Tout laisse à exiger de prochains amendements afin de renforcer l'arsenal juridique qui concerne la régulation et la concurrence, dans un contexte

---

[667]Chambre des Représentants, Rapport *de la commission des finances et du développement économique sur le projet de loi n° 20-13 relatif au Conseil de la concurrence*, 2013, p. 8.
[668]BOUAYAD Mohamed Hicham, *La politique de la concurrence et la régulation sectorielle : interfaces juridiques et architecture institutionnelle*, Op. cit., p. 298.

marqué par l'évolution future de l'économie en général et des secteurs concernés en particulier, pour préciser l'articulation entre les différents régulateurs.

La manifestation d'un conflit de compétences entre un régulateur sectoriel et l'autorité de la concurrence au Maroc figure dans les relations entre l'ANRT et l'ancien Conseil de la concurrence à caractère consultatif. En effet, « *le secteur des télécommunications constitue le secteur le plus incliné à connaitre des tensions de compétences du fait que les deux types d'organismes disposent concurremment de prérogatives en matière d'application des règles de la concurrence dans le secteur, d'une part, les autorités en charge de la concurrence sont naturellement compétentes pour agir dans le secteur en raison de leur caractère transversal qui couvre tous les secteurs d'activité économique ; d'autre part, on retrouve l'ANRT qui s'est emparée de compétences de régulation concurrentielle dans le secteur via la loi n° 55-01* »[669].

À cause d'un risque de confusion de compétences, la résolution des conflits n'est pas toujours aisée, mais elle est nécessaire notamment pour prévenir tout risque d'incohérence de la régulation et éviter que les opérateurs n'en jouent en choisissant le régulateur qui leur convient mieux. Ces conflits existent à l'étranger[670] autant qu'au Maroc. Ils ne sont pas négligeables comme l'illustre l'exemple de l'ANRT et le Conseil de la concurrence.

La libéralisation du marché des télécommunications suppose la libre entrée des opérateurs à des conditions équitables et sans obstacle. En ce sens, le législateur marocain a conféré à l'ANRT le rôle d'instruction des litiges entre opérateurs en matière de concurrence et saisines pour pratiques anticoncurrentielles. Et c'est dans ce cadre que figure sa décision n° 02/07 du 23/02/2007, relative à la saisine de Médi Telecom sur l'offre « illimite phony » d'Itissalat Al Maghrib. En l'espèce, Médi Telecom, a saisi l'ANRT le 11 octobre 2006, au sujet de l'offre « Illimité Phony » d'Itissalat Al Maghrib (IAM), par laquelle Médi Telecom faisait grief à IAM de pratiquer à travers son offre un abus de position dominante caractérisé par une captation des clients potentiels à la concurrence sur le marché du fixe.

Médi Telecom fonde sa saisine sur l'article 7 de l'ancienne loi n° 06-99 sur la liberté des prix et de la concurrence qui dispose « *qu'est prohibée, lorsqu'elle a pour objet ou peut avoir pour effet d'empêcher, de restreindre*

---

[669]BOUAYAD Mohamed Hicham, *La politique de la concurrence et la régulation sectorielle : interfaces juridiques et architecture institutionnelle*, Op. cit., p. 322.

[670]Voir CARSBERG Bryan, « Regulation: Special versus general », in BEESLEY Michael E, *Utility Regulation: Challenge and Response,* Londres, IEA, 1995.

ou de fausser le jeu de la concurrence, l'exploitation abusive par une entreprise ou un groupe d'entreprises : 1- d'une position dominante sur le marché intérieur ou une partie substantielle de celui-ci ; 2- d'une situation de dépendance économique dans laquelle se trouve un client ou un fournisseur ne disposant d'aucune autre alternative ». L'offre en cause permet au client de téléphoner sans limites vers tous les fixes IAM.

À l'occasion de cette saisine, l'ANRT a été confrontée à un choix difficile qui a mis en balance plusieurs intérêts hétéroclites : protection de l'opérateur alternatif, booster la concurrence par les prix sur le marché et la préservation des intérêts des consommateurs.

Ayant obligé Itissalat almaghrib à revoir à la hausse la tarification de l'offre « *illimite phony* » tout le temps résidentiel, l'ANRT a mis nettement en préséance les intérêts du concurrent d'IAM sur ceux des consommateurs, d'une part, et de la concurrence par les prix sur le marché concerné, d'autre part[671].

En fait, le modèle d'interconnexion à la minute (décret n° 2-97-1025) ne convient pas à la structure peu concurrentielle du marché des télécommunications au Maroc, et la position dominante de l'opérateur historique dans ce marché. Un mode de calcul non avantageux et qui ne permettait pas aux autres opérateurs d'être concurrentiels sur le marché du fixe illimité et forfaitaire. L'action de l'ANRT doit donc être orientée vers le renforcement de la concurrence sur ce segment.

La relation entre les deux autorités est marquée par la tension[672], la dualité des recours et des procédures, qui devraient être harmonieuses. La position qui profitait au passé à l'ANRT ne peut perdurer puisque le Conseil de la concurrence en tant qu'institution constitutionnelle a désormais une compétence générale et transversale.

Actuellement, l'ANRT vient de se prévaloir de nouvelles prérogatives. En effet, elle compte désormais sur de nouvelles dispositions applicables aux pratiques anticoncurrentielles et aux opérations de concentration économique. Un nouveau décret qui a pour objet d'adapter et de mettre à niveau les

---

[671]BOUAYAD Mohamed Hicham, *La politique de la concurrence et la régulation sectorielle : interfaces juridiques et architecture institutionnelle*, Op. cit., p. 334.

[672]Abdelali Benamour était toujours contre les actions de l'ANRT pour réguler la concurrence. Tout récemment, en mai 2016, le président du Conseil de la concurrence a déclaré à des organes journalistiques que le gouvernement est dans l'illégalité quand il a donné par décret le droit à l'ANRT de gérer la concurrence et la liberté des prix dans les télécoms. En effet, selon lui, le droit de la concurrence au Maroc donne au Conseil de la concurrence une compétence générale que personne ne peut lui ôter. En particulier, si la régulation sectorielle est compétente, elle ne peut se faire sans consultation du Conseil de la Concurrence.

dispositions du titre III du décret n° 2-05-722 du 13 juillet 2005 relatif à la procédure suivie devant l'ANRT en matière de litiges, de pratiques anticoncurrentielles et d'opérations de concentration économique a vu le jour. Une adaptation qui a été rendue nécessaire à la suite de la publication de la loi n° 104-12 relative à la liberté des prix et de la concurrence[673].

Ce nouveau périmètre de compétence vient suite à la promulgation du décret n° 2-16-347 modifiant et complétant le décret n° 2-05-772 (datant de 2005) sous proposition du ministère de l'Industrie[674].

L'ANRT ne se contente pas juste d'un simple pouvoir d'instruction, mais elle peut aujourd'hui prononcer des sanctions allant jusqu'à 10 % du chiffre d'affaires (opérateur de télécommunications). De plus, elle a la faculté de statuer sur les opérations concernant les entités actives dans le secteur des télécommunications qui relèvent de sa compétence.

2. Les éléments d'une solution

Différentes méthodes de résolution des conflits entre les régulateurs sectoriels et le Conseil de la concurrence sont possibles. La première admettrait à établir un répartiteur des compétences[675] qui engagerait, dans chaque éventualité, la seule autorité compétente pour exercer le pouvoir qu'elle partage avec d'autres.

Les régulateurs de la concurrence ayant ensemble le pouvoir de garantir le respect de la concurrence, une question de compétence[676] digne d'être résolue s'installe.

La seconde modalité de solution autoriserait à appliquer conjointement la régulation sectorielle et la régulation de la concurrence. Ce résultat envisagé pour le droit français rejoint la solution retenue aux États-Unis[677]. Dans son arrêt Trinko, la Cour suprême n'accorde pas à la réglementation sectorielle de primauté sur le droit de la concurrence. C'est dire qu'un opérateur qui ne se conformerait aux exigences du régulateur sectoriel ne serait pas pour autant

---

[673]Voir la note de présentation du secrétariat général du gouvernement (21-16-347) relative au projet du décret modifiant et complétant le décret n° 2-05-772 du 13 juillet 2005 concernant la procédure suivie devant l'ANRT en matière de litiges, de pratiques anticoncurrentielles et d'opérations de concentration économique.

[674]Le décret n°2-16-347 modifiant et complétant le décret n°2-05-772 du 13 juillet 2005 relatif à la procédure suivie devant l'ANRT en matière de litiges vient d'être publié au Bulletin Officiel n°6470 du 2 juin 2016.

[675]PEZ Thomas, « Régulateurs sectoriels et Autorité de la concurrence », Op. cit., p. 358.

[676]THERY Philippe, « Compétence », in ALLAND Denis, RIALS Stéphane (dir.), *Dictionnaire de la culture juridique*, Paris, PUF, Paris, 2003, p. 247.

[677]NAUGES Sabine, « L'articulation entre droit commun de la concurrence et le droit de la régulation sectorielle », *AJDA*, 2007, p. 672.

dispensé de respecter aussi celles qui sont issues du droit général de la concurrence[678].

Une autre solution envisageable consisterait à faire prévaloir le droit commun de la concurrence sur le droit spécial de la régulation sectorielle[679]. C'est ce qui est déjà suffisamment pratiqué pour une justification simple : l'Autorité de la concurrence qui intervient encore habituellement ex-post a le dernier mot. Mais, en droit aussi, l'autorité qui s'exprime en dernier est en règle générale celle qui prend la décision.

Cette modalité de résolution des conflits entre les régulateurs n'est pourtant pas entièrement convenable, car les soucis des régulateurs sectoriels et de l'autorité de la concurrence ne se superposent pas parfaitement ; les premiers ayant d'autres missions que le respect de la concurrence[680]

La troisième solution prend comme point de départ le fait que les conflits et les risques de désaccord de régulation peuvent être résolus, à la source, en fusionnant les régulateurs. Il a été procédé à une telle fusion des autorités en matière de régulation des secteurs de la banque et de l'assurance en France. L'Autorité de contrôle prudentiel et de résolution[681] se substituant à pas moins de quatre institutions (Comité des entreprises d'assurances, Comité des établissements de crédit et des entreprises d'investissement, Commission bancaire et Autorité de contrôle des assurances et des mutuelles). Dans le domaine des marchés financiers, l'AMF est elle-même née du rapprochement institutionnel du Conseil des marchés financiers (CMF) et de la Commission des opérations de bourse (COB). Il a pu être proposé d'aller encore plus loin et d'engager un processus d'intégration de régulateurs sectoriels au sein du régulateur de droit commun de la concurrence[682]. La fusion institutionnelle est parfois critiquée ; en effet, elle présenterait le « *risque de constituer des sortes*

---

[678]PEZ Thomas, Régulateurs sectoriels et Autorité de la concurrence, Op.cit., n° 2, p. 358.

[679]GOSSET-GRAINVILLE Antoine, « le droit de la concurrence peut-il jouer un rôle d'interrégulateur ? », in Droit *et économie de la régulation. 3*, Op. cit., pp.151-159.

[680]FRISON-ROCHE Marie-Anne, « L'hypothèse de l'interrégulation » in *Droit et économie de la régulation. 3*, Op. cit., pp. 67-80.

[681]L'Autorité de contrôle prudentiel et de résolution - ACPR - est l'organe de supervision français de la banque et de l'assurance. Autorité administrative indépendante, veille à la préservation de la stabilité du système financier et à la protection des clients, assurés, adhérents et bénéficiaires des personnes soumises à son contrôle.

[682]MEDJNAH Mourad, *les rapports entre autorités de régulation en matière de concurrence*, Paris, L'Harmattan, 2013, p. 889.

de Titans, voire de reconstituer l'État »[683], ce qui explique qu'elle soit passée de mode.

[683]RETAILLEAU Bruno, Dix *ans après, la régulation à l'ère numérique*, Rapport d'information sur le bilan et les perspectives d'évolution de l'ARCEP, Sénat, n° 350, 2007, p. 115 et s.

CONCLUSION DU PREMIER TITRE

L'action indépendante du Conseil de la concurrence est liée à la réponse de cette grande question d'orientation : croit-on ou non à l'économie de marché ? Le Maroc a exprimé ce choix depuis son indépendance et récemment dans le texte de la constitution de 2011. Le dispositif juridique de la concurrence exprime que l'État n'est plus gérant de l'économie, mais garant de la liberté des acteurs économiques. Dans le passé, tous les prix étaient administrés et réglementés. La situation actuelle est celle de l'ouverture à la liberté, bordée par une frontière. Si nous n'avions pas de régulation, l'économie de marché mènerait à la loi de la jungle dont souffriraient les petites et moyennes entreprises.

D'ailleurs, comme mentionnées lors de l'introduction de cette thèse, les relations entre la régulation ex-ante et la régulation de la concurrence ex-post ne peuvent être hermétiques. Le Conseil de la concurrence aujourd'hui dans le contexte marocain est appelé aujourd'hui plus que jamais à jouer un rôle principal pour participer à la construction d'un marché concurrentiel.

Il est chargé d'exercer le contrôle des pratiques concurrentielles estimé de son devoir, au nom de l'intérêt supérieur du marché, de protéger les petits acteurs contre les grands. Afin de contenir ces derniers, une panoplie des moyens regroupe des compétences bien limitées (activités économiques) ; d'autres sont exclues (activités sociales). Il est tenu d'agir dans l'urgence (mesures conservatoires), nouer des alliances (coopération avec les autorités sectorielles et même étrangères), réagir vite (procédure simplifiée) et fort (augmentation des sanctions).

La tâche première du régulateur de la concurrence est de contrôler les marchés et de guider les attitudes, en vue d'offrir aux consommateurs l'accès à des produits et aux services de qualité au meilleur prix. Il doit prendre les mesures qui s'imposent afin de dissuader les entreprises de fausser la concurrence. Il n'y a pas de raison d'être plus permissif à l'encontre de ces entités mettant en œuvre des pratiques anticoncurrentielles en période de crise.

Ce serait un mauvais signal, incitant les entreprises les moins efficaces à nuire au consommateur plutôt qu'à entreprendre des efforts fondamentaux pour assainir leur situation. Si les pratiques anticoncurrentielles ne sont pas dissuadées par des sanctions adaptées, elles peuvent pareillement impacter négativement l'efficacité de l'économie nationale. La hausse des prix due à un cartel réduit le pouvoir d'achat des consommateurs et un abus de position dominante peuvent restreindre le développement de petites entreprises concurrentes d'un puissant économique.

Lorsqu'il fonctionne bien, le marché agit comme une machine de calcul géante, qui oriente les comportements de manière performante et coordonne l'action de millions d'agents grâce aux prix. Toutefois, il s'agit d'un mécanisme complexe et délicat, qui nécessite des libertés garanties et une instance qui arbitre et veille au libre jeu de la concurrence entre les divers acteurs.

Le marché est ainsi le nerf de l'économie libérale. Ainsi, il se caractérise par la présence des libertés économiques, et un niveau de régulation de la concurrence, assuré désormais par le Conseil de la concurrence. Cette réalité économique est l'objet d'une attention particulière depuis les années quatre-vingt-dix. Le Maroc qui se situe dans un contexte mondialisé est invité à éliminer les obstacles et à ouvrir le marché intérieur à la concurrence. Cette ambition s'est traduite au niveau juridique par la constitutionnalisation des libertés économiques d'entreprendre et de la concurrence.

En effet, il se trouve que le Conseil marocain de la concurrence, à l'instar des autres autorités de la concurrence, doit s'efforcer de garantir les libertés économiques au même titre que les libertés politiques sont protégées par d'autres institutions constitutionnelles. Pour cela, celles-ci doivent préserver le citoyen, en tant que consommateur ou entrepreneur, contre toutes concentrations de puissance excessives dans le domaine économique, contre les abus de pouvoir des acteurs économiques les plus puissants, regroupés en ententes ou en entreprises dominantes.

La concurrence est le soubassement primordial de l'efficacité du marché, car elle contraint les entreprises à fournir les meilleurs produits au meilleur prix, faute de quoi leurs concurrents seront préférés par les consommateurs ; elle règle les profits. Elle fournit de puissants encouragements à diminuer les prix, à investir, à prendre des risques et à innover.

Pour conclure, en dépit de tous ses mérites, le rôle de la concurrence pour assurer le bon fonctionnement du marché ne peut donc à lui seul organiser toute l'activité économique. Son fonctionnement doit souvent être encadré par une instance de régulation « indépendante » et d'autres formes d'organisation souvent nécessaires pour assurer une coordination efficace des agents économiques ainsi qu'une bonne gouvernance économique.

Le Conseil de concurrence a vu son rôle de régulateur considérablement élargi au fil de cette dernière réforme. L'organisation des marchés varie en fonction des secteurs. Certains sont soumis aux seules règles de concurrence, alors que d'autres bénéficient d'une régulation sectorielle typique. Pour autant, cette dernière, lorsqu'elle existe, n'a pas pour objet de se suppléer aux règles de concurrence. Elle complète ces règles et compense leur éventuelle insuffisance. Dans la pratique, ce schéma théorique trouve beaucoup de difficultés à se réaliser. Notamment, dans le cas marocain. Un Conseil de la concurrence qui est en train de construire son image, et des régulateurs sectoriels qui empiètent sur ses compétences et attirent l'attention de l'opinion publique en s'accaparant de la majorité des ressources risque de mettre en péril et en cause son indépendance et la souveraineté de son action.

TITREE II. LE CONSEIL DE LA CONCURRENCE, ENTRE LA RÉGULATION DE LA CONCURRENCE ET LA POLICE DE LA CONCURRENCE

Tout d'abord, il est légitime de se demander si « *dans un pays émergent comme le nôtre, dominé à 95 % par les PME, PMI, le plus souvent à structure familiale, il était nécessaire de réglementer les phénomènes de concentration* »[684]. Toutefois, il faut rechercher un juste équilibre entre deux impératifs qui peuvent sembler parfois difficilement conciliables. Il faut bien entendu éviter la mise en place de structures nocives pour la concurrence, mais d'un autre côté, il ne faut pas perdre de vue la nécessité majeure de permettre aux entreprises de se développer, et en particulier face à la concurrence internationale[685].

En fait, d'après Marie-Anne Frison Roche, le contrôle des concentrations vise *« l'acte par lequel une autorité publique examine les rapprochements de deux ou plusieurs entreprises, jusqu'alors autonomes, impliquant un accroissement de leur pouvoir additionné de marché, au regard des effets de ce changement sur les marchés concernés »*[686].

Dans une économie ouverte à la concurrence, elle est considérée de manière favorable puisqu'elle permet à des entreprises de s'unir pour augmenter leur force par l'agrégation de leur puissance économique, mais aussi par l'exploitation des synergies, l'utilisation de moyens industriels ou commerciaux communs, entre autres.

La concentration entraine cependant une diminution de la concurrence[687]. En effet, lorsque des entreprises, fusionnent, pour ne laisser place qu'à une seule entité ou établissent des liens qui les conduisent à agir désormais de concert, le nombre d'opérateurs en concurrence sur le marché se trouve réduit et cette dernière se trouve ainsi de manière générale réduite ; si l'on croit la

---

[684]MERNISSI Mohamed, « Domaine d'application du contrôle des concentrations et procédure applicable » in *Le droit de la concurrence, Actes du colloque organisé par l'Institut marocain du Droit des Entreprises "IMADE"*, Casablanca, le 7 mai 2002, p. 19.
[685]*Ibidem.*
[686]FRISON-ROCHE Marie-Anne et PAYET Marie-Stéphane, *Droit de la concurrence*, Op. cit., p. 285.
[687]GERADIN Damien et PETIT Nicolas, « Règles de concurrence et partenariat euroméditerranéen : échec ou succès ? », *Revue internationale de droit économique*, t. XVII, 1, 2003, pp. 47-57.

théorie économique considérant que plus le degré de concentration sur le marché est élevé plus les acteurs économiques présents sont en mesure d'aligner leurs comportements.

Certes, le contrôle du comportement des entreprises en créant les conditions d'une concurrence ouverte a permis l'émergence de grandes entreprises et leur croissance par le jeu notamment des concentrations. Ainsi, sont apparues des structures, ou de manière large, des organisations industrielles ou commerciales dont le poids, la puissance économique ou encore le pouvoir de marché peuvent non seulement être source d'abus, mais constituent en elles-mêmes un danger pour le jeu normal de la concurrence.

La notion de « structure » doit être ici entendue de manière large. Elle peut résulter de liens organiques étroits tels que ceux établis par une fusion ou par une prise de participation dans le capital d'une société. Elle peut aussi résulter de liens fonctionnels tels que ceux créés par une convention, par exemple un contrat d'exclusivité. On observera que sous cette deuxième forme, la structure est parfois difficile à distinguer du comportement. Ainsi, les conventions d'exclusivité relèvent normalement du contrôle des pratiques anticoncurrentielles : ententes, abus de position dominante.

La loi n° 104-12 relative à la liberté des prix et la concurrence a rapproché le droit marocain du droit français, qui est aussi contraint par les dispositions du droit communautaire : elle a adopté une définition de la concentration qui repose sur le concept d'influence déterminante (au lieu du seul critère de transfert de propriété ou de jouissance sur les biens, droits ou obligations d'une entreprise, jugé trop large) et d'entreprise commune. Elle a également laissé le choix au Conseil de la concurrence de choisir entre le seuil de parts de marché, jugé trop compliqué, et les seuils de chiffre d'affaires pour décider de la contrôlabilité d'une opération. La notification est obligatoire. Reste à signaler qu'elle sera complétée par des lignes directrices pour sa bonne application, comme c'est le cas de l'autorité de la concurrence française. Ces lignes présentent les critères d'analyse des opérations de concentration et constituent aussi un guide de procédure.

Si l'ancienne loi ° 06-99 n'a pas sensiblement modifié le rôle du Conseil de la concurrence puisque sa compétence restait purement consultative, le pouvoir de décision appartenant à l'administration. En outre, le choix des dossiers à soumettre au Conseil relevait de la compétence discrétionnaire de cette dernière. La loi relative à la liberté des prix et la concurrence n° 104-12 a éliminé cette dualité de compétence, qui constituait un handicap à l'indépendance du Conseil, en transférant le pouvoir de décision à ce dernier, désormais avec un pouvoir décisionnel.

Le texte a institué un pouvoir de décision en matière de contrôle de concentration, dont la spécificité est d'attribuer au Conseil de la concurrence un pouvoir de décision.

Ce dispositif repose sur deux types d'examens des opérations : un examen simple, dit de phase I, et un examen approfondi, dit de phase II. La loi n° 104-12 a transféré le pouvoir de décision en matière de contrôle des concentrations au nouveau Conseil de la concurrence, ménageant toutefois un important pouvoir d'évocation à l'administration.

La procédure de contrôle est commencée par une obligation de notification, préalable à l'opération, incombant aux parties. Le Conseil de la concurrence procède à un examen simple, dite phase I, dans un délai de 60 jour ouvré. Les parties peuvent alors proposer des engagements de nature à remédier aux effets anticoncurrentiels de l'opération. Le Conseil est en mesure d'autoriser l'opération à l'issue de la phase I, éventuellement en subordonnant son autorisation à la réalisation par les parties de leurs engagements.

Le Conseil de la concurrence peut aussi, s'il estime qu'il subsiste un doute sérieux d'atteinte à la concurrence, engager un examen approfondi, c'est-à-dire enclencher une phase II. En cas de silence, celui-ci vaut autorisation de concentration.

La phase II conduit le Conseil de la concurrence à réaliser un bilan prospectif concurrentiel et économique de l'opération, c'est-à-dire à examiner si l'opération est de nature à porter atteinte à la concurrence. Elle apprécie si l'opération apporte au progrès économique une contribution suffisante pour compenser les atteintes à la concurrence.

L'administration, en principe privé de la compétence de décision, dispose néanmoins d'un important pouvoir d'évocation du contrôle de l'opération pour des motifs d'intérêt général. Ceux-ci peuvent être notamment (la liste n'est pas exhaustive) le développement industriel, la compétitivité internationale des entreprises ou la création ou le maintien d'emplois...

Par conséquent, il convient d'examiner le contrôle des concentrations, un pouvoir ex-ante du Conseil de la concurrence (Chapitre I) ; ce dernier assure ainsi une double fonction, contentieuse et consultative. Pour chacune de ces deux fonctions, il dispose depuis l'origine d'un certain nombre d'outils traditionnels.

Au titre de sa fonction contentieuse de répression des pratiques anticoncurrentielles (ententes et des abus de position dominante ou de dépendance économique), il peut être saisi par l'administration, les entreprises, les collectivités territoriales, les organisations et chambres professionnelles, les organisations syndicales et les organisations de consommateurs. Il peut également se saisir d'office. À l'issue d'une procédure, le Conseil dispose depuis l'origine de la possibilité d'adopter une variété de décisions à même d'assurer sa mission de police de la concurrence du marché. (Chapitre II).

Chapitre 1. Le contrôle des concentrations, un pouvoir ex ante du Conseil de la concurrence

Le nombre des opérations de concentration n'a cessé de croitre ces dernières années[688]. Surtout dans les secteurs de l'agroalimentaire, des biens de consommation courante, du commerce et des services que le phénomène des fusions, acquisitions et prises de participation, dont le cas très récent de Lafarge ciments et Holcim Maroc qui ont fusionné en créant Lafarge Holcim. Toutefois, cette opération n'est pas effectuée par le contrôle du Conseil de la concurrence en attente de la nomination de ses membres. Il s'agit juridiquement d'une fusion-absorption de Holcim Maroc par Lafarge ciments. Cette opération devrait se concrétiser au cours du 3ème trimestre 2016.

Par ailleurs, la plupart des concentrations ne présentent aucun risque pour la concurrence, et le cadre légal impose des seuils de contrôlabilité afin de permettre aux micro-opérations de se réaliser[689]. En revanche, les affaires mettant sensiblement en cause le jeu concurrentiel sont systématiquement transmises au Conseil de la concurrence avec un pouvoir d'évocation des motifs d'intérêt général par l'administration.

---

[688]Dans ce cadre, « la pratique décisionnelle du Conseil marocain de la concurrence confirme ce constat. Depuis sa réactivation, en 2009, le Conseil de la concurrence a eu l'occasion de se prononcer sur quatre projets de concentration qui ont été automatiquement transférés par les services du Chef du Gouvernement... L'analyse des avis rendus par le Conseil de la concurrence en la matière révèle que lesdits projets sont neutres d'un point de vue concurrentiel et ne soulèvent par conséquent aucun problème de concurrence. Il s'agit des avis suivants : avis n° 09/10 du 24 février 2010 relatif au projet de concentration économique dans le secteur de la biscuiterie et du chocolat entre les sociétés "kraft foond inc" et "cadbury plc" ; avis n° 17/11 du 26 septembre 2011 relatif au projet d'opération de concentration plateau holding bv and hp investments bv dans le secteur des hydrocarbures ; avis n° 18/11 du 10 novembre 2011 relatif au projet de concentration concernant l'acquisition du groupe français ONO développement SAS par la holding italienne ccpl SPA dans le secteur de l'emballage des produits alimentaires ; avis n° 20/10 du 22 décembre 2011 relatif au projet de concentration entre les sociétés Sofioprtéol et SNI Lesieur Cristal dans le secteur des huiles alimentaires ». Voir BOUAYAD Mohamed Hicham, *la politique de la concurrence et la régulation sectorielle : interfaces juridiques et architecture institutionnelle*, Op. cit., p. 272.

[689]VOGEL Louis, *Droit de la concurrence et concentration économique*, Études comparatives, Paris, Economica, 1988, p. 7.

En fait, pour que l'opération de concentration puisse faire l'objet d'un contrôle, il fallait qu'elle réponde à la définition légale posée par la loi n° 104-12, qui émane voir se calque de celle donnée par le législateur français. En étant de nature à porter atteinte à la concurrence, et d'atteindre l'un des seuils quantitatifs fixés par ladite loi.

Par le contrôle des concentrations, le droit de la concurrence veille à ce que l'accès au marché soit garanti, c'est-à-dire qu'à tout moment un opérateur plus actif, dynamique et plus énergique ou innovant peut pénétrer sur le marché, s'il y trouve intérêt.

Ceci dit, la loi n° 104-12 a le mérite de contribuer à la modernisation du dispositif juridique de la concurrence sur plusieurs points : la fondation d'une procédure de contrôle systématique et plus lisible, la notification est devenue obligatoire et suspensive. Les seuils de contrôle se réfèrent désormais au chiffre d'affaires des entreprises ou aux parts de marché et par une procédure plus rapide pour les opérations qui ne soulèvent pas de sérieuses difficultés. Le délai d'examen par principe est de 60 jours.

Un effort a été consenti aussi au niveau de l'amélioration de la transparence. Chaque notification fait l'objet d'une information à destination du marché, sur le site du Conseil de la concurrence, et toutes les décisions sont publiées.

Tout d'abord, nous évoquerons les règles au fond du contrôle des concentrations (Section I). Ensuite, nous étudierons les conditions de procédure pour ces opérations (Section II).

Section I. Les règles du contrôle des concentrations

Le contrôle des concentrations et des structures se distingue du contrôle des pratiques anticoncurrentielles d'entente ou d'abus de position dominante, du contrôle des comportements, ce qui justifie que ces deux corps de règles soient jugés « *inconciliables* » par la jurisprudence française.

Ce contrôle a un caractère prospectif. Les autorités de concurrence doivent anticiper les implications au regard du jeu de la concurrence sur le marché, de l'opération de concentration ; c'est-à-dire apprécier l'impact attendu de manière positive : effet bénéfique ou négatif.

En général, l'institution des règles destinées à contrôler la concentration des entreprises est un phénomène récent. S'il date de 1977 en France, ce n'est qu'avec la loi n° 06-99 que le Maroc a connu sa première législation en la matière, comblant ainsi une fâcheuse lacune de notre système juridique par rapport à celui de la plupart des pays émergents dans un contexte mondialisé.

Toutefois, les innovations juridiques apportées par l'ancien texte ont été peu nombreuses. On peut même estimer que c'est l'administration qui dirige et garde la mainmise sur les opérations de concentration économique, affectant l'indépendance de l'action du régulateur de la concurrence, et juger l'ensemble de cette « *réforme* » bien timide.

Désormais, le mécanisme mis en place pour le contrôle des concentrations, par la loi n° 104-12, ne vise pas à interdire toute opération de concentration des entreprises, qui peut souvent s'avérer utile dans la mesure où elle permet une restructuration de l'économie marocaine et un accroissement de sa compétitivité ni à éviter également les impacts nocifs que certains regroupements sont susceptibles d'avoir sur la concurrence. Il s'agit seulement de faire obstacle aux concentrations jugées abusives, parce que les inconvénients qu'elles présentent à l'égard de la concurrence dépassent les avantages qu'elles offrent sur le plan économique.

À la différence du régime des pratiques anticoncurrentielles, dont certaines demeurent encore pénalement sanctionnées, le système de contrôle des concentrations se situe ex-ante et n'a pas de valeur répressive. Toutefois, l'arsenal répressif en matière des concentrations a été considérablement amélioré par la loi n° 104-12, incitant les parties au respect de ses règles.

Le législateur a prévu aussi des mesures de dérogation, ainsi une concentration de nature à affecter suffisamment la concurrence pouvant être validée si elle contribue *« au progrès économique une contribution suffisante pour compenser les atteintes à la concurrence »*. Ce qui signifie que cette caractéristique essentielle du droit des concentrations, que constitue la possibilité d'interdiction assortie d'une large faculté de dérogation, se retrouve dans ce mécanisme d'autorisation des concentrations, établissant « *un instrument des pouvoirs publics au service d'objectifs de politique économique et sociale* »[690].

Par ailleurs, on ne peut comprendre le droit des concentrations appliqué par les autorités de concurrence, sans évoquer le contexte historique de son émergence. Notamment, aux États-Unis, avec l'acte fondateur du « *Sherman Act* » comme premier d'une panoplie de textes votés pour permettre la surveillance de l'évolution des marchés et le comportement concurrentiel des entreprises, sous la pression d'une opinion publique fort critique à l'égard de l'émergence et des comportements des grands trusts soupçonnés d'abuser de

[690]KOVAR Robert et BURST Jean-Jacques, *Droit de la concurrence*, Paris, Economica, 1981, p. 14.

leur pouvoir de marché[691]. Ce regard historique démontre l'utilité du contrôle des concentrations (§ 1) nous amènera ensuite à l'éclaircissement quant à la nature de ses opérations (§ 2).

§1. Les concentrations contrôlables

C'est à partir des années 1880 que l'émergence des firmes de grande taille dans des secteurs tels que ceux du pétrole, de la sidérurgie et de l'industrie électrique commence à faire l'objet de contestations. Aux États-Unis, l'opinion publique, relayée par le personnel politique et la presse de l'époque dénonce, avec force détails, les méthodes jugées sans scrupules employées par les dirigeants de ces grandes firmes pour écraser leurs petits concurrents.

Le vote du « *Sherman Act* », premier texte visant à condamner les comportements jugés anticoncurrentiels de ces grandes firmes a été suivi de l'adoption des premières dispositions relatives au contrôle de la concentration (le « *Clayton Act* » de 1914 complété par « *Celler-Kefauver Act* » de 1950) en réponse au grand mouvement de concentration qu'avait connu l'économie américaine au début du XXe siècle. D'après Michel Glais « *dans l'esprit de nombreux économistes de l'époque, ces concentrations ne pouvaient se justifier par la recherche d'une plus grande efficience, mais par celle de positions hégémoniques* »[692].

Après la guerre 1939-45, le développement des recherches dans la discipline, dite de « *L'Économie industrielle* », et en particulier de celles conformes à la méthodologie et la philosophie structuraliste initiée par l'école dite de Harvard continuera à soutenir l'opinion selon laquelle les phénomènes de concentration ainsi que les comportements stratégiques des grandes firmes devaient faire l'objet d'une particulière surveillance[693].

Par ailleurs, pour croître, une firme peut choisir deux stratégies, la croissance interne (création de nouvelles capacités de production) et la croissance externe (processus de croissance par acquisition de tout ou partie d'entreprises existantes). La croissance externe passe par une concentration qui s'incarne dans la prise de contrôle d'une entreprise, on parle ici de fusion et acquisition. Ces opérations économiques sont bien qualifiées juridiquement par la loi n° 104-12 qui distingue leur nature.

---

[691]GLAIS Michel, *Economie industrielle. Les stratégies concurrentielles des firmes*, Paris, Lexis Nexis, 1992, p. 294.
[692]GLAIS Michel, « Le processus concurrentiel : une présentation historique des apports de la théorie économique », *RTD Com*, 2014, p. 37.
[693]*Ibidem.*

Par conséquent, il convient d'examiner l'utilité des opérations de concentration en puisant dans le contexte historique (A) ainsi que la nature juridique des opérations de concentration (B).

A. L'utilité du contrôle des concentrations

Le droit des concentrations vise à éviter la constitution, par voie de regroupement, de puissances économiques susceptibles d'affaiblir le jeu normal de la concurrence sur le marché. C'est un caractère constant du droit public. Il vise alors à prévenir et à anticiper les effets nocifs de la concentration, dans le cadre d'une appréciation plus économique que juridique, et voire plus politique qu'économique, conformément à l'adage : « *gouverner c'est prévoir* ». En fait, le contrôle des concentrations intervient en principe avant que l'opération constitutive du regroupement ne puisse être effective. À la différence du contrôle des pratiques anticoncurrentielles, il ne représente donc pas de caractère répressif.

Cette fonction requiert une grande prudence afin d'instaurer et d'assurer un équilibre entre une approche soupçonneuse conduisant à interdire toute opération qui entrainerait une réduction de concurrence, et une complaise amenant à autoriser toute opération qui n'entrainerait pas l'élimination ou une réduction considérable de la concurrence[694]. Il en résulte une appréciation généralement opportuniste, tant par ses présupposés économiques que par sa finalité politique. D'une manière générale, le contrôle des concentrations peut alors constituer un renouveau d'une politique de la concurrence, voire d'une politique industrielle[695].

Dans un droit caractérisé par sa téléologie visant l'étude des causes finales et de la finalité, la fixation des objectifs est essentielle. S'il est évident que les lois sur les valeurs mobilières sont destinées à protéger les investisseurs, les lois anti-discrimination sont destinées à protéger les minorités impopulaires et les lois du travail à équilibrer les intérêts des employeurs et des employés. La question est de savoir si elles concernent les bénéficiaires de la loi antitrust ?

Dans la plupart des systèmes modernes de la concurrence, les intérêts des consommateurs prévalent au sommet de la liste des bénéficiaires. Dans cet esprit, la Cour suprême des États-Unis appréhende la loi Sherman comme un « *bien-être prescription des consommateurs* ». De même, la Commission

---

694 FERRIER Didier et FERRE Dominique, *Droit du contrôle national des concentrations*, Op. cit., p. 15.

695 FRISON-ROCHE Marie-Anne et PAYET Stéphanie, *Droit de la concurrence*, Op. cit., p. 289.

européenne l'envisage comme un bien-être au bénéfice des consommateurs, objectif principal de l'application du droit de la concurrence.

« *La concurrence, non les concurrents* » est une maxime souvent utilisée pour exprimer les valeurs fondamentales dans les discours antitrust. Le cas des États-Unis, au moins, s'inscrit dans ce cadre. La doctrine américaine et les autorités antitrusts ont accusé la Commission européenne ou la Cour européenne de justice de violer cet axiome en protégeant les concurrents sans tenir compte des conséquences pour le bien-être des consommateurs. Les Européens estiment souvent que les Américains comprennent mal que les concurrents sont des instruments de protection des consommateurs et que sans concurrents, il n'existe pas de concurrence.

Dans ce débat parfois houleux, émerge néanmoins un consensus implicite que le bien-être des consommateurs devrait être la principale motivation de la politique antitrust, et que les désaccords concernent principalement sa mise en œuvre.

L'esprit qui anime le développement international du droit de la concurrence vient de l'histoire et de l'expérience américaine. Avec la loi Sherman en 1890, les États-Unis ont été le premier pays à promulguer un système national du contrôle des concentrations. La loi antitrust était décrite par certains, comme un cadeau américain pour le reste du monde, que beaucoup d'autres nations au fil du temps ont mise en œuvre. La législation antitrust aux États-Unis repose en grande partie sur sept sections de trois lois : la Loi Sherman (1890), la Loi Clayton (1914), et la Federal Trade Commission Act (1914)[696].

Le contrôle des concentrations avait pour objectif d'empêcher les entreprises d'atteindre une dimension pouvant constituer une menace pour l'économie libérale. Dans ce contexte, en 1911, la *Standard Oil* a été démantelée pour donner naissance à 30 entités.

Comme la Cour suprême des États-Unis l'a affirmé : « *Les Lois antitrusts en général et la Loi Sherman en particulier, sont la Magna carta de la libre entreprise* »[697]. Ces concentrations peuvent revêtir diverses formes, comme le souligne Louis Vogel : « *De la fusion à la prise de participation en passant par les contrats d'intégration, le phénomène de concentration revêt des formes juridiques diverses que rapproche cependant la similitude de leurs*

---

[696] *Ibidem*, p. 151.

[697] As the United States Supreme Court has put it: "Antitrust laws in general and the Sherman Act in particular are the Magna Carta of free enterprise. They are as important to the preservation of economic freedom and our free-enterprise system as the Bill of Rights is to the protection of our fundamental personal freedoms."

conséquences économiques, l'acquisition d'un pouvoir de contrôle unilatéral ou réciproque d'une entreprise sur une autre »[698].

A l'origine, l'objectif était de contrôler spécifiquement les concentrations et plus particulièrement les monopoles qui apparus en Europe après la Seconde Guerre mondiale, mais dans certains pays seulement et sous inspiration américaine. L'Allemagne a été parmi les premiers pays d'Europe à adopter et appliquer un contrôle rigoureux des concentrations.

Ainsi, elle a développé le concept d'abus de dépendance économique, visant à protéger les petites entreprises dans leurs transactions avec de grands clients et fournisseurs.

Pendant de nombreuses années, l'Allemagne a disposé du programme de contrôle des concentrations le plus actif de l'Europe. Les dispositions relatives au contrôle des opérations de concentration en droit allemand ont été introduites, dès 1973 par la loi de 1957 relative à la prévention de restrictions de concurrence[699]. Celle-ci s'inscrit dans la tradition européenne du contrôle des concentrations, qui se fonde sur une sanction anticipée des abus, s'inspirant de l'adage « *mieux vaut prévenir que guérir* ».

Au Royaume-Uni, un contrôle des monopoles et concentrations a été institué en 1965 par le « *monopolies and mergers Act* »[700], pour remédier au nombre croissant de concentrations économiques. Le gouvernement craignait alors que ces concentrations constituent un contre-pouvoir économique.

À la différence des États-Unis d'Amérique dont la législation antitrust remonte à la fin du XIXe siècle, la France a mis en place tardivement un contrôle des concentrations économiques. En effet, les pouvoirs publics considéraient plus important de ménager la compétitivité internationale de l'appareil économique français en laissant se constituer de grandes unités.

Le droit français des concentrations est en effet né de la loi n° 77-806 du 19 juillet 1977 relative au contrôle de la concentration. Cette dernière ne visait pas à empêcher le développement de grands groupes industriels, soulignant ainsi l'intérêt d'une importante restructuration de l'appareil industriel français. Elle a donné lieu aux règles applicables posées par l'ordonnance du 1er décembre 1986, qui s'est vu reconnaître, dans son ensemble une force législative. Après quinze ans d'application, la loi du 15 mai 2001 relative aux nouvelles régulations économiques, a complété par d'autres dispositions le

---

[698]VOGEL Louis, *Droit de la concurrence et concentration économique*, Op. cit., p. 350.

[699]GUDZ Nataliya, *le contrôle des concentrations en Allemagne*, Munich, GRIN Verlag, 2008, p. 4.

[700]OPIE G. Roger, "Merger policy in the United kingdom", in Klaus J. Hopt , Berlin, New York, *European Merger Control*, Walter de Gruyter, 1982, p. 25.

droit français du contrôle des concentrations, codifiées aux articles L.430-1 et suivant du code de commerce. La loi de modernisation de l'économie du 4 aout 2008, quant à elle, a transféré l'essentiel du pouvoir de contrôle sur l'autorité de la concurrence qui appartenait au ministre chargé de l'Économie.

Toutefois, l'axe principal du système juridique français repose sur son alignement sur le droit européen, pour éviter des différences d'appréciation entre l'autorité nationale et la Commission européenne et les cas de double contrôle qui pourraient s'ensuivre[701].

Rappelons que les pays du Maghreb, notamment l'Algérie, le Maroc et la Tunisie ont chacun adopté des règles domestiques de concurrence et mis en place des autorités de contrôle. Le modèle suivi est particulièrement proche des dispositions de l'Ordonnance française du 1er décembre 1986[702]. Cette convergence peut s'analyser d'un côté positif en estimant qu'elle compense un peu l'absence regrettée d'un contrôle international, voire mondial, des concentrations[703].

S'agissant du contrôle des concentrations au Maroc, il existait un problème spécifique lié au fait de l'existence pendant quelques années de deux autorités de concurrence (l'administration et le Conseil de la concurrence). Cependant, avec la loi n° 104-12 l'administration a perdu l'initiative de statuer sur les affaires antitrust, de sorte que, si elle est jusqu'à ici présente, c'est uniquement parce qu'elle évoque des motifs d'intérêt général.

Le Conseil de la concurrence possède désormais ses propres prérogatives indépendantes, en matière de contrôle des concentrations, et s'est vu reconnaître le pouvoir effectif de réaliser des enquêtes, relatives à d'éventuelles pratiques.

B. La nature de l'opération de concentration économique

Pour croître, une entreprise peut suivre deux stratégies, la croissance interne qui prend la forme de création de nouvelles capacités de production, et la croissance externe en tant que processus de croissance par acquisition de tout ou partie d'entreprises existantes. Cette concentration peut prendre trois formes selon la logique économique : la concentration horizontale : intervient entre entreprises qui opèrent au même stade économique. Elle diminue le

---

701 STAHL Jacques-Henri, « le contrôle des concentrations économiques Conclusions sur Conseil d'Etat, Section, 9 avril 1999, Société Intervues Document InterRevues », *Revue française du droit administratif*, 1999, p. 769.

702 GERADIN Damien et PETIT Nicolas, « Règles de concurrence et partenariat euro-méditerranéen : échec ou succès ? », Op. cit., pp. 47-47.

703 IDOT Laurence, « Mondialisation, liberté et régulation de la concurrence : le contrôle des concentrations », *RIDE*, 2002, p. 175.

nombre d'entreprises présentes sur un marché et accroît la part de marché de la nouvelle entité issue de l'opération de concentration. Le risque d'atteinte à la concurrence est plus grand dans les marchés concentrés que dans les autres marchés. Il peut aussi y avoir un risque pour la concurrence alors même que les parts de marché des entreprises parties à la concentration ne sont pas importantes[704].

Les concentrations verticales réunissent des activités situées le long de la filière de production. Cette forme d'intégration est, par exemple, typique de la filière pétrolière où les raffineurs contrôlent leur propre réseau de distribution d'essence. De même, le groupe Français Hachette est à la fois éditeur, distributeur et diffuseur[705].

Les fusions conglomérales regroupent des activités appartenant à des secteurs d'activité différents. Elles permettent à une nouvelle entité d'accroitre la gamme des produits. Par exemple, avant son rachat par Vivendi, le groupe Seagram était à la fois présent sur le marché des vins et spiritueux et sur le marché des industries culturelles[706].

Les concentrations sont classées en fonction des places occupées respectivement par les entités économiques concernées dans le cycle économique du ou des produits, biens ou services en cause. Si elles occupent une même phase du cycle d'un même produit, bien ou service, la concentration est dite « *horizontale* », car le contrôle s'élargit vers les entreprises concurrentes situées au même niveau du marché fonctionnel. Si elles occupent des stades différents dans le cycle économique du même produit, bien ou service, la concentration est dite « *verticale* », parce que le contrôle se répand en amont vers les fournisseurs ou en aval vers les clients. Si elles exercent des activités sans rapport les unes avec les autres et relatives à des produits, bien ou services non substituables, la concentration est dite « *conglomérale* », car le contrôle rassemble des entreprises dispersées sur des marchés disparates et situées à des niveaux diversifiés de cycles économiques différents. Si, enfin, quand elles créent ou exploitent à plusieurs une entreprise qu'elles contrôlent conjointement tout en conservant entre elles une indépendance réciproque, la concentration partielle prend alors la forme d'une entreprise commune.

Toutefois, une lecture de l'article 11 de la loi n° 104-12 relative à la liberté des prix et de la concurrence montre qu'il est transposé texto de

---

[704]MALAURIE-VIGNAL Marie, *Droit de la concurrence interne et européen*, Op. cit., p. 310.
[705]COUTINET Nathalie et SAGOT-DUVAUROUX Dominique, *Économie des fusions et acquisitions*, Op. cit., pp. 06-18.
[706]*Ibidem.*

l'article L.430-1 du code de commerce français[707]. En effet, une opération de concentration ne concerne pas seulement les fusions de deux ou plusieurs entreprises antérieurement indépendantes. L'article 11 de la loi marocaine vise d'abord ce cas, mais il ne se limite pas à celui-ci. Une opération de concentration peut être réalisée soit à l'occasion d'une fusion **(1)**, soit encore quand une ou plusieurs entreprise(s) acquièrent le contrôle de l'ensemble ou de parties d'une ou plusieurs autre(s) entreprise(s) **(2),** soit enfin lorsqu'est créée une entreprise commune accomplissant de manière durable toutes les fonctions d'une entité économique autonome **(3).**

Les deux premières opérations visées sont donc caractérisées de par leur nature, pour ce qui concerne le cas de la fusion ou par leur effet, pour ce qui concerne le cas du transfert du contrôle.

Le contrôle peut d'ailleurs passer par un transfert de propriété, une participation au capital, mais aussi par le transfert d'éléments d'actif, de contrats ou d'un simple droit de jouissance sur les biens.

1. Fusion d'entreprises indépendantes

L'expression « *entreprises antérieurement indépendantes* » suppose que lors du contrôle de l'opération de fusion soit constaté l'indépendance des opérateurs économiques candidats à la fusion. C'est-à-dire l'absence d'influence déterminante susceptible d'être exercée par une entité sur l'autre, et particulièrement par la société absorbante sur la société cible.

Ceci nous ramène à nous poser la question relative aux opérateurs appartenant à un même groupe. Il convient de dire à ce propos que le groupe

---

[707]L'article 11 dispose qu'une opération de concentration est réalisée :

1- Lorsque deux ou plusieurs entreprises antérieurement indépendantes fusionnent.

2- Lorsqu'une ou plusieurs personnes, détenant déjà le contrôle d'une entreprise au moins, acquièrent, directement ou indirectement, que ce soit par prise de participation au capital ou achat d'éléments d'actifs, contrat ou tout autre moyen, le contrôle de l'ensemble ou d'une partie d'une autre entreprise ou de l'ensemble ou de parties de plusieurs autres entreprises.

3- Lorsqu'une ou plusieurs entreprises acquièrent, directement ou indirectement, que ce soit par prise de participation au capital ou achat d'éléments d'actifs, contrat ou tout autre moyen, le contrôle de l'ensemble ou d'une partie d'une autre entreprise ou de l'ensemble ou de parties de plusieurs autres entreprises.

La création d'une entreprise commune accomplissant de manière durable toutes les fonctions d'une entité économique autonome constitue une concentration au sens du présent article.

Aux fins de l'application du présent titre, le contrôle découle des droits, contrats ou autres moyens qui confèrent, seuls ou conjointement et compte tenu des circonstances de fait ou de droit, la possibilité d'exercer une influence déterminante sur l'activité d'une entreprise, et notamment :

- Des droits de propriété ou de jouissance sur tout ou partie des biens d'une entreprise ;
- Des droits ou des contrats qui confèrent une influence déterminante sur la composition, les délibérations ou les décisions des organes d'une entreprise.

n'est pas précisément défini en droit marocain, mais considéré comme un opérateur unique, une entité économique, et la variation de son agencement juridique interne par une opération de fusion entre deux sociétés qui en sont membres n'influençant pas en principe la situation concurrentielle sur le marché.

Par ailleurs, on peut distinguer la fusion de droit encadrée par l'article 11 de la loi n° 104-12 de la fusion de fait. La fusion de droit au sens du contrôle des concentrations concerne aussi bien la fusion-acquisition[708], que la fusion absorption[709] ou fusion-scission[710].

La fusion de fait incluse par le droit européen n'entraine pas la disparition juridique des entités qui peuvent s'accorder à mettre en place une gestion économique commune[711]. La combinaison des activités d'entreprises antérieurement indépendantes aboutit alors à la création d'une unité économique, unique et permanente. Elle constitue une condition nécessaire. La fusion de fait se fait également par voie de convention[712].

Reste à savoir si le Conseil marocain de la concurrence assurera le même traitement aux fusions de fait puisque la notion de concentration va être examinée à la lumière de sa pratique décisionnelle.

2. Acquisition du « contrôle » d'une entreprise indépendante

Le contrôle, objet de l'article 11, est celui exercé par une ou plusieurs personnes ou entreprises sur une société ; il ne relève ni du contrôle de

---

708Lors d'une fusion, deux (ou plusieurs) sociétés se dissolvent pour former une nouvelle société qui reprend la totalité de leurs patrimoines. Les actionnaires des sociétés dissoutes reçoivent les titres de la société nouvelle. La nouvelle société recueille dans son bilan les actifs et les dettes des sociétés dissoutes.

709L'une des entités étant supprimée après avoir apporté son patrimoine à l'autre, une société absorbante B reçoit les actifs et les dettes d'une société absorbée A.

710Elle entraîne la disparition d'une société par la transmission de son patrimoine à des sociétés nouvelles ou préexistantes, moyennant l'attribution, aux associés de la société scindée, de parts ou d'actions des sociétés issues de la scission.

711« Une condition préalable pour déterminer s'il y a création d'une unité économique commune est l'existence d'une direction économique unique et permanente. D'autres facteurs tels qu'une compensation des profits et des pertes entre les différentes entreprises à l'intérieur du groupe et une responsabilité solidaire peuvent entrer en considération. La fusion de fait peut-être renforcée par des participations croisées entre les entreprises qui constituent l'unité économique ».

712MALAURIE-VIGNAL Marie, *Droit de la concurrence interne et européen*, Op. cit., p. 303.

l'administration[713], pas plus que du droit des sociétés[714]. Il est envisagé par l'article 11 comme « *la possibilité d'exercer une influence déterminante sur l'activité d'une entreprise* ».

Une situation de contrôle existe lorsqu'un opérateur peut exercer, grâce à certains moyens de fait et de droit, une influence déterminante sur l'activité d'un autre opérateur. En réalité, une opération de concentration se distingue par le cumul de l'exercice de l'influence en tant que résultat, et la maitrise des moyens qui en ont abouti[715].

a- L'objet de l'influence et ses moyens

Aux termes de l'article 11, alinéa 3 de la loi n° 104-12 relative à la liberté des prix et la concurrence, l'influence déterminante doit s'exercer sur « l'activité » de l'entreprise cible à travers le contrôle des décisions qualifiées par la doctrine de « stratégiques ».

À cet effet, les décisions stratégiques sont celles qui portent sur les orientations fondamentales de l'entreprise, et notamment sur : le budget, le « business plan », les investissements importants, la nomination des dirigeants voire des cadres supérieurs[716]. C'est à titre d'exemple, le pouvoir de disposer des droits de veto d'une entité sur la conduite des activités, surtout en matière de budget, d'une entreprise cible. Donc, le fait de prendre ou d'empêcher de prendre une décision stratégique constitue des procédés d'influence d'une entreprise sur une autre.

D'après l'alinéa 3 de l'article 11, une situation de contrôle peut découler, de manière large, de toutes « *circonstances de fait ou de droit* » et notamment « *des droits de propriété ou de jouissance sur tout ou partie des biens d'une entreprise* » ainsi que les *« des droits ou des contrats qui confèrent une influence déterminante sur la composition, les délibérations ou les décisions des organes d'une entreprise* ».

Le Conseil de la concurrence serait donc amené à une appréciation in concreto qui fait état des seules circonstances de la cause et de la situation des

---

[713]À titre d'exemple, le contrôle de l'administration fiscale prend généralement deux formes essentielles : un contrôle exercé sur pièces et un contrôle sur place.

[714]Voir ITOBANE Aziz, « la problématique représentative des assemblées générales des sociétés anonymes », *Revue du Droit marocain,* n° 17, avril 2011, p. 185. (En Arabe).

[715]COT Jean-Mathieu et DE LA LAURENCIE Jean-Patrice, *le contrôle français des concentrations*, Paris, LGDJ, 2003, n° 92.

[716] Voir à ce propos : Communication de la Commission européenne concernant la notion de concentration au sens du règlement (CEE) n° 4064/89 du Conseil relatif au contrôle des opérations de concentration entre entreprises.

entreprises à l'issue de l'opération, en tenant compte des moyens par lesquels s'exerce l'influence.

Ainsi, l'examen de l'influence se diffère selon les moyens utilisés à cette fin. Qu'il s'agisse des moyens structurels qui concernent le capital et les éléments de l'actif de l'entreprise, ou des moyens non structurels qui la placent dans une situation de dépendance économique et qu'il est difficile d'en prouver l'existence.

L'article 11 alinéa 3 de la loi n° 104-12 relative à la liberté des prix et la concurrence énumère les moyens structurels permettant de conférer une influence déterminante. Ils consistent pour l'essentiel dans la détention de droits dans le capital, et sur les actifs.

b- Les moyens de l'influence

Considérant que la plupart des entités économiques prennent la forme juridique de société, l'acquisition de droits dans le capital de la société cible est la formule contractuelle la plus fréquemment utilisée pour accomplir une opération de concentration. Dans ce sens, le Conseil français de la concurrence a estimé que, dès lors qu'un associé dispose en principe d'autant de voix en assemblée générale que de parts ou d'actions dans le capital de la société, l'associé qui détient plus de la moitié du capital d'une société maitrise la prise de décision en assemblée générale et donc le contrôle de la société[717]. En fait, il peut avoir la possibilité de décider de la composition de l'organe exécutif de la société, et assurer le contrôle des décisions « *stratégiques* ».

Toutefois, il peut y avoir une participation majoritaire sans détention du contrôle : c'est le cas de la société anonyme par exemple, dont la loi n° 17-95 dispose dans son article 257 « *qu'un droit de vote double de celui conféré aux autres actions, eu égard à la quotité de capital social qu'elles représentent, peut être attribué par les statuts ou une assemblée générale extraordinaire ultérieure, à toutes les actions entièrement libérées pour lesquelles il sera justifié d'une inscription nominative, depuis deux ans au moins au nom du même actionnaire* ». Ainsi que l'article 260 qui prévoit que « *les statuts peuvent limiter le nombre des voix dont chaque actionnaire dispose dans les assemblées, sous la condition que cette limitation soit imposée à toutes les actions, sans distinction de catégorie, autre que les actions à dividende prioritaire sans droit de vote* ». Conséquemment, l'associé majoritaire en capital n'est pas pour autant en mesure d'exercer un contrôle sur la société concernée, sauf s'il le fait autrement en recourant à d'autres moyens.

---

[717]Conseil Français de la concurrence, avis n° 94-A-24, 20 Septembre 1994, Cedest-holdercim, secteur du béton prêt à l'emploi.

Quelquefois, la détention de la minorité en capital permet d'exercer un contrôle au sens du droit de la concurrence. Cette situation résultera alors non de la seule participation, mais selon l'expression du législateur de « *circonstance de fait ou de droit* ».

La jurisprudence du droit européen a dégagé cinq cas conférant le contrôle à la minorité. Le premier réside dans la participation minoritaire en capital, accompagnée d'une majorité en droits de vote. Comme on a déjà évoqué, les droits de vote de l'associé n'équivalent pas forcément à ses droits dans le capital. Il peut s'agir d'actions préférentielles qui confèrent une majorité des droits de vote à la minorité. Le deuxième consiste à la participation minoritaire en capital accompagné d'un accès potentiel à la majorité des droits de vote. Un ou plusieurs actionnaires minoritaires peuvent profiter de la possibilité d'accéder au capital par des accords particuliers ou par la possession de titres convertibles en actions, ou souvent par le droit de préemption ou de préférence. La troisième situation s'incarne dans la participation minoritaire accompagnée de circonstances économiques particulières, qui peuvent se manifester dans la dispersion de l'actionnariat, permettant à un associé minoritaire d'influer « *de fait* » sur les décisions stratégiques de l'opérateur cible et surtout sur celles qui sont prises en assemblée générale.

Comme le souligne Jean-Mathieu Cot et de La Laurencie Jean-Patrice, c'est à « *l'histoire et à la géographie* » du capital que les autorités de concurrence feront appel pour déterminer la capacité pour le minoritaire d'exercer une influence déterminante sur la société cible[718]. La quatrième se manifeste dans une participation minoritaire accompagnée d'une politique commune à des associés minoritaires et à la société cible. S'il y a une convergence durable dans les votes des associés minoritaires, la politique pourra être considérée comme commune et révéler une influence déterminante exercée en commun. Elle peut être de droit ou de fait. La cinquième situation réside dans la participation minoritaire accompagnée d'un aménagement des pouvoirs conférant une possibilité de blocage des décisions stratégiques de la société cible. Cette faculté de blocage peut être stipulée dans les statuts ou dans un contrat conclu entre actionnaires sous forme d'un droit de veto accordé à un représentant minoritaire dans l'organe de direction de la société.

Concernant les droits sur les actifs, le contrôle a été défini par le législateur marocain comme « *la possibilité d'exercer une influence déterminante sur l'activité d'une entreprise* ». Il peut s'opérer par la filialisation de la société ou par l'intégration de l'activité à travers la détention des droits sur ses actifs.

---

[718]COT Jean-Mathieu et DE LA LAURENCIE Jean-Patrice, *le contrôle français des concentrations*, Op. cit., n°123.

Mais, il convient de signaler que la valeur des actifs cédés ou leur importance pour l'exploitation de l'activité de l'entreprise seront évidemment à considérer pour apprécier la réalité du contrôle. En effet, les droits de propriété intellectuelle, tels que marque, brevet, droit d'auteur constituent souvent des actifs stratégiques ; la cession ou la licence exclusive de ces droits pourra alors être considérée comme une opération de concentration : « *l'acquisition d'un contrôle entrainant une concentration ne peut porter uniquement sur certains éléments d'actifs incorporels comme les marques, brevets, licences ou autres droits de propriété.* »[719].

L'article 11 de la loi n° 104-12 vise l'acquisition d'un contrôle « *par tout autre moyen* », surement qu'il s'agit ici de moyens non structurels. C'est-à-dire qu'une entité peut se trouver dans une situation de dépendance économique, même en manque de lien capitalistique ou d'intégration de son activité. C'est le cas de l'entreprise fortement endettée envers un créancier en mesure d'exercer, ainsi, une influence déterminante sur les décisions stratégiques de sa débitrice. C'est également la situation d'un opérateur solidement engagé envers un cocontractant en mesure d'exercer, grâce à sa position contractuelle, une influence déterminante par des contrats de sous-traitance ou de distribution exclusive, sur la politique commerciale de l'autre partie.

Par ailleurs, d'après l'article 11 de la loi relative à la liberté des prix et la concurrence, le contrôle peut être exercé par un ou plusieurs opérateurs « *lorsqu'une ou plusieurs personnes* », et de façon effective ou potentielle.

D'abord, le contrôle exclusif est réalisé par un seul opérateur. Il s'agit de la forme la plus simple de la prise de contrôle. Ensuite, celui en commun qui est réalisé par *plusieurs* personnes morales ou physiques[720] quand elles exercent ensemble une influence essentielle sur les décisions stratégiques de la société cible.

3. La création d'une entreprise commune

L'article 11 alinéa 2 de la loi n° 104-12 vise expressément la création d'une entreprise : « *La création d'une entreprise commune accomplissant de*

---

[719]FERRIER Didier et FERRE Dominique, *Droit du contrôle national des concentrations*, Op. cit., p. 61.

[720]Deux éléments permettent de caractériser l'exercice du contrôle en commun : le premier évident et le partage du contrôle, le second est la stabilité du contrôle. Le partage du contrôle se définit négativement par l'incapacité dans laquelle se trouve un opérateur à prendre seul les décisions stratégiques de la société-cible et positivement par l'alliance nécessaire à l'exercice du contrôle. Soit par la prise des décisions en commun, ou le blocage. La stabilité du contrôle tient à la durabilité de l'alliance constituée entre les opérateurs en situation de contrôle.

manière durable toutes les fonctions d'une entité autonome constitue une concentration ».

Il est fondamental donc de distinguer la création d'une entreprise commune et la prise de contrôle en commun d'une entreprise préexistante. Toutefois, si ces deux opérations sont soumises au droit marocain des concentrations, la première consiste à une création alors que la seconde est une acquisition de contrôle. En pratique, cette question ne relève pas de grands soucis juridiques.

En fait, c'est dans le but de développer leurs stratégies commerciales, chercher plus de compétitivité, conquérir de nouveaux marchés que des entreprises mutualisent parfois leurs moyens matériels et humains pour créer une entreprise commune.

Le législateur a estimé que l'entreprise commune doit être autonome par rapport à ses « *entreprises fondatrices* » et en exercice durable des fonctions, sans juste reprendre qu'une seule fonction spécifique parmi les activités de ses créatrices. S'il n'y a pas d'autonomie, l'entreprise commune relève non pas du contrôle des concentrations, mais du traitement des ententes, car elle ne distingue pas juridiquement des « *entreprises-parents* ». En effet, les structures communes créées sous forme de groupement d'intérêt économique seront généralement exclues du contrôle des concentrations, faute d'avoir un accès autonome au marché, car le groupement n'intervient que dans le prolongement de l'activité de ses membres[721].

L'article 11 se réfère aussi au critère de durabilité dans la définition de l'entreprise commune constituant une concentration. Elle doit ainsi exercer « *de manière durable* » son activité. Toutefois, la durabilité n'a pas été, là encore, précisée, mais la pratique décisionnelle ultérieure du Conseil de la concurrence en matière d'entreprise commune va éclairer cette condition.

*§2. L*e déclenchement du contrôle

Le contrôle ne s'exerce que si les opérateurs concernés possèdent un poids économique suffisant pour que leur concentration soit susceptible de produire des effets anticoncurrentiels. Dans cette estimation le chiffre d'affaires des opérateurs est pris en compte, car il forme un indicateur relativement simple,

---

[721]Dans ce cadre, l'article 1 de la loi n° 13-97 relative aux groupements d'intérêt économique (publié au bulletin Officiel n° : 4678 du 01/04/1999 – Page. 165) dispose que « Deux ou plusieurs personnes morales peuvent constituer entre elles pour une durée déterminée ou indéterminée un groupement d'intérêt économique (G.I.E.) en vue de mettre en œuvre tous les moyens propres à faciliter ou à développer l'activité économique de ses membres, et à améliorer ou accroître les résultats de cette activité. L'activité du groupement doit se rattacher à l'activité économique de ses membres et ne peut avoir qu'un caractère auxiliaire par rapport à celle-ci. Le but du groupement n'est pas de réaliser des bénéfices pour lui-même ».

pratique et pertinent de l'activité de l'entreprise et par là de son poids économique réel.

Dans ce sens l'article 12 de la loi relative à la liberté des prix et la concurrence prévoit que toute opération de concentration doit être notifiée au Conseil de la concurrence par les entreprises et les parties concernées, avant sa réalisation. Il précise dans ses deux premiers alinéas que cette obligation s'applique lorsque : « *le chiffre d'affaires total mondial, hors taxes, de l'ensemble des entreprises ou groupes de personnes physiques ou morales parties, la concentration est supérieure au montant fixé par voie réglementaire* » ou « *le chiffre d'affaires total, hors taxes, réalisé au Maroc par deux au moins des entreprises ou groupes de personnes physiques ou morales concernés est supérieur au montant fixé par voie réglementaire* ».

En effet, le texte réglementaire intervenu en matière de la liberté des prix et de la concurrence qui est le décret n° 2.14.652 du 1er décembre 2014 portant application des dispositions de la loi n° 104-12 sur la liberté des prix et de la concurrence[722] précise dans son article 8 que le chiffre d'affaires total mondial doit être *« supérieur ou égal à 750 millions de dirhams* », et que celui réalisé au Maroc doit être « supérieur *ou égal à 250 millions de dirhams* ». En dessous de ces seuils, les opérations de concentration ne sont pas en principe contrôlables.

La loi n° 104-12 a considérablement modifié les seuils de contrôlabilité des opérations de concentration par rapport à l'ancienne loi n° 06-99. Ainsi, elle n'a gardé comme critère qui se fonde sur la part de marché détenu par les entreprises concernées qu'un seul cas qui figure au dernier alinéa de l'article 12 « *les entreprises qui sont parties à l'acte, ou qui en sont l'objet, ou qui lui sont économiquement liées ont réalisé ensemble, durant l'année civile précédente, **plus de 40 %** des ventes, achats ou autres transactions **sur un marché national** de biens, produits ou services de même nature ou substituables, **ou sur une partie substantielle de celui-ci.*** »

Toutefois, l'ancien dispositif ne prévoit que le cas de la part du marché[723] précité. Cette amélioration apportée par la loi n° 104-12 aura pour

---

[722]Publié au bulletin Officiel n°6314 du 04 décembre 2014 (En Arabe).

[723]L'article 10 de la loi n° 06-99 disposait que : « Tout projet de concentration ou toute concentration de nature à porter atteinte à la concurrence, notamment par création ou renforcement d'une position dominante, est soumis par le Premier ministre à l'avis du Conseil de la concurrence. Ces dispositions ne s'appliquent que lorsque les entreprises qui font parties à l'acte, ou qui en font l'objet, ou qui leur sont économiquement liées, ont réalisé ensemble, durant l'année civile précédente, plus de 40 % des ventes, achats ou autres transactions sur un marché national de biens, produits ou services de même nature ou substituables, ou sur une partie substantielle de celui-ci. »

conséquence d'élargir le champ du contrôle des opérations de concentration, car un chiffre d'affaires est plus facile à déterminer qu'une part de marché ; c'est l'option de joindre les deux méthodes (chiffres d'affaires et part du marché) qui a été prise par le législateur.

L'article 12 trace aussi le « *périmètre d'activité* » qui recouvre toutes les activités à prendre en compte pour le calcul du chiffre d'affaires. Ces activités sont celles des « *entreprises ou groupes de personnes physiques ou morales* ***partis la concentration*** », d'une part, et des « *entreprises ou groupes de personnes physiques ou morales* ***concernées*** », d'autre part. Il s'avère que la distinction entre « entreprises parties » et « entreprise concernée » est formelle et n'a aucune conséquence pour l'application de la disposition. Toutefois, il est probable que le législateur, lorsqu'il parle des « parties à la concentration », vise celles qui participent directement à l'acte, et qu'elles sont à distinguer des autres entreprises ou personnes concernées par l'opération, mais qui ne participent pas à l'acte.

Par ailleurs, le périmètre temporel de l'opération qui correspond à l'exercice qui sert de base au calcul du chiffre d'affaires de référence, éventuellement ajusté n'a pas été fixé par le texte réglementaire d'application de la loi n° 104-12.

Toutefois, les expériences comparatives ont montré que les autorités de contrôle recherchent l'image la plus « exacte » possible de la situation de l'entreprise et prennent donc en compte le chiffre d'affaires de l'exercice le plus proche de l'opération de concentration. D'après les lignes directrices de l'autorité de la concurrence française, les chiffres d'affaires sont évalués à la date du dernier exercice clos. Au cas où les chiffres d'affaires sont des chiffres provisoires, il importe de retenir celui de l'exercice précédent [724].

Il convient également de noter que l'article 12 de la loi n° 104-12 vise le « chiffre d'affaires mondial » ou celui « réalisé au Maroc ».

Ceci rend la détermination du lieu parfois complexe, et par conséquent, le chiffre d'affaires lorsque les entités économiques réalisent des opérations à caractère transfrontalier dans le cadre de conventions juridiques multiples et de lois différentes.

Dans ce sens, l'autorité de la concurrence française adopte une méthode d'analyse plus empirique en considérant que le chiffre d'affaires est réalisé au lieu où se trouve le client. En effet, c'est le plus souvent le lieu où la transaction s'est faite, où le chiffre d'affaires a été dégagé pour le fournisseur

---

[724] FERRIER Didier et FERRE Dominique, *Droit du contrôle national des concentrations*, Op. cit., p. 34.

et où la concurrence avec d'autres fournisseurs s'est exercée. Il est donc pris en compte le lieu de la vente ou de la réalisation de la prestation de services.

La plupart des contrôles de concentrations sont effectués à l'initiative des entreprises concernées elles-mêmes, à qui il appartient de notifier leurs opérations. La loi n° 104-12 a instauré les conditions de déclenchement de la procédure de notification, en particulier en la rendant obligatoire, et préalable avant la réalisation effective de l'opération. Il est toutefois prévu une possibilité de dérogation en cas « *de nécessité particulière dûment motivée* ».

Le texte législatif a conféré aussi à la notification un effet suspensif qui oblige les parties à suspendre la mise en œuvre de leur opération jusqu'à la décision prise par le Conseil, et ce afin d'éviter qu'une interdiction ne soit prononcée a posteriori et rendre difficile une remise en l'état. Tout en lui assurant une certaine publicité. Il convient donc de rappeler la préparation du dossier de notification (A), avant d'étudier les différentes conditions qui la caractérisent (B).

A. La préparation de la notification

La pratique des autorités de la concurrence a montré le recours à une phase de la prénotification des dossiers de concentration, malgré l'absence de réglementation en la matière au niveau du droit comparé[725] et du droit marocain.

En fait, les opérateurs peuvent voir dans la prénotification, non pas une formalité additionnelle, mais le moment d'engager une discussion avec le Conseil de la concurrence. Les entreprises auront ainsi la possibilité de prendre contact avec lui, alors que la concentration n'est qu'au stade de projet et qu'il n'existe pas d'engagement définitif au sens de l'article 13 de la loi n° 104-12.

Grâce à son caractère informel, cette procédure peut s'opérer selon les modalités librement choisies par les entités économiques et le Conseil de la concurrence : communication téléphonique, courrier électronique, visite directe, courrier postal… C'est une mesure qui signifie pour le Conseil la bonne foi et la volonté de transparence des entreprises, et permet à ces entités de mieux aborder le contrôle.

Pour analyser ces questions, il convient dans un premier temps d'étudier le contenu du dossier de notification (1), puis nous expliquerons ses parties (2).

---

[725]Juste dans lignes directrices de l'autorité de la concurrence française.

1. Le contenu du dossier de notification

Le décret d'application de la loi n° 104-12, du 1er décembre 2014 a précisé le contenu du dossier de notification. Il est composé de plusieurs documents, car il permet qu'un contrôle concret de l'opération de concentration envisagée soit réalisé.

Il faut donc fournir toute information concernant l'opération envisagée (actes juridiques, procès-verbaux…). Le dossier de notification est l'élément à partir duquel le Conseil de la concurrence vérifie si l'opération est une concentration, et formule ses décisions après. Sa constitution est donc pour les entreprises une phase essentielle dans le processus de contrôle de leur opération de concentration.

Les éléments du dossier ainsi que les renseignements qui doivent être fournis sont l'objet d'une annexe qui figure au décret relatif à l'application de la loi n° 104-12. Toutefois, sa constitution n'est pas une mission facile pour les entreprises, si on prend en compte la diversité et la précision des informations demandées. La quête et l'organisation de ces informations issues des champs juridiques, financiers et économiques, nécessitent le plus grand soin possible, pour anticiper toute préparation incomplète ou retardataire du dossier et éviter toute sanction d'omission ou déclaration fictive et mensongère dans la notification. C'est pourquoi la collecte des informations est une opération qui demande une coordination et concertation au sein des parties à la concentration et entre les services de chaque entité, afin d'être achevée le plus tôt possible. Ceci ne peut nier le rôle des spécialistes en économie et droit pour délimiter le marché pertinent. En conséquence, le traitement des questions relatives à cette collecte peut faire l'objet de discussions avec le Conseil de la concurrence lors de l'étape dite *« coutumière »* de la prénotification.

Dès que la préparation des informations est terminée, le dossier de notification doit être présenté le plus clairement possible afin de permettre au Conseil de la concurrence ou le cas échéant à l'administration d'avoir une idée précise sur le contenu de l'opération et sur l'intégralité des informations transmises.

Un dossier imprécis et incomplet engendrera une première réflexion négative de l'opération des agents chargés du contrôle et un accroissement du délai permettant d'obtenir l'accusé de réception attestant de la complétude du dossier. Dans ce sens l'article 9 du décret d'application de la loi n° 104-12 prévoit que : *« si le Conseil de la concurrence estime que le dossier est incomplet ou que certains éléments ne sont pas identiques aux définitions énoncées en annexe, et notamment en ce qui concerne les limites des marchés concernés, il demande de compléter le dossier ou le corriger* ».

Il est primordial alors de respecter l'ordre des pièces et des éléments selon la loi n° 104-12 et son décret d'application : la lettre de notification contenant une déclaration obligatoire, la description de l'opération, la présentation des entreprises concernées et des groupes auxquels elles appartiennent, la description des marchés concernés et la description du marché affecté.

Il est à mentionner que la lettre de notification comporte nécessairement les indications suivantes : la date de transmission du dossier, le nom des entreprises parties à l'opération de concentration, le nom des entreprises parties à la notification et leur représentant, un résumé synthétique de l'opération de concentration et la liste des différentes parties du formulaire et un tableau de référence à ces parties…

En application du point 5 de l'annexe du décret du 1er décembre 2014, la lettre doit impérativement se terminer par la formule suivante : « *les soussignés déclarent que les informations fournies dans la présente notification sont, à leur connaissance, sincères, exactes et complètes, que toutes les estimations sont présentées comme telles et constituent les informations les plus précises des faits en cause, et que tous les avis exprimés sont sincères. Ils connaissent les dispositions du quatrième alinéa de l'article 19 de la loi susvisée n° 104-12* »[726].

2. Les parties du dossier

Le dossier de notification comprend quatre parties : la description de l'opération ; la présentation des entreprises concernées et des groupes auxquels elles appartiennent ; la description des marchés concernés et la description supplémentaire en cas de marchés affectés.

a- La description de l'opération

Les informations concernant la description de l'opération doivent permettre au Conseil de la concurrence d'avoir une idée générale sur les objectifs de l'opération de concentration, d'être en mesure de qualifier l'opération de concentration, et de vérifier si la notification n'intervient ni trop tôt ni trop tard, eu égard à l'irrévocabilité des engagements des parties. Le

---

[726]L'article 19 de la loi n° 104-12 dans son quatrième alinéa dispose : qu'« en cas d'omission ou de déclaration inexacte dans une notification, le Conseil de la concurrence peut infliger aux personnes physiques ou morales ayant procédé à la notification une sanction pécuniaire telle que prévue au deuxième alinéa. Cette sanction peut s'accompagner du retrait de la décision ayant autorisé la réalisation de l'opération ».

décret du premier décembre 2014 précise les documents à fournir. Cette fourniture peut être considérée, au vu du texte, comme obligatoire[727].

b- La présentation des entreprises concernées et des groupes auxquels elles appartiennent

La deuxième partie du dossier doit permettre au régulateur de la concurrence d'évaluer le poids économique des parties, pour examiner si la concentration entre dans les seuils de contrôle. Étant donné que chaque entreprise ou groupe d'entreprises concernées doit être décrit, la collecte de ces informations suppose que soient parfaitement identifiées les entreprises devant faire l'objet de la description.

L'expression « *concernées* », évoquée aux articles 12 et 13 de la loi n° 104-12 est également utilisée au point 2 de l'annexe du décret d'application de cette loi. Il s'agit, en cas de fusion, des deux entreprises qui fusionnent. En cas de prise de contrôle exclusif, les entreprises concernées sont : la société acquéreur et la société cible lorsque toute la société fait l'objet de la prise de contrôle ; la société acquéreur et la filiale cédée lorsque cette dernière seule est cédée ; le groupe auquel appartiennent la filiale acquéreur et la cible lorsque le contrôle est pris par l'intermédiaire d'une filiale. La troisième situation est incarnée par la prise de contrôle en commun. les entreprises concernées sont : les entreprises qui prennent le contrôle, lorsque l'activité

---

[727]L'annexe du décret dans son point 1 vise ainsi : - une copie des actes soumis à notification, et le cas échéant leur traduction en langue française, il s'agit des actes constituants et qualifiant l'opération de concentration. Par exemple, contrat de fusion, contrat de cession d'actions, pacte d'actionnaires conférant le contrôle, contrat de société en cas de création d'une entreprise commune.

-Une copie des comptes rendus des décisions prises par les organes délibérants relativement à la concentration, et le cas échéant leur traduction en langue française ; c'est le cas de l'approbation des deux assemblées en cas de fusion, l'accord de l'assemblée générale en cas d'augmentation de capital, l'accord du Conseil d'administration pour la conclusion du contrat. C'est tout à fait normal puisqu'un organe délibérant de société intervient dans le processus de concentration. Néanmoins, il se peut qu'une personne dispose des pouvoirs requis par les statuts pour engager la société dans une opération qui se révèle être une concentration.

- Une présentation des aspects juridiques et financiers de l'opération de concentration, mentionnant, le cas échéant, le montant de l'acquisition. Elle doit faire apparaitre le montage et la nature juridique de l'opération, la structure qui en résultera, les modalités de financement, et préciser le calendrier de l'opération de bourse qui serait prévue.

- La liste des États dans lesquels l'opération a été ou sera notifiée et la date de chaque notification. Cette information permet aux autorités chargées de l'examen des opérations de coordonner leurs calendriers et de s'échanger des informations non confidentielles.

-Le cas échéant, le mandat de chaque conseil ou personne chargée de la notification

-Un résumé de l'opération de concentration qui ne contient aucune information confidentielle ou aucun « secret d'affaires », et qui sera publié sur le site électronique du Conseil de la concurrence.

commune est nouvellement créée ; les entreprises qui prennent le contrôle et la cible, lorsque l'entreprise commune existait déjà. Le dernier cas se rapporte aux prises de contrôle par une entreprise commune ; les entreprises concernées sont cette entreprise commune et la cible ou bien les entreprises ayant constitué l'entreprise commune précisément dans l'objectif d'acquérir la cible, et cette dernière.

Par ailleurs, l'utilisation du terme « *groupe* » est une source d'incertitude, puisqu'elle n'a pas fait l'objet de définition ni par la loi n° 104-12 ni par son décret d'application. Toutefois, deux acceptions de la notion de groupe peuvent être retenues. La première est issue du droit des sociétés : « *on doit considérer qu'il y a groupe de sociétés lorsque plusieurs sociétés, indépendantes au plan juridique en raison de leur personnalité morale sont placées sous la domination, le contrôle d'une autre. À l'autonomie des entités juridiques s'adjoint ainsi une certaine cohérence dans les politiques développées au niveau de chaque société à l'instigation de la société dominante* »[728]. La seconde se dégage du droit de la concurrence et correspond à « *l'ensemble d'entreprises défini par la relation établie entre deux ou plusieurs entreprises dès lors que l'une d'elles dispose dans l'autre ou dans les autres « directement ou indirectement, soit de plus de la moitié du capital ou du capital d'exploitation, soit du pouvoir d'exercer plus de la moitié des droits de vote, soit du pouvoir de désigner plus de la moitié des membres du Conseil de surveillance ou d'administration ou des organes représentant légalement l'entreprise, soit du droit de gérer les affaires de l'entreprise* »[729].

L'annexe du décret du 1er décembre 2014 fixe les documents à transmettre, cette fourniture pouvant être considérée, au vu du texte, comme obligatoire[730].

La recherche du ou des marchés concernés est faite selon les critères précisés dans le point 3 alinéas 1,2 et 3 de l'axe I de l'annexe du décret du 1er

---

[728]MOULIN Jean-Marc, *Droit des sociétés*, Paris, Gualino Éditeur, 2006, p. 497.

[729]FERRIER Didier et FERRE Dominique, *Droit du contrôle national des concentrations*, Op. cit., p. 92.

[730]a- Les comptes sociaux et, lorsqu'ils existent, les comptes consolidés et le dernier rapport annuel ; b- la liste des principaux actionnaires, les pactes d'actionnaires, la liste et le montant des participations détenues par l'entreprise ou ses actionnaires dans d'autres entreprises, si cette participation confère directement ou indirectement au moins une minorité de blocage ou la faculté de nommer au moins un membre du Conseil d'administration. ; c- un tableau récapitulatif des données financières pour les trois derniers exercices clos. Et un autre des données financières de l'activité sur laquelle porte l'opération lorsque cette activité n'était pas exercée sous la personnalité juridique avant l'opération. ; d- la liste des opérations de concentration réalisées au cours des trois dernières années ; e- la liste et la description de l'activité des entreprises avec lesquelles les entreprises ou groupes concernés et les groupes auxquels elles appartiennent entretiennent des liens contractuels significatifs et durables sur les marchés concernés par l'opération, ainsi que la nature et la description de ces liens.

décembre 2014, qui indique : « *Un marché concerné se définit comme un marché pertinent, défini en termes de produits et en termes géographiques, sur lequel l'opération notifiée a une incidence directe ou indirecte.* ». La notion de « *marché concerné* » visée par le décret n'est pas nouvelle ; elle correspond au *« marché pertinent* », dont la délimitation est justifiée par les autorités de la concurrence, comme on l'a vu déjà au début de cette deuxième partie.

En ce qui concerne l'opération de concentration, la démarche est prospective. En effet, la délimitation des marchés concernés permet de faire la synthèse des informations disponibles à la date de la notification, en vue d'apprécier les impacts à venir de l'opération sur le fonctionnement de ces marchés[731].

Il s'agit de considérer si l'entreprise qui découlera de la réalisation effective de l'opération aura l'occasion d'accroître avantageusement les prix de ses produits ; le terme de « produit » indique les biens matériels ou les prestations de services, sans différenciation. On considère qu'une telle augmentation de prix ne sera profitable que si elle n'implique pas une diminution importante de la demande de la part de la clientèle, ou une offre significativement plus agressive de la part des concurrents.

Cette appréciation s'inscrit dans une considération diachronique du marché à travers les différentes phases ou cycles de son évolution : la phase d'expansion au cours de laquelle le marché s'ouvre aux intervenants ; la phase de stabilisation au cours de laquelle les intervenants s'éliminent et se concentrent ; la phase de régression au cours de laquelle les intervenants cherchent à sortir du marché. Toutefois, les marchés ne sont pas statiques et figés et dépendent du comportement stratégique des acteurs, et à ce titre, ils ont des aspects dynamiques.

Ainsi, les lignes directrices de l'autorité de la concurrence française ont mis le point sur la définition du marché, et non pas la concurrence potentielle.

Le décret d'application de la loi marocaine relative à la liberté des prix et la concurrence, définit le marché pertinent de produits comme celui qui « *comprend tous les produits ou services que le consommateur considère comme interchangeables ou substituables en raison de leurs caractéristiques, leur prix et de l'usage auquel ils sont destinés. Des produits, sans être substituables au sens de la phase précédente, peuvent être regardés comme relevant d'un même marché, dès lors qu'ils requièrent la même technologie*

731BOUTARD-LABARDE Marie-Chantal et BUREAU Didier, « La détermination du marché pertinent », Op. cit., p. 743.

pour leur fabrication et qu'ils font partie d'une gamme de produits de nature à caractériser ce marché ».

Le décret définit aussi le marché géographique comme *« un territoire sur lequel sont offerts et demandés des biens et des services, sur lequel les conditions de concurrence sont suffisamment homogènes et qui peut être distingué de zones géographiques voisines, parce que, en particulier, les conditions de concurrence y différent de manière appréciable* ».

La notion de marché pertinent est délicate et les parties doivent souvent développer les arguments les ayant conduits à telle ou telle délimitation du marché pertinent concerné. Aussi, cet élément constitue souvent le cœur du dossier remis lors de la notification de l'opération projetée[732].

Une description supplémentaire du marché est exigée lorsque celui-ci est « *affecté* » au sens du point 4 de l'annexe du décret d'application de la loi n° 104-12, c'est-à-dire lorsque certains seuils en parts de marché sont dépassés ou lorsque l'opération entraine la disparition d'un concurrent.

Ce complément d'information doit permettre au Conseil de la concurrence de procéder à un examen des conséquences de l'opération.

Il ne faut pas en déduire que l'opération fait l'objet d'un examen allégé lorsque le ou les marchés concernés ne sont pas affectés. Le Conseil de la concurrence a en effet toujours la possibilité de recourir aux pouvoirs d'enquête prévus aux articles 28 et suivants de la loi n° 104-12 pendant les différentes phases de la procédure.

C'est donc la notification de la concentration, et non son examen, qui se trouve allégée lorsqu'aucun marché n'est affecté. En effet, le calcul des parts de marché permet de distinguer entre marchés concernés et affectés[733].

---

[732]BRACONNIER Stéphane, *Droit public de l'économie*, Op. cit., p. 200.

[733]Le point 4 de l'annexe du décret de 1 er décembre 2014 précise qu'un marché concerné est affecté : si deux ou plusieurs entreprises ou groupes visés au point 2 de la notification (c'est-à-dire : parties à l'acte ou contrôlées par des entreprises parties à l'acte) exercent des activités sur ce marché et que leurs parts cumulées atteignent 25% ou plus ; ou si au moins une de ces entreprises exerce des activités sur ce marché et qu'une autre de ces entreprises (ou groupe) exerce des activités sur un marché situé en amont ou en aval ou connexe, qu'il y ait ou non des relations de fournisseur à client entre ces entreprises, dès lors que, sur l'un ou l'autre de ces marchés, l'ensemble des entreprises ou groupes visés au point 2 de la notification atteignent 25% ou plus ; - ou si l'opération conduit à la disparition d'un concurrent potentiel sur l'un des marchés sur lesquels les parties exercent une activité ; n'étant pas nécessairement affecté, puisque selon le texte il ne s'agit que d'une possibilité : « peut également être affecté . » La question de l'affectation pourra être posée. Les entreprises auront, en effet, intérêt à l'évoquer pour échapper à la charge de l'information complémentaire.

B. Les conditions de la notification

La notification engage la procédure de contrôle. Le premier alinéa de l'article 13 de la loi n° 104-12 prévoit que « *La notification de l'opération de concentration au Conseil de la concurrence peut intervenir dès lors que la ou les parties concernées sont en mesure de présenter un projet suffisamment abouti pour permettre l'instruction du dossier et notamment lorsqu'elles ont conclu un accord de principe, signé une lettre d'intention ou dès l'annonce d'une offre publique* ». D'où le principe de portée générale : la notification doit intervenir lorsque la ou les parties concernées sont engagées de façon irrévocable et ne doit pas porter sur un simple projet non abouti.

Le projet peut notamment se qualifier comme étant suffisamment abouti si un accord de principe, une lettre d'intention ou même une annonce d'offre publique d'achat ont été versés au dossier. En vertu des dispositions de l'article 13 de la loi n° 104-12, une opération qui n'est pas encore définitive peut donc être notifiée. Cette modulation du moment de la notification a changé la nature du contrôle des concentrations économiques[734].

Il est, cependant, de l'intérêt des parties de notifier aussi rapidement que possible, puisqu'elles ne peuvent réaliser effectivement l'opération avant l'approbation du Conseil de la concurrence. Si on se situe par rapport au droit français, nous remarquons que l'Autorité de la concurrence française observe, à cet égard, que l'appréciation du caractère d'un projet « *suffisamment abouti* » se fait au cas par cas. De façon générale, il est possible d'admettre un projet si les « parties notifiantes » assurent l'Autorité de leur intention de conclure un engagement ferme et en apportent la preuve, indiquent l'objet et les modalités de la concentration envisagée, l'identité des parties à l'opération, le périmètre de la concentration et le calendrier prévisionnel[735]. L'Autorité précise, par ailleurs, que les opérations doivent être réalisées dans un délai raisonnable et, en toute hypothèse, à circonstances de droit et de fait inchangées. Si un projet est autorisé, mais qu'il subit des modifications significatives avant sa réalisation, la décision d'autorisation n'est plus valable. En effet, dans ce cas, l'Autorité se sera prononcée sur un projet différent de celui qui a été réalisé concrètement. Les parties notifiantes sont donc invitées à renotifier l'opération, avant sa réalisation, dans ce cas, afin d'obtenir l'autorisation du projet qui sera réellement mis en œuvre[736].

Contrairement à la formule retenue par d'autres systèmes juridiques (par exemple, américain ou allemand), la notification est gratuite au Maroc.

---

[734] BRACONNIER Stéphane, *Droit public de l'économie*, Op. cit., p .199.

[735] Autorité Française de la concurrence, Lignes directrices, n° 113.

[736] Autorité Française de la concurrence, Lignes directrices, n° 114.

Remarquons que, à l'image du droit français, le seuil de notification correspond au seuil de contrôlabilité de l'opération ; il s'agit là d'une différence importante par rapport au droit américain : « *Le fait qu'une opération de concentration ne soit pas soumise à une [...] obligation de notification préalable pour des questions de seuil ne signifie pas que cette dernière se situe en dehors du champ d'application de l'article 7 du Clayton Act* »[737]. C'est pourquoi l'on estime que la prénotification est encouragée. Cette tradition est présente aussi auprès de l'Autorité de la concurrence française[738].

Le dossier de notification doit être adressé au Conseil de la concurrence en quatre exemplaires[739]. Le délai de 60 jours imparti au Conseil pour se prononcer sur l'opération de concentration ne court qu'à compter de la date de réception de la notification complète. Lorsque le régulateur de la concurrence constate que le dossier est incomplet ou que certains de ses éléments ne sont pas conformes aux prescriptions de la loi relative à la liberté des prix et la concurrence, notamment en ce qui concerne la définition des marchés concernés, elle demande que le dossier soit complété ou rectifié ; la notification complète fait l'objet d'un accusé de réception. Cette règle n'est assortie d'aucun délai maximum.

Par ailleurs, le deuxième alinéa de l'article 13 dispose que « *l'obligation de notification incombe aux personnes physiques ou morales qui acquièrent le contrôle de tout ou partie d'une entreprise ou, dans le cas d'une fusion ou de la création d'une entreprise commune, à toutes les parties concernées qui doivent alors notifier conjointement. Le contenu du dossier de notification est fixé par voie réglementaire.* ». En fait, les personnes tenues à la notification sont en principe les parties à la concentration et les entreprises concernées. Mais la catégorie des personnes qui doivent présenter un dossier de notification devant le Conseil de la concurrence ne recouvre précisément ni celle des parties à la concentration et des entreprises concernées pour le calcul des seuils ni celle des entreprises sur lesquelles des renseignements doivent être fournis dans le dossier transmis au Conseil.

La diversité de personnes tenues à la notification ne remet pas en cause l'unité de celle-ci. Lorsque plusieurs parties sont tenues de notifier, elles doivent s'entendre pour présenter ensemble la notification. Pratiquement, le caractère conjoint est exprimé par la signature de chaque partie notifiante dans

---

[737]WINCKLER et BRUNET, *La pratique communautaire du contrôle des concentrations*, 2ème édition, Bruxelles, De Boek & Larcier, 1998, p. 194.
[738]LASSERRE Bruno, « la nouvelle régulation de la concurrence », *RLC*, 2009/20, n° 1448.
[739]L'article 9 du décret d'applicationn° 2.14.652 du 1er décembre 2014 de la loi n° 104-12.

la lettre de notification. La désignation d'un représentant commun favorise cette notification conjointe, mais elle n'est pas obligatoire.

La loi n° 104-12 relative à la liberté des prix et la concurrence définit pour chaque cas de concentration visé par l'article 13 alinéa 2, les personnes tenues à notification. La fusion doit être notifiée conjointement par les parties concernées. En cas de fusion par création d'une société nouvelle, toutes les sociétés participant à la société doivent notifier. En cas de fusion-absorption, les sociétés participantes sont tenues à leur notification. L'acquisition du contrôle doit être notifiée par celui ou ceux qui acquièrent le contrôle au sens de l'article 13 alinéa 2 de la loi n° 104-12. La notification emporte des effets sur la procédure de contrôle qui se trouvera ainsi déclenchée, mais aussi sur le sort de l'opération qui devrait être normalement suspendue en raison du caractère préventif du contrôle.

Le contrôle de l'opération de concentration est obligatoire et préventif; l'opération de concentration ne doit donc pas être réalisée avant la décision du Conseil de la concurrence. L'article 14 de la loi relative à la liberté des prix et la concurrence prévoit que : « *La réalisation effective d'une opération de concentration ne peut intervenir qu'après l'accord du Conseil de la concurrence ou, lorsqu'elle a évoqué l'affaire dans les conditions prévues à l'article 18, celui de l'administration* ». L'examen de l'opération s'effectue donc avant tout commencement d'exécution de l'opération, bien que les parties à la concentration soient engagées de manière irrévocable.

Ce qui signifie que la fusion l'acquisition de contrôle ou la création d'une entreprise commune ne peuvent donc être définitivement réalisées avant d'avoir été autorisée. Il en résulte que la suspension doit être totale. Un commencement d'exécution avant l'autorisation exposerait les parties aux sanctions prévues par l'article 19 de ladite loi : « *Si une opération de concentration a été réalisée sans être notifiée, le Conseil de la concurrence enjoint sous astreinte, aux parties de notifier l'opération, à moins de revenir à l'état antérieur à la concentration.* » C'est-à-dire que « *le Conseil de la concurrence peut infliger aux personnes auxquelles incombait la charge de la notification une sanction pécuniaire dont le montant maximum s'élève, pour les personnes morales, à 5 % de leur chiffre d'affaires hors taxes réalisées au Maroc lors du dernier exercice clos, augmenté, le cas échéant, de celui qu'a réalisé au Maroc durant la même période la partie acquise, et, pour les personnes physiques, à cinq millions (5 000 000) de dirhams.* ».

Le principe de suspension impose de stipuler dans la convention organisant l'opération de concentration une condition suspensive qui subordonne sa réalisation à l'autorisation. Cette dernière constitue en effet pour les parties un événement futur et incertain. Ainsi, si l'autorisation n'est pas obtenue, l'opération sera considérée comme n'ayant jamais existé et si l'autorisation est obtenue, l'opération sera réalisée et prend effet au jour de sa conclusion.

En pratique, le Conseil de la concurrence commence par recueillir les informations utiles auprès des tiers, puis examine le dossier en vue de la prise de la décision.

D'après le décret d'application et dans les cinq jours suivants, la réception du dossier, le Conseil diffuse sur son site Internet un communiqué destiné à assurer l'information des tiers sur : les noms des entreprises concernées et des groupes auxquels elles appartiennent ; la nature de l'opération ; les secteurs économiques concernés et le délai dans lequel les tiers intéressés sont invités à faire connaitre leurs observations au Conseil de la concurrence[740].

Dans les différentes phases d'examen, le Conseil de la concurrence a la faculté d'interroger des tiers « *au sujet de l'opération, de ses effets et des engagements proposés par les parties* ». Toutes les informations recueillies et sollicitées auprès des parties comme des tiers sont confidentielles et exclusivement destinées aux besoins de l'instruction du dossier de concentration.

Section II. L'exercice du contrôle des concentrations

La réalisation d'une concentration d'entreprises suppose l'obtention d'une autorisation préalable. Déclenchée par la notification obligatoire de la concentration au Conseil de la concurrence, la procédure est divisée en deux phases, chacune étant enfermée dans des délais très stricts et des formalités bien précises. Pour déterminer si la concentration doit être autorisée ou interdite, souvent sous réserve du respect d'engagements par les entreprises concernées, le Conseil de la concurrence doit évaluer de façon prospective son aptitude à restreindre la pression concurrentielle sur les marchés concernés en tenant compte, dans une mesure variable, des gains d'efficience économique qu'elle génère. Toutefois, le régulateur de la concurrence n'a pas toujours le dernier mot. L'administration garde un important pouvoir d'évocation des motifs d'intérêt général.

Tout d'abord, nous évoquerons le contrôle face aux pouvoirs du Conseil de la concurrence et de l'administration (§ 1) pour ensuite analyser les fonctions du contrôle (§ 2).

---

[740]Article 10 décret n° 2.14.652 du 1er décembre 2014.

§ 1. Le contrôle face aux pouvoirs du conseil de la concurrence et de l'administration

La procédure de contrôle peut aboutir à l'autorisation ou à l'interdiction de la concentration, avec les conséquences économiques et sociales très lourdes qui s'en infèrent. Il importe donc que le contrôle soit animé par un double objectif de sécurité et de célérité. À cette fin, la notification préalable de la concentration a des conséquences importantes au niveau juridique (A). Sa réalisation est en principe, suspendue parfois au pouvoir d'évocation de l'administration (B).

A. Les conséquences de la notification

Au niveau des conséquences du contrôle des concentrations, la loi n° 104-12 prévoit dans l'alinéa 2 de l'article 15 que : « *Les parties à l'opération peuvent s'engager à prendre des mesures visant notamment à remédier, le cas échéant, aux effets anticoncurrentiels de l'opération, soit à l'occasion de la notification de cette opération, soit à tout moment avant l'expiration du délai de soixante (60) jours à compter de la date de réception de la notification complète, tant que la décision prévue n'est pas intervenue* ». Et ce lorsque l'instruction révèle que l'opération emporte un risque d'atteinte à la concurrence, le Conseil cherche avec les entreprises notifiantes, des remèdes appropriés à cette atteinte, sous forme d'engagement permettant de maintenir la concurrence. Si la démarche aboutit, les parties transmettent au Conseil de la concurrence leur proposition d'engagements.

Toutefois, à cette phase de la procédure, le Conseil de la concurrence ne peut ordonner à l'encontre des parties à la concentration de mesures de contraintes telles que l'interdiction de l'opération ou l'autorisation assortie d'injonctions ou de prescriptions.

Il peut seulement conformément à l'article 15 : soit constater, par décision motivée, que l'opération qui lui a été notifiée n'entre pas dans le champ défini du dispositif de contrôle des concentrations (le cas échéant, l'opération pourrait alors être examinée sous l'angle du droit des ententes) ; soit autoriser l'opération, en subordonnant éventuellement, par décision motivée, celle-ci à la réalisation effective des engagements pris par les parties ; soit, s'il estime qu'il subsiste un doute sérieux d'atteinte à la concurrence, engager un examen approfondi.

Le dispositif de contrôle n'est pas applicable lorsque le Conseil constate que l'opération n'est pas une concentration, car elle ne peut s'analyser comme une fusion, une création d'entreprises commune ou une acquisition de contrôle au sens préalablement défini. Dont l'exemple dans une décision prise en droit comparatif français par le ministre des Finances comme autorité de contrôle des concentrations, soulignant à propos de la création d'une entreprise commune dans le secteur des « veaux nourrissons » que « *l'autonomie commerciale, financière et décisionnelle sera extrêmement limitée... qu'elle n'aura que des moyens matériels et humains d'une faible ampleur compte tenu de l'importance de son chiffre d'affaires prévisionnel* »[741].

L'opération peut aussi être une concentration n'entrant pas dans les seuils nationaux, en raison du poids économique des opérateurs, et ne sera pas soumise au contrôle de l'autorité nationale. Quel que soit le constat du Conseil, sa décision doit être motivée.

L'autorisation de l'opération peut être donnée de manière expresse ou tacite. La décision de l'autorisation n'est légalement soumise à aucune forme particulière. La pratique a soulevé que la décision est communiquée aux parties notifiantes sous la forme d'une lettre simple, à laquelle seront annexés les engagements souscrits.

L'autorisation tacite est prévue par le dernier alinéa de l'article 15 de la loi n° 104-12 relative à la liberté des prix et la concurrence, aux termes duquel, passé un délai de 60 jours, éventuellement prolongé et ce en l'absence de décision formelle, l'opération est réputée autorisée.

La question s'est posée, de savoir si les parties étaient, en cas d'autorisation tacite, tenues de respecter les engagements qu'elles ont présentés[742]. Le doute est entretenu par la rédaction de l'article 15 de même que les dispositions de l'article L. 430-5 du code de commerce français, dont les dispositions ne font plus référence aux engagements. Certains auteurs répondent, cependant, par l'affirmative : on peut supposer, malgré cette différence de rédaction, que l'acceptation portera sur le dossier de notification dans son ensemble, et ce compris les engagements éventuellement présentés par les parties. Cependant,

---

[741]DRAIDJ Tarik, *A partir de quand une entreprise commune devient-elle une concentration ?*, Master 2 Droit européen des affaires sous la direction de Monsieur le Professeur Louis VOGEL, Université Paris II - Panthéon-Assas, 2010-2011, p. 17.

[742]En général, plutôt que d'interdire une opération de concentration, les autorités de la concurrence préfèrent l'encadrer en imposant aux parties certaines conditions. Ces conditions peuvent être nombreuses et variées, allant de la simple appropriation des engagements proposés par les entreprises à l'imposition d'obligations très contraignantes. C'est ainsi qu'il est possible de subordonner la réalisation de la concentration au respect d'obligations de ne pas faire, de faire, de donner accès à une ressource, voire de déconcentration, c'est-à-dire imposant à l'entreprise absorbante de céder à un opérateur indépendant, certaines des activités qu'elle acquiert. Voir IDOT Laurence et NOMEGE Chantal, « le rôle-clef des engagements en matière de contrôle des concentrations : réflexions sur l'évolution de la pratique », *Revue Lamy Droit des Affaires*, 37 supplément, avril 2001.

ils ajoutent que cette différence est source de confusion et pourrait être interprétée comme permettant aux parties de ne pas respecter leurs engagements en cas d'autorisation tacite.

La décision d'autorisation est de nature de mettre fin au contrôle de l'opération. La procédure est alors achevée. Le Conseil de la concurrence garde la possibilité du contrôle de l'exécution des engagements[743] qui auront conditionné l'autorisation et disposera à cette fin des pouvoirs d'enquête prévus par l'article 68 et suivants de la loi n° 104-12.

Si le Conseil de la concurrence estime qu'il subsiste un doute sérieux d'atteinte à la concurrence, celui-ci engage un examen approfondi.

Lorsqu'il ne prend aucune des trois décisions prévues, il en informe l'administration. L'opération est réputée avoir fait l'objet d'une décision d'autorisation au terme du délai ouvert à l'administration. Ce qui marque le début d'une deuxième phase de la procédure qui se trouve alors allongée et alourdie.

La procédure s'articule donc, comme en droit français, en deux phases : la phase I aboutit à l'autorisation rapide de l'opération, de façon expresse ou tacite, le cas échéant, sous réserve du respect des engagements pris par les parties ; la phase II suppose un examen approfondi.

À l'issue du stade de l'examen approfondi, le Conseil de la concurrence a le choix entre plusieurs positions. Il peut d'abord interdire l'opération de concentration et enjoindre, le cas échéant, aux parties de prendre toute mesure propre à rétablir une concurrence suffisante. Il peut aussi autoriser l'opération en enjoignant aux parties de prendre toute mesure propre à assurer une concurrence suffisante ou en les obligeant à observer des prescriptions de nature à apporter au progrès économique et social une contribution suffisante pour compenser les atteintes à la concurrence. Une interdiction pure et simple est peu fréquente. Le Conseil de la concurrence peut encore autoriser l'opération, par une décision motivée (cette autorisation peut être subordonnée à la réalisation effective des engagements pris par les parties qui ont procédé à la notification).

S'il ne prend aucune des trois décisions citées dans le délai prévu de 90 jours pour l'examen approfondi, le Conseil de la concurrence en informe l'administration. L'opération est alors réputée avoir fait l'objet d'une décision

[743]La faculté de proposer des engagements pendant la phase I a parfois été critiquée. La brièveté des délais, dit-on, ne permet pas aux tiers de s'exprimer. On a, cependant, fait valoir que « les entreprises apprécient la plupart du temps le caractère discret de [la] négociation en phase I [moins « publicisée » qu'en phase II]. Voir COT Jean-Mathieu et DE LA LAURENCIE Jean-Patrice, *le contrôle français des concentrations*, Op. cit., n° 491.

d'autorisation au terme du délai de 30 jours ouvert à l'administration par l'article 18 pour évoquer l'affaire.

B. Le pouvoir d'évocation de l'administration pour des motifs d'intérêt général

L'article 18 de la loi n ° 104-12 permet à l'administration d'évoquer l'affaire dans le cas où le Conseil de la concurrence a recouru à la procédure d'examen approfondi. C'est au terme de cette procédure que l'administration pourra, le cas échéant, évoquer l'affaire. Il s'agit ici d'un pouvoir de « *reprendre la main* » manifestant un certain interventionnisme administratif[744].

L'administration dispose, à cet égard, d'un délai de 20 jours ouvrés pour évoquer l'affaire à compter de la date à laquelle elle a reçu la décision du Conseil de la concurrence ou en a été informée.

Elle peut statuer sur l'opération en cause pour des motifs d'intérêt général autres que le maintien de la concurrence et, le cas échéant, compensant l'atteinte portée à cette dernière par l'opération. D'après Louis Vogel « *Intérêt général et concurrence s'opposent, tout au moins en apparence : dans nos démocraties modernes, l'intérêt général s'identifie à ce que veut la puissance publique, sous ses différentes formes, la concurrence, à ce que le marché produit* »[745].

En réalité, et au-delà du bon fonctionnement du marché, les autorités de la concurrence visent en réalité à favoriser les comportements des opérateurs qui contribuent à l'efficience, afin d'accroitre le bien-être du consommateur final[746].

Il est énoncé ensuite que les motifs d'intérêt général envisagés sont notamment le développement industriel, la compétitivité des entreprises en cause au regard de la concurrence internationale ou la création ou le maintien de l'emploi.

Mais la question juridique concernant l'énumération de ces motifs l'est-elle à titre d'exemple, ou limitative ? L'emploi du mot « *notamment* » démontre qu'elle est simplement indicative, et qu'elle accentue le pouvoir discrétionnaire de l'administration. Elle pose une fois de plus la problématique de l'indépendance du régulateur de la concurrence dans un temps où

744COLIN Frédéric, *Droit public économique*, Paris, Gualino Editeur, 2013, p. 161.

745VOGEL Louis, « Intérêt général et concurrence : la guerre ou la paix ? » in *Mélanges en l'honneur de Didier Truchet*, Paris, DALLOZ, Études, mélanges, travaux, Juin 2015, p. 668.

746Voir VOGEL Louis, *Traité de droit économique - Tome 1, Droit de la concurrence européen et français,* Bruxelles, *Bruylant*/LawLex, 2015.

l'administration forte de son passé d'action dirigiste détient toujours des pouvoirs non négligeables en matière du contrôle des concentrations.

Toutefois, si on examine le droit français, il semble que le pouvoir d'évocation a été essentiellement conçu pour permettre au ministre français de l'Économie de se saisir d'une décision d'interdiction d'une opération de concentration ou d'une décision d'autorisation assortie d'injonctions ou de prescriptions[747].

Cependant, on est en droit de se poser la question pour savoir si l'administration peut évoquer une affaire pour revenir sur une décision d'autorisation et finalement interdire une opération autorisée ou durcir les injonctions et prescriptions dont est assortie la décision. il semble que la lettre de l'article 18 de la loi n° 104-12 permette à l'administration d'agir en ce sens.

Dans l'article 18 précité, l'emploi des termes « *le cas échéant* », dans la formule « *l'administration peut évoquer l'affaire et statuer sur l'opération en cause pour des motifs d'intérêt général autres que le maintien de la concurrence et, le cas échéant, compensant l'atteinte portée à cette dernière par l'opération* » peut indiquer que les motifs d'intérêt général invoqués n'ont pas forcément pour objet de compenser les atteintes portées à la concurrence. Il ressort, par ailleurs, de la lecture attentive de cet article que le texte permet à l'administration d'interdire ce qui avait été autorisé.

Cette situation permet de poser un sérieux problème au principe constitutionnel de la libre concurrence. En effet, si l'administration dispose du pouvoir d'interdire une opération autorisée par le Conseil de la concurrence, cette habilitation serait de nature à porter atteinte aux libertés économiques de la concurrence, et la libre circulation des capitaux. Il convient donc de démontrer en quoi les opérations évoquées contribueront à la concrétisation de l'intérêt général en tant que dogme fondateur du droit public, pour justifier de pareils actes juridiques.

Par ailleurs, l'article 12 du décret d'application de la loi n° 104-12 prévoit que le pouvoir d'évocation et non pas comme il est traduit en arabe par « droit », peut être exercé par le chef du gouvernement ou de l'autorité gouvernementale compétente.

Lorsque l'administration évoque une décision, elle doit prendre une décision motivée, ce qui permet de connaitre les motifs d'intérêt général évoqués et les recours éventuels. La décision de l'administration, prise après

---

[747] NICINSKI Sophie, « Actualités du droit de la concurrence et de la régulation », *AJDA*, 2008, p. 2312.

avoir entendu les parties, peut éventuellement être conditionnée à la mise en œuvre effective d'engagements.

La répartition des rôles est désormais distincte : le Conseil de la concurrence contrôle les aspects concurrentiels et économiques de l'opération, alors que l'administration conserve le droit d'autoriser ou d'interdire l'opération pour un motif d'intérêt général.

Cette technique de partage de compétences a deux mérites principaux : d'une part, le fait de retirer à une entité éminemment politique la décision relative à une opération de concentration ; cette dernière appartenant désormais au Conseil de la concurrence en tant qu'autorité indépendante de régulation ; d'autre part, de simplifier les procédures d'examen en évitant la navette qui s'instaurait entre l'administration et le Conseil de la concurrence, et qui risque de prolonger les délais d'examen et retarder la prise de décision finale.

Une partie de la doctrine estime que le Ministre, qui dispose désormais d'un pouvoir d'évocation sur les décisions de l'autorité de la concurrence, peut se doter d'une marge de manœuvre plus grande qu'auparavant pour faire intervenir des motifs d'intérêt général autres que la concurrence, autrement dit d'une latitude assez proche de celle d'un régulateur[748].

Par ailleurs, Sophie Nicinski pense qu'un important pouvoir d'évocation d'une opération peut être fondé « *pour des motifs d'intérêt général incluant notamment l'impact social de l'opération* ». Appuyant cette théorie, le professeur Braconnier dit que : « *comme les raisons proprement sociales n'apparaissent qu'à ce niveau, c'est probablement pour des raisons sociales que le ministre pourra utiliser son pouvoir d'évocation. En tout état de cause, il est mieux que le partage des rôles soit plus clair entre le bilan concurrentiel et le bilan social ; pour ce qui concerne l'établissement du bilan économique, il est partagé entre le ministre de l'Économie et l'Autorité de la concurrence* »[749]. Notons que les professeurs André Decocq et Georges Decocq ont estimé que : « *ces dispositions attestent la survie de l'idée que le contrôle des concentrations, parce qu'il affecte les structures de l'économie nationale, ne peut se fonder uniquement sur des considérations économiques, mais suppose également une appréciation politique* »[750].

Le juge administratif reste compétent pour apprécier la légalité des décisions de cette autorité de régulation, car le contentieux des décisions prises

---

748MARTIN Stanislas, « Contrôle des concentrations : La fin de l'exception française », *Semaine juridique Entreprise et Affaires*, n° 5, 29 janvier 2009, 1117, p. 36.
749BRACONNIER Stéphane, *Droit public de l'économie*, Op. cit., p. 212.
750DECOCQ André et DECOCQ Georges, *Droit de la concurrence*, Op. cit., p.239.

en matière de contrôle des concentrations n'a pas été confié à la cour d'appel de Rabat.

C'est devant la chambre administrative de la Cour de cassation qui exerce un contrôle entier sur l'existence d'une concentration, sur l'appréciation de ses effets et sur le raisonnement économique qui la sous-tend.

§2. L'appréciation des concentrations

Le Conseil de la concurrence doit examiner si l'opération dont il est saisi est de nature à porter préjudice à la concurrence. La loi relative à la liberté des prix et la concurrence apprécie aussi si l'opération apporte au progrès économique une contribution suffisante pour compenser les atteintes à la concurrence.

Il appartient au Conseil de s'exprimer sur les conséquences qu'entraînerait l'opération examinée sur le fonctionnement du ou des marchés concernés. Cette évaluation se déroule en deux étapes, il convient d'apprécier : dans un premier temps, les atteintes que la concentration est susceptible de porter à la concurrence[751] ; dans un deuxième temps, si la première analyse s'avère négative de procéder au bilan économique et social de l'opération.

Les deux phases dans le raisonnement suivi nécessitent qu'un double bilan soit réalisé. C'est-à-dire un bilan concurrentiel, dans lequel il convient de ne pas mettre en balance les effets proconcurrentiels et anticoncurrentiels d'une pratique ou d'une opération pour en apprécier, à l'instar du droit américain de la concurrence et en application de la « règle de raison », le caractère acceptable ou non de la restriction de concurrence. Il s'agit d'une simple appréciation de l'importance de l'atteinte à la concurrence résultant de la concentration (A), lorsque celle-ci présente un bilan concurrentiel négatif. Le Conseil de la concurrence pourra apprécier si elle est ou non acceptable et devra établir le bilan économique de l'opération, à savoir, envisager les conséquences prévisibles de l'opération non seulement pour les entreprises concernées, mais aussi pour l'économie marocaine (B).

[751] Voir sur cette question, Actes de la table ronde de l'OCDE de juin 2002 sur les critères de fond utilisés pour l'évaluation des fusions : OCDE, « Substantive criteria used for the assessment of mergers» in < http://www.oecd.org/daf/competition/2500227.pdf> [en ligne], consulté le 02 Juillet 2017.

A. Le bilan concurrentiel, l'évaluation de l'atteinte à la concurrence

La méthode du bilan concurrentiel consiste à dresser un bilan entre les effets positifs et les effets négatifs de la concentration au seul regard de son impact sur la concurrence s'exerçant sur les marchés pertinents[752].

L'article 16 de la loi n° 104-12 relative à la liberté des prix et la concurrence vise les concentrations « *de nature à porter atteinte à la concurrence, notamment par création ou renforcement d'une position dominante ou par création ou renforcement d'une puissance d'achat qui place les fournisseurs en situation de dépendance économique* ». En dépit de la place de cette disposition, il s'agit bien d'une condition de fond du contrôle de la concentration qui relève de l'expertise des autorités de concurrence. En pratique, la potentialité d'atteinte à la concurrence fait l'objet d'une recherche approfondie qui porte sur la structure et la dynamique du marché et l'effet de puissance économique induit par l'opération. À titre comparatif, l'Autorité de la concurrence française souligne, dans ses lignes directrices[753], qu'une opération de concentration peut porter significativement atteinte à la concurrence de deux manières : par des effets non coordonnés, c'est-à-dire des effets résultant de comportements des acteurs du marché, agissant indépendamment les uns des autres ou par des effets coordonnés. Ce dernier cas se produit lorsque l'opération est de nature à modifier le jeu de la concurrence sur le marché de telle sorte que les entreprises qui, jusque-là, ne coordonnaient pas leur comportement soient désormais en mesure de le faire ou, si elles coordonnaient déjà leurs comportements, qu'elles puissent le faire plus facilement. On parle alors de création ou renforcement d'une position dominante collective.

La compatibilité de la concentration avec le principe de libre concurrence dépend dans les deux systèmes marocain et français de l'absence « *d'effet de position dominante* ». En substance, elle donne au Conseil de la concurrence un standard souple de l'effet anticoncurrentiel : l'accumulation du pouvoir de marché représente le risque majeur que le contrôle administratif doit permettre de déceler et d'endiguer. Toutefois, ce standard n'est pas exclusif. Le terme

---

[752]BERTILE Véronique, LE QUINIO Alexis et MAGNON Xavier, « Jurisprudence du Conseil constitutionnel. 1er septembre-31 décembre 2006 », *Revue française de droit constitutionnel*, n° 70, 2007, pp. 297-333.

[753]Autorité française de la concurrence, *Lignes directrices*, n° 322.

« *notamment* » indique que le Conseil peut tenir compte d'autres facteurs d'affectation de la concurrence[754].

Il semble ainsi que la finalité du droit des concentrations ne soit pas seulement le contrôle de la dominance, mais celui, plus large de l'affectation de la concurrence. De ce point de vue, le droit francophone de la concurrence est proche du droit américain, qui vise les concentrations affectant la concurrence de façon sensible ou tend à créer un monopole.

Dans la pratique, les autorités de la concurrence détiennent la compétence pour analyser divers domaines, dont les principaux seront examinés ci-après : les contours du marché, la création ou le renforcement de la puissance économique, les barrières à l'entrée, la puissance des partenaires commerciaux, la défaillance de l'entreprise cible, etc.

Concernant Les contours du marché, et pour délimiter le marché en cause, le Conseil français de la concurrence a souligné[755], la similitude des démarches adoptées dans le cadre de l'examen des pratiques anticoncurrentielles et du contrôle des concentrations. Cependant, cette similitude comporte des limites. La définition du marché pertinent peut conduire à des résultats différents selon la nature du problème de concurrence en cause ; ce faisant, soulignons le caractère prospectif de l'analyse concurrentielle d'une concentration : « *L'étendue du marché géographique peut être différente selon que l'on examine une concentration, où l'analyse est essentiellement prospective, ou un comportement passé. L'horizon temporel différent envisagé dans chacun de ces cas peut déboucher sur le résultat que des marchés géographiques différents soient définis pour les mêmes produits, selon que la Commission examine un changement structurel de l'offre (comme dans le cas d'une concentration ou d'une création d'entreprises commune coopératives) ou les problèmes soulevés par un comportement passé* »[756]. Le marché reste donc délimité dans sa dimension sectorielle, géographique et temporelle.

---

[754]Au niveau du droit français, à titre d'exemple, dans l'affaire Boeing/Jeppesen, après avoir admis que Jeppesen détenait déjà une position dominante (l'opération n'avait donc pas pour effet de créer une telle position) et, après avoir estimé qu'il n'était pas nécessaire de déterminer si Boeing détenait une position dominante et sans se prononcer sur le renforcement d'une position dominante, le ministre a adressé deux injonctions à Jeppesen afin d'éviter de conférer à Boeing un avantage concurrentiel qui ne pourrait être imputé aux effets d'une concurrence par les mérites et qui fausserait le libre jeu de la concurrence (arr. min. du 4 juill. 2001, BOCC 23 oct. 2001).

[755]Conseil français de la concurrence, *Rapport d'activité de 1988*, p. 29.

[756]Commission Européenne, *Communication de la Commission sur la définition du marché en cause aux fins du droit communautaire de la concurrence*, Journal officiel, n° C 372, 09/12/1997, p. 0005 - 0013.

Conformément à l'article 16 de la loi n° 104-12, il appartient aux autorités de la concurrence de vérifier si les opérations de concentration, dont elles sont saisies, sont de nature à porter atteinte à la concurrence, notamment par création ou renforcement d'une position dominante. Cela ne signifie pas pour autant que de telles opérations feront l'objet d'une décision négative. Le Conseil de la concurrence bénéficie en principe d'une certaine liberté d'appréciation. Par ailleurs, bien que des parts de marché élevées constituent un indice fort de position dominante, ce critère n'est pas toujours déterminant.

L'altération de la concurrence par une opération de concentration dépendra en grande partie de l'existence ou de l'absence d'une barrière à l'entrée du marché[757]. Dans ce second cas, il est peu probable que l'opération affecte négativement la concurrence. L'existence de barrières doit, en revanche, être mise au passif de l'opération. Les barrières peuvent être d'ordre réglementaire. Cela peut concerner, notamment, une autorisation préalable ou d'un quota de production. Les barrières peuvent également résulter des économies d'échelle, ou peuvent aussi être d'ordre comportemental : attachement à la marque à une technologie ou à des habitudes nationales ou régionales.

La puissance des partenaires commerciaux constitue également un élément important du bilan concurrentiel. Tel est le cas de la puissance des clients ou des fournisseurs. Ainsi, dans les affaires de concentration dans le secteur de la grande distribution, le Conseil a examiné dans quelle mesure le renforcement de la puissance des centrales d'achats qui résultait de l'opération pouvait affecter les relations avec les fournisseurs, notamment en créant ou en renforçant un état de dépendance économique.

Enfin, l'exception dite « de l'entreprise défaillante » permet d'autoriser une concentration, dont le bilan concurrentiel est négatif, lorsque la disparition de la cible de l'opération est inévitable en raison des difficultés auxquelles est confrontée l'entreprise[758].

B. Le bilan économique, l'appréciation de la contribution de l'opération au progrès économique

Lorsque la concentration est de nature à réduire significativement une concurrence effective, les entreprises concernées conservent la possibilité de

---

[757]Voir sur cette question BRUN Brigitte et TOULEMONT-DAKOURE Anne, « Les barrières à l'entrée en droit de la concurrence », *Contrats concurrence Consommation*, 2003, n° 11, p. 8.

[758]Voir les actes de la table ronde que l'OCDE qui a consacrée à ce thème en 2009 : OCDE, « Substantive criteria used for the assessment of mergers» in < http://www.oecd.org/daf/competition/2500227.pdf> [en ligne], consulté le 02 Juillet 2017.

démontrer que ces effets anticoncurrentiels sont compensés par les gains d'efficience procurés par la concentration[759].

L'article 16 de loi n° 104-12 instaure le mécanisme du bilan économique qui permet de faire exception aux mesures contraignantes les *bonnes* concentrations. Toutefois, il convient de distinguer l'appréciation de ce bilan par le Conseil de la concurrence, qui reste circonscrite aux avantages et inconvénients économiques, différemment de celle de l'administration prévue à l'article 17, alinéa 2 de la loi n° 104-12. Celle-ci peut porter sur des considérations extra économiques, puisque le texte permet à l'administration de statuer sur l'opération en cause pour des motifs d'intérêt général autres que le maintien de la concurrence. Par exemple : le développement industriel, la compétitivité des entreprises en cause au regard de la concurrence internationale ou la création ou le maintien de l'emploi.

Le libellé de ce texte a été critiqué par la doctrine, car il permet à l'administration non seulement d'autoriser une opération interdite par le Conseil de la concurrence, mais aussi d'interdire, au nom du droit de la concurrence, une opération ne posant aucune difficulté de concurrence[760]

Au Conseil de la concurrence, donc d'évaluer les conséquences de l'opération pour le marché et à l'administration, celles qui relèvent de l'intérêt général.

Quand bien même le Conseil de la concurrence aurait estimé que la concentration apporte une contribution qui justifie tout ou partie de l'atteinte à la concurrence, son opinion n'empêcherait ou ne limiterait pas l'adoption de mesures coercitives par l'administration, car elle n'est pas liée, lorsqu'elle statue en application de l'article 18 alinéa 1, par la décision du Conseil de la concurrence. Ce constat repose une fois de plus la question de l'indépendance du Conseil par rapport à l'administration.

Le fait que le Conseil de la concurrence n'était pas habilité à dresser un bilan social de l'opération ne l'empêchait pas cependant de répondre aux arguments d'ordre social invoqués par les parties dans le cadre du bilan économique. Selon le texte de l'article 18, *« la création ou le maintien de l'emploi »*, et d'après un auteur « *les créations d'emploi alléguées peuvent être considérées comme une contribution économique pour la collectivité, dès lors*

---

[759]PIRONON Valérie, *Droit de la concurrence*, Paris, Gualino Editeur, 2009, p. 169.

[760]Avis du Conseil français de la concurrence n° 08-A-05 du 18 avril 2008, relatif au projet de réforme du système français de régulation de la concurrence.

qu'il serait établi que cette création ne se fait pas au détriment de l'emploi chez les concurrents »[761].

Pour l'application de cet article de la loi n° 104-12, le Conseil de la concurrence examine différentes questions, qui ne sont pas sans rappeler les conditions d'applicabilité du bilan économique de l'article 9 de la même loi, relative aux ententes et abus de puissance économique. Toutefois, à la différence du droit des pratiques anticoncurrentielles, le bilan établi en droit des concentrations revêt un caractère prospectif.

Dans une optique de droit comparé, les entreprises attachent peu d'importance au bilan économique dans leurs dossiers de concentration. D'après le Conseil français de la concurrence dans son rapport pour 1991 et à la lumière de son expérience, *il « observe que les dossiers qui lui sont présentés sont, pour ce qui concerne la question de la contribution au progrès économique, fréquemment peu convaincants. D'une part, les entreprises se trompent souvent sur ce qui peut être considéré comme une contribution au progrès économique au sens des dispositions de l'article 41 de l'ordonnance [de 1986] et elles ont tendance à croire que tous les avantages qu'elles espèrent retirer de l'opération sont par nature des progrès pour la collectivité. D'autre part, elles ne cherchent que rarement à réunir des éléments établissant que le progrès allégué ne pourrait être obtenu autrement que par l'opération envisagée »*[762]. Toutefois, il est fort probable que les parties s'interdisent intentionnellement de faire prévaloir les avantages économiques attendus de leur concentration, de peur que l'autorité de concurrence n'y voie une raison supplémentaire de s'y opposer[763].Il est également utile de préciser que le développement du progrès économique (et social) devrait être perçu au sein du pays, dont le cas notamment du Maroc objet de notre étude.

L'amélioration des services aux consommateurs et à la collectivité a également été retenue. Ainsi, le Conseil français de la concurrence a estimé que contribuait au progrès économique la baisse des redevances ou l'amélioration des services offerts, si elle avait pour effet de réduire le prix des contrôles techniques pour l'automobiliste ou d'améliorer la qualité de ces prestations[764].

---

[761]LAZARUS Claude, « L'approche française et communautaire du progrès économique », *Revue concurrence consommation*, novembre-décembre, n° 94, 1996.

[762]Conseil Français de la concurrence, *Rapport annuel d'activité de 1991*, p. 60.

[763]BRAULT Dominique et BUHART Jacques, « Progrès économique et contrôle de la concentration », *Les Petites Affiches*, n° 179, 6 sept. 2002, p. 9.

[764]Avis du Conseil de la concurrence Français n° 97-A-23 du 15 oct. 1997, BOCC 29 janv. 1998.

Par ailleurs, et afin de conclure ces propos, il est essentiel mettre en exergue les comportements susceptibles d'être sanctionnés.

L'article 19 prévoit plusieurs types de comportements susceptibles d'être sanctionnés : le défaut de notification[765], la réalisation de l'opération avant d'être autorisée[766] ; l'omission ou la déclaration inexacte d'une information dans une notification[767] ; le défaut d'exécution, dans les délais fixés, d'une injonction, d'une prescription ou d'un engagement figurant dans une décision du Conseil de la concurrence ou dans une décision de l'administration ayant statué sur l'opération en application de l'article 18.

Les dispositions de la loi n° 104-12 soumettent les comportements énumérés à des sanctions pécuniaires dont le montant maximal est de 5 % du chiffre d'affaires hors taxes réalisées au Maroc des personnes morales lors du dernier exercice clos, augmenté, le cas échéant, de celui qu'a réalisé au Maroc durant la même période la partie acquise, et, pour les personnes physiques, à cinq millions (5 000 000) de dirhams.

Ce dispositif de sanctions pécuniaires comporte une lacune non négligeable : si les parties ne réalisent pas de chiffre d'affaires au Maroc, elles pourront, sans prendre le risque de se voir infliger une sanction pécuniaire et s'affranchir des décisions négatives qui pourraient être prises. Compte tenu de l'effort consenti pour attirer les investissements directs étrangers au Maroc, l'augmentation du nombre de concentrations entre des entreprises étrangères peut produire des effets sur le marché national. On peut regretter que le législateur marocain emboitant les pas de son homologue français n'ait pas

[765]L'article 19, alinéa 1 de la loi n° 104-12 relative à la liberté des prix et la concurrence prévoit « Si une opération de concentration a été réalisée sans être notifiée, le Conseil de la concurrence enjoint sous astreinte, dans la limite prévue à l'article 40 de la présente loi, aux parties de notifier l'opération, à moins de revenir à l'état antérieur à la concentration ».

[766]Il prévoit aussi qu'« en outre, le Conseil de la concurrence peut infliger aux personnes auxquelles incombait la charge de la notification une sanction pécuniaire dont le montant maximum s'élève, pour les personnes morales, à 5% de leur chiffre d'affaires hors taxes réalisé au Maroc lors du dernier exercice clos, augmenté, le cas échéant, de celui qu'a réalisé au Maroc durant la même période la partie acquise, et, pour les personnes physiques, à cinq millions (5.000.000) de dirhams. Si une opération de concentration notifiée et ne bénéficiant pas de la dérogation prévue au deuxième alinéa de l'article 14 a été réalisée avant l'intervention de la décision prévue au premier alinéa du même article, le Conseil de la concurrence peut infliger aux personnes physiques ou morales ayant procédé à la notification une sanction pécuniaire ».

[767] « En cas d'omission ou de déclaration inexacte dans une notification, le Conseil de la concurrence peut infliger aux personnes physiques ou morales ayant procédé à la notification une sanction pécuniaire. Cette sanction peut s'accompagner du retrait de la décision ayant autorisé la réalisation de l'opération », disposait l'article 19 de la loi relative à la liberté des prix et la concurrence.

mis les montants des sanctions pécuniaires en valeur absolue pour résoudre ce problème.

Chapitre 2. La répression des pratiques anticoncurrentielles, un pouvoir ex-post du Conseil de la concurrence

On distingue couramment au sein du droit de la concurrence, les dispositions visant la protection de l'intérêt particulier des concurrents de celles ayant pour objectif la protection du marché[768] (objet de notre recherche).

Le droit de la concurrence déloyale et des obligations contractuelles de non-concurrence, reposant sur les principes du droit civil de la responsabilité et des contrats, ne participerait pas d'une logique comparable à celle mise en œuvre par le droit des pratiques anticoncurrentielles. À cet égard, les règles de la concurrence doivent être distinguées selon que leur objet est la loyauté de la concurrence ou la liberté de la concurrence. Ce n'est pas l'objectif de la direction de l'économie qui règne en ses règles de relations privées. Les deux grandes parties du droit de la concurrence n'ont ni les mêmes sources ni les mêmes finalités. À l'opposé du droit classique de la concurrence déloyale qui s'attache aux comportements, le droit nouveau des pratiques anticoncurrentielles vise à « *l'instauration et à la sauvegarde de certaines conditions objectives du marché*"[769].

Pratiques punies par la loi, jugées contraires au bon fonctionnement de l'activité économique. Plus l'environnement économique tend à être compétitif, plus l'attrait à user des pratiques anticoncurrentielles est grand, surtout pour s'entendre quant à la fixation des prix, entre concurrents ou entre différents acteurs de la chaîne de valeur.

L'accroissement du jeu de la concurrence pourrait causer des contrecoups de défense de la part de certains opérateurs qui pourraient être tentés de ralentir ou de contrarier ce processus plutôt que de sacrifier les efforts nécessaires pour s'arranger avec la nouvelle donne. Il sera donc de la responsabilité du Conseil de s'attaquer à ces acteurs et d'être notamment

---

[768]Plusieurs ouvrages de référence en droit de la concurrence distinguent les pratiques anticoncurrentielles et le droit des concentrations qui auraient pour objectif de protéger le marché et le droit de la concurrence déloyale, des obligations de non-concurrence et des pratiques restrictives, qui auraient pour fin la protection des concurrents. Voir MALAURIE-VIGNAL Marie, *Droit de la concurrence interne et européen*, Op. cit.; BLAISE Jean-Bernard, *Droit des affaire -Commerçants, concurrence, distribution*, 3e édition, Paris, LGDJ, 2002.

[769] JACQUEMIN Alexis et SCHRANS Guy, *Le droit économique*, Paris, PUF, que sais-je ?, 3e édition, 1982, p. 103.

sévère à leur encontre, car leurs comportements anticoncurrentiels dans un marché en ouverture auront un effet très fort en matière d'inefficacité économique.

Le titre III de la loi n° 104-12 relative à la liberté des prix et la concurrence prohibe quatre sortes de pratiques anticoncurrentielles : les ententes[770], les abus de position dominante[771], les abus de dépendance économique[772] les prix abusivement bas[773]. Ces comportements anticoncurrentiels sont interdits en raison de leur impact sur le fonctionnement d'un marché. C'est ce qui les distingue des actes de concurrence déloyale et des actes de concurrence illicite, qui sont condamnés en tant que tels, indépendamment de leurs effets sur le marché. Les pratiques anticoncurrentielles ont aussi une autre caractéristique commune : leur contrôle et leur sanction ressortent de la compétence du Conseil de la concurrence[774], alors que la sanction des actes de

---

770 L'Article 6 de la loi n° 104-12 dispose que : « Sont prohibées, lorsqu'elles ont pour objet ou peuvent avoir pour effet d'empêcher, de restreindre ou de fausser le jeu de la concurrence sur un marché, les actions concertées, conventions, ententes ou coalitions expresses ou tacites, sous quelque forme et pour quelque cause que ce soit, notamment lorsqu'elles tendent à :

1- Limiter l'accès au marché ou le libre exercice de la concurrence par d'autres entreprises ;

2- Faire obstacle à la formation des prix par le libre jeu du marché en favorisant artificiellement leur hausse ou leur baisse ;

3- Limiter ou contrôler la production, les débouchés, les investissements ou le progrès technique ;

4- Répartir les marchés, les sources d'approvisionnement ou les marchés publics. »

771 L'article 7 prévoit qu'« est prohibée, lorsqu'elle a pour objet ou peut avoir pour effet d'empêcher, de restreindre ou de fausser le jeu de la concurrence, l'exploitation abusive par une entreprise ou un groupe d'entreprises :

1- D'une position dominante sur le marché intérieur ou une partie substantielle de celui-ci ;

772 2- d'une situation de dépendance économique dans laquelle se trouve un client ou un fournisseur ne disposant d'aucune autre alternative équivalente.

L'abus peut notamment consister en refus de vente, en ventes liées ou en conditions de vente discriminatoires ainsi que dans la rupture de relations commerciales établies, au seul motif que le partenaire refuse de se soumettre à des conditions commerciales injustifiées. Il peut consister également à imposer directement ou indirectement un caractère minimal au prix de revente d'un produit ou d'un bien, au prix d'une prestation de service ou à une marge commerciale ».

773 L'Article 8 dispose que : « Sont prohibées les offres de prix ou pratiques de prix de vente aux consommateurs abusivement bas par rapport aux coûts de production, de transformation et de commercialisation, dès lors que ces offres ou pratiques ont pour objet ou peuvent avoir pour effet d'éliminer à terme d'un marché, ou d'empêcher d'accéder à un marché, une entreprise ou l'un de ses produits.

Les coûts de commercialisation comportent également et impérativement tous les frais résultant des obligations légales et réglementaires liées à la sécurité des produits.

Les dispositions du présent article ne sont pas applicables en cas de revente en l'état. »

774 L'Article 24 de la loi n° 104-12 dispose que : « Le Conseil de la concurrence examine si les pratiques dont il est saisi constituent des violations des dispositions des articles 6, 7 et 8 de la présente loi ou peuvent se trouver justifiées par l'application de l'article 9 de la présente loi. Il

concurrence déloyale ou de concurrence illicite relève uniquement des juridictions judiciaires.

L'étude de ce chapitre est consacrée aux diverses formes de pratiques anticoncurrentielles. En effet, l'action anticoncurrentielle peut être individuelle (abus de position dominante, entente) (Section I) ou contenant plusieurs entreprises (Section II).

Section I. L'action anticoncurrentielle individuelle de l'entreprise

Les autorités de la concurrence peuvent sanctionner au titre d'abus de position dominante, des pratiques licites au regard du droit commun au seul motif que l'entreprise qui les a mis en œuvre est en position dominante. Dans ce cadre, le Conseil marocain de la concurrence dans son avis sur la situation de la concurrence dans le secteur du tabac, estime qu'« *en gardant à l'esprit que la plupart des débits de tabac sont des petits établissements avec peu d'espace disponible, le Conseil a considéré que… ces exigences (dispositions contractuelles sur l'aménagement des espaces d'Imperial Tobacco) sont susceptibles d'avoir un effet restrictif à la concurrence du fait de la position dominante avérée d'Imperial Tobacco sur le marché et qui lui impose une responsabilité particulière de respect des règles de la concurrence... il en résulte que des pratiques qui ont considérées comme tout à fait licite d'un point de vue concurrentiel peuvent être qualifiées d'anticoncurrentielles si elles émanent d'une entreprise en position dominante...* »[775].

Par ailleurs, il définit la situation de position dominante comme celle permettant à une entreprise de « *s'abstraire des conditions de marché et d'agir à peu près librement sans tenir compte du comportement et de la réaction de la concurrence.* »[776].

Ainsi, cette section comportera deux paragraphes, l'entreprise en position dominante (§. 1), et l'abus de position dominante, un acte répréhensible (§. 2).

---

prononce, le cas échéant, les mesures conservatoires, les astreintes, les injonctions et les sanctions prévues par la présente loi ».

[775]L'avis du Conseil de la concurrence n° 23/12 rendu le 15 mai 2012 sur la situation de la concurrence dans le secteur du tabac manufacture, *Rapport annuel du Conseil de la concurrence*, 2012, p. 42.

[776]Conseil marocain de la concurrence, *Rapport annuel de 2012*, p. 22.

§1. L'entreprise en position dominante

Une entreprise en position dominante ne doit pas abuser de cette situation pour éliminer ses concurrents. Après avoir décrit les critères de la position dominante (A), il conviendra de rechercher qui en est le détenteur (B).

A. La domination et ses critères

Il convient de noter tout d'abord que seuls les abus de positions dominantes sont condamnables et non pas les positions dominantes en tant que telles. C'est pourquoi nous détaillerons la domination (1) puis les critères de sa qualification (2).

1. La domination, un rapport de forces

C'est le rapport de forces décrivant une situation du pouvoir de marché, pour laquelle une entreprise abuse de sa position puissante pour borner le champ d'action de ses concurrents. Il en découle que l'article 7 de la loi n° 104-12 dispose : « *Est prohibée, lorsqu'elle a pour objet ou peut avoir pour effet d'empêcher, de restreindre ou de fausser le jeu de la concurrence, l'exploitation abusive par une entreprise ou un groupe d'entreprises : 1 — D'une position dominante sur le marché intérieur ou une partie substantielle de celui-ci.* »

L'abus de position dominante se démarque de l'entente car il consiste en un comportement individuel, voire unilatéral, d'une entreprise ou d'un groupe d'entreprises constituant une unité économique. L'entente est, à l'inverse, un acte collectif de deux ou plusieurs entités économiquement indépendantes.

L'interdiction de l'abus de position dominante ne se confond pas non plus avec le contrôle des concentrations d'entreprise, prévue par le titre IV de la loi n° 104-12. En effet, l'article 16 de ladite loi dispose que : « *lorsqu'une opération de concentration fait l'objet, d'un examen approfondi, le Conseil de la concurrence examine si elle est de nature à porter atteinte à la concurrence, notamment par création ou renforcement d'une position dominante...* » Cependant, en matière de concentration, le contrôle de la position dominante est effectué ex-ante, alors que dans le cadre de l'article 7, il porte sur l'exploitation ex-post de la position dominante. La finalité des articles n'étant pas la même, la notion de position dominante n'est pas interprétée de la même manière, selon qu'il s'agit de se prononcer sur la réalisation d'une concentration à venir ou de sanctionner un abus passé.

L'article 20 instaure, toutefois, un pont entre le contrôle des concentrations et la prohibition de l'abus de position dominante. Il dispose à cet égard que : « *Le Conseil de la concurrence peut, en cas d'exploitation abusive d'une position dominante ou d'un état de dépendance économique, enjoindre, par décision motivée, à l'entreprise ou au groupe d'entreprises en cause de modifier, de compléter ou de résilier, dans un délai déterminé, le cas échéant sous astreinte et dans la limite prévue à l'article 40, tous accords et tous actes par lesquels s'est réalisée la concentration de la puissance économique qui a permis les abus même si ces actes ont fait l'objet de la procédure prévue au présent titre.* ».

C'est alors dans l'hypothèse qu'une opération de concentration a fait l'objet d'une autorisation du Conseil de la concurrence, le cas échéant, conditionnée par des engagements, bien qu'elle aboutisse à la création d'une position dominante.

Si, ultérieurement, l'entreprise ou le groupe abuse de sa position, le Conseil de la concurrence, par décision motivée, peut demander de modifier, de compléter ou de résilier tous accords et tous actes par lesquels s'est réalisée la concentration de la puissance économique qui a permis les abus, afin de faire disparaître ou de mieux encadrer la position dominante de l'entreprise ou du groupe issu de la concentration.

En effet, le rapport économique est par nature un rapport de forces[777]. De l'affrontement entre les divers acteurs émerge un équilibre qui participe de la satisfaction des besoins de l'être humain. C'est l'essence même du postulat économique libéral. Toutefois le droit, en tant qu'ensemble de règles organisant la vie d'une société, se détache pourtant de cet idéal économique libéral, afin de lutter contre les effets jugés néfastes du système, et lui garantir un fonctionnement correct. Si la concurrence a vocation « *à détruire la concurrence, le droit qui porte le même nom, réprimant les abus de domination, a pour objectif de maintenir la compétition sur des marchés qui ne fonctionnent pas toujours de manière autonome. La préservation d'une concurrence effective justifie la sanction des abus de puissance économique. La substitution aux forces du marché d'un pouvoir privé indépendant n'est pas admise.* »[778].

La puissance économique accorde à son possesseur un pouvoir à l'égard de ses partenaires et de ses concurrents. L'abus a pour origine la détention, par son auteur, d'un certain pouvoir. Ainsi, comme le souligne le professeur Jean Paul CHazal, la puissance désigne *« tout autant une action effective*

---

[777]PAYET Marie-Stéphane, *Droit de la concurrence et droit de la consommation*, Op. cit., p. 117.
[778]*Ibidem*, p. 118.

qu'une potentialité »[779]. Avoir un certain pouvoir n'implique pas forcément son utilisation. Aussi convient-il de se demander si la seule détention du pouvoir est susceptible d'entrainer l'application des règles relatives à l'abus, ou si, au contraire, la qualification requiert un exercice effectif de ce pouvoir ? La théorie de l'abus de droit permet de sanctionner l'usage abusif qui pourrait être fait des droits subjectifs.

Le texte de la loi n° 104-12 fait dépendre la qualification préalable de la position dominante de son auteur, mais ne donne pas de définition de cette notion. La jurisprudence européenne incarnée par la Cour de justice européenne définit la position dominante comme « une *position de puissance économique détenue par une entreprise qui lui donne le pouvoir de faire obstacle au maintien d'une concurrence effective, sur le marché en cause, en lui fournissant la possibilité de comportements indépendants dans une mesure appréciable vis-à-vis de ses concurrents, de ses clients et, finalement, des consommateurs* »[780]. Cette définition a inspiré les autorités de la concurrence à analyser la position dominante comme un pouvoir de fait.

Selon le professeur Louis Vogel, c'est un pouvoir d'agir de l'entreprise, une puissance économique, ainsi la position dominante apparaît ainsi comme « la *réunion de la puissance économique et d'un pouvoir d'action sur le marché* »[781].

La position dominante en tant que pouvoir de l'entreprise n'a rien d'illégitime ; c'est pourquoi elle n'est en effet pas prohibée en elle-même ; elle est le fruit de la liberté du marché. Et d'après un auteur : « *obtenir une position dominante sur un marché est ce vers quoi tend l'activité de tous les agents économiques* »[782].

En faisant appel à sa puissance, l'opérateur économique ne fait que pratiquer son libre droit de concurrence qui provient de la liberté de la concurrence permettant de capter la clientèle des autres compétiteurs sans que cela puisse engager la responsabilité du concurrent qui est à l'origine de ce déplacement[783].

Il résulte de la rédaction de l'article 7, alinéa 1er, de la loi n° 104-12, que la position dominante n'est pas condamnée en soi et que c'est seulement

---

[779]CHAZAL Jean-Pascal, *De la puissance économique en droit des obligations*, Thèse pour l'obtention du doctorat en Droit, Université Pierre Mendes France Grenoble II, 1996, p. 41.
[780]MASSON Antoine, *Droit communautaire : Droit institutionnel et droit matériel*, Op. cit., p. 510.
[781]VOGEL Louis, *Droit de la concurrence et concentration économique*, Op. cit., n° 106, p. 97.
[782]DREIFUSS-NETTER Frédérique, « Droit de la concurrence et droit commun des contrats », *La Revue trimestrielle de droit civil*, 1989, p. 375.
[783]SERRA Yves, *le droit français de la concurrence*, Paris, Dalloz, 1993, p. 11.

l'exploitation abusive de cette position qui l'est. En effet, la position dominante peut résulter de la supériorité des performances de l'entreprise en cause. Seule l'utilisation abusive de la position dominante est donc prohibée par les dispositions de l'article 7. Le principe est constamment réaffirmé en doctrine[784].

Dans l'avis n° 6/09 rendu par le Conseil marocain de la concurrence le 7 septembre 2009 sur le pilotage maritime. Le syndicat professionnel des pilotes maritimes a sollicité du Conseil de la Concurrence, par son courrier du 8 janvier 2009, « *d'activer et d'appliquer les dispositions de la loi 06.99 sur la liberté des prix et de la concurrence au service du pilotage maritime afin de lutter contre le monopole exercé par l'Agence Nationale des Ports, la station de Pilotage de Casablanca et Marsa Maroc. Il convient de rappeler que la loi n° 06-99 n'interdit pas le monopole, mais prohibe l'exploitation abusive par une entreprise ou un groupement d'entreprises d'une position dominante ou d'un état de dépendance économique qui est de nature à empêcher, restreindre ou fausser le libre jeu de la concurrence* »[785].

D'un point de vue économique, la concentration des pouvoirs sur le marché est un processus naturel, fruit libéral d'une juste sélection. La réfutation de la théorie de la concurrence pure et parfaite conduit à une grande tolérance vis-à-vis de ce phénomène, comme le traduisent les analyses modernes des situations de concurrence monopolistique. Ainsi, le professeur Louis Vogel observe que « bien *loin d'être étranger à la concurrence, l'effet de domination en constitue un élément essentiel* » [786]. Le pouvoir de l'entreprise sur le marché n'est possible donc que par le principe de libre concurrence.

Comme c'est le cas en droit français[787], et contrairement au droit communautaire, le droit marocain admet une possibilité d'exemption de l'abus de position dominante. L'article 9 de la loi n° 104-12 prévoit, en effet, que les pratiques visées par les articles 6 et 7 doivent être justifiées par la loi ou par le progrès économique. Cette disposition est étrange, car l'idée même

---

[784]Voir BLAISE Jean-Bernard, *Droit des affaires - commerçants, concurrence, distribution*, Op. cit., no 814 ; CANIVET Guy et BOUTARD-LABARDE Marie-Chantal, *Droit français de la concurrence*, Op. cit., n°96; DECOCQ André et DECOCQ Georges, *Droit de la concurrence - Droit interne et droit de l'union européenne*, Op.cit., n° 268; GALENE Renée, *Le droit de la concurrence appliqué aux pratiques anticoncurrentielles*, Op. cit., p. 272 ; MALAURIE-VIGNAL Marie, *L'abus de position dominante*, Paris, LGDJ, 2003, n° 121.; ROBLOT René et GEORGES Ripert, *Traité de droit commercial. Tome 1*, Paris, LGDJ, 1996, n° 856.

[785]Conseil marocain de la concurrence, *Rapport d'activité de 2009*, p. 75.

[786]VOGEL Louis, *Droit de la concurrence et concentration économique*, Op. cit., n° 113, p.103.

[787] L'article L. 420-4, I du code de commerce prévoit, en effet, que les pratiques abusives visées par l'article L. 420-2 peuvent, comme les ententes visées par l'article L. 420-1, être justifiées par la loi ou par le progrès économique.

qu'un abus pourrait être justifié est contradictoire[788] montre un esprit dirigiste omniprésent dans le texte ; elle n'en marque pas moins une volonté politique de ne pas sacrifier, le cas échéant, la politique de l'emploi sur l'autel du droit de la concurrence[789].

L'article 7, alinéa 1er, prohibe l'exploitation abusive par une entreprise ou un groupe d'entreprises d'une position dominante sur le marché intérieur ou une partie substantielle de celui-ci.

Le marché en cause - ou marché pertinent -correspond au périmètre à l'intérieur duquel s'exerce la concurrence effective entre les entreprises. La détermination du marché constitue, en principe, le cadre obligé de la constatation d'une restriction de concurrence. Et même si son utilité pour caractériser l'objet ou l'effet d'une entente est parfois mise en doute, son rôle primordial dans la constatation de l'existence d'une position dominante n'est pas contesté. Ainsi, le Conseil français de la concurrence fait de la détermination « *du contour du ou des marchés en cause* » la première étape, nécessaire, de la qualification de l'abus de position dominante[790].

En vérité, par opposition aux juristes, les économistes ne font pas de la fixation du marché un élément nécessaire de l'observation d'une restriction de concurrence. Ils accordent une importance particulière au pouvoir de marché de l'entreprise derrière la restriction, la définition du marché pertinent n'ayant qu'une valeur relative et ne constituant qu'un indicateur le cas échéant utile[791]. Toutefois, les institutions de régulation de la concurrence et les spécialistes de droit, de façon générale, y restent au contraire très attachés, en tout cas pour prouver l'existence d'une position dominante, puisqu'ils considèrent que la définition tout d'abord du marché est une démarche objective, garantie d'impartialité, d'objectivité et de sécurité juridique.

En réalité ni la loi marocaine ni française n'établissent la méthode à suivre pour définir un marché. Ce sont les décisions et les rapports d'activité des autorités de concurrence qui participent à la définition de cette démarche[792].

---

[788]DECOCQ André et DECOCQ Georges, *Droit de la concurrence - Droit interne et droit de l'union européenne*, Op. cit., n° 265.
[789]*Ibidem*, p. 72.
[790]Conseil Français de la concurrence, *Rapport d'activité de 1987*, p. 219 ; Conseil Français de la concurrence, *Rapport d'activité de 1993*, p. 59 ; Conseil Français de la concurrence, *Rapport d'activité de 2003*, p. 266.
[791] MALAURIE-VIGNALMarie, *L'abus de position dominante*, Op. cit., p. 21.
[792]Surtout, une étude thématique, consacrée au « marché pertinent », rédigée en 2001, expose en détail la doctrine du Conseil Français de la concurrence. Voir Conseil Français de la concurrence, *Rapport de 2001*, 2ème partie, p. 89.

2. Les critères de la domination

Par position dominante, nous entendons une position de force sur le marché. D'un point de vue économique, la position dominante représente la capacité d'une entreprise (ou d'un groupe d'entreprises agissant conjointement) d'augmenter et de maintenir avec profit des prix supérieurs aux prix qui seraient appliqués dans une situation concurrentielle pendant une longue période[793]. La position dominante se définit comme la situation dans laquelle une entreprise est susceptible de s'abstraire des conditions du marché et d'agir à peu près librement sans tenir compte du comportement et de la réaction de ses concurrents. D'après les termes du Conseil français de la concurrence, l'entreprise est en position dominante si sa position « *est de nature à lui permettre de s'abstraire de la pression de la concurrence d'autres entreprises présentes sur le même marché* »[794].

Par ailleurs, une position dominante peut provenir de divers facteurs marquant le marché lui-même ou l'entité économique, comme la détention, soit d'un monopole légal ou de fait sur une activité[795], soit de parts de marché substantielles ; une telle position peut également découler de l'appartenance à un groupe économique de grande envergure, de la faiblesse remarquable des concurrents, de la maîtrise d'une avance technologique ou d'un savoir-faire significatif.

Les autorités de la concurrence considèrent que le fait qu'une entreprise détienne la totalité du marché, suffit à établir qu'elle occupe une position dominante[796].

---

[793]Voir Conférence des Nations Unies sur le commerce et le développement, *Loi type sur la concurrence (2015) : Chapitre IV révisé*, Genève, 6-10 juillet 2015.

[794]Conseil français de la concurrence, *Rapport d'activité de 1991*, p. 48.

[795]Monopole de droit, privilège d'exploitation exclusive concédé à une entreprise publique ou privée par une loi formelle. Une des plus lourdes atteintes imaginables à la liberté du commerce et de l'industrie. Monopole de fait, situation économique dans laquelle toute concurrence est éliminée, soit naturellement par la puissance irrésistible d'une entreprise sur le marché, soit conditionnellement par l'intervention de la police qui, pour des raisons d'ordre public, refuse toutes les facilités qu'elle peut donner sur le domaine public à toute entreprise autre que celle de son choix. Voir GUINCHARD Serge et DEBARD Thierry, *Lexique des termes juridiques*, Op. cit., p. 687.

[796]Conseil français de la concurrence, *Rapport d'activité de 1994*, p. 60.

a- Importance de la part de marché

De manière générale, bien que la part de marché ne soit pas l'unique critère pour démontrer la position dominante, celle-ci constitue, cependant, un paramètre important d'appréciation retenu par la jurisprudence française [797].

La situation de monopole peut prendre deux formes : un monopole légal et un monopole de fait.

Certains assimilent un rapprochement entre le monopole légal et position dominante. Toutefois, l'action d'une entreprise de posséder le monopole légal d'une activité, ne lui confère pas automatiquement une position dominante sur un marché économiquement pertinent.

Par ailleurs, il est légitime de déduire que, lorsqu'une entreprise bénéficie du monopole légal d'une activité et que celle-ci se fusionne avec la production d'un bien ou d'un service ravitaillant presque à lui seul un marché, l'on puisse supposer une position dominante.

En effet, l'entreprise ne possédant pas de concurrents sur le marché, demeure à l'abri de toute concurrence potentielle. Par exemple, c'est le cas de l'Office National de l'Électricité et de l'Eau potable/Branche Électricité, avec la production de l'électricité sur le marché marocain. Celui-ci détient un monopole légal assorti d'exceptions limitées de la production d'électricité, un monopole sur le transport de l'électricité. Par ailleurs, il demeure concessionnaire des réseaux de distribution, et occupe une position dominante sur les marchés de la production, du transport et de la distribution d'électricité.

Le monopole de fait peut s'illustrer à titre d'exemple dans la situation de L'Agence marocaine de Presse (MAP) qui bénéficie d'un monopole sur le marché de l'information brute à destination de la presse marocaine.

Elle seule fournit les dépêches couvrant tous les domaines de l'information marocaine susceptibles d'intéresser les éditeurs nationaux. De plus, la MAP est la seule agence marocaine à disposer d'un réseau de collecte d'informations lui permettant de couvrir l'actualité au Maroc et dans quelques pays étrangers. Ainsi, les médias marocains abonnés à la MAP peuvent être aussi abonnés à une ou plusieurs autre(s) agence(s) de presse. Néanmoins, ils considèrent l'abonnement à la MAP comme indispensable et les autres sources comme complémentaires, mais non substituables au service de l'agence. Nous pouvons présumer que la MAP, dispose donc d'une position

---

[797] Conseil français de la concurrence, décision n° 03 -MC-01 du 23 janvier 2003, relative à la saisine et à la demande de mesures conservatoires présentées par la société TPS.

dominante sur le marché de la fourniture de dépêches d'informations brutes aux médias.

b- Part de marché substantielle

Si l'entreprise n'est pas en situation de monopole ou de quasi-monopole, une part de marché très importante peut caractériser la position dominante. Le Conseil français de la concurrence a considéré qu'un groupement qui détient 94 % de part de marché dans le secteur particulier du remboursement des titres emploi/service est considéré comme occupant, de ce fait, une position dominante[798]. Toutefois, il considère aussi la plupart du temps que le critère de la part de marché doit être confirmé par d'autres indices. Évidemment, moins la part de marché est grande, plus le rôle des indices supplémentaires est important.

À l'inverse, si la part de marché détenue par une entreprise est très faible, le régulateur de la concurrence peut estimer que cette situation établit que cette entreprise ne détient pas de position dominante[799].

B. Détenteur de la position dominante

La position dominante peut être caractérisée de manière individuelle, ou collective.

Dans le cas de position dominante individuelle, la plupart du temps, l'entreprise profite de sa situation en tant que vendeur ou fournisseur de service. Il s'agit d'une position dominante sur le marché de la vente, dit encore « *marché en aval* ». Mais l'entreprise peut aussi se trouver en position dominante vis-à-vis de ses propres fournisseurs, c'est-à-dire sur le marché de l'achat, dit « *marché en amont* ».

Dans le cas de position dominante collective, l'article 7 de la loi n° 104-12 interdit l'exploitation abusive par une entreprise ou un groupe d'entreprises d'une position dominante sur le marché marocain. On sous-entend par « *position dominante collective* » ou « *position dominante conjointe* », la place

---

[798]Saisi par le ministre de l'Économie français, le Conseil de la concurrence a été conduit dans sa décision 01 -D-41 rendue le 11 juillet 2001 à sanctionner plusieurs pratiques d'entente anticoncurrentielle mises en œuvre par les trois plus importantes des quatre sociétés émettrices de titres-restaurant en France. Ces sociétés détiennent ensemble près de 94 % de ce marché.

[799]Avec des parts de 37 % et 10 %, TF1 n'a pas été jugée en position dominante sur les marchés respectivement de la gestion des droits d'œuvres audiovisuelles et de l'édition des vidéogrammes. Voir Décision du Conseil français de la concurrence no 99 -D-85 du 22 décembre 1999 [TF1, secteur de la production, de l'édition et de la publicité des vidéogrammes].

détenue par plusieurs entreprises juridiquement et économiquement différentes[800].

Une position dominante collective est donc une situation permettant à plusieurs entreprises de se comporter de façon indépendante de leurs concurrents, de leurs clients et, finalement des consommateurs. Il ne peut donc y avoir de position dominante collective, si les entreprises concernées se livrent à une concurrence « normale » puisque, par définition, celles-ci ne sont alors pas en mesure de se comporter de façon indépendante de leurs concurrents[801].

Le Conseil marocain de la concurrence dans son avis n° 22/S/11 du 25 septembre 2011 relatif à la saisine de la chambre de commerce, d'industrie et de services de Casablanca au sujet de l'appel d'offre n° 6/2010/DA/CS/PP lancé par le Ministère de la Santé pour l'acquisition de l'insuline, a considéré que « *l'existence d'une position dominante collective n'est conçue que dans deux cas à savoir :*

1— Soit qu'il faut établir que les entreprises en position dominante ont, ensemble, notamment en raison des facteurs de corrélation existant entre elles, le pouvoir d'adopter une même ligne d'action sur le marché et d'agir dans une mesure appréciable indépendamment des autres concurrents, de leur clientèle et, finalement, des consommateurs.

L'existence de liens structurels entre des entreprises d'une part telle que des liens en capital ou encore des accords formalisés entre elles, et l'adoption d'une ligne commune d'action, sur le marché d'autre part, suffisent à démontrer l'existence d'une position de dominance collective.

2— En l'absence de tels liens, la seule structure du marché peut permettre de mettre en évidence une position dominante collective, si les critères cumulatifs dégagés par le Tribunal de Première Instance des Communautés européennes dans son arrêt Airtours sont réunis, à savoir : la structure oligopolistique du marché, la transparence du marché concerné ; la possibilité d'exercer des représailles sur les entreprises déviant de la ligne

---

800 L'article L. 420-2 du code de commerce français prohibe l'exploitation abusive par une entreprise ou un groupe d'entreprises d'une position dominante sur le marché intérieur. Le droit français a certainement reçu l'influence de l'article 82 du traité CE, qui déclare incompatible avec le marché commun et interdit le fait pour une ou plusieurs entreprise(s) d'exploiter de façon abusive une position dominante sur le marché commun.

801 AVENEL Éric, DALEY Nathalie et DE MUIZON Gildas, « Position dominante collective : Dépasser les critères Airtours en matière de contrôle a posteriori des pratiques anticoncurrentielles », *Revue Concurrences*, n° 4, 2011, pp. 41-50.

d'action commune ; et enfin la non-contestabilité du marché ou l'absence de compétition potentielle »[802].

Le Conseil français de la concurrence, dans sa jurisprudence, adopte une définition « composite » de la position dominante collective, qui repose sur la méthode du «*faisceau d'indices*». Ainsi, Il prend en considération l'importance des parts de marché, les comportements parallèles et prévisibles des entreprises, l'interdépendance sur un marché d'oligopole, mais aussi l'existence de liens structurels unissant les entreprises et la volonté de coopérer[803].

Ces différents facteurs de la domination collective peuvent être réunis autour de deux critères qui sont, semble-t-il, l'un et l'autre nécessaire pour que l'on puisse constater l'existence d'une position dominante collective.

Le premier critère est classique. C'est celui de l'interdépendance résultant de liens structurels ou coopératifs entre les entreprises. Il n'est pas exclu que l'autorité de concurrence adopte une conception élargie des liens, allant jusqu'à admettre que le lien peut consister en une coopération tacitement acceptée.

Le second critère est celui de l'interdépendance des comportements résultant de la structure du marché. Plus particulièrement, l'interdépendance résultant d'une situation d'oligopole.

§2. L'abus de position dominante, un acte répréhensible

L'article 7 de loi n° 104-12 dispose : «*Est prohibée, lorsqu'elle a pour objet ou peut avoir pour effet d'empêcher, de restreindre ou de fausser le jeu de la concurrence,* ***l'exploitation abusive*** *par une entreprise ou un groupe d'entreprises : 1 -d'une position dominante sur le marché intérieur ou une partie substantielle de celui-ci ». Les expressions d'« exploitation abusive » et d'« abus de position dominante* » sont synonymes. Après avoir exposé les principes qui gouvernent la qualification d'exploitation abusive (A), il conviendra de donner des exemples concrets des principaux comportements qui ont pu être considérés comme des abus de la position dominante par les autorités de la concurrence (B).

---

[802]Conseil marocain de la concurrence, *Rapport annuel de 2011*, p. 368.

[803]Voir la décision du Conseil n° 02-D-44 du 11 juillet 2002, rendue dans l'affaire de la distribution de l'eau.

A. L'exploitation abusive de la position dominante

Ni, la loi marocaine en n° 104-12 relative à la liberté des prix et de la concurrence, ni le code de commerce français, ni aucune loi particulière ne définissent l'exploitation abusive d'une position dominante. C'est donc à la jurisprudence et à la doctrine qu'est revenu le rôle de définir la notion d'abus de position dominante.

Comme précité, il ne faut pas confondre la position dominante et l'exploitation abusive qui peut en être faite. Les deux notions sont distinctes.

Toutefois, un auteur a, observé que, dans la pratique du contrôle, c'est plutôt la position dominante, en tant qu'elle reflète le pouvoir de marché de l'entreprise, qui est l'objet de la prohibition, alors que le comportement abusif ne constituerait que le «*facteur de déclenchement d'un contrôle dont l'objet s'est déplacé*»[804]. Mais, de l'aveu de celui-ci, cela n'empêche pas que la position dominante et l'abus continuent de représenter les deux éléments constitutifs de l'interdiction[805].

Le Conseil français de la concurrence estime qu'une entreprise en position dominante, « *confrontée à l'arrivée d'un concurrent est en droit de défendre ou de développer sa part de marché pourvu qu'elle demeure dans les limites d'un comportement compétitif normal et d'une concurrence légitime* »[806], mais qu'en revanche, « *le fait pour l'entreprise en position dominante de tenter de limiter l'accès du marché sur lequel elle détient la position dominante ou sur un autre marché, en recourant à des moyens autres que ceux qui relèvent d'une concurrence par les mérites, revêt un caractère abusif* »[807].

L'article 7 concernant l'exploitation abusive d'une position dominante, en conclut que, pour être déclarée abusive, une pratique doit être la conséquence de la détention d'une position dominante. L'établissement d'un lien de causalité entre la position dominante et l'abus est une condition nécessaire de la prohibition[808].

Ledit article prohibe l'exploitation abusive d'une position dominante « dans les conditions prévues dans le même texte ». C'est un renvoi exprès et qui s'apparente aux conditions de l'interdiction des ententes, et qui conduit à considérer que l'exploitation est abusive lorsqu'elle « *a pour objet ou peut*

---

[804]ROBLOT René et RIPERT Georges, *Traité de droit commercial. Tome 1*, Op. cit., n° 856.
[805]*Ibidem.*
[806]Voir Décision du Conseil de la concurrence n° 96 -D-10 du 20 février 1996 [France Télécom et Office d'annonces (ODA)].
[807]Voir Décision du Conseil français de la concurrence n° 96 — D-12 du 5 mars 1996 [Société Lily France].
[808]MALAURIE-VIGNAL Marie, *L'abus de position dominante*, Op. cit., n° 132.

avoir pour effet d'empêcher, de restreindre ou de fausser le jeu de la concurrence sur un marché ».

L'exploitation de la position dominante peut tout d'abord avoir un objet anticoncurrentiel. Tel est le cas lorsque le comportement de l'entreprise en position dominante est de nature à restreindre la concurrence sur le marché. L'objet anticoncurrentiel ne se confond pas avec le but visé par l'entreprise. L'objet anticoncurrentiel peut se révéler en l'absence de toute intention de l'auteur du comportement abusif[809].

L'exploitation de la position dominante peut ensuite avoir un effet anticoncurrentiel. Dans ce cas, la restriction de concurrence ne se déduit pas logiquement du comportement de l'entreprise en position dominante, mais elle est constatée dans les faits ; le droit marocain à l'instar de son homologue français interdit aussi l'exploitation d'une position dominante « pouvant » avoir un effet anticoncurrentiel. Dans ce cas, l'effet ne peut pas être actuellement constaté, mais sa potentialité résulte des circonstances particulières dans lesquelles s'inscrit le comportement de l'entreprise dominante, notamment des particularités du marché pertinent.

Dès lors qu'il est avéré qu'un acte voulu par une entreprise en position dominante, particulièrement une clause contractuelle paraissant dans un contrat-type, a pour objet une restriction de concurrence, son caractère abusif est établi et il est frappé par l'interdiction édictée par l'article 7 de la loi relative à la liberté des prix et la concurrence. Peu importe alors que l'acte n'ait pas été mis en œuvre et que ses effets anticoncurrentiels ne soient pas prouvés ; ces circonstances ne pouvant influer que sur les sanctions prononcées.

Est abusive une pratique qui, émanant d'une entreprise en position dominante, a pour objet ou peut avoir pour effet de limiter le jeu de la concurrence.

Le Conseil français de la concurrence a souvent fait de l'atteinte à la concurrence et du caractère abusif deux conditions distinctes, mais nécessaires, de la prohibition. Ainsi, dans son rapport d'activité pour l'année 1989 a-t-il a clairement affirmé : « *Pour qu'une pratique mise en œuvre par une entreprise disposant d'une position dominante soit contraire aux dispositions de l'article 8 de l'ordonnance [devenu art. L. 420-2 c. com.], encore faut-il qu'elle réponde à deux conditions. En premier lieu, cette pratique doit être anticoncurrentielle [...] En deuxième lieu, pour être*

---

[809] *Ibidem*, n° 125.

prohibée, la pratique de l'entreprise détenant une position dominante doit être abusive »[810]. Cette analyse est reprise par une partie de la doctrine[811].

Il n'est pas certain, cependant, que l'on peut distinguer les deux notions de façon aussi fondamentale, tant sont mêlés, en pratique, les éléments qui les caractérisent.

L'article 7 vise une atteinte au jeu de la concurrence « sur un marché » et rappelle que la restriction de concurrence s'apprécie dans le cadre réel d'un marché particulier, le marché pertinent ou marché en cause.

Si on cherche auprès du droit français, pour constater le caractère abusif d'un comportement, le Conseil français de la concurrence en est tenu à constater que les entreprises en cause avaient utilisé la position dominante qu'elles détenaient *« pour chercher à éliminer un concurrent ou à empêcher l'arrivée sur le marché d'une nouvelle entreprise, par des pratiques abusives »*[812].

Néanmoins, pour que l'abus soit constitué, il n'est pas obligatoire que la pratique reprochée porte une atteinte directe aux concurrents de l'entreprise en position dominante. C'est ainsi que l'abus est tout aussi condamnable lorsqu'il porte atteinte à l'intérêt des clients ou des consommateurs[813].

Selon une partie de la doctrine, l'abus de position dominante est une notion objective, qui n'exige ni l'intention de fraude ni la volonté de porter atteinte à la concurrence[814]. La notion d'abus de position dominante ne contient aucune idée de faute. Un effet sur la concurrence, en l'absence de toute intention anticoncurrentielle, suffit. Ce n'est qu'à propos du calcul de la sanction que l'autorité de concurrence prend en considération la conscience ou la volonté délibérée de nuire à la concurrence.

Généralement, une pratique peut être qualifiée d'abusive, en outre du but suivi par le détenteur de la position dominante.

B. Les situations des abus de position dominante

L'article 7 de la loi n° 104-12 énumère une liste d'exemples. Ainsi, les abus peuvent, « notamment », consister en refus de vente, en ventes liées ou

---

[810]Conseil français de la concurrence, *Rapport d'activité pour l'année 1989*, p. 35.

[811]CANIVET Guy et BOUTARD-LABARDE Marie-Chantal, *Droit français de la concurrence*, Op. cit., n° 102.

[812]Conseil français de la concurrence, *Rapport annuel d'activité de 1997*, p. 77.

[813]CANIVET Guy et BOUTARD-LABARDE Marie-Chantal, *Droit français de la concurrence*, Op.cit., n° 97.

[814]DE LEYSSAC de Claude Lucas et PARLEANI Gilbert, *Droit du marché*, Paris, Presses Universitaires de France, 2002, n° 895.

en conditions de vente discriminatoires, ainsi que dans la rupture de relations commerciales établies, au seul motif que le partenaire refuse de se soumettre à des conditions commerciales injustifiées.

Il peut aussi consister également à imposer directement ou indirectement un caractère minimal au prix de revente d'un produit ou d'un bien, au prix d'une prestation de service ou à une marge commerciale. Le terme « notamment » indique que la liste n'est pas limitative.

Généralement, nous pouvons distinguer quatre types d'abus de position dominante : *les abus en matière de prix, la limitation des débouchés, les pratiques discriminatoires et les pratiques de fidélisation et de couplage.*

Les abus en matière de prix, dont certaines pratiques de prix excessivement bas, visant à l'exclusion, voire à l'affaiblissement d'un concurrent, ou les pratiques de prix imposés, qui visent au maintien de la domination. De même, les prix excessifs, qui s'exercent au détriment des utilisateurs, mais aussi les prix et les remises discriminatoires.

Si les prix prédateurs, fixés au-dessous du prix de revient, ont pour but l'exclusion d'un concurrent et le maintien de la position dominante, les prix sélectifs ont pour but le détournement de clientèle d'un concurrent.

Le prix prédateur est un prix dont l'objectif, est de de contraindre à terme un concurrent à se retirer du marché. Le caractère abusif d'une telle pratique est évident. Ainsi, dans son avis n° 14/10 rendu le 29 novembre 2009, le Conseil marocain de la concurrence a considéré qu'il existe un prix prédateur : « *... lorsque le prix appliqué par l'entreprise en position dominante est inférieur à la moyenne du coût variable dans un objectif d'évincer ses concurrents.* »[815]. Dès lors, toute la question porte sur la preuve, c'est-à-dire d'établir d'une part, le niveau auquel devrait se situer le prix par rapport au coût supporté l'entreprise et, d'autre part, l'intention d'évincer un concurrent du marché.

Une telle volonté d'élimination peut se manifester par des documents en faisant preuve. Elle peut aussi être déduite du comportement de l'entreprise en position dominante, notamment lorsque sa politique tarifaire se différencie de sa politique commerciale habituelle, sans qu'aucune raison ne puisse l'expliquer, ou lorsqu'elle a pour objectif manifeste, d'éliminer un concurrent.

Cependant, « *le fait pour une entreprise de procéder à des alignements de prix sur ceux de son concurrent, alors que ce dernier a établi un tarif de base inférieur au sien, n'est que l'exercice normal de la concurrence, quand bien*

---

[815]Conseil marocain de la concurrence, *Rapport annuel de 2010*, p. 186.

même l'entreprise en cause, d'une part, détiendrait une position dominante sur le marché et, d'autre part, pratiquerait des prix de vente inférieurs à des coûts totaux, mais supérieurs à ses coûts variables, dès lors qu'il n'est pas établi que son comportement entrerait dans une stratégie d'éviction de son concurrent »[816].

Concernant les prix de revente imposés, l'opérateur en position dominante, peut par différents procédés, chercher à conserver son emprise sur le marché en contrôlant l'activité de ses clients, qu'il s'agisse de revendeurs ou d'utilisateurs. Les autorités de la concurrence estiment, en principe, que le fait pour un fournisseur en position dominante d'imposer un prix de revente à ses distributeurs constitue un abus de cette position.

Après avoir envisagé la qualification d'un refus de vente ou de prestation de services, d'abus de position dominante, il conviendra d'étudier la question particulière du refus d'accès à une infrastructure essentielle, notamment par la limitation des débouchés, puis les exclusivités de vente ou de prestation de services.

L'article 7 de la loi n° 104-12 dispose que l'abus peut *« notamment consister en refus de vente »*. Il s'agit d'une simple éventualité. Il résulte du texte que le refus de vente ne constitue pas un abus en soi. Il semble même que le refus de vente ou de prestation de services, lorsqu'il est opposé par une entreprise en position dominante, ne constitue même pas une présomption d'abus.

En effet, pour le Conseil français de la concurrence, selon sa pratique la plus récente, « *le refus de vente ne constitue pas nécessairement un abus de position dominante, notamment lorsqu'il résulte de l'organisation de la production et de la logistique propre à une entreprise et que cette organisation n'est pas par elle-même anticoncurrentielle* »[817].

Cependant, « *selon une jurisprudence bien établie, une entreprise dominante n'exploite sa position de façon abusive que lorsqu'elle refuse de fournir des biens ou des services dans le but de limiter ou d'exclure ses concurrents réels ou potentiels d'un marché déterminé et de renforcer sa position sur ce marché* »[818].

Le fait pour une entreprise en position dominante d'exiger d'un fournisseur une exclusivité de commercialisation d'un certain produit ou l'exclusivité

[816]Voir décision du Conseil français de la concurrence n° 00 — D-70 du 31 Janvier 2001 [Distribution du disque à Paris].
[817]Voir décision du Conseil français de la concurrence n°04 — D-05 du 24 février 2004 [Société Phoenix Pharma].
[818]*Ibidem.*

d'un service peut constituer un abus de position dominante, s'il a pour objet ou pour effet d'empêcher d'autres formes de commercialisation ou de limiter la distribution d'autres produits. La cession à une entreprise en position dominante d'un droit exclusif, légalement protégé, comme, par exemple, un droit d'auteur ou un droit voisin, n'est pas en soi contraire à l'article 7. Cependant, une extension contractuelle de l'exclusivité peut constituer une pratique abusive.

Concernant les pratiques discriminatoires, l'article 7 de la loi n° 104-12 dispose, en son alinéa 2, que l'abus peut, notamment, consister *« en conditions de vente discriminatoires »*. Néanmoins, cette disposition laconique doit être complétée et précisée.

Il est certain qu'il s'agit à la lumière de l'article 82 du traité CE comme le fait *« d'appliquer à l'égard de partenaires commerciaux des conditions inégales à des prestations équivalentes, en leur infligeant de ce fait un désavantage dans la concurrence »*.

Selon la définition célèbre retenue par la Cour de justice des Communautés européennes, « *une discrimination consiste dans l'application de règles différentes à des situations comparables ou bien dans l'application de la même règle à des situations différentes* ». Ces définitions équivalent, au moins par analogie, à la définition de l'abus de position dominante[819].

Il en résulte que la discrimination suppose la réunion de deux éléments. C'est-à-dire, une différence de traitement de partenaires ou de concurrents, placés dans des situations comparables (ou un traitement égal imposé à des partenaires ou des concurrents placés dans des situations différentes) et l'absence de justification fondée sur une raison objective. La disposition générale de l'article 61 de la loi relative à la liberté des prix et de la concurrence, selon laquelle *« Il est interdit à tout producteur, importateur, grossiste ou prestataire de services : 1 —de pratiquer, à l'égard d'un partenaire économique ou d'obtenir de lui des prix, des délais de paiement, des conditions de vente ou des modalités de vente ou d'achats discriminatoires et non justifiés par des contreparties réelles en créant de ce fait, pour ce partenaire, un désavantage ou un avantage dans la concurrence* », confirme la nécessité des deux présupposés.

Concernant la pratique des prix discriminatoires, pour être répréhensible au titre de l'article 7, la discrimination doit relever du fait d'une entreprise ou d'un groupe d'entreprises.

---

[819]Voir Revue du droit de l'Union européenne, Numéros 1 à 2, Clément Juglar, 2004.

Un fournisseur ne saurait se plaindre d'être évincé d'un marché par une entreprise en position dominante, alors qu'il n'existe aucune preuve que cette entreprise aurait choisi ses fournisseurs en se fondant sur des critères discriminatoires, autres que le prix ou la qualité des prestations. Mais, selon le Conseil français de la concurrence, des conditions de vente discriminatoires constituent un abus de position dominante sans qu'il soit nécessaire de démontrer qu'elles visent à écarter un agent économique déterminé[820].

De plus, le seul constat d'une modification des conditions de vente par une entreprise en position dominante à l'égard d'une autre entreprise ne suffit pas, en l'absence d'éléments établissant une atteinte à la concurrence, à caractériser une pratique abusive.

La clause interdisant à l'acquéreur d'un produit de le revendre en l'état peut être à l'origine d'une discrimination de prix dans la mesure où elle est susceptible de limiter la capacité concurrentielle des transformateurs. En effet, une telle immixtion dans la politique commerciale d'un client permet une discrimination de prix avec les autres clients (même décision).

Avant de conclure ce paragraphe, il nous semble pertinent de faire le point quant à l'abus de dépendance économique en tant qu'infraction qui ne concerne pas le marché, mais juste un partenaire économique. C'est pourquoi on va lui consacrer une analyse bien limitée.

En effet, l'exploitation abusive par une entreprise ou un groupe d'entreprises de l'état de dépendance économique dans lequel se trouve à son égard une entreprise cliente ou fournisseur est interdite, dès lors qu'elle est susceptible d'affecter le fonctionnement ou la structure de la concurrence. L'abus peut consister en un refus de vente, en ventes liées, en pratiques discriminatoires visées à l'article 7 ou en accords de gamme.

L'article 7 de la loi relative à la liberté des prix et la concurrence prévoit que : « Est prohibée, lorsqu'elle a pour objet ou peut avoir pour effet d'empêcher, de restreindre ou de fausser le jeu de la concurrence, l'exploitation abusive par une entreprise ou un groupe d'entreprises :

1 —D'une position dominante sur le marché intérieur ou une partie substantielle de celui-ci ; **2 —D'une situation de dépendance économique dans laquelle se trouve un client ou un fournisseur ne disposant d'aucune autre alternative équivalente.** ».

[820]Voir décision du Conseil français de la concurrence n° 93 — D-56 du 7 déc. 1993 [Consoles et logiciels de jeux vidéo électroniques].

L'introduction de ces dispositions est directement liée à l'évolution des rapports de forces entre l'industrie et le commerce, qui résulte de la concentration de la distribution par l'essor de grandes centrales d'achats.

L'abus de dépendance économique nécessite trois conditions cumulatives : une situation de dépendance économique, un abus de cette dépendance et une atteinte au fonctionnement ou à la structure de la concurrence et une relation bilatérale entre un fournisseur et un distributeur.

En fait, elle constitue d'une certaine façon l'envers de la position dominante : le droit de la concurrence est utilisé non pas de la position de la situation du dominant, mais de celle du dominé.

Section II. L'action anticoncurrentielle de plusieurs entreprises

C'est en vertu de l'article 6 de l'ancienne loi n° 06-99 que le droit des ententes marocain a vu le jour, fortement inspiré des dispositions européennes et françaises et du cadre du statut avancé avec l'Union européenne. Ainsi : « sont prohibées, lorsqu'elles ont pour objet ou peuvent avoir pour effet d'empêcher, de restreindre ou de fausser le jeu de la concurrence sur un marché, les actions concertées, conventions, ententes ou coalitions expresses ou tacites, sous quelque forme et pour quelque cause que ce soit (…) ».

Comme on l'a déjà évoqué, le droit de la concurrence définit l'entreprise du point de vue fonctionnel : toute unité qui exerce une activité économique de façon autonome est une « entreprise ». En effet, « toutes les activités de production de distribution et de services » sont concernées par la réglementation des ententes. La forme juridique important peu.

Pour que la loi relative à la concurrence s'applique, la restriction de concurrence doit viser le « *marché marocain ou une partie substantielle de celui-ci* ». Ainsi, une région, une commune, ou même une localité pourraient constituer une partie substantielle du marché marocain. Par ailleurs, dans la mesure où la prohibition des ententes vise à protéger « *un marché* », elle s'applique par conséquent à toutes les entreprises « *qu'elles aient ou non leur siège ou des établissements au Maroc, dès lors que leurs opérations ou comportements ont un effet sur la concurrence* ». Le caractère particulier, circonscrit dans le temps et la zone géographique d'une pratique ne sauraient la faire échapper à l'application de l'article 6 de la loi n° 104-12, qui vise toutes les actions concertées.

Pour qu'il y ait entente, deux conditions sont obligatoires. Il faut tout d'abord, une collusion, puis ensuite, que celle-ci comporte une incidence sur la concurrence, autrement dit entrave cette dernière, ayant pour objet ou effet d'empêcher, de restreindre ou de fausser le jeu de la concurrence.

Ainsi, cette section se divisera en deux paragraphes : l'interdiction des ententes (§ 1), et les pratiques concernées (§ 2).

§1. L'interdiction des ententes

Le principe de la prohibition des ententes est affirmé par l'article 6 de la loi n° 104-12 relative à la liberté des prix et de la concurrence : « *Sont prohibées, lorsqu'elles ont pour objet ou peuvent avoir pour effet d'empêcher, de restreindre ou de fausser le jeu de la concurrence sur un marché, les actions concertées, conventions, ententes ou coalitions expresses ou tacites, sous quelque forme et pour quelque cause que ce soit, notamment lorsqu'elles tendent à :*

1- limiter l'accès au marché ou le libre exercice de la concurrence par d'autres entreprises ;

2- faire obstacle à la formation des prix par le libre jeu du marché en favorisant artificiellement leur hausse ou leur baisse ;

3- limiter ou contrôler la production, les débouchés, les investissements ou le progrès technique ;

1- Répartir les marchés, les sources d'approvisionnement ou les marchés publics »

Cet article ne donne pas une liste limitative, comme le sous-entend le terme « *notamment* » des pratiques d'ententes prohibées. Il se contente d'énoncer simplement quatre types de comportements anticoncurrentiels jugés répréhensibles, réécrits en termes plus larges.

C'est sur cette base que nous aborderons successivement deux points : le premier sera consacré à l'analyse du principe de l'interdiction des ententes **(A),** et le second sera consacré à l'objet et l'effet anticoncurrentiel des ententes **(B).**

A. Principe de l'interdiction des ententes

La lutte contre les ententes anticoncurrentielles est au cœur des préoccupations d'une panoplie d'organisations internationales, parmi lesquelles nous trouvons : la Conférence des Nations unies sur le commerce et le développement (CNUCED) [821], l'Organisation de coopération et de

[821]« les entreprises, sauf quand elles traitent l'une avec l'autre dans le cadre d'une entité économique où elles sont sous contrôle commun, y compris par voie de propriété, ou, pour

développement économique (OCDE) [822], l'International compétition network (ICN) [823] et l'Organisation mondiale du commerce (OMC) [824]. Il n'est donc pas surprenant que les quelque cent pays, développés ou en développement, qui se sont dotés d'un droit de la concurrence, interdisent les ententes anticoncurrentielles.

Le Maroc qui entamait un processus de libéralisation de son économie n'échappe pas à la règle. L'interdiction des ententes constitue aujourd'hui avec l'interdiction des abus de position dominante et le contrôle des concentrations, l'un des piliers du dispositif de la concurrence mis en place pour assurer le bon fonctionnement des marchés.

Par ailleurs, l'entente anticoncurrentielle peut être défini comme « *un accord de ou une action concertée qui pour objet ou peut avoir pour effet d'empêcher de restreindre ou de fausser le jeu de la concurrence sur un marché de produits ou de services déterminé. Cette entente peut prendre plusieurs formes écrite ou orale, expresse ou tacite, horizontale entre concurrents sur un même marché ou verticale, par exemple entre un producteur et un distributeur* »[825].

Le droit des ententes s'attache au comportement de plusieurs entreprises dotées d'une autonomie alors que le droit des abus de position dominante et des concentrations concerne respectivement le comportement d'une entreprise

---

D'autres raisons, ne peuvent agir indépendamment l'une de l'autre, devraient, quand elles se livrent sur le marché à des activités qui sont concurrentes ou peuvent le devenir, s'abstenir de pratiques […] si, par des accords ou arrangements officiels, non officiels, écrits ou non écrits, elles limitent l'accès aux marchés ou, de toute autre manière, restreignent indûment la concurrence, portant ou risquant de porter préjudice au commerce international, en particulier au commerce des pays en développement et au développement économique de ces pays. » Voir les Nations Unies, *Loi type sur la Concurrence : Éléments éventuels à incorporer dans les articles d'une Loi sur la concurrence, commentaires et formules différentes relevées dans des législations Existantes*, United Nations Publications, 2007, p. 25.

[822]Voir notamment la recommandation du Conseil de l'OCDE C/M [98]7/PROV du 25 mars 1998, relative à une action efficace contre les ententes injustifiables. LIGNEUL Nicolas, *L'élaboration d'un droit international de la concurrence entre les entreprises*, Bruxelles, Bruylant, 2001, p. 126.

[823]LUGARD Paul, *The International Competition Network at Ten: Origins, Accomplishments and Aspirations*, Cambridge, Intersentia, 2011, p.7.

[824]Voir ANDERSON et JENNY, *Competition policy, economic development and the possible role of a multilateral framework on competition policy : insight from the WTO Working Group on Trade and Competition Policy, Competition policy, in East Asia*, Oxford, Routledge/Curzon, 2005; ARHEL Pierre, La tentative d'élaboration d'un accord multilatéral ou plurilatéral : les leçons tirées des travaux du groupe de travail de l'OMC en matière de concurrence in ABDELGAWAD walid, *Mondialisation et droit de la concurrence*, Paris, Litec, 2008.

[825]TOUJGANI Noureddine, *Guide pratique du droit de la concurrence*, 1ère édition, Fès, Imprimerie Oumayma, 2006, p. 2.

qui abuse de son pouvoir de marché et des opérations de concentration. Donc, les limites qui séparent les trois pratiques semblent bien tracées.

Il résulte clairement du libellé de l'article 6 de la loi n° 104-12 de la loi relative à la liberté des prix et la concurrence (actions concertées, conventions, ententes expresses ou tacites ou coalitions) que la constatation de la violation de ce texte suppose la démonstration d'un accord de volontés, exigence qui conduit à examiner les éléments et la preuve de cet accord.

En droit comparé, la plupart des ententes anticoncurrentielles sont le fait de société commerciale. De telles pratiques peuvent aussi avoir pour auteur des entités qui ne sont pas des sociétés, mais qui interviennent sur le marché et sont, à ce titre, des entreprises au regard du droit de la concurrence. À titre d'exemple, une organisation syndicale, lorsqu'elle sort de la mission d'information, de conseil et de défense des intérêts professionnels que la loi lui confie et qu'elle intervient sur un marché, est, au sens du droit de la concurrence, une entreprise susceptible d'être sanctionnée sur le fondement du dispositif qui sanctionne les ententes.

Les personnes publiques font également partie des personnes concernées par la prohibition des ententes, puisque selon l'article 1 de la loi n° 104-12 relative à la liberté des prix et de la concurrence, cette dernière s'applique « *à toutes les activités de production, de distribution et de services, y compris celles qui sont le fait de personnes morales de droit public lorsqu'elles agissent comme opérateurs économiques et non dans l'exercice de prérogatives de puissance publique ou de missions de service public* ». Par conséquent, peu importe que les pratiques anticoncurrentielles soient commises par la puissance publique ou par des entreprises privées[826].

Il ne peut y avoir d'entente sans une affluence de volontés libres entre des entreprises juridiquement distinctes, mais aussi économiquement indépendantes les unes des autres. Sont cependant visés par le droit des ententes, des actes en apparence unilatéraux, mais qui en réalité révèlent un accord de volontés. Tel est le cas des accords dans le cadre d'organismes collectifs et des accords intragroupes.

Il ne peut y avoir d'entente sans un concours de volonté des entités. Les parties prétendent souvent un vice de consentement empêchant leur comportement d'être qualifié d'autonome, car vicié par la subordination. Cependant, les exonérations des comportements anticoncurrentiels sur ce fondement sont particulièrement rares. Ainsi, l'ancien Conseil français de la

[826]Voir CHARBIT Nicolas, *Le droit de la concurrence et le secteur public*, Paris, L'Harmattan, 2002.

concurrence a jugé, dans l'affaire Comareg que « *la menace de boycottage, qui n'était pas irrésistible, compte tenu de la part relativement modeste des annonces des concessionnaires dans le chiffre d'affaires de la société éditrice, ne saurait exonérer la société Comareg du grief de participation de cette dernière à une entente* »[827].

Les pratiques visées à l'article 6 peuvent prendre des formes variées puisque le texte vise « *les actions concertées, conventions, ententes expresses ou tacites ou coalitions* ». La preuve des pratiques est relativement aisée dès lors qu'elle peut résulter de clauses figurant dans des accords qui ne sont pas illicites en eux-mêmes. Elle est plus difficile à rapporter lorsque les preuves documentaires ne suffisent pas à établir les pratiques en cause, ce qui est souvent le cas des ententes dites « injustifiables (hard core cartels)[828] » en raison de leur caractère secret. La preuve est également délicate en cas de pratique concertée qui, selon une jurisprudence d'origine communautaire, *« vise une forme de coordination entre entreprises qui, sans avoir été poussée jusqu'à la réalisation d'une convention proprement dite, substitue sciemment une coopération pratique entre elles aux risques de la concurrence »,* révélant ainsi une possible connexion entre les éléments contractuels et délictuels de la responsabilité[829].

La preuve en matière d'entente peut néanmoins être établie par tout moyen, y compris par un faisceau d'indices graves, précis et concordants « *constitués par le rapprochement de divers éléments recueillis en cours d'instruction qui peuvent être tirés d'un ou plusieurs document (s) ou déclaration(s) et qui, pris isolément, peuvent ne pas avoir un caractère probant* »[830]. Le parallélisme de comportement peut également constituer un élément de ce faisceau d'indices.

À titre d'exemple, l'ancien Conseil français de la concurrence a admis que constituait un faisceau d'indices graves, précis et concordants d'une entente entre les principales banques françaises, non seulement les références écrites ou orales — dans des documents ou des conversations internes aux banques — à l'existence d'un accord national et la conjonction de toute une série de comportements trouvant leur explication dans le « pacte de non-agression » conclu entre les banques, mais aussi la similitude des politiques commerciales

---

[827]Voir Revue trimestrielle de droit commercial et de droit économique, Volume 52, Paris, Dalloz-Sirey, 1999, p. 294.

[828]OCDE, *Hard Core Cartels Recent progress and challenges ahead: Recent progress and challenges ahead*, Paris, OECD Publishing, 27 mai 2003, p. 7.

[829]ABDELGAWAD Walid, *Arbitrage et droit de la concurrence : contribution à l'étude des rapports entre ordre spontané et ordre organisé*, Paris, LGDJ, 2001, p. 268.

[830]Direction générale de la concurrence et de la consommation (France), *Revue de la concurrence et de la consommation*, numéros 141 à 144,2005, p. 130.

des réseaux bancaires en France[831]. Toutefois, l'analyse concurrentielle du secteur bancaire marocain révèle un marché oligopolistique avec une frange compétitive. C'est ce que rappelle le Conseil de la concurrence dans son rapport de 2013[832].

Tous les modes de preuve sont admis, qu'ils soient écrits ou résultants de témoignages ou d'aveux. L'origine des preuves (enquête de concurrence, enquête pénale, autres autorités de régulation, documents apportés par les parties) et leur support sont indifférents.

Notons encore que certains documents ont une valeur probante particulièrement forte. Ainsi, les enquêtes de concurrence donnent lieu à l'établissement de procès-verbaux qui font foi jusqu'à preuve contraire (article 69 de la loi n° 104-12 relative à la liberté des prix et la concurrence).

B. Objet ou effet anticoncurrentiel des ententes

L'article 6 de la loi relative à la liberté des prix et la concurrence prohibe les ententes qui « *ont pour objet ou peuvent avoir pour effet d'empêcher, de restreindre ou de fausser le jeu de la concurrence sur un marché* ». Ces mots font de cette entrave une condition autonome de l'infraction. C'est ainsi, si l'entente, loin de restreindre la concurrence, a juste pour effet et pour objet de contribuer à l'accroitre, l'un des éléments de l'infraction fait défaut et l'entente doit être considérée comme licite. En effet, on peut tolérer une entente entre entreprises de petite taille qui vise à les faire accéder à un marché, et de faire à des entreprises plus importantes une concurrence qu'elles n'auraient pu exercer si elles avaient continué à agir d'une façon personnelle. Ce qui montre que les notions d'entrave à la concurrence et d'entente peuvent être dissociées, et que l'existence de la première est nécessaire à la prohibition de la seconde.

Cette disposition invite à examiner tour à tour les notions d'« objet » et d'« effet » anticoncurrentiels. Observons au préalable que l'entrave à la concurrence sur un marché constitue un élément de la qualification à défaut duquel une entente ne peut être condamnée.

Un nombre important des ententes ont en même temps pour objet et pour effet d'entraver la concurrence ; le cumul de ces deux éléments étant un témoin de leur réussite. Mais la question ici est qu'il n'y a pas d'exigence légale. Le droit français de la concurrence a estimé que la causalité s'apprécie en fonction des deux critères alternatifs : l'intention anticoncurrentielle ou

[831]Voir Décision du Conseil français de la concurrence n° 00-D-28 du 19 septembre 2000.
[832]Conseil marocain de la concurrence, *Rapport annuel de 2013*, p. 64.

objet de l'entente, d'une part, et les résultats nocifs réels ou prévisibles ou « effet » de l'entente, d'autre part[833].

L'article 6 de la loi n° 104-12, en visant « l'objet » de l'entente, prohibe les comportements inspirés par l'intention d'entraver la concurrence. L'intention anticoncurrentielle existe « *lorsque les professionnels transgressent la loi en toute connaissance de cause, c'est-à-dire en ayant conscience des effets normalement prévisibles des pratiques qu'ils entendent mettre en œuvre* »[834].

Si l'existence d'un objet anticoncurrentiel n'est pas établie, la pratique ne sera condamnable que si elle a ou est susceptible d'avoir des effets restrictifs sur la concurrence. Il convient alors de démontrer qu'elle affecte la concurrence ou est susceptible de l'affecter à un point tel qu'il soit possible de prévoir avec une assez bonne probabilité que cette pratique aura sur le marché en cause des effets négatifs sur les prix, la production, l'innovation, la diversité ou la qualité des produits et services.

Par ailleurs, seul l'effet sensible justifie l'intervention des autorités de concurrence, ce qui leur permet de se concentrer sur les atteintes les plus graves. Il s'agit là d'un éminent critère de sensibilité.

L'article 6 cible les ententes « pouvant avoir pour effet » d'entraver le jeu normal de la concurrence, c'est-à-dire qu'il incrimine expressément ces infractions ayant pour seul effet éventuel sur la concurrence. Le législateur a été sans doute inspiré par le souci d'assurer la police économique de la façon la plus efficace et a souhaité ne pas s'attarder à la recherche de l'intention, très difficile à démontrer que les effets.

L'existence d'une entente est souvent établie à partir de la présence d'un effet restrictif sur la concurrence. Si le texte évoque la nature de l'entrave, selon qu'elle peut « *empêcher, de restreindre ou de fausser le jeu de la concurrence sur un marché* », il est préférable aussi d'apprécier son ampleur et son efficacité en fonction d'éléments tels que la part du marché contrôlée, le nombre et la durée des pratiquées ou les divers mécanismes de contrainte mis en place[835].

Cette détection d'un effet réel d'entrave à la concurrence est couramment suffisante pour emporter la qualification d'entente prohibée, sans qu'il soit nécessaire de prêter attention à l'objet, d'abord parce que les effets d'une entente sont souvent plus faciles à établir que l'objet de celle-ci, ensuite parce

---

[833]Voir Conseil français de la concurrence, *Rapport d'activité* de 1990, p. 30.
[834]SELINSKY Véronique, *L'Entente prohibée*, Paris, Librairies techniques, 1979, p. 245.
[835]*Ibidem*, p. 252.

qu'ils représentent parfois le seul élément d'appréciation, en présence notamment d'une entente tacite[836].

Toutefois, dans certains cas, quand les pratiques en cause ne semblent pas, par elles-mêmes, correctement significatives ou lorsqu'elles présentent certains avantages, comme les refus collectifs de contracter opposés aux entreprises extérieures à l'entente, ou le refus d'attribuer des labels, qui peuvent être justifiés par l'intérêt technique, commercial ou financier de ceux qui les opposent, il apparaît nécessaire de procéder à une recherche de l'intention des auteurs de telles pratiques.

Par ailleurs, il suffit que l'entente puisse avoir pour effet d'entraver le jeu normal de la concurrence. C'est dire que le rédacteur de la loi n° 104-12, prenant en considération la seule menace d'entrave, se satisfait d'un effet « éventuel » ; la démonstration de l'existence matérielle d'un effet anticoncurrentiel n'étant pas une condition nécessaire à l'application des dispositions de ladite loi.

Pour établir cet effet éventuel, le Conseil de la concurrence manifeste son caractère souverain et indépendant, qui s'attache à l'analyse de la nature des pratiques prohibées et de la puissance de l'entente sur le marché.

En affirmant que les prohibitions des ententes s'appliquent à tous les biens, produits ou services, la loi n° 104-12 exprime le vaste domaine d'application réservé par le législateur à ces infractions. La généralité des mots utilisés permet alors de couvrir tout ce qui est susceptible d'avoir une valeur économique, de faire l'objet d'un acte de production ou d'échange.

§2. Les pratiques concernées

L'énumération des pratiques anticoncurrentielles par l'article 6 de la loi n° 104-12 relative à la liberté des prix et la concurrence ne possède aucun caractère limitatif. Elle ne constitue qu'une illustration légale des diverses formes de restrictions prohibées.

Il n'est pas possible de donner une liste exhaustive des moyens autres que « ceux mentionnés par la loi ». On se contentera d'abord d'analyser les diverses pratiques d'entente (A), ensuite on va tirer les lumières sur le système des exemptions (B).

A. Les divers types d'ententes

Dans de rares cas, il a été jugé que le droit des ententes était inapplicable en l'absence de concurrence. L'applicabilité du droit de la concurrence est

---

[836]Voir le Conseil français de la concurrence, *Rapport d'activité de 1990*, p. 31.

exclue dans le cas où un accord avait été conclu entre le titulaire d'un droit de propriété intellectuelle et une entreprise à laquelle était concédée le droit exclusif de fabriquer et vendre les produits en cause.

Posant le principe de l'interdiction des ententes, l'article 6 de la loi n° 104-12 relative à la liberté des prix et la concurrence énumère par ailleurs une liste illustrative des pratiques concernées. Il s'agit de celles visant à limiter l'accès au marché ou le libre exercice de la concurrence par d'autres entreprises. Par exemple : faire obstacle à la fixation des prix par le libre jeu du marché en favorisant artificiellement leur hausse ou leur baisse ; limiter ou contrôler la production, les débouchés, les investissements ou le progrès technique ; enfin, à répartir les marchés ou les sources d'approvisionnement.

Les limites de l'accès au marché ou du libre exercice de la concurrence relèvent généralement des réglementations professionnelles. Elles peuvent par exemple concerner le nombre de concurrents, en exigeant un certificat d'identification professionnelle ou un parrainage. Il est fréquent que ces réglementations professionnelles dissimulent, sous des conditions apparemment justifiées par l'intérêt général, l'intention de limiter le nombre des concurrents.

Les autorités de la concurrence condamnent habituellement des pratiques collectives ayant pour objet ou pour effet de limiter l'accès d'opérateurs économiques à un marché.

L'obstacle à la fixation des prix, se caractérise par l'usage de diverses pratiques, ayant pour objet d'entraver la fixation des prix par le libre jeu du marché. Elles peuvent notamment constituer des ententes injustifiables. Il peut s'agir également de simples pratiques concertées comme des échanges d'informations. Celles-ci produisent des effets pervers sur l'intensité de la concurrence, car une meilleure information peut optimiser l'efficience économique. A contrario, dans d'autres situations, elle peut conduire à une atténuation du jeu concurrentiel en entraînant un risque de collusion. C'est la raison pour laquelle, ils ne sont pas condamnés per se.

Afin de réduire l'incertitude qui caractérise le fonctionnement concurrentiel d'un marché, des entreprises peuvent s'échanger de manière licite des informations qui sont accessibles à tous les opérateurs, clients y compris. Cependant, dès lors que ces entreprises s'échangent volontairement et de manière réciproque des informations non accessibles à l'ensemble du marché et stratégiques, celles-ci ne sont plus en mesure de définir leur politique commerciale avec un degré d'autonomie suffisant. Cette situation est susceptible d'induire un risque de mise en place d'un système collusif. Dans ce cas, les échanges d'informations entre entreprises peuvent être considérés comme des pratiques concertées contraires aux dispositions de l'article 6 de la loi n° 104-12.

Cependant, l'interdiction des concertations entre concurrents préalablement au dépôt des offres comporte cependant une exception importante. Des entreprises indépendantes et concurrentes peuvent valablement constituer un groupement en vue de répondre à un appel d'offres. Cette pratique n'est pas illicite en soi dès lors que de tels groupements peuvent avoir un effet « pro concurrentiel ». Ainsi, ils autorisent des entreprises, ainsi regroupées, à concourir, alors qu'elles n'auraient pas été en état de le faire isolément, ou de concourir sur la base d'une offre plus compétitive.

Cette formule du groupement peut permettre à une entreprise : d'acquérir une compétence lui faisant défaut ; de lui assurer de meilleures chances de succès ; de lui permettre de mieux répartir la charge de travail afin de gagner en souplesse ou encore de réaliser des travaux, qu'elle n'aurait pu effectuer seule compte tenu de leur importance. Par exemple, des technicités particulières mises en œuvre pour réaliser les travaux en cause peuvent justifier que des entreprises de moyenne importance, ne disposant pas chacune de tout le savoir-faire requis, puissent se réunir pour mener à bien les travaux.

La limitation ou le contrôle de la production, des débouchés, des investissements ou du progrès technique, peuvent s'assimiler à des comportements anticoncurrentiels. Ils sont beaucoup moins fréquents dans la pratique décisionnelle. Sont notamment visées, les pratiques mettant en question des innovations d'entreprises concurrentes ou encore celles ayant pour but de limiter le développement d'un matériau meilleur marché. La question est souvent posée de savoir si les cartels internationaux tels que l'Organisation des pays exportateurs de pétrole (OPEP), qui limitent la production, sont susceptibles d'être en infraction avec le droit national. Il est toutefois admis que, dès lors qu'il s'agit de cartels d'États souverains, ceux-ci ne peuvent être poursuivis pour infraction au droit de la concurrence.

La répartition des marchés est considérée comme une entente injustifiable par l'OCDE. Elle vise à consolider des situations acquises et à renforcer l'efficacité des accords de fixation des prix. Elle peut prendre la forme d'une délimitation de zones géographiques ou d'un partage de la clientèle. Le partage desdits marchés intervient souvent dans le cadre d'entente sur les marchés publics. Ils peuvent alors s'inscrire dans des pratiques impliquant plusieurs marchés.

B. Le système des exemptions des ententes

Le droit marocain des ententes comporte un régime d'exemption permettant à un accord ou à une pratique tombant sous le coup de l'article 6 d'être exonéré de l'interdiction prévue par cette disposition. Cette exemption concerne, d'une part, les pratiques qui résultent de l'application d'un texte législatif ou d'un texte réglementaire et, d'autre part, celles qui ont pour effet d'assurer un progrès économique.

Au niveau des pratiques résultant de l'application d'un texte législatif ou réglementaire, sont d'abord visées les pratiques résultant d'une loi[837]. Des pratiques d'entente peuvent également être dispensées, si elles résultent d'un texte réglementaire dès lors qu'il en échoit de l'application d'une loi.

Par ailleurs, le fait qu'un accord ou une pratique tombe sous le coup de l'article 6 de la loi n° 104-12, n'implique pas forcément une condamnation. En effet, une exemption peut être accordée sur le fondement de l'article, qui exonère les pratiques « *dont les auteurs peuvent justifier qu'elles ont pour effet d'assurer un progrès économique [...] et qu'elles réservent aux utilisateurs une partie équitable du profit qui en résulte, sans donner aux entreprises intéressées la possibilité d'éliminer la concurrence pour une partie substantielle des produits en cause* ». Ce texte repose sur la mise en balance des avantages et inconvénients des pratiques en cause. Il convient de préciser que les autorités de la concurrence, utilisent une méthode analogue en matière de concentration.

Le législateur a tenu à préciser que « *Certaines catégories d'accords ou certains accords, notamment lorsqu'ils ont pour objet d'améliorer la gestion des petites ou moyennes entreprises ou la commercialisation par les agriculteurs de leurs produits, peuvent être reconnus comme satisfaisant aux conditions prévues par l'administration après avis conforme du Conseil de la concurrence.*

Ne sont également pas soumis aux dispositions des articles 6 et 7 les accords d'importance mineure qui ne restreignent pas sensiblement le jeu de la concurrence, en particulier les accords entre petites ou moyennes entreprises. Les critères quantifiant ce qui ne constitue pas une restriction

---

[837]Dans le contexte français, cette condition était ainsi remplie dans le cas de l'obligation imposée aux avocats membres d'un barreau, d'adhérer à un contrat collectif d'assurance garantissant leur responsabilité civile, cette pratique étant la conséquence inéluctable de l'obligation d'assurance des avocats et de la mission générale des barreaux de protection des avocats résultant des dispositions de la loi no 71-1130 du 31 décembre 1971 régissant les professions juridiques. Voir Décision du Conseil français de la concurrence n° 03 — D-03 et 03 — D-04 du 16 janvier 2003.

sensible de la concurrence seront fixés par voie réglementaire ». Il est clair, cependant, qu'en principe, toutes les pratiques visées à l'article 6 sont susceptibles de bénéficier d'une exemption, dès lors que quatre conditions sont réunies : la réalité du progrès économique ; le partage du profit résultant du progrès économique ; le caractère indispensable des restrictions ; enfin, l'absence d'élimination de la concurrence.

Concernant la réalité du progrès économique : l'accroissement de la productivité est considéré comme un facteur déterminant du progrès économique. Ainsi, certaines pratiques anticoncurrentielles d'un groupement économique peuvent être justifiées par une amélioration de l'efficacité, de la productivité et de la sécurité d'un système de production.

La pratique en cause doit néanmoins avoir « pour effet d'assurer un progrès économique ». Le progrès doit donc être la conséquence directe des pratiques en cause qui n'aurait pas pu être obtenues par d'autres voies.

Pour le partage du profit résultant du progrès économique, l'article 9 précise que les pratiques en cause ne peuvent prétendre au bénéfice de l'exemption que si elles « *réservent aux utilisateurs une partie équitable du profit qui en résulte* ». Le progrès invoqué doit bénéficier à l'ensemble de la collectivité et non pas simplement permettre une amélioration conjoncturelle de la situation des entreprises concernées.

De plus, concernant le caractère indispensable des restrictions, l'article précité dispose que les pratiques en cause « *ne doivent imposer des restrictions à la concurrence, que dans la mesure où elles sont indispensables pour atteindre [l'objectif] de progrès* »

Il appartient aux auteurs des pratiques anticoncurrentielles souhaitant bénéficier de l'exemption de démontrer que les avantages économiques sont suffisants pour compenser les incidences des pratiques sur la concurrence.

Enfin, l'article 9 prévoit que les pratiques en cause ne peuvent « *donner aux entreprises intéressées la possibilité d'éliminer la concurrence pour une partie substantielle des produits en cause* ». Ainsi, ne peuvent se prévaloir de ce texte des entreprises qui ont organisé un partage du marché.

Par ailleurs, le législateur marocain a prévu la possibilité d'octroyer une exemption par texte réglementaire : « *Certaines catégories d'accord ou certains accords, notamment lorsqu'ils ont pour objet d'améliorer la gestion des petites ou moyennes entreprises ou la commercialisation par les agriculteurs de leurs produits, peuvent être reconnus comme satisfaisant aux conditions prévues par l'administration après avis conforme du Conseil de la concurrence.* »

La loi n° 104-12 dispose aussi que « *Ne sont également pas soumis aux dispositions des articles 6 et 7 les accords d'importance mineure qui ne restreignent pas sensiblement le jeu de la concurrence, en particulier les accords entre petites ou moyennes entreprises. Les critères quantifiant ce qui ne constitue pas une restriction sensible de la concurrence seront fixés par voie réglementaire.* »

En général, ce système des exemptions représente une double-face du pouvoir discrétionnaire du Conseil de la concurrence en matière d'entente. D'une part, il élargit la marge de décision en matière des exemptions en matière du progrès économique et, d'autre part, il limite l'action à l'occasion de l'application d'un texte réglementaire.

CONCLUSION DU DEUXIEME TITRE

Le phénomène de concentration des entreprises est mondial. Pour se développer, les entreprises se regroupent et s'allient. Ce fait est positif dans la mesure où il leur permet d'atteindre une taille critique et d'être ainsi plus concurrentielles. Cependant, le phénomène peut aussi engendrer des effets pervers. Une trop forte concentration dans un secteur donné peut être de nature à éliminer la concurrence et donc devenir un facteur de hausse des prix.

En vertu de la loi n° 06-99 relative à la liberté des prix et la concurrence, l'ancien Conseil de la concurrence jouait un rôle subsidiaire en matière de concentration puisqu'il ne disposait que d'une compétence consultative, en phase II du contrôle, et il était d'ailleurs rarement consulté. Il acquiert désormais une pleine compétence décisionnelle et pourra donc appliquer ses propres grilles d'analyse antérieures.

Le Conseil de la concurrence s'est vu doter d'une fonction de régulation économique pour devenir un véritable « conseil stratégique aux décideurs » d'après l'expression de Monsieur Bruno Lasserre qualifiant l'autorité de la concurrence française. En effet, il s'assigne pour cela des objectifs d'efficacité économique, comme le fait un régulateur sectoriel, mais il possède aussi un rôle d'harmonisation qui s'explique de par sa fonction transversale.

Pour cette raison, un contrôle des concentrations a été mis en place au plan national par la loi n° 104-12 relative à la liberté des prix et la concurrence. Le Conseil de la concurrence joue, désormais, un rôle essentiel. Il est en charge d'apprécier le bilan concurrentiel des opérations de concentration.

Les opérations de concentration économique dépassant certains seuils doivent être notifiées et autorisées par le Conseil de la concurrence. L'examen porte sur l'entrave significative de la concurrence sur le marché, notamment par la création ou le renforcement d'une position dominante et sur un bilan économique.

Cependant, le droit marocain de la concurrence instaure une limite à l'action du Conseil en prévoyant une exception d'intérêt général. Le transfert à ce dernier du contrôle des concentrations ne pouvait aller sans un certain contrepoids en faveur du pouvoir exécutif. En effet, presque par nature, les rapprochements entre grandes entreprises posent des problèmes complexes qui ne se réduisent pas au seul maintien de la concurrence. Un tel droit de regard existe d'ailleurs, sous diverses formes, dans de nombreux pays et s'explique par la nécessité de prendre en compte des motifs d'intérêt général dans le cas de concentrations stratégiques.

L'administration peut « évoquer » une affaire et statuer pour « *des motifs d'intérêt général autres que le maintien de la concurrence* » ; notamment, le développement industriel, la compétitivité des entreprises en cause au regard de la concurrence internationale ou la création ou le maintien de l'emploi. Une telle option n'est que peu utilisée dans certains pays ; en France, celle-ci n'a jamais été mise en œuvre.

Elle peut alors, au nom de l'intérêt général, non seulement autoriser des concentrations que le Conseil de la concurrence aurait, au terme du bilan concurrentiel interdit, mais aussi prohiber des opérations qu'il aurait autorisées. Il s'agit ici d'un mouvement de reprise du contrôle manifestant un certain interventionnisme administratif dans un contexte de « *crise* », et remettant en cause d'une manière relative l'indépendance du régulateur de la concurrence.

En contrepartie, le pouvoir d'évocation de l'administration est extrêmement encadré, au niveau du délai, de l'information des parties et la motivation de la décision.

Le droit des pratiques anticoncurrentielles est subordonné dans son application à la démonstration d'une affectation de la concurrence. En contentieux économique des pratiques anticoncurrentielles, les enjeux ne sont pas personnels. C'est pourquoi le législateur a instauré un système qui se fonde sur trois principes : l'alourdissement des sanctions pécuniaires, la mise en place d'une procédure simplifiée pour les entreprises qui plaident « coupables » et l'édification d'une option de clémence, pour une recherche plus efficace des preuves.

La grande mission du Conseil de la concurrence qui demeure, est de surveiller les marchés et d'orienter les comportements, en vue d'offrir aux consommateurs l'accès à des produits et services de qualité au meilleur prix. Il doit prendre les mesures qui s'imposent afin de dissuader les entreprises de fausser la concurrence. Il lui revient alors de formuler des sanctions pécuniaires ayant orientation à punir les entreprises pour la mise en place d'une pratique anticoncurrentielle, et à les dissuader de pratiquer de telles pratiques. Le nouveau dispositif juridique de la concurrence répond à cette fonction de dissuasion, en adoptant le pouvoir de sanction au profit du Conseil notamment par des amendes, à partir des critères législatifs sur la base de la gravité des faits et du dommage à l'économie.

En effet, il n'y a pas de raison d'être plus permissif à l'encontre des entreprises mettant en œuvre des pratiques anticoncurrentielles pour des raisons structurelles ou conjoncturelles. Si les pratiques anticoncurrentielles ne sont pas dissuadées par des sanctions adaptées, elles peuvent également impacter négativement l'efficacité de l'économie marocaine. La hausse des prix due à un cartel diminue le pouvoir d'achat des consommateurs, et un abus de position dominante peut contraindre le développement de petites et moyennes entreprises concurrentes d'un grand opérateur.

CONCLUSION DE LA SECONDE PARTIE

Le droit moderne de la concurrence ne protège pas tant les concurrents que le marché. Sur les marchés concurrentiels ou marchés atomisés, il ne s'agit plus de garantir l'existence, mais le maintien de la concurrence. Le droit de la concurrence vise aussi bien des opérateurs privés que des acteurs publics. D'une part, il convient de contrôler que les entreprises concurrentes ne puissent pas s'entendre (ententes anticoncurrentielles) pour gommer toute concurrence réelle entre elles. De la même façon, les pratiques d'une entreprise dominante cherchant à écarter ses concurrents seront sanctionnées (abus de position dominante), tout comme toutes mesures de concentration aboutissant à créer ou consolider une telle position dominante seront surveillées.

La notion de régulation des marchés est d'une certaine manière « née avec eux » : il s'agit, pour le dire en termes très simples, de produire les normes, de fixer des pratiques, de surveiller le comportement des acteurs et d'exercer des prérogatives de police qui permettent aux marchés de fonctionner en libre concurrence.

Bien évidemment, selon les époques, les régimes et les pays, la variation dans ce domaine a été extrême et dans ses manifestations initiales, elle ne peut être comparée à l'architecture moderne, complexe et incroyablement fournie qui correspond à ce type d'intervention.

Auparavant une grande partie de ce rôle a pu être exercée par les acteurs publics puis par les opérateurs eux-mêmes par le biais d'organisations corporatistes et sous forme d'autorégulation, les autorités étatiques intervenant pour une part réduite.

Aujourd'hui, les pouvoirs publics sont en train de confier la régulation concurrentielle des marchés à des autorités de régulation indépendantes qui fonctionnaient auparavant aux côtés d'organismes professionnels, ce qui traduisait une modification de l'intervention étatique. L'action des autorités de la concurrence intervient au moment de crises économiques, avec l'internationalisation et les déséquilibres majeurs des échanges, qui ont conduit les pouvoirs publics nationaux à investir plus intensément le champ de l'encadrement des marchés. Ils ont ainsi renforcé le rôle de ces institutions.

La perspective d'une plus grande efficacité d'un système de régulation de la concurrence impose, avant tout, de penser une coopération entre le Conseil de la concurrence et les autorités de régulation sectorielle. Les deux types d'instances doivent partager leur vision afin de renforcer mutuellement leur action et asseoir leur légitimité, malgré le fait que les deux textes de loi favorisent la position de force du Conseil et sa compétence générale en matière de concurrence. Les tensions restent vives des deux côtés ; chacun cherche à consolider son pouvoir, et développer ses moyens d'action et élargir son domaine d'action.

Par ailleurs, la complexité de la régulation impose que le Conseil soit le garant impartial des règles de l'économie de marché : il n'a pas à prendre position en faveur de tel ou tel opérateur. La sanction des pratiques anticoncurrentielles en tant que première compétence obéit à trois exigences légales de dissuasion, de proportionnalité et d'individualisation. Le droit de ces pratiques vise pour l'essentiel les ententes prohibées (cartels), les abus de position dominante et l'abus de dépendance économique. Il s'agit de prévenir les entreprises de manipuler le marché à leur profit, soit par accord mutuel (ententes), soit par l'effet de leur propre puissance, en amont (abus de position dominante) ou en aval (abus de dépendance).

Pour lutter contre les entreprises délinquantes, le Conseil dispose d'une panoplie des moyens qui rend son action souveraine et efficace : la capacité d'agir dans l'urgence par des mesures conservatoires ; la faculté de lier des alliances pour une coopération avec les autorités étrangères avec lesquelles le Maroc a signé ces dernières années plusieurs accords de libre-échange ; la possibilité de sanctionner vite par une procédure simplifiée et forte via une augmentation énorme des sanctions et l'acceptation de la « clémence » pour une meilleure efficacité.

La deuxième compétence porte sur le contrôle des concentrations. Le régulateur examine tous les projets de fusion et de rachat soumis par les entités économiques sur le marché.

Le phénomène de concentration des structures est positif dans la mesure où il permet aux entreprises d'acquérir une taille critique et d'être ainsi plus concurrentielles. Cependant, celui-ci possède aussi des effets pervers. Une trop forte concentration dans un secteur donné peut être de nature à éliminer la concurrence et donc être un facteur de hausse des prix. Pour cette raison, un contrôle des concentrations a été mis au plan national. Il s'agit de prévenir les concentrations pouvant avoir un effet sur le marché. Avec la loi n° 113-14, un rôle essentiel est conféré au Conseil de la concurrence, désormais en charge d'apprécier le bilan concurrentiel de l'opération.

Toutefois, et nonobstant cet aspect indépendant d'action du Conseil, le droit marocain prévoit aussi une exception d'intérêt général au profit de l'administration qui garde la possibilité d'évoquer une affaire et statuer pour des motifs d'intérêt général autres que celui du maintien de la concurrence.

Nul doute que par la régulation de la concurrence, le Conseil de la concurrence ne vise pas à établir l'équité entre les acteurs ; il n'est pas juge des contrats pour effectuer une telle tâche entre les parties. Mais, il doit garantir par sa force juridique la compétition entre les entreprises, en s'affirmant comme le gardien veillant à la concurrence des marchés.

CONCLUSION GÉNÉRALE

Les critères de l'indépendance du Conseil de la concurrence représentent, d'après notre recherche, les meilleurs indicateurs permettant au régulateur de réaliser l'adaptation de la règle de droit aux évolutions que connaît l'économie marocaine à l'ère de la mondialisation. Et ce, de façon rapide et efficace pour réagir en toute indépendance aux comportements anticoncurrentiels des acteurs économiques.

Instance de régulation économique hybride, aux aspects puisant aussi dans l'ordre public économique de l'administration que des juridictions, le Conseil marocain de la concurrence est conçu comme le garant d'une nouvelle organisation économique de la concurrence, privilégiant la régulation au détriment de l'administration active et signe de modernité juridique institutionnelle en tant qu'autorité administrative indépendante.

L'une des principales innovations apportées par le nouvel arsenal juridique relatif à la concurrence consiste dans l'institution du Conseil de la concurrence aux pouvoirs décisionnels. Celui-ci doit être envisagé désormais non en tant que juridiction, mais comme une instance indépendante de régulation qui n'en constitue pas moins une exception dans le domaine de la régulation de l'économie.

Il peut ainsi infliger des sanctions pécuniaires aux entreprises se livrant à des pratiques faussant le libre jeu de la concurrence, leur enjoindre de suivre certaines prescriptions ou prendre des mesures conservatoires. La loi relative à la liberté des prix et à la concurrence vient par ailleurs d'attribuer compétence à la cour d'appel de Rabat pour connaître des recours dirigés contre de telles décisions. Le statut conféré au Conseil de la concurrence et les pouvoirs dont il est doté sont ainsi largement conformes aux vœux de divers acteurs. Le Conseil a vu sa compétence élargie, au regard du régime des ententes et de l'abus de position dominante. En revanche, il n'a pas semblé souhaitable en effet de déposséder les juridictions civiles des attributions qui leur sont reconnues dans le domaine des pratiques restrictives conformément aux règles de compétence de droit commun. Le choix que vient de faire le législateur en faveur de la cour d'appel de Rabat, pour connaître des recours dirigés contre les décisions du Conseil de la concurrence prévient, en outre, toute divergence de jurisprudence, puisque désormais les pratiques anticoncurrentielles comme les pratiques individuelles restrictives de concurrence, se trouvent placées sous le contrôle de la Cour de cassation.

Depuis longtemps, le droit de la concurrence se veut être de nature répressive : c'était un droit de la sanction. Cela demeure le droit du gendarme.

Toutefois, nous remarquons aujourd'hui, beaucoup plus le développement des procédures négociées, dans une quête d'efficacité de l'intervention du régulateur, au-delà de la sanction elle-même. L'objectif de régulation du secteur se ressent par ailleurs dans l'exercice de la fonction décisionnelle de sanction.

La nécessité d'une régulation indépendante des marchés est bien réelle : il s'agit de garantir le régulateur des pressions politiques et économiques. D'où la recherche d'une indépendance à l'égard du pouvoir central afin d'éviter toute tutelle et toute subordination hiérarchique. Cela entraînera, de ce fait, une mutation des organes appelés à intervenir.

Cette recherche nous a montré l'existence d'un certain équilibre garantissant une sphère d'indépendance (irrévocabilité, inamovibilité...) des membres du Conseil ; mais aussi la paradoxalité que l'autorité qui les nomme in fine est le pouvoir exécutif. L'indépendance est relative et n'est pas parfaite, mais l'équilibre est réel.

La technique trouvée est la présence d'un commissaire du gouvernement au sein du Conseil de la concurrence. Ce dernier permet d'informer le gouvernement des décisions prises par l'instance de régulation et de faire valoir, si nécessaire, sa position. En effet, il s'agit d'une forme de personnification des relations avec le gouvernement ce qui, par voie d'opposition, traduit aussi la plus grande indépendance des membres mêmes du régulateur.

Mais la question de l'indépendance se pose aussi par rapport au pouvoir parlementaire. Le Conseil dépend du vote par le Parlement du budget qui lui est alloué. Le législateur garde le dernier mot pour déterminer les principales caractéristiques de l'indépendance du Conseil (comme les règles de financement, de collégialité, du mandat, les modes de désignation).

En outre, le Parlement ne peut pas le supprimer. Et cela grâce à la constitutionnalisation du Conseil de la concurrence pour le protéger de ce va-et-vient ; toutefois, une constitution elle-même peut toujours être révisée.

Accomplir les fonctions de régulation de la concurrence, en dehors de la lutte partisane et politique, est l'argument principal qui justifie la création du Conseil de la concurrence, en tant qu'instance de régulation indépendante. En fait, la « neutralité politique », « la dépolitisation » et « l'impartialité » sont les motifs utilisés pour justifier de la création des autorités indépendantes de régulation.

Cet argument a été formulé, dans certains cas, devant une situation concrète de corruption ou d'une activité politique partisane, et dans d'autres, en tant que mesure préventive pour éviter que de telles situations se produisent. Par exemple, les agences indépendantes des États-Unis ont émergé en raison du degré de corruption qui avait touché à la fin du XIXe siècle des organismes publics.

La méfiance à l'égard de l'administration publique traditionnelle explique à la fois la recherche de formes alternatives d'organisation, loin de la lutte politique, mais aussi l'enthousiasme dont la formule a été perçue par ces organismes appelés « indépendants ».

De surcroit, la libéralisation des marchés où la privatisation a concerné les entreprises publiques qui fournissent certains services (tels que la télécommunication et l'énergie), et qui ont été génératrices de nouveaux marchés. La tâche pour contrôler et garantir leur bon fonctionnement, en fonction des exigences du droit, a dû être attribuée à une instance de régulation de la concurrence censée agir sans ordres ou instructions de l'exécutif.

À l'ère de la mondialisation, il est convenu que la régulation et le contrôle de certaines activités devraient être attribués à des « autorités indépendantes », parce que les mécanismes de prise de décision des autorités politiques ne sont pas considérés comme appropriés pour la prise de décision économique. De plus, certains secteurs socio-économiques demeurent particulièrement sensibles aux changements politiques. C'est pourquoi il convient de veiller au bon fonctionnement des marchés au-delà des aléas de la vie politique.

Toutefois, il importe de rester vigilant à ce qu'une instance de régulation puisse devenir une sorte de « formule magique », capable de résoudre les problèmes juridiques et politiques, les plus divers. Adopter une loi qui crée une institution qualifiée d'« indépendante », ne suffit pas à réduire la distance qui sépare toujours l'« être » de « devoir », à savoir la réalité de ce que la norme dit ce qu'il devrait être.

Il importe de souligner aussi que la question de légitimité de ce Conseil, comme les autres instances de régulation demeure posée. Deux pistes de réflexion permettent d'amener des éléments de réponse à cette question. La première, en faisant appel aux soi-disant « légitimités technocratiques », faisant valoir que l'activité du Conseil de la concurrence est légitime, parce que les membres qui en font partie sont des spécialistes dans le domaine économique, et qu'ils prennent toutes les décisions visant le marché, en se fondant uniquement sur des critères techniques ; cependant, si toutes les décisions de cet organisme sont purement techniques et juridiques, beaucoup d'entre elles possèdent une signification politique importante. De plus, elles ne sont pas toujours prises en se fondant uniquement sur des critères techniques.

La deuxième piste consiste à compenser le déficit de légitimité démocratique de cette instance, par le renforcement des mécanismes d'information et de transparence du Conseil, en relation avec les différents acteurs de l'économie nationale.

La légitimité présuppose la prise en considération d'un triple impératif à trois dimensions. D'abord, la prise en compte de la pluralité des expressions du bien commun, à savoir l'intérêt général. Ensuite, l'instauration d'une légitimité de proximité des acteurs économiques, qui vise la reconnaissance des singularités. Enfin, la légitimité d'indépendance et d'impartialité, qui se fonde sur la mise à distance entre les impératifs de l'intérêt général et les intérêts particuliers. Or, cette dernière légitimité ne peut être recherchée que par le biais de normes juridiques, mais aussi par une éthique personnelle ou collective et une déontologie des membres de ce Conseil. Toutefois, les frontières entre ces diverses notions sont perméables et évolutives, de même que les limites entre le permis, l'interdit et le toléré. Pourquoi un tel enjeu se pose-t-il particulièrement pour l'action future du Conseil de la concurrence ? L'idée est que l'indépendance de cette instance offre l'apparence de plus d'indépendance de l'action des pouvoirs publics.

Via cette recherche, nous nous réjouissons de la contribution qu'elle apportera à la réflexion quant à la place prise dans l'ordonnancement juridique et institutionnel national, au cours des dernières décennies, par les autorités administratives indépendantes en général, et le Conseil de la concurrence en particulier

Par la somme des éléments d'analyse, comme par les éléments de droit comparé qu'elle contient, notre étude apporte d'utiles éclairages sur cette instance. D'une manière générale, l'essor de ces instances de régulation témoigne de la volonté de la tradition institutionnelle marocaine à faire place à des formules nouvelles répondant, y compris par leur adaptabilité aux différentes missions en cause, aux exigences contemporaines de l'économie nationale.

L'évolution de cette thématique de recherche, peut se pencher sur l'évaluation de l'application de la législation marocaine en matière de concurrence, et la mise en œuvre des mesures de promotion de la concurrence auprès des acteurs socioéconomiques.

Dans ce cadre, l'évaluation de l'indépendance du régulateur, peut se fonder sur le nombre de décisions que le Conseil n'a pas prises, ou qui ont été annulées pour des raisons politiques. Dans une économie en transition, le poids des acteurs politiques qui ont une force économique reste remarquable.

Et il peut faire l'objet d'une étude combinant les dimensions juridiques et sociologiques.

À propos de ce point, la recherche peut cibler non pas une réforme du statut de l'autorité de la concurrence, mais le changement de la conception de l'action publique dans son ensemble. Une seule expression, introduite à l'article 70 de la Constitution de 2011, a établi les bases pour le déclenchement du processus de l'évaluation ; le Parlement « *vote les lois, contrôle l'action du gouvernement et évalue les politiques publiques* ». A vrai dire, cette réflexion a commencé à faire son chemin auprès des autorités indépendantes dans le contexte français, et il est temps pour en tirer les avantages de faire évoluer le champ marocain de la régulation.

Il reste à souligner aussi que la transparence ne sera garantie, qu'à l'aune des décisions et des rapports annuels, qui sont portés à la connaissance publique en se focalisant sur le citoyen censé connaître les dispositions relatives à la législation sur la concurrence, et sensibilisé quant à l'importance de ces questions.

En ce qui concerne les appels judiciaires, la possibilité est ouverte pour évaluer les décisions judiciaires, jugées sur des bases économiques et non exclusivement sur des bases juridiques.
Il est vrai qu'aussi longtemps que l'État restera présent dans l'économie nationale, même d'une manière minoritaire, en contrôlant certains opérateurs sur des marchés ouverts à la concurrence, seul le recours à une autorité indépendante de régulation est susceptible d'éviter tout conflit d'intérêts.

Cependant, en dépit du cumul de tant de fonctions, consultatives comme sanctionnatrices, la non-activité de l'institution a engendré un état d'attentisme et a causé l'accaparement d'autres régulateurs sectoriels des compétences du régulateur général, dans un contexte où les milieux économiques se sont rendus inactifs, par les mécanismes de l'économie de rente, une administration juridiquement inculte et une classe politique bornée dans ses luttes classiques. La responsabilité d'une réelle action de la réforme et des institutions demeure diluée, au pire coupable de régression politique et économique. Les élites marocaines n'ont pas encore compris que l'économie de marché est une réalité, et qu'il ne peut y avoir de concurrence sans instance de sa régulation.

Placé dans un État qui se réforme continuellement, de plus en plus soucieux des libertés économiques, le fonctionnement dont procéderait le Conseil doit s'adapter à la logique antinomique des règles de la procédure et des droits de la défense, notamment celle issue de la procédure civile et des droits de l'homme.

Effectivement, d'après notre étude du dispositif législatif de la concurrence, le Conseil de la concurrence fait preuve d'une indépendance relative et d'un cadrage bien strict dans ses relations avec l'administration et les instances de régulation sectorielle.

Il n'en a pas pour autant fait preuve à l'égard des opérateurs rentiers du pays, faute de la volonté politique de son instauration et du conflit avec d'autres régulateurs notamment l'ANRT qui risque la capture par les acteurs historiques de la télécommunication, mettant ainsi en cause son impartialité et indépendance.

Ce retard dans l'activation du Conseil nous encourage à nous poser la question de la légitimité de son action future et de son pouvoir de sanction à l'égard des entreprises. Dans ce cadre, il faut se demander s'il est possible d'établir un lien entre le processus de construction de l'État de droit et l'action des institutions constitutionnalisées à l'image du régaleur de la concurrence.

En réalité, la création d'une autorité décisionnelle de régulation de la concurrence dans une économie en pleine libéralisation, cumulant des pouvoirs importants, signifie la volonté du pouvoir politique de participer à l'élaboration d'une politique économique capable de faire face à la globalisation planétaire des échanges économiques, et de s'intégrer dans son espace euroméditerranéen entre autres.

Toutefois, l'exercice du pouvoir de sanction par le Conseil, sa légitimité, son indépendance et son impartialité restent subordonnées au volontarisme politique dans toutes ses dimensions, du monarque entrepreneur à l'État qui se retire de l'activité économique sous les directives des institutions financières internationales. C'est pourquoi il ne nous semble pas suffisant de miser tout sur l'avenir des autorités de régulation indépendantes, mais préférablement de nous attacher à leurs actions, leurs devenirs et la cohérence de leurs actions.

Le chantier le plus réaliste qui comporte des garanties de réussite consisterait donc à opérationnaliser le pouvoir de sanction du Conseil de la concurrence dont il est le détenteur légitime par la volonté du législateur. Le régulateur de la concurrence ne serait pas dépourvu de moyens d'enquête, d'un pouvoir d'avis, d'un pouvoir de proposition et bénéficierait enfin de la faculté de prononcer des amendes. Pour jouir de ces pouvoirs, il aura besoin de tisser de puissants liens avec les fonctionnaires de la direction de la concurrence, pour tirer profit de leur expérience et expertise, et façonner ainsi son chemin en tant que contrôleur de la concurrence de l'économie marocaine.

La notion d'indépendance est à géométrie variable, selon que l'on se situe dans le cadre administratif, juridictionnel ou des autorités de régulation.

Dans le premier cas, la répression administrative se traduit par les sanctions administratives qui possèdent un régime juridique propre, encadré par les principes classiques du droit public.

Pour le second, les exigences du procès équitable imposent au juge, de garder sa neutralité et sa distanciation, vis-à-vis des autres parties.

Concernant le Conseil de la concurrence, celui-ci est désormais autorisé à sanctionner les infractions relatives à la concurrence et au bon fonctionnement du marché. Les garanties d'indépendance et d'impartialité, montrent bien qu'on ne se situe pas dans la même conception desdites notions de l'administration classique, mais d'une « sorte de modernité juridique » qui ferait jouer ensemble, plusieurs pouvoirs à la fois.

Pour effectuer sa mission d'une manière cohérente et indépendante, le futur Conseil de la concurrence devra axer sa fonction sur une plus grande transparence de la vie économique nationale en instaurant des mesures appropriées de contrôle et de régulation de la concurrence.

Les entreprises seront les premières entités visées par ces mesures. Toutefois, il convient d'être prudent avec les causes, et ne pas accuser d'emblée les prochaines sanctions prises de tous les maux.

Si une entreprise souffre de complications financières, c'est parce qu'elle est moins efficace que ses concurrents sur le marché, et que ses produits sont moins attrayants pour les consommateurs. Et ce n'est pas en lui permettant de pratiquer un comportement anticoncurrentiel, voire de former un cartel, pour rétablir un niveau de marge, qu'on l'incitera à évoluer et à mieux participer à la création de la richesse nationale.

Le Conseil de la concurrence a été créé, pour accompagner l'ouverture de l'économie nationale et la libération des prix, comme contre-pouvoir, afin d'évaluer si les entités économiques ne s'entendent pas pour accroître artificiellement les prix.

Il exerce une compétence générale. Il surveille le respect des règles du jeu dans toute l'économie, sans aucune exception. Cette compétence générale se renforcera anti-proportionnellement au fur et à mesure que la régulation ex-ante se réduira.

La première compétence du régulateur de la concurrence, est de vérifier que les entreprises respectent les règles du jeu du droit commun de la concurrence. Avec un important pouvoir de sanction, il exerce la dissuasion. Les ententes entre entreprises concurrentes endommagent l'économie, augmentent artificiellement les prix et affaiblissent la compétitivité de pans entiers de l'industrie nationale et sont néfastes à long terme à l'économie.

En fait, il n'existe pas une économie de marché en cours de libéralisation, qui n'ait pas son autorité de la concurrence. À défaut, c'est la loi de la jungle qui prévaudra dans l'économie. C'est-à-dire, des accords et des réunions secrètes d'entente sur les prix entre les entreprises et d'autres pratiques qui fausseront le libre jeu du marché.

En plus, si les missions des autorités sectorielles sont plus larges, c'est avec le développement de la concurrence qu'il serait logique de démanteler les instruments les plus interventionnistes de la régulation, pour faire confiance au droit commun de la concurrence. Les relations du Conseil ne sont pas toujours bonnes avec les autorités sectorielles, notamment l'ANRT. Elles constituent désormais une zone « marécageuse ». Nous estimons que l'indépendance du Conseil et son prestige sont bien atteints par cet empiètement sur ses compétences. Et ce avec un accord complice d'un exécutif complaisant...

Reste à souligner, que l'indépendance a besoin du temps pour être « gravée dans le marbre », face à une administration peu désireuse de céder ses pouvoirs en pratique.

L'indépendance est en effet, la conjonction réalisée entre l'expertise technique et la garantie d'un bon fonctionnement de l'ordre concurrentiel du marché. Selon une telle approche, la réalité de l'indépendance de l'autorité de concurrence apparaît déterminée par l'exercice des compétences, et le respect des garanties juridiques et le volontarisme politique.

Suivant cette grille d'analyse, l'indépendance du Conseil marocain de la concurrence, ne peut être appréhendée en termes de « façade maquillée » ou de « souverain indépendant », mais en termes graduels. Formulé autrement, il devra conquérir cette indépendance face aux divers acteurs.

Ce raisonnement n'est pas loin des aspects doctrinaux de la gouvernance et la régulation. Selon l'approche retenue par l'école du « Public choice », le moindre gouvernement incite à confier la régulation de l'économie à des instances composées d'experts, qui prennent distance vis-à-vis du politique (ceux qui sont nommés bureaucrates dans le contexte marocain) et qui puisent leur légitimité dans l'efficacité de leurs résultats. Ce défi n'est pas un scoop.

L'exigence démocratique actuelle comporte une implication plus directe, plus active, des citoyens dans la prise de décision. Ainsi, le Conseil de la concurrence est appelé à diffuser la culture de la concurrence et ainsi d'assurer les voies d'accès aux informations économiques et aux études et archives.

Par ailleurs, certains mettent l'accent quant au contrôle des députés de l'activité dudit régulateur. Cette dernière approche semble démocratique, mais

classique du point de vue du contrôle du Parlement, dont il appelle à moderniser ses moyens et instruments du contrôle. La démocratie des élus n'est pas exempte de critiques. La crise de la démocratie représentative constitue d'ailleurs un thème récurrent. Les affaires de corruption ; la rente, la professionnalisation de la vie politique et le poids des notables témoignent de ces quelques aspects de cette crise. L'émergence de nouveaux modèles d'exercice du pouvoir comme c'est le cas des instances de régulation contribueraient à pallier les insuffisances de la démocratie représentative telle que nous la connaissons aujourd'hui.

Si l'expérience marocaine des instances de régulation indépendantes est beaucoup plus nouvelle que la pratique française des AAI, le contexte juridique de la concurrence fait cependant preuve d'un zèle qu'il importe de relever. L'ampleur des pouvoirs dévolus au Conseil de la concurrence, en tant qu'institution indépendante, ne saurait se compenser par la solidité des contrôles pesant sur cet organe, tout en fortifiant son impartialité et indépendance.

Au terme de ces travaux, l'institution du Conseil de la concurrence, en tant qu'instance de régulation indépendante, s'inscrit dans le processus de changements juridiques qui sont intervenus dans le contrôle de l'économie au Maroc. Une des évolutions les plus remarquables se réalise alors avec l'émergence des autorités de régulation indépendantes, et l'éclatement complexe du mode classique d'administration économique. Ces transformations portent le défi de conjuguer et concilier le droit économique en général, et celui de la concurrence en particulier à l'intérêt général, qui doit guider son action.

De toute façon, et, quelle que soit la portée de ces travaux dédiés au Conseil de la concurrence, et sans aucun doute, de prochains travaux verront le jour avec et après l'activation du nouveau Conseil de la concurrence, désormais décisionnel, achèveront et compléteront cette thèse. Assurément, le chemin qui y mène nous semble encore très long.

BIBLIOGRAPHIE

I- Références en langues française et anglaise.

A. Ouvrages Généraux.

AUBY Jean Marie et DRAGO Roland, *Traité des recours en matière administrative*, Paris, Lexis Nexis/Litec, 1992.

BEITONE Alain, BUISSON-FENET Emmanuel et DOLLO Christine, *Economie*, Paris, Sirey, 5ème édition, 2012.

BERNARD Sébastien, *Droit public économique*, Paris, Litec, 2009.

BRAIBANT Guy et STIRN Bernard, *Le droit administratif français*, Paris, Presses de Sciences Po et Dalloz, 7ème édition, 2005.

CABRILLAC Rémy, *Libertés et droits fondamentaux*, Paris, Dalloz, 23ème édition, 2017.

CHAPUS René, *Droit du contentieux administratif*, Paris, Montchrestien, 2008.

CHEROT Jean Yves, *Droit public économique*, Paris, Economica, 2ème édition, 2007.

COLIN Frédéric, *Droit public économique*, Paris, Gualino Editeur, 2013.

COLSON Jean Philippes et IDOUX pascal, *Droit public économique*, Paris, LGDJ, 5ème édition, 2010.

DEBBASCH Charles et COLIN Frédéric, *Droit administratif*, Paris, Economica, 2011.

DE LAUBADERE André, *Traité élémentaire de droit administratif*, Paris, LGDJ, 8ème édition, 1980.

DE LEYSSAC de Claude Lucas et PARLEANI Gilbert, *Droit du marché*, Paris, Presses Universitaires de France, 2002.

DELVOLVE Pierre, *Droit public de l'économie*, Paris, Dalloz Précis, 1998.

DE PIERRE Laurent et PETIT Jacques, *Précis de droit administratif*, Paris, Montchrestien, 2010.

FARJAT Gérard, *Pour un droit économique*, Paris, PUF, 2004.

GLAIS Michel et LAURENT Philippe, *Traité d'économie et de droit de la concurrence*, Paris, PUF, 1983.

GOHIN Olivier, *Contentieux administratif*, 4ème édition, Paris, Litec, 2005.

GOHIN Olivier, *Institutions administratives*, Paris, LGDJ, 2006.

GUINCHARD Serge et al, Procédure civile, Paris, Dalloz, 2010.

JACQUEMIN Alexis et SCHRANS Guy, *Le droit économique*, Paris, PUF, Que sais-je ? 3ème édition, 1982.

JAN Pascal, *Institutions administratives*, Paris, Lexis Nexis, 2011.

LARGUIER Jean, *Le droit pénal*, Paris, 16ème édition, PUF, « Que sais-je ? », 2005.

LECOMTE Jean-Philippe, *Sociologie politique*, Paris, Gualino Editeur, 2005.

LE MESTRE Renan, *Droit du service public*, Paris, Gualino éditeur, 2005.

LUCAS DE LEYSSAC Claude et PARLEANI Gélard, *Droit du marché*, Paris, PUF, coll. Thémis, 2002.

MAGAKIAN Jean-Louis et AUDREY Payaud Marielle, *100 fiches pour comprendre la stratégie de l'entreprise*, Paris, Editions Bréal, 2007.

MASSON Antoine, *Droit communautaire : Droit institutionnel et droit matériel, théorie, exercices et éléments de méthodologie*, Bruxelles, Larcier, 2009.

MOATI Philippe, *L'Avenir de la grande distribution*, Paris, Odile Jacob, 2001.

MODERNE Franck et MARCOU Gérard, *Droit de la régulation, service public et intégration régionale*, Paris, L'Harmattan, 2006.

MOUGENOT Dominique, *Principes de droit judiciaire privé*, Bruxelles, Larcier, 2009.

MOULIN Jean-Marc, *Droit des sociétés*, Paris, Gualino Editeur, 2006.

OBERDORFF Henri, *Les institutions administratives*, Paris, Dalloz-Sirey, 2010.

ODENT Raymond, *Contentieux administratif - Tome 2*, Paris, Dalloz-Sirey, 2007.

PACTEAU Bernard, *Contentieux administratif*, Paris, PUF, 7ème édition, 2005.

PAYET Marie-Stéphane, *Droit de la concurrence et droit de la consommation*, Paris, Dalloz, Nouvelle Bibliothèque de Thèses, 2001.

PERROUD Thomas, *La fonction contentieuse des autorités de régulation en France*, Paris, Dalloz, Nouvelle Bibliothèque de Thèses, avril 2013.

PERRIN Alix, *L'injonction en droit public français*, Paris, Panthéon-Assas Paris II, Collection Thèses, 2009.

POUILLE André, *Libertés publiques et droits de l'homme*, Paris, Dalloz, 2008.

POPPER Roger Karl, *La Logique des découvertes scientifiques*, Paris, Payot, 1984.

PRADEL Jean, *l'instruction préparatoire*, Paris, Cujas, 1990.

REDOR Marie-Joëlle, *De l'Etat légal l'État de droit*, Paris, Economica, 1992.

RIPER Georges, *Aspects juridiques du capitalisme moderne*, Paris, LGDJ, 1946.

RIVERO Jean, *Droit administratif*, Paris, 15ème édition, Dalloz, 1994.

ROBLOT René et GEORGES Ripert, *Traité de droit commercial. Tome 1*, Paris, 1996, LGDJ.

ROUSSEAU Dominique, *La justice constitutionnelle en Europe*, Paris, Montchrestien, 1993.

ROUSSET Michel et BENABDALLAH Mohammed Amine, *Actualité du droit administratif*, 2003-2009, Rabat, Edition La porte, 2010.

ROUSSET Michel et GARAGNON Jean, *Droit administratif marocain*, Rabat, Publications de la Revue Marocaine D'Administration Locale et de Développement, série « thèmes actuels », 2017, p. 409.

SAVY Robert, *L'épreuve du temps : écrits autour du droit public*, 1966-2006, Limoges, Presses Universitaires de Limoges, 2007.

SAYAH Jamil, *Droit administratif*, Paris, Studyrama, 2007.

SEILLER Bertrand, *Droit administratif - Tome 2, L'action administrative*, Paris, Flammarion, 2011.

TIAN-PANCRAZI Marie-Eve et MESTRE Jacques, *Droit commercial*, Paris, LGDJ, 2001.

VAN DER MENSBRUGGHE François, *L'Utilisation de la Méthode comparative en droit Européen*, Namur, Presses universitaires de Namur, 1er janvier 2003.

VEDEL Georges, *Manuel élémentaire de droit constitutionnel*, Paris, Sirey, Dalloz, 1949.

VERMEREN Pierre, *Histoire du Maroc depuis l'indépendance*, Paris, La Découverte, « Repères », 2010.

VOGEL Louis, *Traité de droit économique - Tome 1, Droit de la concurrence européen et français*, Bruxelles, Bruylant/LawLex, 2015.

B. Ouvrages spéciaux

ALAMI MACHICHI Mohamed Drissi, *Concurrence Droit et Obligations des Entreprises au Maroc*, Casablanca, Eddif, 2004.

ALAMI MACHICHI Mohamed Drissi, *Droit commercial fondamental au Maroc*, Rabat, Dar al kalam, 2006.

ANGELIER Jean-Pierre, *Economie industrielle. Une méthode d'analyse sectorielle*, Grenoble, Presses universitaires de Grenoble, 1997.

BIENAYME Alain, *Principes de concurrence*, Paris, Economica, 1998.

BLAISE Jean-Bernard, *Droit des affaires - Commerçants, concurrence, distribution*, 3e édition, Paris, LGDJ, 2002.

BORGETTO Michel, LAFORE Robert et **DUPEYROUX** Jean-Jacques, *Droit de la sécurité sociale*, Paris, 17ème édition, Dalloz - Précis, 2011.

BOUAYAD Mohamed Hicham, *La politique de la concurrence et la régulation sectorielle : interfaces juridiques et architecture institutionnelle*, Fès, publications du centre de droit, des obligations et des contrats (cdoc), Faculté de droit de Fès, 2014.

BOUTARD-LABARDE Marie-Chantal et CANIVET Guy, *Droit français de la concurrence*, Paris, LGDJ, 1998.

BOY Laurence, *Droit économique*, Paris, l'hermès, 2002.

BRACONNIER Stéphane, *Droit public de l'économie*, Paris, PUF, 2004.

BRENNER Claude, *L'acte conservatoire*, Paris, LGDJ, 1999.

CALANDRI Laurence, *Recherche sur la notion de régulation en droit administratif français*, Paris, LGDJ, 2008.

CANIVET Guy et BOUTARD-LABARDE Marie-Chantal, *Droit français de la concurrence*, Paris, LGDJ, 2008.

CHARBIT Nicolas, *Le droit de la concurrence et le secteur public*, Paris, L'Harmattan, 2002.

CLAMOUR Guylain, *Intérêt général et concurrence*, Paris, Dalloz, Nouvelle bibliothèque de thèses, 2006.

COLLET Martin, *Le contrôle juridictionnel des actes des autorités administratives indépendantes*, Paris, LGDJ, « Bibliothèque de droit public », Tome 233, 2003.

COT Jean-Mathieu et DE LA LAURENCIE Jean-Patrice, *Le contrôle français des concentrations*, Paris, LGDJ, 2003.

COUTINET Nathalie et SAGOT-DUVAUROUX Dominique, *Économie des fusions et acquisitions*, Paris, La Découverte, « Repères », 2003.

DECOCQ André et DECOCQ Georges, *Droit de la concurrence - Droit interne et droit de l'union européenne*, Paris, LGDJ, 4ème édition, 2012.

DELICOSTOPOULOS Constantin-S, *L'encadrement processuel des autorités de marché en droits français et communautaire. Contentieux de la concurrence et de la Bourse*, Paris, LGDJ, 2002.

DELMAS-MARSALET Jacques, *le Contrôle juridictionnel des interventions économiques de l'Etat*, Paris, Etudes et documents du Conseil d'Etat, 1969.

De Roger D. Blair et D. Daniel Sokol, *The Oxford Handbook of International Antitrust Economics, Volume 1*, New York, Oxford University Press, 22 janvier 2015.

DESTOURS Stépahne, *La soumission des personnes publiques au droit interne de la concurrence*, Paris, Litec, 2000.

DIDIER Paul et et DIDIER Philippe, *Les sociétés commerciales*, Paris, Economica, 2011.

DI MALTA Pierre, *Essai sur la notion de pouvoir hiérarchique*, Paris, Librairie générale de droit et de jurisprudence, 1961.

DOUVRELEUR Olivier, *Droits de la défense et pratiques anticoncurrentielles en droit français*, Paris, LGDJ, 2000.

DU MARAIS Bertrand, *Droit public de la régulation économique*, Paris, Presses de Sciences Po, 2004.

DUSSART Marie-Laure, *Constitution et Economie*, volume 144, Paris, Dalloz - Nouvelle Bibliothèque De Thèses, 2015.

DUSSART Vincent, *L'autonomie financière des pouvoirs publics constitutionnels*, Paris, CNRS éditions, coll. « droit », 2000.

FERRIER Didier et FERRE Dominique, *Droit du contrôle national des concentrations*, Paris, Dalloz-Sirey, 2004.

FOSSAS Mariona Codinach, *La Haute Autorité de la Communication Audiovisuelle au Maroc : Une étude de cas sur la réforme audiovisuelle dans un contexte de rénovation autoritaire*, Sarrebruck, Éditions universitaires européennes, 2011, p. 36.

FRISON-ROCHE Marie-Anne et PAYET Marie-Stéphane, *Droit de la concurrence*, Paris, Dalloz, 2006.

FRISON-ROCHE Marie-Anne, *Les 100 mots de la régulation*, Paris, PUF, « Que sais-je ? », 2011.

FRISON-ROCHE Marie-Anne, *Généralités sur le principe du contradictoire - Droit processuel*, Paris, LGDJ, 2014.

GALENE René, *Le Droit de la Concurrence applique aux pratiques anticoncurrentielles*, Paris, Lexis Nexis, 1995.

GALENE Renée, *Droit de la concurrence et pratiques anticoncurrentielles*, 2ème édition, Paris, EFE-LGDJ, 2000.

GARINOT Jean-Marie, *Le secret des affaires*, Paris, Lexisnexis, 2013.

GAUDEMET Yves, GOHIN Olivier et AUBY Jean Marie, *La contradiction dans la procédure administrative contentieuse*, Paris, LGDJ, 1988.

GENTOT Michel, *Les autorités administratives indépendantes*, Paris, Montchrestien, 1994.

GERASIMOS Alex Sofianatos, *Injonctions et engagements en droit de la concurrence - Etude de droit communautaire français grec*, Paris, LGDJ, Collection Thèses, 2009.

GLAIS Michel, *Economie Industrielle. Les stratégies concurrentielles des firmes*, Paris, Lexis Nexis,1992.

GUEDON Marie-José, *Autorités administratives indépendantes*, Paris, LGDJ, « Systèmes », 1998

GUDZ Nataliya, *Le contrôle des concentrations en Allemagne*, Munich, GRIN Verlag, 2008.

HERVIEU Merryl, *Les autorités administratives indépendantes et le renouvellement du droit commun des contrats*, Paris, Nouvelle Bibliothèque de Thèses, Dalloz, 2012.

KENFACK Hugues et PEDAMON Michel, *Droit commercial,* Paris, Dalloz, 2015.

KINANA Essaid, *Cours de droit public économique en master du partenariat public privé*, 2010-2011, Université Hassan 1er, Settat, 2010.

KOHL Alphonse, *L'appel en droit judiciaire privé*, Bruxelles, Swinnen, 1990.

KOVAR Robert et BURST Jean-Jacques, *Droit de la concurrence*, Paris, Economica,1981.

LAGET-ANNAMAYER Aurore, *La régulation des services publics en réseaux : télécommunications et électricité*, Paris, LGDJ, 2002.

LIGNEUL Nicolas, *L'élaboration d'un droit international de la concurrence entre les entreprises*, Bruxelles, Bruylant, 2001.

LINDITCH Florian, *Recherche sur la personnalité morale en droit administratif*, Paris, LGDJ, 1997.

LOMBARD Marie-Amélie, *Les Avocats : dans le secret des affaires*, Paris, Le Cherche Midi, 2002.

LUCAS François-Xavier, *Le droit des affaires*, Paris, PUF, « Que sais-je ?», 2005.

LUGARD Paul, *The International Competition Network at Ten: Origins, Accomplishments and Aspirations*, Cambridge, Intersentia, 2011.

MALAURIE-VIGNAL Marie, *L'abus de position dominante*, Paris, LGDJ, 2003.

MALAURIE-VIGNAL Marie, *Droit de la concurrence interne et européen*, Paris, Dalloz, 2014.

MEDJNAH Mourad, *Les rapports entre autorités de régulation en matière de concurrence*, Paris, L'Harmattan , 2013.

MENURET Jean-Jacques, *Le Contentieux du Conseil de la Concurrence*, Clermont-Ferrand, Presses universitaires de la Faculté de droit de Clermont-Ferrand, LGDJ, 2002.

MODERNER Franck, *Sanctions administratives et justice constitutionnelle*, Prais, Economica, 1993.

MOUSSERON Jean Marc et SELINSKY Véronique, *Le droit français nouveau de la concurrence*, Paris, Litec, 1988.

Conférence Des Nations Unies Sur Le Commerce Et Le Développement, *Loi type sur la Concurrence : Éléments éventuels à incorporer dans les articles d'une Loi sur la concurrence, commentaires et formules différentes relevées dans des législations Existantes*, New York et Genève, United Nations Publications, 2007.

NICINSKY Sophie, *Droit public de la concurrence*, Paris, LGDJ, coll. « système », 2005.

NICINSKI Sophie, *Droit public des affaires*, Paris, Montchrestien, 2ème édition, 2010.

OCDE, *Politique réglementaire et gouvernance Soutenir la croissance économique et servir l'intérêt général : Soutenir la croissance économique et servir l'intérêt général*, Paris, Editions OCDE, 2012.

OCDE, *Hard Core Cartels Recent progress and challenges ahead: Recent progress and challenges ahead*, Paris, OECD Publishing, 27 mai 2003.

OPIE G.Roger, Merger policy in the United kingdom, in Klaus J. Hopt , *European Merger Control*, Berlin, New York, Walter de Gruyter, 1982.

PETIT Nicolas, *Droit européen de la concurrence*, Paris, Montchrestien, 2013.

PIRONON Valérie, *Droit de la concurrence*, Paris, Gualino Editeur, 2009.

PUTMAN Emmanuel, *Contentieux économique*, Paris, PUF, 1998.

RAMBAUD Romain, *L'institution juridique de régulation, Recherches sur les rapports entre droit administratif et théorie économique*, Paris, L'Harmattan, 2012.

SAILLANT Élodie, *L'exorbitance en droit public*, Paris, Volume 109, Nouvelle Bibliothèque de Thèses, Dalloz, Avril 2011.

ROBINSON Joan Violet, *L'Économie de la concurrence imparfaite*, Paris, Dunod, 1975.

SELINSKY Véronique, *L'Entente prohibée*, Paris, Librairies techniques, 1979.

SERRA Yves, *Le droit français de la concurrence*, Paris, Dalloz, 1993.

SIBONY Anne-Lise, *Le juge et le raisonnement économique en droit de la concurrence*, Paris, LGDJ, Collection : Droit et Économie, 2008.

THALMANN André, *La protection des réseaux de distribution contre le commerce parallèle. Etude comparée des droits européen, français, anglais, allemand et suisse*, Genève, Droz, 2000.

THOMASSET-PIERRE Sylvie, *L'autorité de régulation Boursière face aux garanties processuelles fondamentales*, Paris, LGDJ, 2003.

TIMSIT Gérard, « *La régulation : naissance d'une notion* », *L'archipel de la norme*, Paris, PUF, 1997.

TOUJGANI Noureddine, *Guide pratique du droit de la concurrence*, 1ère édition, Fès, Imprimerie Oumayma, 2006.

VILLAIN-COURRIER Anne-Élisabeth, *Contribution générale à l'étude de l'éthique du service public en droit anglais et français comparé*, Paris, Dalloz, Nouvelle Bibliothèque de Thèses, 2004.

VOGEL Louis, *Droit de la concurrence et concentration économique*, Paris, Economica, 1988.

VOGEL Louis, *Droit de la concurrence et concentration économique, Études comparatives*, Paris, Economica, 1988.

WINCKLER et BRUNET, *La pratique communautaire du contrôle des concentrations*, 2ème édition, Bruxelles, De Boek & Larcier, 1998.

C. Ouvrages collectifs.

ABDELGAWAD Walid, *Arbitrage et droit de la concurrence : contribution à l'étude des rapports entre ordre spontané et ordre organisé*, Paris, LGDJ, 2001.

AKESBI Najib, « Economie politique, et politiques économiques au Maroc » in AKESBI Najib, TREDANO Abdelmoughit Benmessaoud, BERRADA Abdelkader, OUBENAL Mohamed, SAADI Mohamed Saïd (CRESS), *Economie Politique du Maroc*, Rabat, Revue Marocaine des Sciences Politiques et Sociales, Volume XIV, 2017.

ANDERSON et JENNY, *Competition policy, economic development and the possible role of a multilateral framework on competition policy: insight from the WTO Working Group on Trade and Competition Policy, Competition policy, in East Asia*, Oxford, Routledge/Curzon, 2005.

AZZOUZI Abdelhak, *Annuaire marocain de la stratégie et des relations internationales 2012*, Volume 2, Paris, Editions L'Harmattan, 1 septembre 2012.

BEHAR-TOUCHAIS Martine, « Le droit de la preuve devant les autorités de régulation », in CADIET Loïc, MEKKI Mustapha et GRIMALDI Cyril, *La preuve : regards croisés*, Paris, Dalloz, 2015.

BIENVENU Jean Jacques, « La liberté de la concurrence est-elle effective ? Droit communautaire et droit français », in DRAGO Guillaume et LOMBARD Martine, *Les libertés économiques*, Paris, Pantheon-Assas (éditions), 2003.

BRUNECKIENĖ Jurgita et al., *The Impact of Cartels on National Economy and Competitiveness: A Lithuanian Case Study*, New York, Springer, 2015.

CARANTA Roberto, « Les conditions et modalités juridiques de l'indépendance du régulateur », in Marie-Anne Frison-Roche, *Droit et économie de la régulation*. 1, Paris, Presses de Sciences Po « Hors collection », 2004.

CARSBERG Bryan, « Regulation: Special versus general », in BEESLEY Michael E, *Utility Regulation: Challenge and Response,* Londres, IEA, 1995.

CHAMPALAUNE Claude, « Le contrôle de la proportionnalité de la sanction par la Cour de cassation », in CANIVET Guy, (dir), *La* *modernisation du droit de la concurrence*, Paris, LGDJ, coll. « Droit et économie », 2006.

CHAMPAUD Claude, les sources du droit de la concurrence au regard du droit commercial et des autres branches du droit applicable en France, in *Études offertes à Roger Houin : problèmes d'actualité posés par les entreprises*, Paris, Dalloz- Sirey, 1985.

CHONE Philippe, *« Droit de la concurrence et régulation sectorielle » Entre ex ante et ex post*, in FRISON-ROCHE Marie-Anne, Droit et économie de la régulation. 4, Paris, presses de Sciences Po « Hors collection », 2006.

COLLET Martin, « de la consécration à la légitimation. Observations sur l'appréhension par le juge des autorités de régulation » in Les *régulations économiques : légitimité et efficacité, collection « Droit et économie de la régulation »,* Paris, Presses de Sciences Po et Dalloz, 2004.

COLLIARD Claude-Albert, **TIMSIT Gérard** (dir.), *Les autorités administratives indépendantes*, Paris, PUF, Les voies du droit, 1988.

Conférence des Nations Unies sur le commerce et le développement, *Loi type sur la concurrence (2015) : Chapitre IV révisé*, Genève, 6-10 juillet 2015.

DEBET Anne, « Personnalité morale et autorités administratives indépendantes », in La *Personnalité morale*, Paris, Association Henri Capitant, Dalloz, 2010.

DECOOPMAN Nicole, « à propos des autorités administratives indépendantes et de la déréglementation », in CLAM Jean et MARTIN Gilles, *Les transformations de la régulation juridique*, Paris, LGDJ, Coll. Droit et société,1998.

DECOOPMAN Nicole, « La complexité du contrôle juridictionnel », in DECOOPMAN Nicole (dir.), *Le désordre des autorités administratives indépendantes, L'exemple du secteur économique et financier*, Paris, PUF, 1998.

DELVOLVE Pierre, « La cour d'appel de paris, juridiction administrative » in *Etudes offertes à Jean-Marie Auby*, Paris, Dalloz, 1992.

DELVOLVE Pierre e al, *Les grands arrêts de la jurisprudence administrative*, Paris, Dalloz, août 2015.

DENOIX de Saint Marc Renaud, « Régulateurs et juges » Introduction générale, in FRISON-ROCHE Marie-Anne, *Droit et économie de la régulation.* 1, Paris, Presses de Sciences Po « Hors collection », 2004.

DIWARA Karounga, « A social Approach to the Goals of Competition Law in Developing Countries ». in ZIMMER Daniel (dir.), The Goals of Competition Law, Cheltenham, Edward Elgard, 2012.

DOUVRELEUR Jean et DOUVRELEUR Olivier, « Le principe d'indépendance de l'autorité judiciaire aux autorités administratives indépendantes », in ROBERT Jacques et DUFFAR Jean, *Droits de l'homme et libertés fondamentales*, Paris, Montchrestien, 1998.

DREYFUS Françoise, « Les autorités administratives indépendantes : de l'intérêt général à celui des grands corps *», in Perspectives du droit public. Mélanges offerts à Jean-Claude Hélin*, Paris, Litec, 2004.

FERRIER Didier, « la liberté du commerce et de l'industrie », in CABRILLAC Rémy, *Libertés et droits fondamentaux*, Paris, Dalloz, 2013.

FRISON-ROCHE Marie-Anne, « L'hypothèse de l'interrégulation », in *Les risques de régulation*, Paris, Sciences-Po et Dalloz, 2005.

FRISON-ROCHE Marie-Anne, *Droit et économie de la régulation. 3*, Paris, Presses de Sciences Po « Hors collection », 2005.

FRISON-ROCHE Marie-Anne, « La constitution d'un droit répressif ad hoc entre système juridique et système économique et financier », in FRISON-ROCHE Marie-Anne, MARIN Jean-Claude et NOCQUET Claude, *La Justice pénale face à la délinquance économique et financière*, Paris, Dalloz, 2001.

FRISON-ROCHE Marie-Anne, « L'hypothèse de l'interrégulation » in *Droit et économie de la régulation. 3*, Paris, Presses de Sciences Po , « Hors collection », 2005.

GARINOT Jean-Marie et PY Emmanuel, *La protection des secrets des affaires : enjeux et perspectives* ; actes du colloque du 12 décembre 2014 ; année 2015, Paris, Lexisnexis, 2015.

GENEVOIS Bruno, *« Les conflits de compétence concernant les autorités administratives indépendantes* » in Mélanges Paul Sabourin, Bruxelles, Bruylant, 2001.

GOSSET-GRAINVILLE Antoine, « Le droit de la concurrence peut-il jouer un rôle d'interrégulateur ? », in Droit *et économie de la régulation. 3*, Paris, Presses de Sciences Po, « Hors collection », 2005.

GUEDON Marie-José, « L'hétérogénéité des données organiques », in DECOOPMAN Nicole (dir.), *Le désordre des autorités administratives indépendantes*, Paris, PUF, 2002.

GUERLAIN Gaëtan, « Regard sur la dépendance fonctionnelle des autorités administratives indépendantes », in DECOOPMAN Nicole, *le désordre des autorités administratives indépendantes*, Paris, PUF, 2002.

HERTZOG Robert, « L'autonomie en droit : trop de sens, trop peu de signification ? », in *Mélanges Paul Amselek* , Bruxelles, Bruylant, 2005.

IDOT Laurence, « La plainte en droit de la concurrence, opposition ou convergence des systèmes français et communautaire ? », In *Mélanges dédiés à Louis Boyer*, Toulouse, Presses de l'Université des sciences sociales de Toulouse, 1996.

ISRAËL Jean-Jacques, « contentieux administratif et contentieux de la concurrence », in *Mélanges René Chapus*, Paris, Montchrestien, 1992.

JENNY Frederic, « The Institutional Design of Competition Authorities: Debates and Trends », in JENNY Frederic & KATSOULACOS Yannis (dir.), *Competition Law Enforcement in the BRICS and in Developing Countries: Legal and Economic Aspects*, New York: Springer International Publishing, 2016.

LOMBARD Martine, *Régulation économique et démocratie*, Paris, Dalloz-Sirey, 2006.

LOMBARD Martine, « Les limites constitutionnelles à la privatisation des entreprises dont l'activité a le caractère d'un monopole » in *Mouvements du droit public. Mélanges en l'honneur de Franck MODERNE*, Paris, Dalloz, 2004.

PASTUREL Micheline, « Le procès devant le Conseil de la concurrence », in CANIVET Guy (dir), *La modernisation du droit de la concurrence*, Paris, LGDJ, collection "droit et économie", 2006, pp. 333-340.

PEDAMON Michel, « *Le rôle consultatif général de la commission de la concurrence »*, Etudes dédiées à René Roblot : aspects actuels du droit commercial français, Paris, LGDJ, 1984.

RAMEIX Gérard, « L'expérience française du contrôle du régulateur », in Marie-Anne Frison-Roche *Droit et économie de la régulation. 1*, Paris, Presses de Sciences Po « Hors collection », 2004.

ROUSSET Michel, « Le nouveau concept de l'autorité et la modernisation de l'administration marocaine », in Centre D'études Internationales (Rabat) (dir), *Une décennie de réformes au Maroc (1999-2009),* Paris, Karthala, 2010.

SABOURIN Paul, « Les autorités administratives indépendantes dans l'État » in COLLIARD Claude Albert (dir), *Autorités administratives indépendantes*, Paris, PUF, 1988.

SCHMID Lucile, « Les outils techniques, disponibles, les choix et les combinaisons », in Marie-Anne Frison-Roche, Droit *et économie de la régulation. 1*, Paris, Presses de Sciences Po « Hors collection », 2004.

SUEUR Jean-Jacques, « Droit économique et méthodologie du droit », in Frison-Roche Marie Anne, *philosophie du droit et droit économique : quel dialogue ? Mélanges en l'honneur de Gérard Farjat*, Paris, Editions Frison-Roche, 1999.

STORCH Olivier, « Les conditions et modalités budgétaires de l'indépendance du régulateur », in FRISON-ROCHE Marie-Anne, *Droit et économie de la régulation. 1*, Paris, Presses de Sciences Po « Hors collection », 2004, pp. 65-71.

TRUCHET Didier, « Avons-nous encore besoin d'un droit administratif ? », in *Le droit administratif. Permanence et convergences. Mélanges en l'honneur de J.-F.Lachaume*, Paris, Dalloz, 2007.

TUOT Thierry, « La planète des sages » in FAUROUX Roger (dir.), *Notre Etat*, Paris, Robert Laffont, 2000.

VOGEL Louis, « intérêt général et concurrence : la guerre ou la paix ? » in *Mélanges en l'honneur de Didier Truchet*, Paris, Dalloz, Juin 2015.

D. Articles de revues, bulletins et périodiques.

ABDAIMI Maroune, « Les règles de la compétence matérielle des juridictions administratives marocaines », *Revue le censeur,* n° 1 Octobre 2011.

ABDELMOUMNI Fouad, « Le Maroc et le Printemps arabe », *Revue Pouvoirs*, n° 145, 2013.

ANCELIN Ombline et FOSSATI-KOTZ Iphigénie, « L'appel des décisions de l'Autorité de la concurrence », *La Semaine Juridique Entreprise et Affaires*, n° 24, 16 Juin 2011.

ANTOINE Aurélien et CALMETTE Jean-François, « La sanction administrative des pratiques anticoncurrentielles à la suite de l'affaire du cartel de l'acier », *RFDA*, 2010.

ARHEL Pierre, « Une nouvelle réglementation pour les petites ententes et les petites concentrations », *La Semaine juridique - Entreprise et affaires*, 29 avril 2004.

AUBY Jean-Bernard, « Les autorités administratives indépendantes : une rationalisation impossible ? Remarques terminales », *Revue Française du Droit Administratif*, 2010.

AUTIN Jean-Louis, « Autorités administratives indépendantes, démocratie et État de droit », *Droit et société*, n° 93, 2016.

AUTIN Jean-Louis, « Le devenir des autorités administratives indépendantes », *Revue française de droit administratif*, 2010.

AUTIN Jean-Louis, « Autorités administratives indépendantes », *Juris-Classeur Administratif 1*, Paris, Edition du Jurisclasseur, 05, 2010.

AVENEL Éric, DALEY Nathalie et DE MUIZON Gildas, « Position dominante collective : Dépasser les critères Airtours en matière de contrôle a posteriori des pratiques anticoncurrentielles », *Revue Concurrences*, n° 4, 2011.

BAZEX Michel, « La polysémie de l'article 53 », *Revue concurrence consommation*, 1997, n° 96.

BAZEX Michel et THIRY Bernard, « Interdiction faite à Coca-Cola de racheter Orangina », *AJDA*, 1999.

BENAMOUR Abdelali, « Le Conseil de la concurrence du Maroc : une nouvelle relance », *Bulletin Méditérranéen de Concurrence*, n° 1, 2009.

BENDOUROU Omar, « La nouvelle Constitution marocaine du 29 juillet 2011 », *Revue française de droit constitutionnel*, n° 91, 2012.

BERLIN Dominique, « Les actes de la puissance publique et le droit de la concurrence », *AJDA*, 1995.

BERLIN Dominique, « L'article 53 de l'ordonnance n° 86-1243, vrais problèmes et fausses solutions », *Revue concurrence consommation*, mars 1997.

BOULOC Bernard, « Pratiques anticoncurrentielles. Preuve. Enregistrements téléphoniques à l'insu de l'auteur des propos », *RTD Com.*, 2009.

BOUTARD-LABARDE Marie-Chantal et BUREAU Didier, « La détermination du marché pertinent », *RJDA*, 1993.

BRAULT Dominique et BUHART Jacques, « Progrès économique et contrôle de la concentration », *Les Petites Affiches*, n° 179, 6 sept. 2002.

BRUN Brigitte et TOULEMONT-DAKOURE Anne, « Les barrières à l'entrée en droit de la concurrence », *Contrats Concurrence Consommation*, n° 11, 2003.

BRUNET François, « De la procédure au procès : le pouvoir de sanction des autorités administratives indépendantes », *Revue Française du Droit Administratif*, 2013.

CADIET Loïc, « La légalité procédurale en matière civile », *Bulletin d'information de la Cour de cassation*, n° 636, 15 mars 2006.

CANIVET Guy, « Le juge et l'autorité de marché », *Revue de jurisprudence commerciale* (*RJC*), 1992.

CANIVET Guy et VOGEL Louis, « Le dommage à l'économie, critère d'évaluation de l'amende en droit français de la concurrence », *Revue de jurisprudence de droit des affaires*, 1993.

CANIVET Guy, « Concurrence, institutions nationales », *Jurisclasseur procédure civile*, fascicule 390, mars 1994.

CANIVET Guy, « L'obligation du procès équitable et les règles du contradictoire dans les procédures de sanction en matière de concurrence », *Revue de la concurrence et de la consommation*, 1995 (1er juill.), n° 86, pp. 37-43.

CANIVET Guy, « De l'efficacité de la politique de la concurrence », *Gazette du Palais*, 26-28 janvier 2003.

CANIVET Guy, « Le juge joue un rôle majeur dans l'élaboration d'une politique de concurrence », *Gazette du Palais*, 20-21 janvier 2006.

CHAMPAUD Claude, « Libre entreprise et droit français », *RIDE,* n° 2, 1987.

CHAMPAUD Claude, « Caractères du droit de la concurrence », *JurisClasseur Concurrence-Consommation,* Fascicule 30, 1991.

CHAMPEIL-DESPLATS Véronique, « La liberté d'entreprendre au pays des droits fondamentaux », *Revue de droit du travail,* 2007.

CHAPUT Yves, « La pénalisation du droit des affaires : vrai constat et fausses rumeurs », *Revue Pouvoirs*, n° 128, 1/2009.

CHAUVET Clément, « La personnalité contentieuse des autorités administratives indépendantes », *Revue du droit public et de la science politique en France et à l'Étranger*, n° 2, 01 mars 2007.

CHEVALLIER Jacques, « les autorités administratives indépendantes et la régulation des marchés », *Justices*, n° 1, 1995.

CHEVALLIER Jacques, « Régulation et polycentrisme dans l'administration française », *La Revue administrative*, 51e Année, n° 301, Janvier-Février 1998.

CHEVALLIER Jacques, « L'État régulateur », *Revue française d'administration publique*, n° 111, 2004.

CLAUDEL Emmanuelle, « Mesures conservatoires en matière de concurrence », *Revue Trimestrielle du Droit Commercial,* n° 3, 2000.

CLAUDEL Emmanuelle, « Les injonctions », *Les petites Affiches*, n° 14, 20 janvier 2005.

CLAUDEL Emmanuelle, « Variations autour du marché pertinent », *Revue Trimestrielle du Droit Commercial*, n° 3, 2006.

COHEN Elie, « de la réglementation à la régulation : histoire d'un concept », « Où en est l'intervention de l'Etat ? II. L'Etat-régulateur », *Problèmes économiques*, numéro spécial, 20 septembre 2000.

CONAC Pierre Henri, « Renforcement du contrôle démocratique des autorités administratives et publiques indépendantes », *Revue des sociétés*, n° 4, 2017.

DANET Didier, « Le Conseil de la concurrence : Juridiction incomplète ou juridiction innommée ? », *Revue Internationale du Droit Economique*, n° 1, 1993.

DANIEL Jean-Marc, « L'économie de marché : liberté et concurrence », *L'Économie politique*, n°37, 2008.

DAUDRET Frédérique, « Des applications particulières des droits de la défense dans le domaine des pratiques anticoncurrentielles, ou quelques remarques sur l'efficacité dans le respect des droits fondamentaux », *Gazette du Palais,* n° 22/23, avril 1992.

DAUTRY Philippe, « Les autorités administratives indépendantes : un nouvel objet d'évaluation parlementaire », *Revue Française du Droit Administratif*, n° 5, 2010.

DE BECHILLON Denys, « Principe du contradictoire et protection du secret des affaires, Plaidoyer pour le maintien de la jurisprudence en vigueur », *Revue Française du Droit Administratif*, n°6, 2011.

DEBRE Jean-Louis, « Constitution, liberté d'entreprendre et concurrence », *Concurrences*, n° 2, mai 2014.

DECOOPMAN Nicole, « Le pouvoir d'injonction des autorités administratives indépendantes », *Juris-Classeur périodique*, I, 3303, n° 5, 1987.

DEGOFFE Michel, « Les autorités publiques indépendantes », *AJDA*, 2008.

DELAUNAY Benoît, « Autorités de régulation et responsabilité de la puissance publique », *Revue du droit public et de la science politique en France et à l'Étranger*, n° 2, 01 mars 2014.

DELION André, « notion de régulation et droit de l'économie », *Annales de la régulation de l'Université Paris 1 Panthéon-Sorbonne*, n° 1, LGDJ, 2006.

DELVOLVE Pierre, « Le pouvoir de sanction et le contrôle du juge », in La puissance publique, l'organisation et le contrôle du marché, *Petites Affiches*, n° 185, 17 septembre 2001.

DELVOLVE Pierre, « La nature des recours devant la cour d'appel de Paris contre les actes des autorités boursières », *Bulletin Joly,* n°6, *1990.*

DELZANGLES Hubert, « L'indépendance des autorités de régulation économique et financière en Espagne : l'intérêt de la clarification du droit public », *Revue française d'administration publique*, n° 143, 2012.

DE MONTALIVET Pierre, « Constitution et autorités de régulation », *Revue du droit public et de la science politique en France et à l'Etranger*, n° 2, 01 mars 2014.

DENORD François, « Néo-libéralisme et « économie sociale de marché » : les origines intellectuelles de la politique européenne de la concurrence (1930-1950) », *Histoire, économie & société*, n° 1, 2008.

DEPREZ Pierre et BONNET Philippe, « Les exigences probatoires inhérentes à la procédure de mesures conservatoires devant l'Autorité de la concurrence », *La semaine juridique - entreprise et affaires*, n° 21 – 23, mai 2013.

De VABRESTRANIÉ Loraine Donnedieu, La réforme annoncée du Conseil de la concurrence marocain, *Revue Le Lamy de la Concurrence*, n° 26, 1er janvier 2011

Direction générale de la concurrence et de la consommation (France), *Revue de la concurrence et de la consommation*, numéros 141 à 144, 2005.

DOUVRELEUR Olivier, « une voie de recours « sui generis » : le recours contre les décisions du Conseil de la concurrence », *Gazette du Palais*, 1, 1988.

DOUVRELEUR Olivier, « L'indépendance de l'autorité des marchés financiers », *Revue française d'administration publique,* n° 143, 2012.

DRAGO Guillaume, « Droit de propriété et liberté d'entreprendre dans la jurisprudence du Conseil constitutionnel : une relecture, in Conseil constitutionnel et droits fondamentaux », *Cahiers de la recherche sur les droits fondamentaux,* n° 9, 2011.

DRAGO Roland, « Le Conseil de la concurrence », *La Semaine juridique*, n° 42, 14 octobre 1987.

DREIFUSS-NETTER Frédérique, « Droit de la concurrence et droit commun des contrats », *La Revue trimestrielle de droit civil*, 1989.

DUMORTIER Gaëlle, « Le contrôle de l'action des autorités administratives indépendantes », *Regards sur l'actualité « les autorités administratives indépendantes »*, La Documentation Française, n° 330, avril 2007.

DURFORT Serge, « L'aspect sociologique [du double degré de juridiction] », *Justices. Revue générale de droit processuel*, juillet-décembre, n° 4, 1996.

ECKERT Gabriel et KOVAR Jean-Philippe, « Introduction. », *Revue française d'administration publique,* n° 143, 3/2012.

ECKERT Gabriel, « Quelle place pour la libre concurrence ? », *Revue juridique de l'économie publique*, n° 718, Avril 2014.

EL BAZZIM Rachid, Le Conseil de la Concurrence Marocain, *Revue de droit des affaires internationales/International Business Law Journal*, n° 1 – 2016.

EL BAZZIM Rachid, « L'ouverture à la concurrence et la loi n° 13-09 relative aux énergies renouvelables », *La Revue Almanara pour les études juridiques et administratives*, n° 12, 2016.

EL BAZZIM Rachid, « Le règlement des différends de l'organisation mondiale du commerce, un mécanisme en perpétuelle adaptation pour une meilleure efficacité », *RSS-PASRES Revue trimestrielle des sciences sociales*, 4ème année-numéro 11, avril-juin 2016.

EL BAZZIM Rachid, « Le Conseil de la concurrence, un statut renforcé et des compétences élargies », Article publié en série dans *l'hebdomadaire finance news hebdo*, 2014.

EL MELLOUKI RIFFI Salma, « Les nouveautés introduites par la loi n° 43-12 organisant l'autorité marocaine du marché des capitaux (AMMC) », *Revue marocaine d'administration locale et de développement*, n° 131, 2016.

ELSA Bernard, « L'activité économique », un critère d'applicabilité du droit de la concurrence rebelle à la conceptualisation. », *Revue internationale de droit économique*, n° 3, 2009.

FISCHER Franklin, « Horizontal Mergers : Triage and Treatment », *Journal of Economic Perspectives*, vol. 1, n°2,1987, cité par MONTET Christian, « Marché pertinent, pouvoir de marché : quelles définitions retenir ? », *Revue Lamy Droit des Affaires,* n° 23,1er janvier 2000.

FOX M. Eleanor, « Competition Policy: The Comparative Advantage of Developing Countries *», Law and Contemporary Problems*, volume 79, n° 69, 2016.

FRISON-ROCHE Marie Anne, « Régulation versus concurrence », *The journal of regulation*, n° 7, 2011.

FRISON-ROCHE Marie-Anne, Un regard d'expert sur la régulation, Interview de Marie-Anne Frison-Roche par Catherine Bergès, *Vite Lu : la lettre d'information trimestrielle de la Compagnie Régionale des Commissaires aux Comptes (CRCC*), avril 2016.

FROMONT Michel, « Le principe de proportionnalité », *Actualité Juridique Droit Administratif*, 1995.

GALLOT Jacques, « Qu'est-ce que la régulation ? Contribution pour une définition », *Revue de la Concurrence et de la Consommation*, n° 119, 2001.

GAUDEMET Yves, « L'arbitrage de droit public : l'exemple du droit marocain, une comparaison utile », *Revue du droit public et de la science politique en France et à l'étranger*, n° 3, *01 mai 2014.*

GAUDEMET Yves, « Les actions administratives informelles », *Revue internationale de droit comparé*, Volume 46, n° 2, 1994.

GAUDEMET Yves, « le pouvoir de réformation de la cour d'appel de Paris dans le contentieux du Conseil de la concurrence », *La Semaine juridique - Edition générale*, 1999.

GENTOT Michel, « Marchés et autorités administratives indépendantes », *Petites affiches*, n° 185, 2001.

GERADIN Damien et PETIT Nicolas, « Règles de concurrence et partenariat euro-méditerranéen : échec ou succès ? », *Revue internationale de droit économique*, t. XVII, 1, 2003.

GLAIS Michel, « Les fondements micro-économiques de la jurisprudence concurrentielle (française et européenne) », *Revue économique*, volume 38, n°1, 1987.

GLAIS Michel, « Définition du marché de référence dans le droit de la concurrence », *Revue internationale de la concurrence*, n° 171-172, 1993.

GLAIS Michel, « Analyse économique de la définition du marché pertinent : son apport au droit de la concurrence », *Économie rurale*. La politique de la concurrence dans l'agroalimentaire, n° 277-278, 2003.

GLAIS Michel, « Le processus concurrentiel : une présentation historique des apports de la théorie économique », *RTD Com*, 2014.

GLASER Emmanuel, « L'appréciation de l'effet d'une concentration sur la concurrence », *Revue Française du Droit Administratif*, 2006.

GUERRIEN Bernard, « Découverte de la microéconomie », *Cahiers français*, n° 254, janvier-février 1992.

GUILLOTIN Alain, « Les mesures conservatoires en droit de la concurrence », *Revue de Jurisprudence Commerciale*, 1993.

HAGELSTEEN Marie-Dominique, « interview », Il est important de lutter contre les pratiques anticoncurrentielles, *Les Petites Affiches*, n° 1, 2 janvier 2001.

HAGELSTEEN Marie-Dominique, « Entretien », Le *bulletin de l'ILEC (Economie Consommation & Environnement)*, n°329, novembre 2001.

HAGELSTEEN Marie-Dominique, « Entretien », *Le Bulletin de l'Ilec*, n° 333, mars 2002.

HAIM Victor, « Recours de pleine juridiction », *Répertoire Dalloz de contentieux administratif*, janvier 2011.

HOYNCK Stéphane, « Indépendant de qui ? Les trois âges de l'indépendance des régulateurs des télécommunications en Europe », *Revue française d'administration publique*, n° 143, 2012.

HUBERT Patrick et CASTAN Adrien, « Droit constitutionnel et liberté de la concurrence », *Les Nouveaux Cahiers du Conseil constitutionnel*, n° 49, 2015.

IDOT Laurence, « Les mesures provisoires en droit de la concurrence, un nouvel exemple de symbiose entre le droit français et le droit communautaire de la concurrence », *Revue Trimestrielle du Droit Européen*, n° 4, 1993.

IDOT Laurence, « La liberté de concurrence en France », *Les Petites Affiches*, n° 59, 23 mars 2000.

IDOT Laurence et NOMEGE Chantal, « Le rôle clef des engagements en matière de contrôle des concentrations : réflexions sur l'évolution de la pratique », *Revue Lamy Droit des Affaires*, n° 37 supplément, avril 2001.

IDOT Laurence, « Mondialisation, liberté et régulation de la concurrence : le contrôle des concentrations », *RIDE*, (t. XVI) , 2002.

IDOT Laurence et LEMAIRE Claude, « Le nouveau visage de la régulation de la concurrence en France. L'autorité de la concurrence entre deux Europe », *La semaine juridique*, 12, étude 125, 18 mars 2009.

JAROS krzystof, « Enforcement of competition and consumer law in the Mediterranean countries », *Mediterranean competition Bulletin*, April 2012.

JEANTET Fernand Charles, « Réflexions sur les injonctions et exemptions du droit de la concurrence », *La Semaine Juridique Entreprise et Affaires*, 9 Juin 1988.

JENNY Frédéric et BLAISE Jean-Bernard, « Le droit de la concurrence. Les années récentes : Bilan », *Revue Internationale de Droit Economique*, numéro 1, 1995.

KOVAR Jean-Philippe, « L'indépendance des autorités de régulation financière à l'égard du pouvoir politique. », *Revue française d'administration publique*, n° 143, 3/2012.

LASSERRE Bruno, « Régulation, mode d'emploi », *Sociétal*, n° 30, 2000.

LASSERRE Bruno, « La nouvelle régulation de la concurrence », *Revue Lamy de la concurrence*, n° 20, 2009.

LASSERRE Bruno, « La transformation du Conseil de la concurrence en Autorité de la concurrence, clé de voûte d'une régulation de la concurrence moderne, juste et efficace », *Journal des Sociétés*, janvier 2009.

LASSERRE Bruno, « Entretien », *Le Bulletin de l'ILEC*, n° 418, mars 2011.

LAZARUS Claude, « L'approche française et communautaire du progrès économique », *Revue concurrence consommation*, novembre-décembre1996.

LEBRUN Pierre-Brice, « De l'autorité en droit, et des concepts qui la côtoient », *Empan*, n° 101, 1/2016.

LEMAIRE Christophe, « La protection du secret des affaires devant le Conseil de la concurrence : une évolution bienvenue », *La Semaine Juridique Entreprise et Affaires*, n° 4,- 26, Janvier 2006.

LINOTTE Didier et SIMONIN Guillaume, « L'Autorité des marchés financiers, prototype de la réforme de l'Etat ? », *AJDA*, 2004.

LINOTTE Didier, « Existe-t-il un principe général du droit de la libre concurrence ? », *AJDA*, 2005.

LOMBARD Martine, « Brèves remarques sur la personnalité morale des institutions de régulation », *Revue juridique de l'entreprise publique/ cahiers juridiques de l'électricité et du gaz*, n° 619, avril 2005.

LONGOBARDI Nino, « Les autorités administratives indépendantes, laboratoires d'un nouveau droit administratif », *Petites affiches*, n°171, 27 août 1999,

LUCAS DE LEYSSAC Claude, « Faut-il faire du Conseil de la concurrence une juridiction ? », *Revue Juridique Commercial*, 1992.

MAITRE Grégory, « Autorités administratives indépendantes : l'état des lieux », *Regards sur l'actualité*, La Documentation Française, n° 330, avril 2007.

MARCOU Gérard, « La notion juridique de régulation », *Actualité Juridique Droit Administratif*, 2006.

MARINI Philippe, « La loi du 15 mai 2001 relative aux nouvelles régulations économiques : un texte qui reste à parfaire », *Les petites affiches*, n° 198, 4 octobre 2001.

MARTIN Stanislas, « Contrôle des concentrations : La fin de l'exception française », *Semaine juridique Entreprise et Affaires*, n° 5, 29 janvier 2009.

MECHRAFI Amal, « Les organes de régulation au Maroc », *Revue Marocaine de l'Administration Locale et de Développement*, n° 72-73, janvier -avril 2007.

MEKKI Mustapha, « La lutte contre les conflits d'intérêts : essor de la transparence ou règne de la méfiance ? », *Revue Pouvoirs*, n° 147, 2013.

MELLERAY Fabrice, « Une nouvelle crise de la notion d'établissement public », *AJDA*, 2003.

MELLONI David, « La Constitution marocaine de 2011 : une mutation des ordres politique et juridique marocains », *Revue Pouvoirs*, n° 145, 2013.

Michael J. Trebilcock et Edward M. Iacobucci, Designing Competition Law Institutions: Values, Structure, and Mandate, *Loyola University Chicago Law Journal*, Volume 41, Issue 3, Spring 2010, Article 5, 2010.

MONTET Christian, « Marché pertinent, pouvoir de marché : quelles définitions retenir ? », *Revue Lamy Droit des Affaires*, n° 23,1er janvier 2000.

MOUCHETTE Julien, « L'autonomie budgétaire » du Défenseur des droits : complément ou obstacle à son indépendance ? », *Revue française de droit constitutionnel*, n° 99, 3/2014.

NAUGES Sabine, « L'articulation entre droit commun de la concurrence et droit de la régulation sectorielle », *AJDA*, 2007.

NICINSKI Sophie, « L'Autorité de la concurrence », *Revue Française du Droit Administratif*, 2009.

NICINSKI Sophie, « Libertés économiques, droit de la concurrence et décisions administratives », *Revue Française du Droit Administratif*, 2012.

NORTON Philip, « La nature du contrôle parlementaire », *Revue Pouvoirs*, n° 134, 3/2010.

PERROT Anne, « Les frontières entre régulation sectorielle et politique de la concurrence », *Revue française d'économie*, volume 16, numéro 4, 2002.

PEZ Thomas, Régulateurs sectoriels et Autorité de la concurrence, *Revue du droit public et de la science politique en France et à l'Étranger*, n° 2, 01 mars 2014.

PHILIPPE Jérôme, « La mesure du marché pertinent », *Revue française d'économie*, volume 1, n° 4, 1998.

PIROVANO Antoine, « Justice étatique, support de l'activité économique. Un exemple : la régulation de l'ordre concurrentiel », *Justices*, n° 1, 1995.

PISIER Evelyne, « Du recours aux Sages », *Etudes*, n° 6, Vol. 368, 1988.

PISIER Evelyne, « Vous avez dit indépendantes ? Réflexions sur les AAI », *Revue Pouvoirs*, n° 46, 1988.

PIWNICA Emmanuel, « la dévolution d'un pouvoir de sanction aux autorités administratives indépendantes », *Revue Française du Droit Administratif*, 2010.

POESY René, « A propos de la réforme du calcul de l'assiette des sanctions pécuniaires infligées par le Conseil de la concurrence », *Les Petites Affiches*, n°39, 2001.

POILLOT-PERUZZETTO Sylvaine, « Ententes et abus de position dominante : Marché de référence », *RTD Com.*, 2000.

PRALUS-DUPUY Joëlle, « Réflexions sur le pouvoir de sanction disciplinaire reconnu à certaines autorités administratives indépendantes », *Revue Française du Droit Administratif*, 2003.

PRETOT Xavier, « Le Conseil de la concurrence et la Sécurité sociale », *Droit social*, 1994.

QUILICHINI Paule, « Réguler n'est pas juger, Réflexions sur la nature du pouvoir de sanction des autorités de régulation économique », *AJDA*, 2004.

RIFFAULT-TRECA Jacqueline, « La répression administrative des personnes morales (Commission des opérations de Bourse, Conseil de la concurrence) », *Revue des Sciences Criminelles*, 1996.

ROURE Sandrine, « L'élargissement du principe de publicité des débats judiciaires : une judiciarisation du débat public », *Revue française de droit constitutionnel*, n°68, 4/2006.

ROUSSET Michel, « L'obligation générale de motivation des décisions administratives au Maroc : une nouvelle protection pour les administrés », *Revue juridique et politique. Indépendance et coopération*, n° 3, 2003.

ROUYERE Aude, « La constitutionnalisation des autorités administratives indépendantes : quelle signification ? », *Revue Française Du Droit Administratif*, 2010.

SAHRANE Lamyae, « Lecture de la loi n° 08.31 sur la protection du consommateur : apports et insuffisances » in *Protection du consommateur : Etudes et recherches des nouvelles dispositions de la loi n° 31.08 relative à la protection du consommateur, Rabat, Publications de la Revue de la justice civile,* 2014.

SELINSKY véronique, « Procédures de contrôle des pratiques anticoncurrentielles », 1993, *Juris Classeur Concurrence-Consommation, Fasc. 380, n° 15 s. Lamy Droit économique* 2002.

SHOOSHAN III Harry M, « A modest proposal for restructuring the Federal Communications Commission », *Federal Communication Law Journal*, Volume 50, Issue 3, mai 1998.

TARGA Annie, « une confirmation de la technique de preuve par faisceau d'indices », *Revue concurrence consommation*, n° 56, 1990.

TEITGEN-COLLY Catherine, « Les instances de régulation et la constitution », *Revue du Droit Public et de la science politique*, tome cent six, n° 1, LGDJ, janvier -février 1990.

TEITGEN-COLLY Catherine, « Sanctions administratives et autorités administratives indépendantes », *Petites affiches*, 1990.

TOUJGANI Noureddine, « Le couplage du droit et l'économie dans la mise en œuvre des règles de la concurrence », *Revue Marocaine du Droit Economique*, n° 1, octobre 2007.

TRAORE Seydou, « Les autorités administratives indépendantes dotées de la personnalité morale : vers une réintégration institutionnelle de la catégorie juridique ? », *Revue Droit Administratif*, n° 8, étude 16, août-septembre 2004.

VOGEL Louis, « Définition et preuve de l'entente en droit français de la concurrence Étude de la jurisprudence récente », *La Semaine Juridique Entreprise et Affaires*, n° 48, 28 novembre 1991.

VOGEL louis, « À quelles conditions peut-on distinguer des sous-marchés au sein d'un marché de produit ? », *Contrats concurrence consommation*, juin 1992.

VOILLEMOT Dominique, « Les procédures de sanctions : motivation et proportionnalité de la sanction », in Droit et liberté fondamentaux face aux droits de la concurrence, *Revue concurrence consommation*, n° 86 juillet-août, 1995.

YAHYA Mohammed, « Les autorités administratives indépendantes et la question de la transition de la démocratie de de l'espace politique au domaine administratif », *Revue tangis*, n° 2, 2001.

E. Thèses, mémoires.

Thèses

ABOUELAZIZ Mohamed, *Le Droit de la concurrence appliqué au secteur public*, Thèse pour l'obtention du doctorat en Sciences administratives, Université Mohammed 5, 2005.

ANIBAL RAFAEL Zarate -Perez, *L'indépendance des autorités de concurrence, analyse comparative Colombie, France, Etats-Unis*, Thèse de doctorat en Droit, Université Panthéon-Assas, 2011.

BEAUDOIN Guillaume, *Pratiques Anticoncurrentielles et droit d'auteur*, Thèse de doctorat en Droit, Université Paris Ouest Nanterre la Défense, Paris, 2012.

CHAZAL Jean-Pascal, *De la puissance économique en droit des obligations*, Thèse de doctorat en Droit, Université Pierre Mendes France Grenoble II, 1996.

CLAUDEL Emmanuelle, *Ententes anticoncurrentielles et droit des contrats*, Thèse de doctorat en Droit, Université de Paris X-Nanterre, 1994.

DANET Didier, *La nature juridictionnelle du Conseil de la concurrence*, Thèse de doctorat en Sciences de gestion dactylographiée, Université de Rennes I, 1990.

DOUCET Christian, *Les mesures conservatoires et provisoires en droit de la concurrence, état du droit français et communautaire*, Thèse de doctorat en Droit, Université Paris 10, 1990.

ELOUAZIRI Sanaa, *La politique criminelle en matière des sociétés commerciales*, Thèse de doctorat en Droit, Faculté des sciences juridiques Souissi, Rabat, 2005-2006.

LAHMOUCHI Mohamed, *Libéralisation des prix et ses implications sur la concurrence et le pouvoir d'achat : cas du Maroc,* Thèse de doctorat en Sciences Economiques, Université Mohammed V, 1996.

MANSON Stéphane, *La notion d'indépendance en droit administratif français*, Thèse de doctorat en droit, Paris, Université Panthéon-Assas, 1995.

ODERZO Jean-Claude, *Les autorités administratives indépendantes et la Constitution*, Thèse de doctorat en Droit, Université Aix-Marseille 3, 2000.

PLUEN Olivier, *l'inamovibilité des magistrats : un modèle ?* Thèse de doctorat en Droit, Université Panthéon-Assas, 2011.

Mémoires

DRAIDJ Tarik, *À partir de quand une entreprise commune devient-elle une concentration ?,* Mémoire de master II Droit européen des affaires, Université Paris II - Panthéon-Assas, Année universitaire 2010-2011.

F. Actes de congrès, colloque, conférence.

ALAMI MACHICHI Mohamed Drissi, « Les autorités autonomes de régulation », *Conférence sous le thème « Innovations de la nouvelle constitution et régulation*, Haute Autorité de la Communication Audiovisuelle, Rabat, 22 Juin 2012.

AKESBI Najib, « Constitution de 2011, dépenses publiques et exigences du développement durable : cas du Maroc » in *La nouvelle Constitution marocaine à l'épreuve de la pratique*, Actes du colloque organisé les 18 et 19 avril 2013, Coordonné par BENDOUROU Omar, EL MOSSADEQ Rkia et MADANI Mohammed, Casablanca, Editions La Croisée des Chemins, 2014.

COMPAGNON Antoine (dir.), *De l'autorité*, Colloque annuel du collège de France en 2007, Paris, Odile Jacob, 2008.

IDOT Laurence, « Quelques réflexions sur la confidentialité en droit de la concurrence : à propos des secrets d'affaires et du secret professionnel », in Les *aspects contemporains du droit de la distribution et de la concurrence,* Actes / du colloque organisé à l'Université de Toulouse I les 24 et 25 mars 1995 par le Centre de droit des affaires et le groupement européen d'avocats, Paris, Editions Montchrestien, 1996.

GLAIS Michel, « Définition du marché », In Institut Marocain du Droit des Entreprises (IMADE), *Le Droit de la concurrence, actes du Colloque organisé par Institut Marocain du Droit des Entreprises*, Casablanca, 2002.

JAIDI Larbi, « « Conseil de la concurrence : les enjeux et défis d'une relance », Culture de la concurrence l'an I du Conseil de la concurrence », *publications de la REMALD, Série « Thèmes Actuels », n° 68, Actes des journées d'études organisées par le conseil de la concurrence le 23 avril 2009 et du 3 au 5 décembre 2009 à Marrakech*, 2010.

MADANI Mohammed, « Constitutionnalisme sans démocratie : la fabrication et la mise en œuvre de la Constitution marocaine de 2011 », in *La nouvelle Constitution marocaine à l'épreuve de la pratique*, Actes du colloque organisé les 18 et 19 avril 2013, La Fondation Friedrich Ebert, Casablanca, Edition La Croisée des Chemins, 2014.

MAISL Herbet, « les autorités administratives indépendantes : protection des libertés on régulation sociale » in COLLIARD Claude-Albert et TIMSIT Gérard (dir.), *Les autorités administratives indépendantes*, Paris, PUF, coll. « Les voies du droit », 1988.

MENURET Jean Jacques, « Quelle collégialité pour les autorités administratives indépendantes ? », in MENURET Jean Jacques et REIPLINGER Charles (sous la direction), *La collégialité, valeurs et significations en droit public*, Bruxelles, Bruylant, 2012.

MERNISSI Mohamed, « Domaine d'application du contrôle des concentrations et procédure applicable » in *Le droit de la concurrence, Actes du colloque organisé par l'Institut Marocain du Droit des Entreprises "IMADE"*, Casablanca, le 7 mai 2002.

SAUVE Jean-Marc, « Introduction », Corriger, équilibrer, orienter : Une vision renouvelée de la régulation économique, *Actes du colloque « Une vision renouvelée de la régulation économique » organisé par le Conseil d'Etat*, Paris, La Documentation française, 2014.

G. Notes, commentaires, conclusions, chroniques

BERTILE Véronique, LE QUINIO Alexis et MAGNON Xavier, « Jurisprudence du Conseil constitutionnel. 1er septembre-31 décembre 2006 », *Revue française de droit constitutionnel*, n° 70, 2007.

CHEVALLIER Jacques, « Réflexions sur l'institution des autorités administratives indépendantes », *La Semaine juridique*, Edition générale ,6 août 1986.

CHEVALLIER Jacques, Note sous décision n° 86-224 DC, *Actualité juridique Droit administratif,* 1987, n° s.n.

FERRIER Didier et BIANCONE Karine, « L'Autorité de la concurrence (après la loi du 4 août 2008 et l'ordonnance du 13 novembre 2008) », *Recueil Dalloz*, 2009.

FRISON ROCHE Marie-Anne, « Régulateurs indépendants versus LOLF », *Revue Lamy de la concurrence*, 2006.

GAVALDA Christian et LUCAS DE LEYSSAC Claude, « ordonnance n°'86-1243 du 1er décembre 1986 commentaire », *Numéro spécial hors-série de l'Actualité légisilative*, Dalloz, 1988.

GAVALDA Christian et LUCAS DE LEYSSAC Claude, *Prix et concurrence : commentaire de l'ordonnance n° 86-1243 du 1er décembre 1986 relative à la liberté des prix et de la concurrence*, Dalloz, 1988.

GENEVOIS Bruno, Le Conseil constitutionnel et l'extension des pouvoirs de la Commission des opérations de bourse : à propos de la décision n.89-260 DC du 28 juillet 1989, *Revue française de droit administratif,* Paris, a.5 n.4 juill. Aout 1989.

LOMBARD Martine, « Chronique des Institutions de régulation économique et démocratie politique », *AJDA*, 2005.

NICINSKI Sophie, « Actualités du droit de la concurrence et de la régulation », *AJDA*, 2008.

POTOCKI André, « Brèves observations sur la protection des secrets d'affaires dans l'ordonnance du 1er décembre 1986 », *Gazeete du Palais* ,12-13 février 1997.

RAJOT Bernard, « Pouvoir d'annulation et de réformation des décisions du Conseil de la concurrence par la Cour d'appel de Paris », *La Semaine juridique - Entreprise et affaires,* 2003.

ROUSSEAU Dominique, « Note sous décision du Conseil constitutionnel n° 86-224 DC, 23 janvier 1987, loi transférant à la juridiction judiciaire le contentieux des décisions du Conseil de la concurrence », *J.C.P, éditions cahiers du droit de l'entreprise*, 1987.

STAHL Jacques-Henri, Le contrôle des concentrations économiques Conclusions sur Conseil d'Etat, Section, 9 avril 1999, Société Interbrew Document InterRevues, *RFDA*, 1999.

H. Rapports et publications

Agence Nationale de Réglementation des Télécommunications, *Rapport annuel de 2005*, 2005.

Assemblée Nationale française, *Rapport d'information au nom du comité d'évaluation et de contrôle des politiques publiques sur les autorités administratives indépendantes*, n° 2925, 2010.

Autorité française de la concurrence, *Lignes directrices en matière de contrôle des concentrations*, 2013.

Chambre des Représentants, *Rapport de la commission des finances et du développement économique sur le projet de loi n° 20-13 sur le Conseil de la concurrence*, 2013.

Chambre des Représentants, *Rapport de la commission des finances et du développement économique sur le projet de la loi n° 104-12 relative à la liberté des prix et de la concurrence*, 2013.

Chef du Gouvernement du Maroc, *Programme du Gouvernement*, Janvier 2012.

Conseil d'Etat, *Rapport annuel du Conseil d'Etat, Les autorités administratives indépendantes*, EDCE, n° 52, 2001.

Conseil de la concurrence marocain, *Rapport annuel de 2009*, 2009.

Conseil de la concurrence marocain, *Rapport annuel de 2010*, 2010.

Conseil de la concurrence marocain, *Rapport annuel de 2011*, 2011.

Conseil de la concurrence marocain, *Rapport annuel de 2012*, 2012.

Conseil de la concurrence marocain, *Rapport annuel de 2013*, 2013.

Conseil de L'Europe, *Le droit à un procès équitable*, 2000.

Conseil Français de la concurrence, *Rapport annuel de 1986*, 1986.

Conseil Français de la concurrence, *Rapport annuel de 1987*, 1987.

Conseil Français de la concurrence, *Rapport annuel de 1988*, 1988.

Conseil Français de la concurrence, *Rapport annuel de 1989*, 1989.

Conseil Français de la concurrence, *Rapport annuel de 1990*, 1990.

Conseil Français de la concurrence, *Rapport annuel de 1991*, 1991.

Conseil Français de la concurrence, *Rapport annuel de 1993*, 1993.

Conseil Français de la concurrence, *Rapport annuel de 1994*, 1994.

Conseil Français de la concurrence, *Rapport annuel de 1997*, 1997.

Conseil Français de la concurrence, *Rapport annuel de 2001*, 2001.

Conseil Français de la concurrence, *Rapport annuel de 2003*, 2003.

GAZIER François et CANNAC Yves, *« Les autorités administratives indépendantes », Conseil d'État*, Études et documents, n° 35, 1983-1984.

GÉLARD Patrice, *Rapport de l'office parlementaire d'évaluation de la législation n° 404 (2005-2006) fait au nom de l'Office parlementaire d'évaluation de la législation*, déposé le 15 juin 2006.

Ministère de l'Economie et des Finances, *Note de présentation du projet de loi n° 53.08 relatif à l'Autorité Marocaine du Marché des Capitaux*, 2011.

RETAILLEAU Bruno, *Dix ans après, la régulation à l'ère numérique, Rapport d'information sur le bilan et les perspectives d'évolution de l'ARCEP*, Sénat, n° 350, 2007.

Royaume du Maroc, *Le Maroc possible : Une offre de débat pour une ambition collective, Rapport du Cinquantenaire, Rapport Thématique sur la « Gouvernance et développement participatif »*, comité directeur, éditions maghrébines, 2006.

I. Documents en ligne

COHEN Elie, « ENTREPRISE - Vue d'ensemble », in Universalis éducation, *Encyclopædia Universalis* [en ligne].

DANIEL Jean-Marc, « L'économie de la concurrence imparfaite, livre de Joan Violet Robinson » in *Encyclopædia Universalis* [en ligne].

DAVID René, « Personnalité morale » in *Encyclopædia Universalis* [en ligne].

EL MERGHADI Mohamed, « La régulation de la concurrence au Maroc, Evolution du cadre législatif et réglementaire » in <*http://www.academia.edu* > [en ligne].

OCDE, « Substantive criteria used for the assessment of mergers» in < http://www.oecd.org/daf/competition/2500227.pdf> [en ligne].

II- Références en langue arabe

A- Ouvrages

ALAOUI ABDELAOUI Driss, *Les moyens de preuve dans la législation civile Marocaine*, Rabat, Imprimeries françaises et Marocaines, 1971.

ALJABOUJI Al maati, *Les règles matérielles et formelles de preuve*, Settat, Arrachad, 2002.

EL MARINI Abdelwahab, *Cours en droit judiciaire privé*, Rabat, Dar Essalam, 2005.

OUTALEB Abdelkrim, *L'analyse pratique de la procédure civile*, Marrakech, El watanya, avril 2013.

OUTALEB Abdelkrim, *L'organisation judiciaire Marocaine*, Marrakech, imprimerie al watanya, 4ème édition, 2012.

B- Revues et articles

ADMINOU Abdelhafid, « La participation des autorités administratives indépendantes à la démocratisation de la vie administrative », *Revue Tingis*, n° 2, 2001.

EL FIZANI Mouna, « Le juge administratif », *REMALD*, n° 1, 1995.

EL MERGHADI Mohamed, La concurrence, ses dimensions économiques et juridiques (tome I), *Publications de la Revue Marocaine d'Administration Locale et de développement*, Collection thèmes actuels, n° 85, 2014.

JABRANE Amina, « La condition de l'intérêt au contentieux d'annulation », *Revue des affaires administratives*, n° 6, 1986.

ITOBANE Aziz, « la problématique représentative des assemblées générales des sociétés anonymes », *Revue du Droit marocain*, n° 17, avril 2011.

TARIQ Hassan, Les instances de gouvernance dans la constitution (contexte, structures et fonctions), *Publications de la Revue Marocaine d'Administration Locale et de Développement,* Collection « Manuels et Travaux Universitaires », n°110, 2016.

TABLE DES MATIERES

Structures éditoriales du groupe L'Harmattan

L'Harmattan Italie
Via degli Artisti, 15
10124 Torino
harmattan.italia@gmail.com

L'Harmattan Hongrie
Kossuth l. u. 14-16.
1053 Budapest
harmattan@harmattan.hu

L'Harmattan Sénégal
10 VDN en face Mermoz
BP 45034 Dakar-Fann
senharmattan@gmail.com

L'Harmattan Cameroun
TSINGA/FECAFOOT
BP 11486 Yaoundé
inkoukam@gmail.com

L'Harmattan Burkina Faso
Achille Somé – tengnule@hotmail.fr

L'Harmattan Guinée
Almamya, rue KA 028 OKB Agency
BP 3470 Conakry
harmattanguinee@yahoo.fr

L'Harmattan RDC
185, avenue Nyangwe
Commune de Lingwala – Kinshasa
matangilamusadila@yahoo.fr

L'Harmattan Congo
67, boulevard Denis-Sassou-N'Guesso
BP 2874 Brazzaville
harmattan.congo@yahoo.fr

L'Harmattan Mali
Sirakoro-Meguetana V31
Bamako
syllaka@yahoo.fr

L'Harmattan Togo
Djidjole – Lomé
Maison Amela
face EPP BATOME
ddamela@aol.com

L'Harmattan Côte d'Ivoire
Résidence Karl – Cité des Arts
Abidjan-Cocody
03 BP 1588 Abidjan
espace_harmattan.ci@hotmail.fr

L'Harmattan Algérie
22, rue Moulay-Mohamed
31000 Oran
info2@harmattan-algerie.com

L'Harmattan Maroc
5, rue Ferrane-Kouicha, Talaâ-Elkbira
Chrableyine, Fès-Médine
30000 Fès
harmattan.maroc@gmail.com

Nos librairies en France

Librairie internationale
16, rue des Écoles – 75005 Paris
librairie.internationale@harmattan.fr
01 40 46 79 11
www.librairieharmattan.com

Lib. sciences humaines & histoire
21, rue des Écoles – 75005 Paris
librairie.sh@harmattan.fr
01 46 34 13 71
www.librairieharmattansh.com

Librairie l'Espace Harmattan
21 bis, rue des Écoles – 75005 Paris
librairie.espace@harmattan.fr
01 43 29 49 42

Lib. Méditerranée & Moyen-Orient
7, rue des Carmes – 75005 Paris
librairie.mediterranee@harmattan.fr
01 43 29 71 15

Librairie Le Lucernaire
53, rue Notre-Dame-des-Champs – 75006 Paris
librairie@lucernaire.fr
01 42 22 67 13

www.ingramcontent.com/pod-product-compliance
Lightning Source LLC
LaVergne TN
LVHW050053061026
849532LV00001BA/116